Procédure pénale

15e édition

En France, la collection « Paradigme » accompagne l'étudiant en droit du début de ses études jusqu'à l'accès à sa profession.

Paradigme – Manuels

Rédigés dans un langage accessible, les « Manuels Paradigme » couvrent les différents concepts juridiques enseignés de la Licence 1 au Master 1 en France. Ils sont systématiquement mis à jour chaque année.

Conformes aux programmes de licence et de master, ils fournissent également une excellente préparation aux concours administratifs (catégories A et B) et aux examens professionnels (ENM, CRFPA, ENSP, EOGN, PJJ, SPIP...).

Sous la direction de François Fourment, *professeur de droit privé à l'Université de Tours* et Gilles Dumont, *professeur de droit public à l'Université de Nantes, directeur de l'Université numérique juridique francophone.*

Déjà parus :

Christophe Albiges, *Introduction au droit*, 6e éd., 2019

Christian Beaudet, *Introduction générale et historique à l'étude du Droit*, 2000

Christian Beaudet, *Institutions, vie politique et faits sociaux de 1789 à 1958*, 2000

Vincent Bonnet, *Droit de la famille*, 8e éd., 2020

Anne-Sophie Brun-Wauthier, *Régimes matrimoniaux et régimes patrimoniaux des couples non mariés*, 9e éd., 2019

Marjorie Brusorio Aillaud, *Droit des obligations*, 11e éd., 2020

Marjorie Brusorio Aillaud, *Droit des personnes et de la famille*, 10e éd., 2020

Olivier Cachard et Paul Klötgen, *Droit international privé*, 9e éd., 2021

Michel Drain, Cécile Dubernet, *Relations internationales*, 25e éd., 2020

François Duquesne, *Droit des sociétés commerciales*, 7e éd., 2020

Philippe Foillard, *Finances publiques*, 15e éd., 2017

Philippe Foillard, *Droit administratif*, 4e éd., 2015

Philippe Foillard, *Droit constitutionnel et institutions politiques*, 24e éd., 2018

Thierry Fossier, *Droit pénal spécial – Affaires, entreprises et institutions publiques*, 5e éd., 2020

Thierry Garé, *Droit pénal spécial. Personnes et biens*, 6e éd., 2020

Franck Héas, *Droit du travail*, 8e éd., 2020

Philippe Hoonakker, *Procédures civiles d'exécution. Voies d'exécution, procédures de distribution*, 9e éd., 2020

Dimitri Houtcieff, *Droit des contrats*, 5e éd., 2020

Olivier Le Bot, *Contentieux administratif*, 7e éd., 2020

Christophe Lescot, *Organisations européennes. Union européenne, Conseil de l'Europe e autres organisations*, 22e éd., 2020

Victoire Lasbordes-de Virville, *Droit des contrats spéciaux*, 2019

Gérard Mémeteau, *Droit des biens*, 12e éd., 2019

Harold Renout, *Droit pénal général*, 18e éd., 2013

Agnès Robin, Sylvain Chatry, *Introduction à la propriété intellectuelle. Unité et diversité*, 2e éd., 2020

Florent Roemer, *Contentieux fiscal*, 5e éd., 2020

Marie-Christine Rouault, *Droit administratif et institutions administratives*, 5e éd., 2018

Christophe Roux et Éric Savaresse, *Science politique*, 3e éd., 2019

Yves Strickler, *Procédure civile*, 10e éd., 2020

Patrick Tafforeau, *Droit des sûretés*, 2020

Béatrice Thomas-Tual, *Droit de la fonction publique*, 2e éd., 2019

Procédure pénale

François Fourment
Éric Camous

15e édition

BRUYLANT

Collection
Paradigme

Pour toute information sur nos fonds et nos nouveautés dans votre domaine de spécialisation, consultez nos sites web via www.larcier.com.

15e édition
Éditions Bruylant
Rue Haute, 139/6 - 1000 Bruxelles

Imprimé en Belgique

Dépôt légal :
Bibliothèque nationale, Paris : février 2021
Bibliothèque royale de Belgique, Bruxelles : 2021/0031/049

ISSN 2294-3323
ISBN : 978-2-39013-120-5

LISTE DES PRINCIPALES ABRÉVIATIONS

add.	adder (ajouter)
AJ pénal	*Actualité Juridique Pénal* (éditions Dalloz)
art.	article
Ass. plén.	Assemblée plénière de la Cour de cassation
Bull. civ.	*Bulletin des arrêts des chambres civiles de la Cour de cassation*
Bull. crim.	*Bulletin des arrêts de la chambre criminelle de la Cour de cassation*
c.	contre
chron.	chronique
cl.	conclusions
Cons. const.	Conseil constitutionnel
CP	Code pénal
CPP	Code de procédure pénale
D.	*Recueil Dalloz* (éditions Dalloz)
dir.	direction
DP	*Recueil périodique et critique mensuel Dalloz* (éditions Dalloz)
Dr. pén.	*Droit pénal* (éditions LexisNexis)
Gaz. Pal.	*Gazette du Palais* (éditions Lextenso)
JCP G	*La Semaine juridique, édition Générale* (éditions LexisNexis)
JORF	*Journal officiel de la République française*
n°	numéro
obs.	observations
p.	page
QPC	question prioritaire de constitutionnalité
Rec. Lebon	*Recueil Lebon – Recueil des décision du Conseil d'État* (éditions Dalloz)
req.	requête
RPDP	*Revue pénitentiaire et de droit pénal* (éditions Cujas)
RSC	*Revue de science criminelle et de droit pénal comparé* (éditions Dalloz)
S.	*Recueil Sirey* (éditions Sirey)
V°	Verbo
voy.	voyez

SOMMAIRE

Liste des principales abréviations 5

Introduction générale 9

PARTIE 1

La réponse pénale du procureur de la République

Chapitre 1 La police judiciaire, l'enquête et le procureur de la République 43

Chapitre 2 La décision du procureur de la République sur la poursuite 191

PARTIE 2

Le jugement éventuel sur la culpabilité

Chapitre 1 La possible mise en état de l'affaire par voie d'instruction 257

Chapitre 2 Le jugement sur le fond de la prévention 327

Bibliographie générale 387

Index 389

Table des encadrés 395

Table des tableaux 397

Table des matières 399

INTRODUCTION GÉNÉRALE

1 ***Notion de procédure pénale.*** Qu'est-ce que la procédure pénale ? La question paraît simple, voire simpliste. Elle ne trouve pourtant pas de réponse juridique évidente, puisque le Code de procédure pénale lui-même ne définit pas son objet. Le Code pénal, en revanche, en réglant les conflits de lois pénales dans le temps, a été nécessairement amené à envisager les lois de procédure pénale. Aux termes des articles 112-2 et 112-3 du Code pénal, sont des lois de procédure pénale :

- les lois de compétence et d'organisation judiciaire ;
- les lois fixant les modalités de poursuites et les formes de la procédure ;
- les lois relatives au régime d'exécution et d'application des peines ;
- les lois relatives à la prescription de l'action publique et à la prescription des peines ;
- les lois relatives à la nature et aux cas d'ouverture des voies de recours ainsi qu'aux délais dans lesquels elles doivent être exercées et la qualité des personnes admises à se pourvoir.

La procédure pénale est donc l'ensemble des règles qui régissent la réaction judiciaire à la commission d'une infraction, de la constatation de cette dernière à l'application de la peine, après jugement et exercice éventuel des voies de recours[1].

2 ***Procédure pénale, droit des honnêtes gens.*** L'importance de la procédure pénale doit donc être soulignée. On a coutume de dire que le droit pénal au sens large (c'est-à-dire le droit pénal général et le droit pénal spécial) est le droit des malhonnêtes gens, tandis que la procédure pénale est le droit des honnêtes gens. Le but ultime du procès pénal est en effet de dire qui est coupable et qui ne l'est pas. À mesure que la procédure avance, la preuve de la commission d'une infraction reprochée à une personne doit donc s'affiner pour atteindre, si possible, une certitude infaillible. À chacune de ses étapes, la procédure pénale doit donc permettre de disculper autant que de mettre toujours plus en cause la personne soupçonnée ou poursuivie. D'où l'importance de la preuve, de la présomption d'innocence et des droits de la défense.

3 ***Procédure pénale sous avalanche législative.*** Est-ce de son importance que la procédure pénale tire sa grande actualité législative ? On ne peut que le souhaiter, et constater qu'entre 1999 et 2019, soit en vingt ans, près de cinquante lois touchant directement le Code de procédure pénale ont été adoptées : la **loi n° 99-515 du 23 juin 1999** « renforçant l'efficacité de la procédure

---

1. Mme le professeur Jocelyne LEBLOIS-HAPPE relève à cet égard que « [l]a procédure pénale est, littéralement et étymologiquement, le cheminement vers la peine (du latin *procedere*, aller en avant, s'avancer, et *pœna*, la peine) », in L. CADIET (dir.), *Dictionnaire de la Justice*, Paris, PUF, 2004, *v°* « Procédure pénale », p. 1074.

pénale » ; la **loi n° 99-929 du 10 novembre 1999** « portant réforme du Code de justice militaire et du Code de procédure pénale » ; la **loi n° 2000-516 du 15 juin 2000** « renforçant la protection de la présomption d'innocence et les droits des victimes » ; la **loi n° 2000-647 du 10 juillet 2000** « tendant à préciser la définition des délits non intentionnels »[2] ; la **loi n° 2000-1354 du 30 décembre 2000** « tendant à faciliter l'indemnisation des condamnés reconnus innocents et portant diverses dispositions de coordination en matière de procédure pénale » ; la **loi n° 2001-1062 du 15 novembre 2001** « relative à la sécurité quotidienne » ; la **loi n° 2002-307 du 4 mars 2002** « complétant la loi n° 2000-516 du 15 juin 2000 renforçant la protection de la présomption d'innocence et les droits des victimes » ; la **loi n° 2002-1138 du 9 septembre 2002** « d'orientation et de programmation pour la justice », dite « loi Perben » ; la **loi n° 2003-239 du 18 mars 2003** « pour la sécurité intérieure » ; la **loi n° 2004-204 du 9 mars 2004** « portant adaptation de la justice aux évolutions de la criminalité », baptisée loi « Perben II » ; la **loi n° 2005-47 du 26 janvier 2005** « relative aux compétences du tribunal d'instance, de la juridiction de proximité et du tribunal de grande instance[3] » ; la **loi n° 2005-847 du 26 juillet 2005** « précisant le déroulement de l'audience d'homologation de la comparution sur reconnaissance préalable de culpabilité » ; la **loi n° 2005-1549 du 12 décembre 2005** « relative au traitement de la récidive des infractions pénales »[4] ; la **loi n° 2006-64 du 23 janvier 2006** « relative à la lutte contre le terrorisme et portant dispositions diverses relatives à la sécurité et aux contrôles frontaliers »[5] ; la **loi n° 2006-399 du 4 avril 2006** « relative à la prévention et à la répression des violences au sein du couple ou commises contre les mineurs » ; l'**ordonnance n° 2006-637 du 1er juin 2006** portant refonte du code de justice militaire ; la **loi constitutionnelle n° 2007-238 du 23 février 2007** « portant modification du titre IX de la Constitution »[6] ; la **loi organique n° 2007-287 du 5 mars 2007** « relative au recrutement, à la formation et à la responsabilité des magistrats »[7] ; la **loi n° 2007-289 du 5 mars 2007** « portant modifications du code de justice militaire et du code de la défense »[8] ; la **loi n° 2007-291 du 5 mars 2007** « tendant à renforcer l'équilibre de la procédure pénale »[9] ; la **loi n° 2007-297 du 5 mars 2007** « relative à la prévention de la

---

2. Qui, pour être avant tout une loi de fond, emporte des conséquences en procédure (voy. *infra*, n° 14).
3. Devenu tribunal judiciaire au 1er janvier 2010.
4. Dont l'essentiel porte sur la récidive, bien sûr, mais dont certaines autres dispositions concernent aussi la procédure pénale.
5. Essentiellement de pure police administrative, mais dont certaines dispositions sont de police judiciaire.
6. Le titre IX de la Constitution de la Ve République est relatif à la Haute Cour ; cette loi constitutionnelle est consacrée au statut pénal du chef de l'État.
7. C'est une loi post-Outreau en ce que le rapport de la Commission d'enquête chargée de rechercher les causes des dysfonctionnements de la justice dans l'affaire dite d'Outreau et de formuler des propositions pour éviter leur renouvellement : Rapport Assemblée nationale n° 3125 du 6 juin 2006.
8. Faut-il ici rappeler que la refonte du Code de justice militaire date d'une ordonnance du 1er juin… 2006 (*cf.* ci-dessus) ?
9. Avec la loi organique du 5 mars 2007 relative au recrutement, à la formation et à la responsabilité des magistrats promulguée le même jour, cette loi est une conséquence du Rapport Outreau ; *cf.* ci-dessus.

délinquance » ; la **loi n° 2007-308 du 5 mars 2007** « portant réforme de la protection juridique des majeurs »[10] ; la **loi n° 2008-644 du 1er juillet 2008** « créant de nouveaux droits pour les victimes et améliorant l'exécution des peines » ; la **loi n° 2009-526 du 12 mai 2009** « de simplification et de clarification du droit et d'allégement des procédures » ; la **loi n° 2009-1436 du 24 novembre 2009** « pénitentiaire »[11] ; la **loi n° 2010-242 du 10 mars 2010** « tendant à amoindrir le risque de récidive criminelle et portant diverses dispositions de procédure pénale » ; la **loi n° 2010-768 du 9 juillet 2010** « visant à faciliter la saisie et la confiscation en matière pénale » ; la **loi n° 2010-769 du 9 juillet 2010** « relative aux violences faites spécifiquement au sein des couples et aux incidences de ces dernières sur les enfants »[12] ; la **loi n° 2011-267 du 14 mars 2011** « d'orientation et de programmation pour la performance de la sécurité intérieure », dite loi « LOPPSI II (ou 2) » ; la **loi n° 2011-392 du 14 avril 2011** « relative à la garde à vue » ; la **loi n° 2011-525 du 17 mai 2011** « de simplification et d'amélioration de la qualité du droit », comprenant des dispositions de procédure pénale ; la **loi n° 2011-939 du 10 août 2011** « sur la participation des citoyens au fonctionnement de la justice pénale et le jugement des mineurs » ; la **loi n° 2011-1862 du 13 décembre 2011** « relative à la répartition des contentieux et à l'allégement de certaines procédures juridictionnelles » ; l'**ordonnance n° 2012-351 du 12 mars 2012** « relative à la partie législative du **code de la sécurité intérieure** »[13] ; la **loi n° 2012-409 du 27 mars 2012** « de programmation relative à l'exécution des peines » ; la **loi n° 2012-1432 du 21 décembre 2012** « relative à la sécurité et à la lutte contre le terrorisme » ; la **loi n° 2012-1441 du 24 décembre 2012** « relative aux juridictions de proximité » ; la **loi n° 2013-669 du 25 juillet 2013** « relative aux attributions du garde des sceaux et des magistrats du ministère public en matière de politique pénale et de mise en œuvre de l'action publique » ; la **loi n° 2013-711 du 5 août 2013** « portant diverses dispositions d'adaptation dans le domaine de la justice en application du droit de l'Union européenne et des engagements internationaux de la France » ; la **loi n° 2014-372 du 28 mars 2014** « relative à la géolocalisation » ; la **loi n° 2014-535 du 27 mai 2014** « portant transposition de la directive 2012/13/UE du Parlement européen et du Conseil, du 22 mai 2012, relative au droit à l'information dans le cadre des procédures pénales » ; la **loi n° 2014-640 du 20 juin 2014** « relative à la réforme des procédures de révision et de réexamen d'une condamnation pénale définitive » ; la **loi n° 2014-1353 du 13 novembre 2014** « renforçant les dispositions relatives à la lutte contre le terrorisme » ; la **loi n° 2015-993 du 17 août 2015** « portant adaptation de la procédure pénale au droit de l'Union européenne » ; la **loi n° 2016-731 du 3 juin 2016** « renforçant la lutte contre le crime organisé, le terrorisme et leur financement, et améliorant l'efficacité et les garanties de la procédure pénale » ; la **loi n° 2017-242 du 27 février 2017** « portant réforme de la prescription en matière pénale » ; la **loi n° 2017-258 du 28 février 2017** « relative à la sécurité publique » ; la **loi n° 2019-222 du**

10. Texte de droit civil, cette loi connaît aussi des dispositions de procédure pénale.
11. Comprenant des dispositions de pure procédure pénale.
12. Comprenant un volet procédural.
13. Cette ordonnance crée le « Code de la sécurité intérieure », dans sa partie législative. Elle est entrée en vigueur le 1er mai 2012, ainsi que le Code.

23 mars 2019 « de programmation 2018-2022 et de réforme pour la justice » ; l'**ordonnance n° 2019-950 du 11 septembre 2019** « portant partie législative du code de la justice pénale des mineurs »[14].

À ces lois ordinaires, s'ajoute le *corpus juris* de procédure pénale adopté pour lutter contre la propagation de l'épidémie de **Covid-19**. La **loi n° 2020-290 du 23 mars 2020** « d'urgence pour faire face à l'épidémie de covid-19 » a créé un régime d'« **état d'urgence sanitaire** »[15] et a habilité le Gouvernement à prendre, par voie d'ordonnances de l'article 38 de la Constitution, une série de mesures relevant du domaine de la loi, parmi lesquelles des dispositions de procédure pénale. L'**ordonnance n° 2020-303 du 25 mars 2020** « portant adaptation de règles de procédure pénale sur le fondement de la loi n° 2020-290 du 23 mars 2020 d'urgence pour faire face à l'épidémie de covid-19 »[16], modifiée trois fois[17] a été applicable sur l'ensemble du territoire de la République, jusqu'à l'expiration d'un délai d'un mois à compter de la date de cessation de l'état d'urgence (fixée au 10 juillet 2020 inclus[18]), c'est-à-dire **jusqu'au 11 août 2020**. À cette ordonnance du 25 mars 2020 modifiée s'ajoute telles dispositions de la **loi n° 2020-734 du 17 juin 2020** « relative à diverses dispositions liées à la crise sanitaire, à d'autres mesures urgentes ainsi qu'au retrait du Royaume-Uni de l'Union européenne », brocardée loi « gloubi-boulga ».

Quelle institution, quels professionnels (magistrats, avocats, fonctionnaires de police judiciaire...), peuvent sereinement assimiler de tels changements ? L'État de droit n'étouffe-t-il pas sous son propre poids ?

Ces lois ne paraissent pourtant pas suffire encore à imposer une « réforme » de la procédure pénale : une pluie de rapports et de propositions s'abat par surcroît sur la matière, non comptés les propres travaux préparatoires ou d'enquête parlementaire, tel que le rapport de commission d'enquête rendu sur l'« affaire d'Outreau »[19].

---

14. La crise de covid-19 a différé son entrée en vigueur du 1er octobre 2020 au 31 mars 2021 ; voy. encadré E48.
15. Art. 2 de la loi, créant le chapitre 1er *bis* du titre III du livre Ier de la troisième partie du Code de la santé publique (CSP) : art. L. 3131-12 et s., nouv., du CSP.
16. *Add.* : Circulaire CRIM-2020-12/H2-26.03.2020 de « présentation des dispositions de l'ordonnance n° 2020-303 du 25 mars 2020 [...] » du 26 mars 2020. Cette ordonnance a été précédée, en plus grande urgence, d'une Circulaire CRIM-2020-10/E1-13.03.2020 du 14 mars 2020 « relative à l'adaptation de l'activité pénale et civile des juridictions aux mesures de prévention et de lutte contre la pandémie covid-19 ».
17. **Ordonnance n° 2020-341 du 27 mars 2020** « portant adaptation des règles relatives aux difficultés des entreprises et des exploitations agricoles à l'urgence sanitaire et modifiant certaines dispositions de procédure pénale » ; **loi n° 2020-546 du 11 mai 2020** « prorogeant l'état d'urgence sanitaire et complétant ses dispositions » ; **ordonnance n° 2020-557 du 13 mai 2020** « modifiant l'ordonnance n° 2020-303 du 25 mars 2020 [...] ».
18. Art. 2 de l'ord. du 5 mars 2020, mod. par l'art. 1, I, de la loi n° 2020-546 du 11 mai 2020 prorogeant l'état d'urgence sanitaire et complétant ses dispositions.
19. Tel que le Rapport fait au nom de la commission d'enquête « chargée de rechercher les causes des dysfonctionnements de la justice dans l'affaire dite d'Outreau et de formuler des propositions pour éviter leur renouvellement », AN, n° 3125, 2006, A. Vallini, président, Ph. Houillon, rapporteur.

E1 Pluie de rapports et de propositions de réforme

En permanence dans l'effort d'assimilation d'une loi nouvelle, voire d'une réforme, la procédure pénale est au surplus continûment objet de rapports et propositions de réforme ; les plus emblématiques des dix dernières années sont :

- la Commission sur la répartition des contentieux, présidée par M. le Recteur GUINCHARD : « L'ambition raisonnée d'une justice apaisée » (2008, 342 p.) ;
- la Commission de propositions de réforme de l'ordonnance du 2 février 1945 relative aux mineurs délinquants, présidée par M. le Recteur VARINARD : « Entre modifications raisonnables et innovations fondamentales : 70 propositions pour adapter la Justice pénale des mineurs » (2008, 238 p.) ;
- le Comité de réflexion sur la justice pénale, sous la présidence de M. LÉGER, avocat général : « Rapport d'étape sur la phase préparatoire du procès pénal » (2009, 59 p.), préparatoire de :
- l'*Avant-projet du futur Code de procédure pénale soumis à la concertation* (2010, 225 p.), sous l'égide du ministère de la Justice[20] ;
- la Commission de modernisation de l'action publique, sous la présidence de M. J.-L. NADA, procureur général près la Cour de cassation : *Refonder le ministère public* (2013, 123 p.) ;
- la Mission de réflexion sur les possibles évolutions de la procédure pénale, confiée à M. J. BEAUME, procureur général : *Rapport sur la procédure pénale* (2014, 89 p.) ;
- les propres réflexions exprimées par la *Conférence nationale des procureurs de la République*, en particulier dans son *Livre noir du ministère public – Propositions pour la Justice* (2017, 70 p.) ;
- les Chantiers de la Justice 2018, sous la présidence de M. J. BEAUME et Me F. NATALI, et dont les travaux ont été préliminaires à la loi n° 2019-222 du 23 mars 2019 « de programmation 2018-2022 et de réforme pour la justice », en particulier son rapport : *Amélioration et simplification de la procédure pénale* (2018, 40 p.).

20. Le rapport du « Comité Léger » a servi de base de travail à la préparation d'un nouveau Code de procédure pénale : l'« avant-projet du futur Code de procédure pénale » a été présenté le 1er mars 2010 et soumis à la concertation pendant deux mois. Il propose de modifier en profondeur la physionomie du procès pénal : substitution d'une « enquête judiciaire pénale » à l'enquête sur infraction flagrante, à l'enquête préliminaire et à l'instruction (avec la suppression corrélative du juge d'instruction) ; introduction d'un « juge » et d'un « tribunal de l'enquête et des libertés » ; création, à côté de la partie civile classique, de la « partie citoyenne » pouvant dans certains cas et sur autorisation du juge exercer les droits réservés à la partie civile. Sur un plan plus terminologique, l'« action pénale » serait la nouvelle dénomination de l'action publique (par référence à l'action civile) ; la « partie pénale », celle de personne mise en examen ; la « partie assistée », celle de témoin assisté ; la « convocation par autorité publique », celle de convocation par officier de police judiciaire ; la « comparution rapprochée », celle de convocation par procès-verbal ; les « alternatives à la saisine de la juridiction de jugement », celle des alternatives aux poursuites. Par ailleurs, le « classement judiciaire » renfermerait à la fois les classements sans suite et décision de non-lieu actuels. Au plan formel, le nouveau code répondrait à la présentation des codes modernes, initiée, en 1992, avec le Code pénal : division en livres, titres et chapitres ; numérotation de chaque article sous la forme de l'association d'un préfixe et d'un suffixe numériques (xxx-xx : au préfixe, le chiffre des centaines correspond à celui du livre, celui des dizaines à celui du titre et celui des unités à celui du chapitre ; au suffixe, le nombre après le tiret indique la place de l'article dans le chapitre) ; application du principe « une seule question par article » ; titrage de chaque article. En attendant, le groupe de travail réuni à l'initiative du ministre de la Justice pour apprécier la compatibilité du projet de réforme de la procédure pénale avec la Constitution et la Convention européenne des droits de l'homme a remis son rapport (Rapport du groupe de travail sur les aspects constitutionnels et conventionnels de la réforme de la procédure pénale, sous la présidence de M. le professeur Yves Gaudemet, *Dr. pén.*, 2010, étude n° 11).

Il y a bel et bien un renouvellement des sources de la procédure pénale[21].

4 ***Code de procédure pénale.*** Le renouvellement des sources de la procédure pénale est d'abord l'œuvre du législateur national. Le Code de procédure pénale a connu des dizaines de modifications et réformes depuis son entrée en vigueur le 2 mars 1959, date à laquelle il a succédé au Code d'instruction criminelle de 1808. Il a été institué par une loi du 31 décembre 1957, complété et modifié par une ordonnance du 23 décembre 1958.

5 ***Convention européenne des droits de l'homme.*** Ce renouvellement de sources de la procédure pénale est aussi l'œuvre de la Cour européenne des droits de l'homme interprétant la Convention européenne de sauvegarde des droits de l'homme et des libertés fondamentales du 4 novembre 1950, ratifiée par la France le 3 mai 1974, laquelle n'a admis le droit de recours individuel, aujourd'hui directement porté devant la Cour européenne, que depuis le 9 octobre 1981[22]. La portée des arrêts de la Cour européenne est considérable, que ceux-ci soient rendus contre la France ou un autre État membre du Conseil de l'Europe. L'Assemblée plénière de la Cour de cassation, dans une série de quatre arrêts rendus le 15 avril 2011 à propos du droit à l'assistance effective d'un avocat au cours de la garde à vue, juge ainsi que « les États adhérents à cette Convention sont tenus de respecter les décisions de la Cour européenne des droits de l'homme, sans attendre d'être attaqués devant elle ni d'avoir modifié leur législation »[23].

Ce renouvellement est dorénavant l'œuvre, aussi, de l'Union européenne[24].

E2 Les garanties de procédure pénale dans la Charte des droits fondamentaux de l'Union européenne

Le renouvellement de la procédure pénale française doit beaucoup à la Convention européenne des droits de l'homme et à la jurisprudence de la Cour, institution du Conseil de l'Europe. L'Union européenne participera vraisemblablement sans tarder à ce renouvellement des sources supranationales de la procédure pénale.

La Charte n° 2000/C 634/01 du 18 décembre 2000 des droits fondamentaux de l'Union européenne, dite Charte des droits fondamentaux de l'Union européenne, a été adoptée au cours du Conseil européen de Nice des 7-8 décembre 2000.

Divisée en sept chapitres (« Dignité », « Libertés », « Égalité », « Solidarité », « Citoyenneté », « Justice » et « Dispositions générales »), cette Charte « réaffirme [...] les droits qui résultent notamment des traditions constitutionnelles et des obligations internationales communes aux États membres, du Traité sur l'Union européenne et des traités communautaires, de la Convention européenne de sauvegarde des droits de l'homme et des libertés fondamentales, des Chartes sociales adoptées par la Communauté et par le Conseil de l'Europe, ainsi que de la jurisprudence de la Cour de justice des Communautés européennes et de la Cour européenne des droits de l'homme »

---

21. Sur la mutation de la procédure pénale, voy. J. Pradel, « La procédure pénale française à l'aube du troisième millénaire », *D.*, 2000, p. 1 et Cour de cassation, *La procédure pénale en quête de cohérence*, coll. Thèmes et commentaires, Paris, Dalloz, 2007.

22. P. Couvrat, « Le rôle moteur du développement des droits de l'homme en procédure pénale », *Dr. pén.*, 2002, chron. n° 5.

23. Arrêts n°s 10-17049, 10-30.313, 10-30.316 et 10-30.242 ; *Bull. Ass. plén.*, n° 1, 3, 4 et 2 ; *JCP*, 2011, n° 17, p. 483 ; RSC, 2011, p. 410, obs. Giudicelli.

24. Voy., à cet égard, le dossier que la revue *Dr. pén.* consacre au sujet de l'Union européenne dans son n° de septembre 2010.

(Préambule, al. 5). Dans ces conditions, il n'est pas étonnant que certaines de ses dispositions intéressent directement la procédure pénale. À cet égard, dans le chapitre 6 de la Charte, intitulé « Justice », trois articles méritent d'être signalés. D'abord, l'article 47, intitulé « Droit à un recours effectif et à accéder à un tribunal impartial », qui s'inspire directement de l'article 6 de la Convention EDH. Ensuite, l'article 48, intitulé « Présomption d'innocence et droits de la défense », qui trouve plus particulièrement sa source dans les paragraphes 2, 3-b) et c) de l'article 6 de la Convention EDH. Enfin, l'article 50, intitulé « Droit à ne pas être jugé ou puni deux fois pour une même infraction » qui s'inspire pour sa part de l'article 4 du protocole n° 7 du 22 novembre 1984 à la Convention.

Le traité de Lisbonne, dit traité « simplifié », intègre la Charte dans le droit de l'Union, lui conférant ainsi une valeur juridique équivalente à celle des traités.

La Cour de justice de l'Union européenne a consacré les droits et libertés garantis par la Convention EDH comme des principes généraux du droit communautaire. Dans l'attente de l'adoption d'un nouveau traité, cette solution constitue un palliatif tout à fait correct. En effet, s'agissant de la matière pénale, la Charte des droits fondamentaux de l'Union européenne et la Convention EDH du Conseil de l'Europe garantissent aux justiciables des droits et libertés équivalents.

Par ailleurs, les compétences acquises par l'Union européenne en matière pénale et de procédure pénale se traduisent par l'adoption de décisions-cadres et autres directives qu'il revient aux États de transposer. Par exemple, la loi n° 2015-993 du 17 août 2015 « portant adaptation de la procédure pénale au droit de l'Union européenne » (voy. *supra*, n° 3) a notamment tiré les enseignements de la directive 2012/29/UE du 25 octobre 2012 dite « victimes ».

---

6 ***Bloc de constitutionnalité.*** Enfin, le Conseil constitutionnel, par ses décisions d'interprétation du bloc de constitutionnalité, met en place les principes directeurs de procédure pénale[25]. Le développement de la jurisprudence du Conseil constitutionnel, mais aussi, en amont, de la chambre criminelle de la Cour de cassation[26], sur les questions prioritaires de constitutionnalité (QPC) est un accélérateur de constitutionnalisation du droit pénal et de la procédure pénale.

7 ***Procédure accusatoire, procédure inquisitoire et procédure mixte.*** Sous ces influences supralégislatives nationale et européennes, la procédure pénale française tend vers un modèle de plus en plus accusatoire. La procédure de type accusatoire est une procédure orale, contradictoire et publique, à l'opposé de la procédure de type inquisitoire qui est écrite, secrète et non contradictoire. Poussés aux extrémités de leur logique, aucun de ces modèles n'est enviable. Dans le modèle accusatoire, le procès pénal devient une sorte de duel judiciaire entre le délinquant et sa victime, les intérêts de la société n'étant pas défendus et le juge ayant un rôle passif, notamment dans la recherche des preuves. Dans le modèle inquisitoire, le délinquant paraît avoir deux adversaires : le ministère public qui est l'accusateur représentant la société et le juge qui, dans une procédure non contradictoire et secrète, n'a pas vocation à rechercher les preuves à décharge avec autant d'entrain que les preuves à charge. Les caractères de

25. J.-F. Seuvic, « Force ou faiblesse de la constitutionnalisation du droit pénal », in Cour de cassation, *La procédure pénale en quête de cohérence*, coll. Thèmes et commentaires, Paris, Dalloz, 2007.

26. Voy., à cet égard, le dossier du mois de juin 2011 de la revue *AJ pénal* et, en particulier, les contributions de : P. Beauvais et M. Massé, « Questions prioritaires de constitutionnalité : nouvelles perspectives » (p. 274) ; B. Aubert et C. Saas, « Les échos entre cours suprêmes » (p. 277) ; V. Tellier-Cayrol, « La constitutionnalisation de la procédure pénale » (p. 283) ; G. Roussel, « Les garanties de la défense pénale dans les premières décisions rendues sur QPC » (p. 286) et F. Saint-Pierre, « Les avocats s'emparent de la QPC » (p. 288). Les avocats au Conseil d'État et à la Cour de cassation disposent d'un monopole de représentation et d'assistance des parties devant la Cour de cassation, y compris statuant sur une QPC : Crim., 29 mars 2011, n° 11-90.007, *Bull. crim.*, n° 65.

publicité et de contradiction empruntés au modèle accusatoire font aujourd'hui l'objet d'un indéniable intérêt. Le modèle de la procédure pénale française, s'il faut parler de « modèle », est de nature mixte, ce qui se vérifie constamment dans l'étude de la matière.

8 ***Épistémologie de la vérité judiciaire.*** Chemin vers la peine, à tout le moins vers la réponse pénale à la commission d'une infraction, la procédure pénale connaît des invariants : modalités de constatation des infractions, méthodes de rassemblement de la preuve de ces infractions, procédés de recherche de leur auteur, établissement, le cas échéant, de leur culpabilité. La procédure pénale est une épistémologie de la vérité judiciaire.

9 ***De la théorie générale de la preuve à la théorie générale des nullités.*** Le Code de procédure pénale ne connaît pas de dispositions générales relatives à la preuve en matière pénale. Sur la base de dispositions éparses, essentiellement tirées des articles 427 et suivants du Code de procédure pénale consacrés à l'administration de la preuve devant le tribunal correctionnel, la jurisprudence a forgé des principes généraux. Associés à des garanties puisées dans le bloc de constitutionnalité et dans la Convention européenne des droits de l'homme, ils forment une théorie générale de la preuve en matière pénale (§ 1). Elle garantit une « bonne » administration de la preuve. La sanction de cette obligation procède d'une autre théorie générale, celle de la nullité des actes de procédure (§ 2).

§ 1. La théorie générale de la preuve

A) L'objet de la preuve

10 ***Preuve de la commission d'une infraction dans tous ses éléments constitutifs.*** La preuve a pour objet la commission d'une infraction. À cet effet, il s'agit de rassembler les preuves de l'infraction et d'en rechercher le ou les auteurs. Cette infraction doit être prouvée dans tous ses éléments constitutifs : matériel, moral et légal. La théorie générale de la preuve a été forgée d'après les mécanismes de responsabilité pénale imputables aux personnes physiques. Peuvent-ils être transposés aux personnes morales ?

1) La preuve de l'élément matériel de l'infraction

11 ***Recherche dynamique et/ou coercitive.*** La nécessité de cette preuve paraît évidente. Ira-t-on condamner le suspect pour homicide si la preuve qu'il a personnellement et matériellement porté un coup fatal à sa victime n'est pas apportée ? La recherche de la preuve est d'ailleurs organisée de manière dynamique et/ou coercitive : interrogatoires de garde à vue, perquisitions, saisies…

2) La preuve de l'élément moral de l'infraction

a) La preuve de l'élément moral dans les infractions intentionnelles

12 ***Appréciation souveraine des juges du fond d'après les circonstances de l'espèce.*** Le suspect a peut-être porté un coup, mais qu'a-t-il précisément voulu : tuer ou blesser ? À l'impossible nul n'est tenu et il n'est en conséquence pas

attendu du juge qu'il « sonde les reins et les cœurs » ; c'est pourquoi la jurisprudence pose les deux règles suivantes : le juge du fond apprécie souverainement l'élément moral et peut forger son intime conviction d'après les circonstances matérielles de l'espèce. Au suspect qui lui dira qu'il n'a pas voulu tuer, le juge pourra répondre en substance qu'il ne faut pas lui faire croire que compte tenu des circonstances – violence du coup, animosité entre les protagonistes… – le suspect n'aurait voulu que blesser sa victime.

b) La preuve de l'élément moral dans les infractions non intentionnelles

13 ***Preuve de l'élément moral dans les contraventions.*** Les contraventions se distinguent des autres infractions à deux points de vue. D'une part, la contravention est qualifiée d'infraction « matérielle ». À ce titre, et d'après la jurisprudence, « en matière de contravention il suffit, en principe, pour l'application de la loi pénale que le fait punissable soit matériellement constaté »[27]. Le juge peut donc entrer en voie de condamnation sans rechercher l'élément moral de l'infraction. D'autre part, l'article 121-3, dernier alinéa, du Code pénal prévoit qu'« [i]l n'y a point de contravention en cas de force majeure ». Dira-t-on alors que l'absence de force majeure est un élément constitutif de la faute contraventionnelle qui doit être initialement établi ? Évidemment non, et ceci pour deux raisons.

La première est vraie pour toute infraction. Lorsque l'article 121-3, dernier alinéa, du Code pénal précise qu'« [i]l n'y a point de contravention en cas de force majeure », il rappelle simplement que la contravention connaît bien un élément moral, la part d'élément moral irréductible et commune à toute infraction : la volonté. Pas de volonté ni de discernement, pas d'élément moral ni d'infraction[28]. Or le juge n'a pas, pour quelque infraction que ce soit, à établir la volonté et le discernement de l'auteur des faits au moment de l'action. Il revient, le cas échéant, à la personne poursuivie de s'en défendre. En clair, l'initiative de la preuve et la charge de la preuve des causes de non-imputabilité pèsent sur la personne poursuivie.

La seconde raison tient au régime des contraventions et aux termes de l'article 121-3, dernier alinéa, du Code pénal. Si le législateur y a abordé la force majeure en termes négatifs, c'est qu'il n'a pas fait de l'absence de force majeure un élément constitutif particulier de la contravention. Dès lors, cette absence de force majeure n'a pas lieu d'être initialement et spontanément prouvée par l'accusation.

14 ***Preuve de l'élément moral dans les délits non intentionnels.*** En principe intentionnel, le délit peut être non intentionnel lorsque la loi le prévoit (articulation des alinéas 1, 2, 3 et 4 de l'art. 121-3 du CP). La loi peut prévoir deux types de délits non intentionnels : en cas de mise en danger délibérée de la personne d'autrui (art. 121-3, al. 2) et en cas d'imprudence (art. 121-3, al. 3 et 4).

La « mise en danger délibérée de la personne d'autrui » est une qualification juridique positive à part entière. Elle doit donc être prouvée comme tout

27. Par exemple, Crim., 16 novembre 1976, n° 76-91.540, *Bull. crim.*, n° 325.

28. Voy. l'arrêt *Laboube* : Crim., 13 décembre 1956, *Bull. crim.*, n° 840 ; *D.*, 1957, p. 349, rapport PATIN ; « toute infraction, même non intentionnelle, suppose en effet que son auteur ait agi avec intelligence et volonté ».

élément constitutif d'une infraction (voy., en particulier, le délit d'exposition d'autrui à un risque, art. 223-1 du CP).

Les choses sont moins simples en cas de délit d'imprudence, infraction dont la définition a été remaniée deux fois entre 1996 et 2000. Sous l'empire de la loi n° 96-323 du 13 mai 1996 relative à la responsabilité pénale pour faits d'imprudence et de négligence, l'article 121-3, alinéa 3, du Code pénal disposait : « Il y a également délit, lorsque la loi le prévoit, en cas d'imprudence, de négligence ou de manquement à une obligation de prudence ou de sécurité prévue par la loi ou les règlements sauf si l'auteur des faits a accompli les diligences normales... » « Sauf si l'auteur des faits a accompli les diligences normales » : le défaut d'accomplissement des diligences normales était-il un élément constitutif de la définition de l'imprudence (auquel cas il aurait dû être prouvé par l'accusation), ou était-ce l'accomplissement de ces diligences qui constituait un moyen de défense de la personne poursuivie (laquelle aurait dû en rapporter la preuve, comme toute cause d'irresponsabilité pénale) ? La jurisprudence a pris le parti, discutable à la lecture du texte, de voir dans les diligences normales, en particulier dans leur défaut d'accomplissement, un élément constitutif de l'imprudence[29].

Les alinéas 3 et 4 de l'article 121-3 du Code pénal, introduits par la loi n° 2000-647 du 10 juillet 2000 tendant à préciser la définition des délits non intentionnels, créent deux types de délits d'imprudence selon que l'auteur des faits a causé directement le dommage (al. 3) ou non (al. 4). Quoi qu'il en soit, ces deux dispositions participent d'un même raisonnement quant à la charge de la preuve de l'imprudence. L'auteur des faits qui a causé directement le dommage est responsable « s'il est établi [qu'il] n'a pas accompli les diligences normales ». L'auteur des faits qui n'a pas causé directement le dommage est responsable « s'il est établi [qu'il a], soit violé de façon manifestement délibérée une obligation particulière de prudence ou de sécurité prévue par la loi ou le règlement, soit commis une faute caractérisée et qui exposait autrui à un risque d'une particulière gravité [qu'il ne pouvait] ignorer ». « S'il est établi que » : la charge de la preuve de l'imprudence pèse incontestablement sur l'accusation.

c) La preuve de l'élément légal

15 ***Démonstration du caractère délictueux de l'acte.*** Il paraît étrange d'attendre la preuve de ce que nul n'est censé ignorer. Ce n'est pas en ces termes qu'il faut envisager le problème de la preuve de l'élément légal. Il s'agit plutôt de savoir si des faits matériels et, le cas échéant, moraux, poursuivis et précédemment démontrés, peuvent correspondre à la qualification posée par un texte légal d'incrimination. À l'évidence, la démonstration du caractère délictueux de l'acte doit être faite. Il en va différemment, à l'inverse, de la preuve de l'absence de leur caractère délictueux. La personne poursuivie doit donc prendre l'initiative de prouver les faits justificatifs.

---

29. Crim., 14 octobre 1997, n° 96-83.356, *Bull. crim.*, n° 334 : « [...] n'a pas accompli les diligences normales lui incombant en vertu de l'article 121-3 du Code pénal dans sa rédaction issue de la loi du 13 mai 1996, lequel n'institue aucun fait justificatif [...] » ; *Dr. pén.*, 1998, comm. n° 25, note Robert ; *RSC*, 1998, p. 328, obs. Mayaud.

d) Le cas des personnes morales

16 ***Application de la théorie de la responsabilité pénale « du fait personnel par représentation ».*** Le Code pénal a introduit en termes généraux la responsabilité pénale des personnes morales. L'article 121-2 du Code pénal dispose en effet que « les personnes morales [...] sont responsables pénalement [...] des infractions commises, pour leur compte, par leurs organes ou représentants ». Puisqu'elles sont responsables des infractions « commises » par leurs organes ou représentants, l'élément matériel de l'infraction reprochée à la personne morale doit être recherché dans la personne physique, organe ou représentant, ayant agi pour le compte de la personne morale.

La jurisprudence a étendu ce mécanisme à la preuve de l'élément moral avec la théorie du « fait personnel par représentation »[30]. La pudeur jurisprudentielle cache ce qu'il convient en réalité d'appeler « responsabilité du fait d'autrui » – la personne morale est en effet pénalement responsable d'infractions dont elle n'est ni coupable matériellement ni coupable moralement – ou « théorie du risque-profit » – sorte de « responsabilité par ricochet »[31]. Tous les éléments constitutifs des infractions qui lui sont reprochés doivent être prouvés dans la personne des personnes physiques, organes ou représentants, ayant agi « pour son compte ».

B) La charge de la preuve

17 ***Présomption d'innocence.*** Sur qui pèse la charge de la preuve des éléments constitutifs de l'infraction, objet de la preuve, que nous venons d'étudier ? D'après le droit commun processuel, il pourrait être répondu qu'elle pèse sur le demandeur au procès, en l'occurrence le ministère public, partie principale à l'action publique. Ce droit commun processuel s'applique évidemment au procès pénal, mais avec une acuité particulière. Il ne suffit pas au ministère public de prouver la culpabilité de la personne poursuivie, il faut renverser une présomption : la présomption d'innocence, et l'article préliminaire III, alinéa 1er, du Code de procédure pénale prévoit que « [t]oute personne suspectée ou poursuivie est présumée innocente tant que sa culpabilité n'a pas été établie ».

La présomption d'innocence est une valeur en mutation[32] : d'un droit processuel relatif à la détermination de la charge de la preuve, elle s'étend aujourd'hui à un droit substantiel de ne pas être présenté publiquement comme coupable[33].

---

30. Selon F. Desportes dans son rapport sur Crim., 2 décembre 1997, n° 96-85.484, *Bull. crim.*, n° 408 ; *JCP*, 1998, II, 10023.

31. Selon J.-Ch. Saint-Pau dans sa note sous Crim., 18 janvier 2000, n° 99-80.318, *Bull. crim.*, n° 28 ; *D.*, 2000, p. 636.

32. Une mutation sans doute encore inachevée : S. Detraz, « La prétendue présomption d'innocence », *Dr. pén.*, 2004, chron. n° 3.

33. Sur le sujet, voy. C. Michalski, « La mise en cause d'autrui », *AJ pénal*, 2007, p. 10 ; H. Henrion, *La nature juridique de la présomption d'innocence – Comparaison franco-allemande*, préf. Ch. Lazerges et H. Jung, coll. Thèses, Faculté de droit de Montpellier, 2006 ; M.-L. Lanthiez, « Actualité doctrinale de la présomption d'innocence », *RPDP*, 2007, p. 829.

1) La présomption d'innocence, un droit processuel relatif à la détermination de la charge de la preuve

18 *Sources.* La présomption d'innocence est garantie à chaque « étage utile » de la hiérarchie des normes. L'article 9 de la Déclaration des droits de l'homme et du citoyen du 26 août 1789, laquelle fait partie du bloc de constitutionnalité, prévoit : « Tout homme [est] présumé innocent jusqu'à ce qu'il ait été déclaré coupable ». Au rang supranational, l'article 6, § 2, de la Convention EDH, entre autres dispositions, prévoit que « [t]oute personne accusée d'une infraction est présumée innocente jusqu'à ce que sa culpabilité ait été légalement établie ». Au plan législatif enfin, l'article préliminaire, III, alinéa 1er, du Code de procédure pénale retient que « [t]oute personne suspectée ou poursuivie est présumée innocente tant que sa culpabilité n'a pas été établie. Les atteintes à sa présomption d'innocence sont prévenues, réparées et réprimées dans les conditions prévues par la loi », et l'article 9-1, alinéa 1er, du Code civil dispose que « chacun a droit au respect de la présomption d'innocence ».

Ce droit au respect de la présomption d'innocence se constate par certaines manifestations. Il n'est cependant pas absolu.

a) Les manifestations de la présomption d'innocence

1. *Les manifestations positives de la présomption d'innocence*

19 *Rôle du ministère public et de la victime.* Il ne revient pas à la personne poursuivie de démontrer qu'elle est innocente de l'infraction dont elle est accusée ; il revient en revanche à l'accusation, au ministère public, de prouver sa culpabilité avec une force que l'idée de présomption induit : renverser la présomption d'innocence.

À l'accusateur public qu'est le ministère public s'ajoute en pratique un accusateur privé : la victime qui s'est constituée partie civile. Au cours du jugement portant sur l'action publique, la personne poursuivie doit alors faire face à deux adversaires, le ministère public et la partie civile. Cette dernière joue en effet un rôle plus important que celui qui lui est idéalement dévolu, à savoir défendre ses intérêts civils dans le cadre de l'action civile. Il faut observer à cet égard que le législateur et la jurisprudence donnent à la partie civile des signes d'encouragement. La loi fait produire à l'action civile par voie d'action l'effet de mettre en mouvement l'action publique. La victime peut donc déclencher les poursuites comme le ministère public (voy. *infra*, nos 467 et s.). Quant à la jurisprudence, elle admet la recevabilité de l'action civile « à fin répressive », c'est-à-dire dans le but de corroborer l'action publique et les poursuites alors que, idéalement, l'action civile n'est que l'action en réparation du dommage causé par une infraction (voy. *infra*, n° 470).

Observons cependant que le ministère public et la partie civile sont les deux seuls adversaires de la personne poursuivie. Le juge d'instruction doit en effet instruire à charge et à décharge et les juges du siège, qu'ils soient chargés de l'instruction ou du jugement, sont indépendants et impartiaux.

2. *Les manifestations négatives de la présomption d'innocence*

20 *Bénéfice du doute.* C'est un principe connu de tout un chacun : le doute profite à l'accusé (*in dubio pro reo*). En cas de doute sur la culpabilité du prévenu, la juridiction correctionnelle ou de police doit le relaxer et, en cas de doute sur la culpabilité de l'accusé, la Cour d'assises doit l'acquitter. Ces juridictions

peuvent-elles laisser transparaître qu'elles ont relaxé ou acquitté, selon l'expression commune, « au bénéfice du doute » ?

La chambre criminelle approuve les juridictions du fond qui prononcent une relaxe au motif qu'« en dépit des charges relevées contre les prévenus, il n'en subsiste pas moins un doute sur leur culpabilité qui doit leur bénéficier »[34]. Cette solution jurisprudentielle est contestable, juridiquement et pratiquement. En droit, la relaxe n'est possible que lorsque « le fait poursuivi ne constitue aucune infraction à la loi pénale ou que le fait n'est pas établi, ou qu'il n'est pas imputable au prévenu » (art. 470 du CPP). Il n'y a donc pas place pour la relaxe « au bénéfice du doute », puisque la relaxe au bénéfice du doute, en laissant planer un doute sur la culpabilité, laisse corrélativement planer un doute sur l'innocence. Dans ces conditions, peut-on dire que la présomption d'innocence est encore respectée ?

21 ***Droit de se taire et de ne pas contribuer à sa propre incrimination.*** Ce droit a été dégagé par la Cour européenne des droits de l'homme de l'interprétation des §§ 1er et 2 de l'article 6 de la Convention relatifs, respectivement, au droit à un procès équitable et au droit au respect de la présomption d'innocence[35]. Il est en revanche expressément prévu par le Pacte des Nations Unies sur les droits civils et politiques du 16 décembre 1966 (art. 14-3 g : toute personne accusée d'une infraction pénale a droit « à ne pas être forcée de témoigner contre elle-même ou de s'avouer coupable »).

La Cour européenne a rendu trois grands arrêts au sujet de cette garantie[36], laquelle peut être résumée comme suit. Le droit de se taire implique qu'il est interdit de condamner un suspect au seul motif pris de son silence. Il n'interdit pas de prendre en compte son silence. Quant au droit de ne pas contribuer à sa propre incrimination, il suppose que « l'accusation cherche à fonder son argumentation sans recourir à des éléments de preuve obtenus par la contrainte ou les pressions au mépris de la volonté de l'accusé »[37], étant observé que ce droit ne « s'étend pas à l'usage de données que l'on peut obtenir de l'accusé en recourant à des pouvoirs coercitifs, mais qui existent indépendamment de la volonté du suspect, par exemple les documents recueillis en vertu d'un mandat [lire, en droit français, les documents obtenus sur perquisitions et saisies], les prélèvements d'haleine, de sang et d'urine ainsi que de tissus corporels en vue d'une analyse de l'ADN »[38]... ou les données contenues dans un téléphone portable, qui peuvent être obtenues par des moyens techniques[39].

34. Par exemple, Crim., 21 mars 1990, n° 88-84.011, *Bull. crim.*, n° 125.

35. D. Roets, « Le droit de ne pas contribuer à sa propre incrimination dans la jurisprudence de la Cour européenne des droits de l'homme », *AJ pénal*, 2008, p. 119.

36. CEDH, 25 février 1993, aff. *Funke c. France*, req. n° 10828/84 ; CEDH, 8 février 1996, aff. *John Murray c. Royaume-Uni*, req. n° 18731/91 ; CEDH, 17 décembre 1996, aff. *Saunders c. Royaume-Uni*, req. n° 19187/91.

37. Arrêt *Funke*, § 44.

38. Arrêt *Saunders*, § 69.

39. Crim., 10 décembre 2019, n° 18-86.878, *Bull. crim.*, à par. ; *Gaz. Pal.*, 12 mai 2020, p. 61, obs. Fourment (refus de communiquer aux enquêteurs le code de déverrouillage du téléphone portable, poursuite et condamnation du chef du délit de refus de remettre aux autorités ou de mettre en œuvre la convention secrète de déchiffrement d'un moyen de cryptologie prévu à l'art. 434-15-2 du CP, incrimination pour laquelle le Conseil constitutionnel avait écarté une question prioritaire de constitutionnalité : Cons. const., 30 mars 2018, n° 2018-696 QPC).

b) La relativité de la présomption d'innocence

22 ***Présomption d'innocence et présomption de responsabilité.*** La force de la présomption d'innocence n'est pas seulement relative en fait – encore que des efforts ont été réalisés par le législateur pour que la personne poursuivie ne soit pas présentée publiquement comme coupable –, elle l'est aussi en droit. Le législateur peut en effet ériger des mécanismes de présomption de responsabilité pénale, lesquels ne sont d'ailleurs pas expressément prohibés par la Convention européenne des droits de l'homme. Dans son arrêt *Salabiaku contre France* du 7 octobre 1988, la Cour européenne a en effet estimé que « tout système juridique connaît des présomptions de fait ou de droit » et que la Convention, si elle « n'y met évidemment pas obstacle en principe », oblige les États contractants, en matière pénale, à ne pas dépasser un « certain seuil », afin de « les enserrer dans des limites raisonnables prenant en compte la gravité de l'enjeu et préservant les droits de la défense »[40]. En l'espèce, la présomption de responsabilité litigieuse était l'article 392 du Code des douanes qui présume le détenteur de marchandises importées frauduleusement responsable de la fraude. Dans cette affaire, la France n'a pas été condamnée, la Cour ayant estimé que le droit français respectait les droits de la défense dans l'application de cette disposition. En effet, la jurisprudence permet au détenteur de renverser la présomption en apportant la preuve d'un cas de force majeure (§ 29 de l'arrêt), comme l'impossibilité absolue de connaître le contenu d'un colis.

Le Conseil constitutionnel a suivi la Cour européenne des droits de l'homme. Dans sa décision n° 99-411 DC du 16 juin 1999 rendue sur le projet de loi portant diverses mesures relatives à la sécurité routière et aux infractions sur les agents des exploitants de réseau de transport public de voyageurs[41], le Conseil constitutionnel :

- a posé un principe : « le législateur ne saurait instituer de présomption de culpabilité en matière répressive » (art. 9 de la Déclaration des droits de l'homme et du citoyen relatif à la présomption d'innocence) ;
- a assorti ce principe d'un tempérament : « à titre exceptionnel, de telles présomptions peuvent être établies, notamment en matière contraventionnelle, dès lors qu'elles ne revêtent pas de caractère irréfragable, qu'est assuré le respect des droits de la défense et que les faits induisent raisonnablement la vraisemblance de l'imputabilité ». En l'espèce, le Conseil constitutionnel a estimé que l'article L. 21-2 du Code de la route (devenu l'article L. 121-3 du Code de la route) qui prévoit que le « titulaire du certificat d'immatriculation du véhicule est redevable pécuniairement de l'amende encourue pour des contraventions à la réglementation sur les vitesses maximales autorisées et sur les signalisations imposant l'arrêt des véhicules, à moins qu'il n'établisse l'existence d'un vol ou de tout autre événement de force majeure ou qu'il n'apporte tous éléments permettant d'établir qu'il n'est pas l'auteur véritable de l'infraction », satisfait les conditions de validité des présomptions exceptionnelles de culpabilité.

---

40. § 28 de l'arrêt.
41. Y. Mayaud, « Entre le dit et le non-dit, ou les leçons de droit pénal du Conseil constitutionnel », *D.*, 1999, p. 589.

2) La présomption d'innocence, un droit substantiel de ne pas être présenté publiquement comme coupable

23 *Sources.* Le droit de ne pas être présenté publiquement comme coupable aurait longtemps pu rester informel et demeurer un simple corollaire du droit à l'image. En 1993, le législateur lui a donné une assise textuelle dans l'article 9-1, alinéa 2, du Code civil.

En 2000, il a voulu approfondir ce droit en lui réservant symboliquement une partie du titre de la loi du 15 juin 2000 « renforçant la protection de la présomption d'innocence et les droits des victimes » ainsi que des dispositions de l'article préliminaire. L'article préliminaire III, alinéa 1er, du Code de procédure pénale dispose en effet : « Toute personne suspectée ou poursuivie est présumée innocente tant que sa culpabilité n'a pas été établie. Les atteintes à sa présomption d'innocence sont prévenues, réparées et réprimées dans les conditions prévues par la loi »[42].

a) La prévention des atteintes à la présomption d'innocence

24 *Référé-présomption d'innocence.* L'article 9-1, alinéa 2, du Code civil prévoit que le juge peut prescrire en référé toutes mesures aux fins de faire cesser une atteinte à la présomption d'innocence, et ce aux frais de la personne, physique ou morale, responsable de cette atteinte. L'atteinte à la présomption d'innocence se conçoit comme le fait de présenter publiquement une personne comme coupable de faits donnant lieu à enquête ou instruction judiciaire, alors qu'elle n'a subi aucune condamnation.

On peut observer que la présomption d'innocence, prise sous sa facette du droit de ne pas être présenté publiquement comme coupable, cesse de s'appliquer au terme de l'enquête et/ou de l'instruction. En effet, il ne joue plus au stade du jugement, plus particulièrement après une première condamnation, serait-elle l'objet d'une voie de recours. En revanche, la présomption d'innocence prise sous sa facette du droit processuel relatif à la détermination de la charge de la preuve ne cesse qu'avec l'intervention d'une décision définitive sur la culpabilité de la personne poursuivie. Par exemple, une personne qui vient d'être condamnée en première instance par le tribunal correctionnel ne bénéficie plus de la présomption d'innocence de l'article 9-1, alinéa 2, du Code civil en tant que droit de ne pas être présentée publiquement comme coupable, mais en cause d'appel et jusque devant la Cour de cassation, elle jouit toujours de la présomption d'innocence en tant que droit processuel relatif à la détermination de la charge de la preuve. On peut regretter cette dualité dans le régime d'application dans le temps d'une même garantie.

Mais on peut également observer que ce « droit-créance » du suspect ne connaît pas toujours le même débiteur. Ce dernier est l'État et ses institutions judiciaires en ce qui concerne le droit relatif à la détermination de la charge de la preuve, alors qu'il s'agit de personnes privées (notamment les journalistes) en ce qui concerne le droit de ne pas être publiquement présenté comme coupable.

Cependant, l'article 9-1, alinéa 2, du Code civil tel qu'issu de la loi du 15 juin 2000 assure la protection d'un plus grand nombre de personnes : il suffit

---

42. Voy. C. Michalski, « La mise en cause d'autrui », *AJ pénal*, 2007, p. 10.

que les faits dont une personne est présentée publiquement comme coupable soient l'objet d'une enquête ou d'une instruction. Il n'est pas dit qu'au cours de cette enquête ou de cette instruction, la personne soit judiciairement désignée comme suspecte (c'est le cas de la personne gardée à vue dans le cadre d'une enquête ou de la personne mise en examen dans le cadre de l'instruction). Or, sous l'empire de la loi du 24 août 1993, la protection n'était due qu'aux personnes en garde à vue, mises en examen ou faisant l'objet d'une citation à comparaître en justice, d'un réquisitoire du procureur de la République ou d'une plainte avec constitution de partie civile. La liberté d'expression des chroniqueurs judiciaires et autres journalistes en ressort donc d'autant mesurée.

Toutefois, la jurisprudence de la Cour de cassation, rendue sous l'empire de l'article 9-1, alinéa 2, du Code civil tel qu'issu de la loi du 24 août 1993, selon laquelle il n'est pas interdit de divulguer le nom d'une personne mise en examen, ni de rendre compte des affaires judiciaires en cours, dès lors que la relation des faits n'est assortie d'aucun commentaire de nature à révéler un préjugé sur la culpabilité[43], est toujours d'actualité, malgré la réécriture de l'article 9-1, alinéa 2, par la loi du 15 juin 2000[44].

25 ***Port des menottes et entraves.*** Le port des menottes (mains) et entraves (pieds) est réservé à l'individu dangereux pour autrui ou pour lui-même ou susceptible de prendre la fuite (art. 803, al. 1er, du CPP). Par ailleurs, les policiers et gendarmes doivent prendre toutes mesures utiles pour éviter qu'une personne menottée ou entravée soit photographiée ou fasse l'objet d'un enregistrement audiovisuel (art. 803, al. 2, du CPP), en permettant par exemple à cette dernière de se couvrir le visage.

De plus, selon la circulaire d'application n° CRIM-00-13/F1 du 4 décembre 2000, les dispositions de l'article 803 du Code de procédure pénale justifient que les services de police ou de gendarmerie prennent des mesures pour interdire à la presse de s'approcher de la personne menottée ou entravée, mesures naturellement exclusives de toute confiscation ou saisie du matériel d'enregistrement d'un journaliste.

26 ***« Fenêtres d'information » en cours d'instruction.*** L'instruction est secrète (art. 11 du CPP ; voy. *infra*, nos 307 et s. et 692 et s.) : en principe rien de ce qui se passe au cours de l'instruction (et de l'enquête) ne devrait filtrer du cabinet du juge. Il n'est que de suivre la presse pour s'apercevoir que des instructions s'y déroulent tout autant que dans les cabinets d'instruction. Or, bien souvent, démentir ces allégations reviendrait, pour ceux qui concourent à la procédure, à violer le secret de l'instruction.

Pour cette raison, la loi du 15 juin 2000 a légalisé dans le Code de procédure pénale (art. 11, dernier al.) une mesure que la pratique avait déjà dégagée : les « fenêtres d'information ». Elle consiste, pour le procureur de la République, à rendre publics des éléments objectifs tirés de la procédure, cela d'office ou à la demande du juge d'instruction ou des parties et a pour finalité d'éviter la propagation d'informations parcellaires ou inexactes, ou de mettre fin à un trouble à l'ordre public. Elles ont également une limite : ne comporter aucune

---

43. Civ. 1re, 6 mars 1996, n° 93-20.478, *Bull. civ.*, I, n° 123.

44. Civ. 2e, 20 juin 2002, n° 00-11.916, *Bull. civ.*, II, n° 142 ; *JCP*, 2003, II, 10101, note Garaud ; *JCP*, 2003, I, 126, obs. Beignier.

appréciation sur le bien-fondé des charges retenues contre les personnes mises en cause.

La circulaire d'application n° CRIM-00-13/F1 du 4 décembre 2000 apporte quelques précisions supplémentaires sur la pratique de ces fenêtres d'information : communiqués de presse préférés aux conférences de presse, ces dernières ne pouvant se dérouler qu'après information préalable et accord du procureur général et information de la direction des affaires criminelles et des grâces.

b) La réparation des atteintes à la présomption d'innocence

27 ***Réparation pécuniaire.*** La réparation des atteintes à la présomption d'innocence peut être pécuniaire et/ou morale.

Pécuniairement, deux dispositions introduites par la loi du 15 juin 2000 améliorent sensiblement la réparation de la victime d'une atteinte à sa présomption d'innocence :

- l'article 149 du Code de procédure pénale, relatif à l'indemnisation d'une personne ayant fait l'objet d'une détention provisoire au cours d'une procédure terminée à son égard par une décision de non-lieu, de relaxe ou d'acquittement (voy. *infra*, n° 640) ;
- l'article 800-2 du Code de procédure pénale, consacré à l'indemnisation d'une personne ayant fait l'objet d'une poursuite se terminant de la même façon[45]. L'article 800-2 est applicable devant la Cour de cassation en cas de rejet d'un pourvoi portant sur une décision de non-lieu, de relaxe ou d'acquittement.

La loi du 15 juin 2000 n'a pas modifié le régime d'indemnisation des condamnés reconnus innocents après révision de leur procès (voy. *infra*, n° 861). La loi du 30 décembre 2000 a réparé cet oubli et le régime d'indemnisation des condamnés reconnus innocents après révision de leur procès est dorénavant unifié avec celui des victimes de détentions provisoires injustes (voy. *infra*, n° 640). Symboliquement, il n'est d'ailleurs plus question d'« indemnisation », mais de « réparation ».

28 ***Réparation morale.*** Moralement, la personne concernée par un non-lieu peut obtenir de la juridiction d'instruction qu'elle ordonne la publication de sa décision ou d'un communiqué informant le public de ses motifs et dispositif (art. 177-1 et 212-1 du CPP).

c) La répression des atteintes à la présomption d'innocence

29 ***Loi du 29 juillet 1881 sur à la liberté de la presse.*** Les atteintes à la présomption d'innocence ont un vecteur, une source de propagation : la presse. La loi du 15 juin 2000 a donc introduit des dispositions tendant à réprimer des formes d'atteintes à la présomption d'innocence.

L'article 35 *ter* sur la loi du 29 juillet 1881 relative à la liberté de la presse érige en délit puni de 15 000 euros d'amende le fait de :

- diffuser, par quelque moyen que ce soit et quel qu'en soit le support, sans l'accord de l'intéressé, l'image d'une personne identifiée ou identifiable

45. O. Mouysset, « La charge des frais de défense de la personne renvoyée des fins de la poursuite », *Dr. pén.*, 2006, chron. n° 1.

mise en cause à l'occasion d'une procédure pénale mais n'ayant pas fait l'objet d'un jugement de condamnation et faisant apparaître soit que cette personne porte des menottes ou entraves, soit qu'elle est placée en détention provisoire ;
- réaliser, publier ou commenter un sondage d'opinion, ou toute autre consultation, portant sur la culpabilité d'une personne mise en cause à l'occasion d'une procédure pénale ou sur la peine susceptible d'être prononcée à son encontre ou publier des indications permettant d'avoir accès à ces sondages ou consultations.

L'intervention de la loi du 15 juin 2000 en la matière est heureuse, le délit d'interdiction de publier toute information relative à des plaintes avec constitution de partie civile, prévu par l'article 2 de la loi du 2 juillet 1931, ayant été jugé non compatible avec la Convention européenne des droits de l'homme, puis abrogé.

C) Les modes de preuve

1) Le principe de la liberté de la preuve

30 ***Exposé du principe de la liberté de la preuve.*** L'article 427, alinéa 1er, du Code de procédure pénale prévoit : « Hors les cas où la loi en dispose autrement, les infractions peuvent être établies par tout mode de preuve ». Comment pourrait-il en être autrement ? L'infraction pénale renvoie à la commission d'un fait juridique, lequel se prouve par tout moyen. L'article 427 fait certes partie d'un chapitre du Code de procédure pénale réservé au « jugement des délits », mais la jurisprudence lui donne une portée générale. Qu'est-ce à dire qu'une infraction se prouve par « tout moyen » ? Les moyens suivants peuvent être envisagés.

En premier lieu, les présomptions de fait et indices : ce sont les faits matériels qui, rapprochés les uns des autres, permettent au juge d'induire qu'un événement s'est produit. Par exemple, une personne identifiée a été vue sortant en courant, un couteau à la main, du domicile d'une victime tuée par une arme blanche, à l'heure même du décès.

En second lieu, les procès-verbaux. Ils émanent des officiers de police judiciaire, des agents de police judiciaire ou des agents et fonctionnaires chargés de certaines fonctions de police judiciaire (par exemple, inspecteur du travail, garde-champêtre...). De ces procès-verbaux peuvent être rapprochés les simples rapports de police, établis par les agents de police judiciaire adjoints qui rendent compte à leur supérieur de leur activité ou font la synthèse d'une enquête.

Puis viennent les témoignages, c'est-à-dire les déclarations faites en justice sous la foi de dire toute la vérité et qui exposent donc le témoin affabulateur à des poursuites pour délit de faux témoignage (art. 434-13 et s. du CP).

Enfin, une place doit être réservée à l'aveu, qui peut être judiciaire (c'est-à-dire fait en justice) ou extrajudiciaire (sous la forme de lettre de confession, de transcription d'une interception de communication téléphonique ou de bien d'autres écrits). Reste que, l'article préliminaire, III, dernier alinéa 3, du Code de procédure prévoit qu'aucune condamnation ne peut être prononcée contre une personne sur le seul fondement de déclarations qu'elle a faites sans avoir pu s'entretenir avec un avocat et être assistée par lui. La reconnaissance, par la personne mise en cause, des faits, voire d'avoir commis l'infraction à elle reprochée, n'est pour autant pas écartée, elle participe même de la mise en œuvre, au choix du procureur de la République, des procédures de comparution sur reconnaissance de culpabilité (art. 495-7 du CPP ; voy. *infra*, n° 540) ou de composition pénale (art. 41-2 du CPP ; voy. *infra*, n° 511), respectivement.

Cette recherche des éléments de preuve est dynamique et coercitive. Elle peut en effet résulter de différents moyens d'enquête efficaces : interrogatoires, auditions, perquisitions et saisies, expertises et écoutes téléphoniques, par exemple. En dépit de la grande diversité de ces moyens de preuve, la procédure reste écrite, en sorte que ces éléments seront toujours consignés dans des actes ou pièces de procédure, essentiellement les procès-verbaux.

31 ***Exceptions au principe de la liberté de la preuve.*** « Hors les cas où la loi en dispose autrement » : n'est-ce pas en ces termes que l'article 427, alinéa 1er, du Code de procédure pénale introduit le principe de liberté de la preuve ? Deux de ces cas peuvent être donnés en exemple.

En premier lieu, l'article 537, alinéa 1er, du Code de procédure pénale prévoit que les contraventions sont prouvées soit par procès-verbaux de constatation d'infraction ou rapports, soit, à défaut de procès-verbaux et rapports, par témoins.

En second lieu, l'article L. 234-3 du Code de la route détaille les conditions dans lesquelles la conduite sous l'empire d'un état alcoolique ne peut être que strictement rapportée. Un dépistage préalable de l'état d'imprégnation alcoolique doit d'abord être effectué (alcootest). Ce dépistage effectué, l'opération de vérification destinée à établir la preuve de l'état alcoolique est ensuite opérée soit par analyses et examens médicaux cliniques et biologiques (le plus souvent par prise de sang), soit par analyse de l'air expiré (par le biais d'un éthylomètre). Dans le même esprit, l'article L. 235-1-I du Code de la route punit de deux ans d'emprisonnement et 4 500 euros d'amende le fait de conduire un véhicule après usage de stupéfiants. La preuve de cet usage doit résulter d'une analyse sanguine. Si celle-ci est irrégulière, le juge ne peut fonder la déclaration de culpabilité du prévenu sur son aveu d'avoir « fumé un joint » : « la preuve légale chasse l'intime conviction du juge… et de l'auteur »[46].

2) La limite de la légalité de la preuve

32 ***De la légalité de la preuve à la loyauté de la preuve.*** La preuve doit être administrée légalement. Les dispositions du Code de procédure pénale qui rappellent ce principe sont rares. On peut toutefois citer l'article 81, alinéa 1er : « Le juge d'instruction procède, conformément à la loi, à tous les actes d'information qu'il juge utiles à la manifestation de la vérité ». Mais cette disposition n'est pas générale puisqu'elle ne concerne que l'administration de la preuve dans la phase d'instruction. Elle n'est pas non plus facile d'application, comme la jurisprudence a pu le révéler (en matière d'écoutes téléphoniques, voy. *infra*, encadré E37). En réalité, le principe de la légalité de la preuve est sauvegardé sous couvert de deux autres principes, érigés par la jurisprudence en principes

46. F. Fourment, obs. sous Crim., 15 février 2012, n° 11-84.607, *Gaz. Pal.*, 21 avril 2012, p. 37 ; *Bull. crim.*, n° 48.

généraux du droit : la loyauté dans la recherche de la preuve et la loyauté dans la discussion de la preuve[47].

Il semblera évident que la preuve, notamment les aveux, ne peut pas être obtenue sous la torture ou d'autres traitements inhumains ou dégradants. La Cour européenne des droits de l'homme a cependant dû le rappeler aux autorités françaises, dans les affaires *Tomasi*[48] et *Selmouni*[49].

E3 Les brutalités policières à l'épreuve de l'article 3 de la Convention EDH : les enseignements de l'arrêt *Selmouni*

L'article 3 de la Convention EDH dispose : « *Nul ne peut être soumis à la torture ni à des peines ou traitements inhumains ou dégradants* ». Deux questions se posent alors : savoir à partir de quel niveau d'intensité les brutalités policières peuvent recevoir la qualification de torture, de traitement inhumain ou de traitement dégradant et déterminer la charge de la preuve de ces mauvais traitements.

À cet égard, l'arrêt *Selmouni contre France* du 28 juillet 1999 est remarquable. Les faits de mauvais traitements reprochés à des policiers français contre le requérant étaient les suivants : au cours d'une garde à vue, M. Selmouni a subi de multiples coups, a été tiré par les cheveux, a dû courir dans un couloir le long duquel des policiers se plaçaient pour le faire trébucher, a été mis à genoux devant une jeune femme à qui il fut déclaré « tiens, tu vas entendre quelqu'un chanter » ; un policier lui a ultérieurement présenté son sexe en lui disant « tiens, suce-le » avant de lui uriner dessus ; il a été menacé avec un chalumeau puis avec une seringue (§§ 102 et 103 de l'arrêt).

Sur la qualification des mauvais traitements, la Cour européenne des droits de l'homme commence par rappeler que « le niveau d'exigence croissant en matière de protection des droits de l'homme et des libertés fondamentales implique, parallèlement et inéluctablement, une plus grande fermeté dans l'appréciation des atteintes aux valeurs fondamentales des sociétés démocratiques » (§ 101), de sorte que :

- « certains actes autrefois qualifiés de traitements inhumains et dégradants, et non de torture, pourraient recevoir une qualification différente à l'avenir » (§ 101) ;
- « à l'égard d'une personne privée de sa liberté, l'usage de la force physique qui n'est pas rendu strictement nécessaire par le comportement de ladite personne porte atteinte à la dignité humaine et constitue, en principe, une violation du droit garanti par l'article 3 » (§ 99).

La personne gardée à vue est donc doublement protégée des mauvais traitements de l'article 3 de la Convention européenne :

- d'une part, parce que la Convention voit le « niveau moyen » de mauvais traitements en traitements dégradants, puis inhumains et, enfin, en torture placé de plus en plus bas ;
- d'autre part, en ce que sa situation de vulnérabilité et d'infériorité par rapport au policier qualifie *ipso jure* tout mauvais traitement en violation de l'article 3.

La torture est la marque « d'une spéciale infamie des traitements inhumains délibérés provoquant de fort graves et cruelles souffrances » (§ 96). Il n'y a donc qu'une différence de degré entre la torture et le traitement inhumain. En revanche, entre les traitements ou peines inhumains et les traitements ou peines dégradants, la différence est de nature : ces derniers n'emportent en effet qu'humiliation ou avilissement (CEDH, 25 avril 1978, aff. *Tyrer c. Royaume-Uni*, req. n° 5856/72, §§ 30-31, à propos d'une peine de fustigation). Plus précisément, dans l'arrêt *Selmouni*, la Cour européenne emprunte la définition de la torture à l'article 1er de la Convention des Nations Unies contre la torture et autres peines ou traitements

---

47. Voy. le dossier de l'*AJ pénal* de juillet-août 2005 : « La preuve : une question de loyauté ? » et, en particulier, la contribution de C. Ambroise-Castérot, « Recherche et administration des preuves en procédure pénale : la quête du Graal de la Vérité » (p. 261) – Ph. Conte, « La loyauté de la preuve dans la jurisprudence de la chambre criminelle de la Cour de cassation : vers la solution de la quadrature du cercle ? », *Dr. pén.*, 2009, étude n° 8.
48. CEDH, 27 août 1992, req. n° 12850/87 ; *D.*, 1993, somm. comm., p. 383, obs. Renucci.
49. CEDH, 28 juillet 1999, req. n° 25803/94 ; *D.*, 2000, somm. comm., p. 179, obs. Renucci ; *JCP*, 1999, II, 10193, note Sudre.

cruels, inhumains ou dégradants, entrée en vigueur le 26 juin 1987 (§ 97 de l'arrêt).

Au sens de l'article 1er de cette convention onusienne et de la Cour européenne des droits de l'homme, la torture s'entend de douleurs ou de souffrances physiques ou mentales aiguës infligées intentionnellement par un agent public dans l'exercice de ses fonctions aux fins, notamment, d'obtenir des aveux (§ 98). Le caractère aigu des douleurs et souffrances est relatif par essence ; il dépend par exemple « de la durée du traitement et des effets physiques ou mentaux ainsi que, parfois, du sexe, de l'âge, de l'état de santé de la victime » (§ 100). « Les actes reprochés aux policiers doivent être de nature à créer des sentiments de peur, d'angoisse et d'infériorité propres à humilier, avilir et briser éventuellement la résistance physique et morale » (§ 99). Dans cette affaire *Selmouni* de brutalités policières, la Cour européenne a condamné la France pour torture.

En ce qui concerne la charge de la preuve des mauvais traitements, il revient *a priori* au requérant, c'est-à-dire au demandeur, d'apporter la preuve de la violation, par un État défendeur, d'un droit ou d'une garantie offert par la Convention. Une telle preuve est difficile à apporter pour un individu se disant victime de mauvais traitements policiers. D'une part, les brutalités n'ont pas été commises publiquement mais dans le secret d'un local de police. D'autre part, la solidarité des institutions répressives (police, ministère public et aussi juges du fond) fait douter de l'issue d'une procédure ouverte contre les policiers. C'est sans doute pourquoi la Cour européenne a choisi en la matière de renverser la charge de la preuve : « lorsqu'un individu est placé en garde à vue alors qu'il se trouve en bonne santé et que l'on constate qu'il est blessé au moment de sa libération, il incombe à l'État de fournir une explication plausible pour l'origine des blessures » (§ 87 de l'arrêt). En d'autres termes, la Cour consacre une présomption de causalité-responsabilité : lorsqu'un requérant sort d'un local de police dans un état physique moins bon que celui qu'on lui connaissait à son entrée, les lésions qu'ils présentent à sa sortie sont imputables aux autorités étatiques, à moins que l'État n'apporte la preuve de l'origine légitime des blessures (par exemple, le requérant a dû être maîtrisé ou a attenté à son intégrité physique). En cela, l'arrêt *Selmouni* rejoint une solution dégagée dans l'arrêt *Tomasi contre France* du 27 août 1992 (§§ 108-111).

Antérieurement à l'arrêt *Tomasi*, et notamment sous l'empire de la jurisprudence *Irlande contre Royaume-Uni* (CEDH, 18 janvier 1978, req. n° 5310/71), la Cour consacrait un mécanisme de « preuve au-delà de tout doute raisonnable » (§ 160 de l'arrêt), au terme duquel les parties, requérante et défenderesse, versaient chacune leurs éléments de preuve et versions, en fonction desquels les organes de Strasbourg se formaient une opinion pour l'établissement des faits.

Dans le prolongement de l'arrêt *Selmouni*, la Cour européenne a condamné la France pour traitement inhumain et dégradant dans une affaire où, en cours de garde à vue, un mineur de dix-sept ans a reçu un coup de genou d'un officier de police judiciaire qui atteignit les parties génitales et provoqua un traumatisme testiculaire (CEDH, 1er avril 2004, aff. *Rivas c. France*, req. n° 59584/00).

---

33 ***Principe de loyauté dans la recherche de la preuve.*** Dans la recherche de la preuve, les magistrats et les policiers ne doivent pas recourir à des procédés déloyaux, des ruses ou des stratagèmes. Les éléments de preuve doivent être obtenus de manière licite et digne. Ce principe a été très tôt dégagé par la jurisprudence et revêt un caractère absolu à la charge d'un magistrat. Dans un arrêt du 31 janvier 1888[50], les Chambres réunies de la Cour de cassation ont annulé une procédure au cours de laquelle un juge d'instruction, cachant sa qualité au suspect, avait engagé avec lui une conversation téléphonique destinée à obtenir des charges à son encontre.

Le caractère absolu de ce principe peut être étendu aux policiers, du moins lorsqu'ils interviennent dans l'exécution d'une commission rogatoire du juge d'instruction, c'est-à-dire sur sa délégation[51]. Sans doute la force du principe est-elle plus relative lorsque le policier opère en enquête de police.

---

50. *S.*, 1889, 1, p. 241.

51. Crim., 12 juin 1952, *JCP*, 1952, II, 7241, note Brouchot : organisation d'une conversation téléphonique entre deux personnes, l'officier de police judiciaire dictant à l'une les questions qu'elle devait poser à l'autre et enregistrant les réponses, démontrant ainsi son implication.

Cela se vérifie dans la jurisprudence consacrée aux « provocations policières ». Elle est fixée comme suit : le policier peut provoquer un délinquant à la preuve d'une infraction, mais il ne peut pas le provoquer à la commission d'une infraction[52] ou être l'intermédiaire de cette provocation[53].

L'analyse des provocations policières faite par la chambre criminelle de la Cour de cassation rejoint celle qu'en fait la Cour européenne des droits de l'homme. Dans son arrêt *Teixera de Castro contre Portugal* du 9 juin 1998, elle a admis le recours à des indicateurs occultes et des agents infiltrés, mais à deux conditions : que cette technique ne soit employée qu'au stade de l'instruction quand la nature de l'infraction – ici le trafic de stupéfiants – le justifie (§ 35 de l'arrêt) ; sous la garantie que l'agent ne provoque pas la commission de l'infraction, le requérant étant dans ce cas privé *ab initio* et définitivement d'un procès équitable (§ 39).

Le Code de procédure encadre ces méthodes d'infiltration de réseaux criminels par des agents occultes (voy. *infra*, n°s 398 et 678).

C'est implicitement sur ce fondement que la Cour de cassation a prohibé l'audition d'un témoin consentant sous hypnose[54]. La solution a été étendue à l'interrogatoire d'un suspect sous hypnose[55]. Elle y est d'ailleurs plus évidente. L'hypnose prive la personne interrogée de tout discernement. Cette personne est donc amenée, le cas échéant, à contribuer à sa propre incrimination (voy. *supra*, n° 21).

Dans un arrêt du 9 décembre 2019, la Cour de cassation, réunie en assemble plénière, a retenu que « le stratagème employé par un agent de l'autorité publique pour la constatation d'une infraction ou l'identification de ses auteurs ne constitue pas en soi une atteinte au principe de loyauté de la preuve » (§ 34). – Seul est proscrit le stratagème qui, par un contournement ou un détournement d'une règle de procédure, a pour objet ou pour effet de vicier la recherche de la preuve en portant atteinte à l'un des droits essentiels ou à l'une des garanties fondamentales de la personne suspectée ou poursuivie » (§ 35)[56]. Quant à la chambre criminelle, elle a défini le détournement de procédure dans un arrêt du 18 juin 2019, comme, par exemple à propos de la sonorisation, « le fait, pour des agents publics, de se placer faussement et à dessein dans le champ

---

52. Crim., 2 mars 1971, n° 91.810/70, *Bull. crim.*, n° 71. Des exemples de provocations à l'infraction : Crim., 16 janvier 2008, n° 07-87.633, *Bull. crim.*, n° 14 ; *RDPD*, 2008, p. 385 ; *RPDP*, 2008, p. 861, obs. Maistre du Chambon ; Crim., 4 juin 2008, n° 08-81.045, *Bull. crim.*, n° 141 ; *JCP*, 2009, II, 10009, note Fourment : « porte atteinte au principe de loyauté des preuves et au droit à un procès équitable, la provocation à la commission d'une infraction par un agent de l'autorité publique, en l'absence d'éléments antérieurs permettant d'en soupçonner l'existence », précise la Cour de cassation.

53. Crim., 11 mai 2006, n° 05-84.837, *Bull. crim.*, n° 132 ; *AJ pénal*, 2006, p. 354, note É. Vergès ; *RSC*, 2006, p. 848, obs. Finielz, p. 879, obs. Renucci ; *RPDP*, 2006, p. 859, obs. Maistre du Chambon ; Crim., 9 août 2006, n° 06-83.219, *Bull. crim.*, n° 202 ; *AJ pénal*, 2006, p. 510, obs. Saas ; *D.*, 2007, p. 975, obs. Pradel.

54. Crim., 12 décembre 2000, n° 00-83.852, *Bull. crim.*, n° 369 ; *JCP*, 2001, II, 10495 note Puigelier ; *D.*, 2001, p. 1340, note Mayer et Chassaing ; *Dr. pén.*, 2001, comm. n° 38, obs. A. Maron ; *Procédures*, 2001, comm. n° 70, obs. Buisson ; *RSC*, 2001, p. 610, obs. Giudicelli.

55. Crim., 28 novembre 2001, n° 01-86.467, *Bull. crim.*, n° 248.

56. Ass. plén., 9 décembre 2019, n° 18-86.767, *Bull. ass. plén.*, à par. ; *Gaz. Pal.*, 12 mai 2020, p. 55, obs. Fourment.

d'application des articles 706-73 et 706-73-1 [relatifs à la procédure applicable à la criminalité et à la délinquance organisées], à seule fin de mettre en œuvre les pouvoirs conférés par les articles 706-96 et 706-96-1 du code de procédure pénale [relatifs à la sonorisation], dont ils n'auraient pu disposer autrement »[57].

34 ***Principe de loyauté dans la discussion de la preuve.*** Le principe de loyauté dans la discussion de la preuve est sous-tendu par deux autres principes : celui du respect des droits de la défense et celui du respect du contradictoire.

Au soutien du respect des droits de la défense, on peut relever l'article 432 du Code de procédure pénale, aux termes duquel « la preuve par écrit ne peut résulter de la correspondance échangée entre le prévenu et son conseil ».

Le respect du contradictoire est commandé par l'article 427, alinéa 2, du Code de procédure pénale : « Le juge ne peut fonder sa décision que sur des preuves qui lui sont apportées au cours des débats et contradictoirement discutées devant lui ». Ainsi, le juge ne peut-il fonder sa décision sur des éléments puisés dans leur notoriété publique, pris dans la connaissance personnelle qu'il aurait d'une affaire ou encore, par exemple, d'une pièce qui n'aurait pas été communiquée à toutes les parties. Reste que le juge ne peut refuser d'examiner les preuves qui sont apportées juste avant l'audience ou lors des débats au motif qu'elles n'auraient pas été préalablement communiquées à la partie adverse[58] : il lui appartient d'assurer le débat contradictoire en ordonnant la communication des pièces à cette partie[59]. Par ailleurs, une partie ou le ministère sont libres, dans leur plaidoirie ou réquisitions, de donner lecture d'une pièce de la procédure non discutée contradictoirement lors de l'instruction définitive à l'audience : contradictoire, parce que dans le dossier[60].

E4 La preuve administrée par une partie : la loyauté dans la discussion, substitut à la loyauté dans la recherche ?

Idéalement, la loyauté dans la discussion de la preuve doit suivre la loyauté dans la recherche de la preuve, de manière à ne débattre exclusivement et loyalement que des éléments de preuve légalement administrés. Cependant, lorsque la preuve est administrée par une partie, la loyauté dans la discussion devient un substitut à la légalité dans son mode d'administration : la loyauté dans la discussion rattrape, corrige, l'illégalité de la recherche.

C'est ce qui ressort notamment d'un arrêt de la chambre criminelle du 30 mars 1999 : « la circonstance que des documents ou des enregistrements remis par une partie ou un témoin aient été obtenus par des procédés déloyaux ne permet pas au juge d'instruction de refuser de les joindre à la procédure, dès lors qu'ils ne constituent que des moyens de preuve qui peuvent être discutés contradictoirement. La transcription de ces enregistrements, qui a pour seul objet d'en matérialiser le contenu, ne peut davantage donner lieu à annulation » (n° 97-83.464, *Bull. crim.*, n° 59 ; pour d'autres exemples d'enregistrements/transcriptions de conversations, voy. Crim., 31 janvier 2007, n° 06-82.383, *Bull. crim.*, n° 27, transcription par procès-verbal d'huissier ;

---

57. Crim., 18 juin 2019, n° 19-80.015, *Bull. crim.*, n° 119 ; *Dr. pén.*, 2019, comm. 156, obs. Fourment.

58. Crim., 10 novembre 2004, n° 03-87.628, *Bull. crim.*, n° 285 ; *Procédures*, 2005, comm. n° 21, obs. Buisson ; *JCP*, 2005, IV, 1129 ; *D.*, 2005, IR, p. 245.

59. Crim., 12 janvier 2005, n° 04-81.982, *Bull. crim.*, n° 17 ; *JCP*, 2005, IV, 1510 ; *D.*, 2005, IR, p. 595.

60. Crim., 1er mars 2017, n° 16-83.001, *Bull. crim.* ; *Gaz. Pal.*, 18 juillet 2017, p. 69, obs. Fourment (à propos d'un représentant du ministère public).

Crim., 4 avril 2007, n° 07-80.253 ; Crim., 31 janvier 2012, n° 11-85.464, *Bull. crim.*, n° 27 ; *D.*, 2012, 914, note Fourment et Crim., 7 mars 2012, n° 11-88.118, *Bull. crim.*, n° 64 ; *Gaz. Pal.*, 28 juillet 2012, p. 30, note Fourment). La solution est doublement choquante.

D'une part, le juge, personnellement tenu de manière très stricte au principe de loyauté dans la recherche de la preuve, finit par prêter main-forte à l'administration illégale d'un élément de preuve. Dans l'espèce rapportée, il n'a pas seulement dû verser les enregistrements aux dossiers et rester dans un rôle neutre. Il a dû les transcrire pour en « matérialiser le contenu ».

D'autre part, la solution rendue ici par la chambre criminelle en droit pénal est en rupture avec celle commandée en droit commun par le Code de procédure civile. L'article 9 du Code de procédure civile dispose en effet qu'« il incombe à chaque partie de prouver conformément à la loi les faits nécessaires au succès de sa prétention », de manière à ce que les moyens de preuve obtenus de façon illicite soient écartés des débats (pour un exemple d'application, voy. Civ. 2e, 7 octobre 2004, n° 03-12.653, *Bull. civ.*, II, n° 447 : irrecevabilité de l'enregistrement d'une conversation téléphonique privée effectué à l'insu de l'auteur des propos invoqués). Dans le silence du Code de procédure pénale, ne conviendrait-il pas d'appliquer le droit commun de l'article 9 du Code de procédure civile ? Dans un arrêt du 7 janvier 2011, l'Assemblée plénière de la Cour de cassation scelle cette différence, autour d'un visa et d'un attendu de principe dont il faut apprécier la nuance : « – Vu l'article 9 du Code de procédure civile, ensemble l'article 6, § 1er de la Convention de sauvegarde des droits de l'homme et des libertés fondamentales et le principe de loyauté dans l'administration de la preuve ; – Attendu que, sauf disposition expresse contraire du Code de commerce, les règles du Code de procédure civile s'appliquent au contentieux des pratiques anticoncurrentielles relevant de l'Autorité de la concurrence ; que l'enregistrement d'une communication téléphonique réalisé à l'insu de l'auteur des propos tenus constitue un procédé déloyal rendant irrecevable sa production à titre de preuve » (n° 09-14.316, *Bull. ass. plén.*, n° 1 ; *D.*, 2011, p. 562, note Fourment). En fondant sa décision au visa de l'article 9 du Code de procédure civile, l'Assemblée plénière de la Cour de cassation marque son attachement à la jurisprudence de la chambre criminelle, admettant, au contraire, sur le fondement de l'article 427 du Code de procédure pénale (combiné, lui aussi, avec l'article 6 de la Convention et le principe *sui generis* de loyauté de la preuve...), que la preuve administrée par une partie puisse être déloyale, pour peu qu'elle soit contradictoirement débattue.

La chambre criminelle de la Cour de cassation a réitéré cette solution, notamment dans une affaire dans laquelle l'association « SOS Racisme », dans le sud de la France, avait eu recours à une épreuve de *testing* pour établir des discriminations à l'entrée de boîtes de nuit (Crim., 11 juin 2002, n° 01-85.559, *Bull. crim.*, n° 131). Elle a également en quelque sorte étendu cette solution à la preuve administrée non plus par une partie, mais par un tiers (provocation déloyale à la preuve d'un utilisateur d'Internet qui révèle en situation de flagrance la détention, par un autre utilisateur, de photographies de mineurs à caractère pornographique : Crim., 1er octobre 2003, n° 03-84.142, *Bull. crim.*, n° 176).

La Convention EDH peut-elle ici venir au secours de l'accusé ? Loin s'en faut. Ce texte ne traite pas directement de la preuve en matière pénale. C'est sous couvert de l'article 6 de la Convention et des critères du procès équitable que la question doit être envisagée. Or le caractère équitable d'une procédure s'apprécie dans son ensemble, mode de présentation des moyens de preuve inclus. Il n'est donc pas permis d'exclure par principe et *in abstracto* l'admissibilité d'une preuve recueillie de manière illégale (CEDH, 12 juillet 1988, aff. *Schenk c. Suisse*, req. n° 10862/84, § 46). Ce qui importe donc avant tout est que les éléments de preuve soient produits devant l'accusé en vue d'un débat contradictoire (CEDH, 6 décembre 1988, aff. *Barberà Messegué* et *Jabardo c. Espagne*, req. n° 10590/83, § 78).

Seule la participation, même indirecte, de l'autorité publique à l'administration d'une preuve obtenue de façon illicite ou déloyale par une partie privée porte atteinte aux principes du procès équitable et de loyauté des preuves (Crim., 20 septembre 2016, n° 16-80.820, *Bull. crim.* ; *Gaz. Pal.*, 24 janvier 2017, p. 56, obs. Fourment – Ass. plén., 10 novembre 2017, n° 17-82.028, *Bull. ass. plén.* ; *Gaz. Pal.*, 23 janvier 2018, p. 57, obs. Fourment).

(Pour un panorama de jurisprudence, voy. Ph. Conte, « La déloyauté de la preuve dans la jurisprudence de la chambre criminelle de la Cour de cassation : vers la solution de la quadrature du cercle ? », *Dr. pén.*, 2009, étude 8 et « La loyauté de la preuve en procédure pénale : fragile essai de synthèse », *Procédures*, 2015, dossier 12.)

D) La valeur des preuves

35 ***Preuve morale et intime conviction.*** Deux systèmes sont envisageables : le système de la preuve légale, dans lequel le législateur prédétermine abstraitement la valeur à donner à chaque preuve ; le système de la preuve morale, dans lequel le juge est libre d'apprécier les éléments de preuve qui lui sont soumis. C'est ce second système que le Code de procédure pénale consacre. L'article 427, alinéa 1er, du Code de procédure pénale conclut en effet que « le juge décide d'après son intime conviction ». Ce système présente un grand intérêt pratique. Le juge n'est pas tenu de donner une justification de la force probante qu'il attache aux différents éléments de preuve qui lui sont soumis. D'ailleurs, sauf dans les cas où la loi en dispose autrement, les procès-verbaux et rapports constatant les infractions ne valent qu'à titre de simples renseignements[61].

Ce principe connaît cependant des tempéraments s'agissant de certains procès-verbaux.

36 ***Procès-verbaux valant jusqu'à preuve contraire.*** D'une part, des procès-verbaux ne valent que jusqu'à preuve contraire, dans le sens où leur infirmation ne peut être apportée que par procès-verbal ou témoignage, les dénégations du prévenu ne pouvant pas suffire. C'est le cas des procès-verbaux qui constatent la commission d'une contravention (voy., *supra*, n° 31) et des procès-verbaux dressés par certains agents pour constater certaines autres infractions (par exemple, procès-verbaux des inspecteurs du travail ou des agents de l'administration des impôts). Ainsi, un tribunal de police ne peut pas relaxer une personne du chef de contravention au stationnement payant au motif que l'intervention d'un technicien sur l'horodateur le jour de l'infraction rendrait vraisemblable son dysfonctionnement et que le doute devait profiter au prévenu. En effet, la preuve contraire aux constatations d'un procès-verbal dressé pour une contravention ne peut être rapportée par le prévenu que par écrit ou par témoin[62].

37 ***Procès-verbaux valant jusqu'à inscription de faux.*** D'autre part, d'autres procès-verbaux, encore plus rares, ne font foi que jusqu'à inscription de faux. Leurs énonciations s'imposent donc au juge, sauf à prouver que celui qui a dressé l'acte est un faussaire. Et encore, la fausseté ne peut-elle être établie qu'au terme d'une procédure lourde : la procédure d'inscription de faux (art. 646 et s. du CPP). Dans cette catégorie figurent les procès-verbaux dressés par les agents des douanes.

---

61. Crim., 3 décembre 2008, n° 08-82.179, *Bull. crim.*, n° 246 ; *Dr. pén.*, 2009, comm. n° 58, obs. A. Maron et M. Haas ; *AJ pénal*, 2009, p. 186, obs. Roussel ; *Procédures*, 2009, comm. n° 95, obs. Buisson.

62. Crim., 15 février 2000, n° 99-83.971, *Bull. crim.*, n° 67 ; voy. encore Crim., 16 février 2005, n° 04-86.729, *Bull. crim.*, n° 64 ; *D.*, 2005, IR, p. 915 ; Crim., 9 novembre 2005, n° 05-83.651, *Procédures*, 2006, comm. n° 17, obs. Buisson ; Crim., 1er février 2006 (2 arrêts), nos 05-86.035 et 05-86.036, *Dr. pén.*, 2006, comm. n° 77, obs. A. Maron.

§ 2. La théorie générale de la nullité des actes de procédure

38 ***Combinaison des articles 802 et 170 et suivants du Code de procédure pénale.*** La nullité est la sanction de l'inobservation d'une condition de validité d'un acte juridique. L'acte annulé est censé n'avoir jamais existé[63].

La nullité d'un acte de procédure s'apprécie d'après le droit en vigueur au moment où cet acte a été formé. Si le Code de procédure pénale ne rappelle pas expressément ce principe, le Code pénal prévoit en revanche que « l'application immédiate de la loi nouvelle est sans effet sur la validité des actes accomplis conformément à la loi ancienne » (art. 112-4 du CP). Le Code de procédure pénale ne réserve que quelques dispositions aux nullités de procédure : essentiellement les articles 802 et 170 et suivants. Alors que l'article 802 est général à la théorie des nullités, les articles 170 et suivants sont particuliers aux nullités soulevées au cours de l'instruction. Ces deux ordres de dispositions doivent être articulés.

Il y a loin de la cause de nullité considérée abstraitement au prononcé effectif de la nullité, c'est-à-dire à l'annulation de l'acte litigieux. Trois étapes doivent être franchies. Dans une première, il faut qualifier les causes de nullité. C'est la nullité encourue. Toute cause de nullité mérite-t-elle de faire tomber un acte de procédure ? Dans une deuxième étape, il y a donc lieu de se demander la place que le Code de procédure pénale réserve au principe « pas de nullité sans grief ». C'est la nullité prononcée. Enfin, il importe de mesurer la portée de l'annulation. Tout acte annulé justifie-t-il que la procédure subséquente, dans son ensemble, soit elle-même annulée ?

A) Les causes de nullité ou les nullités encourues

1) Les deux catégories de causes de nullité

39 ***Nullités du Code de procédure pénale et hors Code de procédure pénale.*** De l'articulation des dispositions des articles 802 et 170 et suivants du Code de procédure pénale, deux causes de nullité peuvent être dégagées : d'une part les nullités textuelles, d'autre part les nullités substantielles ou virtuelles. Une question commune à ces deux causes de nullité se pose : y a-t-il place pour des causes de nullité, textuelles ou substantielles, puisées en dehors du Code de procédure pénale ?

40 ***Causes de nullité textuelles.*** L'article 802 du Code de procédure pénale définit la cause de nullité textuelle comme suit : la « violation des formes prescrites par la loi à peine de nullité ». Les articles 170 et suivants du Code de procédure pénale ne font pas mention des causes de nullité textuelles. L'article 59, alinéa 3, du Code de procédure pénale offre un exemple de nullité textuelle en matière de visites domiciliaires et perquisitions opérées dans le cadre d'une enquête sur infraction flagrante. Cet article dispose en effet que « les formalités mentionnées aux articles 56, 56-1 et 57 et au présent article sont prescrites à peine de nullité ». Il ne fait donc aucun doute que les « formalités mentionnées

63. Voy. le dossier « Les nullités : un contrôle efficace de la procédure ? » dans la revue *AJ pénal* des mois d'avril et mai 2005.

aux articles 56, 56-1 et 57 et au présent article » sont donc bien « prescrites par la loi à peine de nullité », au sens de l'article 802. L'article 100-7 du Code de procédure pénale offre un autre exemple de nullité textuelle. Les formalités prévues aux alinéas premier et deuxième de cet article concernent les écoutes téléphoniques des lignes d'un parlementaire ou d'un avocat. L'information du président de l'assemblée à laquelle le parlementaire appartient et l'information du bâtonnier sont « prescrites à peine de nullité ».

41 ***Causes de nullité substantielles ou virtuelles.*** Au sens de l'article 802 du Code de procédure pénale, une cause de nullité substantielle ou virtuelle consiste en « l'inobservation des formalités substantielles », proposition à laquelle l'article 171 ajoute : « prévue[s] par une disposition du présent Code ». Les articles 802 et 171 font donc conjointement état de ces causes de nullité substantielles ou virtuelles.

Contrairement à ce qui est le cas pour les nullités textuelles, aucune disposition du Code de procédure pénale ne donne donc d'exemple formel de ces nullités substantielles. Pour les formalités prévues au Code de procédure pénale, il faut donc s'interroger, matériellement, sur leur caractère substantiel, c'est-à-dire fondamental. Il est par exemple facile de ranger dans cette catégorie la plupart des garanties de la garde à vue[64].

42 ***Causes de nullité également puisées en dehors du Code de procédure pénale ?*** Le Code de procédure pénale envisage des causes de nullité puisées en dehors de ses dispositions. La jurisprudence en consacre certaines autres.

L'article 171 du Code de procédure pénale dispose en effet : « il y a nullité [en cas de] méconnaissance d'une formalité substantielle prévue par une disposition du présent Code ou toute autre disposition de procédure pénale ». La « méconnaissance d'une formalité substantielle prévue » par « toute autre disposition de procédure pénale » que celles du Code de procédure pénale peut donc être une cause de nullité.

La jurisprudence en a consacré plusieurs, comme la violation du principe général de loyauté dans la recherche des preuves ou la méconnaissance des dispositions du Code des douanes sur les visites domiciliaires[65]. La jurisprudence a également reconnu des causes de nullité textuelles extrinsèques au Code de procédure pénale. C'est par exemple le cas de l'article 50 de la loi du 29 juillet 1881 sur la liberté de la presse. Cet article prévoit que le réquisitoire introductif du ministère public doit, « à peine de nullité du réquisitoire », « articuler et qualifier les provocations, outrages, diffamations et injures à raison desquels la poursuite est intentée, avec indication précise des textes dont l'application est demandée »[66].

Encore faut-il que l'acte de procédure litigieux soit de « procédure pénale », indépendamment d'avoir son siège dans ledit code. Par exemple, la violation de dispositions du Code de la sécurité intérieure relatives à la vidéoprotection ne peut être sanctionnée par la nullité de procédure, en ce qu'elle ne constitue pas la violation d'une règle de procédure pénale[67].

---

64. Par exemple, Crim., 27 février 1996, n° 95-81.366, *Bull. crim.*, n° 93.
65. Crim., 2 juin 1986, n° 84-95.593, *Bull. crim.*, n° 185.
66. Par exemple, Crim., 19 mai 1987, n° 86-90.762, *Bull. crim.*, n° 205.
67. Crim., 6 février 2018, n° 17-84.380, *Bull. crim.* ; *Gaz. Pal.*, 30 avril 2018, p. 63, obs. FOURMENT.

Par ailleurs, une source de nullité intéressante pourrait être trouvée dans les violations des garanties offertes par la Convention européenne des droits de l'homme[68]. Malheureusement, la chambre criminelle paraît plutôt hostile à sanctionner par la nullité la méconnaissance d'une garantie conventionnelle. Soit elle considère que cette méconnaissance n'ouvre droit qu'à saisir la Cour européenne des droits de l'homme et, qu'en somme, il n'y a pas « cause de nullité »[69], soit elle considère que, s'il y a bien cause de nullité, l'absence de grief personnel au demandeur empêche son prononcé[70]. Ces solutions sont critiquables. Fait-on plus substantiel qu'une garantie offerte par la Convention européenne ? Trouve-t-on davantage d'ordre public dispensant de tout grief qu'une garantie offerte par la Convention européenne[71] ?

Au demeurant, l'autorité relative de la chose jugée des arrêts de la Cour européenne des droits de l'homme, jointe au principe suivant lequel cette juridiction, au cas de violation de la Convention, n'a que le pouvoir de condamner l'État défendeur à payer au requérant une satisfaction équitable, a pour conséquence qu'un arrêt de la Cour constatant la violation d'un droit ou garantie de la Convention est traditionnellement sans incidence sur la validité de la procédure nationale[72]. La loi du 15 juin 2000 a cependant introduit une nouvelle voie de recours interne : le réexamen d'une décision pénale consécutif au prononcé d'un arrêt de la Cour européenne des droits de l'homme (voy. *infra*, n° 848).

2) Les intérêts de la distinction entre causes de nullité

43 ***Égale exigence d'un grief, le cas échéant.*** Au plan des conditions de leur prononcé, il convient de souligner que les deux causes de nullité ont une vocation égale à être soumises à l'exigence du grief. En bref, par nullité textuelle, il ne faut pas entendre nullité *de jure*, c'est-à-dire nullité de plein droit. Il n'y a pas non plus d'intérêt à distinguer ces causes de nullité au plan de leur mise en œuvre procédurale.

44 ***Faculté de renoncer à une nullité substantielle.*** La seule nuance entre ces deux causes de nullité tient à ce que la partie intéressée par une cause de nullité substantielle a la faculté de renoncer à l'invoquer. La renonciation est entourée de garanties. Elle doit être expresse et ne peut être donnée qu'en présence de son avocat ou celui-ci dûment appelé. Elle vaut régularisation de l'acte (art. 172 du CPP). Il ne faut donc pas tant s'attacher aux intérêts de la distinction entre ces deux causes de nullité qu'à l'importance de leur articulation. Il y a ainsi place pour des nullités textuelles en cours d'information, alors que ces causes de nullité, prévues par l'article 802 du Code de procédure pénale, sont ignorées de l'article 171.

---

68. Sur ce sujet, voy. F. Fourment, « La nullité des actes de procédure et la Convention européenne des droits de l'Homme », *Gaz. Pal.*, 28 juillet 2012, p. 12.
69. Par exemple, Crim., 29 avril 1996, *D.*, 1997, somm. comm., p. 148, obs. Pradel, à propos du dépassement du délai raisonnable de la procédure au sens de l'article 6 de la Convention européenne.
70. Par exemple, CEDH, 24 août 1998, aff. *Lambert c. France*, voy. *infra*, encadré E5.
71. Sur l'analyse de l'arrêt *Lambert* et son apport, voy. *infra*, encadré E5.
72. Par exemple, à propos de la violation des §§ 1er et 3-d de l'article 6 de la Convention : Crim., 4 mai 1994, n° 93-84.547, *Bull. crim.*, n° 166.

B) La place du grief ou la nullité prononcée

45 ***Relativité du principe « pas de nullité sans grief ».*** Aux termes communs des articles 802 et 171 du Code de procédure pénale, le grief s'entend d'une cause de nullité qui a pour effet de porter atteinte aux intérêts de la partie concernée par l'irrégularité de procédure. Les nullités de procédure pénale paraissent donc répondre au principe « pas de nullité sans grief ». Le caractère absolu de ce principe est un leurre. Il faut alors distinguer entre les causes de nullité, textuelles comme substantielles, celles qui sont d'ordre public, c'est-à-dire dispensées de grief, et celles qui sont d'ordre privé, soumises à l'exigence du grief.

46 ***Nullités d'ordre public, dispensées de grief, et même davantage.*** Par nullité d'ordre public, la jurisprudence entend d'une part les nullités d'ordre public au sens strict, d'autre part les nullités « assimilées » aux nullités d'ordre public. Les nullités d'ordre public au sens strict ont trait aux violations des dispositions concernant essentiellement la compétence des juridictions et des fonctionnaires de police judiciaire, notamment. Toutefois, un juge ne peut relever d'office toute cause de nullité pourtant même d'ordre public[73].

Dans la catégorie des nullités « assimilées » aux nullités d'ordre public, on range les garanties de procédure dont la violation cause une atteinte aux droits de la défense. Il en est ainsi du principe d'après lequel la personne poursuivie doit avoir la parole en dernier à l'audience ou de « la violation des dispositions légales relatives au mode d'administration des preuves »[74].

La source de ces nullités d'ordre public est jurisprudentielle. Dans une formule à première lecture ésotérique, la chambre criminelle retient que les dispositions de l'article 802 du code de procédure pénale sont « étrangères » aux nullités d'ordre public. Ce dernier ne trouvant pas à s'appliquer, l'exigence d'un « grief » tombe[75].

La création jurisprudentielle des nullités d'ordre public est certes généreuse. Elle n'en est pas moins fragile. Un revirement de jurisprudence suffit à déqualifier une nullité anciennement regardée comme d'ordre public en banale nullité d'ordre privé et donc soumise à grief. Un exemple peut être cité. Aux termes de l'article 57, alinéa 2, du Code de procédure pénale, la personne au domicile de laquelle la perquisition a lieu doit être, sauf impossibilité, présente au cours de cette opération. Longtemps regardée comme une nullité d'ordre public ou plutôt assimilée à une nullité d'ordre public[76], elle est aujourd'hui qualifiée de nullité d'ordre privé, donc soumise à grief[77].

---

73. Crim., 6 juin 2012, n° 11-87.180, *Bull. crim.*, n° 145 ; *Gaz. Pal.*, 27 octobre 2012, p. 45, obs. F. Fourment (en l'espèce, procès-verbal de constatation de contravention à un arrêté de police dressé par un agent incompétent) ; *add.* S. Portelli, « Les nullities devant le tribunal correctionnel », *Gaz. Pal.*, 28 juillet 2012, p. 4.

74. Audition d'un témoin consentant sous hypnose : Crim., 12 décembre 2000 ; voy. *supra*, n° 75.

75. Par ex. : Crim., 17 janvier 2006, n° 05-86.326, *Bull. crim.*, n° 19 : « l'expert, en procédant à des auditions qui n'avaient pas été autorisées par le juge, a outrepassé les limites de sa mission et, ainsi, méconnu une règle touchant à l'organisation judiciaire à laquelle les dispositions de l'article 802 du Code de procédure pénale sont étrangères ».

76. Par exemple, Crim., 27 septembre 1984, n° 84-93.474, *Bull. crim.*, n° 275.

77. Crim., 17 septembre 1996, n° 96-82.105, *Bull. crim.*, n° 316.

L'article 802 du Code de procédure pénale ne trouvant pas à s'appliquer aux causes de nullités d'ordre public, la condition tenant à la qualité à agir du requérant à la nullité que ses dispositions contiennent, « tombe » également. Pour mémoire, l'article 802 du code précise que le juge ne peut « prononcer la nullité que lorsque [la cause de nullité] a eu pour effet de porter atteinte aux intérêts *de la partie qu'elle concerne* », c'est-à-dire de celle qui a subi l'acte litigieux. Un coprévenu est donc recevable à soulever la nullité de tel acte de procédure frappé d'une cause de nullité d'ordre public qu'aurait subi son acolyte.

Le requérant à une nullité d'ordre public n'a à justifier ni d'une qualité à agir, ni d'un intérêt à agir (dit « grief »)[78].

47 ***Nullités d'ordre privé, soumises à grief, mais pas seulement.*** Une nullité est d'ordre privé à défaut de pouvoir être qualifiée d'ordre public. Il ne suffit pas qu'un grief soit causé à une partie. Il faut encore que ce grief soit invoqué par la partie que l'irrégularité de procédure concerne. Les articles 802 et 171 du Code de procédure pénale sont formels : la cause de nullité doit avoir « porté atteinte aux intérêts de la partie qu'elle concerne », sauf à ce que, nuance la jurisprudence, le demandeur invoque la déloyauté d'un acte accompli par une autorité publique[79].

Le cas échéant, le défaut de qualité est sanctionné par l'irrecevabilité de la requête et le défaut d'intérêt (dit « grief ») par son rejet.

Sur ces principes, il a par exemple été jugé qu'un accusé ne peut pas se prévaloir de ce qu'un témoin régulièrement cité par un coaccusé n'a pas été entendu, cette irrégularité ne faisant pas grief à ses intérêts[80].

Il existe des nullités réputées d'ordre privé dont l'appréciation du caractère personnel du grief est plus délicate. C'est ce qui ressort, en matière d'écoutes téléphoniques, de l'affaire *Lambert contre France*, jugée par la Cour européenne des droits de l'homme.

E5 **L'arrêt *Lambert contre France* de la CEDH... et ses suites**

Au regard de la Convention EDH, les écoutes téléphoniques tombent dans le domaine d'application de l'article 8 qui garantit notamment le droit au respect de la correspondance. L'ingérence d'une autorité publique dans l'exercice de ce droit doit satisfaire deux conditions : être prévue par la loi et constituer une mesure qui, dans une société démocratique, est nécessaire à la prévention des infractions pénales, par exemple.

Un juge d'instruction avait ordonné le placement sur écoutes téléphoniques d'un mis en examen. La transcription de cette écoute avait entraîné la poursuite de M. Lambert, interlocuteur du mis en examen dont la ligne était surveillée, dans une affaire étrangère à la saisine initiale du juge. La conversation téléphonique que le mis en examen avait eue avec M. Lambert avait été interceptée alors que les conditions de prolongation de l'écoute étaient litigieuses. Dans le cadre de la poursuite qui fut diligentée contre lui, M. Lambert demanda donc la nullité des procès-verbaux de transcription de ces écoutes téléphoniques.

La Cour de cassation estimait que M. Lambert ne justifiait pas d'un grief puisqu'il n'était pas titulaire de la ligne surveillée. En somme, il était sans qualité pour critiquer les conditions dans lesquelles la prolongation des écoutes avait été ordonnée alors que de leur transcription dépendait en partie la solution de son affaire. La Cour européenne des droits de l'homme a condamné

---

78. Pour un exemple, voy. Crim., 6 octobre 2015, n° 15-81.665, *Bull. crim.*, n° 306 ; *Gaz. Pal.*, 26 janvier 2016, p. 66, obs. FOURMENT.

79. Crim., 15 décembre 2015, n° 15-82.013, *Bull. crim.*, n° 592.

80. Crim., 27 mai 1981, n° 80-92.907, *Bull. crim.*, n° 175 ; dans le même sens, voy. aussi C. MARSAT, *Dr. pén.*, 2000, chron. n° 31.

la France (CEDH, 24 août 1998, aff. *Lambert c. France*, req. n° 23618/94 ; la Cour a réitéré cette analyse dans son arrêt *Matheron c. France* du 29 mars 2005, req. n° 57752/00). Sans entrer dans le détail du droit français des nullités, elle estima que M. Lambert pouvait se prévaloir de la garantie de l'article 8 puisque sa conversation téléphonique avait été interceptée.
Dans l'interprétation de la notion d'intérêt à agir, les suites de l'arrêt *Lambert* n'ont d'abord concerné que les écoutes téléphoniques judiciaires. Dans un arrêt du 15 janvier 2003, la chambre criminelle de la Cour de cassation a précisé que « toute personne mise en examen dont les conversations téléphoniques ont été enregistrées et retranscrites a qualité, au sens de l'article 171 du Code de procédure pénale, pour contester la régularité de ces mesures » même si les écoutes ont été réalisées sur des lignes dont elle n'était ni la titulaire ni l'utilisatrice (n° 02-87.341, *Bull. crim.*, n° 10). Puis la chambre criminelle a élargi cette interprétation à tout « acte de procédure concernant un tiers si cet acte, illégalement accompli, a porté atteinte à ses intérêts » (Crim., 6 septembre 2006, n° 06-84.869, *Bull. crim.*, n° 208, en l'espèce, une personne mise en examen contestait la validité d'un contrôle d'identité fait sur un tiers dénonciateur). En 2007, et jusqu'en avril 2011, la chambre criminelle, en matière de garde à vue, estimait qu'une personne pouvait soulever la cause de nullité de la garde à vue d'un tiers si elle démontrait en quoi cette irrégularité avait porté atteinte à ses intérêts (Crim., 31 mai 2007, n° 07-80.928, *Bull. crim.*, n° 146 ; Crim., 27 avril 2011, n° 11-80.076, *Bull. crim.*, n° 75, absence de notification du droit de se taire, méconnaissance du droit à l'assistance d'un avocat). La chambre criminelle a rompu avec cette jurisprudence en 2012, pour l'instant sur le terrain de la garde à vue seulement (Crim., 14 février 2012, n° 11-84.694, *Bull. crim.*, n° 43 ; *Gaz. Pal.*, 6 mars 2012, p. 17, note Bachelet, 21 avril 2012, p. 38, note Fourment ; *add.* : G. Beaussonie et P. Cazalbou, « L'annulation d'un acte procédural subi par autrui », *Gaz. Pal.*, 19 juillet 2016, p. 40).

C) La portée de l'annulation

48 ***Mise en œuvre des nullités.*** La mise en œuvre des requêtes en nullité est entourée de chausse-trapes, devant le juge d'instruction – le dossier en ressort « purgé » des vices éventuels de sa procédure (voy. *infra*., n°s 721 et s.), comme devant les juridictions de jugement, lorsque, comme en matière correctionnelle et de police, ces dernières sont directement saisies sans instruction préparatoire (voy. *infra*., n° 783).

49 ***Étendue de l'annulation.*** Dans son étendue, l'annulation peut porter sur tout ou partie de l'acte vicié et, le cas échéant, sur tout ou partie de la procédure ultérieure. L'acte entièrement annulé est retiré du dossier et l'acte en partie annulé est cancellé, c'est-à-dire rayé de telle sorte que l'on ne puisse plus lire l'acte original (art. 174, al. 2 et 3 du CPP). L'appréciation par les juges de l'opportunité d'annuler les actes de procédure ultérieurs à celui qui est directement litigieux n'est pas discrétionnaire. La chambre criminelle exige que les actes ultérieurs ne soient annulés que s'ils trouvent leur « support nécessaire » dans les actes viciés[81].

50 ***Force de l'annulation.*** Dans sa force, l'annulation interdit de tirer des actes ou pièces annulés un renseignement dont il pourrait être fait usage à l'encontre des parties, sous peine de poursuites disciplinaires contre les avocats et les magistrats (art. 174, al. 3, du CPP). La loi du 15 juin 2000 a cependant introduit une sorte d'annulation-validation. L'article 174-1 du Code de procédure pénale (art. 30 de la loi) prévoit que lorsque la chambre de l'instruction annule la mise en examen pour violation des dispositions de l'article 80-1, la personne est considérée comme témoin assisté à compter de son interrogatoire de

81. Crim., 23 juin 1999, n° 99-82.186, *Bull. crim.*, n° 149.

première comparution et pour l'ensemble de ses interrogatoires ultérieurs et, le cas échéant, jusqu'à l'issue de l'information (sur le statut de témoin assisté, voy. *infra*, n° 644).

Plan : partir de quelques chiffres de la procédure « vraie ».

En 2018, les Parquets ont traité de l'ordre de 4 200 000 affaires[82]. Près de 2 900 000 étaient « non poursuivables » ; elles ont donné lieu à un classement sans suite du procureur de la République. Sur les 1 300 000 affaires « poursuivables », de l'ordre de 160 000 ont donné lieu à un classement sans suite, soit 12,3 %. Calculé sur le nombre d'affaires poursuivables, le **taux de « réponse pénale »**, s'élève donc à **87,7 %**.

Les poursuites ont représenté de l'ordre de 610 000 affaires, soit 46,5 % de la réponse pénale des affaires poursuivables, tandis que les alternatives aux poursuites, médiations pénales et compositions pénales réunies, ont atteint 540 000 affaires, c'est-à-dire 41,2 % des affaires poursuivables. En sorte que, classements sans suite des affaires poursuivables et alternatives aux poursuites sont plus nombreux que les poursuites elles-mêmes : 53,5 % contre 46,5 %.

Et encore, y a-t-il « poursuites » et… « poursuites ». Parmi les 610 000 affaires poursuivies par le Parquet, moins de 18 000 environ ont justifié l'ouverture d'une instruction, soit 3 %, matière criminelle comprise, où l'instruction est obligatoire dès lors que l'action publique est mise en mouvement (comment ne le serait-elle pas ?). Et les 510 000 affaires correctionnelles poursuivies ont connu plus de 250 000 alternatives au jugement (ordonnance pénale et comparution sur reconnaissance préalable de culpabilité). En résumé, et s'agissant des délits, le jugement au terme d'une procédure orale, publique et contradictoire devant le tribunal correctionnel (ne parlons même pas de sa composition collégiale) n'est plus la règle, que se figure pourtant encore la représentation sociale collective.

En auteur-compositeur-interprète de cette (ré)partition : le procureur de la République ; d'où le plan[83] :

Première Partie : La réponse pénale du procureur de la République

Deuxième Partie : Le jugement éventuel sur la culpabilité

---

82. Ministère de la Justice, *Les chiffres clés de la Justice 2019*, automne 2019, p. 14.

83. Certaines questions qui ont trait à la procédure pénale ne seront pas étudiées dans ce manuel :
- le principe de légalité criminelle en matière de procédure pénale, l'application de la loi pénale de forme dans le temps et l'espace, ainsi que les différents aspects de son application par le juge (interprétation de la loi et exception d'incompatibilité avec d'autres textes, dont la Convention européenne, notamment), leur étude relevant du droit pénal général ;
- l'exécution et l'application des peines, parce que ces notions sont également développées en droit pénal général et relèvent d'enseignements spécialisés (droit pénitentiaire, droit de l'exécution des peines, pénologie) pour leur exposé détaillé.

PARTIE 1

La réponse pénale du procureur de la République

Chapitre 1 **La police judiciaire, l'enquête et le procureur de la République** **43**
Chapitre 2 **La décision du procureur de la République sur la poursuite** **191**

51 ***Déclinaisons.*** Le procureur de la République est au centre de la procédure pénale. C'est d'abord lui qui dirige l'activité des officiers et agents de police judiciaire de son ressort. Il peut solliciter les services spécialisés qui ont une compétence zonale et nationale. Tout cela pour procéder mais, surtout, faire procéder aux actes nécessaires à la recherche et à la poursuite des infractions à la loi pénale (CPP, art. 41). Qu'une plainte soit déposée ou qu'une dénonciation soit faite, et c'est à lui d'apprécier les suites à donner (CPP, art. 40, al. 1er). Une fois la procédure établie, c'est encore le procureur qui décide du devenir de la ou des personnes en cause. Le principe est celui de la poursuite devant la juridiction compétente. Il peut cependant être nécessaire d'enrichir le dossier en le confiant à un juge d'instruction. Une autre voie est celle des alternatives aux poursuites. Cette justice pénale sans audience fait appel à la prise de conscience par le délinquant de la nature et de la portée de son acte et réclame son adhésion à la mesure qui lui est proposée. Autant de possibilités qui font que le procureur de la République n'a pas seulement en charge de faire juger les délinquants. Il doit apporter une « réponse pénale » à la délinquance[1]. Une évolution sémantique qui traduit toute la richesse mais aussi la complexité du rôle qui est le sien.

1. V. Lesclous, « Le procureur : du mécanicien de la poursuite pénale à l'architecte d'un traitement social, une fonction judiciaire républicaine », *Dr. pén.*, 2013, étude 13.

CHAPITRE 1
La police judiciaire, l'enquête et le procureur de la République

52 *Triptyque indissociable.* La police judiciaire, l'enquête et le procureur de la République forment un ensemble indissociable que cristallise l'article 39-3 du Code de procédure pénale : « Dans le cadre de ses attributions de directeur de la police judiciaire, le procureur de la République peut adresser des instructions générales ou particulières aux enquêteurs. Il contrôle la légalité des moyens mis en œuvre par ces derniers, la proportionnalité des actes d'investigation au regard de la nature et de la gravité des faits, l'orientation donnée à l'enquête ainsi que la qualité de celle-ci. Il veille à ce que les investigations tendent à la manifestation de la vérité et qu'elles soient accomplies à charge et à décharge, dans le respect des droits des victimes, du plaignant et de la personne suspectée ». C'est bien le procureur de la République qui dirige la police judiciaire, ce que précise l'article 12 du Code de procédure pénale. C'est ce qui explique et justifie qu'il puisse adresser des instructions générales et particulières à des officiers de police judiciaire, véritables chevilles ouvrières de la justice pénale.

SECTION I
La police judiciaire

53 *Organes et fonctions.* Sous la direction du procureur de la République, la police judiciaire, d'initiative ou sur à la demande du Parquet, conduit des enquêtes.

§ 1. Les organes de police judiciaire

54 *Corps de la police judiciaire.* La police judiciaire se subdivise en deux grands corps qui en constituent l'ossature : la police nationale d'une part et la gendarmerie nationale d'autre part. Des services dont les origines historiques expliquent les spécificités. La police nationale exerce au sein des villes dont elle est l'émanation. Ce sont d'abord des polices municipales qui ont été créées et se sont développées au sein de communes grandissantes. L'acte dit loi du 23 avril 1941 portant organisation générale des services de police en France a, *pour les raisons que l'on sait*, fusionné ces polices en un service national placés sous l'autorité du ministre de l'intérieur. L'implication de la gendarmerie dans la police

judiciaire a des origines plus lointaines qui tiennent au caractère longtemps rural du pays. L'armée était la seule à pouvoir investir la recherche des preuves et l'interpellation des auteurs à travers un corps spécifique qu'était celui de la gendarmerie. Pendant longtemps subordonnée au ministre de la défense, elle dépend aujourd'hui du ministre de l'intérieur (loi n° 2009-971 du 3 août 2009 relative à a gendarmerie, art. 1er).

55 ***Gradation des attributions.*** Les services se composent de personnels qui ne disposent pas des mêmes attributions judiciaires. L'article 15 du Code de procédure pénale distingue : 1° les officiers de police judiciaire ; 2° Les agents de police judiciaire et agents de police judiciaire adjoints et 3° Les fonctionnaires et agents auxquels sont attribuées par la loi certaines fonctions de police judiciaire. Qu'ils soient policiers ou gendarmes, tous ne sont pas officiers de police judiciaire et ne peuvent accomplir tous les actes de police judiciaire. Car ce statut qui va de pair avec la fonction se mérite et se trouve soumis à des garanties particulières de compétence.

A) Les officiers de police judiciaire

56 ***(…) ju-di-ciai-re.*** Lapalissade : les officiers de police judiciaire remplissent des fonctions de police *judiciaire*. C'est une qualité marquante (1.), justifiant qu'ils soient notés par (2.) et soumis à une discipline (3.) de l'autorité judiciaire.

1) La qualité d'officier de police judiciaire

57 ***Distinctions.*** L'article 16 du Code de procédure pénale précise les fonctionnaires à qui la loi attribue la qualité d'officier de police judiciaire selon une distinction tout à fait singulière.

a) Les officiers de police judiciaire habilités et affectés à un emploi comportant cet exercice

58 ***Obligation de compétence.*** L'article 16, alinéa 8, du Code de procédure pénale dispose que « les fonctionnaires mentionnés aux 2° à 4° ci-dessus ne peuvent exercer effectivement les attributions attachées à leur qualité d'officier de police judiciaire ni se prévaloir de cette qualité que s'ils sont affectés à un emploi comportant cet exercice et en vertu d'une décision du procureur général près la cour d'appel les y habilitant personnellement ». C'est que ces fonctionnaires sont les plus nombreux de sorte que c'est sur eux que repose tout le travail d'enquête. Il s'agit pour la gendarmerie nationale (2°) des officiers et gradés ainsi que des gendarmes comptant au moins trois ans de service dans la gendarmerie. En ce qui concerne la police nationale (4°), ce sont les fonctionnaires du corps d'encadrement et d'application comptant au moins trois ans de services dans ce corps. Des personnels qui doivent être nommés par arrêté des ministres de la justice et de l'intérieur, après avis conforme d'une commission. Le statut d'officier de police judiciaire est sanctionné par la réussite à des épreuves auxquelles renvoie une formation professionnelle spécifique.

59 ***Affectation à un service.*** La loi a prévu une contrainte supplémentaire en ce qui concerne les services de police (4°). Ils ne peuvent recevoir l'habilitation que s'ils sont affectés soit dans un service ou une catégorie de service déterminé en application de l'article 15-1 et figurant sur une liste fixée par arrêté des

ministres de la justice et de l'intérieur, soit, à titre exclusif, dans une formation d'un service mentionnée par le même arrêté. Des fonctionnaires qui constituent la grande majorité de ceux qui accomplissent des missions de police judiciaire dont le contrôle par l'autorité judiciaire doit être effectif. C'est ce qui explique les conditions posées par l'article 16. Ils ne peuvent exercer leurs attributions qu'à la condition d'être affectés à un emploi comportant cet exercice. Il s'agit des services et unités prévus par les articles R. 15-18 et suivants et R. 15-22 et suivants du Code de procédure pénale. Une obligation qui a vocation à proscrire les officiers de police judiciaire « dormants » qui viendraient à être activés au gré des besoins, sans plus de contrôle.

60 ***Habilitation par le procureur général.*** La loi impose une habilitation que le procureur général est seul à pouvoir délivrer. Une condition qui donne toute sa mesure à la nature judiciaire des attributions dont les officiers de police judiciaire disposent. La décision d'habilitation prend la forme d'un arrêté qui peut être individuel ou collectif (CPP, art. R. 15-1 et R. 15-5). Il a longtemps été prévu qu'un officier de police judiciaire qui quittait le ressort d'une cour d'appel pour exercer ses attributions sur un autre ressort devait faire l'objet d'une nouvelle habilitation du procureur général territorialement compétent. Une règle administrative qui exigeait des parquets généraux un travail particulièrement fastidieux sans que cela n'apporte plus à la qualité de service et à la relation entre l'autorité judiciaire et les officiers de police judiciaire. C'est la raison pour laquelle la loi n° 2019-222 du 23 mars 2019 a modifié cet état du droit en prévoyant que « l'habilitation est délivrée par le procureur général près la cour d'appel dans le ressort de laquelle intervient la première affectation du fonctionnaire. Elle est valable pour toute la durée de ses fonctions, y compris en cas de changement d'affectation » (CPP, art. 16, alinéa 10). Une modification qui a d'autant plus de sens qu'elle n'impacte en rien les règles de notation et le régime disciplinaire applicables. Le parquet général du lieu d'exercice reste destinataire du dossier de l'officier de police judiciaire arrivant qui est noté par le procureur général et qui est soumis à son autorité. Ce qui change en revanche c'est que l'officier de police judiciaire qui arrive peut exercer ses attributions dès son affectation sans avoir besoin d'attendre une nouvelle habilitation.

61 ***Suspension.*** Seule exception, « l'exercice de ces attributions est momentanément suspendu pendant le temps où ils participent, en unité constituée, à une opération de maintien de l'ordre » (CPP, art. 16, alinéa 8). En effet, il peut arriver qu'en tant que composante d'un service de police ou de gendarmerie, les officiers de police judiciaire soient momentanément amenés à renforcer les unités en charge des missions de police administrative. Ils exercent alors des attributions qui sont incompatibles avec celles que leur confère le Code de procédure pénale. Ils ne peuvent agir en qualité d'officier de police judiciaire.

b) Les officiers de police judiciaire non soumis à l'exigence d'habilitation

62 ***Exception.*** La loi confère à certains le statut d'officier de police judiciaire sans aucune autre condition. Ce sont les maires et leurs adjoints. Une survivance historique qui n'a en pratique que peu d'impact. Les élus n'ont pas vocation à investir les enquêtes.

Sont également concernés par cette règle les inspecteurs généraux, les sous-directeurs de police active, les contrôleurs généraux, les commissaires de police et les officiers de police (car ils ont le grade d'officier) ainsi que les personnes exerçant des fonctions de directeur ou sous-directeur de la police judiciaire et de directeur ou sous-directeur de la gendarmerie. Des personnels dont le niveau hiérarchique justifie que le statut d'officier de police judiciaire leur soit associé sans autre condition.

c) Le cas particulier du service d'enquête judiciaire des finances

63 ***Présentation.*** Le service d'enquête judiciaire des finances est issu de la loi n° 2018-898 du 23 octobre 2018 et du décret n° 2019-460 du 16 mai 2019[2]. Il correspond à la transformation du service national des douanes judiciaires créé par la loi n° 99-515 du 23 juin 1999. Le service d'enquête judiciaire des finances (SEJF) est attaché conjointement au directeur général des douanes et droits indirects et au directeur général des finances publiques. Il est dirigé par un magistrat de l'ordre judiciaire délégué aux missions judiciaires de la douane et de l'administration fiscale. Il regroupe au sein d'une même structure les officiers des douanes judiciaires relevant de l'article 28-1 du Code de procédure pénale et les officiers fiscaux judiciaires de l'article 28-2 du même code. Ce sont des agents de catégories A et B spécialement habilités à effectuer des enquêtes judiciaires sur réquisition du procureur de la République ou sur commission rogatoire du juge d'instruction. Chose importante, ils disposent d'une compétence sur l'ensemble du territoire national.

64 ***Compétences techniques.*** Cette création est le résultat d'un certain nombre de réflexions sur le rôle et les performances des services douaniers et fiscaux. C'est d'abord l'importance croissante du droit pénal à l'heure des grands échanges économiques. C'est aussi et surtout la technicité d'une matière qui réclame un niveau d'expertise spécifique. L'idée qui préside à la création du SEJF est de sortir des douaniers et agents fiscaux de la compétence administrative qui est la leur pour leur confier les attributions de véritables officiers de police judiciaire. La conséquence est que les agents qui opèrent au sein du SEJF ne peuvent le faire qu'en application des seules règles du Code de procédure pénale. Ils ne peuvent plus investiguer en application des procédures tout à fait dérogatoires du Code des douanes ou du Livre des procédures fiscales.

65 ***Infractions au Code des douanes.*** Ces agents ne peuvent être sollicités que sur la base d'infractions douanières ou fiscales. L'intérêt est de permettre à des enquêtes judiciaires qui concernent ce domaine de prospérer efficacement là où des officiers de police judiciaire « généralistes » seraient beaucoup plus en difficulté du fait d'une matière très technique qu'ils peuvent avoir du mal à maîtriser.

66 ***Particularités des règles de saisine.*** Ce sont des règles de saisine tout à fait singulières qui s'appliquent. Les agents du SEJF peuvent enquêter seuls pour rechercher et constater des infractions au Code des douanes ou au Code général des impôts. Ils ne peuvent toutefois pas le faire lorsque cela concerne des qualifications toutes particulières comme les infractions à la législation sur les stupéfiants. Ils sont obligés d'être associés à un service de police ou de gendarmerie dans le cadre d'équipes mixtes.

67 ***Équipes mixtes.*** Cette qualification d'équipes mixtes mérite d'être précisée. Il arrive que certaines infractions de droit commun aient des implications

2. S. Detraz, « Création du Service d'enquête judiciaire des finances (SEJF) », *Dr. pén.*, 2019, comm. 133.

douanières ou fiscales. C'est par exemple le cas d'une escroquerie qui pourrait également constituer une fraude aux intérêts économiques européens. Dans ce cas, le procureur ou le juge d'instruction peuvent saisir le SEJF mais en l'associant à un service classique tel qu'un service régional de police judiciaire (SRPJ ; police nationale) ou une section de recherches (SR ; gendarmerie nationale). En toute hypothèse, et c'est là un point essentiel, les agents du SEJF ne peuvent investiguer sans saisine préalable. Même en matière de flagrance, il faut qu'ils soient requis par le procureur de la République.

2) La notation des officiers de police judiciaire

68 ***Spécificité.*** Rarement évoquée, la notation des officiers de police judiciaire est un point tout à fait essentiel qui nourrit d'importantes discussions. En effet, en qualité de fonctionnaires, les policiers et gendarmes sont notés par le corps administratif dont ils dépendent. Une notation qui ne peut cependant rendre compte de la qualité du travail judiciaire. C'est la raison pour laquelle la loi prévoit une procédure de notation spécifiquement judiciaire.

69 ***Proposition du procureur de la République.*** Réglementée par les articles D. 44 à D. 46-1 du Code de procédure pénale, cette notation fait l'objet d'une proposition établie par le procureur de la République. C'est lui qui est le mieux à même d'évaluer la qualité du travail réalisé par ceux qui sont sous son autorité. Il est préalablement tenu de consulter le juge d'instruction et peut demander l'avis des autres magistrats de la juridiction.

70 ***Notation par le procureur général.*** Cette notation qu'établit « *in fine* » le procureur général est portée à la connaissance de l'officier de police judiciaire qui peut la contester. Elle est surtout transmise à l'autorité administrative ou militaire chargée d'établir les propositions d'avancement des fonctionnaires. En effet, l'article 19-1 du Code de procédure pénale dispose que « la notation par le procureur général de l'officier de police judiciaire habilité est prise en compte pour toute décision d'avancement ». Une obligation dont la bonne mesure est sujette à débat, certains regrettant que la notation judiciaire n'ait pas plus d'importance compte tenu des charges et responsabilités assumées.

3) La discipline des officiers de police judiciaire

71 ***Droit disciplinaire.*** Comme tout fonctionnaire, un officier de police judiciaire est soumis au contrôle hiérarchique de l'administration dont il dépend. S'il vient à commettre une infraction pénale, il relève des juridictions de droit commun. C'est notamment le cas des gendarmes dès lors qu'il ne leur est pas reproché une infraction militaire. Deux lignes entre lesquelles existe une discipline tout à fait spécifique aux officiers de police judiciaire.

a) Les attributions du procureur général

72 ***Suspension ou retrait d'habilitation.*** La police judiciaire est placée sous la **surveillance** du procureur général (CPP, art. 13). Celui-ci peut être saisi ou s'autosaisir dès lors qu'un officier de police judiciaire commet un manquement professionnel ou porte atteinte à l'honneur ou à la probité de son statut et que cela a une incidence sur sa capacité à exercer des missions de police judiciaire. Une situation à laquelle peut être associée la commission d'une infraction

pénale. Dans ce cas, le procureur général peut suspendre l'habilitation ou tout simplement la retirer. La décision est prise à l'issue d'un débat au cours duquel l'officier de police judiciaire a pu se faire assister et prendre connaissance des griefs reprochés. Elle se traduit par un arrêté individuel qui reste temporaire. En effet, la suspension ne peut aller au-delà de deux ans. Quant au retrait, rien n'interdit de présenter une nouvelle demande d'habilitation comme par exemple devant un nouveau procureur général à l'occasion d'une mutation.

b) Les attributions de la chambre de l'instruction

73 *Interdiction d'exercer et observations écrites.* La police judiciaire est placée sous le **contrôle** de la chambre de l'instruction conformément aux articles 224 et suivants (CPP, art. 13). Un texte qui lui confère des pouvoirs disciplinaires beaucoup plus importants que ceux dont dispose le procureur général.

Elle peut décider qu'un officier de police judiciaire ne pourra plus exercer ses fonctions soit dans le ressort de la cour d'appel, soit sur tout l'ensemble du territoire. Une mesure qui peut être temporaire ou définitive.

Il est également possible d'interdire à ce fonctionnaire d'exercer des fonctions d'agent de police judiciaire.

Même en l'absence de sanction, la chambre de l'instruction peut adresser à l'officier de police judiciaire des observations écrites.

74 *Procédure.* La chambre de l'instruction est saisie par le procureur général. Elle peut également décider de s'autosaisir à l'occasion de l'examen d'un dossier ce qui est tout à fait singulier. L'officier de police judiciaire est entendu, ayant là encore la possibilité d'être assisté avec un accès autorisé au dossier.

c) Les attributions spéciales du président de la chambre de l'instruction

75 *Interdiction provisoire.* Le nouvel article 229-1 du Code de procédure pénale tel qu'issu de la loi n° 2016-731 du 3 juin 2016 renforçant la lutte contre le crime organisé, le terrorisme et leur financement, et améliorant l'efficacité et les garanties de la procédure pénale confère au président de la chambre de l'instruction le pouvoir **d'interdire sans délai et sans procédure contradictoire**, à tout officier de police judiciaire ou agent de police judiciaire ou toute personne investie de fonctions de police judiciaire d'en exercer les attributions. La durée de cette interdiction est d'un mois. Elle est bien évidemment prise sans préjudice des procédures qui peuvent être initiées et des sanctions qui pourraient être ultérieurement décidées. Il s'agissait de combler une lacune en ce qu'aucune mesure d'urgence n'avait été prévue par les textes là où, selon les situations, la célérité peut s'imposer. Une fois prise, la sanction prend effet immédiatement (CPP, art. 227).

B) Les agents de police judiciaire

76 *Domaine de définition.* N'ayant pas la qualité d'officier de police judiciaire, les agents de police judiciaire n'en ont pas les attributions. Ils ne peuvent que les seconder (CPP, art. 20). Ce sont :

- les élèves-gendarmes affectés en unité opérationnelle et les gendarmes n'ayant pas la qualité d'officier de police judiciaire ;
- les fonctionnaires des services actifs de la police nationale, titulaires et stagiaires, n'ayant pas la qualité d'officier de police judiciaire.

Mais attention, il faut là encore qu'ils soient affectés à un emploi comportant cet exercice et rappeler qu'ils perdent toute compétence pendant le temps où ils participent, en unité constituée, à une opération de maintien de l'ordre (voy. *infra*, n° 104).

77 ***Assistance des officiers de police judiciaire.*** Les agents de police judiciaire se trouvent au centre d'importants enjeux. Leur nombre en fait une ressource particulièrement prisée à une époque où les actes d'enquête sont de plus en plus nombreux tout en réclamant de réelles compétences. Le temps de l'investigation s'allonge, ce que peut utilement compenser un renfort de personnels. Ils n'ont cependant pas la qualité d'officier de police judiciaire, ce qui interdit de leur confier des attributions trop importantes qui viendraient remettre en cause une architecture des services garante des droits et libertés individuels. Deux impératifs dont la loi fixe le point d'équilibre.

Il est tout d'abord des actes qui sont interdits aux agents de police judiciaire parce qu'ils sont excessivement attentatoires aux libertés individuelles, réclamant par conséquent l'intervention exclusive d'un officier de police judiciaire :

- placer une personne en garde à vue ;
- diriger une enquête de flagrance, opérer une perquisition accompagnée ou non d'une saisie ;
- exécuter une commission rogatoire.

Des attributions qu'un officier de police judiciaire ne peut pas plus déléguer à un agent de police judiciaire. Ceux-ci ont vocation à aider et assister les officiers de police judiciaire dans l'accomplissement de leurs tâches (CPP, art. D13). Il faut par conséquent que la procédure indique pour chaque acte accompli : « **agissant sous les ordres et le contrôle de [...], officier de police judiciaire** ». Il leur est alors possible d'accomplir certains actes :

- initier et mener une enquête préliminaire (CPP, art. 75) ou informer de ses droits une personne placée en garde à vue (CPP, art. 63-1) ;
- requérir des personnes qualifiées aux fins de procéder à des constatations ou examens techniques ou scientifiques ;
- requérir tout personnel pour procéder à l'ouverture des scellés afin de réaliser une copie de données informatiques ;
- requérir d'un organisme public ou de certaines personnes morales de droit privé la mise à disposition d'informations non protégées par un secret prévu par la loi, contenues dans un système informatique ou un traitement de données nominatives ;
- procéder aux opérations de prélèvements externes.

Point important à signaler, lorsque ces attributions sont mises en œuvre dans un cadre préliminaire, l'agent de police judiciaire doit disposer de l'autorisation du procureur de la République qui est actée au procès-verbal.

78 ***Pouvoirs propres.*** Il est certains actes pour la réalisation desquels l'agent de police judiciaire n'a pas besoin de l'officier de police judiciaire, parce que l'urgence s'impose ou parce que l'utilité l'exige. Il s'agit de :

- constater les crimes, délits ou contraventions et d'en dresser procès-verbal ;
- recevoir par procès-verbal les déclarations qui leur sont faites par toute personne susceptible de leur fournir des indices, preuves et renseignements sur les auteurs et complices de ces infractions ;
- interpeller une personne en flagrance (CPP, art. 73).

79 ***Personnels relevant de la réserve.*** La loi n° 2003-239 du 18 mars 2003 a créé la réserve civile que réglemente l'article 20-1 du Code de procédure pénale. Il permet à des fonctionnaires de la police nationale et des militaires de la gendarmerie nationale à la retraite de bénéficier de la qualité d'agent de police judiciaire lorsqu'ils sont appelés au titre de la réserve civile de la police nationale ou au titre de la réserve opérationnelle de la gendarmerie nationale.

Il faut qu'ils aient eu la qualité d'officier ou d'agent de police judiciaire durant leur activité professionnelle. L'article R. 15-17-1 réglemente les conditions de reprise de service de ces fonctionnaires.

Les « réservistes », comme ils sont qualifiés, sont un renfort ponctuel apprécié par les unités d'enquête. Ils apportent une expérience recherchée. Cela permet plus de flexibilité dans la répartition des ressources humaines qui est l'un des enjeux du bon fonctionnement des unités.

C) Les agents de police judiciaire adjoints

80 ***Pluralité de cadres d'agents de police judiciaire adjoints.*** Les agents de police judiciaire adjoints répondent tantôt à un cadre général (1.), tantôt à tel cadre particulier (2.).

1) Cadre général des agents de police judiciaire adjoints

81 ***Diversité.*** Descendant d'un cran dans la hiérarchie, les agents de police judiciaire adjoints sont **ceux qui ne peuvent être ni officier de police judiciaire ni agent de police judiciaire**. Ce sont :

- les fonctionnaires des services actifs de police nationale ne remplissant pas les conditions prévues par l'article 20 ;
- les volontaires servant en qualité de militaire dans la gendarmerie et les militaires servant au titre de la réserve opérationnelle de la gendarmerie nationale ne remplissant pas les conditions prévues par l'article 20-1 ;
- les adjoints de sécurité mentionnés à l'article 36 de la loi n° 95-73 du 21 janvier 1995 d'orientation et de programmation relative à la sécurité et les membres de la réserve civile de la police nationale qui ne remplissent pas les conditions prévues à l'article 20-1 du Code de procédure pénale ;
- les contrôleurs de la préfecture de police exerçant leurs fonctions dans la spécialité voie publique et les agents de surveillance de Paris ;
- les agents de police municipale ;
- les gardes champêtres, lorsqu'ils agissent pour l'exercice des attributions fixées au dernier alinéa de l'article L. 2213-18 du Code général des collectivités territoriales.

82 ***Attributions limitées.*** La loi a dû composer avec cet effectif qui est à la fois le moins expérimenté mais aussi le plus nombreux. Ils peuvent aider à l'accomplissement des enquêtes tout en restant raisonnable sur la qualité procédurale des actes qu'ils sont susceptibles de réaliser. Un équilibre qui a conduit à limiter les actes qu'ils sont autorisés à réaliser et que liste précisément l'article 21 du Code de procédure pénale.

C'est d'abord d'indiquer qu'ils doivent **seconder**, dans l'exercice de leurs fonctions, les officiers de police judiciaire. Ceux-ci peuvent faire appel à des agents de police judiciaire adjoints dans les mêmes limites que ce qui est prévu pour les agents de police judiciaire. En revanche, les agents de police judiciaire adjoints ne peuvent pas accomplir les actes propres que les agents de police judiciaire sont autorisés à réaliser. S'ils ont connaissance d'une infraction, ils doivent en référer à leur hiérarchie sans aucune possibilité d'enquête.

Ils peuvent constater les infractions à la loi pénale et recueillir tous les renseignements utiles à la découverte de leurs auteurs mais uniquement sur ordre de leur chef, ce qui doit impérativement apparaître en procédure.

Il leur est enfin possible de constater par procès-verbal les contraventions aux dispositions du Code de la route dont la liste est fixée par décret en Conseil d'État.

83 ***Recueil des observations du contrevenant.*** Le dernier alinéa de l'article 21 mérite l'attention. Il est dit que « lorsqu'ils constatent une infraction par procès-verbal, les agents de police judiciaire adjoints peuvent **recueillir les éventuelles observations du contrevenant** ». Une phrase toute en nuance. Il ne peut en effet s'agir d'observations ce qui exclut l'interrogatoire. Une distinction qui en pratique reste subtile, les échanges verbaux étant un préalable. La qualité rédactionnelle des procès-verbaux est une condition essentielle pour rendre efficacement compte de ce qui s'est dit.

2) Le cadre particulier des agents de police judiciaire adjoints

84 ***Cas particulier de certains agents de police judiciaire adjoints.*** La catégorie des agents de police judiciaire adjoints est définie par défaut. Elle regroupe tous ceux qui ne sont ni officier de police judiciaire ni agent de police judiciaire. Leurs attributions sont plus restreintes que celles des agents de police judiciaire.

85 ***Adjoints de sécurité et volontaires servant dans la gendarmerie nationale.*** Créés pour donner un peu plus d'oxygène aux services actifs, les adjoints de sécurité et les volontaires servant dans la gendarmerie nationale peuvent notamment procéder au contrôle d'identité à la suite de la commission d'une infraction (CPP, art. 78-6).

86 ***Agents de police municipale.*** La place croissante de la police municipale dans l'action judiciaire a conduit à repenser sa réglementation. Nommés par le maire, les policiers municipaux doivent faire l'objet d'un agrément délivré par le procureur de la République. Deux spécificités méritent d'être soulignées. Ils peuvent dresser procès-verbal de toute contravention aux arrêtés de police du maire (C. gén. coll. terr., art. L. 2212-5), ainsi que de toutes les contraventions au Code de la route. En ce qui concerne les relevés d'identité, Ils peuvent y procéder mais uniquement à l'égard des contrevenants ayant commis une infraction susceptible d'être constatée ou verbalisée par l'agent. Si cette identité ne peut être donnée ou si la personne refuse, l'officier de police judiciaire doit en être avisé avec la possibilité d'enjoindre la présentation immédiate de la personne. Dans ce cas, l'agent de police municipale peut faire usage de la force pour présenter le mis en cause.

87 ***Port d'arme.*** La possibilité pour les policiers municipaux d'être armés est un sujet de discussion particulièrement sensible qui a évolué avec le temps. En l'état, des autorisations individuelles peuvent être délivrées par le préfet qui conserve ainsi le pouvoir de décision. Concernant les armes, elles sont acquises par la commune qui en est propriétaire et donc responsable (Code des communes, art. L. 412-51).

D) Les fonctionnaires et agents chargés de certaines fonctions de police judiciaire

88 ***Compétences spéciales.*** Les fonctionnaires et agents chargés de certaines fonctions de police judiciaire sont compétents pour constater les infractions commises à l'encontre des intérêts que leur administration a vocation à protéger. Quatre catégories doivent être distinguées.

89 ***Ingénieurs, chefs de districts, agents techniques des eaux et forêts.*** Leur compétence les autorise à rechercher et constater les délits et contraventions commis au préjudice des propriétés rurales et forestières. Ils peuvent également dresser procès-verbal de constat des contraventions sur les chemins forestiers ouverts à la circulation (C. route, art. R. 130-1). À titre d'exemple, ce sont eux qui le plus souvent constatent les excès liés à l'utilisation de moto-cross ou de quads.

90 ***Gardes champêtres.*** Ils peuvent constater par procès-verbal les infractions commises dans les bois non soumis au régime forestier. Une particularité vient de ce que les procès-verbaux doivent être transmis au procureur de la République dans le délai de 5 jours.

Eux aussi peuvent constater certaines infractions spécifiques au Code de la route (C. route, art. R. 130-3 à R. 130-4).

91 ***Gardes particuliers assermentés.*** Prévus par l'article 29 du Code de procédure pénale, les gardes particuliers assermentés peuvent constater par procès-verbaux tous délits et contraventions portant atteinte aux propriétés dont ils ont la garde. Les procès-verbaux sont remis ou envoyés par lettre recommandée directement au procureur de la République. Cet envoi doit avoir lieu, à peine de nullité, dans les cinq jours suivant celui de la constatation du fait, objet de leur procès-verbal.

92 ***Fonctionnaires et agents des administrations et services publics.*** Cette catégorie regroupe un très grand nombre de situations. Elle renvoie à cette colonisation du vécu par un droit pénal qui a besoin de personnels spécialement dédiés aux constatations de sa transgression. Cela va des agents des douanes à ceux des sociétés d'autoroute, des personnels de l'office national des forêts, des directions régionales des entreprises, de la concurrence, de la consommation, du travail et de l'emploi (DIRRECTE)... selon des règles et une nomenclature qui leur sont propres.

§ 2. La compétence territoriale de la police judiciaire

93 ***Risque d'annulation de l'acte de police.*** La compétence territoriale des services de police judiciaire est une des questions pratiques les plus sensibles : l'incompétence territoriale est une cause de nullité d'ordre public. En effet, tous les services d'enquête n'ont pas compétence pour intervenir sur l'ensemble du territoire national. Ils sont chacun tenus de respecter un terrain d'action que précise l'article 18-1 du Code de procédure pénale. Il est dit que les officiers de police judiciaire ne peuvent agir que dans les limites territoriales où ils exercent leurs fonctions habituelles. La conséquence est que cela détermine les moyens humains dont disposent le procureur de la République et le juge d'instruction pour la bonne conduite des investigations.

Par ailleurs, et c'est un point tout à fait essentiel, les actes qui seraient réalisés par un enquêteur hors de son champ de compétences sont considérés comme n'ayant jamais existé. Une nullité dont les conséquences peuvent être particulièrement catastrophiques si elles concernent les premiers actes d'enquête. La rigueur est par conséquent de mise.

A) Les compétences territoriales naturelles

94 ***Différents niveaux de compétence.*** L'article 15-1 du Code de procédure pénale renvoie à différents décrets qui fixent trois niveaux de compétence que sont le département, la ou les zones de défense et enfin l'ensemble du territoire national.

95 ***Services à compétence départementale.*** Les services à compétence départementale sont les plus nombreux. Pour la police nationale, ce sont ceux qui relèvent d'une circonscription de sécurité publique et dans laquelle se trouvent des sûretés urbaines départementales ou, moins développées, des brigades de sûreté urbaine[3]. Celles-ci sont une spécificité de la police nationale. Elles regroupent des officiers de police judiciaire et plus rarement des agents de police judiciaire qui sont exclusivement dédiés aux enquêtes judiciaires.

La gendarmerie connaît un découpage similaire. Le groupement départemental de gendarmerie rassemble toutes sortes d'unités de terrain que sont les brigades, communautés de brigades ou encore brigade territoriale autonome. À ces unités s'ajoutent une ou plusieurs brigades de recherches qui se composent d'officiers de police judiciaire exclusivement affectés à la conduite des enquêtes judiciaires.

Des subdivisions dont il faut mesurer les conséquences pratiques à l'heure où certains départements comptent encore plusieurs juridictions. La première règle est que les magistrats de chaque tribunal judiciaire sollicitent les services à compétence départementale qui relèvent de leur ressort propre. Ainsi, un substitut du parquet de Nice ne sollicitera pas un enquêteur de Grasse pour mener une enquête à Nice alors même que tout se situe sur le département des Alpes-Maritimes. Il existe toutefois des exceptions qui renvoient à la dimension départementale des enquêtes qui sont menées. Dans le cas précédent, l'enquêteur qui exerce sous l'autorité du procureur de Nice peut être amené à faire une perquisition dans un logement situé à Grasse. Il pourra le faire sans difficulté puisqu'il agira dans le département des Alpes-Maritimes dans lequel il dispose d'une compétence territoriale globale.

96 ***Services à compétence zonale.*** L'article R. 15-19 du Code de procédure pénale mentionne un certain nombre d'unités d'enquête dont nous ne retiendrons que les plus souvent sollicitées : les services régionaux de police judiciaire (SRPJ ; police nationale) et leurs antennes qui dépendent la direction interrégionale de la police judiciaire (DIPJ) et les sections de recherche (SR ; gendarmerie nationale). Ils disposent d'une compétence élargie à l'échelle de la région ce qui a une incidence directe sur leur doctrine d'emploi.

---

3. Décret n° 96-48 du 22 janvier 1996 portant création de sûretés départementales dans les directions départementales de sécurité publique.

97 *Services à compétence nationale.* L'article R. 15-18 fixe la liste des services disposant d'une compétence nationale. Ceux-ci rassemblent, pour la police nationale, les enquêteurs qui exercent au sein des directions centrales ainsi que les services spécialisés tel que l'inspection générale de la police nationale. En ce qui concerne la gendarmerie nationale, cela concerne toutes les directions générales.

B) Les extensions de compétence

98 *« [D]roit de suite ».* Ce qui est appelé le « droit de suite » renvoie à la possibilité pour un officier de police judiciaire ou à un agent de police judiciaire exerçant sous son autorité de se transporter dans un autre département afin d'y accomplir des actes utiles à la manifestation de la vérité. Une faculté réglementée par l'article 18 du Code de procédure pénale dont la mise en œuvre intéresse uniquement les services à compétence départementale qui sont aussi les plus nombreux. Cela rend le sujet éminemment sensible pour ce qui concerne le contrôle des enquêtes et la gestion des effectifs. C'est la raison pour laquelle des règles différentes ont longtemps subsisté. Les officiers de police judiciaire pouvaient se transporter de leur propre initiative dans les départements limitrophes à leur zone de compétence. Ils n'avaient besoin d'aucune autorisation particulière. En revanche, celle-ci était indispensable pour la validité de la procédure lorsqu'il s'agissait de se déplacer dans un autre lieu du territoire national. L'aval du procureur de la République ou du juge d'instruction était requis. Un état du droit qui a progressivement constitué une entrave au bon déroulement des investigations à l'heure d'un traitement en temps réel omniprésent. C'est la raison pour laquelle le dispositif a été entièrement repensé par la loi n° 2019-222 du 23 mars 2019 (art. 47).

1) Extension de compétence légale

99 *Principe d'une compétence nationale.* La nouvelle rédaction de l'article 18, alinéa 3, du Code de procédure pénale autorise les officiers de police judiciaire à se transporter sur toute l'étendue du territoire national à l'effet d'y poursuivre leurs investigations et de procéder à des auditions, perquisitions et saisies. Il n'y a donc plus de régime différent selon que le transport se fait dans un département limitrophe ou dans un autre lieu du territoire national. Le principe est qu'il est possible de se déplacer à n'importe quel moment en n'importe quel lieu. Une faculté que le texte a toutefois subordonnée à certaines conditions. Il doit tout d'abord s'agir d'une procédure qui a débuté dans le champ de compétence départemental de l'officier de police judiciaire. Il n'est pas possible de se transporter dans un autre lieu pour débuter une enquête. Il faut ensuite que le procureur de la République ou le juge d'instruction en charge de la procédure soit avisé sachant qu'une telle information est délivrée par tout moyen avec mention au procès-verbal. Le magistrat référent peut toujours décider que les enquêteurs qui accomplissent leurs diligences hors du département soient assistés d'un officier de police judiciaire. En toute hypothèse, est conservée la règle qui impose d'aviser le procureur de la République sur le ressort duquel les actes sont accomplis. C'est d'autant plus indispensable que les enquêteurs peuvent, dans le cadre de leurs investigations hors département, découvrir

des infractions incidentes dont ils ne sont pas saisis. Des faits pour lesquels l'enquête ne peut être ouverte que par les enquêteurs du département en question. Le procureur sur le ressort duquel une nouvelle infraction est constatée pourra ensuite décider de conserver le dossier ou de se dessaisir au profit de son homologue en fonction du lien de connexité susceptible d'exister avec les faits initiaux.

100 ***Véhicules affectés au transport collectif.*** Certains officiers de police judiciaire ou agents de police judiciaire exercent leurs missions dans des véhicules affectés au transport collectif de voyageurs ou dans les lieux destinés à l'accès à ces moyens de transport. C'est le cas des services de police affectés aux transports ferroviaires ou ceux qui exercent dans les aéroports. L'article 18, alinéa 5, leur confère compétence pour opérer sur l'étendue de la zone de défense de leur service d'affectation dans des conditions déterminées par décret en Conseil d'État sans avoir besoin d'une quelconque autorisation. Il peut arriver qu'ils soient requis par le procureur de la République en application de l'article 78-7 du Code de procédure pénale. Ils exercent alors leurs attributions sur l'ensemble du trajet du véhicule de transport ferroviaire de voyageurs dans lequel ils se trouvent.

2) Extensions de compétence soumises à autorisation

101 ***Transport sur un territoire étranger.*** L'article 18, alinéa 4, du Code de procédure pénale autorise les officiers de police judiciaire à se transporter sur le territoire d'un État étranger selon des conditions particulièrement rigoureuses. Il leur faut tout d'abord agir sur réquisitions du procureur ou sous couvert d'une commission rogatoire. L'accord des autorités compétentes de l'État concerné doit avoir été recueilli. Enfin, il ne leur est possible que de réaliser des auditions à l'exception de toute autre diligence. Cela peut aboutir à la création d'équipes communes d'enquêtes que réglementent les articles 695-2 et 695-3 du Code de procédure pénale. Elles permettent de développer entre les États des stratégies communes d'enquête et de partager des objectifs de lutte contre la criminalité organisée transfrontalière. Ces équipes associent des magistrats et des enquêteurs de deux pays au sein d'une même entité dans une affaire présentant un intérêt pénal commun aux deux États. La grande souplesse de ce mécanisme permet aux autorités judiciaires et aux services concernés d'échanger des renseignements, de mener des opérations d'investigations conjointes et de coordonner l'exercice des poursuites pénales dans les deux pays.

102 ***Du « parquet extérieur » à « l'OPJ extérieur ».*** La loi n° 2016-731 du 3 juin 2016 a modifié l'article 41, alinéa 2, du Code de procédure pénale. Il est dit que le procureur de la République peut requérir tout officier de police judiciaire, **sur l'ensemble du territoire national** afin de procéder aux actes d'enquête qu'il estime nécessaires dans les lieux où chacun d'eux est territorialement compétent. Un texte qui dans la pratique des parquets a été vécu comme une petite révolution. En effet, ces dispositions existaient avant la loi. C'était l'ancien article D. 15-4 qui permettait au procureur de donner des instructions à n'importe quel officier de police judiciaire de France lorsque l'urgence s'imposait. Une faculté qui est toujours d'actualité et dont l'utilité ne se dément pas. C'est par exemple l'interpellation à Bayonne d'une personne détenant d'importantes quantités de stupéfiants et dont le domicile est à Paris. Le procureur de la

République de Bayonne va alors prendre contact directement avec l'officier de police judiciaire compétent dans la capitale pour qu'il accomplisse en urgence une perquisition.

Mais surtout, en faisant disparaître cette condition d'urgence, la loi a mis fin à la pratique des « parquets extérieurs ». Un exemple permettra de mieux comprendre. Avant la réforme, un officier de police judiciaire qui avait besoin de faire entendre une personne sur un tout autre ressort adressait la procédure au procureur dont il dépendait. Celui-ci la communiquait à son homologue territorialement compétent qui ensuite requérait le service idoine afin que l'acte demandé soit réalisé et retourné au parquet demandeur. Aujourd'hui, les officiers de police judiciaire peuvent, avec une réquisition actée en procédure, **adresser directement le dossier à leur homologue sans passer par les parquets**. Une économie de temps et d'énergie, de fonctionnaires et magistrats, dirons-nous, dont beaucoup se félicitent. Mais en même temps, les parquets se sont inquiétés de ne plus voir passer ces procédures dont l'enregistrement et le suivi informatique leur permettaient de visualiser le bon déroulement et surtout le respect des délais de procédure. Tout repose sur la rigueur de gestion des envois et des retours de la part des seuls services d'enquête.

§ 3. La fonction de police judiciaire

103 ***Intérêt.*** Savoir ce qu'est la police judiciaire, c'est d'abord la différencier de la police administrative. Une distinction essentielle qui détermine le contenu des actes qui peuvent être accomplis, les attributions de ceux qui agissent et l'autorité de contrôle à laquelle ils sont soumis.

A) La distinction entre police judiciaire et police administrative

104 ***Prévenir ou réagir à la commission d'une infraction.*** C'est l'article 14 du Code de procédure pénale qui pose la règle. La police judiciaire est chargée de constater les infractions à la loi pénale, d'en rassembler les preuves et d'en rechercher les auteurs tant qu'une information judiciaire n'est pas ouverte. Lorsqu'un juge d'instruction est saisi, elle accomplit les actes d'enquête sous son autorité. L'acte de police judiciaire a vocation à identifier les auteurs d'infractions commises à la loi pénale dont elle doit s'assurer de la réalité. Une action pour laquelle sont mis en œuvre les pouvoirs de contrainte que prévoit le Code de procédure pénale. Des atteintes aux libertés individuelles dont l'autorité judiciaire est seule garante (Const., 4 octobre 1958, art. 66). C'est là le rôle du procureur de la République et des magistrats du siège. Le juge d'instruction a également sa place lorsque les services d'enquête interviennent en exécution d'une commission rogatoire. Une répartition des compétences qui paraît relativement claire et semble permettre une différenciation pertinente avec la police administrative.

Abondamment étudiée, celle-ci est souvent analysée à travers son action préventive. Un souci de protéger l'ordre public contre les atteintes dont il peut faire l'objet. Il s'agit d'éviter qu'un trouble survienne au risque qu'une infraction soit commise. Ainsi entendu, le critère de distinction est celui de **l'acte lui-même** en fonction de l'objectif qu'il remplit. Une méthode dont les auteurs ont largement souligné le caractère empirique. En effet, au-delà des ordres qui sont donnés, ce sont les situations qui déterminent la nature des actes à accomplir. Un attroupement de personnes conduit à une action de police administrative qui a pour objet d'assurer une présence policière en nombre et réguler les déplacements afin d'éviter les troubles qui peuvent survenir. Mais qu'un ou plusieurs individus commettent des dégradations, agressent les forces de l'ordre et alors il faudra en établir la matérialité, rassembler films, photographies et témoignages, puis en interpeller les auteurs. Une action de police judiciaire qui peut être réalisée par les mêmes fonctionnaires.

Ainsi, une action de police unique peut en réalité se subdiviser sans jamais se confondre. Elle est soit administrative, soit judiciaire. Elle peut basculer de l'une vers l'autre tout en étant accomplie par les mêmes agents. Ceux-ci devront en revanche respecter les moyens que la loi leur accorde en fonction du cadre retenu. L'action de police judiciaire autorise l'interpellation et le placement en garde à vue de la personne selon des formes prescrites par les lois de procédure pénale. Encore faut-il qu'une infraction préalable ait été constatée, sans laquelle la police judiciaire ne peut agir. C'est la police administrative qui est alors prédominante. La pratique est pleine de ces situations qui relèvent de la casuistique. En témoignent les conditions de validation de la réglementation des écoutes administratives. Le Conseil constitutionnel en a consacré l'usage en rappelant qu'elles sont le fait de services spécialisés dans le seul et unique but de recueillir de l'information. Il s'agit exclusivement de « préserver l'ordre public et de prévenir les infractions » de sorte qu'elles ne peuvent être mises en œuvre pour constater des infractions à la loi pénale, en rassembler les preuves ou en rechercher les auteurs (Cons. const., 23 juillet 2015, n° 2015-713 DC). Si tel est l'objectif, c'est alors le recours à des écoutes judiciaires dans les conditions et formes prescrites par le Code de procédure pénale.

B) La relativité de la distinction

105 ***Participations croisées.*** La distinction entre police administrative et police judiciaire est relative en ce que des mesures de police administrative présentent un caractère punitif (1.) et les contentieux administratifs et judiciaires peuvent être imbriqués (2.).

1) Le caractère punitif de certaines mesures de police administrative

106 ***Exemple de la suspension préfectorale du permis de conduire.*** Il est certaines mesures de police administrative dont le caractère préventif n'en produit pas moins des effets punitifs certains. Le meilleur exemple se trouve dans la suspension de permis de conduire que le préfet peut décider à l'encontre de ceux qui sont interpellés en conduite en état alcoolique. Une infraction à la loi pénale dont la constatation est aussi révélatrice du danger que peut représenter le contrevenant à l'heure où la sécurité routière constitue une véritable cause nationale. Dans l'attente d'une décision de l'autorité judiciaire sur la culpabilité de la personne et la sanction qu'il s'agit de prononcer à son encontre, la loi prévoit la possibilité d'une rétention administrative du permis de conduire pendant un délai de six mois maximum. Des situations dans lesquelles les deux mesures opèrent à l'encontre de la même personne. Si le contrevenant est condamné à quatre mois de suspension de son permis de conduire, la sanction pénale

absorbe alors le temps de rétention qui lui a été imposé. En l'espèce, quatre plus quatre ne fait pas huit mais quatre si la rétention a été de quatre mois. La peine judiciaire a même autorité sur la mesure administrative de sorte que la personne se verra remettre plus tôt son permis de conduire si le temps de suspension décidé par le tribunal est moindre que ce qu'a ordonné le préfet. Un état du droit qui, pour des raisons de cohérence, conduit souvent le procureur et le préfet à s'accorder sur le temps de rétention en fonction des situations et des taux d'alcool relevés.

107 ***Pouvoir de sanction de la DIRRECTE en droit du travail.*** Il peut arriver que le droit pénal spécial se trouve directement et ouvertement concurrencé par le champ des sanctions administratives. C'est ce que l'on constate à propos du contentieux du travail. L'ordonnance du 7 avril 2016 a complété le dispositif existant en créant de nouvelles sanctions qui peuvent être directement prononcées par l'autorité administrative. En matière de détachement temporaire par une entreprise non établie en France (C. trav., art. L. 1262-2-1, L. 1263-7 et L. 1264-1), la direction régionale des entreprises, de la concurrence, de la consommation, du travail et de l'emploi (DIRRECTE) peut ordonner une amende d'un montant maximum de 2 000 euros par salarié, sans que la somme puisse dépasser 500 000 euros.

Il en va de même en cas de manquement grave de l'employeur établi hors de France aux dispositions qui concernent le salaire minimum, le repos ou la durée du travail, ou lorsque les conditions de travail et d'hébergement sont incompatibles avec la dignité de la personne humaine. L'administration peut ordonner de régulariser tout en suspendant le travail pendant un délai d'un mois. Une amende de 10 000 euros par salariés peut être prononcée si les choses ne sont pas rentrées dans l'ordre.

Des possibilités de sanction qui viennent directement concurrencer l'action du parquet. Un nouveau terrain d'analyse pour ceux qui s'interrogent sur la nature et l'utilité des sanctions et la place qu'y occupe le droit pénal[4]. De manière plus pragmatique, les procureurs peuvent trouver là un relais utile à leur politique pénale. C'est tout l'intérêt des « conventions » qui irriguent aujourd'hui l'activité des parquets et tracent de nouvelles frontières entre les actions judiciaires et administratives.

2) Le caractère évolutif du contentieux

108 ***Imbrication des polices administrative et judiciaire.*** Le critère de distinction communément admis entre la police administrative et la police judiciaire, en ce qu'il repose sur la finalité répressive ou non de l'acte, conduit à des solutions parfois complexes, voire déroutantes.

Ce sont d'abord certaines répartitions de contentieux qu'il faut analyser avec finesse. En témoignent, les conséquences de la loi n° 2011-803 du 5 juillet 2011 relative aux droits et à la protection des personnes faisant l'objet de soins psychiatriques et aux modalités de leur prise en charge. De nouvelles dispositions qui ont transféré sur le seul juge des libertés et de la détention un contentieux qui relevait du juge administratif. C'est que les mesures ont un objectif préventif affirmé consistant à placer en contention hospitalière des personnes

4. M. Degoff, « L'ambiguïté de la sanction administrative », *AJDA*, 2001, n° spécial, p. 27.

qui peuvent être dangereuses pour elles-mêmes ou pour autrui. Mais parce que cela aboutit à priver une personne de sa liberté, l'article 66 de la Constitution a prévalu au grand dam des juridictions de l'ordre judiciaire qui ont dû prendre en charge un nouveau contentieux.

Il faut également compter avec certaines situations qui peuvent éclater en différents contentieux. C'est notamment le cas en ce qui concerne la question de l'indemnisation des préjudices liés au fonctionnement du service public de la justice à raison des activités des forces de police et de gendarmerie. Un policier qui ouvre le feu sur le chien qui l'attaque commet un acte de destruction volontaire de bien appartenant à autrui mais que justifie un acte de défense avéré. Non seulement le propriétaire du chien n'aura droit à aucune indemnisation mais il pourra éventuellement être poursuivi en fonction des circonstances et/ou de la catégorie du chien. En revanche, les policiers qui fracturent une porte afin de procéder à l'interpellation d'un malfaiteur obéissent à un ordre de la loi ou à un commandement de l'autorité légitime. Si le propriétaire est lui-même mis en cause, son indemnisation sera subordonnée à la démonstration d'une faute lourde de la part des services de police. S'il n'y est pour rien, c'est le régime de la responsabilité sans faute qui s'applique. Or dans les deux cas, le contentieux relève du juge administratif.

Ainsi présentée, la distinction entre police administrative et police judiciaire est loin d'être figée. Nombre d'auteurs la discutent pour s'accorder sur un caractère évolutif construit à partir de bases communes. L'enjeu est de taille en ce que la qualification retenue permet de connaître l'étendue des attributions de ceux qui opèrent en fonction des cadres d'enquête établis par le Code de procédure pénale.

§ 4. Les cadres d'enquête de la police judiciaire

109 ***Contrôles d'identité et enquête.*** La loi réglemente plusieurs cadres d'enquêtes. Ceux-ci correspondent à des possibilités d'investigations qui peuvent être plus ou moins attentatoires aux libertés individuelles. Tout dépend de la gravité de l'infraction et des circonstances qui président à sa découverte et à l'identification de son ou ses auteurs. Les contrôles d'identité sont bien évidemment au centre de ce débat. Actes relativement simples, ils sont en même temps une première atteinte à la liberté de la personne concernée. Viennent ensuite les enquêtes en flagrance dans le cadre desquelles il est possible de recourir à toutes sortes de contraintes. Celles-ci sont moins prégnantes en matière préliminaire. Les enquêteurs doivent obtenir l'accord de la personne. Il leur est toutefois possible de se passer de cet accord sous réserve de l'autorisation du juge des libertés et de la détention. À cela s'ajoutent d'autres règles tout à fait singulières qui tiennent au particularisme de certaines investigations.

A) Les contrôles et relevés d'identité

110 ***Débat permanent.*** Les contrôles et relevés d'identité constituent l'un des sujets les plus sensibles de la procédure pénale. Il s'agit de réclamer et obtenir des informations nominatives sur la personne, ce qui peut aider à l'interpellation de l'auteur d'une infraction. Mais c'est aussi pour celui qui le subit, une première

atteinte aux droits individuels que la loi a pour objet de protéger. Il en résulte une recherche constante d'un équilibre qui évolue selon les époques et surtout en fonction de certains phénomènes criminels[5].

111 ***Distinctions.*** Le relevé d'identité est l'acte le plus simple. Il consiste à obtenir d'une personne les données nominatives permettant de savoir qui elle est. Le contrôle est un acte plus intrusif qui conduit à vérifier la véracité de l'information. La question de la contrainte est bien évidemment au cœur du débat en ce qu'il est nécessaire que la personne reste à disposition des fonctionnaires le temps de s'assurer des informations obtenues. Il faut pour cela que le contrôle proprement dit soit étayé par des circonstances qui en justifient la réalisation (voy. *infra*, n° 124).

Ce qui est essentiel et qui guide toute la réglementation relative aux contrôles et vérifications d'identité est que celui qui réalise un tel acte ne peut le faire de manière arbitraire, en fonction de sa seule volonté. Il importe que des conditions objectives soient constatées sans lesquelles le contrôle sera frappé de nullité.

1) Les relevés et contrôles d'identité réalisés afin de prévenir la commission d'une infraction

112 ***Du général au particulier.*** Des contrôles d'identité préventifs présentent un caractère général (a.), tandis que d'autres relèvent de polices spéciales (b.), de police des étrangers compris (c.). C'est alors les conséquences de l'irrégularité du contrôle d'une personne de nationalité étrangère entrée ou séjournant irrégulièrement sur le territoire national qu'il faut mesurer (d.).

a) Les contrôles préventifs à caractère général

113 ***Prévention d'un trouble à l'ordre public.*** L'article 78-2, alinéa 8, du Code de procédure pénale pose une règle générale selon laquelle « [l]'identité de toute personne, quel que soit son comportement, peut également être contrôlée, selon les modalités prévues au premier alinéa, **pour prévenir une atteinte à l'ordre public**, notamment à la sécurité des personnes ou des biens ». Il s'agit du **contrôle préventif par excellence**, sorte de mesure de police administrative pourtant prévue dans le Code de procédure pénale. Cette mesure est en même temps la plus sensible car elle repose sur des conditions souples et en tous les cas sujette à interprétation. En effet, dire que le contrôle a pour objet de prévenir une atteinte à l'ordre public présuppose que cette atteinte n'existe pas. Tout est une question de risque dont l'appréciation peut être délicate. À cela s'ajoute le fait que ces contrôles sont de la seule initiative des officiers de police judiciaire et de ceux qui les secondent sans autorisation préalable de l'autorité judiciaire. C'est ce qui explique la jurisprudence particulièrement restrictive de la Cour de cassation qui impose une objectivation du risque de troubles à l'ordre public. Il faut que les procès-verbaux établissent l'existence de circonstances objectives qui rendent le risque vraisemblable.

5. D. Turpin, « Contrôle au faciès : les contrôleurs enfin contrôlés », *JCP G*, 2017, doctr. 126.

E6 Le contrôle de police administrative, évolution législative

Le contrôle d'identité de police administrative a une histoire législative et jurisprudentielle mouvementée qui témoigne des tensions permanentes entre libertés individuelles et protection de l'ordre public. Il a été introduit par la loi du 2 février 1981 dite « loi sécurité et liberté ». L'officier de police judiciaire pouvait alors contrôler l'identité de toute personne pour « prévenir une atteinte à l'ordre public, notamment à la sécurité des personnes et des biens ». Un texte qui s'est avéré trop souple au regard des atteintes portées aux libertés individuelles. La loi du 10 juin 1983 a donc restreint ces contrôles « dans des lieux déterminés, là où la sécurité des personnes et des biens est immédiatement menacée ». L'obligation de se conformer à ces conditions a rendu le contrôle plus difficile : l'officier de police judiciaire devait préciser, pour chaque contrôle, en quoi, au jour, à l'heure et au lieu du contrôle, « la sécurité des personnes et des biens étaient immédiatement menacée ». Les conditions posées se rapprochaient ainsi de ce qui existait lorsqu'une infraction était constatée.

La loi du 3 septembre 1986 est revenue à la conception originelle de ce contrôle préventif rappelant qu'il a pour objet de « prévenir une atteinte à l'ordre public, notamment une atteinte à la sécurité des personnes et des biens ». Cette disposition a survécu à l'alternance politique de 1988 mais n'a pas résisté à la jurisprudence de la Cour de cassation. Dans un arrêt du 10 novembre 1992, la chambre criminelle a exigé que des conditions objectives soient constatées, le contrôle devant être « directement rattachable au comportement de la personne dont l'identité est contrôlée » (*Bassilika*, n° 92-83.352, *Bull. crim.*, n° 370). Le problème est que ce « comportement directement rattachable » de la personne dont l'identité est contrôlée n'était pas loin de représenter « l'indice qu'elle a commis une infraction ou se prépare à en commettre une » au sens de l'article 78-2, alinéa 1er, du Code de procédure pénale. Dans ces conditions, le contrôle préventif se trouvait totalement vidé de sa substance.

La loi du 10 août 1993 est revenue sur la notion de contrôle préventif : « l'identité de toute personne, quel que soit son comportement, peut également être contrôlée [...] pour prévenir une atteinte à l'ordre public, notamment à la sécurité des personnes ou des biens ». Le texte a fait l'objet d'une saisine du Conseil constitutionnel, les auteurs de cette saisine considérant que le contrôle opéré indépendamment du comportement de la personne interpellée était contraire à la Constitution. Dans sa décision n° 93-323 DC du 5 août 1993, le Conseil constitutionnel n'a pas censuré cette disposition. Il y a toutefois apporté une réserve d'interprétation tenant à trois observations :

- la première est que « la pratique de contrôles d'identité généralisés et discrétionnaires serait incompatible avec le respect de la liberté individuelle » ;
- la seconde tient à ce que l'officier de police judiciaire qui procède à ce contrôle « doit justifier, dans tous les cas, des circonstances particulières établissant le risque d'atteinte à l'ordre public qui a motivé le contrôle » ;
- la dernière consiste en un rappel que ces opérations de police sont placées sous le contrôle de l'autorité judiciaire.

Le procès-verbal de contrôle d'identité doit donc être motivé au regard des circonstances de temps et de lieu justifiant *in concreto* le risque d'atteinte à l'ordre public. La conséquence est que, par exemple, un procès-verbal ne mentionnant qu'une recrudescence de vols de scooters, se bornant ainsi à se référer à une considération abstraite et générale, sans relever de circonstances particulières de nature à caractériser un risque d'atteinte à l'ordre public, est insuffisamment motivé (Crim., 12 mai 1999, n° 99-81.153, *Bull. crim.*, n° 95).

b) Les contrôles préventifs à caractère spécial

114 ***En matière de police de la route.*** Le conducteur d'un véhicule à moteur peut être soumis « à toutes vérifications prescrites concernant son véhicule ou sa personne »[6]. Une mesure tout à fait singulière qui s'inscrit dans un cadre particulier que constitue la police de la route dont tout un chacun peut comprendre l'enjeu. Cette « facilité » du contrôle qui repose sur la simple présence d'un

6. C. route, article L. 233-2.

véhicule a pour corollaire les limites imposées à la mesure de contrôle elle-même. Les seules possibilités qui s'offrent sont : le contrôle des papiers du véhicule, l'identité du conducteur, l'ouverture du capot moteur afin de vérifier les numéros de série. En revanche, il n'est pas possible d'ouvrir ou de faire ouvrir le coffre et d'inspecter l'habitacle. Il en va différemment dans l'hypothèse où ledit contrôle tel que réalisé amène la découverte d'une infraction flagrante. C'est le cas à propos de la forte odeur de stupéfiants qui va faire basculer la procédure dans un cadre juridique plus coercitif[7].

Ces contrôles de police de la route peuvent être réalisés par les autorités chargées de la recherche et de la constatation des infractions routières (art. L. 130-1 et s du Code de la route). Le refus de s'y soumettre est constitutif d'un délit puni de trois ans d'emprisonnement et de 3 750 euros d'amende.

115 ***En matière de lutte contre le travail illégal.*** La loi du 24 avril 1997 relative à l'immigration clandestine a introduit des dispositions favorables à la lutte contre le travail clandestin. Il en est résulté l'article 78-2-1 du Code de procédure pénale qui a été ensuite plusieurs fois modifié. Sur réquisitions du procureur de la République, les officiers de police judiciaire peuvent être habilités à entrer dans des lieux à usage professionnel pour contrôler l'identité des personnes occupées[8], « dans le seul but de vérifier qu'elles figurent sur le registre du personnel ou qu'elles ont fait l'objet d'une déclaration préalable à l'embauche ». Ces réquisitions doivent être écrites et préciser les infractions et lieux dans lesquels l'opération de police est appelée à se dérouler[9]. Elles sont valables un mois.

Qualifié de contrôle d'identité, la procédure ne permet en réalité que de procéder à un relevé de cette identité. La personne indique son nom et son prénom et le service d'enquête vérifie si elle est bien inscrite sur le registre. Il n'est pas possible, dans ce cadre, de procéder à une vérification notamment en retenant la personne pendant un délai de 4 heures.

116 ***En matière de lutte contre le terrorisme.*** Le contrôle ou la vérification d'identité quel que soit son cadre juridique, peut révéler l'identité d'une personne à laquelle est associée l'existence de raisons sérieuses laissant penser qu'elle est liée à des activités à caractère terroriste. Une retenue est alors possible qui s'effectue sur place ou dans le local de police. L'officier de police judiciaire est

---

7. *Infra*, n° 124.

8. Comme une salle de spectacle, y compris les couloirs et lieux de passage séparant la salle des loges ainsi même que la loge mise provisoirement à la disposition du chef d'orchestre-organisateur, le temps d'un spectacle : Crim., 6 décembre 2005, n° 05-85.591, *Procédures*, 2006, comm. n° 57, obs. BUISSON ; *RPDP*, 2006, p. 139, obs. AMBROISE-CASTÉROT ; *D.*, 2006, IR, p. 325.

9. Dans un arrêt du 15 février 2005 (n° 04-87.191, *Bull. crim.*, n° 57 ; *Procédures*, 2005, comm. n° 138, obs. BUISSON ; *D.*, 2005, IR, p. 917 ; *JCP*, 2005, IV, 1793), la Chambre criminelle de la Cour de cassation est venue préciser, d'une part, que la présentation, à la personne disposant des lieux ou à son représentant, des réquisitions écrites du procureur de la République délivrées en application de l'article 78-2-1 du Code de procédure pénale n'est pas prévue à peine de nullité, d'autre part, que les officiers de police judiciaire, intervenant en exécution de réquisitions prises sur le fondement de l'article 78-2-1 du Code de procédure pénale, qui découvrent des indices apparents d'un comportement délictueux, peuvent procéder selon les règles prévues pour l'enquête de flagrance (en l'espèce, perquisition des locaux de l'entreprise après le contrôle d'identité de deux travailleurs clandestins).

chargé de vérifier sa situation en consultant les différents fichiers informatiques et en interrogeant selon les cas, les services à l'origine du signalement ainsi que des organismes de coopération internationale en matière de police judiciaire ou des services de police étrangers. Une mesure qui est entourée d'un certain nombre de garanties. La première correspond à sa durée : pas plus de deux heures. Cela signifie que la retenue globale, à compter du contrôle d'identité en tant que tel ne peut excéder quatre heures. Le procureur est obligatoirement informé de la mesure. L'officier de police judiciaire ou l'agent de police judiciaire qui exerce sous son contrôle notifie à la personne :

- le fondement légal de son placement en retenue ;
- la durée maximum de la mesure ;
- le fait qu'elle ne peut en aucune manière donner lieu à une audition ;
- la possibilité de faire prévenir toute personne de son choix ainsi que son employeur. Une faculté à laquelle l'officier de police judiciaire peut estimer ne pas devoir faire droit. Il en avise alors le procureur qui est seul à pouvoir prendre une telle décision. Celle-ci est obligatoirement actée en procédure.

Toutes ces diligences font l'objet d'un écrit que signe la personne. Si elle refuse, il en est fait mention au procès-verbal avec transmission sans délai au procureur.

c) Les contrôles associés à la police des étrangers

117 ***Contrôle d'identité à la frontière : prévenir l'entrée irrégulière sur le territoire national.*** L'article 78-2, alinéa 9, du Code de procédure pénale a prévu plusieurs types de contrôles d'identité pouvant être réalisés à la frontière afin de prévenir et rechercher des infractions liées à la criminalité transfrontalière[10]. Les lieux sont à ce sujet particulièrement importants. En effet, l'identité de toute personne peut être contrôlée en vue de vérifier le respect des obligations de détention, de port et de présentation des titres et documents prévues par la loi :

- dans une zone comprise entre la frontière terrestre de la France avec les États parties à la convention signée à Schengen le 19 juin 1990 et une ligne tracée à 20 kilomètres en deçà ;
- dans les zones accessibles au public des ports, aéroports et gares ferroviaires ou routières ouverts au trafic international et désignés par arrêté ;
- dans un train effectuant une liaison internationale. C'est le cas d'un train partant de Berlin à destination de Paris. Le contrôle ne peut être réalisé sur la totalité du trajet. Il n'est possible que sur la portion entre la frontière et le premier arrêt qui se situe au-delà des vingt kilomètres de la frontière ;
- il peut arriver que certaines lignes internationales présentent des caractéristiques particulières de desserte. Le contrôle peut alors être opéré entre cet arrêt et un arrêt situé dans la limite des cinquante kilomètres suivants. Ces lignes et ces arrêts sont désignés par arrêté ministériel ;
- lorsqu'il existe une section autoroutière dont le premier péage autoroutier se situe au-delà de la ligne des 20 kilomètres, le contrôle peut avoir lieu

10. V. Tellier-Cayrol, « Le contrôle d'identité frontalier Schengen de l'article 78-2 du Code de procédure pénale », *Gaz. Pal.*, 23 janvier 2018, p. 70.

jusqu'à ce premier péage sur les aires de stationnement ainsi que sur le lieu de ce péage et les aires de stationnement attenantes ;
- dans un rayon maximal de dix kilomètres autour des ports et aéroports constituant des points de passage frontaliers au sens de l'article 2 du règlement (UE) 2016/399 du Parlement européen et du Conseil du 9 mars 2016 concernant un Code de l'Union relatif au régime de franchissement des frontières par les personnes (Code frontières Schengen), désignés par arrêté en raison de l'importance de leur fréquentation et de leur vulnérabilité.

Le fait que le contrôle d'identité révèle une infraction autre que celle de non-respect des obligations liées à l'entrée et au séjour des étrangers en France ne constitue pas une cause de nullité des procédures incidentes.

La loi d'orientation et de programmation pour la performance de la sécurité intérieure du 14 mars 2011 a subordonné la validité de ces mesures de contrôle à des conditions procédurales très strictes. Elles ne peuvent être mises en œuvre que pour une durée n'excédant pas douze heures consécutives dans un même lieu et ne peuvent consister en un contrôle systématique des personnes présentes ou circulant dans les zones ou lieux qui ont été mentionnés.

Il faut par conséquent que le procès-verbal de contrôle fasse état du lieu et du délai dans le cadre desquels le contrôle a été enfermé. Mais, plus important, il faut que le contrôle des personnes ne soit pas systématique. L'article 67, *quater*, du Code des douanes – contrôle douanier Schengen – a été modifié dans le même sens.

E7 Le point de vue de la Cour de justice de l'Union européenne

Les conditions procédurales posées par la loi du 14 mars 2011 renvoient au caractère non-conventionnel des anciens textes. La Cour de justice de l'Union européenne a jugé dans deux arrêts du 22 juin 2010[11] que la mise en œuvre du contrôle d'identité à l'époque où il n'était enfermé dans aucune condition procédurale présentait un effet équivalent à celui des vérifications aux frontières, contraires au principe de libre circulation des personnes. La Cour de cassation, dans un arrêt d'Assemblée plénière du 29 juin 2010, a invité le juge national à « *en tirer les conséquences au regard de la régularité* » des procédures dont il était saisi[12]. S'en est suivi un arrêt de la première chambre civile de la Cour de cassation du 23 février 2011 faisant directement référence à l'arrêt de la CJUE pour conclure que l'article 78-2, alinéa 4, de l'époque « n'étant assorti d'aucune disposition offrant une telle garantie [de ne pas, en pratique, revêtir un effet équivalent à celui des vérifications aux frontières], les contrôles opérés sur le fondement de ce texte sont irréguliers » (n° 0970.462).

Il faut enfin mentionner des règles spéciales applicables aux départements et collectivités d'outre-mer. Les contrôles sont autorisés selon des lieux fixés en fonction de leurs spécificités géographiques et administratives. Ainsi, pour la Guyane, cela est possible « dans une zone comprise entre les frontières terrestres

11. A. *Melki*, aff. C-188/10 et S. *Abdeli*, aff. C-189/10, *AJ pénal*, 2010, p. 342, obs. PERRIER ; sur ces arrêts, voy. aussi G. TAUPIAC-NOUVEL, « L'intégration européenne en "marche forcée" dans l'ELSJ : l'exemple des contrôles d'identité », *Gaz. Pal.*, 14 janvier 2012, p. 13. La première chambre civile de la Cour de cassation, dans un arrêt du 6 juin 2012, a, sur ce fondement, jugé le contrôle direct du titre de l'article L. 611-1 du CESEDA contraire au droit de l'Union européenne ; voy. *infra*, n° 119.

12. Arrêt n° 1040.002, *D.*, 2010, p. 1636, point de vue P. CASSIA et É. SAULNIER-CASSIA.

ou le littoral du département de la Guyane et une ligne tracée à vingt kilomètres en-deçà, et sur une ligne tracée à cinq kilomètres de part et d'autre, ainsi que sur la route nationale 2 sur le territoire de la commune de Régina ». Ce qui doit être noté est qu'en ce qui concerne l'outre-mer, la loi ne pose pas de conditions procédurales. Les forces de police ne sont pas limitées par la durée de douze heures consécutives dans un même lieu et rien n'est dit sur les conséquences d'un contrôle systématique des personnes présentes ou circulant dans les zones ou lieux concernés. C'est la conséquence directe de la spécificité de ces territoires qui sont directement et systématiquement exposés aux flux migratoires. De ce point de vue, la protection de l'ordre public a prédominé sur le respect des libertés individuelles.

118 ***Vérification de la situation d'un étranger : s'assurer de la régularité du maintien sur le territoire national.*** L'article L. 611-1 du Code de l'entrée et du séjour des étrangers et du droit d'asile dispose qu'« en dehors de tout contrôle d'identité, les personnes de nationalité étrangère doivent être en mesure de présenter les pièces ou documents sous le couvert desquels elles sont autorisées à circuler ou à séjourner en France à toute réquisition des officiers de police judiciaire et, sur l'ordre et sous la responsabilité de ceux-ci, des agents de police judiciaire et agents de police judiciaire adjoints mentionnés aux articles 20 et 21 (1°) du Code de procédure pénale ».

Il est par ailleurs prévu qu'à la suite d'un contrôle d'identité effectué en application des articles 78-1, 78-2, 78-2-1 et 78-2-2 du Code de procédure pénale, les personnes de nationalité étrangère peuvent être également tenues de présenter les pièces et documents sous le couvert desquels elles sont entrées ou séjournent régulièrement en France.

Mais attention, quel que soit le cadre juridique, les vérifications ne peuvent être pratiquées **que si des éléments objectifs déduits de circonstances extérieures à la personne même de l'intéressé sont de nature à faire apparaître sa qualité d'étranger**. Et lorsque ces mesures interviennent en dehors de tout contrôle d'identité, elles ne peuvent être réalisées que pour une durée n'excédant pas six heures consécutives dans un même lieu.

E8 Évolution des dispositions applicables au contrôle du titre d'un étranger

Ces dernières dispositions n'allaient pas de soi. Elles ont été le résultat d'évolutions jurisprudentielles profondément marquées par le droit européen. La chambre criminelle de la Cour de cassation a été la première à ouvrir le débat dans ses arrêts *Bogdan* et *Vuckovic* du 25 avril 1985. Elle a subordonné la légalité des contrôles à l'existence d'« éléments objectifs déduits de circonstances extérieures à la personne même de l'intéressé [...] de nature à faire apparaître sa qualité d'étranger »[13]. Ces signes extérieurs d'extranéité pouvaient être la conduite d'un véhicule immatriculé à l'étranger, l'entrée ou la sortie d'une ambassade ou le fait d'être déjà connu des services de police comme étant de nationalité étrangère. En toute hypothèse, il fallait que cela soit acté en procès-verbal afin d'éviter tout contrôle au faciès nécessairement attentatoire aux libertés individuelles. Dans sa décision n° 93-325 DC du 13 août 1993 relative à la loi du 24 août 1993, le Conseil constitutionnel a posé une réserve d'interprétation selon laquelle : « la mise en œuvre des vérifications ainsi confiées à des autorités de police judiciaire doit s'opérer en se fondant exclusivement sur des critères objectifs et en excluant, dans le strict respect des principes et des règles de valeur constitutionnelle, toute

13. Pourvois n°s 84-92.916 et 85-91.324, *Bull. crim.*, n° 159 ; *D.*, 1985, p. 329, concl. DONTENWILLE ; *JCP*, 1985, II, 20465, concl. DONTENWILLE, note JEANDIDIER.

discrimination de quelque nature qu'elle soit contre les personnes ».

Se fondant sur la jurisprudence *Melki* et *Abdeli* de la Cour de justice de l'Union européenne, la première chambre civile de la Cour de cassation a jugé dans un arrêt du 6 juin 2012 que, « en ce qu'il confère aux policiers la faculté, sur l'ensemble du territoire national, en dehors de tout contrôle d'identité, de requérir des personnes de nationalité étrangère, indépendamment de leur comportement ou de circonstances particulières établissant un risque d'atteinte à l'ordre public, la présentation des documents au titre desquels celles-ci sont autorisées à circuler ou à séjourner en France, l'article L. 611-1, alinéa 1, du CESEDA ne satisfait pas aux exigences [du droit de l'Union européenne] dès lors qu'il n'est assorti d'aucune disposition de nature à garantir que l'usage de cette faculté ne puisse revêtir un effet équivalent à celui des vérifications aux frontières »[14]. Cette décision est à l'origine des modifications apportées par la loi n° 2012-1560 du 31 décembre 2012 « relative à la retenue pour vérification du droit au séjour [...] ». C'est ce texte qui a ajouté à l'article L. 611-1 du CESEDA un deuxième paragraphe qui fixe les conditions procédurales auxquelles est soumise la régularité du contrôle : il faut des éléments objectifs déduits de circonstances extérieures à la personne même de l'intéressé de nature à faire apparaître sa qualité d'étranger et, en toute hypothèse, les contrôles ne peuvent durer plus de six heures dans un même lieu et ne peuvent être systématiques.

d) Les conséquences de l'irrégularité du contrôle d'une personne de nationalité étrangère

119 ***Irrégularité du contrôle, reconduite à la frontière et poursuite pénale.*** Le contrôle par lequel est révélé un délit d'entrée et de séjour irrégulier d'un étranger en France peut souffrir d'irrégularités. Ce peut être l'absence de condition objective ou encore une mesure accomplie en dehors des délais fixés par la loi. La question est alors de savoir si l'étranger peut s'en prévaloir pour échapper à l'exécution de la mesure de reconduite et/ou échapper aux poursuites pénales entreprises à son encontre. Cette question emporte non pas une seule mais plusieurs réponses. En effet, plusieurs juges peuvent être compétents pour statuer sur la situation d'un étranger séjournant irrégulièrement sur le territoire national[15].

120 ***Relaxe du juge pénal sur les poursuites pour entrée ou séjour irrégulier en France.*** Il peut arriver que la personne étrangère soit citée à comparaître devant la juridiction correctionnelle. L'article 111-5 du Code pénal rend le juge répressif compétent pour interpréter les actes administratifs, réglementaires ou individuels et pour en apprécier la légalité lorsque, de cet examen, dépend la solution du procès pénal ce qui est le cas en l'espèce. La juridiction saisie peut donc parfaitement apprécier la légalité administrative du contrôle pour en constater l'illégalité. La nullité de la mesure anéantit l'ensemble du dossier ce qui conduit logiquement à la relaxe de l'intéressé.

121 ***Non-annulation de l'arrêté de reconduite à la frontière par le juge administratif.*** En revanche, le juge administratif, saisi de la demande d'annulation de l'arrêté de reconduite à la frontière qui aura été pris contre l'étranger, ne peut apprécier la légalité du contrôle accompli en application des règles de la procédure pénale. Dans un arrêt de principe du 23 février 1990, le Conseil d'État a en effet jugé « que le moyen tiré de la prétendue illégalité du contrôle d'identité

14. Civ. 1re, 6 juin 2012, n° 10-25.233, *Bull. civ.*, I, n° 119.

15. Pour un panorama de ces contentieux, voy. B. Rottier, « Nullité du contrôle d'identité : quels juges pour quelles subséquences ? », *Gaz. Pal.*, 14 janvier 2012, p. 23.

puis de la rétention administrative dont le requérant est l'objet est inopérant à l'encontre de l'acte litigieux »[16]. Pour le Conseil d'État, le vice de procédure pénale qui affecte le contrôle d'identité est un élément étranger à la procédure administrative de reconduite à la frontière.

122 ***Libération par le juge des libertés et de la détention.*** Sous l'empire de l'ancien article L. 552-1 du CESEDA, le juge judiciaire s'était arrogé le droit de refuser la prolongation de la rétention et d'ordonner la remise en liberté de la personne soupçonnée d'être en situation irrégulière[17]. C'est un débat qui n'existe plus. Le texte dispose aujourd'hui que le juge des libertés et de la détention est saisi aux seules fins de prolongation de la rétention quand un délai de quarante-huit heures s'est écoulé depuis la décision de placement en rétention.

2) Les relevés et contrôles d'identité à caractère judiciaire

123 ***Spécificités.*** Les relevés et contrôles d'identité réalisés dans un cadre judiciaire ont une nature différente de ce qui est accompli de manière préventive. Ils répondent à une situation qui laisse soupçonner la commission d'une infraction.

124 ***Existence de soupçons.*** L'article 78-2, alinéa 1er, du Code de procédure pénale autorise les officiers de police judiciaire et, sur l'ordre et sous la responsabilité de ceux-ci, les agents de police judiciaire et agents de police judiciaire adjoints mentionnés aux articles 20 et 21-1° à demander à toute personne de justifier par tout moyen de son identité lorsqu'il existe une ou plusieurs raisons plausibles de soupçonner :

- qu'elle a commis ou tenté de commettre une infraction ;
- ou qu'elle se prépare à commettre un crime ou un délit ;
- ou qu'elle est susceptible de fournir des renseignements utiles à l'enquête en cas de crime ou de délit ;
- ou qu'elle a violé les obligations ou interdictions auxquelles elle est soumise dans le cadre d'un contrôle judiciaire, d'une mesure d'assignation à résidence avec surveillance électronique, d'une peine ou d'une mesure suivie par le juge de l'application des peines ;
- ou qu'elle fait l'objet de recherches ordonnées par une autorité judiciaire.

Dans chacun de ces cas, le procès-verbal de contrôle doit clairement faire apparaître les raisons objectives qui nourrissent le soupçon que la loi exige. Si cela n'est pas mentionné ou si les raisons sont insuffisantes, le juge peut être amené à annuler l'acte de contrôle, ce qui conduit bien souvent à anéantir l'ensemble de la procédure.

125 ***Police du maire.*** Les agents de police judiciaire adjoints (voy. *supra*, n° 80) sont habilités à relever l'identité des contrevenants aux arrêtés de police du maire et de certaines autres contraventions – y compris celles prévues au Code de la route – que la loi ou le règlement leur permettent de constater. Cette prérogative de l'article 78-6 du Code de procédure pénale a été introduite par la loi du 15 avril 1999 relative aux polices municipales. Elle a été étendue à tous les agents de police judiciaire adjoints (à l'exception des fonctionnaires

---

16. Arrêt *Sioui*, req. n° 92973, *RFDA*, 1990, p. 525, concl. ABRAHAM.
17. Civ. 2e, 28 juin 1995 (2 arrêts), nos 94-50.005 et 94-50.006, *Bull. civ.*, II, n° 211-212 ; *JCP*, 1995, II, 22504, concl. SAINTE-ROSE.

non titulaires de la police nationale) par la loi « sécurité quotidienne » du 15 novembre 2001.

En cas de refus ou d'impossibilité du contrevenant de justifier de son identité, l'agent en rend compte immédiatement à tout officier de police judiciaire de la police nationale ou de la gendarmerie nationale territorialement compétent qui peut lui ordonner sans délai de lui présenter l'individu sur-le-champ. Nul doute alors que l'officier de police judiciaire procédera à un contrôle d'identité et une vérification d'identité sur les fondements des articles 78-2 et 78-3 du Code de procédure pénale. Si l'officier de police judiciaire n'ordonne pas cette présentation du contrevenant, l'agent ne peut pas le retenir.

126 ***Contrôles d'identité sur réquisition du procureur de la République.*** L'article 78-2-2 du Code de procédure pénale permet au procureur de la République de faire réaliser des contrôles d'identité dans les lieux et pour une période de temps qu'il détermine sans pouvoir aller au-delà de 24 heures. Il n'est pas nécessaire de craindre un trouble à l'ordre public. Il s'agit d'un contrôle à vocation judiciaire qui a pour objet de rechercher et poursuivre une liste d'infractions limitativement énumérées par le texte[18]. Il s'agit des :

- actes de terrorisme mentionnés aux articles 421-1 à 421-6 du Code pénal ;
- infractions en matière de prolifération des armes de destruction massive et de leurs vecteurs mentionnées aux 1° et 2° du I de l'article L. 1333-9, à l'article L. 1333-11, au II des articles L. 1333-13-3 et L. 1333-13-4 et aux articles L. 1333-13-5, L. 2339-14, L. 2339-15, L. 2341-1, L. 2341-2, L. 2341-4, L. 2342-59 et L. 2342-60 du Code de la défense ;
- infractions en matière d'armes mentionnées à l'article 222-54 du Code pénal et à l'article L. 317-8 du Code de la sécurité intérieure ;
- infractions en matière d'explosifs mentionnés à l'article 322-11-1 du Code pénal et à l'article L. 2353-4 du Code de la défense ;
- infractions de vol mentionnées aux articles 311-3 à 311-11 du Code pénal ;
- infractions de recel mentionnées aux articles 321-1 et 321-2 du Code pénal ;
- faits de trafic de stupéfiants mentionnés aux articles 222-34 à 222-38 du Code pénal.

Les réquisitions du procureur doivent être écrites. Elles sont obligatoirement versées dans le dossier de la procédure qui est établi lorsqu'une personne est interpellée du fait notamment de ce qu'elle est recherchée par la justice ou parce qu'il est découvert dans le coffre de sa voiture des stupéfiants ou des armes. Il est tout à fait possible que ce type de contrôle amène la découverte d'autres infractions, ce qui n'invalide pas pour autant la procédure.

3) La vérification d'identité

127 ***Procédure de vérification d'identité.*** La personne qui fait l'objet d'un contrôle d'identité peut refuser de la décliner. Et même si elle répond à la question qui lui est posée, elle peut ne pas pouvoir en justifier, n'ayant aucun document

---

18. Ces réquisitions ne doivent pas nécessairement comprendre de mention relative au lien entre les lieux et périodes qu'elles retiennent et la recherche des infractions qu'elles visent : Crim., 24 mars 2020, n° 19-87.843, *Bull. crim.*, à par. ; *Gaz. Pal.*, 1er septembre 2020, p. 58, obs. FOURMENT.

sur elle. L'article 78-3 du Code de procédure pénale prévoit qu'elle puisse être amenée au poste de police afin que les vérifications utiles soient réalisées. Elle est obligatoirement présentée à un officier de police judiciaire. Celui-ci doit la mettre en mesure de fournir, par tout moyen, les éléments permettant d'établir son identité. Cela peut notamment conduire à appeler un parent, un proche, à accompagner la personne chez-elle afin qu'elle présente les papiers d'identité qu'elle y a laissés.

Malgré cela, il peut arriver que la personne refuse de se prêter à la mesure ou fournisse des éléments inexacts. Un comportement qui peut légitimement laisser penser qu'elle souhaite cacher son identité. Dans ce cas, l'officier de police judiciaire sollicite l'autorisation du procureur de la République ou du juge d'instruction selon le cadre de la saisine pour procéder à la prise d'empreintes digitales ou de photographies lorsque celles-ci constituent l'unique moyen d'établir l'identité de l'intéressé.

La personne qui refuse de se prêter à ces opérations techniques est passible de 3 mois d'emprisonnement et de 3 750 euros d'amende. Relevée en flagrance, l'infraction autorise le placement en garde à vue de celui qui devient alors suspect, donnant un temps supplémentaire pour accomplir de nouveaux actes afin de trouver son identité.

128 ***Garanties de la personne contrôlée.*** La première garantie est celle de la durée du contrôle pendant lequel la personne peut être retenue contre son gré dans les locaux de la police ou de la gendarmerie. Elle est de 4 heures à compter de la présentation à l'officier de police judiciaire. Ce délai a été porté à 8 heures sur le ressort de l'île de Mayotte. Passé ce temps, la personne retenue doit être libérée même si son identité n'a pu être vérifiée. Il en va différemment si elle a refusé de prêter son concours aux opérations techniques. La garde à vue qui en résulte offre un délai de vingt-quatre heures. Point important, la durée de rétention s'impute obligatoirement sur le temps de cette garde à vue.

L'officier de police judiciaire est par ailleurs tenu de délivrer immédiatement certaines informations à la personne. Elle doit savoir qu'il lui est possible de faire aviser le procureur de la République de la vérification dont elle fait l'objet et surtout de prévenir à tout moment sa famille ou toute personne de son choix. L'officier de police judiciaire avise lui-même la famille ou la personne choisie si des circonstances particulières l'exigent.

Lorsqu'il s'agit d'un mineur de dix-huit ans, le procureur de la République doit être informé dès le début de la rétention. Le mineur doit être assisté de son représentant légal sauf si cela s'avère impossible du fait par exemple de la distance que doit parcourir ledit représentant durant le temps imparti pour procéder aux vérifications.

Le procès-verbal est présenté à la signature de l'intéressé. Si ce dernier refuse de le signer, mention est faite du refus et des motifs de celui-ci.

Si elle n'est suivie d'aucune procédure d'enquête ou d'exécution adressée à l'autorité judiciaire, la vérification d'identité ne peut donner lieu à une mise en mémoire sur fichiers. En outre, le procès-verbal ainsi que toutes les pièces se rapportant à la vérification sont détruits dans un délai de six mois, ce que le procureur de la République doit contrôler.

Le non-respect d'une seule obligation prévue par l'article 78-3 du Code de procédure pénale est sanctionné par la nullité de l'acte et bien évidemment de tout ce qui en constitue la conséquence.

B) Un prolongement des contrôles d'identité : la visite des véhicules automobiles, l'inspection visuelle et la fouille des bagages

129 ***Spécificités.*** La visite des véhicules comme l'inspection visuelle et la fouille des bagages, devrait *a priori* être étudiée dans le chapitre relatif aux perquisitions et saisies. En effet, il s'agit de rechercher à l'intérieur d'un lieu ou d'un objet ce qui peut révéler la commission d'une infraction ou étayer les soupçons qui existent à ce sujet. Une manière de procéder qui bien qu'elle ne soit pas qualifiée à proprement parler de perquisition, en épouse les procédés, ce qui explique certains rapprochements. Sauf que la loi n° 2016-731 du 3 juin 2016 renforçant la lutte contre le crime organisé, le terrorisme et leur financement, et améliorant l'efficacité et les garanties de la procédure pénale a modernisé ces règles en les associant pour une grande partie aux contrôles d'identité dont elles constituent régulièrement le prolongement. Une dynamique dont la bonne compréhension de la cohérence a exigé d'en étudier le contenu[19] à la suite des règles qui gouvernent les contrôles et vérifications d'identités.

130 ***Cadre autonome.*** Lorsque l'enquête est menée en flagrance, la personne ne peut s'opposer à la fouille de son véhicule automobile ni à celle de ses effets (CPP, art. 78-2-3). L'acte n'est pas considéré en tant que tel comme une perquisition de sorte qu'il n'a pas à en respecter les conditions procédurales. Les choses sont bien évidemment différentes si le véhicule en question se trouve être le domicile de la personne ce qui peut être le cas d'un camping-car. Dans ce cas, il s'agit bien d'une perquisition, ce qui astreint l'officier de police judiciaire à en respecter les règles.

En matière préliminaire, il faut que la personne accepte que la fouille soit réalisée sans quoi celle-ci est illégale. La nécessité de prévenir la commission des infractions comme celle de lutter plus efficacement contre la délinquance, surtout la plus dangereuse, a conduit le législateur à aménager ce régime en autorisant, sous certaines conditions, que les contrôles soient opérés sans l'assentiment des personnes.

131 ***Prolongement des risques d'atteintes graves à la sécurité des personnes et des biens.*** L'article 78-2, alinéa 8, autorise les contrôles d'identité afin de prévenir une atteinte à l'ordre public, notamment à la sécurité des personnes ou des biens (voy. *supra*, n° 113). Afin de rendre cette mesure plus opérationnelle, l'article 78-2-4 autorise les officiers de police judiciaire ainsi que les agents de police judiciaire et agents de police judiciaire adjoints qui agissent sous leurs ordres et leur autorité à :

- visiter des véhicules circulant, arrêtés ou stationnant sur la voie publique ou dans des lieux accessibles au public ;
- inspecter visuellement des bagages ou leur fouille, dans les véhicules et emprises immobilières des transports publics de voyageurs. Cette emprise immobilière des transports publics de voyageurs correspond bien évidemment aux gares de chemins de fer, gares routières et aéroports. Ce sont des lieux particulièrement sensibles qui peuvent être notamment la cible d'attentats.

---

19. D. Thomas-Taillandier, « Vade-mecum des contrôles de sécurité », *Gaz. Pal.*, 23 janvier 2018, p. 74.

Ces mesures ne peuvent être accomplies que pour prévenir une *atteinte grave* à l'ordre public alors que l'on se rappelle que le contrôle d'identité exige quant à lui un simple *risque d'atteinte* à l'ordre public. L'adjectif « grave » exige que le procès-verbal fasse clairement ressortir des circonstances plus sensibles que celles qui ont présidé au simple contrôle d'identité. C'est une question de fait que l'officier de police judiciaire devra faire apparaître dans son écrit.

S'agissant d'investigations menées hors du cadre de la flagrance, la loi exige l'accord du conducteur ou du propriétaire du bagage ce qui laisse entendre qu'ils peuvent refuser. Dans ce cas, seul le procureur de la République peut imposer visite et fouille. Pour ce faire, il doit être immédiatement contacté afin de solliciter son autorisation. Dans l'intervalle, le véhicule automobile et/ou le propriétaire du bagage peuvent être retenus pendant un temps qui ne peut excéder trente minutes.

132 ***Prolongements des contrôles d'identité requis par le procureur de la République.*** On se rappelle que l'article 78-2-2 du Code de procédure pénale permet au procureur de la République de requérir des contrôles d'identité dans des lieux et sur des périodes données sans que celles-ci puissent dépasser la durée de vingt-quatre heures afin de rechercher certaines infractions (voy. *supra*, n° 126). Le même article prévoit que ces contrôles peuvent être prolongés par des fouilles de véhicules automobiles ainsi que l'inspection visuelle des bagages ou leur fouille, dans les véhicules et emprises immobilières des transports publics de voyageurs, ce qui est quasi-systématiquement requis. S'agissant des véhicules, ceux-ci ne peuvent être immobilisés que le temps strictement nécessaire au déroulement de la visite. Celle-ci doit avoir lieu « en présence du conducteur ». Il peut arriver que le véhicule en question soit en stationnement. Ce sont les mêmes règles qui s'appliquent ce qui exige la présence du conducteur ou du propriétaire. Si celui-ci ne peut être trouvé, il est alors sollicité la présence d'un témoin. C'est la même règle qui s'applique pour les propriétaires des bagages, ceux-ci n'étant retenus que le temps strictement nécessaire aux opérations.

L'autorisation de fouille des véhicules et des bagages telle que délivrée par le procureur de la République doit obligatoirement être écrite et motivée au regard des conditions fixées par le texte. Il importe qu'elle précise là encore le lieu où ces opérations vont se dérouler et le temps de leur durée, qui ne peut aller au-delà de 24 heures.

Une fois encore, la découverte d'autres infractions que celles qui ont motivé les contrôles et fouilles n'invalide pas la procédure.

133 ***Extension.*** L'article 78-7 du Code de procédure pénale a ouvert la possibilité pour le procureur de la République de prolonger ces vérifications :

- au lieu de départ d'un train de voyageurs ;
- lorsque la gare de départ se situe hors du territoire national ;
- lorsque les gares de départ et d'arrivée se situent hors du territoire national.

C) L'enquête de flagrance

134 ***Origine.*** L'enquête de flagrance a été créée pour répondre aux situations d'urgence. Elle renvoie aux infractions qui viennent d'être commises ou sont en train de se commettre. Il en résulte un trouble immédiat à l'ordre public dont la protection réclame la plus grande célérité. C'est aussi la nécessité d'interpeller rapidement le ou les auteurs avant que ceux-ci n'aient eu le temps d'organiser

leur fuite et/ou faire disparaître les indices utiles à la manifestation de la vérité. À cette fin, la loi a donné aux officiers de police judiciaire des pouvoirs tout à fait exorbitants qu'ils peuvent mettre en œuvre de manière autonome. C'est notamment la possibilité de perquisitionner un domicile sans l'assentiment de la personne ou d'employer la contrainte en vue d'une arrestation. Des moyens qui existent en matière préliminaire, mais sous couvert d'un contrôle plus prégnant.

1) Le domaine d'application

135 ***Qualification.*** L'enquête de flagrance ne peut être diligentée dans toutes les hypothèses d'urgence. Elle n'est possible que pour les crimes ou les délits. Les contraventions en sont exclues (CPP, art. 53). Et même lorsqu'il s'agit de délits, elle ne peut s'appliquer dès lors qu'aucune peine d'emprisonnement n'est prévue (CPP, art. 67). C'est le cas lorsque la sanction principale se limite à une amende. Un domaine de définition qui mérite d'être précisé. En effet, les règles posées ne signifient pas que la flagrance n'existe pas pour une contravention ou un délit puni d'une peine d'amende. Il s'agit d'infractions qui peuvent très bien se constater dans l'instant, justifiant l'intervention des forces de police. En revanche, et c'est là toute la différence, il n'est pas possible de faire usage des **pouvoirs** de la flagrance pour procéder par exemple à une perquisition forcée. Un interdit que justifie le principe de proportionnalité entre la gravité sociale de l'acte, la peine relative qui est encourue et les moyens d'enquête qui peuvent être mis en œuvre afin de confondre le ou les auteurs.

136 ***Disqualification.*** Il peut arriver que l'infraction sur la base de laquelle la personne a été interpellée et placée en garde à vue se révèle ensuite être d'une gravité moindre. C'est par exemple le cas des violences avec ITT supérieure à 8 jours pour lesquelles le mis en cause encourt une peine de 3 ans d'emprisonnement qui s'avèrent à l'issue présenter une ITT inférieure à la durée initiale. Il s'agit alors d'une contravention pour la poursuite de laquelle la garde à vue n'est pas possible. Une disqualification qui n'invalide cependant pas les moyens de contrainte employés. La nullité de la garde à vue n'est pas encourue si la qualification délictuelle pouvait être légitimement retenue lors de la mise en œuvre des attributions de la flagrance. Il en va bien différemment si dès le placement en garde à vue, l'infraction apparaissait être contraventionnelle. La qualification délictuelle relève alors d'une appréciation de confort ayant uniquement pour objet de permettre une garde à vue qui n'était en réalité pas possible. Il s'agit d'un détournement de procédure qui est sanctionné par la nullité des actes illégalement réalisés.

2) La définition

137 ***Infraction présente.*** L'infraction flagrante est définie par l'article 53 du Code de procédure pénale : « Est qualifié crime ou délit flagrant le crime ou le délit qui se commet actuellement, ou qui vient de se commettre. Il y a aussi crime ou délit flagrant lorsque, dans un temps très voisin de l'action, la personne soupçonnée est poursuivie par la clameur publique, ou est trouvée en possession d'objets, ou présente des traces ou indices, laissant penser qu'elle a participé au crime ou au délit ». Un état de flagrance qui renvoie à un critère unique, celui du temps. C'est le présent qui définit la situation de flagrance. Celui qui sépare

le moment de commission du fait et la date, voire l'heure à laquelle les forces de l'ordre en ont connaissance et interviennent.

138 ***Absence de prise en considération de la gravité de l'acte.*** La qualification de flagrance est totalement indépendante de la gravité de l'infraction. Ainsi entendue, la découverte d'un corps putréfié présentant des lacérations dont tout indique qu'elles ont été la cause de la mort ne permet pas de relever l'état de flagrance alors même que la qualification criminelle s'impose. À l'inverse, l'interpellation d'un voleur de téléphone portable par le service de sécurité d'un magasin et sa remise immédiate aux forces de l'ordre déclenche l'état de flagrance.

139 ***Infraction flagrante au sens strict : de l'évidence à l'apparence.*** La flagrance appréhende comme telle l'infraction qui se commet ou qui vient de se commettre sans que la loi n'ait précisé les critères d'appréciation à retenir. Or c'est là toute la question. Il s'agit de déterminer ce que les services d'enquête doivent constater pour justifier leur intervention en flagrance.

Le premier critère est celui de l'**évidence**. C'est la constatation matérielle du fait qui se commet et qui justifie une intervention immédiate. Le « flag », comme la pratique le qualifie, qui ne laisse planer aucune ambiguïté sur la participation des personnes appréhendées parce qu'elles sont justement arrêtées au moment où elles agissent. C'est ce que retient la chambre criminelle lorsqu'elle parle de l'« existence d'agissements délictueux »[20].

Des situations qui restent bien évidemment exceptionnelles et que complète le second critère : celui de **l'apparence**.

Il s'agit d'une notion de pur fait qui se traduit par l'existence de circonstances, d'un comportement qui laisse penser à la commission contemporaine d'une infraction[21]. Cet indice apparent d'un comportement délictueux nourrit une jurisprudence abondante qui se caractérise par sa casuistique. C'est, sans souci de rigueur, la fuite d'un individu à la vue de la police[22], la forte odeur de résine de cannabis ressentie lors d'un contrôle routier opéré en application de l'article L. 4 du Code de la route[23], devenu les articles L. 233-1 et L. 233-2 du même code, le marquage d'un chien spécialisé dans la recherche de stupéfiants[24], etc.

140 ***Infraction réputée flagrante.*** Une infraction est réputée flagrante lorsque « dans un temps très voisin de l'action », une personne est soit « poursuivie par la clameur publique », soit « trouvée en possession d'objets, ou présente des traces et indices laissant penser qu'elle a participé à l'infraction ».

La clameur publique peut être, par exemple, l'exclamation « Au voleur ! Au voleur ! ». Elle peut aussi renvoyer à la plainte que dépose la victime suite aux violences qu'elle a subies quelques heures auparavant.

---

20. Crim., 1er octobre 2003, n° 03-84.142, *Bull. crim.*, n° 176 ; *D.*, 2004, p. 1845, note Sanchez ; *AJ pénal*, 2003, p. 107, obs. Leblois-Happe.
21. Crim., 30 mai 1980, n° 80-90.075, *Bull. crim.*, n° 165 ; *D.*, 1981, p. 533, note Jeandidier.
22. Crim., 4 janvier 1982, n° 80-95.198, *Bull. crim.*, n° 2 ; encore que, dans un arrêt du 10 mai 2006, la première chambre civile de la Cour de cassation a censuré une décision ayant justifié un contrôle d'identité en flagrance « sans dire en quoi le seul demi-tour effectué sur un marché à la vue de policiers constituait une telle raison plausible [de soupçonner la commission d'une infraction] » (n° 04-50.145, *Bull. civ.*, I, n° 230 ; *AJ pénal*, 2006, p. 410, obs. Gacon).
23. Crim., 4 novembre 1999, n° 99-85.397, *Bull. crim.*, n° 247.
24. Crim., 11 décembre 2019, n° 19-82.454 et n° 19-83.457 et Crim., 7 janvier 2020, n° 19-83.774, *Gaz. Pal.*, 12 mai 2020, p. 57, obs. Fourment.

Ce qui est exclu, c'est la simple rumeur, autrement dit, la dénonciation dont il n'est pas possible de vérifier la pertinence. Il s'agit d'éviter qu'une personne soit mise en cause sans que l'on en valide la cause. C'est toute la jurisprudence sur le témoignage anonyme qui ne peut, seul, servir de justification à l'état de flagrance. Il doit impérativement être conforté par un élément objectif.

La possession d'objets ou la présence de traces et indices laissant penser que la personne a participé à l'infraction doivent être précisés. Il faut que ces éléments apparaissent dans un temps concurrent à celui de la commission des faits. C'est par exemple des empreintes relevées le jour des faits qui permettent d'identifier l'auteur le lendemain. En revanche, la découverte d'un indice longtemps après que l'infraction ait été commise ne réactive pas l'état de flagrance. Il en va ainsi d'un vélo dérobé trouvé dans la rue trois semaines après qu'il ait été subtilisé à son propriétaire et dont l'exploitation des traces permet d'identifier un suspect. La procédure reste en préliminaire.

141 ***Cas particulier des infractions continues.*** L'infraction continue s'écoule dans le temps. C'est le cas du recel qui ne cesse que lorsque son auteur n'a plus la chose à sa disposition. Un temps de possession durant lequel les enquêteurs peuvent agir en flagrance.

142 ***Bascule en flagrance.*** La flagrance peut apparaître alors que l'officier de police judiciaire agit initialement en enquête préliminaire. C'est par exemple une perquisition qui est réalisée dans le cadre d'une enquête préliminaire pour vol aggravé est qui conduit à la découverte de plants de cannabis. La détention de stupéfiants est constatée en flagrance justifiant l'ouverture d'une nouvelle procédure menée dans ce cadre.

C'est la même solution qui préside lorsque cette découverte est réalisée dans le cadre d'une commission rogatoire. Les enquêteurs rendent compte de la chose au juge d'instruction qui, n'étant pas saisi de ce nouveau fait, en avise ou en fait aviser le procureur de la République. Une nouvelle enquête est ouverte là aussi en flagrance dans le cadre d'une procédure incidente.

143 ***Prompte intervention des forces de police.*** Ce qui importe, et c'est là toute l'essence de la règle, est que les forces de police interviennent rapidement sans que la loi ait fixé un temps minimum ou maximum. Tout est une question de fait. Ce qui est certain est qu'une infraction flagrante portée à la connaissance de la police sans que soient accomplis immédiatement ou à brefs délais les premiers actes perd sa qualification, retombant alors dans le cadre préliminaire[25].

3) La durée de l'enquête de flagrance

144 ***Régime anciennement jurisprudentiel.*** Jusqu'à la loi du 23 juin 1999, l'article 53 du Code de procédure pénale ne précisait pas la durée de l'enquête de flagrance. La jurisprudence était venue combler cette lacune. Elle ne fixait pas de limite dans le temps mais subordonnait la validité de la procédure à la condition que les actes d'enquête se soient succédé avec continuité[26].

25. Crim., 11 février 1998, n° 97-85.542, *Bull. crim.*, n° 55 ; *Procédures*, 1998, comm. n° 206, note Buisson ; en l'espèce, plus de six jours s'étaient écoulés entre la commission des faits et l'interpellation de l'auteur, le lendemain de la plainte de la victime.

26. Pour un exemple extrême d'enquête s'étant étalée sur une période de dix jours, voy. Crim., 6 novembre 1986, *D.*, 1987, somm. comm., p. 82, obs. Pradel – pour un cas plus courant de durée de quatre jours, voy. Crim., 11 février 1992, n° 91-86.502, *Bull. crim.*, n° 64.

145 ***Durée renouvelable de 8 jours.*** La loi du 23 juin 1999 a apporté un peu plus de certitude en la matière. Le nouvel article 53, alinéa, 2 du Code de procédure pénale dispose que « l'enquête de flagrance menée à la suite de la constatation d'un crime ou d'un délit flagrant ne peut se poursuivre pendant plus de huit jours ». Un temps qui s'est révélé trop court pour mener à bien les investigations que réclament certaines enquêtes. C'est la raison pour laquelle la loi du 9 mars 2004 a rendu possible une prolongation supplémentaire de huit jours. Ainsi, lorsque des investigations nécessaires à la manifestation de la vérité pour un crime ou un délit puni d'une peine supérieure ou égale à cinq ans d'emprisonnement ne peuvent être différées, le procureur de la République peut décider la prolongation de l'enquête pour une durée maximale de huit jours (CPP, art. 53, al. 3). Dans cette hypothèse, une enquête sur infraction flagrante peut durer jusqu'à seize jours. Au-delà, les investigations ne peuvent se poursuivre que dans le cadre préliminaire, à moins d'ouvrir une information judiciaire.

146 ***Point de départ.*** La question du point de départ de l'état de flagrance est bien évidemment essentielle. C'est à partir de la date retenue que se calcule le temps pendant lequel les enquêteurs peuvent faire usage des pouvoirs exorbitants dont ils disposent. Il est communément admis que c'est la date à laquelle le premier acte est réalisé qui compte. Il s'agira le plus souvent du procès-verbal de saisine qui retranscrit les circonstances dans lesquelles l'état de flagrance a été constaté. À ce titre, il ne faut pas confondre la date à laquelle le fait de flagrance apparaît et celle à laquelle le procès-verbal de saisine est rédigé. Celui-ci peut très bien être rédigé le lendemain. Ce qui importe, c'est le moment des faits qu'il relate et les actes réalisés par les enquêteurs.

147 ***Exigence de continuité.*** L'enquête de flagrance doit se poursuivre sans discontinuer (CPP, art. 53). Pour ce faire, il importe qu'au moins un acte soit réalisé par jour sans que la loi ait indiqué de quelle diligence il s'agit. Le champ est donc très vaste. Ce qui importe, c'est que les enquêteurs se soient attachés à poursuivre leurs investigations en vue d'identifier le ou les auteurs et à procéder à leur interpellation. À défaut, l'enquête bascule en la forme préliminaire ce qui modifie le régime juridique des pouvoirs dont les enquêteurs peuvent faire usage.

E9 **Continuité des actes et fin de semaine**

La question de la continuité des actes pose des difficultés pratiques régulières qui renvoient à la situation des effectifs d'enquête en fin de semaine. Ceux-ci sont nécessairement réduits le temps du week-end. Un ou plusieurs officiers de police judiciaire sont de permanence mais ils ont surtout pour mission de gérer l'évènementiel, autrement dit traiter les infractions flagrantes commises le samedi ou le dimanche. Leur demander en plus de « tenir la flagrance » des enquêtes de semaine par des actes particuliers constitue une charge supplémentaire qui s'avère souvent lourde. Le sujet est particulièrement délicat dans les commissariats de police de faible envergure au sein desquels la gestion des personnels est un enjeu aussi sensible que permanent. C'est ce qui a conduit certains à proposer que la flagrance puisse être « suspendue » le temps des week-ends pour reprendre en début de semaine. Une idée qui n'a toutefois pas reçu de suite favorable.

D) L'enquête préliminaire

148 ***Un peu d'histoire.*** L'enquête préliminaire est d'abord née de la pratique à une époque où le Code d'instruction criminelle ne prévoyait que deux cadres d'investigation qu'étaient la flagrance et l'ouverture d'information judiciaire. Un état du droit qui ne laissait place à aucune autre possibilité là où la réalité se révélait bien plus riche. Il était fréquent que des infractions, sans être découvertes en flagrance, puissent être résolues simplement sans qu'il soit nécessaire de saisir le juge d'instruction. De là est née la pratique de l'enquête officieuse. Une expression qui la distinguait de l'enquête officielle que constitue la flagrance ou l'information judiciaire sans pour autant être une enquête sans règle. C'était là toute la subtilité de ce cadre juridique spontané qui reposait sur la seule acceptation par la personne concernée des actes nécessaires à la manifestation de la vérité. Une absence de contrainte qui en tant que tel ne pouvait se voir reprocher une atteinte aux libertés individuelles et que tout par conséquent autorisait. C'est ce que réglementent aujourd'hui les articles 75 et suivants du Code de procédure pénale, nés de l'ordonnance n° 60-529 du 4 juin 1960 modifiant certaines dispositions du Code pénal et du Code de procédure pénale.

1) La notion d'enquête préliminaire

149 ***Définition.*** L'enquête préliminaire se définit par défaut. Elle concerne les investigations qui ne relèvent ni de la flagrance ni de l'ouverture d'une information judiciaire. Un fourre-tout procédural qui a aujourd'hui valeur de principe. D'abord parce que toutes les infractions ne sont pas constatées en flagrance. Il suffit que le temps s'écoule pour que la situation juridique perde cette qualification ce qui est bien souvent le cas. C'est la découverte tardive d'un cambriolage, la victime qui dépose plainte quelques jours après les faits, l'état des effectifs de police qui ne peuvent tout traiter dans l'urgence et puis surtout un temps d'investigations qui s'est considérablement allongé. Autant de situations qui justifient la poursuite de l'enquête en préliminaire sans nécessité une ouverture d'information judiciaire que la loi réserve aux affaires criminelles et que la pratique limite aux délits complexes ou de grande ampleur.

150 ***Champ d'application.*** Le champ d'application de l'enquête préliminaire est extrêmement vaste. Il concerne toutes les infractions sans en limiter l'usage à celles qui sont punies d'une peine d'emprisonnement comme c'est le cas en matière de flagrance. Même une affaire criminelle qui suppose une ouverture d'information judiciaire peut débuter en enquête préliminaire. Rien n'interdit par ailleurs de la clôturer par un classement sans suite dès lors qu'aucun élément de preuve n'a pu être recueilli et sans que l'ouverture d'une information judiciaire puisse constituer une plus-value. Tous les contentieux spéciaux peuvent faire l'objet d'une enquête préliminaire. Il en va ainsi des infractions commises en matière de droit pénal du travail, de la consommation, de l'environnement…

151 ***Souplesse du régime juridique.*** N'importe quelle information peut justifier l'ouverture d'une telle enquête. Un renseignement anonyme adressé au procureur de la République peut servir de clef d'entrée autorisant par soit-transmis la poursuite des investigations que réclament les éléments communiqués. Un simple soupçon peut suffire. En outre, l'enquêteur n'est pas tenu par un délai particulier. Il peut poursuivre ses recherches pendant plusieurs semaines voire

plusieurs mois avec la seule contrainte de rendre compte au procureur de la République passé le délai de 6 mois. La continuité des actes n'est pas non plus une exigence. Ceux-ci peuvent s'interrompre plusieurs jours et reprendre ensuite sans que cela n'entache la validité de la procédure.

2) L'évolution de l'enquête préliminaire

152 ***Rapprochements de l'enquête préliminaire avec l'enquête de flagrance.*** L'enquête préliminaire est devenue le mode « normal » d'investigation. Une évolution des pratiques qui s'est progressivement heurtée au manque de caractère contraignant de certaines diligences. Il suffisait que la personne en cause refuse par exemple une perquisition ou la saisie de pièces à conviction pour que l'enquête s'arrête ou exige tout simplement l'ouverture d'une information judiciaire. C'est pour résoudre cette difficulté que le législateur a progressivement fait entrer l'enquête préliminaire dans le régime de la contrainte. Un rapprochement avec l'enquête de flagrance qui a imposé d'en accentuer le contrôle[27]. En effet, l'officier de police judiciaire n'est pas seul compétent pour investiguer. Les agents de police judiciaire peuvent également diligenter de telles enquêtes, certes sous le contrôle d'un officier de police judiciaire, mais avec toutes les inquiétudes que cela suscite en termes de protection des libertés individuelles. Il était par conséquent nécessaire de subordonner le recours à la contrainte par la mise en place d'un contrôle effectif.

3) Le contrôle de l'enquête préliminaire

153 ***Contrôle du procureur de la République.*** La première caractéristique de l'enquête préliminaire est qu'elle peut être diligentée d'office. C'est la pratique des « distributions de saisine » du matin au cours de laquelle les chefs de service vont se répartir les plaintes et constatations de la veille qui ne correspondent pas à un état de flagrance. L'enquêteur désigné va investiguer mais avec l'obligation de rendre compte au procureur de ses diligences lorsque celles-ci ont débuté depuis plus de 6 mois (CPP, art. 75-1, al. 2).

Dans d'autres cas, c'est le procureur lui-même, saisi d'une plainte arrivée à son service, qui va l'adresser aux unités compétentes. Une enquête préliminaire dont il va fixer le délai, celui-ci pouvant être prorogé aux vues des justifications fournies par les enquêteurs (CPP, art. 75-1, al. 1er).

On se souvient que la loi « présomption d'innocence » du 15 juin 2000 avait un temps confié ce contrôle de la durée de l'enquête préliminaire au juge des libertés et de la détention ce que la loi du 9 septembre 2002 a supprimé.

L'article 75-2 du Code de procédure pénale fait obligation à l'officier de police judiciaire d'aviser le procureur de la République dès qu'un auteur, coauteur ou complice est identifié.

154 ***Autorisation du procureur de la République.*** Les opérations de prélèvement externe sont subordonnées à l'autorisation du procureur de la République (CPP, art. 76-2). Il en va de même des constatations ou des examens techniques ou

27. J.-L. Lennon, « Les aspects coercitifs et intrusifs de l'enquête préliminaire ou l'effritement de la distinction entre enquête de flagrance et enquête préliminaire », *Dr. pén.*, 2007, étude n° 20.

scientifiques (CPP, art. 77-1), ou de la possibilité de requérir de toute personne, tout établissement ou organisme privé ou public ou toute administration publique qui sont susceptibles de détenir des informations intéressant l'enquête (CPP, art. 77-1), de procéder aux réquisitions prévues par l'article 60-2, alinéa 1er (CPP, art. 77-1-2) ou 60-3 (CPP, art. 77-1-3).

155 ***Recours à la contrainte.*** La possibilité de recourir à la contrainte dans le cadre de l'enquête préliminaire est une réalité qui n'a cessé de se renforcer. C'est tout d'abord l'obligation pour la personne de se soumettre aux contrôles et vérifications d'identité qui sont prévus par la loi. C'est ensuite la possibilité d'imposer à une personne de comparaître lorsque celle-ci n'a pas répondu à la convocation ou lorsqu'il est permis de craindre qu'elle n'y réponde pas (CPP, art. 78). Mais ce qui a le plus fait avancer les choses est sans nul doute le mandat de recherche (voy. *infra*, n° 362).

156 ***Autorisation du juge des libertés et de la détention.*** L'intervention du juge des libertés et de la détention dans le cadre de l'enquête préliminaire est sans doute ce qui a fini de lui donner toute sa modernité. Celui-ci peut autoriser la contrainte notamment en matière de perquisition lorsque la personne en cause oppose un refus ou, décidé par la chambre criminelle de la Cour de cassation, lorsqu'il s'agit de pénétrer dans un domicile pour appréhender un individu qui ne défère pas à une convocation[28]. Mais nous verrons que son intervention en matière de criminalité organisée a aussi permis de consacrer l'enquête préliminaire comme mode de traitement vertueux de ce type de délinquance (voy. *infra*, nos 381 et s.).

157 ***Contrôle par la personne mise en cause.*** La personne qui a été placée en garde à vue à l'issue de laquelle elle a été mise en liberté sans faire l'objet de poursuites peut, passé un délai de 6 mois, demander au procureur de la République les suites qu'il entend réserver à la procédure (CPP, art. 77-2). Une faculté qui ne concerne que le droit commun et qui est exclue pour toutes les infractions qui relèvent de l'article 706-73 du Code de procédure pénale relatif à la criminalité et à la délinquance organisées.

E) Les autres enquêtes

158 ***Problématique.*** Les situations susceptibles de révéler la commission d'une infraction ne peuvent être toutes enfermées dans le cadre réglementé des enquêtes préliminaires ou de flagrance. Il existe toutes sortes d'hypothèses qui peuvent justifier que des investigations soient menées dans le seul but d'éclaircir un fait susceptible de déboucher sur la révélation d'un crime ou d'un délit. Des « autres enquêtes » qui reposent là encore sur cet équilibre subtil entre les moyens mis en œuvre pour rechercher des preuves et le respect des libertés individuelles[29].

---

28. Crim. 22 février 2017, n° 16-82.412, *Bull. crim.*, n° 50 ; *Gaz. Pal.*, 25 avril 2017, p. 58, obs. Fourment et Crim., 18 septembre 2019, n° 18-84.885, *Bull. crim.*, à par. ; *Gaz. Pal.*, 4 février 2020, p. 61, obs. Fourment.

29. J. Buisson, « Enquête de recherche sur la mort dont la cause est inconnue ou suspecte : une enquête décès susceptible d'ajout coercitif », *Dr. pén.*, 2019, étude 1.

1) La recherche des causes de la mort et des blessures suspectes

159 ***Fondement.*** L'article 74 du Code de procédure pénale réglemente les conditions dans lesquelles peut être recherchée la cause d'un décès ou de blessures dont les circonstances sont inconnues ou suspectes. Il s'agit de cas de figure tout à fait singuliers. Les enquêteurs viennent à constater qu'une personne est décédée ou qu'elle présente des blessures importantes selon des circonstances qui interrogent. Il peut s'agir d'un accident sans que puisse être reprochée l'intervention d'un tiers. Mais il n'est pas non plus exclu, en fonction des circonstances que la cause puisse être imputée à une personne. Dans une telle occurrence, sans qu'il y ait lieu à ouvrir une enquête de flagrance ou préliminaire, il y a matière à investiguer afin de « fermer les portes ». C'est ce qui conduit à l'ouverture d'une enquête « en 74 ». Celle-ci a la particularité de ne pas mettre en mouvement l'action publique tout en autorisant certains actes d'investigation. Un « entre deux » qui en explique la singularité procédurale.

160 ***Décès dont les causes sont inconnues ou suspectes.*** Le doute peut exister. Tout dépend des circonstances. Une casuistique qui est bien évidemment soumise au contrôle juridictionnel et dont l'appréciation dépend de la qualité de rédaction des procès-verbaux. Il peut s'agir d'un suicide dont les constatations interrogent ou un nouveau-né qui n'avait pas vocation à décéder…

161 ***Personne grièvement blessée.*** La découverte d'une personne grièvement blessée répond aux mêmes critères avec cette particularité que la victime est vivante. Il n'est cependant pas exigé qu'elle puisse préalablement fournir des explications. Ce qui importe est que les blessures soient graves et qu'elles instaurent un doute sur leur origine. La gravité dont il est question n'est pas précisée par les textes. Aucune ITT n'est indiquée. Tout relève d'une analyse du fait que les enquêteurs doivent exposer.

162 ***Direction d'enquête par le procureur de la République.*** C'est le procureur de la République avisé des circonstances qui prend la décision d'ouvrir une enquête « en 74 ». Il peut se transporter immédiatement sur les lieux ce qui est une pratique fréquente lorsqu'il s'agit d'une mort violente. Un déplacement qui permet de prendre l'exacte mesure de la situation. Une faculté qui est une obligation pour l'officier de police judiciaire. Il s'agit de procéder aux premières constatations et de recueillir toutes les informations utiles.

163 ***Direction d'enquête par le juge d'instruction.*** La faculté donnée au procureur de la République d'ouvrir une information judiciaire « en 74 » est une spécificité de la loi dont il importe de bien mesurer la portée. En effet, l'acte a la particularité de ne pas mettre en mouvement l'action publique. Les enquêteurs ne disposent pas de plus d'attributions que celles que leur confère le texte. En revanche, le juge d'instruction a la possibilité de placer des personnes sur écoute (CPP, art. 80-4). En toute hypothèse, si la piste criminelle se confirme, le juge d'instruction ne peut poursuivre ses investigations. Il doit clôturer la procédure, retourner le dossier au procureur de la République pour suite à donner. Il est alors possible de poursuivre en préliminaire ou, le plus souvent, d'ouvrir une information judiciaire qui de toute façon devra avoir lieu.

Dans tous les cas, une autopsie peut être réalisée conformément aux dispositions des articles 230-28 à 230-31 du Code de procédure pénale, quelle que soit l'autorité judiciaire en charge du dossier.

164 ***Attributions.*** Les enquêteurs qui exercent leurs investigations sous la direction du procureur de la République disposent des pouvoirs que leur confèrent les articles 56 à 62 du Code de procédure pénale. Se transportant sur les lieux, ils peuvent interdire à toute personne de s'en éloigner, procéder à des prélèvements, requérir tout sachant dont l'analyse où l'expertise est utile à la manifestation de la vérité (médecin légiste, expert incendie...). L'audition libre est également permise dans les conditions prévues pour les personnes en cause. En revanche, le placement en garde à vue est prohibé. Il faut pour cela que l'enquête change de nature. Cela peut se faire très vite et même dans l'instant. C'est l'hypothèse d'un témoin qui dans le cadre des questions qui lui sont posées « craque » et reconnaît être l'auteur d'un homicide ou de violences aggravées. L'enquête « bascule » alors en flagrance ou en préliminaire avec toutes les conséquences qui y sont associées.

165 ***Délai.*** Le temps de l'enquête « 74 » varie selon l'autorité judiciaire qui la dirige. Si le procureur de la République est à la manœuvre, elle ne peut dépasser les huit jours. À l'issue, le dossier est classé sans suites ou « bascule » en préliminaire selon les résultats des investigations accomplies. L'ouverture d'une information judiciaire « en 74 » donne bien évidemment plus de champ. Les investigations se poursuivent dans ce cadre jusqu'à ce qu'une décision de clôture soit prise ou parce qu'il faut poursuivre suivant une qualification pénale.

2) La recherche d'une personne disparue

166 ***Conditions.*** L'article 74-1 du Code de procédure pénale permet de diligenter les mêmes investigations en cas de disparition d'un mineur ou d'un majeur protégé ou d'un majeur présentant un caractère inquiétant ou suspect eu égard aux circonstances, à l'âge de l'intéressé ou à son état de santé. Cette nouvelle « recherche dans l'intérêt des familles » concerne trois catégories de personnes selon des conditions distinctes.

En ce qui concerne les mineurs, les majeurs protégés, âgés ou ayant une santé fragile, leur seule qualité suffit. Il s'agit de personnes « vulnérables » que la disparition peut exposer à des risques sans autre condition. Concernant les personnes « simplement » majeures, la loi exige que soit rapporté un caractère inquiétant ou suspect qui dépend des circonstances. Celles-ci doivent être caractérisées par le procès-verbal de saisine. C'est par exemple la directrice d'une agence postale qui ne se rend pas à une très importante réunion sans que personne ne sache où elle se trouve et alors même que ses enfants l'ont vue partir le matin en voiture. Les officiers de police judiciaire, assistés le cas échéant des agents de police judiciaire, peuvent, sur instructions du procureur de la République, procéder aux actes prévus par les articles 56 à 62, aux fins de découvrir la personne disparue. À l'issue d'un délai de huit jours, ces investigations peuvent se poursuivre dans les formes de l'enquête préliminaire.

Le procureur de la République peut également requérir l'ouverture d'une information pour recherche des causes de la disparition.

167 ***Identité de régime.*** L'enquête qui peut être réalisée dans le cadre d'une disparition suspecte suit le même régime que celle que réglemente l'article 74 tant en ce qui concerne sa direction que les attributions des officiers de police judiciaire et les limites liées notamment à l'impossibilité de placer une personne en garde à vue.

3) La recherche des personnes en fuite

168 *Conditions.* La loi du 9 mars 2004 a créé un nouvel article 74-2 du Code de procédure pénale dont le champ d'application a été progressivement étendu par les lois du 24 juillet 2015 et du 3 juin 2016. Les hypothèses sont :

- personne faisant l'objet d'un mandat d'arrêt ;
- personne condamnée à une peine privative de liberté sans sursis supérieure ou égale à un an ou à une peine privative de liberté supérieure ou égale à un an résultant de la révocation d'un sursis assorti ou non d'une mise à l'épreuve, lorsque cette condamnation est exécutoire ou passée en force de chose jugée ;
- personne inscrite au fichier judiciaire national automatisé des auteurs d'infractions terroristes ayant manqué aux obligations prévues à l'article 706-25-7 ;
- personne inscrite au fichier judiciaire national automatisé des auteurs d'infractions sexuelles ou violentes ayant manqué aux obligations prévues à l'article 706-53-5 ;
- personne ayant violé des obligations et interdictions résultant d'une peine au point de faire l'objet d'une décision de retrait ou de révocation d'un aménagement de peine ou d'une libération sous contrainte, ou d'une décision de mise à exécution de l'emprisonnement prévu par la juridiction de jugement dès lors que cette décision a pour conséquence la mise à exécution d'un quantum ou d'un reliquat de peine d'emprisonnement supérieur à un an.

169 ***Recherches dirigées par le procureur de la République.*** Les investigations menées afin d'interpeller la personne en fuite sont dirigées par le procureur de la République. C'est en effet lui qui a en charge l'exécution des peines et c'est bien d'exécution d'une ou plusieurs peines qu'il s'agit. Les enquêteurs disposent des attributions que leur confèrent les articles 56 à 62 du Code de procédure pénale.

Point particulier, il est tout à fait possible dans ce cadre d'interpeller la personne à son domicile sous réserve de respecter les obligations légales liées aux heures d'intervention qui sont les mêmes qu'en matière de perquisition. En revanche, ils n'ont pas à solliciter l'autorisation du juge des libertés et de la détention.

170 ***Recours au juge des libertés et de la détention.*** Le juge des libertés et de la détention n'est pas absent de cette procédure. Il peut être requis afin d'autoriser des écoutes téléphoniques en application des articles 100, 100-1 et 100-3 à 100-7 du Code de procédure pénale. Celles-ci peuvent être posées pour une durée maximale de deux mois renouvelables dans les mêmes conditions de forme et de durée. Le temps maximum d'écoute est de six mois en matière correctionnelle.

§ 5. Les caractères de l'enquête

171 ***Présentation.*** Étudier les caractères de l'enquête n'est pas chose courante surtout comme nous allons le voir lorsqu'il s'agit de se pencher sur l'écrit. C'est pourtant un point essentiel qu'il faut constamment avoir à l'esprit. Le procès-verbal est ce qui fait le lien entre l'application effective de la règle et son contrôle. C'est aussi ce qui guide le secret professionnel qui n'est pas seulement l'interdiction de révéler l'information. C'est aussi et parfois surtout le fait de ne pas communiquer les documents qui en font état, excepté lorsque la loi l'autorise.

A) Le caractère écrit de l'enquête

172 ***Importance des procès-verbaux.*** Les règles de procédure n'ont de sens que s'il est possible d'en contrôler la bonne application et d'en sanctionner les transgressions. C'est là toute l'importance des procès-verbaux. Car tout passe par l'écrit. Certes, un empilement parfois indigeste de documents qui relatent l'ensemble des actes réalisés. Ce sont les constatations et auditions, interrogatoires et confrontations. Ce sont aussi les réquisitions de toutes sortes et autres procès-verbaux de transports qui, pour moins importants qu'ils paraissent pour la manifestation de la vérité, permettent de s'assurer des circonstances dans lesquelles les officiers de police judiciaire et agents de police judiciaire ont agi et d'en révéler les éventuelles irrégularités.

1) Le contenu des procès-verbaux

173 ***Présentation.*** Sans faire l'exégèse du terme, le procès-verbal a pour fonction de relater une information. Il peut s'agir d'un fait, de constatations, auditions et interrogatoires sans que la loi en ait encadré la présentation et/ou le contenu. Une liberté laissée à l'appréciation de l'officier de police judiciaire qui renvoie à la diversité des situations auxquelles il peut être exposé et dont il va lui falloir rendre compte.

L'écrit peut être posé comme une obligation. C'est l'article 429, alinéa 2, du Code de procédure pénale qui dispose que « tout procès-verbal d'interrogatoire ou d'audition doit comporter les questions auxquelles il est répondu ». Une règle qui interdit de ne faire état que des réponses apportées, les questions devant également figurer sur le papier.

Le procès-verbal ne vaut enfin que s'il relate quelque chose, une information sur la base de laquelle le procureur, d'abord, décidera sur la poursuite, et le juge, ensuite, lorsqu'il est saisi, motivera sa décision. Tel n'est pas le cas du procès-verbal de synthèse que rédige le directeur d'enquête. Il s'agit du seul résumé des diligences accomplies.

174 ***Identité de l'enquêteur.*** La règle de principe veut que l'enquêteur s'identifie sur le procès-verbal. Cela permet de connaître l'identité de son rédacteur et par voie de conséquence, de l'entendre si une question doit se poser au sujet de son travail. Le problème est que les personnes en cause en ont également connaissance ce qui peut parfois se révéler délicat. C'est la raison pour laquelle l'article 15-4 du Code de procédure pénale prévoit la possibilité pour l'enquêteur de ne s'identifier dans les procès-verbaux qu'il établit ou dans lesquels il intervient que par un numéro d'immatriculation administrative. Une faculté qui est subordonnée à des conditions précisées par le texte. Il faut tout d'abord que la révélation de son identité soit « susceptible, compte tenu des conditions d'exercice de sa mission ou de la nature des faits qu'il est habituellement amené à constater, de mettre en danger sa vie ou son intégrité physique ou celles de ses proches ». Cette autorisation qui est nominative ne peut être délivrée que par un responsable hiérarchique d'un niveau suffisant. Une copie est transmise au procureur de la République territorialement compétent.

Selon le même texte, « le bénéficiaire de l'autorisation est également autorisé à déposer ou à comparaître comme témoin au cours de l'enquête ou devant les juridictions d'instruction ou de jugement et à se constituer partie civile en utilisant ces mêmes éléments d'identification, qui sont seuls mentionnés dans les procès-verbaux, citations, convocations, ordonnances, jugements ou arrêts. Il ne peut être fait état de ses nom et prénom au cours des audiences publiques ».

Une protection de l'identité des enquêteurs qui connaît toutefois certaines limites. La première est liée à la qualification des infractions faisant l'objet d'investigations, les moins graves ne permettant pas de justifier une telle protection. La seconde renvoie à la mise en cause de l'enquêteur lui-même. Celui-ci ne peut se prévaloir des dispositions de l'article 15-4 lorsqu'il est lui-même le sujet d'une enquête et/ou fait l'objet de poursuites pénales.

Il convient enfin de noter que selon l'article 15-3, alinéa 2, l'enquêteur qui reçoit la plainte d'une victime peut décider de s'identifier dans le procès-verbal qu'il rédige par son numéro d'immatriculation administrative sans qu'il ait besoin de disposer d'une autorisation particulière à cette fin.

175 ***Rigueur rédactionnelle.*** L'article D. 10 du Code de procédure pénale dispose que « lorsqu'ils exécutent une commission rogatoire, les officiers de police judiciaire établissent des procès-verbaux séparés pour chacun des actes qu'ils sont appelés à faire. Chaque procès-verbal doit mentionner le nom et la qualité de l'officier de police judiciaire qui a opéré personnellement, à l'exclusion de tout autre ». Une règle qui en pose deux. C'est d'abord la rigueur rédactionnelle d'actes auxquels doivent correspondre des procès-verbaux séparés. Il faut ensuite, et on comprend pourquoi, que l'officier de police judiciaire rédacteur soit le seul mentionné. Dans ce dernier cas, les déclinaisons sont possibles. L'agent de police judiciaire qui rédige et signe ne doit pas omettre de rappeler en en tête l'identité de l'officier de police judiciaire sous les instructions et le contrôle duquel il agit.

176 ***Champ d'application.*** L'article D. 10 du Code de procédure pénale ne parle que des commissions rogatoires. La pratique procédurale en a naturellement étendu les règles aux enquêtes de flagrance et à celles menées en préliminaire ainsi qu'à tous les actes qu'accomplissent les officiers de police judiciaire dans le cadre de leurs missions de police judiciaire.

177 ***Valeur probante.*** L'article 429 du Code de procédure pénale dispose que « tout procès-verbal ou rapport n'a de valeur probante que s'il est régulier en la forme, si son auteur a agi dans l'exercice de ses fonctions et a rapporté sur une matière de sa compétence ce qu'il a vu, entendu ou constaté personnellement ». À défaut, le document perd sa valeur et ne peut par conséquent servir à motiver une décision.

178 ***Nullité.*** Toute personne qui y a intérêt peut contester la régularité des actes qui ont été réalisés à peine de nullité. Une faculté qui est naturellement subordonnée à l'existence même du procès-verbal qui en relate l'accomplissement. À défaut d'un tel document, le contrôle étant impossible, la nullité est de droit avec toutes les conséquences que cela peut avoir sur la procédure qui lui est subséquente (voy. *supra*, n° 49). Une règle qui s'applique jusqu'au contrôle d'identité[30].

179 ***Aide à la rédaction.*** Les logiciels d'aide à la rédaction des procédures ont aujourd'hui remplacé les machines à écrire et les feuilles de carbone. Les procès-verbaux sont pré-remplis pour ce qui concerne les actes usuels de sorte que

30. Crim, 8 mars 2017, n° 15-86.160, *Gaz. Pal.*, 18 juillet 2017, n° 27, p. 64, obs. Fourment.

les enquêteurs se limitent à la retranscription de ce qui a été vu, entendu ou fait. Une aide à la rédaction qui n'a toutefois pas suffi à accompagner la lourdeur procédurale des nouveaux droits et obligations liés à une complexification croissante des textes. Un constat qui est à l'origine de certaines dispositions ayant pour objet de soulager la charge rédactionnelle de certains dossiers.

180 ***Assouplissement.*** Le décret n° 2016-1202 du 7 septembre 2016 portant simplification des dispositions du Code de procédure pénale est le résultat de travaux menés sur les difficultés liées à la rédaction des procédures, leur charge parfois excessive rapportée au bassin d'emploi des services d'enquête et des magistrats. Le nouvel article D. 11 du Code de procédure pénale dispose que « lorsqu'ils agissent dans le cadre de l'enquête de flagrance ou l'enquête préliminaire, les officiers de police judiciaire peuvent relater dans un seul procès-verbal les opérations effectuées au cours de la même enquête ». Une règle qui s'applique également aux agents de police judiciaire.

Tout le monde l'aura compris, il s'agit là d'une simple faculté qui ne sied pas aux dossiers complexes. Cela concerne ce que la pratique appelle « les procédures simplifiées » qui intéressent des infractions simples dont l'auteur est resté inconnu ou qui a reconnu les faits. Elles autorisent le plus souvent une alternative aux poursuites. Il s'agit par exemple de l'interpellation d'un usager de stupéfiants, un vol sans aucune circonstance aggravante, une infraction au Code de la route. Ce qui importe est que l'enquête n'impose pas plus d'actes que ceux qu'imposent la constatation des faits et l'audition de son auteur si celui-ci est identifié.

Une pratique qui impose toutefois que les différents officiers de police judiciaire qui ont concouru à l'enquête soient nominativement indiqués pour chacune des opérations qu'ils ont réalisées.

Enfin, le texte indique qu'en toute hypothèse, le procureur de la République peut, par instructions particulières, demander aux officiers de police judiciaire d'établir des procès-verbaux séparés pour chacun des actes qu'ils sont amenés à réaliser.

2) Le moment de la rédaction des procès-verbaux

181 ***Rédaction immédiate/rédaction différée.*** La rédaction du procès-verbal suit nécessairement l'évènement qu'il a pour fonction de relater. Encore faut-il que la transcription soit faite rapidement afin qu'elle soit au plus près du souvenir. C'est la raison pour laquelle l'article 66 a longtemps posé la règle selon laquelle « les procès-verbaux dressés par l'officier de police judiciaire en exécution des articles 54 à 62 sont rédigés sur-le-champ et signés par lui sur chaque feuillet du procès-verbal ». Cela concerne les opérations réalisées en flagrance qui sont les plus directement liées à la réussite des investigations futures. Une contrainte rédactionnelle qu'il est toutefois apparu utile d'assouplir afin de ne pas ralentir la réalisation d'autres actes d'enquête. C'est la raison pour laquelle la loi n° 2019-222 du 23 mars 2019 a rajouté la mention « ou dès que possible ». C'est donc immédiatement ou dès que possible que cette rédaction doit aujourd'hui être réalisée.

Aucune précision n'est apportée à ce sujet lorsque les investigations sont menées dans le cadre d'une enquête préliminaire. Une question prioritaire de constitutionnalité a été posée à ce sujet, que la Cour de cassation a considéré comme insuffisamment sérieuse eu égard à l'ensemble des garanties qui entourent les conditions rédactionnelles et la valeur desdits procès-verbaux[31].

182 ***Absence de nullité.*** Par un arrêt en date du 8 mars 2016, la chambre criminelle de la Cour de cassation a rejeté un pourvoi contre une décision de cour d'appel ayant considéré que les prescriptions de l'article 66 du Code de procédure pénale n'étaient pas prescrites à peine de nullité[32]. C'est qu'aucun texte ne sanctionne le non-respect des dispositions de l'article 66 sans que cela constitue une atteinte à un principe fondamental du droit.

3) La valeur des procès-verbaux

183 ***Simple renseignement.*** Sauf dans le cas où la loi en dispose autrement, les procès-verbaux et les rapports constatant les délits ne valent qu'à titre de simples renseignements (CPP, art. 430). Des dispositions dont il ne faut pas surestimer la portée. En effet, la qualité de simple renseignement tend à dire que la preuve contraire est admise et c'est exactement le sens qu'il faut retenir. Ce faisant, resitué dans son contexte, l'article 430 n'amoindrit pas la force des éléments rapportés[33]. Faut-il le rappeler, c'est au procureur de la République et à travers lui, aux enquêteurs de démontrer la culpabilité de la personne. Ils disposent pour cela de pouvoirs exorbitants du droit commun qu'ils doivent employer avec loyauté[34]. Le prévenu peut lui aussi faire état de sa bonne foi selon des pratiques qui restent beaucoup moins fréquentes quoiqu'admises[35]. L'accusation reste donc l'accusation sans que la loi en surévalue la force ce qui impose la plus grande rigueur dans la qualité des preuves rapportées et dans la rédaction des procès-verbaux. C'est aussi une des raisons de ce contradictoire qui ne cesse de se développer dans la phase d'enquête[36].

184 ***Valeur supérieure.*** L'article 431 du Code de procédure pénale instaure une exception. Il est dit que « dans les cas où les officiers de police judiciaire, les agents de police judiciaire ou les fonctionnaires et agents chargés de certaines fonctions de police judiciaire ont reçu d'une disposition spéciale de la loi le pouvoir de constater des délits par des procès-verbaux ou des rapports, la preuve contraire ne peut être rapportée que par écrit ou par témoins ». Une règle qui s'applique également aux contraventions (CPP, art. 537).

Cela ne concerne que les « enquêtes spéciales » menées en matière délictuelle auxquelles renvoient par exemple les constatations qui sont faites en matière de police de la route. Pour les contraventions, la loi ne fait aucune distinction selon la gravité de la peine encourue.

31. Crim., 27 juin 2018, n° 17-87.498 QPC.
32. Crim., 8 mars 2016, n° 15-82.627.
33. G. Beaussonie, « La notion de "procès-verbal de renseignement(s)" », *Gaz. Pal.*, 26 janvier 2016, p. 70.
34. H. Vlamiynck, « La loyauté de la preuve au stade de l'enquête policière », *AJ pénal*, 2014, p. 325.
35. F. Saint-Pierre, « Investigations privées en défense : question de méthode et difficultés pratiques », *AJ pénal*, 2009, p. 433.
36. P. Gagnou, « Le renforcement du contradictoire dans la phase des poursuites : vers une mise en état des affaires pénales », *Gaz. Pal.*, 2 août 2014, p. 10.

Plus intéressante est la nature de la preuve contraire. Il doit s'agir d'un écrit ou de témoignages selon un pluriel que la chambre criminelle a réduit au singulier. Un seul témoignage peut suffire à remettre en cause les énonciations d'un procès-verbal car « il appartient au juge du fond d'apprécier souverainement la valeur des éléments soumis aux débats notamment d'un témoignage, à décharge, fait devant lui, seul étant à prendre en considération le caractère probant de la déclaration de chaque témoin cité »[37].

4) Le dossier d'enquête

185 ***Mise en état des dossiers.*** La pratique de la mise en état est beaucoup plus connue en matière civile où elle fait l'objet d'une véritable réglementation qu'en matière pénale. Et pourtant, elle s'y est développée d'abord dans le cadre de l'instruction puis progressivement dans tous les domaines d'enquête, quel qu'en soit le cadre juridique[38]. Elle correspond à la vérification progressive de ce que l'ensemble des éléments à charge et à décharge ont été réunis et même discutés[39]. Une méthode qui doit également éviter cet empilement indigeste de procès-verbaux au profit d'une présentation didactique propre à aider une prise de décision éclairée.

186 ***Mise en état patrimoniale des affaires pénales.*** La pratique de la mise en état patrimoniale des affaires pénales renvoie aux nouvelles dispositions relatives aux saisies et confiscation des avoirs criminels dont elle constitue l'une des traductions opérationnelles. Il s'agit pour les enquêteurs de présenter de manière pédagogique et opérationnelle les biens qui ont fait l'objet d'une saisie et dont la confiscation peut être prononcée par la juridiction de jugement[40].

B) Le caractère secret de l'enquête

187 ***Problématique.*** Le principe est posé par l'article 11 du Code de procédure pénale. La procédure d'enquête doit rester secrète et ce quel que soit le cadre juridique des investigations menées, sous le contrôle du procureur de la République ou du juge d'instruction (sur le secret applicable à l'instruction, voy. *infra*, n°s 692 et s.). Il s'agit notamment de préserver la manifestation de la vérité contre toutes les entreprises que peut mettre en œuvre l'auteur d'une infraction. C'est éviter qu'il ne prépare frauduleusement sa défense en faisant disparaître des preuves ou en en créant de nouvelles. Il s'agit aussi de protéger l'ordre public contre les conséquences de révélations trop hâtives susceptibles de provoquer des conséquences mal maîtrisées. C'est enfin et surtout donner à la présomption d'innocence toute sa valeur en évitant que ceux qui n'ont rien

---

37. Crim., 28 mars 2017, n° 16-83659 ; *Gaz. Pal.*, 18 juillet 2017, p. 65, obs. Fourment.
38. D. Thomas-Taillandier, « L'enquête-instruction : focus sur l'évolution de la mise en état des affaires pénales », *Gaz. Pal.*, 18 juillet 2017, in dossier « L'instruction à décharge du procureur impartial ? », p. 74 – D. Thomas-Taillandier, « Le remaniement des cadres d'enquête par la loi n° 2019-222 du 23 mars 2019 », *Gaz. Pal.*, 3 septembre 2019, p. 61.
39. P. Gagnou, « Le renforcement du contradictoire dans la phase des poursuites : vers une mise en état des affaires pénales », *Gaz. Pal.*, 2 août 2014, p. 10.
40. É. Camous et G. Cotelle, « La mise en état patrimoniale des affaires pénales », *Dr. pén.*, 2013, étude 12.

à se reprocher soient publiquement mis à mal par des accusations sans fondements. Un secret qui, il est vrai, est particulièrement mis à mal à une époque d'information tous azimuts qui refuse de se satisfaire d'un temps judiciaire qu'elle considère à tort comme souvent trop long[41].

1) Le secret préservé

188 ***Portée.*** Toutes les personnes qui concourent à la procédure sont tenues au secret. Cela concerne bien évidemment les officiers de police judiciaire et agents de police judiciaire ainsi que les magistrats qui ne doivent rien révéler autrement que dans le cadre des exceptions prévues par les textes.

En revanche, les personnes mises en examen, comme les témoins assistés, les victimes ou les simples témoins ne concourent pas à la procédure. Ils en sont les sujets sans pouvoir d'investigations propres. Ils ne sont donc pas directement tenus de se soumettre à cette obligation. Rien n'interdit à un témoin de faire des déclarations publiques sur ce qu'il a vu ou entendu.

C'est surtout à propos des avocats que le sujet est sensible. Eux aussi ne concourent pas à la procédure tout en étant soumis à une obligation au secret qui repose sur le statut particulier qui est le leur. C'est le sens de l'article 5 du décret n° 2005-790 du 12 juillet 2015 relatif à la déontologie de la profession d'avocat (mod. par D. n° 2007-932, 15 mai 2007). Le texte impose expressément à ces professionnels de respecter le secret de l'article 11, « en s'abstenant de communiquer, sauf pour l'exercice des droits de la défense, des renseignements extraits du dossier, ou de publier des documents, pièces ou lettres intéressant une enquête ou une information en cours ». Des dispositions qui n'ont fait que consacrer une jurisprudence antérieure ayant clairement affirmé que « s'il ne concourt pas à la procédure au sens de l'article 11 du Code de procédure pénale [...] l'avocat ne doit commettre aucune divulgation contrevenant au secret professionnel et doit notamment respecter le secret de l'instruction en matière pénale »[42].

189 ***Sanction.*** La divulgation d'une information secrète hors les cas autorisés par la loi est punie d'une peine d'un an d'emprisonnement et 15 000 euros d'amende (CPP, art. 226-13 et 226-14). Par ailleurs, l'article 434-7-2 du Code pénal punit de cinq ans d'emprisonnement et de 75 000 euros d'amende, « sans préjudice des droits de la défense, le fait, pour toute personne qui, du fait de ses fonctions, a connaissance, en application des dispositions du Code de procédure pénale, d'informations issues d'une enquête ou d'une instruction en cours concernant un crime ou un délit, de révéler, directement ou indirectement, ces informations à des personnes susceptibles d'être impliquées, comme auteurs, coauteurs, complices ou receleurs, dans la commission de ces infractions, lorsque cette révélation est de nature à entraver le déroulement des investigations ou la manifestation de la vérité ». La question se pose du devenir de la procédure associée à la divulgation d'une information secrète. C'est toute la question d'une éventuelle nullité dont il est aujourd'hui acquis qu'elle ne peut

41. H. MATSOPOULOU, « Le secret de l'enquête et de l'instruction », *JCP G*, n° 47, hors série, 19 novembre 2012.
42. Crim., 18 septembre 2001, n° 00-86.518, *Bull. crim.*, n° 179 ; *Dr. pén.*, 2002, comm. 16, note A. MARON.

être prononcée pour ce seul motif[43]. Ce n'est que si la méconnaissance du secret est concomitante à la réalisation de l'acte qu'une telle sanction peut être envisagée, la jurisprudence se montrant toutefois particulièrement rigoureuse dans l'appréciation qu'elle fait d'une telle atteinte[44].

2) Le secret partagé

190 ***Service d'enquête.*** Les informations révélées par l'enquête ont vocation à être partagées par les services d'enquêtes. Une évidence qui renvoie à l'article D. 2-1 du Code de procédure pénale selon lequel « les officiers de police judiciaire des différents corps ou services entretiennent, à tous les échelons, des relations de coopération et d'aide réciproque, dans le respect des règles administratives et des procédures hiérarchiques en vigueur » et que décline l'article D. 5, alinéa 3. Ainsi, « les officiers et agents de police judiciaire de la police nationale et de la gendarmerie nationale se font part des renseignements recueillis et des opérations effectuées dans le cadre des instructions données par le magistrat ». Une évidence qu'il est parfois nécessaire de rappeler au regard de certains phénomènes de concurrence entre les services, dont la culture est toujours d'actualité.

191 ***Administrations.*** Des dispositions autorisent la communication d'informations à certaines administrations afin de les informer de soupçons de fraudes et leur permettre de prendre les mesures qui s'imposent. C'est ainsi que l'article L. 101 du Livre des procédures fiscales dispose que « [l]'autorité judiciaire doit communiquer à l'administration des finances toute indication qu'elle peut recueillir, de nature à faire présumer une fraude commise en matière fiscale ou une manœuvre quelconque ayant eu pour objet ou ayant eu pour résultat de frauder ou de compromettre un impôt, qu'il s'agisse d'une instance civile ou commerciale ou d'une information criminelle ou correctionnelle même terminée par un non-lieu ». Il s'agit bien d'une obligation qui n'est pas limitée au procureur de la République. Toute l'autorité judiciaire est concernée ce qui comprend également le juge d'instruction et l'ensemble des formations du siège.

L'article L. 114-16 du Code de la sécurité sociale pose une règle similaire en ce qui concerne les organismes de protection sociale pour n'évoquer que les règles les plus usuelles.

3) Le secret révélé

192 ***Évolution de l'enquête et principe du contradictoire.*** Le principe du contradictoire qui nourrit celui de l'égalité des armes postule la possibilité pour la personne en cause d'être informée des éléments qui fondent les charges retenues à son encontre. C'est à cette seule condition qu'elle est en mesure de les contester et par voie de conséquence, de faire efficacement valoir ses moyens de défense. Une règle qui heurte naturellement le secret de l'enquête. Un caractère occulte consacré par la Cour européenne des droits de l'homme[45]. Toute la

---

43. Crim., 25 janvier 1996, *Bull. crim.*, n° 51 ; *Dr. pén.*, 1996, chron. 39, rapp. de Larosière de Champfeu.
44. Crim., 27 avril 2000, *Bull. crim.*, n° 170.
45. CEDH, *Svipsta c. Lettonie*, 9 juin 2006, n° 66820, § 137 ; *Garcia Alva c. Allemagne*, 13 février 2001, n° 23541/94, § 42.

question est de savoir à quel moment ce secret va pouvoir être levé autorisant la personne en cause à accéder à ces informations. La difficulté ne se pose pas lorsqu'elle fait l'objet d'une poursuite. Elle a bien évidemment accès au dossier, seul moyen pour elle de préparer sa défense. Des voix se sont toutefois élevées pour défendre l'idée d'un accès durant la phase d'investigation, autrement, dit avant qu'une décision de poursuite ne soit prise. La question est réglée depuis longtemps en ce qui concerne la procédure d'information judiciaire (sur l'accès au dossier d'instruction, voy. *infra*, n° 695). Mais la plupart des enquêtes sont menées en la forme préliminaire ou de flagrance. Un cadre juridique dans lequel il a été demandé d'introduire une phase contradictoire. C'est ce sur quoi s'est penchée la commission présidée par Jacques Beaume[46]. Si l'accès au dossier d'enquête a été refusé à la défense pendant tout le temps de recueil des éléments de preuve, l'idée d'ouvrir une fenêtre contradictoire avant les poursuites n'en a pas moins été proposée. C'est ce qu'a consacré la loi n° 2016-731 du 3 juin 2016 renforçant la lutte contre le crime organisé, le terrorisme et leur financement, et améliorant l'efficacité et les garanties de la procédure pénale.

193 ***Accès au dossier dans le cadre d'une enquête préliminaire.*** L'article 77-2 du Code de procédure pénale permet à la personne qui a été entendue en qualité de mise en cause dans le cadre d'une audition libre ou une garde à vue, un an après son audition, de demander au procureur de la République, par lettre recommandée avec accusé de réception, de consulter le dossier de la procédure directement ou par l'intermédiaire d'un avocat. Il lui est alors possible de formuler ses observations. Lorsqu'il est saisi d'une telle demande, le procureur de la République est tenu, l'enquête lui paraissant terminée et s'il envisage de poursuivre la personne par citation directe ou convocation par officier de police judiciaire, d'aviser le mis en cause ou son avocat, de la possible consultation d'une copie de la procédure. Ceux-ci peuvent formuler des observations mais surtout il leur est possible de demander tout acte utile à la manifestation de la vérité. Cette demande doit être faite dans un délai d'un mois, là encore par lettre recommandée avec demande d'avis de réception ou par déclaration au greffe contre récépissé.

En toute hypothèse, même en l'absence de demande, le procureur de la République peut communiquer tout ou partie de la procédure à la personne mise en cause ou à la victime pour recueillir leurs éventuelles observations ou celles de leur avocat et ce, à tout moment de la procédure.

194 ***Attributions du procureur de la République.*** L'article 11 du Code de procédure pénale autorise le procureur de la République d'office ou à la demande de la juridiction d'instruction ou des parties, afin d'éviter la propagation d'informations parcellaires ou inexactes ou pour mettre fin à un trouble à l'ordre public, à rendre public des éléments objectifs tirés de la procédure ne comportant aucune appréciation sur le bien-fondé des charges retenues contre les personnes mises en cause[47].

46. Rapport sur la procédure pénale, Jacques Beaume, juillet 2014.

47. Seul le procureur de la République est donc investi du droit de communiquer sur une enquête en cours, de sorte que la communication de renseignements connus des seuls enquêteurs par un officier de police judiciaire à des journalistes est susceptible de constituer la violation de secret professionnel : Crim., 24 mars 2020, n° 19-80.909, *Bull. crim.*, à par. ; *Gaz. Pal.*, 1er septembre 2020, p. 61, obs. Fourment.

195 ***Journalistes.*** L'article 38 de la loi du 29 juillet 1881 relative à la liberté de la presse prévoit que le délit de publication interdite n'est pas constitué lorsque le juge d'instruction demande par écrit la publication de photographies ou de portraits ayant pour objet la reproduction des circonstances d'une infraction. C'est ainsi que des portraits-robots peuvent être diffusés auprès du public. Mais la question du secret se pose surtout en ce qui concerne les investigations menées par les journalistes et les révélations qui en sont issues. Ne concourant pas à la procédure, ils ne sont pas tenus au secret, sous réserve des conditions dans lesquelles ils ont obtenu les informations divulguées (voy. *supra*, n° 187).

SECTION II
Le procureur de la république et la police judiciaire

196 ***Du général au particulier.*** Le procureur de la République doit être situé au sein du ministère public en général (§ 1). Il dirige plus particulièrement la police judiciaire (§ 2).

§ 1. Le procureur de la République et le ministère public en général

197 ***Une fonction en pleine mutation.*** Le procureur de la République est l'un des acteurs les plus connus de l'institution judiciaire et sur lequel se polarisent les plus grandes attentions. C'est lui qui met en mouvement l'action publique. Il lui appartient de poursuivre devant les juridictions compétentes ceux qu'il estime devoir être jugés pour les infractions qui leur sont reprochées. Présent à l'audience, il requiert l'application de la loi « dans le principe d'impartialité auquel il est tenu »[48]. Une mission qu'il partage avec le procureur général, ce dernier exerçant l'action publique devant la cour d'appel. Mais les attributions du ministère public ne s'arrêtent pas là. Le fait est que la fonction a connu ces dernières décennies d'importantes évolutions et pourrait-on même dire une véritable révolution. C'est que le procureur de la République n'est plus seulement un mécanicien de la poursuite. « Sous l'effet d'une part de la brusque et importante montée des flux pénaux, entre 1980 et 1995 environ, qu'il a fallu absorber, de la pénalisation sans cesse accrue et, enfin, du développement volontariste des politiques de prévention et pénitentiaire à partir de la même époque, le législateur a ajouté des strates successives, à la fois en amont et en aval de l'audience » qui ont conduit le procureur de la République à devenir un véritable « architecte du traitement social »[49]. En amont, sont apparues toutes sortes de procédures dites « alternatives aux poursuites » que sont la médiation et la composition pénales et bien d'autres. En aval, c'est l'intérêt porté aux différentes mesures d'aménagement des peines qu'il faut penser et dynamiser

48. F. Fourment, « Remarques sur l'impartialité du procureur-enquêteur », *Gaz. Pal.*, 18 juillet 2017, p. 92.
49. V. Lesclous, « Le procureur : du mécanicien de la poursuite pénale à l'architecte d'un traitement social, une fonction judiciaire républicaine », *Dr. pén.*, 2013, étude 13.

en soutenant l'action du juge de l'application des peines. À ce premier constat s'ajoute une procédure pénale évolutive dont la durée est devenue un véritable marqueur juridique. C'est un temps court qui doit se conjuguer avec un temps long, obligeant à penser l'action publique en fonction de la durée de la procédure eut regard à l'urgence des réponses attendues et rapportée aux moyens dont disposent les juridictions[50]. On comprend bien alors toute l'importance qui est accordée aux questions du statut des magistrats du parquet. Beaucoup de voix s'élèvent pour réclamer une indépendance qui fait débat[51]. Un thème qui renvoie aux spécificités de ce « parquet à la française »[52]. À cela s'ajoute une implication croissante dans les questions de gestion et d'organisation qu'il faut régler avec le président de la juridiction et le directeur des services de greffe dans le cadre de projets de juridiction, voire de véritables politiques de juridiction[53].

A) La représentation du ministère public

198 ***Représentation juridictionnelle et administrative.*** Le ministère public connaît une représentation juridictionnelle (1.) et aussi administrative (2.).

1) La représentation juridictionnelle du ministère public

199 ***Représentation territoriale.*** L'article 39 du Code de procédure pénale dispose que « le procureur de la République représente en personne ou par ses substituts le ministère public près le tribunal judiciaire. Il représente également en personne ou par ses substituts le ministère public auprès de la cour d'assises instituée au siège du tribunal. Il représente de même, en personne ou par ses substituts, le ministère public auprès du tribunal de police dans les conditions fixées par l'article 45 du présent code ». Lorsque le ressort couvre la totalité d'un département, un seul procureur de la République assume cette mission. Il peut cependant arriver que plusieurs tribunaux se trouvent sur le même département. Il en résulte la présence de plusieurs procureurs qui assument des rôles identiques en fonction de leur champ de compétence.

200 ***Représentation statutaire.*** Le procureur de la République est assisté d'un ou plusieurs magistrats selon les dimensions du ressort sur lequel il exerce et surtout la densité du contentieux dont il a la charge. Le substitut du procureur correspond à un magistrat du second grade. Il existe ensuite les vice-procureurs qui relèvent du premier grade et enfin les premiers vice-procureurs et procureurs adjoints qui correspondent à un grade supérieur. Il en résulte une hiérarchie interne qui permet d'organiser les services. C'est ainsi qu'un procureur adjoint se verra attribuer une division du parquet qui peut se composer d'un ou

---

50. V. Lesclous, « Temps court et temps long : un facteur fondamental du fonctionnement pénal », *Dr. pén.*, 2018, étude 17.
51. J.-L. Lennon, « L'indépendance des magistrats du ministère public ou le supplice de tentale », *Dr. pén.*, 2016, étude 25.
52. M. Robert, « Le parquet à la française et la "rumeur de Strasbourg" », *AJ pénal*, 2016, p. 563.
53. É. Camous, « La politique de juridiction, nouvelle réalité d'une justice qui pense gestion et performance », *Procédures*, 2018, étude 1.

plusieurs substituts ou vice-procureurs. Ils auront la charge d'un contentieux particulier qui leur permettra de se spécialiser et développer des compétences propres à améliorer la qualité du travail accompli. Pour autant, les magistrats du parquet exercent tous les attributions du procureur de la République lorsqu'il s'agit de prendre une décision de poursuite ou de requérir à l'audience. C'est là toute la subtilité du statut.

201 ***Représentation du ministère public devant l'ensemble des formations du tribunal judiciaire.*** Le procureur de la République est présent devant l'ensemble des formations du tribunal judiciaire. Il en va ainsi devant le tribunal correctionnel mais aussi le juge d'instruction, le juge des libertés et de la détention ou le juge de l'application des peines. Il a également sa place en matière civile et commerciale. C'est notamment le cas pour ce qui concerne le droit des entreprises en difficulté où les règles d'ordre public sont nombreuses.

202 ***Représentation du ministère public devant la chambre des appels correctionnels et la chambre de l'instruction.*** Aux termes de l'article 34 du Code de procédure pénale, « le procureur général représente en personne ou par ses substituts le ministère public auprès de la cour d'appel ». Plus précisément, le « parquet général » est composé du procureur général, d'un ou plusieurs avocats généraux et substituts généraux, voire, le cas échéant, d'un procureur général adjoint. La chambre des appels correctionnels et la chambre de l'instruction ont leur siège à la cour d'appel.

203 ***Représentation du ministère public devant la cour d'assises statuant en premier ressort ou en appel.*** Si la cour d'assises est instituée au siège de la cour d'appel, le ministère public est représenté par un membre du parquet général. Si la cour d'assises est instituée dans une autre ville que celle dans laquelle la cour d'appel a son siège, un membre du parquet dans le ressort duquel la cour d'assises est installée représente le ministère public. Le procureur général près la cour d'appel peut toujours déléguer tout membre d'un parquet du ressort de la cour d'appel.

204 ***Représentation du ministère public devant les juridictions pour mineurs.*** Devant le juge des enfants et le tribunal pour enfants, le ministère public est représenté par un membre du parquet du tribunal judiciaire spécialisé dans la délinquance des mineurs.

Devant la cour d'assises des mineurs, le ministère public est représenté par le procureur général ou un membre du ministère public du ressort de la cour d'appel spécialisé dans la délinquance des mineurs.

Auprès de la cour d'appel, une chambre spécialisée dans la délinquance des mineurs est instituée. Un membre du parquet général spécialisé dans la délinquance des mineurs y représente le ministère public.

205 ***Représentation du ministère public devant la Cour de cassation.*** Auprès de la Cour de cassation, le ministère public est composé d'un procureur général, d'un premier avocat général et d'avocats généraux.

206 ***Cas particulier de la représentation du ministère public devant le tribunal de police.*** Pour les contraventions de cinquième classe, le ministère public est représenté par le procureur de la République près le tribunal judiciaire.

Pour les contraventions des quatre premières classes, le ministère public est en principe représenté par l'« officier du ministère public » (art. 44 du CPP) du lieu où siège la juridiction. L'officier du ministère public est un commissaire de police en résidence dans le ressort du tribunal d'instance (art. 45 et 47 du même Code).

Ce principe souffre trois dérogations :

- en cas d'empêchement du commissaire, ou en cas d'absence de commissaire de police au lieu où siège la juridiction, le procureur général près la cour d'appel désigne un officier du ministère public choisi parmi les commissaires, commandants, ou capitaines de police en résidence dans le ressort du tribunal judiciaire ou, à défaut, d'un tribunal judiciaire limitrophe situé dans le même département (art. 46 et 48 du CPP) ;
- à titre exceptionnel, et en cas d'absolue nécessité pour la tenue de l'audience, le juge du tribunal d'instance peut appeler le maire du lieu où siège le tribunal ou un de ses adjoints (art. 46 du CPP) ;
- enfin, s'il le juge à propos, le procureur de la République peut toujours se substituer à l'officier du ministère public (art. 45 du CPP).

2) La représentation administrative du ministère public

207 ***Problématique.*** L'élaboration et la mise en œuvre d'une politique pénale ne peuvent se faire sans un partenariat extérieur fort qui conduit à solliciter toutes sortes d'acteurs qui vont être partie prenante dans la mise en œuvre des actions de répression mais aussi de prévention que développe le ministère public. C'est ce qui conduit le procureur de la République à participer à toutes sortes de rencontres, à signer des conventions et autres protocoles. Ces documents posent des principes, des orientations, leur contenu s'inscrit dans le prolongement de véritables politiques publiques. Les points de convergence sont aussi nombreux que variés. Sans prétendre à l'exhaustivité, cela concerne la toxicomanie, la sécurité routière, l'urbanisme, la protection de l'enfance, la politique de la ville ainsi que tout le champ économique[54]. Le procureur de la République doit pour cela se déplacer. Le préfet est bien évidemment le premier avec qui il importe de se réunir car les services de l'État constituent les partenaires naturels des politiques de prévention tout en étant trop souvent eux-mêmes exposés aux actes de délinquance. Il faut aussi compter avec les collectivités territoriales. C'est la mairie mais aussi le conseil départemental et régional qui sont impliqués dans tout ce qui relève de la protection des mineurs. Les acteurs privés ne sont pas en reste si l'on veut bien considérer la situation des bailleurs sociaux, des sociétés de transport ou des communautés religieuses en ce qu'ils sont naturellement exposés à la délinquance. Si certains parquets ont des effectifs qui autorisent le procureur de la République à investir ces différents champs relationnels, d'autres sont trop restreints. Le procureur est contraint de se concentrer sur le corps de métier sans pouvoir investir le champ relationnel. Le temps manque, ce à quoi s'ajoutent des distances parfois trop importantes. C'est le cas des départements sur lesquels se trouvent plusieurs juridictions. L'Allier compte ainsi trois tribunaux judiciaires. La préfecture se trouve à Moulins obligeant les procureurs de Cusset et de Montluçon à plus de deux heures de route aller-retour pour chaque réunion. C'est pour tenir

54. Ph. Ingall-Montagnier, « Prévenir, sanctionner, réparer, le ministère public à la croisée des missions », *Cahiers du droit de l'entreprise*, n° 5, septembre 2015, dossier 27.

compte de cette difficulté tout en permettant au ministère public d'assurer une représentation administrative utile qu'a été rendue possible une mutualisation des missions de représentation et de coordination.

208 ***Mutualisation des missions de représentation et de coordination.*** L'article L. 212-7 du Code de l'organisation judiciaire dispose : « quand un département compte plusieurs tribunaux judiciaires, le procureur général peut désigner l'un des procureurs de la République de ce département pour représenter, sous son autorité, l'ensemble des parquets dans le cadre de leurs relations avec les autorités administratives du département et assurer la coordination des activités s'y rapportant. Celui-ci tient les autres procureurs informés de ses diligences et rend compte au procureur général ». Un procureur peut ainsi représenter le ministère public de l'ensemble du département. Une faculté qui ne crée pas pour autant un parquet départemental. Cela ne concerne que les actions de représentation et de coordination. Un procureur ne peut en revanche assurer une représentation juridictionnelle générale d'un autre parquet que le sien. Cette mutualisation des attributions n'est possible que sur désignation du procureur général qui, en l'espèce, opère de manière générale. Il peut ainsi décider de confier à un procureur du département les relations avec l'ONEM et l'ONCFS, à un autre du même département, celles avec la DIRRECTE pour ce qui concerne les contentieux de l'environnement pour l'un, et du travail pour l'autre. Une segmentation qui permet à chacun de se concentrer sur un contentieux sans avoir à s'éparpiller dans de multiples réunions. L'important est qu'un compte rendu soit fait au procureur général à charge pour ce dernier de le répercuter.

B) Les caractères du ministère public

209 ***Plus ou moins.*** Le ministère public et ses membres sont irrécusables (1), irresponsables (2.), indivisible (3.) et hiérarchisés (4.) ; plus ou moins...

1) Une irrécusabilité relative

210 ***Nuances.*** L'article 669, alinéa 2, du Code de procédure pénale dispose que « les magistrats du ministère public ne peuvent être récusés ». En effet, la récusation est le droit dont dispose une partie au procès d'empêcher un magistrat de connaître de son affaire. Or le ministère public ne peut se voir interdire de siéger lorsqu'il doit prendre ses réquisitions. Cela ne veut cependant pas dire que toute contestation est vouée à l'échec. L'article L. 111-6 du Code de l'organisation judiciaire qui réglemente les conditions dans lesquelles un magistrat peut être récusé limite cette hypothèse aux situations dans lesquelles il se trouve avoir un intérêt personnel direct ou indirect dans la décision qu'il est appelé à prendre. Le texte précise cependant *in fine* que les magistrats du ministère public peuvent être récusés dans les mêmes cas lorsqu'ils se trouvent partie jointe. La prohibition de la récusation du ministère public ne concerne donc que les situations dans lesquelles il est partie principale ce qui correspond aux hypothèses les plus fréquentes. Mais même dans une telle occurrence, se pose la question de l'impartialité du magistrat du parquet qui siège et dont le conseil supérieur de la magistrature a rappelé dans son Code de déontologie qu'elle concerne tous les magistrats, du siège comme du parquet. Si cela ne peut venir

affecter la validité de la décision prise, il n'est pas impossible que le magistrat du ministère public puisse se voir reprocher sur le plan disciplinaire le fait d'avoir requis dans un dossier pour lequel il avait un intérêt, quel qu'il soit.

2) L'irresponsabilité

211 ***Irresponsabilité, sauf faute personnelle.*** La responsabilité des magistrats du ministère public ne peut pas être recherchée dans l'exercice de l'action publique (par exemple, lorsqu'une décision de non-lieu, de relaxe ou d'acquittement vient clore une procédure d'enquête ayant donné lieu à un placement en garde à vue). Ils ne peuvent pas non plus être condamnés aux frais et dépens du procès, ce qui n'est pas le cas de la partie civile.

L'irresponsabilité des membres du ministère public n'est cependant pas absolue. Ils peuvent voir leur responsabilité engagée en cas de faute personnelle. Si cette faute est rattachable au service public, en d'autres termes si elle a été commise dans l'exercice des fonctions, la victime ne peut diriger son action que contre l'État et ce devant une juridiction de l'ordre judiciaire (art. L. 141-1 du Code de l'organisation judiciaire). S'il est condamné, l'État dispose d'une action récursoire contre le magistrat (art. 11-1 de l'ordonnance du 22 décembre 1958 portant loi organique relative au statut de la magistrature). En toute hypothèse, si un magistrat du ministère public commet une infraction, non seulement son statut ne le protège pas, mais cela peut être constitutif d'une circonstance aggravante.

3) L'indivisibilité

212 ***Notion d'indivisibilité.*** Les membres d'un même parquet sont indivisibles. C'est ce qui fonde le rapport tout à fait particulier qu'entretient le procureur de la République avec ses substituts, vices-procureurs et procureurs adjoints. La conséquence est que plusieurs magistrats du parquet peuvent très bien connaître de la même procédure. Le premier aura la charge d'en assurer le traitement dans le cadre de la permanence téléphonique. Ce peut être un autre qui ouvrira une information judiciaire et un troisième qui ira requérir le placement en détention provisoire du mis en examen.

Cette règle connaît certains tempéraments. Le premier et le plus important est que ce principe d'indivisibilité ne vaut qu'au sein de la juridiction qui est concernée. Ainsi, un membre d'un parquet ne peut agir en nom et à la place d'un homologue d'un autre parquet. Cela n'est pas non plus possible entre les magistrats du parquet de première instance et ceux de la cour d'appel. Un substitut ne peut pas spontanément aller requérir devant la cour d'appel. Il arrive pourtant que cela se produise. C'est notamment le cas devant la cour d'assises d'appel qui siège au sein même de la cour d'appel. Il est par ailleurs fréquent que des substituts « placés » auprès du procureur général exercent au cours de l'année auprès de plusieurs parquets. Ils agissent alors par délégation du procureur général.

Il existe un autre tempérament au principe d'indivisibilité du parquet qui renvoie au rôle du procureur en qualité de chef de service. C'est lui qui établit ou fait établir un tableau de service afin de déterminer les contentieux qui sont attribués à chaque magistrat. Le non-respect de cette organisation n'entache en rien la validité des procédures. Elle peut toutefois avoir des conséquences sur la notation du magistrat en ce qui concerne l'appréciation de son degré de loyauté avec la hiérarchie.

4) La hiérarchie

213 ***Problématique.*** La question de la hiérarchie au sein du ministère public est celle qui fait couler le plus d'encre. Tout vient de ce que l'article 5 de l'ordonnance n° 58-1270 du 22 décembre 1958 portant loi organique relative au statut de la magistrature dispose que « les magistrats du parquet sont placés sous la direction et le contrôle de leurs chefs hiérarchiques et sous l'autorité du garde des sceaux, ministre de la justice ». De là l'idée selon laquelle chacun d'eux est subordonné à l'autre dans une construction pyramidale au sommet de laquelle se trouve le garde des sceaux. Il n'y a alors qu'un pas pour penser que les magistrats du parquet sont « soumis et verrouillés » chacun devant répondre auprès de ses supérieurs des décisions qu'il prend. Une image d'Épinal qu'aggravent les questions de l'indépendance et l'impartialité. Des interrogations très éloignées de la réalité que permet déjà de nuancer la lecture attentive des textes.

a) Une subordination hiérarchique relative

214 ***Place du ministre de la justice, garde des sceaux.*** Les magistrats du parquet sont placés sous l'autorité du garde des sceaux. Une situation qui n'a toutefois de sens qu'à la lumière de l'article 30 du Code de procédure pénale qui fixe les attributions du ministre. Or ce texte a été profondément modifié au fil des réformes qui se sont succédé. Il est dit aujourd'hui que « le ministre de la justice conduit la politique pénale déterminée par le Gouvernement. Il veille à la cohérence de son application sur le territoire de la République. À cette fin, il adresse aux magistrats du ministère public des instructions générales. Il ne peut leur adresser aucune instruction dans des affaires individuelles. Chaque année, il publie un rapport sur l'application de la politique pénale déterminée par le Gouvernement, précisant les conditions de mise en œuvre de cette politique et des instructions générales adressées en application du deuxième alinéa. Ce rapport est transmis au Parlement. Il peut donner lieu à un débat à l'Assemblée nationale et au Sénat ».

Ce texte qui est issu de la loi n° 2013-669 du 25 juillet 2013 marque une très importante rupture avec ce qui existait auparavant. A été supprimé l'ancien alinéa 3 qui prévoyait la possibilité de « dénoncer au procureur général les infractions à la loi pénale dont il a connaissance et lui enjoindre, par instructions écrites et versées au dossier de la procédure, d'engager ou de faire engager des poursuites ou de saisir la juridiction compétente de telles réquisitions écrites que le ministre juge opportunes ». Le ministre ne peut plus intervenir dans la conduite directe de l'action publique en ordonnant des poursuites contre une ou plusieurs personnes. Il ne peut non plus et cela de longue date, ordonner qu'aucune poursuite ne soit engagée. Une rupture qui n'est pas seulement juridique, elle est aussi culturelle. En effet, la loi a ainsi clairement marqué la dissociation entre le rôle politique du garde des sceaux et la fonction des magistrats du parquet. Cela veut aussi dire qu'en cas d'interférence non-écrite, un magistrat du parquet ne peut se voir reprocher une faute déontologique qui relèverait du droit disciplinaire à refuser d'exécuter ce qui lui est demandé.

Le rôle du garde des Sceaux s'inscrit dans le prolongement de l'article 20, alinéa 1er, de la Constitution de la Cinquième République selon lequel « le Gouvernement détermine et conduit la politique de la Nation ». Il doit veiller à ce que la loi pénale soit appliquée de manière harmonieuse sur l'ensemble du territoire national ce qui le conduit à adresser aux procureurs généraux des orientations générales en fonction de la nature des textes qui ont été adoptés et/ou de la sensibilité de certaines situations[55]. C'est tout le sens du rapport hiérarchique entretenu avec les procureurs généraux.

215 ***Autorité du procureur général.*** Le procureur général est souvent considéré comme le supérieur hiérarchique du procureur de la République ce que la lecture des textes peut *a priori* laisser penser. L'article 35 lui enjoint de « veiller à l'application de la loi pénale sur toute l'étendue du ressort de la cour d'appel ». À ce titre, il doit animer et coordonner l'action des procureurs, tant en matière de prévention que de répression des infractions. Pour ce faire, il doit préciser et le cas échéant adapter les instructions générales du ministre de la justice au contexte propre au ressort. Le procureur général doit s'assurer de l'harmonisation des « politiques pénales » qui sont menées par chaque procureur de la République sur son ressort. Cela peut notamment conduire à l'élaboration de critères de poursuite communs. Il en ira ainsi de certains contentieux de masse tels que ceux qui relèvent de la délinquance routière, chacun devant s'aligner sur une politique de poursuite commune tant en matière de recours aux procédures alternatives qu'en ce qui concerne le renvoi à l'audience. De la même manière, il faudra adopter des pratiques partagées concernant les ouvertures d'informations judiciaires ou les comparutions immédiates. Une doctrine qui va de pair avec le contrôle du bon fonctionnement des parquets du ressort. Il s'agit là d'un rôle administratif beaucoup moins connu qui conduit le procureur général à s'assurer de l'adéquation des moyens aux besoins de fonctionnement. Des solutions doivent être apportées aux difficultés en déployant notamment les magistrats placés et il importe d'aviser l'administration centrale de toute situation particulière. Une remontée d'information qui, outre les rapports particuliers établis soit d'initiative, soit sur demande du ministre, conduit le procureur général à adresser à ce dernier un rapport annuel de politique pénale sur l'application de la loi et des instructions générales ainsi qu'un rapport annuel sur l'activité et la gestion des parquets de son ressort. Le procureur général a un rôle administratif particulièrement prégnant dans la chaîne d'information qui est indispensable au bon fonctionnement de l'institution. Mais en même temps, la loi lui reconnaît un réel pouvoir hiérarchique sur les procureurs de la République que fonde l'article 36 du Code de procédure pénale. En effet, « le procureur général peut enjoindre aux procureurs de la République, par instructions écrites et versées au dossier de la procédure, d'engager ou de faire engager des poursuites ou de saisir la juridiction compétente de telles réquisitions écrites que le procureur général juge opportunes ». Il peut par conséquent faire

55. Cons. const., décision n° 2004-492 DC du 2 mars 2004, *JORF*, 10 mars 2004, p. 4645, consid. n°s 96-98 : l'article 30 « ne méconnaît ni la conception française de la séparation des pouvoirs, ni le principe selon lequel l'autorité judiciaire comprend à la fois les magistrats du siège ou ceux du parquet, ni aucun autre principe ou règle de valeur constitutionnelle », voy. aussi J.-É. SCHOETTL, « Les attributions du ministre de la Justice en matière d'action publique », *D.*, 2004, p. 1387.

ce qui est refusé au garde des sceaux, c'est-à-dire intervenir directement dans la décision de poursuite. Des attributions qui sont toutefois limitées à l'obligation de faire. Le procureur général ne peut en aucun cas demander que des actes d'enquête ne soient pas réalisés ou pire encore, que des poursuites soient abandonnées.

216 ***Place déterminante du procureur de la République.*** La situation hiérarchique du procureur de la République ne le rend pas moins autonome dans la conduite de son action. S'il doit répondre aux instructions que lui adresse le procureur général, il ne s'agit le plus souvent que de directives générales qu'il doit adapter. Quant aux instructions de poursuivre, la pratique montre qu'elles sont relativement peu répandues. La question peut se poser du non-respect par un procureur de la République d'une injonction de poursuivre qui lui est adressée par le procureur général. Un premier point est que le procureur général ne peut se substituer au procureur de la République. Il ne lui est donc pas possible d'accomplir lui-même ce qui lui est refusé. Concernant la procédure, cela ne provoque aucune incidence si ce n'est d'inciter la partie civile à déposer plainte avec constitution de partie civile afin de provoquer la mise en œuvre de l'action publique. Concernant le procureur lui-même, il peut se voir reprocher un manquement à son obligation de loyauté ce qui peut ne pas être sans incidence sur sa notation et par voie de conséquence sur sa carrière.

b) Les frontières de la subordination hiérarchique

217 ***« La plume est serve mais la parole est libre ».*** Ce principe est garanti par l'article 5 *in fine* de l'ordonnance du 22 décembre 1958 relative au statut de la magistrature : « À l'audience, leur parole [des magistrats du parquet] est libre »[56]. L'article 33 du Code de procédure pénale reprend cette disposition et l'étend : « [le ministère public] est tenu de prendre des réquisitions écrites conformes aux instructions qui lui sont données [...]. Il développe librement les observations orales qu'il croit convenables au bien de la justice. » Ainsi, « la plume est serve, mais la parole est libre ». « La plume est serve » parce que le magistrat du parquet applique, au nom et pour le compte de la société qu'il représente, des directives de politique criminelle. Mais « la parole est libre » car :

- le principe de séparation des pouvoirs l'exige ;
- le membre du ministère public a la qualité de magistrat ;
- l'autorité judiciaire à laquelle appartient le ministère public est « gardienne de la liberté individuelle » (art. 66 de la Constitution).

La conséquence directe est qu'un magistrat du parquet ne commet aucune faute déontologique à formuler des observations orales qui vont à l'encontre des réquisitions écrites qui ont été communiquées.

C) Les fonctions du procureur de la République

218 ***Diversité.*** Le procureur de la République est au cœur de la justice pénale (1) et garant de l'intérêt général (2.).

56. P. Lemoine, « La liberté de parole des magistrats du ministère public », *Dr. pén.*, 2008, étude n° 7.

1) Un magistrat au cœur de la justice pénale

219 ***Au fil de la procédure pénale.*** Le procureur de la République exerce des prérogatives au long cours de la procédure pénale.

a) La conduite de la politique pénale

220 ***Notion de politique pénale.*** L'article 39-1 du Code de procédure pénale dispose que : « en tenant compte du contexte propre à son ressort, le procureur de la République met en œuvre la politique pénale définie par les instructions générales du ministre de la justice, précisées et, le cas échéant, adaptées par le procureur général ». Le fait de parler de politique pénale révèle la profonde singularité des fonctions de procureur de la République[57]. Il ne s'agit pas de poursuivre uniformément toutes les infractions qui sont commises, ce d'autant qu'il existe une kyrielle de possibilités. Entre le classement sans suite consécutif à une mesure de réparation et l'ouverture d'une information judiciaire ou le recours à la procédure de comparution immédiate, existe toute une gradation qu'il importe d'adapter. C'est ce que font le ministre de la justice et le procureur général lorsqu'ils adressent des instructions générales. Mais il revient au seul procureur de la République d'appliquer ces instructions « en tenant compte du contexte propre au ressort ». À titre d'exemple, plusieurs communes peuvent être régulièrement frappées par des raids de cambrioleurs. Si deux individus sont interpellés, le procureur privilégiera la comparution immédiate afin d'adresser un signal fort aux malfaiteurs mais aussi à ceux qui seraient tentés de s'engager sur la même voie. Dans un autre ordre d'idée, l'accent peut être mis sur la lutte contre les avoirs criminels en recourant massivement aux procédures de saisies prévues par les articles 706-141 du Code de procédure pénale. Une doctrine qu'il faut toutefois adapter aux moyens de la juridiction et plus généralement aux moyens des services d'enquête. C'est en ce sens que l'on parle de « politique de juridiction ». L'important est de conserver un équilibre entre une répression éclairée qui doit avoir l'effet punitif mais aussi préventif recherché et les disponibilités qui existent en termes de ressources humaines et de moyens. Pour ce faire, le procureur de la République doit composer avec le président de la juridiction tout d'abord. C'est avec lui qu'il fixe conjointement le nombre et le jour des audiences[58]. Ils doivent s'entendre sur la charge de travail de chacun, ce qui suppose une politique pénale maîtrisée. Mais il s'agit aussi de tenir compte du fonctionnement global de la juridiction, dans toutes ses composantes. Car la justice pénale n'est pas toute la justice. Il existe aussi la justice civile, sociale, commerciale qui absorbe des moyens. C'est ainsi que sont apparus les comités de gestion puis les projets de juridiction qui rassemblent l'ensemble des acteurs de la justice dans l'élaboration de projets communs[59].

221 ***Place croissante dans la prévention des infractions.*** L'article 39-2 du Code de procédure pénale dispose que « dans le cadre de ses attributions en matière d'alternative aux poursuites, de mise en mouvement et d'exercice de l'action

---

57. Sur la notion de politique pénale, voy. le dossier spécial *in* : *AJ pénal*, septembre 2012.
58. CPP, art. 399.
59. É. Camous, « La politique de juridiction, nouvelle réalité d'une justice qui pense gestion et performance », *Procédures*, 2018, étude 1.

publique, de direction de la police judiciaire, de contrôle d'identité et d'exécution des peines, le procureur de la République veille à la prévention des infractions à la loi pénale ». La loi fait ainsi du procureur de la République un partenaire incontournable des politiques de prévention. Il en va de même du procureur général, l'article 35 indiquant qu'il coordonne l'action des procureurs de la République tant en ce qui concerne la répression que la prévention des infractions. Une fonction qui conduit les magistrats du parquet à être régulièrement sollicités au sein des commissions administratives dans lesquelles ils sont associés. C'est que la prévention de la commission des infractions est un axe fort des politiques locales dont les maires sont les premiers concernés. Il en résulte une interpénétration des missions qui n'est pas sans poser des questions de frontières[60].

La loi du 5 mars 2007 a ainsi créé le conseil local de sécurité et de prévention de la délinquance auquel s'ajoute le conseil intercommunal de sécurité et de prévention de la délinquance. Présidée par le maire, la structure comprend le procureur de la République et le préfet ainsi que divers autres représentants de l'État. Il s'agit d'animer et suivre les contrats locaux de sécurité qui sont signés par les différents partenaires en fonction d'un diagnostic partagé sur les mesures préventives à mettre en œuvre.

Le comité départemental de sécurité ainsi que les états-majors de sécurité sont co-présidés par le préfet et le procureur de la République. Il s'agit notamment de débattre des questions de prévention des infractions sur le département dans son entier.

b) La direction de la police judiciaire

222 ***Présentation.*** La direction de la police judiciaire constitue l'un des cœurs de métier du ministère public. C'est en effet sous son autorité que les enquêtes sont réalisées parce qu'il lui appartient de décider de ce qu'il convient de faire de la procédure. Il en résulte une architecture parfois complexe qui fait l'objet de développements plus détaillés (voy. *infra*, n°s 237 et s.).

c) L'opportunité des poursuites, la décision sur la poursuite et la mise en mouvement de l'action publique

223 ***Notion de mise en mouvement de l'action publique.*** Mettre en mouvement l'action publique signifie poursuivre l'auteur, le co-auteur, ou le complice d'une infraction en le faisant entrer dans la phase juridictionnelle du procès pénal. Aux termes de l'article 1er du Code de procédure pénale, « l'action publique [...] est mise en mouvement [...] par les magistrats ou par les fonctionnaires auxquels elle est confiée par la loi [...]. Cette action peut aussi être mise en mouvement par la partie lésée ». Cela peut se traduire par la citation de la personne en cause devant la juridiction compétente ou l'ouverture d'une information judiciaire. Nous verrons cependant que du fait de l'opportunité des poursuites, le procureur de la République dispose de biens d'autres attributions pour décider de ce qu'il convient de faire d'une procédure (voy. *infra*, n°s 410 et s.).

60. É. Camous, « La place du maire dans la politique pénale », *AJ coll. terr.*, 2010, p. 144.

d) La représentation auprès de chaque juridiction pénale

224 *Partout, tout le temps.* Aux termes des articles 31 et 32 du Code de procédure pénale, le procureur de la République exerce l'action publique, requiert l'application de la loi, est représenté auprès de chaque juridiction répressive – d'instruction comme de jugement, auxquelles il convient d'ajouter la juridiction des libertés et de la détention –, assiste aux débats des juridictions de jugement, tandis que toutes les décisions sont prononcées en sa présence.

e) L'exécution des décisions de condamnation

225 *Notion d'exécution des peines.* L'article 707-1 du Code de procédure pénale dispose que « le ministère public et les parties poursuivent l'exécution de la sentence chacun en ce qui la concerne ». Pour ce qui est de la décision de condamnation pénale, c'est le procureur de la République pour les condamnations de première instance et le procureur général pour les décisions de cour d'appel qui sont seuls compétents[61]. Pour ce faire, il a été institué dans chaque tribunal judiciaire et cour d'appel un bureau de l'exécution des peines que réglementent les articles 709-1 et suivants du Code de procédure pénale. Une condamnation qui ne serait pas encore définitive ne peut faire l'objet d'une exécution, sauf l'hypothèse dans laquelle elle est exécutoire, autrement dit lorsqu'elle peut faire l'objet d'une exécution provisoire. Dans ce cas, la peine commence à s'exécuter immédiatement quand bien même le condamné aurait fait appel.

226 *Application des peines.* L'exécution d'une peine doit être distinguée de son application. En effet, il existe un grand nombre de sanctions dont la mise à exécution est subordonnée à un suivi du condamné. C'est notamment le cas des peines d'emprisonnement avec sursis et mise à l'épreuve que réglementent les articles 132-40 et suivants du Code de procédure pénale. Le condamné doit se soumettre pendant une durée fixée par la décision à des obligations dont il importe de surveiller le bon respect. De la même manière, l'article 723-15 du Code de procédure pénale impose au ministère public d'informer le juge de l'application des peines de toute décision de condamnation à une peine d'emprisonnement inférieure ou égale à deux ans ou un an en cas de récidive lorsqu'elle n'a pas été mise immédiatement à exécution. Le juge de l'application des peines doit alors convoquer la personne afin de vérifier sa situation et voir si elle peut bénéficier d'une semi-liberté, d'un placement à l'extérieur, d'un placement sous surveillance électronique, d'un fractionnement ou d'une suspension de peines, d'une libération conditionnelle ou de la conversion prévue à l'article 132-57 du Code pénal. Cette faculté est également ouverte aux personnes non incarcérées ou exécutant une peine sous le régime de la semi-liberté, du placement à l'extérieur ou du placement sous surveillance électronique.

2) Un garant de l'intérêt général

227 *Affaires non pénales.* Le ministère public n'intervient pas seulement en matière pénale. Il existe toutes sortes de sujets qui relèvent de la matière contentieuse comme de la matière gracieuse qui ont une incidence sur l'ordre public et

61. CPP, art. 708.

justifient sa présence ou au moins ses réquisitions. C'est tout le sens des dispositions de l'article 422 du Code de procédure civile selon lequel « le ministère public agit d'office dans les cas spécifiés par la loi ». Complétant l'énoncé, l'article 423 du même code prévoit qu'en dehors de ces cas, « il peut agir pour la défense de l'ordre public à l'occasion des faits qui portent atteinte à celui-ci ». Il peut ainsi être partie principale à l'action ou partie jointe. Dans cette dernière hypothèse, il n'est ni demandeur ni défendeur et se borne à présenter des observations sur l'application de la loi au cas d'espèce « pour faire connaître son avis sur l'application de la loi dans une affaire dont il a communication » (par exemple, en matière de filiation et de tutelle, C. civ., art. 424).

228 ***Parquet commercial.*** L'intervention du ministère public dans le cadre des procédures devant le tribunal de commerce est particulièrement topique de ses attributions non pénales. Sa présence n'a cessé de se renforcer à tous les stades du droit des entreprises en difficulté parce que la question a une incidence directe sur l'état économique d'un ressort et par voie de conséquence sur l'emploi[62]. Véritable organe de contrôle de l'ouverture d'une conciliation[63], le ministère public suit les dossiers jusqu'à la clôture définitive, pouvant saisir le tribunal de commerce afin qu'il sanctionne le dirigeant fautif.

D) Les choix de compétence territoriale du procureur de la République

229 ***Partir de l'article 43 du CPP.*** Les dispositions de l'article 43 du Code de procédure pénale s'appliquent en premier au procureur de la République. C'est lui qui le premier est destinataire des informations relatives à la procédure et qui peut être amené à arbitrer la compétence de la juridiction qui sera ensuite amenée à juger l'affaire. Il peut s'agir du procureur de la République du lieu de l'infraction, celui de la résidence de l'une des personnes soupçonnées d'avoir participé à l'infraction, celui du lieu d'arrestation d'une de ces personnes, même lorsque cette arrestation a été opérée pour une autre cause et celui du lieu de détention d'une de ces personnes, même lorsque cette détention est effectuée pour une autre cause. À cette liste s'ajoute le procureur de la République, selon le cas, du lieu de résidence ou du siège des personnes physiques ou morales mentionnées au même article 113-2-1. Il en résulte que plusieurs parquets peuvent se saisir de la commission d'une infraction et surtout de la personne qu'il s'agit de juger sans que la loi n'ait posé de hiérarchie entre les différents critères. Il en va de même de la possibilité de se dessaisir au profit d'un autre parquet en privilégiant par exemple le lieu de domiciliation. Un état du droit qui peut être source de véritables conflits de compétence au risque de freiner la fluidité du traitement des procédures. C'est pour répondre à ces difficultés que des règles pratiques ont été posées par la circulaire du garde des sceaux en date du 11 mai 2017 relative aux critères de compétence territoriale.

62. Ch. Delattre, « Le nouveau rôle du ministère public », *Rev. procéd. coll.*, 2017, dossier 3.

63. Ch. Delattre, « Le ministère public : véritable organe de contrôle à l'ouverture d'une conciliation », *JCP éd. Entreprises et affaires*, 26 juillet 2018, 1413.

1) La compétence de principe

230 ***Articulation des deux principaux critères de compétence : lieu des faits et de résidence de l'une des personnes soupçonnées.*** Le lieu des faits et le lieu de résidence de la personne en cause sont les critères naturellement les plus utilisés tout en retenant le fait qu'ils peuvent faire l'objet de choix locaux parfois opposés d'un ressort à l'autre que dictent des considérations de bonne gestion des services. Un exemple permettra de s'en convaincre. Il arrive que certains parquets connaissent un surcroît de délinquance lié par exemple à la période estivale. Cela conduit à une augmentation importante des interpellations et du nombre de personnes à faire juger au risque de rallonger les délais d'audiencement. De là certaines pratiques de « délestage » qui conduisent à envoyer la procédure aux parquets du lieu de résidence des prévenus sans nécessairement disposer de l'accord de la juridiction qui reçoit le dossier. Il faut également tenir compte des intérêts de la victime qui ne pourra pas toujours se déplacer en fonction du lieu de domiciliation. Ce sont les raisons pour lesquelles a été rappelée la nécessité de privilégier le lieu de commission des faits comme premier critère de compétence. Une règle qui a du sens pour le traitement des infractions les plus graves. Elle n'est cependant pas sans poser de difficulté en ce qui concerne le traitement des contentieux de masse. C'est le cas des infractions commises en matière de circulation routière. Celles-ci font généralement l'objet de mesures alternatives aux poursuites dont la mise en œuvre n'a de sens que si la personne est domiciliée à proximité. C'est la raison pour laquelle lorsqu'une telle décision était privilégiée, il n'était pas rare que le parquet du lieu des faits transmette à son homologue compétent au titre du lieu de domiciliation. La mesure de réparation ou de stage était ainsi décidée et contrôlée par le parquet le plus proche. C'est une autre doctrine que propose la circulaire du 11 mai 2017. Le procureur du lieu de commission des faits conserve sa compétence et décide lui-même de la mesure alternative. Il transmet ensuite à son homologue mais uniquement pour que celui-ci saisisse le délégué du procureur, l'association de médiation ou le service pénitentiaire d'insertion et de probation (SPIP) aux fins d'exécution. Un mode opératoire qui repose sur une grande rigueur dans la transmission administrative, ce que doivent permettre les potentialités du logiciel CASSIOPEE.

231 ***Critère subsidiaire du lieu de détention.*** La circulaire du 11 mai 2017 conforte la pratique des procureurs de la République en ce qui concerne le critère de compétence lié au lieu de détention. Celui-ci doit être envisagé de manière exceptionnelle selon des critères cumulatifs qui ont été précisés :

- le mis en cause est incarcéré en exécution d'une ou de plusieurs peines et non dans le cadre d'une détention provisoire ;
- le parquet destinataire doit avoir donné son accord préalable qui doit être recherché par tout moyen (courriel, appel téléphonique…) ;
- l'enquête a abouti et l'audition du détenu ou l'engagement de poursuites à son encontre constitue le dernier acte de procédure.

Le développement des audiences par visioconférence constitue le moyen pour le parquet du lieu des faits de conserver sa compétence.

232 ***Dessaisissements par souci d'efficacité.*** Certaines infractions justifient de privilégier un autre critère de compétence que celui du lieu des faits pour apprécier les suites à donner à la procédure et déterminer le devenir pénal des

personnes en cause. Plusieurs exemples permettront d'étayer le propos. Il en va ainsi des mineurs auteurs d'infractions. Le principe est de toujours privilégier le parquet du lieu de domiciliation eu égard à l'importance des investigations sociales à mener et au suivi que cela réclame notamment lorsque le juge des enfants est saisi. En matière de contentieux de la famille, si l'infraction porte sur les faits de non-représentation d'enfant, il est pertinent de saisir le parquet du lieu où se trouve le lieu de domicile de la personne ayant le droit de réclamer l'enfant. Et lorsque plusieurs infractions ont été commises mettant en cause le même parent ou les deux, un regroupement des procédures doit être privilégié. En matière de contentieux du travail, il est recommandé de privilégier le lieu où l'entreprise a son siège social. Des exceptions ont toutefois été proposées. La première concerne les accidents du travail pour lesquels il importe de privilégier le lieu des faits. La seconde intéresse les transactions pour l'homologation desquels le parquet du lieu de constatation apparaît être le plus pertinent.

233 ***Cas particulier du lieu d'arrestation.*** Le parquet du lieu d'arrestation a pour habitude de se dessaisir au profit des autres lorsque ceux-ci ont des critères à faire valoir. En effet, le lieu d'arrestation correspond uniquement à l'endroit où la personne est arrêtée. Si elle s'avère avoir commis l'infraction dans un autre ressort, c'est le parquet du lieu des faits qui paraît avoir le meilleur intérêt à récupérer le mis en cause afin de déterminer les suites à donner. C'est un raisonnement similaire qui prévaut en ce qui concerne le lieu de domiciliation qui bien souvent intervient en second rang.

2) Les exceptions à la compétence de principe

234 ***Fait mettant en cause une personne en relation avec les magistrats et fonctionnaires d'une juridiction de première instance.*** Il peut arriver que le procureur de la République soit saisi de faits mettant en cause comme auteur ou victime un magistrat, un avocat, un officier public ou ministériel, un militaire de la gendarmerie nationale, un fonctionnaire de la police nationale, des douanes ou de l'administration pénitentiaire ou toute autre personne dépositaire de l'autorité publique ou chargée d'une mission de service public qui est habituellement, de par ses fonctions ou sa mission, en relation avec les magistrats ou fonctionnaires de la juridiction. L'article 43 du Code de procédure pénale prévoit que le procureur général peut d'office transmettre la procédure au procureur de la République du tribunal le plus proche du ressort de la cour d'appel. Une mesure qui peut être demandée par le procureur de la République saisi ou l'intéressé lui-même. Il s'agit d'éviter toute suspicion sur la manière dont la procédure sera traitée et/ou la personne jugée.

235 ***Parquet national antiterroriste et parquet national financier.*** Le parquet national financier a été créé par la loi n° 2013-1117 du 6 décembre 2003 relative à la fraude fiscale et à la grande délinquance économique et financière et la loi organique n° 2013-1115 du 6 décembre 2013. L'objectif affirmé de cette nouvelle institution a consisté à spécialiser un des magistrats du parquet dans le traitement des affaires pénales présentant une dimension financière certaine. Bénéficiant d'une compétence nationale, le parquet national financier dispose d'une compétence exclusive dans le traitement des infractions boursières. Sa compétence est concurrente à celle des tribunaux judiciaires de droit commun

pour les délits de corruption de droit privé, d'agents publics étrangers et en matière de paris sportifs. Il dispose également d'une compétence concurrente aux juridictions interrégionales spécialisées (JIRS ; voy. *infra*, n° 378) en matière d'atteinte à la probité, d'escroqueries à la TVA, fraude fiscale et blanchiment des infractions susvisées. Il faut à chaque fois que l'enquête présente une réelle complexité.

Le parquet national antiterroriste est né de la loi n° 2019-222 du 23 mars 2019 de programmation 2018-2022 et de réforme de la justice (art. 69). Il est compétent dans le traitement des actes de terrorisme et des infractions qui leur sont connexes, des infractions relatives à la prolifération des armes de destruction massive et leurs vecteurs, des crimes contre l'humanité et crimes et délits de guerre et des crimes de tortures commises par les autorités étatiques et les crimes de disparitions forcées. Il est installé, à l'instar du procureur national financier, au tribunal judiciaire de Paris.

236 ***Fait mettant en cause une personne en relation avec les magistrats et fonctionnaires d'une cour d'appel.*** La loi n° 2019-222 du 23 mars 2019 a complété les dispositions de l'article 43 afin de tenir compte des hypothèses dans lesquelles la personne en cause est en relation avec des magistrats ou fonctionnaires de la cour d'appel. Dans ce cas, le procureur général peut transmettre la procédure au procureur général près la cour d'appel la plus proche, afin que celui-ci la transmette au procureur de la République auprès du tribunal judiciaire le plus proche. L'affaire sera alors traitée dans un autre ressort de cour d'appel, ce qui évitera tout risque de suspicion. Point important, la décision du procureur général est qualifiée de mesure d'administration judiciaire de sorte qu'elle n'est susceptible d'aucun recours.

§ 2. Le procureur de la République et la direction de la police judiciaire en particulier

237 ***Attributions du procureur de la République.*** L'article 12 du Code de procédure pénale pose une règle extrêmement claire. « La police judiciaire est exercée sous la direction du procureur de la République par les officiers, fonctionnaires et agents désignés au présent titre ». C'est lui qui a la responsabilité de cette direction le conduisant à donner des directives générales ou individuelles dans le traitement des procédures. Une responsabilité qui renvoie à l'article 39-3 selon lequel le procureur « veille à ce que les investigations tendent à la manifestation de la vérité et qu'elles soient accomplies à charge et à décharge, dans le respect des droits de la victime, du plaignant et de la personne suspectée ». Un nouveau texte né de la loi n° 2016-731 du 3 juin 2016 qui a la vertu de préciser le sens profond d'une enquête dont la bonne réalisation exige que les actes soient accomplis à charge et à décharge[64].

64. É. Camous, « L'enquête à décharge menée par le procureur de la République », *Gaz. Pal.*, 18 juillet 2017, p. 88.

SECTION III
Les pouvoirs d'enquête

238 ***Équilibre des pouvoirs d'enquête.*** « Hors les cas où la loi en dispose autrement, les infractions peuvent être établies par tout mode de preuve et le juge décide d'après son intime conviction »[65]. Le principe est donc bien celui de la liberté de la preuve à laquelle renvoient les investigations qui sont accomplies par les enquêteurs. Mais il ne faut pas que sous prétexte de cette absence de contrainte, les preuves soient recherchées en transgression de ce qui forge les grands équilibres entre protection de la société et garantie des libertés individuelles[66]. C'est ce qui explique certains interdits et surtout la rigueur des obligations qui sont imposées aux services d'enquête selon le mode de preuve utilisé[67]. Une réglementation des investigations qui a aujourd'hui valeur de principe selon une clef de répartition qui a profondément évolué.

239 ***Évolutions.*** Deux phénomènes sont à l'origine de la modernisation des pouvoirs d'enquête. Le premier correspond aux évolutions de la science qui ont permis le développement de toutes sortes de nouvelles applications dont la recherche et l'analyse de l'ADN constituent à n'en pas douter l'une des manifestations les plus emblématiques. Il faut aussi compter avec le développement des outils de communication et les possibilités d'interception qui leur sont associés.

Le second phénomène est l'apparition de nouvelles formes de délinquances, plus organisées, plus structurées et par voie de conséquence plus dangereuses. Des criminalités dont le terrorisme constitue l'expression la plus aboutie et qui ont imposé la recherche d'une plus grande efficacité répressive. C'est la raison de la distinction posée par le Code de procédure pénale qui différencie les pouvoirs d'enquête de droit commun (§ 1) de ceux qui sont mis en œuvre pour lutter contre la délinquance et la criminalité organisée (§ 2).

§ 1. Les pouvoirs d'enquête de droit commun

240 ***Les rapprochements entre l'enquête de flagrance et l'enquête préliminaire.*** La présentation des pouvoirs d'enquête de droit commun a placé les auteurs de l'ouvrage dans une difficulté cornélienne. La loi distingue encore clairement l'enquête de flagrance de l'enquête préliminaire des autres enquêtes spéciales (découverte de cadavre ou de personne présentant des blessures suspectes). Si la question d'une éventuelle fusion des textes dans un seul même cadre a été sujette à discussion, ceux qui ont eu à en débattre ont clairement pris position en faveur d'un maintien des cadres existants[68]. Les règles qui gouvernent

---

65. CPP, art. 427.
66. H. Vlamynck, « La loyauté de la preuve au stade de l'enquête policière », *AJ pénal*, 2014, p. 325.
67. Ph Conte, « La loyauté de la preuve en procédure pénale : fragile essai de synthèse », *Procédures*, 2015, dossier 12 ; O. Décima, « Vers une définition stricte de la loyauté de la preuve en matière pénale ? », *JCP G*, 2015, 789 ; F. Fourment, « Atteinte au principe de loyauté des preuves et au procès équitable », *JCP G*, 2009, II, 10009.
68. Rapport sur la procédure pénale, sous la direction de Jacques Beaume, juillet 2014, p. 14.

l'enquête de flagrance doivent rester ce qu'elles sont parce qu'elles répondent aux situations d'urgence ce qui n'est pas le cas de l'enquête préliminaire. De là l'idée d'un plan qui distingue les actes d'enquête menés en flagrance puis en préliminaire. Une méthode qui, pour intéressante qu'elle soit, aurait conduit à de trop nombreuses redites sans que le lecteur perçoive le sens profond des actes accomplis. Il s'agit d'abord et avant tout de servir la manifestation de la vérité. Les cadres d'enquête ne sont là que pour fixer des règles plus ou moins contraignantes à l'accomplissement d'actes qui restent les mêmes et qui répondent à des méthodes dont la rigueur est essentielle. C'est pour clairement faire apparaître le sens de cette « boîte à outils procédural » et permettre une bonne compréhension de ce qu'est l'investigation qu'il a été proposé une autre distinction entre les premiers actes et ceux qui en découlent.

A) Les premiers actes

241 ***Présentation.*** Toute enquête a un début à travers l'accomplissement « des premiers actes » dont le mode de réalisation diffère selon les cadres juridiques.

1) L'information du procureur de la République

242 ***Information obligatoire du procureur de la République.*** Le fait que le procureur de la République doit être informé de la commission d'une infraction sonne sous le coup de l'évidence puisque c'est lui qui va devoir apprécier les suites qu'il convient de donner aux faits dont il est saisi. Mais une question se pose, qui est de savoir à quel moment cette information doit lui être délivrée. Une obligation qui connaît différents régimes.

243 ***Infraction flagrante, découverte de cadavre ou de personnes présentant des blessures suspectes.*** Il est certaines hypothèses dans lesquelles le procureur de la République doit être avisé dès les premières constatations. Il en va ainsi en cas d'infraction flagrante ou lors de la découverte d'un cadavre dont la cause du décès est inconnue ou suspecte ou d'une personne présentant des blessures suspectes. Dans tous ces cas, c'est l'officier de police judiciaire qui procède à cet avis. Cela ne veut pas dire qu'il doit avoir lui-même constaté l'état de flagrance ou les circonstances de découverte du cadavre ou du blessé. Cela peut avoir été fait par des agents de police judiciaire ou agents de police judiciaire adjoints d'une brigade anticriminalité ou d'un peloton de surveillance et d'intervention de la gendarmerie nationale. Il leur revient de rendre compte de la situation à l'officier de police judiciaire (de permanence) qui procède alors à l'avis prévu par le texte.

La loi ne fixe aucune règle concernant la forme de l'avis. Cela peut passer par un appel téléphonique dans les hypothèses les plus graves ou l'envoi d'un mail en pleine nuit qui sera lu le matin. Ce qui est essentiel est que la mention en soit faite dans un procès-verbal.

244 ***Enquête préliminaire.*** L'enquête préliminaire n'a pas nécessairement une nature moins urgente que l'enquête de flagrance. La découverte d'une scène de crime dont la date est largement passée peut provoquer l'urgence d'un certain nombre d'investigations. Il s'agit de recueillir tous les indices possibles avant la pollution que ne manqueront pas de provoquer toutes sortes d'interventions extérieures notamment liées à la publicité de l'évènement.

En revanche, toutes les enquêtes préliminaires ne se font pas dans l'urgence, le cadre juridique donnant du temps aux enquêteurs. C'est ce qui explique la différence de régime qui concerne l'information du procureur. Quatre situations doivent être distinguées.

La première concerne les enquêtes préliminaires qui sont menées d'initiative, du fait d'une plainte, d'une constatation ou d'un recueil d'information. L'officier de police judiciaire n'est pas tenu d'en aviser immédiatement le procureur. Il devra le faire selon l'avancée des investigations.

La seconde situation intéresse les enquêtes que le procureur lui-même peut ordonner suite, par exemple, à la réception d'une plainte adressée à son service. C'est lui qui est à l'initiative de l'enquête. Celle-ci débute par un soit-transmis adressé au service compétent. Il fixe le délai dans lequel les investigations doivent être accomplies (CPP, art. 75-1). Si ce temps est dépassé, l'officier de police judiciaire doit en rendre compte afin de solliciter un temps supplémentaire.

La troisième situation renvoie à l'identification d'une personne à l'encontre de laquelle existent des indices faisant présumer qu'elle a commis ou tenté de commettre l'infraction. Le procureur de la République doit alors en être avisé (CPP, art. 75-2).

Enfin, il existe une obligation générale selon laquelle toute enquête menée depuis plus de six mois doit faire l'objet d'un compte rendu au procureur.

Autant d'obligations qui sollicitent tout particulièrement les services de la permanence du parquet et expliquent les enjeux qui gouvernent la mise en place de salles dédiées avec des lignes téléphoniques multiples dans les parquets les plus importants.

Tous ces avis font l'objet d'une mention portée au procès-verbal par l'officier de police judiciaire qui a rendu compte.

2) Le déplacement sur les lieux

245 ***De l'obligation...*** Les textes qui régissent l'enquête de flagrance (CPP, art. 54) et ceux qui s'appliquent à la découverte d'un cadavre ou d'un blessé présentant des traces suspectes (CPP art. 74) astreignent l'officier de police judiciaire à se déplacer sur les lieux. Il s'agit de procéder le plus rapidement possible aux constatations (voy. *infra*, n° 249) ainsi qu'à tous les actes utiles à la manifestation de la vérité.

246 ***... À l'opportunité.*** En matière préliminaire, le déplacement de l'officier de police judiciaire sur les lieux n'est qu'une faculté. Ainsi entendue, il n'est pas astreint à le faire sans que la chose soit prohibée, bien au contraire. En réalité, tout est affaire d'opportunité. Le lieu de commission d'une infraction même ancienne peut receler des indices utiles à la bonne avancée des investigations. Un déplacement pourra alors être effectué afin d'accomplir les recherches et constatations qui s'imposent.

247 ***Arrivée du procureur de la République.*** Le procureur de la République qui a été avisé de la commission d'une infraction peut venir se rendre compte par lui-même de la situation, ce que la pratique recommande en matière criminelle. Dans ce cas, le texte prévoit que sa venue dessaisit l'officier de police judiciaire. Mais il est dit immédiatement après qu'il lui est possible de prescrire la poursuite des opérations par l'officier de police judiciaire, ce qui se fait naturellement (CPP, art. 68).

Le sens véritable du texte est la possibilité pour le procureur d'attribuer l'enquête à un autre service comme l'y autorise l'article 12-1. Ainsi, face à un crime flagrant, il pourra dessaisir le service primo-intervenant pour le SRPJ ou la SR mieux à même de réaliser les diligences utiles et surtout de poursuivre des investigations importantes.

3) Le gel des lieux

248 ***Diversité de sources.*** Bien que les textes ne le disent pas ainsi, le gel des lieux est l'un des actes les plus essentiels. Il s'agit de figer la situation en évitant tout risque de pollution. Une pratique qui ne fait pas l'objet d'une définition légale et encore moins d'un régime juridique spécifique. Elle renvoie à la mise en application de textes généraux dont certains posent des obligations et d'autres des interdictions.

Les règles applicables à la flagrance sont de ce point de vue les plus précises. L'article 54, alinéa 2, du Code de procédure pénale prescrit à l'officier de police judiciaire de veiller à la conservation des indices susceptibles de disparaître et de tout ce qui peut servir à la manifestation de la vérité. Il doit appréhender les armes et instruments qui ont servi à le commettre. Des actes pour la réalisation desquels il n'est pas seul. Il peut être utilement secondé par les agents de police judiciaire et agents de police judiciaire adjoints, ceux-ci recevant des instructions pour que le nécessaire soit fait.

L'article 55 du Code de procédure pénale interdit à toute personne non habilitée de modifier l'état des lieux et/ou d'y réaliser un prélèvement quelconque. La sanction reste peu dissuasive en ce qu'il s'agit d'une contravention de 4e classe. Une règle à laquelle échappent bien évidemment ceux qui ont agi dans l'intérêt de la victime ou parce que la sécurité et/ou la salubrité publiques commandaient leur intervention. C'est le cas des secours qui vont déplacer des objets afin de venir en aide à la victime (CPP, art. 55, al. 2).

Autre mesure toute aussi importante : l'interdiction qui peut être faite à toute personne de s'éloigner du lieu de l'infraction jusqu'à la clôture des opérations (CPP, art. 61). Il s'agit de recueillir les témoignages « à chaud » qui peuvent aider à faire avancer l'enquête.

Ces règles ne se retrouvent pas dans l'enquête préliminaire ce qui ne signifie nullement que la pratique les exclut. Le gel des lieux peut tout aussi bien s'imposer. On peut même dire qu'il est encore plus important car le temps a passé de sorte qu'il faut être encore plus attentif aux indices. Une pratique qui renvoie au sens profond de l'enquête.

Pour ce qui concerne la découverte d'un cadavre ou d'une personne présentant des blessures suspectes, c'est la même chose sous réserve d'indices qui permettraient de faire basculer l'enquête dans le cadre de la flagrance ou en préliminaire.

4) Les constatations utiles

249 ***Description directe ou indirecte.*** L'officier de police judiciaire procède à toute constatation utile. Un acte qui l'amène à décrire le plus précisément possible ce qui est habituellement appelé « la scène de crime ». C'est un lieu dont l'enquête va avoir pour objet de reconstituer l'histoire en fonction de ce qui aura été vu

et entendu. Tous les moyens utiles peuvent être employés, de la photographie au film vidéo, l'officier de police judiciaire notant précisément tout ce qui est, sans rien sélectionner ne courant pas le risque de passer à côté d'une chose essentielle d'apparence anodine.

Associé à ces constatations, le fait de saisir les pièces à convictions. Et si elles se trouvent sur place, les personnes qui paraissent avoir participé à l'infraction se voient présenter les objets appréhendés pour reconnaissance.

Des prescriptions dont le législateur a souhaité marquer l'importance en les intégrant dans le texte même de l'article 54 du Code de procédure pénale quand bien même elles se retrouvent dans d'autres dispositions relatives aux saisies (voy. *infra*, n° 406).

B) Les réquisitions

250 ***Guère d'unification de leurs régimes.*** L'officier de police judiciaire ou le procureur de la République peuvent prendre une grande variété de réquisitions. Leurs régimes ne sont pas unifiés.

1) La notion de réquisition

251 ***Présentation.*** L'officier de police judiciaire est régulièrement amené à procéder par voie de réquisition. Il en va de même du procureur de la République et du juge d'instruction selon le cadre d'enquête et la nature de ce qui doit être accompli. Un procédé que le Code de procédure pénal ne définit pas en tant que tel. On en trouve simplement trace dans différents textes, chaque fois qu'il est nécessaire de solliciter l'aide ou l'assistance d'une tierce personne dans l'accomplissement d'actes ou de prestations utiles à la manifestation de la vérité. Une pratique qu'il importe de présenter au regard des conséquences qui lui sont associées. Tout vient de ce que la preuve qui peut être apportée au soutien de l'accusation est libre sous réserve de la loyauté des moyens employés pour l'obtenir. La conséquence est que tout peut être recherché ce qui implique régulièrement le concours de professionnels et autres sachant qui disposent d'un savoir ou d'une expertise qui ne sont pas celles de l'officier de police judiciaire. C'est ce qu'un médecin légiste peut voir d'un cadavre, la compréhension de la vie financière d'une entreprise par un expert-comptable, les multiples informations dont disposent les administrations. Des connaissances qui, pour être obtenues, conduisent l'officier de police judiciaire à requérir celui qui les détient.

252 ***Autorité requérante.*** L'autorité requérante varie selon le cadre juridique dans lequel la réquisition est formulée. En matière de flagrance, l'officier de police judiciaire en est directement à l'initiative parce qu'il importe d'aller vite sous réserve de certains actes qui peuvent nécessiter l'autorisation du procureur de la République. Dans le cadre d'une information judiciaire, c'est la même chose, la direction qu'exerce le juge d'instruction étant suffisante pour s'assurer de la bonne mesure de l'acte. En matière préliminaire, les textes sont beaucoup plus rigoureux. L'officier de police judiciaire doit régulièrement obtenir l'autorisation du procureur de la République. Une condition dont la réalisation s'avère particulièrement chronophage, ce qui a conduit à développer les autorisations permanentes de réquisitions qu'autorise une jurisprudence sur le formalisme des actes particulièrement souple.

253 ***Forme.*** La loi ne fixe pas de formalisme particulier à la réquisition. Il suffit que soient nommément indiquées l'identité de l'autorité requérante et celle de la personne requise en précisant la nature et le contenu du ou des actes qu'il est demandé d'accomplir. Des informations qui sont retranscrites dans un procès-verbal que signent les deux parties. En certaines occurrences, la loi impose de faire figurer des mentions obligatoires qui peuvent tenir à la compétence de la personne, le serment qu'elle doit prêter ou la teneur du ou des actes qu'il est demandé de réaliser. Tel est le cas des expertises psychiatrique que doivent réaliser des personnes inscrites en qualité d'expert aux fins d'évaluer notamment si la personne en cause souffrait ou non d'un trouble psychique ou neuropsychique ayant aboli ou altéré son discernement.

254 ***Refus.*** Le fait sans motif légitime de refuser ou négliger de répondre à une réquisition émanant d'un magistrat ou d'une autorité de police agissant dans l'exercice de ses fonctions est puni de la peine prévue pour les contraventions de 2e classe. Une qualification qui a le mérite d'exister tout en notant qu'elle n'est guère dissuasive. En réalité, les personnes sollicitées répondent aux réquisitions d'abord parce que le travail demandé est rémunéré avec, dans certains domaines, une réelle professionnalisation des compétences. Ensuite parce que dans bon nombre de cas, ces réquisitions s'adressent à des institutions publiques ou privées.

255 ***Responsabilité.*** La réquisition qui est adressée fait de la personne sollicitée un collaborateur occasionnel de l'administration. Un statut qui emporte deux conséquences. La première est que le service public de la justice est responsable – sans faute – des dommages qu'elle peut subir dans le cadre de l'exécution de sa mission. La seconde est que l'administration doit sa protection en cas de dommage causé par la personne qualifiée, dès lors que l'acte n'est pas détachable de la mission qui lui a été confiée[69].

256 ***Frais de justice.*** Les prestations que réalisent les personnes requises imposent qu'elles soient rémunérées. Un mode d'externalisation des coûts qui assure à la justice le concours de personnes qualifiées. Des dépenses qui ne sont pas anodines. Ainsi entendu, le magistrat requiert ou fait requérir ce qui est nécessaire pour servir la manifestation de la vérité et le ministère de la justice paye. La réalité est bien évidemment plus complexe. Qu'il soit pour l'instant noté que le régime des frais de justice obéit aux articles R. 91 et suivants du Code de procédure pénale. Des textes qui fixent le montant de certaines prestations.

2) Les réquisitions aux fins d'obtention d'information

257 ***Contenu.*** En matière de flagrance, « le procureur de la République ou l'officier de police judiciaire peut, par tout moyen, requérir de toute personne, de tout établissement ou organisme privé ou public ou de toute administration publique qui sont susceptibles de détenir des informations intéressant l'enquête, y compris celles issues d'un système informatique ou d'un traitement de données nominatives, de lui remettre ces informations, notamment sous forme numérique, sans que puisse lui être opposée, sans motif légitime, l'obligation au

69. D. Jean-Pierre, « La protection des fonctionnaires et agents publics par la collectivité territoriale », *JCP éd. A.*, 2003, 1408, p. 564.

secret professionnel ». Trois remarques s'imposent. La première est que l'officier de police judiciaire peut agir sans l'autorisation du procureur. La seconde est que le secret professionnel auquel les administrations sont astreintes n'a pas cours. Il faut préciser que la personne en cause aura, au nom des droits de la défense, accès à ces informations une fois entendue et/ou poursuivie. Une difficulté qui n'en est pas une, la vérité judiciaire ayant ici rang supérieur aux règles qui gouvernent le secret professionnel sous réserve des limites fixées par le texte. À ce titre, il n'est pas permis de verser dans le dossier les éléments obtenus par une réquisition prise en violation de l'article 2 de la loi du 29 juillet 1881 sur la liberté de la presse et ce à peine de nullité. Enfin, l'absence de réponse expose la personne requise à une peine d'amende dont le maximum est de 3 750 euros.

Ce sont les mêmes règles qui s'appliquent en matière d'information judiciaire, le juge d'instruction étant cette fois à la manœuvre.

L'enquête préliminaire fait également référence au texte sous réserve d'une singularité selon laquelle l'officier de police judiciaire qui requiert doit disposer d'une autorisation préalable du procureur de la République[70]. Cette autorisation délivrée sur le fondement de l'article 77-1 du Code de procédure pénale doit être donnée dans le cadre de la procédure d'enquête préliminaire en cours et non par voie d'autorisation générale et permanente préalable[71].

258 ***Règles particulières.*** La sanction qui est encourue en cas de non-communication de l'information sollicitée ne concerne pas les personnes visées par les articles 56-1 à 56-5 du Code de procédure pénale. Il s'agit des avocats, des entreprises de presse, médecins, notaires, huissiers, de tout ce qui peut être couvert par le secret-défense et des magistrats eux-mêmes depuis la loi n° 2016-731 du 3 juin 2016. Il faut solliciter l'accord de la personne. Si la personne requise accepte, la transmission des informations ne tombe pas sous le coup de la violation du secret professionnel. Si elle refuse, aucune sanction n'est possible sous réserve d'éventuelles poursuites pour non dénonciation de fait dont la divulgation est considérée par la loi comme obligatoire. En l'absence de communication, il faudra procéder par voie de perquisition[72].

259 ***Dispositions spécifiques concernant les réquisitions informatiques.*** L'officier de police judiciaire peut être amené à solliciter les organismes publics ou les personnes morales de droit privé afin d'obtenir toutes sortes d'informations. Les progrès étant ce qu'ils sont, il le fait aujourd'hui par voie informatique. L'organisme ou l'entreprise qui est sollicité est tenu de mettre à sa disposition les informations utiles à la manifestation de la vérité. Une obligation qui souffre de deux exceptions.

Il n'est pas possible de solliciter une des personnes morales visées au deuxième alinéa du 3° du II de l'article 8 et au 2° de l'article 67 de la loi n° 78-17 du 6 janvier 1978 relative à l'informatique, aux fichiers et aux libertés. Il est par ailleurs interdit de mettre à disposition toute information protégée par un secret prévu par la loi.

---

70. CPP, art. 77-1.
71. Crim., 17 décembre 2019, n° 19-83.574, *Bull. crim.*, à par. ; *Gaz. Pal.*, 12 mai 2020, p. 59, obs. FOURMENT.
72. *Infra*, n°s 271 et s.

L'officier de police judiciaire, intervenant sur réquisition du procureur de la République préalablement autorisé par ordonnance du juge des libertés et de la détention, peut requérir des opérateurs de télécommunications, et notamment ceux mentionnés au 1 du I de l'article 6 de la loi n° 2004-575 du 21 juin 2004 pour la confiance dans l'économie numérique. Il s'agit de prendre, sans délai, toute mesure propre à assurer la préservation, pour une durée ne pouvant excéder un an, du contenu des informations consultées par les personnes utilisatrices des services fournis par les opérateurs.

Les organismes ou personnes visés doivent mettre à disposition les informations requises par voie télématique ou informatique dans les meilleurs délais.

Le fait de refuser de répondre sans motif légitime à ces réquisitions est puni d'une amende de 3 750 euros.

3) Les réquisitions aux fins de constatation et/ou recherche d'éléments de preuve

260 ***Valeur de l'acte.*** En matière de flagrance, l'officier de police judiciaire peut recourir à toute personne qualifiée lorsqu'il y a lieu de procéder à des constatations ou à des examens techniques ou scientifiques[73]. Des dispositions qui s'appliquent aux enquêtes préliminaires sous réserve de l'autorisation préalable du procureur de la République[74]. La question s'est posée un temps de savoir, compte tenu des termes du texte, si le rapport qui en résultait avait une valeur différente de celle de l'expertise que réglementent les articles 163 à 166 du Code de procédure pénale[75]. La réponse est aujourd'hui acquise en matière préliminaire et par extension aux enquêtes de flagrance. « L'article 77-1 du Code de procédure pénale confère au procureur de la République, agissant en enquête préliminaire, le pouvoir de charger toutes personnes qualifiées de missions techniques ou scientifiques de même nature que celles qui peuvent être confiées aux experts par le juge d'instruction en application de l'article 156 du même Code »[76]. Une décision qu'explique le statut de ceux qui sont sollicités par la justice. Le texte renvoie à la liste des experts prévue par l'article 157 du Code de procédure pénale. Il peut arriver, compte tenu de la nature particulière de la mission ou du manque de disponibilité des experts, qu'une autre personne soit sollicitée. N'ayant pas subi les conditions de recrutement en qualité d'expert, elle est tenue de prêter le serment d'apporter son concours à la justice en son honneur et conscience. Une prestation écrite et signée qui doit être jointe à la procédure.

261 ***Modalités de l'acte.*** La loi autorise la personne requise à accomplir les actes indispensables à la bonne exécution de sa mission. C'est d'abord la faculté d'ouvrir les scellés. Le rapport doit en établir l'inventaire. Rien n'interdit à l'expert de demander et obtenir communication de pièces utiles telles que les procès-verbaux de constatations, de perquisition/saisie et même les auditions,

---

73. CPP, art. 60.
74. CPP, art. 77-1.
75. D. Kling, « La coopération de l'expert judiciaire à l'action publique », *Cahiers du droit de l'entreprise*, 2015, dossier 32 ; C. Miansoni, « L'expertise pénale en préliminaire », *AJ pénal*, 2011, p. 564.
76. Crim., 14 septembre 2005, n° 05-84.021.

les informations contenues pouvant utilement servir à la bonne réalisation de sa mission et à la qualité des réponses aux questions qui lui sont posées.

En matière de flagrance, les conclusions peuvent être communiquées oralement. Il s'agit d'un procédé particulièrement utile lorsque la personne suspectée se trouve en garde à vue. L'officier de police judiciaire note ce que l'expert lui a indiqué au besoin en se faisant transmettre un pré-rapport. Il intègre ensuite ces éléments dans la procédure et peut les utiliser pour poursuivre son interrogatoire.

262 ***Communication aux parties.*** Sur instruction du procureur de la République, l'officier de police judiciaire donne connaissance des résultats obtenus aux personnes en cause et aux victimes. C'est là un point essentiel qui montre toute l'influence du principe du contradictoire sur l'enquête. Une information qui peut conduire la personne en cause à solliciter une contre-expertise. Celle-ci est parfois prévue dans certains textes spéciaux. Dans les autres hypothèses, qui sont les plus nombreuses, elle n'est pas de droit. Cela ne veut cependant pas dire qu'elle n'est pas ordonnée, bien au contraire. La pratique montre que les magistrats du parquet sont attentifs à la discussion qui peut s'instaurer à l'audience sur l'existence d'une seule expertise de sorte qu'il est de bonne pratique de faire droit à cette demande lorsque le contenu des premières conclusions le justifie. À défaut, cela peut être demandé à l'audience et les juges apprécient si elle est ou non opportune.

C) Les visites domiciliaires, perquisitions et saisies

263 ***Présentation.*** La perquisition est l'acte central autour duquel gravitent des notions voisines dont elle doit être distinguée. « Elle implique la recherche, à l'intérieur d'un lieu normalement clos notamment au domicile d'un particulier, d'indices permettant d'établir l'existence d'une infraction ou d'en déterminer l'auteur ». Nous verrons que la loi a enrichi cette définition en y associant la recherche de biens confiscables. Ce qu'il importe de retenir est l'existence de ce double critère que constituent l'acte de recherche en tant que tel et l'existence d'un lieu clos qui donne à la recherche toute sa singularité.

La visite domiciliaire se distingue de la perquisition en ce qu'elle consiste à entrer dans un logement sans accomplir de recherche. Il ne peut y avoir de fouille. La saisie renvoie à l'appréhension des biens qui sont alors placés sous main de justice selon des modalités qui varient en fonction de leur nature.

1) Un acte de recherche

264 ***Actes de la recherche.*** La réalisation d'un acte de recherche est la première caractéristique de la perquisition. Si le service d'enquête ne se livre pas à de telles investigations, il ne peut y avoir de perquisition et ce quand bien même y aurait-il une pénétration dans un lieu clos. C'est toute la différence qui existe avec les simples constatations auxquelles renvoient notamment les photographies prises de l'extérieur, ce qui a été vu dans un appartement ou une maison. Il est bien évident qu'entre constater une chose et la rechercher, la frontière peut parfois être ténue. La qualité de la rédaction du procès-verbal est de ce point de vue essentielle. Il doit relater très précisément ce qui a été fait.

Il ne peut non plus y avoir perquisition lorsqu'un document est remis par la personne sans que l'enquêteur ait eu besoin de le rechercher.

265 ***Objet de la recherche.*** Les perquisitions ont depuis toujours été associées à la recherche d'éléments de preuve. Il s'agit de saisir « les papiers, documents, données informatiques ou autre objet qui paraissent avoir participé au crime ou détenir ces pièces pouvant servir la manifestation de la vérité, informations ou objets relatifs aux faits incriminés ». La loi du 9 juillet 2010 a complété le dispositif en prévoyant la possibilité de se transporter en tout lieu afin de saisir des biens dont la confiscation est prévue par l'article 131-21 du Code pénal.

2) Menée dans un lieu d'habitation

266 ***Habitation, concentré de droits et libertés.*** L'habitation concentre l'exercice de droits des libertés, au premier rang desquelles, l'inviolabilité du domicile et le droit au respect de la vie privée ; d'où ce régime garantiste.

a) L'existence d'un lieu d'habitation

267 ***Autonomie.*** Les règles impératives qui gouvernent la perquisition ne s'appliquent que si les recherches sont accomplies au domicile de la personne. Un lieu dont la chambre criminelle a progressivement précisé les contours, lui conférant une autonomie qui le distingue de ce qui peut notamment exister en droit civil. C'est que l'enjeu est de taille. Le domicile est depuis toujours protégé par une inviolabilité qui renvoie aux droits fondamentaux de la personne. C'est ce qui a conduit la chambre criminelle à lui conférer une autonomie conceptuelle. Il « ne signifie pas seulement le lieu où la personne a son principal établissement mais encore le lieu où, qu'elle y habite ou non, elle a le droit de se dire chez elle, quel que soit le titre juridique de son occupation et l'affectation donnée aux locaux »[77]. La conséquence est que n'importe quel lieu peut être considéré comme un domicile sans que cela se limite à une maison ou un appartement. Il peut indifféremment s'agir d'une tente, d'une caravane, d'une chambre d'hôtel… Le statut de propriétaire, locataire ou résident est indifférent. Par ailleurs, les dépendances sont assimilées au domicile lorsqu'elles en constituent le prolongement. La perquisition dans la partie commune d'un habitat collectif n'est pas sans poser quelques difficultés[78].

268 ***Assimilation au domicile des locaux professionnels.*** La qualification de domicile a été étendue aux locaux professionnels dès lors que ceux-ci correspondent une fois encore à un lieu clos à l'intérieur duquel la personne peut se dire chez elle. La nature de l'activité qui s'y déroule est indifférente. Il peut s'agir d'un site industriel comme de locaux administratifs. Ce qu'il importe de souligner est que le propriétaire des locaux peut être une personne morale. Les enquêteurs doivent alors identifier le représentant légal afin qu'il assiste aux opérations. S'il ne peut être trouvé à temps, ils sollicitent la présence de deux témoins. La perquisition peut ne concerner qu'un bureau en particulier. Dans ce cas, il importe d'identifier la personne à qui il est attribué afin qu'elle soit physiquement présente[79]. Une exigence qui a une importance toute particulière en

77. Crim., 26 février 1963, *Bull. crim.*, n° 92 ; Crim., 13 octobre 1982, n° 81-92.708, *Bull. crim.*, n° 218.
78. G. Beaussonie, « De l'opération de perquisition effectuée ou débutée dans la partie commune d'un habitat collectif », *Gaz. Pal.*, 11 février 2014, n° 42.
79. Crim., 13 octobre 1998, *Dr. pén.*, 1999, comm. 33.

matière d'enquête préliminaire, son consentement étant requis, sauf à disposer d'une autorisation du juge des libertés et de la détention qui permet d'en faire l'économie. Si le bureau personnel d'un dirigent d'entreprise doit être assimilé à un domicile, tel n'est pas le cas du grenier des locaux de l'entreprise[80].

269 ***Indifférence du statut de la personne.*** Le statut de la personne n'a aucune incidence sur les conditions d'exécution de la perquisition. Celle-ci doit être réalisée dans les règles, qu'elle soit accomplie au domicile du mis en cause ou dans celui d'un simple témoin.

b) L'absence de lieu d'habitation

270 ***Limites de la notion.*** L'appréciation de la qualification de domicile est le résultat d'une analyse *in concreto* qui tient naturellement compte de la nature de l'occupation. Dire que la personne peut se considérer comme étant « chez elle » implique que le lieu soit au moins un chez soi. C'est ce qui a conduit à rejeter cette qualification concernant le coffre d'une voiture, un casier de consigne de gare, un local réservé à la vente. Cette occupation doit par ailleurs être propre à la personne ce que n'est pas la cellule d'une maison d'arrêt. Enfin, il ne saurait y avoir de perquisition dans un lieu qui n'est pas clos. C'est le cas d'un étang, d'une rivière ou du hall d'un immeuble.

c) Selon des modalités précises

271 ***Compétence de l'officier de police judiciaire.*** La perquisition ne peut être réalisée que par un officier de police judiciaire. Il lui est possible d'être secondé dans ses opérations par un ou plusieurs agents de police judiciaire ou agents de police judiciaire adjoints. Il n'en conserve pas moins la responsabilité et c'est à lui de signer le procès-verbal qui rend compte des conditions de réalisation des opérations et de ce qui a pu être saisi.

Certains lieux bénéficient d'une protection tout à fait spécifique. Seul un magistrat est autorisé à réaliser une perquisition, procureur de la République ou juge d'instruction selon le cadre d'enquête (voy. *infra*, n°s 277 et s.).

272 ***Caractère coercitif.*** Lorsque l'enquête est menée en flagrance, les enquêteurs peuvent « forcer » la personne à subir la perquisition. En d'autres termes, il est tout à fait possible de casser une porte pour pénétrer dans un lieu dont l'accès est verrouillé. Il en va de même en matière d'information judiciaire. Le contrôle qu'exerce le juge d'instruction sur l'enquête autorise le recours à la force.

En matière préliminaire, la situation est plus subtile. La perquisition n'est possible que si la personne chez laquelle elle est réalisée l'accepte. Dans ce cas, elle doit signer un document par lequel elle a été clairement informée de la possibilité de s'opposer à l'acte, précisant qu'elle n'en accepte pas moins la réalisation[81]. La chambre criminelle a validé la pré-rédaction d'un tel document la personne se limitant à le signer. Une pratique qu'il serait utile d'harmoniser

---

80. Crim., 30 janvier 2019, n° 17-85.304, *Bull. crim.*, n° 29 ; *Gaz. Pal.*, 7 mai 2019, p. 67, obs. FOURMENT.

81. « Sachant que je puis m'opposer à la visite de mon domicile, je consens expressément à ce que vous opériez les perquisitions et visites que vous jugerez utiles à l'enquête en cours ».

avec ce qui existe par exemple en droit de la consommation où la rédaction manuscrite de la totalité des mentions est prescrite à peine de nullité.

Il reste que le refus opposé ne permet pas une recherche qui peut être particulièrement utile à la manifestation de la vérité ou la saisie de biens confiscables. Un constat qui a conduit à assouplir le dispositif ou plus précisément à prévoir la possibilité d'imposer une telle perquisition. L'article 76, alinéa 4, du Code de procédure pénale dispose que le juge des libertés et de la détention, requis par le procureur de la république, peut, par une décision écrite et motivée, autoriser que la perquisition soit accomplie sans l'assentiment de la personne. Attention, cette faculté n'est ouverte que pour les crimes et délits punis d'une peine supérieure ou égale à trois ans d'emprisonnement.

273 ***Rétention de la personne.*** La possibilité de retenir la personne au domicile de laquelle la perquisition est accomplie présente un intérêt évident. Cela permet de lui présenter les objets saisis et surtout de l'amener à les reconnaître. Si elle fait l'objet d'une garde à vue, le problème ne se pose pas. Il est cependant tout à fait possible qu'elle soit libre. Dans ce cas, seul l'article 56 prévoit l'usage de la contrainte.

En matière préliminaire, la personne peut théoriquement s'absenter. Théoriquement parce que le fait de se soustraire à toute forme d'explication peut être légitimement considéré comme un acte suspect pouvant opportunément justifier un placement en garde à vue.

274 ***Heures de perquisition.*** Les perquisitions ne peuvent être commencées qu'entre six et vingt et une heure. À défaut, l'acte encourra la nullité ainsi que ce qu'il aura pu entraîner. Une règle extrêmement rigoureuse qui ne peut être contournée du fait du consentement de la personne. Même avec son accord, une perquisition engagée après vingt et une heure pourra être frappée de nullité. Ce cadre temporel supporte néanmoins certains assouplissements. Le premier est qu'une perquisition entreprise dans le cadre des heures légales peut se poursuivre au-delà. Les actes réalisés à compter de 20 heures pourront se terminer à deux heures du matin. Le second concerne la lutte contre le crime organisé. Il est possible pour le juge des libertés et de la détention, saisi par le procureur de la République ou le juge d'instruction, d'autoriser une perquisition au-delà des heures légales (voy. *infra*, n°s 382 et s.).

275 ***Présence de la personne.*** La personne au domicile de laquelle la perquisition a lieu doit être présente. Il s'agit là d'une obligation légale qui astreint les officiers de police judiciaire à la rechercher. S'il s'agit de la personne gardée à vue, celle-ci doit être amenée sur les lieux. Il peut arriver que la personne concernée bien que contactée ne puisse se rendre sur les lieux[82]. L'officier de police judiciaire doit alors l'inviter à désigner un représentant. À défaut et chaque fois que le maître des lieux ne pourra être trouvé, il doit s'adjoindre la présence de deux témoins. Ceux-ci doivent être des tiers à la procédure. Il peut s'agir par exemple de voisins. Il existe là encore certains régimes particuliers qui obligent la présence de l'occupant (voy. *infra*, n°s 278 et s.).

276 ***Prise de connaissance des documents réservée à l'officier de police judiciaire.*** L'officier de police judiciaire a seul le pouvoir de prendre connaissance des

82. V. Tellier-Cayrol, « La perquisition sans la présence ou l'assentiment du domiciliaire : quel régime ? », *Gaz. Pal.*, 11 février 2014, n° 42.

papiers, documents ou données informatiques avant de décider de leur éventuelle saisie. Il lui appartient d'en apprécier l'utilité lorsqu'il s'agit de pièces à conviction. Pour ce qui concerne les biens confiscables, cela renvoie aux dispositions de l'article 131-21 du Code pénal.

d) Des locaux protégés

277 ***Protection d'autres droits et libertés encore.*** D'autres droits et libertés que l'inviolabilité du domicile et le droit au respect de la vie privée justifient la protection plus particulière de certains locaux.

1. *Les mécanismes particuliers de protection du cabinet ou du domicile d'un avocat*

278 ***Par un magistrat et en présence du bâtonnier.*** La perquisition dans le cabinet ou le domicile d'un avocat, dans les locaux de l'ordre des avocats ou des caisses de règlement pécuniaire des avocats ne peut être réalisée que par un magistrat (le procureur de la République dans le cas d'une enquête de police, le juge d'instruction dans celui d'une information judiciaire). Mais surtout, l'opération impose la présence du bâtonnier ou de son délégué. Des contraintes qui s'appliquent quels que soient les textes répressifs sur le fondement desquels ces mesures sont mises en œuvre, qu'ils soient contenus dans le Code pénal ou un autre code.

Un conflit ouvert était né entre certains juges d'instruction et certains barreaux, des bâtonniers ou leurs délégués exigeant de pouvoir prendre connaissance des papiers et documents avant leur saisie par le juge. La loi du 12 décembre 2005 a amélioré les garanties associées à la perquisition faite au cabinet ou au domicile d'un avocat sur trois points essentiellement (art. 56-1 du CPP) :

- premier point : le magistrat qui effectue la perquisition prend préalablement une décision écrite et motivée indiquant la nature de(s) l'infraction(s) sur laquelle (lesquelles) portent les investigations, les raisons la justifiant et l'objet de celle-ci. Cette décision est impérativement portée à la connaissance du bâtonnier dès le début de la perquisition ;
- deuxième point, qui donne à cette garantie un véritable sens : à peine de nullité, aucune saisie ne peut concerner des documents relatifs à d'autres infractions que celles mentionnées dans la décision du magistrat ;
- troisième point : le magistrat qui effectue la perquisition veille à ce que les investigations ne portent pas atteinte au libre exercice de la profession d'avocat.

279 ***Droit d'opposition à saisie du bâtonnier.*** Le magistrat et le bâtonnier ou son délégué ont « seuls le droit de consulter ou de prendre connaissance des documents ou des objets se trouvant sur les lieux préalablement à leur éventuelle saisie ». Le bâtonnier ou son délégué peuvent s'opposer à la saisie d'un document à laquelle le magistrat a l'intention de procéder s'il estime que cette saisie n'est pas opportune[83]. Dans ce cas, le document est placé sous

83. Par exemple, Crim., 12 mars 1992, n° 91-86.843, *Bull. crim.*, n° 112 ; *D.*, 1993, somm. comm., p. 207, obs. PRADEL ; Crim., 27 juin 2001, n° 01-81.865, *Bull. crim.*, n° 163 ;

scellé fermé et la contestation du bâtonnier ou de son délégué fait l'objet d'un procès-verbal.

280 ***Règlement du conflit par le juge des libertés et de la détention ou le président du tribunal.*** Ces pièces sont transmises au juge des libertés et de la détention qui, dans les cinq jours de leur réception, statue après débat contradictoire sur la contestation par ordonnance motivée non susceptible de recours. C'est le président du tribunal qui est compétent lorsque le contentieux porte sur des saisies réalisées dans les locaux de l'ordre des avocats, les caisses de règlement pécuniaire des avocats, le cabinet ou le domicile du bâtonnier de l'ordre des avocats.

Le juge des libertés et de la détention ou le président peuvent estimer :

- soit qu'il n'y a pas lieu de saisir le document : il est immédiatement restitué à l'avocat ; le procès-verbal est détruit ; toute référence à ce document ou à son contenu qui figurerait dans le dossier de la procédure est effacée ;
- soit qu'il y a lieu de saisir le document : celui-ci et le procès-verbal sont versés au dossier ; les parties conservent le droit de demander la nullité de la saisie dans les conditions du droit commun des requêtes en nullité.

281 ***Appréciation du dispositif d'opposition et de son règlement.*** Le dispositif mis en place a incontestablement le mérite d'exister ce qui a néanmoins conduit à s'interroger sur sa portée. En effet, le magistrat a pris connaissance de documents que le juge des libertés et de la détention ou le président peuvent refuser de voir verser en procédure. Sauf que si l'écrit disparaît, la mémoire reste. De là l'idée de confier les opérations de perquisition au seul juge du siège. Une solution qui, pour intéressante qu'elle soit n'est pas souhaitable. En effet, il faudrait que ce magistrat maîtrise entièrement le sens de l'enquête et se transforme finalement en juge d'instruction *bis* pour apprécier l'opportunité ou non de saisir le ou les documents. Cela pourrait être préjudiciable à la bonne avancée des investigations sans apporter plus à la protection des avocats. Car la solution actuelle offre un équilibre qui a du sens. Le procureur qui prend connaissance d'un courrier dont la saisie est ensuite refusée par le juge des libertés et de la détention ou le président ne peut exploiter l'information. Il reste certes, avec son savoir, mais qui ne peut fonder une poursuite et encore moins étayer une condamnation. Ici comme ailleurs, seul l'écrit compte et sans cet écrit, l'information n'a pas d'utilité.

2. *Les mécanismes particuliers de protection du cabinet d'un médecin ou d'une étude d'un notaire, d'un avoué ou d'un huissier*

282 ***Par un magistrat et en présence du représentant de l'ordre concerné.*** La perquisition au cabinet d'un médecin ou d'une étude d'un notaire, d'un avoué ou d'un huissier ne peut être pratiquée que par un magistrat et en présence du représentant de l'ordre concerné ou de son délégué (art. 56-3 du CPP).

RSC, 2001, p. 834, obs. COMMARET ; Crim., 18 juin 2003, n° 03-81.979, *AJ pénal*, 2003, p. 30 (en l'espèce, correspondances échangées entre un avocat et son client saisies dans un lieu autre que le cabinet d'avocat).

3. *Les mécanismes particuliers de protection du secret des sources des journalistes*

283 ***Par un magistrat et en présence d'une personne appartenant à l'entreprise.*** Les conditions de perquisition dans les locaux d'une entreprise de presse ont été profondément modifiées par la loi du 4 janvier 2010 « relative à la protection du secret des sources des journalistes » (art. 56-2 du CPP)[84]. Ainsi, les perquisitions dans les locaux d'une entreprise de presse, d'une entreprise de communication audiovisuelle, d'une entreprise de communication au public en ligne, d'une agence de presse, dans les véhicules professionnels de ces entreprises ou agences ou au domicile d'un journaliste lorsque les investigations sont liées à son activité professionnelle ne peuvent être effectuées que par un magistrat (procureur de la République à l'enquête, juge d'instruction en cas d'information judiciaire) et en présence d'une personne appartenant à l'entreprise (les journalistes ne connaissant pas de représentant professionnel à l'instar du bâtonnier de l'ordre pour les avocats). La protection posée par cette loi est directement inspirée des dispositions applicables aux perquisitions dans le cabinet ou au domicile d'un avocat : décision écrite et motivée du magistrat qui indique la nature de l'infraction ou des infractions sur lesquelles portent les investigations ; contenu de cette décision porté à la connaissance de la personne présente lors de la perquisition ; magistrat et personne présente seuls habilités à prendre connaissance des documents ou objets ; exclusion de toute saisie de documents ou objets relatifs à d'autres infractions ; respect du libre exercice de la profession de journaliste et du secret des sources ; droit d'opposition à saisie de la personne présente ; règlement du conflit par le juge des libertés et de la détention…

4. *Les mécanismes particuliers de protection du secret de la défense nationale*

284 ***Par un magistrat et en présence du président de la Commission consultative du secret de la défense nationale.*** Les conditions – très rigoureuses – de perquisition dans un lieu abritant des éléments couverts par le secret de la défense nationale ont été posées par la loi du 29 juillet 2009 « relative à la programmation militaire pour les années 2009 à 2014 et portant diverses dispositions concernant la défense » (art. 56-4 du CPP). Lorsqu'une perquisition est envisagée dans un lieu précisément identifié, abritant des éléments couverts par le secret de la défense nationale, la perquisition ne peut être réalisée que par un magistrat en présence du président de la Commission consultative du secret de la défense nationale. Seul le président de la Commission peut prendre connaissance d'éléments « classifiés ». La « déclassification » et la communication de ces éléments relèvent d'une procédure prévue par le Code de la défense.

5. *Le cas particulier des locaux d'une juridiction ou au domicile d'une personne exerçant des fonctions juridictionnelles*

285 ***Par un magistrat.*** La loi n° 2016-731 du 3 juin 2016 a créé un article 56-5 du Code de procédure pénal qui est venu combler un vide juridique créé par l'absence de règle particulière concernant la perquisition et les saisies réalisées

84. Sur le journaliste, le secret de l'instruction et la protection des sources, voy. *infra*, n°s 700 et s.

dans les locaux d'une juridiction ou le domicile d'un magistrat. Il s'agit là encore d'entourer les opérations de règles protectrices du secret des délibérés. C'est la raison pour laquelle ces actes ne peuvent être accomplis que par un magistrat, en présence du premier président de la cour d'appel ou du premier président de la Cour de cassation ou de son délégué. Ils reposent sur une décision écrite qui indique la nature de l'infraction sur laquelle portent les investigations, les raisons justifiant la perquisition et l'objet de celle-ci. Le contenu de la décision est porté dès le début de la perquisition à la connaissance du premier président ou de son délégué par le magistrat. Celui-ci, le premier président ou son délégué ont seuls le droit de consulter ou de prendre connaissance des documents ou des objets se trouvant sur les lieux préalablement à leur éventuelle saisie. Aucune saisie ne peut concerner des documents ou des objets relatifs à d'autres infractions que celles mentionnées dans la décision précitée. Les dispositions du présent alinéa sont prévues à peine de nullité.

Le magistrat qui accomplit les actes de perquisition doit veiller à ce que les investigations ne portent pas atteinte à l'indépendance de la justice.

Le premier président ou son délégué peut s'opposer à la saisie d'un document ou d'un objet s'il estime cette saisie irrégulière. Le document ou l'objet est alors placé sous scellé fermé. Ces opérations font l'objet d'un procès-verbal mentionnant les objections du premier président ou de son délégué. Ce procès-verbal ainsi que le document ou l'objet placé sous scellé fermé sont transmis sans délai au juge des libertés et de la détention, avec l'original ou une copie du dossier de la procédure. Dans un délai de cinq jours à compter de la réception de ces pièces, le juge des libertés et de la détention statue sur l'opposition par ordonnance motivée non susceptible de recours.

e) La perquisition des systèmes informatiques

286 ***Accessibilité.*** Il n'est pas rare que la perquisition domiciliaire aboutisse à la découverte d'un ordinateur dans lequel se trouvent des données susceptibles d'être utiles à la manifestation de la vérité. De là s'est instauré un débat sur la question de savoir si la consultation des fichiers constituait un prolongement des actes d'investigation exigeant par là même le respect des règles procédurales. C'est ce que la loi du 18 mars 2003 sur la sécurité intérieure a tranché en créant le nouvel article 57-1 du Code de procédure pénale. Les officiers de police judiciaire qui réalisent une perquisition peuvent au cours de leurs investigations « accéder par un système informatique implanté sur les lieux où se déroule la perquisition à des données intéressant l'enquête en cours et stockées dans ledit système ou dans un autre système informatique, dès lors que ces données sont accessibles à partir du système initial ou disponibles pour le système initial ». La consultation de ces informations peut parfois prendre du temps. Il est alors possible de saisir l'unité centrale ou tout procédé conservant ces données pour les exploiter au sein même du service d'enquête. Le lieu de stockage de l'information peut se trouver en un autre lieu que le disque dur qui a été saisi. C'est notamment le cas lorsque la personne en cause a recours au « Cloud ». Il n'en reste pas moins possible de poursuivre les investigations même lorsque cela conduit à réaliser les recherches sur un autre territoire. La seule limite est l'obligation de respecter les conditions d'accès prévues par les engagements internationaux.

3) Aux fins de saisie

287 ***Présentation.*** Les règles qui gouvernent les saisies ne font pas l'objet d'un corpus de texte autonome. Elles sont disséminées dans plusieurs articles du Code de procédure pénale. Des textes qui font aussi bien référence au terme lui-même (CPP, art. 54 et 56), qu'au gel de « biens et d'éléments de preuve » (CPP, art. 695-9-2) ou au fait de placer des indices « sous main de justice » (CPP, art. 97). Il en résulte une impression d'éparpillement qu'accentuent des régimes différenciés[85]. C'est que la matière a connu une importante évolution avec la loi du 9 juillet 2010 qui a créé un régime juridique autonome aux saisies de biens confiscables[86].

a) Les saisies probatoires

288 ***Absence d'obligation de saisir.*** Les saisies probatoires sont celles qui ont pour objet d'appréhender des biens qui peuvent servir à la manifestation de la vérité. Il s'agit de pièces à conviction qui en tant que telles vont permettre d'étayer les preuves rapportées contre ou en faveur de la personne en cause. De ce point de vue, il n'existe pas d'obligation de saisir. Tout dépend de l'appréciation de l'enquêteur ou du magistrat mandant en fonction de l'intérêt que peut présenter l'indice concerné. Comme pour la perquisition, l'erreur commise sur l'opportunité de saisir constitue un simple « mal jugé » qui ne peut justifier une quelconque action en responsabilité.

289 ***Enquête de flagrance.*** L'article 54 du Code de procédure pénale oblige l'officier de police judiciaire qui se rend sur le lieu de commission d'une infraction de saisir « les armes et instruments qui ont servi à commettre le crime ou qui étaient destinés à le commettre, ainsi que tout ce qui paraît avoir été le produit de ce crime ». Une telle obligation tombe bien évidemment sous le coup de l'évidence. L'identification de l'auteur des faits commis à l'aide d'une arme sera d'autant moins difficile que celle-ci aura été appréhendée et analysée. Les biens obtenus illégalement et les profits réalisés auxquels renvoie le produit du crime sont également de nature à éclairer l'enquête. L'article 54, alinéa 2, du Code de procédure pénale fait par ailleurs obligation à l'officier de police judiciaire de « veiller à la conservation des indices susceptibles de disparaître et de tout ce qui peut servir à la manifestation de la vérité ». Il est un fait que la saisie est le moyen le plus efficace pour garantir cette conservation. La question se pose toutefois de la possibilité d'appréhender des objets qui se trouvent en d'autres lieux. À cette interrogation, l'article 56 du Code de procédure pénale répond que « si la nature du crime est telle que la preuve en puisse être acquise par la saisie des papiers, documents, données informatiques ou autre objet en la possession des personnes qui paraissent avoir participé au crime ou détenir des pièces, informations ou objets relatifs aux faits incriminés, l'officier de police judiciaire se transporte sans désemparer au domicile de ces derniers pour y procéder à une perquisition dont il dresse procès-verbal ». Les enquêteurs ont

85. É. Camous, « Les saisies en procédure pénale : un régime juridique éparpillé », *Dr. pén.*, 2010, étude 5.

86. É. Camous, « Les saisies en procédures pénale, un régime juridique modernisé. – Commentaire des dispositions pénales de droit interne de la loi n° 2010-768 du 9 juillet 2010 visant à faciliter la saisie et la confiscation en matière pénale », *Dr. pén.*, 2011, étude 1.

ainsi le pouvoir d'investir tout domicile dans lequel ils sont susceptibles de trouver des indices.

290 ***Enquête préliminaire.*** Comme pour la perquisition et la visite domiciliaire, l'acte de saisie est subordonné au consentement de la personne ce qui peut être un obstacle lorsqu'il s'agit d'appréhender une pièce à conviction utile à l'accusation. C'est la raison pour laquelle la contrainte peut là encore être imposée par l'intermédiaire du juge des libertés et de la détention dans les mêmes conditions que la perquisition (voy. *supra*, n° 272). Il est de principe que la demande formulée par le parquet vise concurremment la perquisition et la saisie.

291 ***Instruction.*** Aux termes de l'article 94 du Code de procédure pénale, « les perquisitions sont effectuées dans tous les lieux où peuvent se trouver des objets ou des données informatiques dont la découverte serait utile à la manifestation de la vérité ». Si le texte ne fait référence qu'aux actes de perquisition, il évoque bien le fait que les recherches peuvent être réalisées en tout lieu. La faculté de saisir est là encore très largement définie. L'étendue des pouvoirs du juge d'instruction n'est toutefois pas sans limites. Il est tenu par le cadre que lui impose sa saisine. La loi lui interdit d'instruire au-delà. Si à l'occasion de l'accomplissement d'un acte d'instruction, il découvre des objets se rapportant à d'autres faits que ceux concernés par l'information judiciaire, la saisie ne peut être réalisée sous son autorité. Les enquêteurs doivent en référer au procureur de la République compétent. Cela se traduit matériellement par l'ouverture d'une procédure distincte dont il appartient audit procureur et à lui seul de fixer le devenir.

292 ***Objets de la saisie.*** Tout ce qui est utile à la manifestation de la vérité peut être saisi. L'article 56 du Code de procédure pénale fait référence à la « saisie des papiers, documents, données informatiques ou autres objets ». L'article 76 du Code de procédure pénale est bien plus général en parlant de « pièces à conviction ». En effet, ce sont les éléments susceptibles de convaincre qui intéressent. De là découle l'idée selon laquelle toute chose est saisissable, qu'il s'agisse de biens meubles ou immeubles, corporels ou incorporels. La jurisprudence est allée relativement loin à ce sujet. Elle a admis la possibilité de saisir des choses faisant l'objet d'un droit de rétention au bénéfice de la personne auprès de laquelle elles se trouvent appréhendées[87]. A également été validée la saisie de pièces remises par les parties et pourtant obtenues de manière déloyale[88]. Il en résulte que les indices considérés comme insaisissables sont relativement rares. Ils correspondent à des situations bien précises dans lesquelles la protection du secret domine la recherche de la vérité. Le champ de cette protection est néanmoins restreint. Il est aujourd'hui acquis que l'obligation au secret professionnel ne peut s'opposer aux investigations et saisies menées par la justice[89]. Seul le respect des droits de la défense constitue un véritable obstacle en la matière. Il justifie la prohibition posée de longue date de saisir les correspondances entre un avocat et son client[90].

---

87. Crim., 20 juin 1972, *D.*, 1973, jurispr. p. 402, note Lemercier.
88. Ph. Conte, « La déloyauté de la preuve dans la jurisprudence de la chambre criminelle de la Cour de Cassation : vers la solution de la quadrature du cercle ? », *Dr. pén.*, 2009, étude 8.
89. Dossier, « Le secret professionnel, croissance ou déclin », *AJ pénal*, 2004, p. 139.
90. C. Girault, « À propos de l'arrêt de la Cour de cassation, chambre criminelle, du 13 décembre 2006, le principe de libre défense limite l'étendue des saisies pratiquées par les enquêteurs », *D.*, 2007, p. 306.

b) Les saisies conservatoires

293 ***Saisies en matière internationale.*** La nécessité de lutter contre la grande criminalité a conduit les États les plus gravement frappés par ce phénomène à s'intéresser aux saisies conservatoires. Il s'agit d'appréhender non pas des biens utiles à la manifestation de la vérité mais ceux qui, au regard de leur valeur, se trouvent être confiscables. De nouvelles procédures ont été adoptées dont l'efficacité réclame qu'elles puissent dépasser les frontières et s'appliquer là où se trouvent les richesses illicites. C'est ce qui a conduit à l'adoption d'un certain nombre de conventions internationales dont la décision-cadre du Conseil de l'Union européenne en date du 22 juillet 2003 constitue l'une des manifestations les plus abouties. Le texte a été transposé dans notre législation nationale par la loi n° 2005-750 du 4 juillet 2005. Les nouveaux articles 695-9-1 et suivants du Code de procédure pénale s'intéressent à la mise à exécution de décisions étrangères visant à obtenir communication de pièces à conviction se trouvant sur le territoire national. Mais ils s'attachent aussi, et cela constitue sans doute la disposition la plus novatrice, au gel des produits d'une infraction ou correspondant en tout ou partie à la valeur de ces produits (CPP, art. 695-9-2). Une juridiction étrangère peut ainsi obtenir la mise à exécution sur le territoire national d'une décision portant directement sur le patrimoine des délinquants. Une faculté qui reste toutefois subordonnée à l'existence de procédures internes à l'État d'émission permettant une telle mesure. Des règles dont le droit français a longtemps été dépourvu. Les autorités judiciaires nationales se trouvaient en difficulté pour geler des biens situés sur le territoire national ou celui d'un autre État membre. Un obstacle que la loi n° 2010-768 du 9 juillet 2010 visant à faciliter la saisie et la confiscation en matière pénale a levé (voy. *infra*, n°s 406 et s.).

294 ***Saisies de biens confiscables.*** La loi n° 2010-768 du 9 juillet 2010 constitue l'aboutissement d'un très important travail de réflexion sur le patrimoine criminel. Elle est à l'origine des articles 706-141 à 706-165 du Code de procédure pénale qui réglementent la saisie de bien confiscables. Des textes qui vont de pair avec les profondes modifications dont l'article 131-21 du Code pénal a fait l'objet et qui s'inscrivent dans la volonté de lutter contre les enrichissements illicites (voy. *infra*, n°s 404 et s.).

4) La sanction de l'inobservation des garanties des perquisitions et saisies

295 ***Causes de nullité textuelles en enquête sur infraction flagrante.*** L'article 59, alinéa 2, du Code de procédure pénale dispose que « les formalités mentionnées aux articles 56, 56-1, 57 et [du] présent article sont prescrites à peine de nullité ». Les inobservations des garanties des perquisitions sont donc des causes de nullité textuelles, réserve faite de l'article 56-2 du Code de procédure pénale relatif aux perquisitions dans des locaux d'entreprises de presse, auquel l'article 59, alinéa 2 ne renvoie pas.

296 ***Causes de nullité substantielles en enquête préliminaire.*** En revanche, dans le cadre de l'enquête préliminaire, l'article 76 du Code de procédure pénale ne renvoyant qu'aux dispositions des articles 56 à 59, alinéa 1er, du Code de procédure pénale, les dispositions de l'article 59, alinéa 2, du Code de procédure pénale ne sont pas applicables. En enquête préliminaire, l'inobservation des

formalités de la perquisition obéit donc au régime des nullités substantielles. En pratique, il n'y a aucune différence procédurale : que la cause de nullité soit textuelle ou substantielle, le demandeur doit justifier d'un grief (voy. *supra*, n° 45).

297 ***Recours possible de la personne non poursuivie.*** L'article 802-2 du Code de procédure pénale offre une voie de recours à toute personne qui a fait l'objet d'une perquisition ou d'une visite domiciliaire sans avoir fait l'objet de poursuites. Il fallait qu'un texte spécial le prévoie à défaut de quoi la personne non poursuivie ne pouvait agir faute de grief. Le recours est encadré par plusieurs conditions qui ont pour objet de ne pas porter atteinte au bon déroulement de l'enquête. Il faut tout d'abord qu'aucune poursuite devant une juridiction d'instruction ou de jugement ne soit engagée dans un délai de six mois après l'accomplissement de l'acte. Ensuite, le recours est enfermé dans un délai d'un an à compter de la date à laquelle le requérant a eu connaissance de l'absence de poursuite le concernant.

La requête est formée par déclaration au greffe de la juridiction où la procédure a été menée. À défaut, elle peut l'être au greffe de la juridiction dans le ressort de laquelle la mesure a été réalisée. Elle est alors transmise sans délai à la juridiction ayant suivi la procédure. Elle n'a aucun effet suspensif sur l'enquête ou l'instruction en cours.

Le juge des libertés et de la détention est tenu de statuer dans le mois qui suit la réception de la requête après avoir recueilli les observations du procureur, de la personne et le cas échéant, de son avocat. Si les nécessités de l'enquête le justifient, le procureur de la République peut demander au juge des libertés et de la détention de se prononcer dans un délai de huit jours. Le juge statue par une ordonnance motivée susceptible d'appel, dans un délai de dix jours à compter de sa notification, devant le président de la chambre de l'instruction.

Si la perquisition est intervenue à l'occasion d'une procédure pour laquelle des poursuites ont été engagées à l'encontre d'autres personnes que celle ayant formé la demande d'annulation, celle-ci est transmise par le juge des libertés et de la détention soit au président de la chambre de l'instruction lorsqu'une instruction est en cours, soit au président de la juridiction de jugement lorsque celle-ci est saisie. Dans ces derniers cas, le requérant ne peut prétendre qu'à la mise à disposition des seules pièces de la procédure se rapportant à la perquisition qu'il conteste.

298 ***Causes de nullité soumises à grief.*** La rigueur des règles établies en la matière devrait logiquement conduire à ce que les éventuelles irrégularités soient sévèrement sanctionnées. Telle n'est pourtant pas la position de la chambre criminelle de la Cour de cassation qui témoigne à ce sujet d'une relative mansuétude. La haute juridiction refuse en effet d'annuler les opérations de saisie et par voie de conséquence, les éléments de preuve résultant des objets appréhendés lorsque la personne concernée n'en a jamais contesté les conditions de réalisation[91]. Le silence apparaît témoigner d'une sorte d'acceptation tacite de la

91. Crim., 28 février 1995, n° 94-81.553 ; J. Buisson, « À propos de l'arrêt de la Cour de cassation, chambre criminelle, du 14 septembre 2004, la perquisition implique la recherche d'indices dans un lieu normalement clos, les règles régissant la saisie ne sont pas d'ordre public », *Procédures*, 2004, comm. 243.

réalité des objets concernés et de la force probante qui en découle. Il s'agit, une fois encore, de privilégier le débat judiciaire et de permettre aux acteurs de discuter contradictoirement sur les indices apportés. Des pièces à conviction qui devraient logiquement être restituées une fois épuisée leur valeur probatoire. C'est ce qui est prescrit : « l'officier de police judiciaire ne maintient que la saisie des objets, documents et données informatiques utiles à la manifestation de la vérité » (CPP, art. 56, al. 5, et 97, al. 5).

D) De quelques investigations techniques : la géolocalisation

299 ***Présentation.*** La géolocalisation constitue un mode d'enquête tout à fait singulier qui a particulièrement mis à l'épreuve le subtil équilibre entre protection de la société et respect des libertés individuelles[92]. Elle permet en effet de suivre à tout moment les déplacements d'un objet et par voie de conséquence la personne qui le détient. Cela autorise une sorte de « filature virtuelle » qui permet aux enquêteurs de suivre de manière dynamique un objet et son possesseur. Plusieurs décisions de la Cour de cassation ont imposé de réglementer la mise en œuvre du dispositif du fait de la trop grande facilité d'utilisation. C'est ce qui a été l'objet de la loi n° 2014-372 du 28 mars 2014 ayant créé les articles 230-32 à 230-44 du Code de procédure pénale[93].

300 ***Champ d'application.*** La géolocalisation peut être mise en œuvre quel que soit le cadre d'enquête : préliminaire, flagrance ou commission rogatoire. Elle n'est autorisée que pour les infractions punies d'au moins trois ans d'emprisonnement, les délits prévus au livre II du Code pénal qui sont punis d'au moins trois ans. Compte tenu de l'intérêt et de l'efficacité du dispositif, celui-ci a été étendu aux enquêtes ou informations en matière de recherche des causes de la mort ou blessures suspectes, pour la recherche des personnes disparues ou en fuite.

301 ***Durée.*** Lorsque l'enquête se déroule sous l'autorité du procureur de la République, celui-ci peut autoriser la géolocalisation pendant une durée de 15 jours consécutifs. S'il souhaite que ce temps soit prolongé, il doit en demander l'autorisation au juge des libertés et de la détention. Celle-ci n'est possible que pendant un mois renouvelable une fois dans les mêmes formes. Pour ce qui concerne le juge d'instruction, cette durée est portée à 4 mois renouvelables sans pouvoir dépasser deux ans.

302 ***Motivation.*** La décision de géolocalisation doit faire l'objet d'un écrit motivé de la part du magistrat qui l'ordonne. C'est là une des grandes innovations du texte qui a justement pour objet de s'assurer, à travers ce formalisme, de ce que le respect des libertés individuelles a bien été pris en compte. Le magistrat doit expliquer en quoi la protection de la société qu'impose l'enquête nécessite de recourir à un procédé aussi attentatoire aux libertés individuelles.

303 ***Urgence.*** En cas d'urgence résultant d'un risque imminent de dépérissement des preuves ou d'atteinte grave aux personnes ou aux biens, l'officier de police judiciaire peut prescrire lui-même la mise en place d'un dispositif de

92. F. Fourment, « La géolocalisation et la convention EDH : L'ambivalence de la cour de cassation », *JCP G*, 2013, 1378.

93. P. Le Monnier de Gouville, « Le régime juridique de la géolocalisation : une pierre de plus à la mosaïque processuelle pénale », *Gaz. Pal.*, 29 juillet 2014, p. 4.

géolocalisation. Il doit ensuite en informer le procureur de la République ou le juge d'instruction qui dispose d'un délai de 24 heures pour confirmer ou non la décision prise. Ils doivent là encore pourvoir à l'exigence de motivation en indiquant en quoi le dispositif est nécessaire et le risque imminent que l'officier de police judiciaire a pris en compte pour prendre seul cette décision.

304 ***Entrée dans les lieux.*** L'article 230-34 du Code de procédure pénale distingue de manière tout à fait singulière trois catégories de lieux privés dans lesquels les enquêteurs peuvent être autorisés à pénétrer afin d'installer le dispositif de géolocalisation :

- les lieux privés destinés ou utilisés à l'entrepôt de véhicules, fonds, valeurs, marchandises ou matériel ainsi que les véhicules situés sur la voie publique ou dans de tels lieux. Il peut s'agir des parkings dans lesquels les véhicules sont stationnés, les containers et autres hangars ainsi que des véhicules eux-mêmes. Dans ce cas, il faut que le magistrat ait expressément autorisé la pénétration par les enquêteurs. Ceux-ci peuvent alors installer le dispositif même en dehors des heures légales ;
- les lieux privés qui ne sont pas des entrepôts ou des lieux d'habitation. Cette nouvelle catégorie pour le moins originale constitue une des limites que la loi a posée. Y pénétrer n'est possible, même hors des heures légales et avec l'autorisation du magistrat, que si l'infraction est punie d'une peine inférieure ou égale à cinq ans ou pour les enquêtes menées en matière de mort suspecte, de recherche d'une personne en fuite ou de disparition inquiétante ;
- les lieux privés qui ne font pas partie de la catégorie précédente. Le texte appréhende ici les lieux d'habitation dans une conception beaucoup plus restrictive que ce qui existe en matière de perquisition. Si l'enquête est menée sous l'autorité du procureur de la République, celui-ci ne peut autoriser la pénétration dans le lieu. Il faut une décision du juge des libertés et de la détention. Le juge d'instruction peut pour sa part délivrer cette autorisation mais à condition qu'il ne faille pas entrer en dehors des heures légales. Seul le juge des libertés et de la détention peut alors autoriser les enquêteurs à entrer entre 21 heures et 6 heures.

305 ***Lieux protégés.*** En toute hypothèse, il n'est jamais possible d'autoriser l'entrée dans des lieux protégés afin d'installer un dispositif de géolocalisation. Cela concerne les cabinets et domicile d'un avocat ainsi que ses locaux professionnels, la caisse de règlement pécuniaire des avocats, les locaux d'une entreprise de presse ou de communication, le cabinet d'un médecin, notaire, huissier, les lieux abritant des éléments couverts par le secret de la défense nationale et le cabinet ou domicile d'un magistrat, député ou sénateur.

E) Les auditions

306 ***Présentation.*** L'audition est un acte particulièrement fort de la procédure pénale. Elle est ce qui va permettre de recueillir les déclarations de la ou des victimes bien sûr mais aussi des témoins et finalement de ceux et celles qui sont susceptibles d'être mis en cause. C'est dire toute l'importance qu'elle revêt pour la manifestation de la vérité mais aussi pour les droits de la défense. Il s'agit d'un moment particulièrement sensible car à la différence des constatations qui

posent l'état des lieux, des choses et des actions, l'audition fait appel à la mémoire et à la sincérité des personnes concernées. Des exigences qui interfèrent avec la subjectivité et parfois même l'intérêt des acteurs. C'est ce qui explique l'importance des règles qui y sont associées. Les victimes ont ainsi vu leurs droits renforcés afin de leur permettre de livrer avec exactitude et précision ce qu'elles ont subi sans craindre les représailles de ceux qu'elles accusent tout en veillant à ce qu'elles soient épaulées dans leurs démarches (voy. *infra*, n°s 424 et s.). Le témoignage a fait l'objet de nouvelles attentions. Mais c'est surtout l'audition de la personne en cause qui a connu les bouleversements les plus importants. À l'introduction législative de la possible audition hors garde à vue se sont ajoutés de nouveaux droits qui ont pour objet de protéger la personne contre les risques d'auto-incrimination. L'avocat est bien évidemment au centre du dispositif au point de devenir un acteur majeur de la procédure.

a) L'audition de la victime

307 ***Prise en compte de la plainte.*** L'arrivée de la victime au sein d'un service d'enquête est un moment fort. Il s'agit de personnes toujours en souffrance et très souvent fragilisées par ce qu'elles ont vécu. C'est là aussi que s'apprécie la qualité du service public dont il est très souvent retenu le premier accueil. C'est pour répondre au mieux à cette attente et disposer des informations les plus utiles pour le début d'enquête que l'article 15-3 du Code de procédure pénale fait obligation aux officiers et agents de police judiciaire de recevoir les plaintes déposées par les victimes d'infractions à la loi pénale. Une règle que la loi n° 2019-222 du 23 mars 2019 a renforcée en prévoyant que ladite plainte doit être recueillie même si le service s'avère être territorialement incompétent. Cette obligation est rappelée par la circulaire du garde des sceaux du 14 mai 2001 présentant les dispositions de la loi du 15 juin 2000 renforçant la protection de la présomption d'innocence et les droits des victimes. Elle a fait partie de la « charte Marianne ». Il a toutefois été souhaité de l'intégrer dans le Code de procédure pénale afin d'en élever la valeur. La première conséquence, et elle est importante, est que le service dans lequel se rend la victime ne peut la renvoyer vers une autre unité pour prendre la plainte. Celle-ci doit être accueillie, enregistrée et, s'il y a lieu, transmise dans les meilleurs délais au service territorialement compétent. À chaque fois, la victime se voit délivrer un récépissé et une copie peut être remise à la personne si celle-ci en fait la demande.

308 ***Question des mains-courantes.*** La pratique des mains-courantes consiste, pour les services d'enquête, à signaler un fait qui n'est pas en soit constitutif d'une infraction mais susceptible d'en constituer une cause, voire un élément si la situation s'aggrave. C'est le cas par exemple d'une fête un peu trop bruyante qui nécessite l'intervention des forces de l'ordre. L'évènement sera traité en main-courante si les choses en restent là. La frontière entre les mains-courantes et les plaintes est cependant loin d'être hermétique. Il arrive que l'enquêteur privilégie la main-courante là où une infraction s'avère constituée mais dont la faible gravité et les circonstances amènent un traitement moins lourd. La question se pose trop souvent en matière de violences conjugales. Il est fréquent que le plaignant, le plus souvent la plaignante, se déplace auprès d'un service voire fait directement appel aux secours tout en refusant de déposer plainte. La charge émotionnelle liée à la mise en cause du conjoint se révèle parfois trop forte. Il arrive alors que le fait soit traité par voie de main courante. Une pratique

qui est encadrée par toutes sortes de protocoles. Il s'agit d'éviter les dérives et prévoir un accompagnement de la personne le plus souvent en lien avec une association d'aide aux victimes et de toujours laisser la porte ouverte à un dépôt de plainte. Une pratique qui tient compte de la réalité de certaines situations et qui s'efface lorsque même en refusant de déposer plainte, la victime fait état d'actes dont la gravité justifie que les investigations se poursuivent.

309 ***Droits de la victime.*** L'obligation faite d'entendre la victime s'accompagne de droits renforcés que mettent en œuvre les associations d'aide aux victimes dont les missions n'ont cessé de s'amplifier (voy. *infra*, n° 423). Leur financement fait aujourd'hui l'objet d'un budget autonome qui relève du programme 101 et que rappelle chaque année le ministère de la justice à travers les missions accomplies par le service d'accès au droit et à la justice et de l'aide juridictionnelle (SADJAV).

310 ***Cas particulier des mineurs victimes.*** L'article 706-52 du Code de procédure pénale prévoit que l'audition des mineurs victimes doit faire l'objet d'un enregistrement audiovisuel lorsque cela concerne une des infractions mentionnées à l'article 706-47. Il s'agit là d'une mesure impérative qui n'est soumise ni au consentement de l'intéressé ni à celui de ses représentants légaux. Elle fait écho à la sensibilité toute particulière de cette audition et à la gravité des poursuites qui y sont associées. En complément du dispositif, le procureur de la République peut autoriser la présence d'un psychologue, d'un médecin spécialisé, d'un membre de la famille ou de l'administrateur *ad hoc*. Dans tous les cas, et à tous les stades de la procédure, le mineur peut être accompagné, lorsqu'il en fait la demande, de son représentant légal ou d'une personne majeur de son choix. Une règle qui trouve sa limite lorsqu'il est fait application de l'article 706-50. Le procureur de la république ou le juge d'instruction peut décider de nommer un administrateur *ad hoc* lorsque la protection du mineur n'est pas complètement assurée par ses représentants légaux. C'est très clairement l'hypothèse dans laquelle la personne en cause est justement le représentant légal en question ou que celui-ci ne fait pas le nécessaire pour mettre l'enfant en protection. L'administrateur *ad hoc* est alors le seul à pouvoir accompagner le mineur avec bien évidemment son avocat.

b) L'audition de toute personne susceptible de fournir des renseignements

311 ***De l'interdiction de s'éloigner...*** En matière de flagrance, l'officier de police judiciaire a la possibilité de « défendre à toute personne de s'éloigner du lieu de l'infraction jusqu'à la clôture des opérations »[94]. Juste corollaire de cette mesure qui a pour objet de maintenir à sa disposition ceux qui peuvent apporter des informations sur les faits, « il peut appeler et entendre toutes les personnes susceptibles de fournir des renseignements sur les faits ou sur les objets et documents saisis ».

Cette faculté de maintenir à disposition la personne sur place a été étendue aux perquisitions et saisies. C'est ce que prévoit l'article 56, alinéa 11, du Code de procédure pénale lorsque « elles sont susceptibles de fournir des renseignements sur les objets, documents et données informatiques saisis ». Là encore,

94. CPP, art. 61.

cette rétention n'est possible que te temps strictement nécessaire à l'accomplissement des opérations.

312 ***… À l'obligation de comparaître.*** Les personnes qui sont convoquées par un officier de police judiciaire sont tenues de comparaître[95]. Si elles ne le font pas, il peut les y contraindre par la force publique selon des hypothèses qui ont été redessinées par la loi du 3 juin 2016.

L'ancien article 61 du Code de procédure pénal prévoyait deux cas de figure :

- pour les personnes qui n'ont pas répondu à une convocation à comparaître ;
- celles dont on peut craindre qu'elles ne répondent.

La loi nouvelle a ajouté la possibilité de se passer de convocation préalable lorsqu'il existe un risque de modification des preuves ou indices matériels, de pressions sur les témoins ou les victimes ainsi que sur leur famille ou leurs proches, ou de concertation entre les coauteurs ou complices de l'infraction.

L'officier de police judiciaire doit disposer d'une autorisation du procureur de la République. Il dresse un procès-verbal des déclarations des personnes concernées. Celles-ci procèdent à sa lecture, peuvent y faire consigner leurs observations et y apposent leur signature. Si elles ne savent pas lire, l'officier de police judiciaire se charge de faire la lecture avant qu'elles ne signent. Au cas de refus de signer le procès-verbal, il en est fait mention.

313 ***Audition du témoin.*** L'audition du ou des témoins consiste à recueillir les déclarations de ceux qui ont vu ou entendu des choses utiles à l'enquête. Il s'agit, nous dit le texte, des personnes « à l'encontre desquelles il n'existe aucune raison plausible de soupçonner qu'elles ont commis ou tenté de commettre une infraction ». C'est ce qui explique qu'ils ne peuvent faire l'objet d'une mesure de contrainte. Il existe toutefois une exception « lorsque les nécessités de l'enquête le justifient ». Il est alors possible de retenir le témoin durant le temps strictement nécessaire à son audition sans pouvoir excéder la durée de quatre heures.

Les agents de police judiciaire peuvent également procéder à ces auditions, sous le contrôle d'un officier de police judiciaire.

314 ***Protection du témoin.*** Le procureur de la République comme le juge d'instruction peuvent autoriser un témoin à déclarer comme domicile l'adresse du commissariat ou de la brigade de gendarmerie au sein de laquelle ils sont entendus. Il s'agit d'une mesure d'opportunité qui n'a pas à être motivée. Elle répond le plus souvent au souci des personnes de protéger leur vie privée et surtout être assurées de ce que leur lieu d'habitation reste inconnu de ceux qui sont amenés à consulter le dossier. L'expérience a cependant montré que ce dispositif n'était pas suffisant raison pour laquelle la loi a rendu possible le témoignage sous « X ». C'est ce que prévoit l'article 706-58 du Code de procédure pénal. Lorsque la procédure concerne une infraction punie de trois ans d'emprisonnement et plus, le juge des libertés et de la détention, saisi par le procureur ou le juge d'instruction peuvent « autoriser que les déclarations de cette personne soient recueillies sans que son identité apparaisse dans le dossier de la procédure ». Une décision qui doit être motivée en ce que la désignation nominative

95. CPP, art. 62 et 78.

du témoin « est susceptible de mettre gravement en danger la vie ou l'intégrité physique de cette personne, des membres de sa famille ou de ses proches ». La révélation de l'identité du témoin ayant bénéficié de ces dispositions est punie de cinq ans d'emprisonnement et 75 000 euros d'amende. L'exception ainsi posée à la désignation nominative du témoin dans la procédure supporte elle-même une exception[96]. C'est l'hypothèse dans laquelle « au regard des circonstances dans lesquelles l'infraction a été commise ou de la personnalité du témoin, la connaissance de l'identité de la personne est indispensable à l'exercice des droits de la défense ». La personne mise en examen peut contester cet anonymat devant le président de la chambre de l'instruction. S'il y fait droit, l'anonymat peut être levé avec l'accord du témoin. Si celui-ci s'y oppose, elle est alors annulée et par voie de conséquence, ses déclarations sont retirées de la procédure.

La loi n° 2019-222 du 23 mars 2019 a assoupli les conditions dans lesquelles une autorisation du procureur de la République ou du juge d'instruction est requise. Celle-ci n'a pas lieu d'être lorsque le témoignage est apporté par une personne dépositaire de l'autorité publique ou chargée d'une mission de service public pour des faits qu'elle a connu en raison de ses fonctions ou de sa mission chaque fois qu'elle aura déclaré comme adresse son lieu d'exercice professionnel (CPP, art. 706-57, al. 1er).

315 ***Du statut de témoin à celui de mis en cause.*** L'audition du témoin peut progressivement faire apparaître des raisons plausibles de soupçonner qu'il a commis ou tenté de commettre une infraction[97]. Dans une telle occurrence, il ne peut plus être entendu sous le même statut sans être nécessairement placé en garde à vue. C'est tout le cadre de l'audition libre de la personne en cause[98]. Le temps pendant lequel elle a été entendue en qualité de témoin est décompté du temps de la garde à vue. Elle est en effet restée à disposition des enquêteurs, même volontairement.

c) L'audition libre du suspect majeur

316 ***Information de la personne en cause.*** L'audition libre a toujours existé. Une pratique qu'il est apparu nécessaire d'encadrer eu égard à la gravité des conséquences qui y sont associées. Il s'agit de l'une des principales innovations de la loi n° 2014-535 du 27 mai 2014. Le nouvel article 61-1 du Code de procédure pénale impose à l'officier de police judiciaire de délivrer un certain nombre d'informations. Il doit notifier à la personne :

- la qualification, de la date et du lieu présumés de l'infraction qu'elle est soupçonnée d'avoir commise ou tenté de commettre ;
- le droit de quitter à tout moment les locaux où elle est entendue ;
- le cas échéant, du droit d'être assistée par un interprète ;
- le droit de faire des déclarations, de répondre aux questions qui lui sont posées ou de se taire ;

---

96. CPP, art. 706-60.
97. L. Saenko, « Le témoin ou l'histoire d'un voyage entre deux vérités », *AJ pénal*, 2018, p. 172.
98. R. Ollard, « Quel statut pour le suspect au cours de l'enquête pénale ? - À propos de la loi du 27 mai 2014 », *JCP G*, 2014, n° 36, doctr. 912.

- si l'infraction est un crime ou un délit puni d'une peine d'emprisonnement, le droit d'être assistée au cours de son audition ou de sa confrontation, selon les modalités prévues aux articles 63-4-3 et 63-4-4, par un avocat choisi par elle ou, à sa demande, désigné d'office par le bâtonnier de l'ordre des avocats ;
- la possibilité de bénéficier, le cas échéant gratuitement, de conseils juridiques dans une structure d'accès au droit.

Cette notification se fait par écrit, dans un procès-verbal distinct que signe la personne en cause.

E 10 **L'audition libre, du Conseil constitutionnel à la loi**

Dans sa décision QPC du 18 novembre 2011[99], le Conseil constitutionnel a été appelé à examiner la conformité à la Constitution de certaines des dispositions introduites dans le Code de procédure pénale par la loi du 14 avril 2011 « relative à la garde à vue », qui n'a pas été soumise à son contrôle de constitutionnalité *a priori*.
Le Conseil constitutionnel a notamment été interrogé sur l'article 62 du Code de procédure pénale comme permettant l'« audition libre ». Selon le conseil, « Il résulte nécessairement de ces dispositions qu'une personne à l'encontre de laquelle il apparaît qu'existent des raisons plausibles de soupçonner qu'elle a commis ou tenté de commettre une infraction peut être entendue par les enquêteurs en dehors du régime de la garde à vue dès lors qu'elle n'est pas maintenue à leur disposition sous la contrainte » (consid. n° 18).
La conséquence est que l'audition libre excluait l'information de la personne sur ses droits et surtout la possibilité d'être assisté d'un conseil. C'est ce que la loi n° 2014-535 du 27 mai 2014 a imposé.

---

317 ***Mode de comparution de la personne en cause.*** La façon dont la personne en cause se présente aux services de police influe directement sur le régime juridique dans le cadre duquel elle doit être entendue. Elle peut tout d'abord faire l'objet d'une simple convocation. La lettre qui lui est adressée indique obligatoirement l'infraction qu'elle est soupçonnée d'avoir commise, son droit d'être assistée par un avocat ainsi que les conditions d'accès à l'aide juridictionnelle, les modalités de désignation d'un avocat d'office et les lieux où elle peut obtenir des conseils juridiques.

Il peut arriver que la personne soit interpellée. Deux hypothèses sont alors possibles. Elle peut tout d'abord être amenée au service de manière contrainte. C'est le cas lorsqu'elle a été menottée et/ou transportée à bord d'un véhicule de fonction. Si l'officier de police judiciaire entend recueillir immédiatement ses explications, il est tenu de la placer en garde à vue. Il peut toutefois décider de différer cette audition. Dans ce cas, une convocation est remise et le jour de l'audition, la personne pourra être entendue sans placement en garde à vue.

---

99. Cons. const., décision n° 2011-191/194/195/196/197 QPC du 18 novembre 2011, *Gaz. Pal.*, 22 novembre 2011, p. 18, obs. O. Bachelet ; *Gaz. Pal.*, 14 janvier 2012, p. 46, obs. Fourment ; *D.*, 2011, p. 3034, note H. Matsopoulou ; *JCP G*, 2011, 1372, obs. B. Mathieu, 1452, note Pradel ; *Procédures*, 2012, comm. n° 23, obs. Buisson ; *adde.* É. Vergès, « Garde à vue : le rôle de l'avocat au cœur d'un conflit de normes nationales et européennes », *D.*, 2011, p. 3005 ; J.-B. Perrier, « Garde à vue II : l'excès de pragmatisme du Conseil constitutionnel, garant de la non-méconnaissance des droits fondamentaux », *AJ pénal*, 2012, p. 102 ; J. Leroy, « La décision du Conseil constitutionnel sur la nouvelle garde à vue : une décision dérangeante », *Dr. pén.*, 2012, étude n° 4.

Mais même interpellée, celle-ci peut être entendue immédiatement hors garde à vue. Il faut pour cela qu'elle n'ait pas été conduite sous la contrainte. En d'autres termes, il faut qu'elle se présente librement. Certains peuvent parfois douter de la réalité des situations décrites alors même qu'elles s'inscrivent dans les pratiques policières. Ce qui importe est que les procès-verbaux qui mentionnent les diligences accomplies précisent avec exactitude les conditions dans lesquelles l'audition libre est réalisée afin qu'il n'y ait pas de doute à ce sujet.

F) Le cas particulier de l'audition du majeur placé en garde à vue

318 ***Une brève histoire de la réforme de la garde à vue par la loi du 14 avril 2011.*** C'est sur les injonctions du Conseil constitutionnel, lui-même sous la pression de la jurisprudence de la Cour européenne des droits de l'homme, que la loi n° 2011-392 du 14 avril 2011 relative à la garde à vue a été adoptée[100]. Elle est entrée en vigueur le 1er juin 2011.

319 ***Décision n° 2010-14/22 QPC du 30 juillet 2010.*** Dans sa décision QPC du 30 juillet 2010[101], le Conseil constitutionnel a déclaré les dispositions des articles 62, 63, 63-1, 63-4, alinéas 1er à 6, et 77 du Code de procédure pénale alors applicables contraires aux articles 9 et 16 de la Déclaration de 1789. Il a toutefois reporté la date d'effet de leur abrogation au 1er juillet 2011 afin de permettre au législateur de remédier à cette inconstitutionnalité. Un des points essentiels a été le droit de la personne placée en garde à vue à bénéficier d'une « assistance effective » d'un avocat. À cela se sont ajoutés le droit au silence de la personne placée en garde à vue et celui d'être informée de la possibilité de se taire.

320 ***Jurisprudence de la Cour européenne des droits de l'homme.*** C'est la jurisprudence de la Cour européenne en matière de droit pour une personne placée en garde à vue à être assistée par un avocat qui a provoqué cette évolution du droit constitutionnel. L'approche conventionnelle de l'exercice des droits de la défense au stade policier du procès pénal a elle-même évolué. La Cour n'exigeait pas l'intervention systématique d'un avocat en garde à vue. Mais lorsque les conditions rendant nécessaire son intervention étaient réunies – elles l'étaient « si et dans la mesure où [son défaut d'intervention] initial risquait de compromettre gravement le caractère équitable du procès » –, la Cour exigeait davantage qu'un droit de s'entretenir avec un avocat : elle attendait qu'il assiste le suspect au cours des interrogatoires[102].

---

100. G. Roujou de Boubée, « La réforme de la garde à vue », *D.*, 2011, p. 1570 ; H. Matsopoulou, « Une réforme inachevée – À propos de la loi du 14 avril 2011 », *JCP*, 2011, aperçu rapide, 542 ; M.-L. Rassat, « À remettre sur le métier, des insuffisances de la réforme de la garde à vue », *JCP*, 632 ; J. Pradel, « Un regard perplexe sur la nouvelle garde à vue », *JCP*, 2011, 665 ; J. Alix, « Les droits de la défense au cours de l'enquête de police après la réforme de la garde à vue », *D.*, 2011, p. 1699. Voy. aussi : le dossier du mois de novembre 2010 de l'*AJ pénal*, « Quelle réforme pour la garde à vue ? » ; J. Pradel, « Vers une métamorphose de la garde à vue », *D.*, 2010, p. 2783 ; Y. Muller, « La réforme de la garde à vue ou la figure brisée de la procédure pénale française », *Dr. pén.*, 2011, étude n° 2 ; É. Mathias, « Pour une loi des suspects… libres », *Dr. pén.*, 2011, étude n° 4.

101. *D.*, 2010, p. 2254, obs. Pradel ; *AJ pénal*, 2010, p. 470, étude Perrier ; *RSC*, 2011, p. 139, obs. Giudicelli, p. 165, obs. de Lamy.

102. Voy. par ex., CEDH, 24 novembre 1993, aff. *Imbrioscia c. Suisse*, req. n° 13972/88 ; 8 février 1996, aff. *John Murray c. Royaume-Uni*, req. n° 18731/91.

Dans son arrêt *Salduz contre Turquie* rendu le 27 novembre 2008 en Grande Chambre, la Cour a jugé, avec force, qu'« il faut, en règle générale, que l'accès à un avocat soit consenti dès le premier interrogatoire d'un suspect par la police, sauf à démontrer, à la lumière des circonstances particulières de l'espèce, qu'il existe des raisons impérieuses de restreindre ce droit » (§ 55), « toute exception à la jouissance de ce droit devant être clairement circonscrite et son application strictement limitée dans le temps » (§ 54). Faute de quoi, il est « en principe » porté une atteinte « irrémédiable » aux droits de la défense (§ 55). Mais la faiblesse de cette décision résidait dans la circonstance de l'espèce, soulignée par la Cour, de l'état de minorité de la personne placée en garde à vue.

Dans son arrêt *Dayanan contre Turquie*, la Cour, en formation de chambre, le 13 octobre 2009[103], a considéré « que l'équité d'une procédure pénale requiert d'une manière générale, aux fins de l'article 6 de la Convention, que le suspect jouisse de la possibilité de se faire assister par un avocat dès le moment de son placement en garde à vue ou en détention provisoire » (§ 31). Elle en a surtout souligné les contours : « l'équité de la procédure requiert que l'accusé puisse obtenir toute la vaste gamme d'interventions qui sont propres au conseil. À cet égard, la discussion de l'affaire, l'organisation de la défense, la recherche des preuves favorables à l'accusé, la préparation des interrogatoires, le soutien de l'accusé en détresse et le contrôle des conditions de détention sont des éléments fondamentaux de la défense que l'avocat doit librement exercer » (§ 32).

Dans l'arrêt rendu dans l'affaire *Brusco contre France* le 14 octobre 2010, la Cour a une nouvelle fois rappelé le droit pour la personne placée en garde à vue à être assistée par un avocat et à être informée de son droit de se taire[104].

321 ***Réception de ces jurisprudences constitutionnelle et européenne par la Cour de cassation.*** La réception de ces jurisprudences constitutionnelle et européenne par la Cour de cassation s'est faite en deux grandes étapes. La première renvoie à trois arrêts rendus le 19 octobre 2010[105]. La chambre criminelle de la Cour de cassation a considéré que le principe de sécurité juridique et la bonne administration de la justice commandaient la prise d'effet des règles nouvelles en matière de droit de la personne placée en garde à vue. Elle l'a toutefois fixé *« au plus tard, le 1er juillet 2011 »*. Autrement dit, la décision QPC du 30 juillet 2010 faisait écran à l'application de la Convention européenne des droits de l'homme tel qu'interprétée par la Cour européenne. Dans ses arrêts d'Assemblée plénière du 15 avril 2011, c'est-à-dire le jour de la publication de la loi n° 2011392 du 14 avril 2011 relative à la garde à vue au *Journal officiel*, la Cour de cassation a imposé que les nouvelles règles soient appliquées sans délai[106]. « [l]*es États adhérents à cette Convention sont tenus de respecter les décisions de la Cour européenne des droits de l'homme, sans attendre d'être attaqués devant elle ni d'avoir modifié leur législation* » (voy. *infra*, n° 338).

---

103. *D.*, 2009, p. 2897, note Renucci ; *RSC*, 2010, p. 231, obs. Roets.

104. CEDH, 14 octobre 2010, req. n° 1466/07 ; *D.*, 2010, p. 2950, note Renucci, p. 2783, chron. J. Pradel ; *Dr. pén.*, 2010, étude n° 29 de C. Mauro ; *RSC*, 2011, p. 211, obs. Roets.

105. Arrêts n°s 10-82.306, 10-82.902 et 10-85.051, *Bull. crim.*, n°s 163, 164, 165 ; *D.*, 2010, p. 2809, note Dreyer ; *D.*, 2010, p. 2783, chron. J. Pradel ; *AJ pénal*, 2010, p. 479, étude A. Allain ; *RSC*, 2010, p. 879, note Gindre ; *Dr. pén.*, 2010, dossier 12, note Georget ; *JCP*, 2010, aperçu rapide, 1104, note H. Matsopoulou.

106. Voy. le dossier de l'*AJ pénal* d'octobre 2012, « La garde à vue : les nouvelles pratiques », pp. 512 et s.

1) La notion de garde à vue

322 ***Garde à vue, mesure de contrainte.*** L'article 62-2 du Code de procédure pénale définit la garde à vue dans les termes généraux suivants : « La garde à vue est une mesure de contrainte décidée par un officier de police judiciaire, sous le contrôle de l'autorité judiciaire, par laquelle une personne à l'encontre de laquelle il existe une ou plusieurs raisons plausibles de soupçonner qu'elle a commis ou tenté de commettre un crime ou un délit puni d'une peine d'emprisonnement est maintenue à la disposition des enquêteurs. » Cette définition n'est pas seulement utile à qualifier la garde à vue de « mesure de contrainte », elle est surtout intéressante, pour, inversement, qualifier une mesure de contrainte de « garde à vue ». Dès lors qu'il y a – ou qu'il y a eu – contrainte, il y a – ou aurait dû y avoir – garde à vue[107]. Cette définition est toutefois de courte vue, la garde à vue étant indissociable d'une « garde à l'ouïe ».

323 ***Garde à vue, « garde à l'ouïe ».*** La garde à vue n'a pas seulement pour objet de priver un suspect de sa liberté. Il s'agit de le maintenir à disposition des enquêteurs afin de l'entendre ou plus exactement de l'interroger sur les faits qui lui sont reprochés en fonction des éléments qui ont été rassemblés à son encontre. C'est ce qu'a consacré la Cour de cassation dans un arrêt du 11 juillet 1994 : « la garde à vue a pour objet l'audition de la personne retenue à la disposition de l'officier de police judiciaire » et que tel n'était pas le cas de la surveillance d'une personne pendant son hospitalisation avec contrôle des visites[108]. La garde à vue est donc bien surtout une « garde à l'ouïe »[109]. Une limite toutefois, l'officier de police judiciaire ne peut transcrire contre le gré du gardé à vue des propos qui lui seraient tenus officieusement[110].

2) Le placement en garde à vue

324 ***Officier de police judiciaire, autorité de placement en garde à vue.*** La décision de placement en garde à vue est une prérogative propre à l'officier de police judiciaire[111]. Elle peut également être ordonnée par le procureur de la République qui doit, comme l'officier de police judiciaire en respecter les conditions de fond et de forme (art. 63-I, al. 1er). Une charge procédurale qui conduit le magistrat à plutôt donner des instructions en ce sens à l'officier de police judiciaire. Les agents de police judiciaire et agents de police judiciaire adjoints ne

---

107. Crim., 11 octobre 2000, n° 00-82.238, *Bull. crim.*, n° 296 et Crim., 18 octobre 2000, n° 99-85.350 ; *Dr. pén.*, 2001, comm. n° 13, obs. A. Maron (sur ces deux arrêts) ; Crim., 28 juin 2000, n° 99-81.688, *Bull. crim.*, n° 251 et Crim., 25 octobre 2000, n° 00-84.726, *Bull. crim.*, n° 315 ; *Dr. pén.*, 2001, comm. n° 27, obs. A. Maron ; Crim., 6 décembre 2000 (2 arrêts), nos 00-86.221 et 00-82.997, *Bull crim.*, n° 367 ; *Procédures*, 2001, comm. n° 115, obs. Buisson.

108. Arrêt n° 94-82.220, *Bull. crim.*, n° 273.

109. R. Merle, « La garde à vue », *Gaz. Pal.*, 1969, 2, p. 19.

110. Crim., 3 avril 2007, n° 07-80.807, *Bull. crim.*, n° 102 ; *D.*, 2007, p. 1817, obs. Ménotti ; *AJ pénal*, 2007, p. 285, obs. Royer.

111. L'article 62-2, alinéa 1er dispose que « [l]a garde à vue est une mesure de contrainte décidée par un officier de police judiciaire […] »). L'article 63-1, alinéa 1er ajoute que « [s]eul un officier de police judiciaire peut, d'office ou sur instruction du procureur de la République, placer une personne en garde à vue ».

peuvent placer une personne en garde à vue. Une attribution que l'officier de police judiciaire ne peut leur déléguer.

325 ***Contrôle de la garde à vue.*** La garde à vue est décidée dans le cadre d'une enquête qui est dirigée par un magistrat. Si elle intervient en flagrance ou en préliminaire, c'est le procureur qui en contrôle le déroulement. Ce contrôle doit être effectif de sorte que le magistrat est tenu d'être avisé immédiatement ou en tous les cas dans les meilleurs délais. Tout retard excessif et/ou injustifié est sanctionné par la nullité de la mesure et des actes qui en sont la conséquence[112]. L'officier de police judiciaire doit préciser dans son avis les motifs justifiant la mesure tels que notifiés à la personne concernée (art. 63-I, al. 2). Le procureur de la République, dès le placement décidé par l'officier de police judiciaire, « apprécie si le maintien de la personne [est] nécessaire » (art. 62-3, al. 2), et ce avant que la question d'une éventuelle prolongation ne se pose.

E11 **L'information du procureur de la République « dès le début » de la garde à vue**

Si le texte exige que le procureur soit immédiatement averti du placement en garde à vue de la personne (art 63, al. 2, du CPP), il ne précise pas les formes que doit prendre cet avis. Il peut être fait par voie téléphonique mais rien n'interdit l'envoi d'un fax ou d'un mail. Le développement du traitement en temps réel a conduit à privilégier les documents dématérialisés surtout lorsque la garde à vue est décidée en pleine nuit. Cela n'exclut cependant pas un appel téléphonique lorsque la situation l'impose du fait de la personnalité du gardé à vue, de la nature particulière du dossier ou d'éventuels incidents qui ont pu se produire. La conséquence est que le magistrat de permanence ne prend souvent connaissance réellement du placement en garde à vue que plusieurs heures après qu'il ait été décidé.

---

326 ***Domaine de la garde à vue.*** La garde à vue ne peut être décidée qu'en matière criminelle et correctionnelle, dans ce dernier cas, seulement si une peine d'emprisonnement est encourue (art. 62-2, al. 1er ; s'agissant de la prolongation de la garde à vue, cette peine d'emprisonnement doit être supérieure ou égale à un an : art. 63-II, al. 1er)[113].

112. La chambre criminelle de la Cour de cassation a censuré un retard de 1 heure 15 minutes non justifié par des circonstances insurmontables dans l'information du procureur de la République : Crim., 20 mars 2007, n° 06-89.050, *Bull. crim.*, n° 85 ; *AJ pénal*, 2007, p. 231, obs. ROYER.

113. La Cour de justice de l'Union européenne a interprété la directive 2008/115/CE du 16 décembre 2008, dite directive « retour », comme ne permettant pas de sanctionner d'une peine d'emprisonnement le fait, pour un étranger, d'entrer ou de séjourner irrégulièrement sur le territoire d'un État membre (CJUE, 28 avril 2011, *El Dridi*, aff. C-61/11 et CJUE, 6 décembre 2011, *Achughbabian*, aff. C-329/11). Or, l'article L. 621-1 du CESEDA punissait ce fait d'un an d'emprisonnement et de 3 750 euros d'amende... et le placement en garde à vue en matière correctionnelle suppose qu'une peine d'emprisonnement soit encourue. Saisie pour avis par la première chambre civile de la Cour de cassation, la chambre criminelle, le 5 juin 2012 (avis n° 9002), a rendu, au visa de la directive et de ces arrêts, un avis suivant lequel un étranger ne peut être placé en garde à vue à l'occasion d'une procédure diligentée du seul chef d'entrée ou de séjour irrégulier sur le territoire national. Dans trois arrêts rendus le 5 juillet 2012, la première chambre civile de la Cour de cassation a jugé dans le même sens que la chambre criminelle (nos 11-19.250, 11-30.371 et 11-30.530, *Bull. civ.*, I, n° 158). Pour mémoire, dans

327 ***Suspect, seule personne susceptible d'être placée en garde à vue.*** Seule une personne à l'encontre de laquelle il existe une ou plusieurs raisons plausibles de soupçonner qu'elle a commis ou tenté de commettre un crime ou un délit puni d'une peine d'emprisonnement peut être placée en garde à vue (art. 62-2, al. 1er). À cette personne soupçonnée d'être l'auteur de l'infraction (l'art. 121-4 du CP qualifie d'« auteur de l'infraction la personne qui : 1° Commet les faits incriminés ; 2° Tente de commettre un crime ou, dans les cas prévus par la loi, un délit. »), il y a lieu d'ajouter le complice de l'infraction (art. 121-6 et 121-7 du CP). En toute hypothèse, un simple témoin ne peut être placé en garde à vue. Il peut arriver qu'au cours de l'audition, des éléments apparaissent laissant soupçonner sa possible implication dans les faits. L'audition doit alors être interrompue, à charge pour l'officier de police judiciaire, s'il entend la poursuivre, de le placer en garde à vue.

328 ***Motifs de la garde à vue.*** Le placement en garde à vue n'a de sens que s'il est motivé. C'est là une importante innovation qui impose à l'officier de police judiciaire de justifier la raison pour laquelle une telle mesure est prise. L'article 62-2 du Code de procédure pénale pose un nombre de critères limité. Ainsi, la garde à vue « doit constituer l'unique moyen de parvenir à l'un au moins des objectifs suivants : 1° Permettre l'exécution des investigations impliquant la présence ou la participation de la personne ; 2° Garantir la présentation de la personne devant le procureur de la République afin que ce magistrat puisse apprécier la suite à donner à l'enquête ; 3° Empêcher que la personne ne modifie les preuves ou indices matériels ; 4° Empêcher que la personne ne fasse pression sur les témoins ou les victimes ainsi que sur leur famille ou leurs proches ; 5° Empêcher que la personne ne se concerte avec d'autres personnes susceptibles d'être ses coauteurs ou complices ; 6° Garantir la mise en œuvre des mesures destinées à faire cesser le crime ou le délit. » L'avis de garde à vue qui est adressé au procureur de la République doit préciser le ou les motifs qui justifient cette mesure (art. 63-I, al. 2). Le point le plus important est que la Cour de cassation contrôle aujourd'hui la réalité de ces critères[114].

---

sa décision n° 2011-217 QPC du 3 février 2012, le Conseil constitutionnel a jugé l'article L. 621-1 du CESEDA conforme à la Constitution en ce que les peines encourues pour entrée ou séjour irrégulier ne sont pas manifestement disproportionnées et ne méconnaissent ainsi pas l'article 8 de la Déclaration de 1789 (le Conseil constitutionnel n'apprécie pas la conformité d'une disposition législative à un traité, droit de l'Union européenne compris). La directive « retour » ne fait pas obstacle à ce qu'une rétention policière – une rétention administrative – se substitue à la garde à vue. Une loi devait en définir le régime. Tel est l'objet de la loi n° 2012-1560 du 31 décembre 2012 « relative à la retenue pour vérification du droit au séjour [...] » (*JORF*, 1er janvier 2013, p. 48). Le régime de cette retenue d'un étranger aux fins de vérification de son droit de circuler ou de séjourner en France est fixé à l'article L. 611-1-1 du CESEDA : information des motifs du placement dans une langue qu'il comprend, du droit d'être assisté par un interprète, du droit d'être assisté par un avocat, du droit d'être examiné par un médecin, du droit de prévenir un proche, du droit d'avertir ou faire avertir les autorités consulaires de son pays. L'étranger ne peut être retenu que pour le temps strictement exigé par l'examen de son droit de circulation ou de séjour et, le cas échéant, le prononcé et la notification des décisions administratives applicables. La retenue ne peut excéder seize heures à compter du début du contrôle infructueux de son identité ou de son titre. Le procureur de la République peut mettre fin à la retenue à tout moment.

114. Crim., 7 juin 2017, n° 16-87.588.

329 ***Nécessité et proportionnalité de la garde à vue.*** La garde à vue doit être nécessaire et proportionnée. C'est une condition impérative que fixe l'article 62-3, alinéa 2, du Code de procédure pénale. La loi du 14 avril 2011 a insisté sur cette condition allant à l'encontre d'un certain courant jurisprudentiel. Dans un arrêt de chambre mixte du 7 juillet 2000, la Cour de cassation avait refusé au juge de la nullité des actes de procédure le pouvoir de contrôler la durée d'une garde à vue n'excédant pas vingt-quatre heures, même si la mesure n'était pas mise à profit pour réaliser des actes[115]. La haute juridiction a ainsi rappelé que « la décision de placer en garde à vue une personne à l'encontre de laquelle il existe une ou plusieurs raisons plausibles de soupçonner qu'elle a commis ou tenté de commettre une infraction relève d'une faculté que l'officier de police judiciaire tient de la loi et qu'il exerce, dans les conditions qu'elle définit, sous le seul contrôle du procureur de la République ou, le cas échéant, du juge d'instruction »[116], écartant là toute discussion sur la nécessité de la garde à vue devant le juge de la nullité des actes de procédure. En revanche, la première chambre civile a paru plus ouverte. Dans un arrêt du 25 novembre 2009, elle a souligné que « c'est seulement pour les nécessités d'une enquête que l'article 63 du Code de procédure pénale prévoit qu'un officier de police judiciaire peut placer une personne en garde à vue, et que constatant que l'intéressée avait, dès son interpellation, reconnu être en situation irrégulière en France, de sorte qu'aucune enquête n'étant nécessaire, les services de police n'étaient pas tenus de la placer en garde à vue »[117].

C'est à la lumière de ce débat que la loi a posé le principe de nécessité et de proportionnalité dont le contrôle revient au magistrat. C'est en ce sens qu'il « assure la sauvegarde des droits reconnus par la loi à la personne gardée à vue ». Pour ce faire, il peut ordonner à tout moment que la personne gardée à vue soit présentée devant lui ou remise en liberté.

3) La durée de la garde à vue

330 ***Placement initial pour une durée de vingt-quatre heures au plus.*** « La durée de la garde à vue ne peut excéder vingt-quatre heures » (CPP, art. 63-II). Il s'agit d'une durée maximum dont la nécessité s'apprécier tout au long de la mesure. Cela signifie que si elle n'est plus nécessaire, la mesure peut être levée avant la fin du délai (voy. *infra*, n° 332).

331 ***Prolongation pour une nouvelle durée de vingt-quatre heures au plus.*** La garde à vue ne peut être prolongée que si l'infraction reprochée est un crime ou un délit puni d'une peine d'emprisonnement d'une durée supérieure à un an, et pour les motifs prévus à l'article 62-2, 2, 1° à 6°, ou afin de permettre la présentation de la personne dans le cadre d'un déferement. Le procureur de la République a seul autorité pour autoriser cette prolongation. Si le juge

115. Ch. mixte, 7 juillet 2000, n° 98-50.007, *Bull. crim.*, n° 257 ; *JCP*, 2000, II, 10418, obs. Guérin ; *RSC*, 2001, p. 189, obs. Giudicelli ; *Procédures*, 2001, comm. n° 17, obs. Buisson.

116. Crim., 4 janvier 2005, n° 04-84.876, *Bull. crim.*, n° 3 ; *D.*, 2005, p. 761, note Lennon ; *Dr. pén.*, 2005, comm. n° 49, obs. A. Maron ; *AJ pénal*, 2005, p. 160, obs. Leblois-Happe ; *AJ pénal*, 2005, p. 409, obs. Herzog-Evans.

117. Pourvoi n° 08-20.294.

d'instruction est saisi, c'est à lui d'y pourvoir. La prolongation doit faire l'objet d'un écrit motivé qui est versé en procédure. Jusqu'à la loi n° 2019-222 du 23 mars 2019, cette prolongation était subordonnée à la présentation de la personne au procureur de la République. Cette exigence a aujourd'hui disparu. La présentation n'est imposée que dans l'hypothèse où le procureur l'exige. Elle peut alors être faite par tout moyen ce qui autorise le recours à la visioconférence et ce conformément aux dispositions de l'article 706-71 du Code de procédure pénale. Dans les autres hypothèses, la prolongation est réalisée par l'envoi d'un mail ou, de plus en plus rarement, d'un fax. Une pratique qu'explique le développement depuis longtemps acquis du traitement en temps réel des procédures.

E12 Sur la compatibilité de l'intervention du procureur de la République avec l'article 5 de la Convention EDH

L'article 5, § 1er, c) de la Convention prévoit que le suspect peut être arrêté « en vue d'être conduit devant l'autorité judiciaire compétente ». L'article 5, § 3 développe cette disposition : « toute personne arrêtée dans les conditions du § 1er, c) doit être aussitôt traduite devant un juge ou devant un autre magistrat habilité par la loi à exercer des fonctions judiciaires ». En somme, la question est de savoir si la personne gardée à vue, le cas échéant présentée devant le procureur de la République vingt-quatre heures après le début de sa garde à vue, a bénéficié du droit d'être « traduit aussitôt devant un juge ou un autre magistrat ».

Dans l'arrêt *Brogan contre Royaume-Uni* rendu le 29 novembre 1988[118], la Cour européenne a jugé que, dans les affaires de droit commun, « aussitôt » pouvait être entendu d'un délai maximum de quatre jours.

Dans son célèbre arrêt *Medvedyev et autres contre France* du 29 mars 2010 pris en Grande Chambre[119], la Cour européenne a livré l'analyse suivante : « La Cour rappelle [...] l'importance des garanties de l'article 5, § 3 pour la personne arrêtée. Cet article vise à assurer que la personne arrêtée soit aussitôt physiquement conduite devant une autorité judiciaire. Ce contrôle judiciaire rapide et automatique assure aussi une protection appréciable contre les comportements arbitraires, les détentions au secret et les mauvais traitements » (§ 118). « Le contrôle juridictionnel doit répondre aux exigences suivantes » (§ 120) : promptitude (§ 121, *mutatis mutandis*, pas plus de quatre jours) ; automaticité (§ 122) ; « caractéristiques et pouvoirs du magistrat » (§§ 123 et s.). À cet égard, « [l]e magistrat doit présenter les garanties requises d'indépendance à l'égard de l'exécutif et des parties, ce qui exclut notamment qu'il puisse agir par la suite contre le requérant dans la procédure pénale, à l'instar du ministère public, et il doit avoir le pouvoir d'ordonner l'élargissement, après avoir entendu la personne et contrôlé la légalité et la justification de l'arrestation et de la détention » (§ 124). Le ministère public français n'est ni indépendant à l'égard de l'exécutif ni indépendant à l'égard des parties, exerçant seul l'action publique, la mettant même souvent en mouvement. La Cour européenne réitéra son analyse dans son arrêt *Moulin contre France* du 23 novembre 2010[120]. La chambre criminelle de la Cour de cassation y adhéra dans un arrêt du 15 décembre 2010[121].

Une interprétation rapide de l'arrêt *Medvedyev* pourrait faire conclure à la nécessité, pour la France, de réformer le statut des magistrats du

---

118. Req. n° 11209/84.

119. CEDH (gde ch.), 29 mars 2010, aff. *Medvedyev et autres c. France*, req. n° 3394/03 ; *D.*, 2010, p. 970, point de vue (par D. Rebut) ; *D.*, 2010, p. 1386, note RENUCCI et p. 1390, note HENNION-JACQUET ; *JCP*, 2010, doctrine 454, obs. SUDRE ; *Dr. pén.*, 2010, étude n° 12 de J.-B. THIERRY ; *RSC*, 2010, p. 685, obs. MARGUÉNAUD. Voy. aussi le dossier de l'*AJ pénal* du mois de mars 2011 « Faut-il réformer le statut du ministère public ? ».

120. Arrêt n° 37104/06, *D.*, 2011, p. 26, point de vue (par F. FOURMENT), p. 277, note RENUCCI, p. 338, note PRADEL ; *RSC*, 2011, p. 208, obs. ROETS.

121. Pourvoi n° 10-83.674, *Bull. crim.*, n° 207 ; *D.*, 2011, p. 338, note PRADEL ; *JCP*, 2011, jurisprudence, 214, note LEROY ; *RSC*, 2011, p. 142, obs. GIUDICELLI.

ministère public vers une indépendance. Cette lecture est erronée : ces arrêts sont relatifs non pas au magistrat du ministère public mais au juge d'*Habeas corpus*, au juge de la liberté d'une personne privée de liberté. Surtout, le ministère public deviendrait-il indépendant à l'égard de l'exécutif, qu'il serait toujours, et par la force des choses, partie à l'action publique, donc non indépendant à l'égard des parties. La Convention et la Cour n'exigent pas l'indépendance du ministère public pris comme organe de poursuite.

Et ainsi ces arrêts de révéler que le droit français est « mieux disant » que le standard minimum européen. Si les conditions d'intervention du procureur de la République dans la prolongation de la garde à vue ne sont pas incompatibles avec l'article 5 § 3 de la Convention, ce n'est pas en raison de sa qualité de magistrat, mais parce que, dans le délai de quatre jours à compter du début de sa garde à vue, la personne aura soit été libérée, soit été présentée au bout de quarante-huit heures à un juge des libertés et de la détention (en cas de prolongation de la garde à vue dans la procédure applicable à la délinquance et à la criminalité organisées), soit été présentée à un juge d'instruction sur saisine du procureur de la République, soit été déférée au tribunal correctionnel selon la procédure de comparution immédiate. Juge des libertés et de la détention, juge d'instruction et tribunal correctionnel sont des magistrats ou formations juridictionnelles présentant les garanties requises par l'article 5 § 3 de la Convention.

Le Conseil constitutionnel, dans sa décision QPC du 30 juillet 2010, retient que le procureur de la République, appartenant à l'autorité judiciaire, peut contrôler et prolonger la garde à vue.

---

332 ***Point de départ du calcul de la durée de la garde à vue.*** Le point de départ du délai de garde à vue est un sujet épineux. La règle paraît pourtant simple. Une fois que la mesure a été notifiée à la personne, elle dure 24 heures. Sauf qu'il peut arriver que la personne ait été préalablement interpellée ou ait fait l'objet d'une mesure de contrainte. Dans ce cas, la garde à vue débute à partir du moment où la personne a été effectivement privée de liberté.

Plus spécifique est l'hypothèse dans laquelle la garde à vue concerne une personne préalablement entendue en qualité de témoin. Deux situations doivent être distinguées. La première correspond à un placement en garde à vue dans la continuité de l'audition. C'est très clairement lorsque celui que rien ne soupçonnait vient à formuler des déclarations qui le rendent suspect ou est directement accusé par un tiers qui ne s'était pas encore manifesté. Il est alors essentiel de garder le mis en cause nouvellement désigné à disposition des enquêteurs afin de faire les vérifications qui s'imposent ou lancer de nouvelles recherches. L'heure de garde à vue débute à partir de la première audition quand bien même celle-ci était dénuée de contrainte. En revanche, et c'est la seconde situation, si la personne a été entendue comme témoin puis a pu quitter librement le commissariat de police ou la gendarmerie et que sa garde à vue intervient plusieurs heures ou jours après, le temps de la première audition n'est pas pris en compte. La durée de vingt-quatre heures débute lors du placement en garde à vue.

Il n'est enfin pas exclu que la personne ait été placée en garde à vue pendant un temps puis remise en liberté. Si elle doit faire l'objet d'une nouvelle garde à vue, le temps de la première mesure doit être pris en compte dans le calcul de la durée. Une règle dont il importe de bien maîtriser la portée. Elle ne s'applique que si la personne en cause est entendue pour les mêmes faits. Si elle est plus tard placée en garde à vue pour des faits distincts, c'est un nouveau délai de garde à vue de vingt-quatre heures qui commence à courir.

4) Les garanties de la garde à vue

333 ***Forme, sœur jumelle de la liberté.*** La garde à vue est entourée de deux séries de garanties de fond, (a.) et de forme (b.).

a) Les garanties de fond

334 ***Double garantie.*** Les garanties posées par les textes correspondent à deux exigences fondamentales. La première est de s'assurer que les déclarations de la personne n'ont pas été arrachées sous la menace ou pire encore sous l'effet de brutalités quelles qu'elles soient (sur les brutalités policières au regard de la Convention européenne des droits de l'homme (voy. *supra*, E3). En outre, et c'est la seconde garantie, il s'agit de protéger celui que la société accuse de tout risque d'auto-incrimination. C'est ce qui explique l'interdiction qui existe de condamner une personne sur la seule et unique foi de ses déclarations.

335 ***Information de la personne placée en garde à vue.*** Les conditions de l'information de la personne placée en garde à vue sont détaillées à l'article 63-1 du Code de procédure pénale. Un officier de police judiciaire ou, sous le contrôle de celui-ci, un agent de police judiciaire doit informer la personne :

- de son placement en garde à vue ainsi que de la durée de la mesure et de la ou des prolongations dont celle-ci peut faire l'objet ;
- de la qualification, de la date et du lieu présumés de l'infraction qu'elle est soupçonnée d'avoir commise ou tenté de commettre ainsi que des motifs mentionnés aux 1° à 6° de l'article 62-2 justifiant son placement en garde à vue ;
- du fait qu'elle bénéficie : du droit de faire prévenir un proche et son employeur ainsi que, si elle est de nationalité étrangère, les autorités consulaires de l'État dont elle est ressortissante, et, le cas échéant, de communiquer avec ces personnes, conformément à l'article 63-3 ; du droit d'être examinée par un médecin, conformément à l'article 63-3 ; du droit d'être assistée par un avocat, conformément aux articles 63-3-1 à 63-4-3 ; s'il y a lieu, du droit d'être assistée par un interprète ; du droit de consulter, dans les meilleurs délais et au plus tard avant l'éventuelle prolongation de la garde à vue, les documents mentionnés à l'article 63-4-1 ; du droit de présenter des observations au procureur de la République ou, le cas échéant, au juge des libertés et de la détention, lorsque ce magistrat se prononce sur l'éventuelle prolongation de la garde à vue, tendant à ce qu'il soit mis fin à cette mesure. Si la personne n'est pas présentée devant le magistrat, elle peut faire connaître oralement ses observations dans un procès-verbal d'audition, qui est communiqué à celui-ci avant qu'il ne statue sur la prolongation de la mesure ; du droit, lors des auditions, après avoir décliné son identité, de faire des déclarations, de répondre aux questions qui lui sont posées ou de se taire. La jurisprudence sanctionne les notifications tardives faites sans justification de « circonstances insurmontables »[122].

---

122. Par exemple, ébriété du gardé à vue : Crim., 3 avril 1995, n° 94-81.792, *Bull. crim.*, n° 140 ; C. Marsat, *Dr. pén.*, 2001, chron. n° 23 ; Crim., 4 janvier 2005, n° 04-84.876, *Bull. crim.*, n° 3 ; *D.*, 2005, p. 761, note Lennon ; *Dr. pén.*, 2005, comm. n° 49, obs. A. Maron ; *AJ pénal*, 2005, p. 160, obs. Leblois-Happe ; *JCP*, 2005, IV, 1380 ; *D.*, 2005, IR, p. 596 ; garde à vue d'un étranger ayant besoin d'un interprète : Paris, 7 octobre

L'article 63-1 précise que l'information doit être donnée dans une langue que la personne gardée à vue « comprend ». Cela ne signifie pas que cette langue soit la langue française, non plus que nécessairement la langue maternelle de la personne placée en garde à vue. Si elle ne comprend pas la langue française, cette information lui est donnée en deux temps : d'abord par un formulaire écrit pour son information immédiate[123], ensuite par interprète pour son information détaillée. Des dispositions particulières sont prises pour les personnes atteintes de surdité ou ne sachant ni lire ni écrire. Dans ce cas, elles doivent être assistées par un interprète en langue des signes ou par toute personne qualifiée maîtrisant un langage ou une méthode permettant de communiquer avec elle. Il peut également être recouru à tout dispositif technique permettant de communiquer avec une personne atteinte de surdité.

En toute hypothèse, un document énonçant l'ensemble de ces droits doit être remis à la personne gardée à vue[124].

Il est certaines circonstances, même dans la plus stricte application de l'article 63-1, dans lesquelles l'information de la personne placée en garde à vue est différée par rapport au début de sa privation de liberté. Cette situation se rencontre dans deux hypothèses. La première est celle dans laquelle la personne est interpellée sur la voie publique. La notification de ses droits étant très formelle (procès-verbal, émargement), l'information ne peut pas y être matériellement réalisée. La chambre criminelle admet que l'information faite dès l'arrivée de l'intéressé dans les locaux de police ou de gendarmerie n'enfreint pas les dispositions de l'article 63-1 du Code de procédure pénale[125]. La seconde est l'hypothèse dans laquelle, sur la durée de la garde à vue proprement dite, vient s'imputer une durée de privation de liberté antérieure, comme la vérification d'identité (quatre heures) ou la retenue douanière (vingt-quatre heures).

Ces dispositions de l'article 63-1 du Code de procédure pénale relatives aux conditions de l'information du gardé à vue sont à rapprocher des dispositions de l'article 5 § 2 de la Convention européenne des droits de l'homme. Cet article prévoit que « toute personne arrêtée doit être informée, dans le plus court délai et dans une langue qu'elle comprend, des raisons de son arrestation et de toute accusation portée contre elle ». Ces garanties « informatives » se rapprochent de celles offertes par le droit américain.

1997, *Dr. pén.*, 1998, comm. 138, note A. Maron ; commissariat assiégé par des manifestants : Crim., 10 avril 1996, n° 94-81.728, *Gaz. Pal.*, 1996, 2, p. 136 ; V. Bück, « Vers un contrôle plus étendu de la garde à vue. L'exemple du contentieux relatif à la notification immédiate des droits », *RSC*, 2001, p. 325.

123. Pour un exemple de personne placée en garde à vue de nationalité angolaise dont les droits ont été valablement notifiés au moyen d'un imprimé rédigé en portugais, voy. Civ. 1re, 10 mai 2006, n° 04-50.172, *Bull. civ.*, I, n° 231.

124. Ce faisant, l'omission de remettre ledit document n'est pas sanctionnée par la nullité si la notification des droits a été faite régulièrement (Cass. crim., 7 février 2017, n° 16-85.187). Le formulaire n'a de sens que dans l'hypothèse où la personne ne parle ni ne comprend la langue française.

125. Crim., 23 mars 1999, n° 98-86.263, *Bull. crim.*, n° 51 ; *D.*, 1999, somm. comm., p. 324, obs. Pradel.

E 13 **L'information du gardé à vue sur ses droits en droit comparé franco-américain**

On rapproche communément l'information du gardé à vue sur ses droits des « enseignements » que les séries de télévision américaines diffusées en France nous apportent au sujet de la procédure pénale outre-Atlantique. C'est l'image d'Épinal d'un nouveau genre du lieutenant de police américain qui, passant les menottes à un malfaiteur qu'il vient d'arrêter, lui « dit ses droits ». Cette représentation est tellement forte qu'on raconte même que des personnes arrêtées en France attendent de l'agent de police qu'il leur « dise leurs droits »... Cette obligation d'information résulte d'un grand arrêt de la Cour suprême des États-Unis du 13 juin 1966 rendu dans l'affaire *Miranda contre Arizona* : « Sauf à user d'autres moyens efficaces pour aviser l'intéressé de son droit de se taire et pour assurer scrupuleusement l'exercice de ce droit, il y a lieu de prendre les mesures suivantes : avant tout interrogatoire, l'intéressé doit être informé qu'il a le droit de garder le silence, que toute déclaration de sa part pourra être retenue contre lui en justice, qu'il a le droit à l'assistance d'un avocat et, s'il ne peut en rémunérer un, qu'il lui en sera commis un d'office avant tout interrogatoire s'il le souhaite. Après que ces renseignements lui ont été communiqués et que cette possibilité lui a été offerte, il peut en toute connaissance de cause y renoncer et accepter de répondre aux questions ou de faire une déclaration. Mais si et tant que l'accusation n'a pas démontré qu'il a bien été informé de ces droits et y a renoncé, aucune preuve recueillie grâce à un interrogatoire ne pourra être retenue contre lui [...] [nul interrogatoire ne peut avoir lieu si l'intéressé] indique [...] qu'il souhaite consulter un avocat avant de parler [ou si, alors qu'il se trouve seul, il] indique [...] ne pas vouloir être interrogé » (cité par M. le juge De Meyer dans son opinion dissidente sous CEDH, 24 novembre 1993, aff. *Imbrioscia c. Suisse*, req. n° 13972/88).

336 ***Droit de faire prévenir un tiers.*** Toute personne placée en garde à vue peut, à sa demande, faire prévenir, par téléphone, une personne avec laquelle elle vit habituellement ou l'un de ses parents en ligne directe, l'un de ses frères et sœurs ou son curateur ou son tuteur de la mesure dont elle est l'objet. Elle peut en outre faire prévenir son employeur. Lorsque la personne gardée à vue est de nationalité étrangère, elle peut faire contacter les autorités consulaires de son pays (art. 63-2, al. 1er, du CPP). Cette information ne peut porter que sur la mesure de garde à vue. Il n'est pas possible de communiquer d'autres éléments. Elle est réalisée par voie téléphonique. Des diligences qui, sauf circonstances insurmontables, doivent intervenir au plus tard dans un délai de trois heures à compter du moment où la personne en a formulé la demande.

Celui ou celle qui est informé ne peut toutefois exercer les droits du gardé à vue à sa place. Il ne peut que demander que celui-ci fasse l'objet d'un examen médical ou bénéficie de l'assistance d'un avocat.

Le procureur de la République peut différer ou même refuser cette communication mais dans des hypothèses tout à fait exceptionnelles. Il faut que cette décision soit, au regard des circonstances, indispensable afin de permettre le recueil ou la conservation des preuves ou de prévenir une atteinte grave à la vie, à la liberté ou à l'intégrité physique d'une personne.

La communication avec le tiers peut aller au-delà de la simple information dès lors que l'officier de police judiciaire l'autorise. C'est lui qui maîtrise la garde à vue et peut ainsi, en fonction de son déroulé et des éléments apportés, en assouplir le régime. Le gardé à vue peut être autorisé à communiquer par écrit, par téléphone ou lors d'un entretien, avec le tiers s'il apparaît que cette communication n'est pas incompatible avec les objectifs mentionnés à l'article 62-2 et que cet échange ne risque pas de permettre une infraction.

C'est encore l'officier ou l'agent de police judiciaire qui détermine le moment, les modalités et la durée de cette communication. Elle est réalisée sous son contrôle, le cas échéant en sa présence ou en la présence d'une personne qu'il désigne. Si la demande de communication concerne les autorités consulaires, l'officier de police judiciaire ne peut s'y opposer au-delà de la quarante-huitième heure de la garde à vue. La durée de l'échange est toujours la même en ce qu'elle ne peut excéder trente minutes.

Il est bien évident que cette extension du droit de communication n'a pas lieu d'être lorsque le procureur de la République a suspendu ou interdit la communication avec un tiers.

337 ***Droit à un examen médical.*** L'article 63-3 du Code de procédure pénale dispose que la personne placée en garde à vue peut bénéficier d'un examen médical[126]. Il s'agit d'un droit tout à fait essentiel qui doit avant tout permettre de vérifier que son état de santé est compatible avec la mesure dont elle fait l'objet. Trois personnes peuvent exiger que cet examen ait lieu. C'est tout d'abord le gardé à vue lui-même une fois qu'il a été informé de cette possibilité lors de la notification de ses droits par l'officier de police judiciaire. Le procureur de la République et l'officier de police judiciaire peuvent le décider d'office, sans que la personne en ait fait la demande. Enfin le membre de la famille, averti du placement en garde à vue lors de l'information qu'autorise l'article 63-2, peut également formuler cette demande. L'examen médical est alors obligatoire. Si une prolongation de garde à vue est décidée, un nouvel examen peut être accompli selon les mêmes conditions.

Le médecin se prononce bien évidemment sur l'aptitude de la personne à être maintenue en garde à vue. S'il existe une incompatibilité, la mesure doit être immédiatement interrompue, sa poursuite étant une cause de nullité évidente[127]. Il en va de même du non-respect des prescriptions relatives à un traitement[128]. Le médecin peut aussi procéder à toute constatation utile ce qui est loin d'être anodin. Il peut relever des contusions importantes des phalanges de celui à qui il est reproché des violences aggravées ce qui peut utilement étayer les accusations qu'il conteste. À l'inverse, l'absence de traces ne pourra que servir la défense contre les déclarations d'une victime qui assure avoir été rouée de coups.

L'examen doit être réalisé au plus tard dans un délai de trois heures à compter du moment où la personne en a formulé la demande. L'attente du médecin ne suspend pas l'interrogatoire de la personne gardée à vue. L'examen est pratiqué à l'abri du regard et de toute écoute extérieure. Le médecin peut cependant exiger la présence d'un tiers ou une surveillance policière notamment lorsque le gardé à vue est susceptible de présenter un danger. Le certificat médical qui est dressé doit être versé au dossier.

---

126. P. Chariot (dir.), *L'intervention du médecin en garde à vue – Conférence de consensus*, coll. Thèmes et commentaires, Paris, Dalloz, 2006 ; P. Chariot et C. Borand, « L'intervention du médecin en garde à vue : le chemin sinueux vers une harmonisation des pratiques », *AJ pénal*, 2008, p. 265.

127. Crim., 27 octobre 2009, n° 09-82.505, *Bull. crim.*, n° 176 ; *D.*, 2010, p. 39, obs. Degorce ; *D.*, 2010, p. 245, note Delage ; *AJ penal*, 2010, p. 37, obs. Girault ; *RPDP*, 2010, p. 137, obs. Ambroise-Castérot. *Add.* : D. Thomas-Taillandier, « L'influence de l'examen médical sur la garde à vue », *Gaz. Pal.*, 5 février 2019, p. 70.

128. Cass. crim., 14 mars 2017, n° 16-84.352.

338 ***Droit de s'entretenir et d'être assisté par un avocat.*** Le droit pour la personne placée en garde à vue de s'entretenir avec un avocat a été reconnu en 1993, celui d'être assistée par un avocat au cours des auditions et confrontation relève de la loi du 14 avril 2011. Un texte qui a mis en adéquation les nouvelles règles avec les injonctions du Conseil constitutionnel et la jurisprudence de la Cour européenne des droits de l'homme (voy. *supra*, n° 319). Dans ses choix de vocabulaire juridique, le législateur associe le droit de s'entretenir avec un avocat et le droit d'être assisté par un avocat sous les mêmes termes de « droit à être assisté » (art. 63-3-1) ; ils relèvent toutefois de droits et garanties bien distincts au regard des droits de la défense :

- le **droit de s'entretenir avec un avocat** est le droit d'accéder à un avocat au cours de la garde à vue. Les articles 63-3-1 à 63-4-1 du Code de procédure le reprennent et le développent quelque peu par rapport au droit antérieur. La personne placée en garde à vue ne bénéficie de ce droit qu'à sa demande, en début de garde à vue, ainsi que, le cas échéant, en début de prolongation de celle-ci. L'avocat est en principe désigné par la personne placée en garde à vue. Il peut arriver qu'elle ne soit pas en mesure d'en désigner un ou plus fréquemment que l'avocat désigné ne parvienne pas à être contacté. Dans ce cas, elle peut demander qu'un avocat lui soit commis d'office par l'intermédiaire du bâtonnier[129].

  Point tout à fait singulier, la ou les personnes informées du placement en garde à vue peuvent également demander à ce que la personne soit assistée d'un avocat. Si une telle demande est formulée, celle-ci doit obligatoirement être portée à la connaissance du gardé à vue afin de savoir s'il la confirme ou y renonce[130]. S'il refuse, il est entendu sans avocat.

  L'avocat désigné doit avoir accès à certaines informations sans pouvoir accéder à l'ensemble du dossier[131]. Il en va ainsi de la nature et de la date

129. L'officier de police judiciaire doit contacter l'avocat (ou le service de permanence des avocats) sans délai : la Cour de cassation a estimé qu'un délai d'une heure entre la demande du gardé à vue et l'information donnée au service de permanence des avocats viole l'article 63-4 : Civ. 1re, 6 décembre 2005, n° 04-50.139.

130. Cass. crim., 4 octobre 2016, n° 16-81.778.

131. Dans sa décision QPC du 18 novembre 2011 (sur cette décision, voy. *infra*, n° 339), le Conseil constitutionnel a estimé que, dans la mesure où l'assistance par un avocat au cours des auditions de garde à vue n'a « pas pour objet de permettre la discussion de la légalité des actes d'enquête ou du bien-fondé des éléments de preuve rassemblés par les enquêteurs », ni « de permettre la discussion du bien-fondé de la mesure de garde à vue », le législateur a opéré une conciliation non déséquilibrée entre les droits de la défense et l'objectif à valeur constitutionnelle de recherche des auteurs d'infraction (consid. n° 30) en limitant ainsi l'accès de l'avocat au dossier de procédure. Dans un arrêt du 19 septembre 2012, la chambre criminelle de la Cour de cassation a jugé que « l'absence de communication de l'ensemble des pièces du dossier, à ce stade de la procédure, [n'est] pas de nature à priver la personne d'un droit effectif et concret à un procès équitable, dès lors que l'accès à ces pièces est garanti devant les juridictions d'instruction et de jugement » : Crim., 19 septembre 2012, n° 11-88.111, *Bull. crim.*, n° 194 ; *D.*, 2012, p. 2640, note F. Desprez ; *JCP G*, 2012, p. 2092, note F. Fourment ; *Dr. pén.*, 2012, comm. n° 151, obs. A. Maron et M. Haas ; *Procédures*, 2012, comm. n° 331, obs. A.-S. Chavent-Leclère ; *Gaz. Pal.*, 30 octobre 2010, n° 274-276, p. 10, note O. Bachelet ; *Gaz. Pal.*, 16 décembre 2012, n° 351-353, p. 14, obs. B. Belval ; *Gaz. Pal.*, 9 février 2013, p. 42, obs. F. Fourment ; *adde* J. Pradel, « Du droit de l'avocat d'accéder au dossier établi au cours d'une garde à vue », *JCP G*, 2012, doctrine, 1223.

présumée de l'infraction sur laquelle porte l'enquête. Il peut demander à consulter le procès-verbal d'information constatant la notification du placement en garde à vue et des droits y étant attachés, le certificat médical le cas échéant établi, ainsi que les procès-verbaux d'audition de la personne, s'il en existe[132]. Il lui est en revanche impossible d'en obtenir une copie, son droit se limitant à prendre des notes.

La phase d'entretien est un moment tout à fait essentiel qui est protégé de toute interférence. Elle doit se dérouler dans des locaux et selon des conditions propres à en assurer la plus totale confidentialité. La durée de l'échange est de trente minutes maximum. À l'issue l'avocat peut présenter des observations écrites. Celles-ci sont obligatoirement jointes au dossier (art. 63-4-3).

Il peut arriver en début ou en cours de procédure qu'un conflit d'intérêts apparaisse. C'est par exemple un avocat qui est réclamé par deux suspects dont les déclarations les conduisent à se mettre respectivement en cause. L'avocat doit alors demander à ce qu'un confrère soit désigné à sa place pour assister l'un des gardés à vue. Il peut toutefois arriver que l'existence de ce conflit d'intérêts ne soit pas partagée, l'avocat estimant qu'il n'y en a pas, contre l'avis des enquêteurs et/ou du procureur. C'est alors au bâtonnier de trancher la situation ;

– le **droit d'être assisté par un avocat au cours des auditions et confrontations**. Ce droit à l'assistance concrète que réglementent les articles 63-4-2 à 63-4-4 du Code de procédure pénale constitue une des grandes avancées des droits de la défense. Il faut bien évidemment que le gardé à vue en fasse la demande[133]. Dans ce cas, l'avocat est obligatoirement présent pendant toute la durée des interrogatoires. La loi n° 2016-731 du 3 juin 2016 a introduit un nouvel article 63-4-3-1 selon lequel « si la personne gardée à vue est transportée sur un autre lieu, son avocat en est informé sans délai ».

339 ***Tempéraments.*** Cette obligation que constitue la présence de l'avocat lors des auditions et confrontations menées en garde à vue connaît certains tempéraments. Le premier renvoie au délai qui est laissé à l'avocat du prévenu pour venir assister son client. Il doit être présent dans les deux heures à compter du moment où il a été informé de sa désignation, temps pendant lequel aucune

132. La demande doit être expresse : Crim., 18 décembre 2012, n° 12-85.735, *Bull. crim.*, n° 281 ; *Procédures*, 2013, comm. n° 79, obs. A.-S. Chavent-Leclère ; *Gaz. Pal.*, 11 mai 2013, p. 36, obs. F. Fourment.

133. La personne placée en garde à vue peut donc renoncer au droit à l'assistance d'un avocat. Un problème de droit transitoire s'est posé pour les gardes à vue comprises entre l'apparition de la jurisprudence de la Cour européenne et la loi du 14 avril 2011. La chambre criminelle l'a résolu ainsi : la personne placée en garde à vue qui a renoncé de façon expresse et éclairée à son droit de s'entretenir avec un avocat qu'elle tenait des dispositions de l'article 63-3 du Code de procédure pénale en vigueur antérieurement à la loi du 14 avril 2011, ne peut invoquer une violation de son droit à être assistée par un avocat au cours des interrogatoires de garde à vue alors reconnu par la jurisprudence de la Cour européenne des droits de l'homme en application de l'article 6 de la Convention européenne des droits de l'homme (Crim., 17 janvier 2012, n° 11-86.797, *Bull. crim.*, n° 15 ; *Gaz. Pal.*, 21 avril 2012, p. 40, obs. Fourment ; *D.*, 2012, p. 503, obs. Lavric ; voy. aussi P.-F. Veil et D. Père, « La renonciation à l'assistance d'un avocat en garde à vue est-elle conforme aux exigences du procès équitable ? », *D.*, 2012, point de vue, p. 2400).

audition n'est possible[134]. À l'issue, s'il n'est pas là, l'interrogatoire peut régulièrement débuter. Il devra toutefois s'interrompre dès l'arrivée du défenseur et reprendre en sa présence, une fois respectées les obligations d'information, d'accès à certaines pièces de procédures et surtout l'entretien de trente minutes.

Autre tempérament, la loi autorise sous certaines conditions tout à fait exceptionnelles, que l'interrogatoire ait lieu hors la présence d'un avocat pourtant demandé. C'est d'abord l'hypothèse dans laquelle l'urgence impose une telle audition. On peut aisément l'imaginer dans le cas de l'enlèvement d'un enfant dont le suspect est appréhendé et qui est seul à pouvoir dire où se trouve la victime. Le procureur de la République doit alors prendre une décision spéciale et motivée qui est versée en procédure et qui permet que l'interrogatoire se fasse sans respecter le délai de deux heures.

Autre cas autrement plus exceptionnel : le procureur peut différer la présence de l'avocat pendant un délai de douze heures[135]. Il doit saisir le juge des libertés et de la détention s'il estime que cette durée doit être prolongée de douze heures supplémentaires. Une possibilité qui n'est envisageable que pour les crimes ou délits punis d'une peine supérieure ou égale à cinq ans d'emprisonnement.

La décision doit à chaque fois être écrite et motivée. Il faut que le magistrat explique en quoi l'absence de conseil est « indispensable pour des raisons impérieuses tenant aux circonstances particulières de l'enquête, soit pour permettre le bon déroulement d'investigations urgentes tendant au recueil ou à la conservation des preuves, soit pour prévenir une atteinte grave et imminente à la vie, à la liberté ou à l'intégrité physique d'une personne ». L'interdiction pour l'avocat d'assister la personne en garde à vue va de pair avec celle de consulter les procès-verbaux dont l'accès lui est alors interdit.

Enfin, dans le cadre des dispositions adoptées pour lutter contre la propagation de l'épidémie de **Covid-19**, l'article 13 de l'ordonnance du 25 mars 2020 (voy., *supra*, n° 3) avait prévu que l'entretien avec un avocat de la personne gardée à vue, ainsi que l'assistance de cette personne par son avocat au cours de ses auditions, « [pouvaient] se dérouler par l'intermédiaire d'un moyen de communication électronique, y compris téléphonique », bien sûr dans des conditions garantissant la confidentialité des échanges. Heureusement, la circulaire d'application du 26 mars 2020 était venue souligner « que ces dispositions ne [venaient] nullement limiter la possibilité pour l'avocat d'assister sur place la personne en garde à vue [...], le déplacement de l'avocat dans les services enquêteurs et sa présence physique auprès du gardé à vue ne pouvant en effet lui être refusés ».

134. Si l'avocat se présente après l'expiration de ce délai alors qu'une audition ou une confrontation est en cours, celle-ci est interrompue à la demande de la personne gardée à vue afin de lui permettre de s'entretenir avec son avocat dans les conditions prévues à et afin que celui-ci prenne connaissance des documents prévus à l'article 63-4-1.

135. Dans sa décision QPC du 18 novembre 2011, le Conseil constitutionnel a estimé que les dispositions de l'article 63-4-2, alinéa 1er, du Code de procédure pénale, permettant que l'audition commence avant l'expiration du délai de deux heures, et celles des trois derniers alinéas de l'article 63-4-2, permettant le report du droit à l'assistance d'un avocat, assurent entre le respect des droits de la défense et l'objectif de valeur constitutionnelle de recherche des auteurs d'infractions, une conciliation qui n'est pas déséquilibrée (consid. nos 30 et 31).

340 ***Question du transport de la personne.*** L'obligation de respecter la présence et l'assistance de l'avocat a suscité une importante controverse à propos des hypothèses dans lesquelles la personne en cause venait à être déplacée. Fallait-il que l'avocat soit présent aux côtés de son client ? C'est très clairement la question des conditions de réalisation de la perquisition qui était posée. Rappelons que lorsqu'elle est accomplie, l'officier de police judiciaire présente les pièces à conviction à la personne afin qu'elle les reconnaisse ce qui selon certains participait à la réalisation d'un interrogatoire qui exigeait la présence du défenseur. La loi n° 2019-222 du 23 mars 2019 a définitivement réglé cette controverse en modifiant l'article 63-4-3-1 du Code de procédure pénale. L'avocat n'est avisé que dans l'hypothèse où le transport implique d'entendre la personne en un autre lieu ou réaliser un des actes prévus à l'article 61-3 ce qui correspond aux opérations de reconstitution ou de tapissage. Dans les autres hypothèses, l'avocat n'a pas à être avisé du transport ce qui renvoie notamment aux perquisitions, déplacement dans un lieu médicalisé… Il va de soi que dans de telles circonstances, la personne gardée à vue ne peut plus être interrogée sur les faits. En cas de perquisition, l'officier de police judiciaire présente les pièces saisies à la personne. S'il vient à l'interroger plus avant, le procès-verbal sera alors frappé de nullité « dès lors qu'aucune raison impérieuse tenant aux circonstances de l'espèce n'autorisait les enquêteurs à recueillir les déclarations spontanées faites par la personne gardée à vue sur les faits, sans procéder à une audition dans le respect des règles légales l'autorisant à garder le silence et à être assistée par un avocat »[136].

341 ***Conditions de réalisation des auditions et confrontations.*** L'audition ou la confrontation est menée sous la direction de l'officier de police judiciaire[137]. À l'issue de chaque acte, l'avocat peut poser des questions, auxquelles l'officier de police judiciaire ne peut s'opposer que si elles sont de nature à nuire au bon déroulement de l'enquête. En cas de confrontation, c'est-à-dire d'audition concomitante de la personne placée en garde à vue et de la victime, cette dernière peut également demander à être assistée par un avocat[138]. À l'issue de chaque audition ou confrontation, l'avocat dispose de la faculté de présenter des observations écrites dans lesquelles il peut consigner les questions refusées.

Bien entendu, l'avocat ne peut faire état auprès de quiconque pendant la durée de la garde à vue ni des entretiens avec la personne qu'il assiste, ni des informations qu'il a recueillies en consultant les procès-verbaux et en assistant aux auditions et aux confrontations : l'article 63-4-4 rappelle ces obligations liées au secret professionnel.

---

136. Crim., 25 avril 2017, n° 16-87.518.

137. G. Roussel, « L'annulation des procès-verbaux pour défaut de mention des questions », *AJ pénal*, 2005, p. 19.

138. Auditionnée hors confrontation, la victime ne bénéficie donc pas du droit à être assistée par un avocat. La victime est informée de ce droit avant la confrontation. L'avocat est désigné selon les mêmes modalités que celui de la personne placée en garde à vue. Il peut demander à consulter les procès-verbaux d'audition de la seule personne qu'il assiste. Le Code ne précise pas si l'avocat peut s'entretenir avec la victime dans des conditions similaires à la personne placée en garde à vue.

La présence active de l'avocat durant la garde à vue a conduit certains auteurs à annoncer « le glas de la religion de l'aveu »[139]. D'ailleurs l'article préliminaire III, dernier alinéa, du Code de procédure pénale prévoit dorénavant qu'« [e]n matière criminelle et correctionnelle, aucune condamnation ne peut être prononcée contre une personne sur le seul fondement de déclarations qu'elle a faites sans avoir pu s'entretenir avec un avocat et être assistée par lui ».

342 ***Respect de la dignité de la personne placée en garde à vue.*** L'article 63-5 du Code de procédure pénale prévoit en termes généraux que « [l]a garde à vue doit s'exécuter dans des conditions assurant le respect de la dignité de la personne. – Seules peuvent être imposées à la personne gardée à vue les mesures de sécurité strictement nécessaires ». Le respect dû à la dignité de la personne placée en garde à vue passe également par des dispositions plus précises, en matière de fouille, notamment. Il en découle trois principes. Premièrement, les mesures de sécurité ayant pour objet de s'assurer que la personne gardée à vue ne détient aucun objet dangereux pour elle-même ou pour autrui ne peuvent justifier une fouille intégrale ; au demeurant, la personne placée en garde à vue doit pouvoir disposer, au cours de son audition, des objets dont le port ou la détention sont nécessaires au respect de sa dignité (art. 63-6 du CPP)[140]. Deuxièmement, seule l'enquête, ses nécessités, et même son caractère indispensable peuvent justifier une fouille intégrale[141], qui suppose que la personne soit dénudée. Seul l'officier de police judiciaire peut le décider. Elle doit par ailleurs être réalisée dans un espace fermé et par une personne du même sexe que la personne qui en fait l'objet (art. 63-7, al. 1er). Troisièmement, seules les nécessités de l'enquête peuvent justifier les investigations corporelles internes[142] – ou fouilles *in corpore* –. Elles ne peuvent être réalisées que par un médecin (art. 63-7, al. 2).

343 ***Issue de la garde à vue.*** À l'issue de la garde à vue, la personne est, sur instruction du procureur de la République, soit remise en liberté, soit déférée devant ce magistrat (art. 63-8).

Si la personne est remise en liberté sans qu'aucune décision n'ait été prise par le procureur de la République sur l'action publique, elle est informée des dispositions de l'article 77-2 du Code de procédure pénale (art. 63-8). Le texte dispose que « [t]oute personne placée en garde à vue au cours d'une enquête préliminaire ou de flagrance qui, à l'expiration d'un délai de six mois à compter de la fin de la garde à vue, n'a pas fait l'objet de poursuites, peut interroger le procureur de la République dans le ressort duquel la garde à vue s'est déroulée sur la suite donnée ou susceptible d'être donnée à la procédure. Cette demande est adressée par lettre recommandée avec demande d'avis de réception »[143].

139. X. Pin, note sous Crim., 11 mai 2011, n° 10-84.251, *JCP*, 2011, 819.

140. Ils lui sont donc le cas échéant restitués le temps de l'audition ; une ceinture ou les lacets de chaussure, par exemple.

141. La palpation de sécurité ou l'utilisation de moyens de détection électronique doivent être insuffisantes.

142. La détection de sachets de stupéfiants dans l'estomac ; la nécessité de la fouille confine alors à son caractère indispensable, puisqu'exclusif.

143. Ces dispositions ne sont pas applicables aux enquêtes relatives à la criminalité et à la délinquance organisées.

E14 La rétention judiciaire pour « déférement » auprès d'un magistrat après une garde à vue

Quid du titre juridique de privation de liberté de l'individu qui, au terme de la garde à vue et de sa durée légale, est déféré devant le procureur de la République (ou très vite à la suite devant le juge d'instruction) ? Le Code de procédure pénale n'avait institué aucun titre juridique de privation de liberté « relais » à l'expiration de la garde à vue.

Toute personne ayant fait l'objet d'un « déférement » à l'issue de sa garde à vue à la demande du procureur de la République comparaît le jour même devant ce magistrat (article 803-2 du Code de procédure pénale, que le Conseil constitutionnel, dans sa décision n° 2011-125 QPC du 6 mai 2011 a jugé conforme à la Constitution, sous la réserve que le parquetier n'interroge ni ne consigne les déclarations de la personne). Mais en cas de nécessité, la personne peut comparaître le jour suivant et peut être retenue à cette fin dans des locaux de la juridiction spécialement aménagés, à la condition que cette comparution intervienne au plus tard dans un délai de vingt heures à compter de l'heure à laquelle la garde à vue a été levée (art. 803-3 du Code de procédure pénale, que le Conseil constitutionnel, dans sa décision n° 2010-80 QPC du 17 décembre 2010, a jugé conforme à la Constitution, sous la réserve que la personne retenue soit effectivement présentée à un magistrat du siège avant l'expiration du délai de vingt heures).

b) Les garanties de forme

344 ***Caractère écrit de la procédure pénale et procès-verbaux de garde à vue.*** La procédure pénale dans sa phase de mise en état est écrite ; les nombreux procès-verbaux qui sont dressés à l'occasion d'une garde à vue en témoignent. Deux exemples suffiront à l'illustrer. À propos de l'information du gardé à vue sur ses droits, l'article 63-1 du Code de procédure pénale prévoit que cette notification fait l'objet d'une mention sur le procès-verbal de déroulement de la garde à vue, émargée par la personne placée en garde à vue. Si elle refuse d'émarger, mention en est faite. Concernant le déroulement de la garde à vue en général, l'article 64-I du Code de procédure pénale prévoit que l'officier de police judiciaire établit un procès-verbal mentionnant : les motifs justifiant le placement en garde à vue, conformément aux 1° à 6° de l'article 62-2 ; la durée des auditions de la personne gardée à vue et des repos qui ont séparé ces auditions, les heures auxquelles elle a pu s'alimenter, le jour et l'heure à partir desquels elle a été gardée à vue, ainsi que le jour et l'heure à partir desquels elle a été soit libérée, soit déférée devant le magistrat compétent ; le cas échéant, les auditions de la personne gardée à vue effectuées dans une autre procédure pendant la durée de la garde à vue ; les informations données et les demandes faites en application des articles 63-3 et 63-3-1 et les suites qui leur ont été données ; s'il a été procédé à une fouille intégrale ou à des investigations corporelles internes. Ces mentions doivent être spécialement émargées par la personne gardée à vue. En cas de refus, il en est fait mention. Un double des mentions relatives aux dates et heures du début et de fin de garde à vue et à la durée des auditions et des repos séparant ces auditions ainsi qu'au recours à des fouilles intégrales ou des investigations corporelles internes figure également sur un registre spécial, tenu à cet effet dans tout local de police ou de gendarmerie susceptible de recevoir une personne gardée à vue. Ces documents ne doivent pas être confondus avec le registre répertoriant le nombre et la fréquence des contrôles effectués par le procureur de la République dans les locaux de garde à vue de son ressort (visite qui a lieu chaque fois qu'il l'estime nécessaire et au moins une fois par an ; art. 41, al. 3, du CPP).

345 ***Enregistrement audiovisuel de certains interrogatoires de garde à vue.*** La loi n° 2007-291 du 5 mars 2007 « tendant à renforcer l'équilibre de la procédure pénale » a repris la proposition de la Commission d'enquête chargée de rechercher les causes des dysfonctionnements de la justice dans l'affaire dite d'Outreau et de formuler des propositions pour éviter leur renouvellement consistant à faire un enregistrement audiovisuel des interrogatoires de garde à vue[144], introduit dès la loi du 15 juin 2000 pour les mineurs. La loi du 14 avril 2011 ne modifie pas l'économie générale de l'article 64-1 du Code de procédure pénale, détaillant les conditions de l'enregistrement audiovisuel de ces interrogatoires :

- enregistrement des seuls interrogatoires des personnes placées en garde à vue en matière criminelle[145], sauf impossibilité technique (mention dans le procès-verbal et avis immédiat du procureur de la République)[146] ou humaine (obstacle tiré du nombre de personnes gardées à vue devant être simultanément interrogées ; avis sans délai du procureur de la République qui désigne la ou les personnes dont les interrogatoires ne seront pas enregistrés). Il était prévu que les interrogatoires des personnes placées en garde à vue dans le cadre d'une procédure applicable à la criminalité et à la délinquance organisées (art. 706-73 et s. du CPP) ne soient pas enregistrés, sauf décision contraire du procureur de la République ; une restriction que le Conseil constitutionnel et la chambre criminelle de la Cour de cassation ont jugé contraire au principe d'égalité devant la loi[147] ;
- consultation de l'enregistrement au cours de l'instruction ou devant la juridiction de jugement uniquement en cas de contestation du contenu du procès-verbal d'interrogatoire (sur décision du juge d'instruction ou de la juridiction de jugement, à la demande du ministère public ou d'une des parties) ;
- destruction de l'enregistrement à l'expiration d'un délai de cinq ans à compter de la date de l'extinction de l'action publique.

5) Le régime de la nullité des procès-verbaux de garde à vue

346 ***Jusqu'à la loi du 4 janvier 1993 : causes de nullité substantielles et grief sévèrement apprécié.*** Jusqu'à la loi du 4 janvier 1993, les formalités de la garde à vue obéissaient au régime des nullités substantielles. Parallèlement, la jurisprudence de la chambre criminelle était très sévère dans l'appréciation du grief. Il fallait que « la recherche et l'établissement de la vérité [se soient] trouvées viciés » par l'inobservation de la formalité de la garde à vue[148]. Au besoin, pour sauver une procédure, la chambre criminelle n'avait pas hésité à retenir le

144. S. Garde-Lebreton, « L'enregistrement des interrogatoires : un rééquilibrage des forces pendant la garde à vue », *AJ pénal*, 2007, p. 462.

145. Crim., 2 décembre 2009, n° 09-85.103, *Bull. crim.*, n° 201 ; *AJ pénal*, 2010, p. 200, obs. Duparc.

146. Crim., 26 mars 2008, n° 0788.554, *Bull. crim.*, n° 77 ; *RPDP*, 2008, p. 865, obs. Maistre du Chambon.

147. Cons. const., décision n° 2012-228/229 QPC du 6 avril 2012 et Crim., 10 mai 2012, n° 11-87.328, *Bull. crim.*, n° 116 ; *Gaz. Pal.*, 28 juillet 2012, p. 33, obs. F. Fourment.

148. Crim., 27 décembre 1960, n° 1331/am, *Bull. crim.*, n° 622 ; Crim., 21 octobre 1980, *D.*, 1981, p. 104, note Mayer.

critère de la recherche et de l'établissement de la vérité « fondamentalement » viciés[149], ce qui limitait les cas dans lesquels la nullité pouvait être prononcée.

347 ***Avec la loi du 4 janvier 1993 jamais appliquée : causes de nullité textuelles et « guillotines ».*** Les auteurs de la loi du 4 janvier 1993 ont souhaité résoudre cette difficulté en qualifiant de textuelles ces causes de nullité. Ils en firent surtout des causes de nullité « couperet » dont le prononcé n'était pas soumis à l'exigence d'un grief. Il suffisait qu'une garde à vue soit affectée d'une cause de nullité pour que les procès-verbaux soient annulés dans leur ensemble.

348 ***Loi du 24 août 1993 : retour à des causes de nullité substantielles, mais grief largement apprécié.*** La loi du 24 août 1993 est revenue au système antérieur à la loi du 4 janvier 1993 : les causes de nullité de la garde à vue sont substantielles et soumises à l'exigence d'un grief (voy. *supra*, n° 45). Toutefois, la jurisprudence réserve un traitement particulier à la sanction de l'inobservation de l'article 63-1 du Code de procédure pénale relatif à la notification des droits : « tout retard injustifié dans la mise en œuvre [de l'obligation de notifier les droits attachés au placement en garde à vue dès que la personne retenue se trouve en état d'être informée] porte nécessairement atteinte aux intérêts de la partie qu'elle concerne »[150]. Formellement, cette cause de nullité appartient toujours aux nullités d'ordre privé et est donc toujours soumise à l'exigence d'un grief. Mais celui-ci est présumé de manière irréfragable. Matériellement, donc, cette irrégularité obéit au régime des nullités d'ordre public, sous réserve qu'elle ne peut être demandée par une partie qui n'a pas subi cet acte. Il ne serait d'ailleurs pas incongru de qualifier cette méconnaissance des garanties de la garde à vue de cause de nullité « assimilée » aux nullités d'ordre public (voy. *supra*, n° 46). La loi mort-née du 4 janvier 1993 aura laissé des traces… La loi du 14 avril 2011 ne modifie pas ce régime juridique fondé sur une construction essentiellement jurisprudentielle.

E 15 **Le Contrôleur général des lieux de privation de liberté**

La loi n° 2007-1545 du 30 octobre 2007 « instituant un Contrôleur général des lieux de privation de liberté » crée cette nouvelle autorité administrative indépendante, chargée de contrôler que les conditions de prise en charge des personnes privées de liberté respectent leurs droits fondamentaux (art. 1er). Doté d'un droit de visite permanent de tout lieu où des personnes sont privées de leur liberté par décision d'une autorité publique, le Contrôleur général peut obtenir toute information ou pièce utile à l'exercice de sa mission et s'entretenir, dans des conditions assurant la confidentialité de leurs échanges, avec toute personne dont le concours lui paraît nécessaire (art. 8). À l'issue de chaque visite, le Contrôleur fait connaître aux ministres intéressés ses observations concernant l'état, l'organisation ou le fonctionnement du lieu visité, ainsi que la condition des personnes privées de liberté. S'il constate une violation grave des droits fondamentaux d'une personne privée de liberté, le Contrôleur communique sans délai ses observations aux autorités compétentes, qui ont un temps déterminé pour y répondre. À l'issue de ce délai, le Contrôleur général constate s'il a été mis fin à la violation signalée (art. 9). Il peut enfin émettre des avis, formuler des recommandations et proposer au Gouvernement toute modification législative ou réglementaire (art. 10). En procédure pénale, le Contrôleur général des lieux de privation de liberté pourra par exemple intervenir dans les locaux de garde à vue ou les maisons d'arrêt (détention provisoire).
(J.-P. Céré, « L'institution d'un contrôleur général des lieux de privation de liberté par la loi du

149. Crim., 26 février 1991, n° 90-87.295, *Bull. crim.*, n° 97.
150. Crim., 30 avril 1996, n° 95-82.217, *Bull. crim.*, n° 182 ; *RSC*, 1996, p. 879, obs. Dintilhac.

30 octobre 2007 : remarques sur un accouchement difficile », *AJ pénal*, 2007, p. 525 ; J. Buisson, « Contrôleur général des lieux de privation de liberté », *Procédures*, 2007, comm. n° 291 ; L. Mortet, « Le Contrôleur général des lieux de privation de liberté : un nouveau regard sur les lieux de privation de liberté », *RPDP*, 2008, p. 287 ; É. Senna, « Le contrôle général des lieux privatifs de liberté : premier bilan d'activité », *AJ pénal*, 2009, p. 219 ; M. Danti-Juan, « La création d'un contrôle général des lieux de privation de liberté », *RPDP*, 2008, p. 485).

G) Les auditions du mineur

349 ***Libre, retenu ou gardé à vue.*** Le mineur peut être entendu sous le régime de l'audition libre (1.), mais aussi de la retenue ou garde à vue (2.).

1) L'audition libre du mineur

350 ***Assistance obligatoire de l'avocat.*** Le mineur peut être entendu librement autrement dit sans faire l'objet d'un placement en garde à vue. Mais à la différence de ce qui existe pour les majeurs, la présence de l'avocat est une obligation et non une faculté. L'article 3-1 de l'ordonnance du 2 février 1945 prévoit que lorsque le mineur ou ses représentants légaux n'ont pas sollicité la désignation d'un avocat, le procureur de la République, le juge des enfants, le juge d'instruction ou l'officier ou agent de police judiciaire doit informer par tout moyen et sans délai le bâtonnier de l'ordre des avocats afin qu'il en commette un d'office. Une règle qui se justifie pleinement au regard du statut particulier des mineurs.

La loi a toutefois prévu la possibilité de s'affranchir de cette obligation dans des hypothèses très particulières. Le magistrat compétent peut estimer que l'assistance d'un avocat n'est pas proportionnée au regard des circonstances de l'espèce, de la gravité de l'infraction, de la complexité de l'affaire et des mesures susceptibles d'être adoptées en rapport avec celle-ci. Dans ce cas, le magistrat et lui seul peut décider que l'audition se fera sans la présence d'un avocat.

La loi n'exige pas de décision écrite ou de motivation particulière. Il suffit que la décision soit actée en procès-verbal.

La question de la proportionnalité est au centre de cette mesure. Il n'y aura pas lieu à présence de l'avocat lorsqu'il s'agira d'un fait de faible gravité comme par exemple le vol d'un vélo commis sans heurt ou dégradation par un mineur inconnu de la justice. La logique commande qu'une fois entendu, il soit proposé une alternative aux poursuites qui puisse permettre au jeune auteur de prendre la mesure de son acte et éviter qu'il ne recommence. Ce qui doit être souligné est que dans cette hypothèse, la réponse qui sera apportée aux faits commande le régime procédural qui conduit à autoriser l'absence de l'avocat.

2) L'audition en garde à vue ou retenue

351 ***Articulation de l'ordonnance du 2 février 1945 relative à l'enfance délinquante et du droit commun du Code de procédure pénale.*** Il a fallu attendre la loi du 1er février 1994 pour que la garde à vue du mineur fasse l'objet de dispositions spécifiques. Elles figurent à l'article 4 de l'ordonnance du 2 février 1945 relative à l'enfance délinquante. Ces dispositions sont d'un maniement délicat : le cas échéant, elles doivent s'articuler avec les dispositions des articles 62-2 et suivants du Code de procédure pénale.

a) Les conditions et la durée de la garde à vue ou retenue du mineur

352 *Mineur de treize ans.* Le mineur de treize ans, c'est-à-dire le mineur de moins de treize ans, ne peut pas être placé en « garde à vue ». À titre exceptionnel, il peut être « retenu à la disposition d'un officier de police judiciaire » aux conditions suivantes :

- cette « rétention » ne peut concerner que le mineur de dix à treize ans ;
- des indices graves ou concordants sur la commission d'un crime ou d'un délit puni d'au moins cinq ans d'emprisonnement doivent peser contre lui ;
- la rétention doit être justifiée par l'un des motifs prévus par l'article 62-2 du Code de procédure pénale, à l'instar de la garde à vue de droit commun ;
- l'officier de police judiciaire ne peut placer un mineur en rétention qu'avec l'accord préalable et sous le contrôle d'un magistrat spécialisé dans la protection de l'enfance ;
- enfin, la durée de la rétention est déterminée par le magistrat et ne peut pas excéder douze heures. Une prolongation de ce délai initial est possible, sur décision motivée du magistrat, pour une nouvelle durée de douze heures maximum et, sauf impossibilité, après une présentation préalable du mineur au magistrat.

La police ne peut pas « retenir » un mineur de dix ans qui aurait commis une infraction grave. Cela ne veut pas dire que rien n'est possible. En deçà de cet âge, il s'agit nécessairement d'un enfant en danger qui relèverait alors des articles 375 et suivants du Code civil avec toute la procédure qui y est associée.

353 *Mineur de plus de treize ans.* Le mineur de plus de treize ans peut être placé en « garde à vue ». Le régime de droit commun de la garde à vue lui est applicable, sous certaines réserves relatives à la durée de la mesure. En cas de délit puni de moins de cinq ans d'emprisonnement, la garde à vue du mineur de treize à seize ans ne peut pas être prolongée.

Lorsque la prolongation de la garde à vue est possible, elle suppose la présentation préalable du mineur au procureur de la République.

b) Les garanties de la garde à vue ou retenue du mineur

354 *Information d'un proche.* L'officier de police judiciaire informe de la mesure de garde à vue les parents, tuteur ou service auxquels l'enfant est confié. Le procureur de la République peut décider de refuser d'informer ce proche pour permettre le recueil ou la conservation des preuves ou pour prévenir une atteinte grave à la vie, à la liberté ou à l'intégrité physique d'une personne. Cette absence d'information ne peut excéder vingt-quatre heures ou, lorsque la garde à vue ne peut faire l'objet d'une prolongation, douze heures.

355 *Examen médical.* Le mineur de seize ans doit faire l'objet d'un examen médical dès le début de la garde à vue. S'agissant du mineur de plus de seize ans, l'examen médical n'est pas de droit. Il l'est en revanche dès lors qu'il est demandé par le mineur lui-même, ses représentants légaux ou même son avocat.

356 *Assistance par un avocat.* Dès le début de la garde à vue, le mineur doit être assisté par un avocat, dans les conditions prévues aux articles 63-3-1 à 63-4-1 du Code de procédure pénale. Le mineur en est le premier informé. Il peut toutefois décliner l'exercice de ce droit. Dans ce cas, ses représentants légaux qui sont avisés de ce droit peuvent le faire à sa place. Si aucun n'exerce ce droit,

c'est le procureur de la République, le juge chargé de l'instruction ou l'officier de police judiciaire qui, dès le début de la garde à vue, doit informer par tout moyen et sans délai le bâtonnier afin qu'il en commette un d'office.

Le principe selon lequel le mineur placé en retenue ou en garde à vue ne souffre d'aucune exception. C'est là une différence importante avec l'audition libre.

357 ***Enregistrement audiovisuel des interrogatoires.*** L'enregistrement audiovisuel des interrogatoires a été introduit par la loi du 15 juin 2000 (art. 4 VI de l'ordonnance de 1945).

L'original de l'enregistrement est placé sous scellés, tandis que sa copie est versée au dossier. L'enregistrement ne peut être visionné qu'avant l'audience de jugement, en cas de contestation du contenu du procès-verbal d'interrogatoire et sur décision, selon le cas, du juge d'instruction ou du juge des enfants saisi par l'une des parties.

Dans un arrêt du 3 avril 2007, la chambre criminelle de la Cour de cassation considère fort opportunément que « le défaut d'enregistrement audiovisuel des interrogatoires d'un mineur placé en garde à vue, non justifié par un obstacle insurmontable, porte nécessairement atteinte aux intérêts de la personne concernée »[151]. Il faut donc voir dans le défaut d'enregistrement certes une cause de nullité d'ordre privé, mais avec présomption de grief (voy. *supra*, n° 46).

c) La notification de droits particuliers associés au statut de mineur

358 ***Droits applicables.*** Le mineur suspecté ou poursuivi a le droit :

– que les titulaires de l'autorité parentale reçoivent les mêmes informations que celles qui doivent être communiquées au mineur au cours de la procédure ;
– d'être accompagné par les titulaires de l'autorité parentale à chaque audience au cours de la procédure. Cette dernière disposition est particulièrement importante. Elle autorise notamment le parent à assister aux actes d'audition ou aux interrogatoires. Il peut cependant arriver que le titulaire de l'autorité parentale ne soit pas disponible ou refuse de se déplacer. L'audition ou l'interrogatoire peut quand même avoir lieu passé un délai de deux heures à compter du moment où la personne a été avisée.

Le mineur peut désigner un adulte approprié, qui doit être accepté en tant que tel par l'autorité compétente, pour recevoir ces informations et pour l'accompagner au cours de la procédure. Lorsque le mineur n'a désigné aucun adulte ou que l'adulte désigné n'est pas acceptable pour l'autorité compétente, le procureur de la République, le juge des enfants ou le juge d'instruction désigne, en tenant compte de l'intérêt supérieur de l'enfant, une autre personne pour recevoir ces informations et accompagner le mineur.

Cette personne peut également être un représentant d'une autorité ou d'une institution compétente en matière de protection de l'enfance, notamment un représentant *ad hoc*.

L'adulte peut demander un examen médical du mineur gardé à vue. Si cet adulte n'a pas pu être joint dès le début de la garde à vue, l'examen médical du mineur est obligatoire.

---

151. Crim., 3 avril 2007, n° 06-87.264, *Bull. crim.*, n° 104 ; *D.*, 2007, p. 2141, note PRADEL ; *JCP*, 2007, II, 10131, note MARÉCHAL ; *AJ pénal*, 2007, p. 287, obs. ROYER.

359 ***Obstacle à l'information et à la présence du titulaire de l'autorité parentale.*** Le titulaire de l'autorité parentale peut ne pas être avisé et peut se voir refuser la possibilité d'assister aux auditions et interrogatoires dans plusieurs hypothèses :

- parce que cela s'avère contraire à l'intérêt supérieur du mineur ;
- parce qu'aucun des titulaires de l'autorité parentale ne peut être joint ou que leur identité est inconnue ;
- parce que sa présence peut compromettre de manière significative la procédure pénale.

H) Les actes particuliers

360 ***Actes hybrides.*** La procédure pénale retient quelques autres actes, hybrides, entre actes parfois innommés ou ne tendant pas directement à la manifestation de la vérité.

1) L'interpellation

361 ***En matière de flagrance : « appréhension » ou arrestation.*** L'acte d'interpellation occupe une grande importance dans la procédure pénale. C'est l'arrestation de la personne en cause qui est la plus sûre garantie de l'efficacité de la réponse pénale. Un acte qui se caractérise par sa généralité. L'article 73 du Code de procédure pénale dispose que toute personne a qualité pour appréhender l'auteur d'un crime flagrant ou d'un délit flagrant que la loi réprime d'une peine d'emprisonnement. L'arrestation n'est donc pas exclusivement réservée aux services de police et de gendarmerie. Elle peut être accomplie par tout citoyen marquant ainsi l'idée selon laquelle, lorsque l'urgence l'impose, tout un chacun peut participer à la protection de la collectivité.

Point particulier, une fois la personne interpellée, celle-ci doit être présentée à un officier de police judiciaire qui décidera ou non de son placement en garde à vue.

362 ***En matière préliminaire et de flagrance : mandat de recherche.*** Lorsque l'enquête est menée sous la forme préliminaire, les enquêteurs ne peuvent aller directement chercher la personne au besoin en pénétrant de force dans son domicile. Ils doivent l'avoir préalablement convoquée. Un acte qui ne peut manquer de l'alerter sur les investigations en cours l'incitant éventuellement à prendre la fuite. Une difficulté à laquelle la loi du 9 mars 2004 a répondu en créant le mandat de recherche (art. 70 et 77-4 du CPP). Celui-ci est délivré par le procureur de la République. Il n'est possible que pour les crimes ou délits punis d'au moins trois ans d'emprisonnement et surtout contre les personnes à l'égard desquelles il existe une ou plusieurs raisons plausibles de soupçonner qu'elle a commis ou tenté de commettre une infraction. Applicable en matière de flagrance comme en préliminaire, et c'est là l'important, il permet de recourir à la contrainte pour interpeller celui qui en est l'objet. Le mandat de recherche vaut ordre d'interpellation mais aussi et surtout de placement en garde à vue. Un dispositif qui n'est pas si éloigné que cela du mandat d'arrêt. Il permet de s'assurer de l'interpellation de ceux qui ont notamment pris la fuite et qui viendraient à être découverts lors d'un contrôle routier. La pratique veut que le service enquêteur récupère la personne interpellée afin de l'interroger, ce qui n'est pas sans difficultés pratiques concernant la question de savoir si

la personne est amenée par ceux qui l'ont « capturé » ou si c'est le service en charge du dossier qui fait le déplacement.

363 ***De la contrainte à l'usage des armes.*** Les conditions d'arrestation de la personne peuvent nécessiter le recours à la contrainte qui doit en toutes circonstances être nécessaire autrement dit constituer l'unique moyen possible et surtout être proportionné. C'est bien évidemment l'usage des armes qui cristallise toutes les difficultés ce d'autant que les textes ne sont pas les mêmes lorsqu'il s'agit de la police ou de la gendarmerie. Les policiers ne peuvent ouvrir le feu qu'autant qu'ils se trouvent en état de légitime défense. L'article L. 2338-3 du Code de la défense a laissé penser un temps que les gendarmes étaient soumis à un régime à la fois moins strict et plus large. Il est dit que « les militaires de la gendarmerie nationale peuvent faire usage de leurs armes dans les conditions prévues à l'article L. 435-1 du Code de la sécurité intérieure. Ils peuvent également faire usage de matériels appropriés pour immobiliser les moyens de transport dans les conditions prévues à l'article L. 214-2 du même code ». Des dispositions dont la mise en œuvre doit toujours être nécessaire et proportionnée[152]. Il reste que les attentats qui ont frappé la France ces dernières années ainsi que les attaques à l'encontre des forces de l'ordre ont conduit à réexaminer l'encadrement législatif des conditions d'usage des armes. Cela a abouti au nouvel article L. 435-1 du Code de la sécurité intérieure. L'usage des armes est autorisé aux agents de police nationale et aux militaires de la gendarmerie nationale. En sont exclus les policiers municipaux, quant aux douaniers, ils bénéficient des textes spéciaux du Code des douanes. Les situations justifiant l'ouverture du feu sont :

1° lorsque des atteintes à la vie ou à l'intégrité physique sont portées contre eux ou contre autrui ou lorsque des personnes armées menacent leur vie ou leur intégrité physique ou celles d'autrui ;

2° lorsque, après deux sommations faites à haute voix, ils ne peuvent défendre autrement les lieux qu'ils occupent ou les personnes qui leur sont confiées ;

3° lorsque, immédiatement après deux sommations adressées à haute voix, ils ne peuvent contraindre à s'arrêter, autrement que par l'usage des armes, des personnes qui cherchent à échapper à leur garde ou à leurs investigations et qui sont susceptibles de perpétrer, dans leur fuite, des atteintes à leur vie ou à leur intégrité physique ou à celles d'autrui ;

4° lorsqu'ils ne peuvent immobiliser, autrement que par l'usage des armes, des véhicules, embarcations ou autres moyens de transport, dont les conducteurs n'obtempèrent pas à l'ordre d'arrêt et dont les occupants sont susceptibles de perpétrer, dans leur fuite, des atteintes à leur vie ou à leur intégrité physique ou à celles d'autrui ;

5° Dans le but exclusif d'empêcher la réitération, dans un temps rapproché, d'un ou de plusieurs meurtres ou tentatives de meurtre venant d'être commis, lorsqu'ils ont des raisons réelles et objectives d'estimer que cette réitération est probable au regard des informations dont ils disposent au moment où ils font usage de leurs armes.

364 ***Recours aux entraves.*** Le recours aux entraves, plus communément appelées menottes, est régi par l'article 803 du Code de procédure pénale : « Nul ne peut être soumis au port des menottes ou des entraves que s'il est considéré

---

152. J. Millet, « Le droit d'usage des armes des forces concourant à la sécurité intérieur », *JCP éd. Adm. et coll. terr.*, 2257.

soit comme dangereux pour autrui ou pour lui-même, soit comme susceptible de tenter de prendre la fuite. Dans ces deux hypothèses, toute mesure utile doit être prise, dans les conditions compatibles avec les exigences de sécurité, pour éviter qu'une personne menottée ou entravée soit photographiée ou fasse l'objet d'un enregistrement audiovisuel ». La pose des menottes n'a donc rien d'automatique. Il s'agit d'une question de nécessité qui s'apprécie au moment de l'interpellation. Il est bien évident qu'une pose systématique des menottes sans aucune forme de mesure est condamnable.

2) La confrontation

365 ***Absence de réglementation.*** La confrontation fait partie de ces actes tout à fait particuliers qui ne sont pas réglementés en tant que tels par le Code de procédure pénale. Il n'existe pas de titre ou de chapitre qui évoque le procédé afin d'en poser sinon le régime tout au moins les principes directeurs. Cela ne veut pas dire qu'elle n'est soumise à aucune règle. En effet, elle conduit le plus souvent la personne soupçonnée à s'expliquer devant un tiers qui l'accuse. C'est généralement la victime, plus rarement le témoin. Elle est fréquente en matière de violences tout en soulevant un certain nombre de questions notamment lorsque les coups ont été portés par un conjoint. C'est ce que la pratique rassemble sous le qualificatif de violences conjugales qui conduisent régulièrement à mettre en cause les hommes fasse à leurs compagnes. Le fait est que l'acte de confrontation peut être utile à l'enquête ne serait-ce que parce qu'il met face à face ceux qui avant étaient ensemble, la charge affective pouvant utilement libérer la parole et participer ainsi à la manifestation de la vérité. Mais c'est aussi pour la victime une source de grand stress étant face à son agresseur avec lequel elle a vécu pendant parfois de nombreuses années.

366 ***Droits des personnes.*** Comme pour l'audition, la confrontation est menée sous la direction de l'officier ou de l'agent de police judiciaire qui peut à tout moment, en cas de difficulté, y mettre un terme et en aviser immédiatement le procureur de la République (CPP, art. 63-4-3, al. 1er). Celui qui est en garde à vue peut être assisté par un conseil pendant toutes les auditions. Un droit qui a été étendu aux confrontations. La difficulté est que la victime ne bénéficiait pas de ce droit. Une inégalité de traitement particulièrement choquante à laquelle la loi du 14 avril 2011 a remédié. Le nouvel article 63-4-5 dispose que « si la victime est confrontée avec une personne gardée à vue, elle peut demander à être également assistée par un avocat choisi par elle ou par son représentant légal si elle est mineure ou, à sa demande, désigné par le bâtonnier ». Elle doit être obligatoirement informée de ce droit avant qu'il soit procédé à la confrontation. L'avocat désigné peut consulter les procès-verbaux d'audition de la personne qu'il assiste. Les débats se déroulent dans les mêmes conditions que les interrogatoires menés en garde à vue, les avocats n'ayant la parole qu'une fois les questions posées par l'officier de police judiciaire.

3) L'enquête sociale

367 ***Présentation.*** L'article 41 du Code de procédure pénale qui fixe les attributions générales du procureur de la République lorsqu'il dirige les enquêtes prévoit notamment la possibilité de requérir la réalisation de ce qui est couramment

appelée une « enquête sociale rapide ». Celle-ci a pour objet de « vérifier la situation matérielle, familiale et sociale d'une personne faisant l'objet d'une enquête et de l'informer sur les mesures propres à favoriser l'insertion sociale de l'intéressé ». Ce qui doit être souligné est que cette enquête est obligatoire :

- lorsqu'il est envisagé de requérir le placement en détention provisoire ;
- lorsqu'il s'agit d'un majeur âgé de moins de vingt et un ans au moment de la commission de l'infraction dès lors que la peine encourue n'excède pas cinq ans d'emprisonnement ;
- en cas de poursuites selon la procédure de comparution immédiate ou selon la procédure de comparution sur reconnaissance préalable de culpabilité.

368 ***Modalités.*** Le procureur doit solliciter une personne habilitée dans les conditions de l'article 81, alinéa 6, du Code de procédure pénale. Il s'agit le plus souvent d'associations qui se chargent parallèlement d'autres missions telles que les médiations pénales. Si la structure n'est pas en capacité de réaliser cette enquête, le procureur se tourne vers le service pénitentiaire d'insertion et de probation. C'est bien évidemment l'hypothèse dans laquelle un défèrement intervient un jour de week-end, alors que l'association est fermée. Cela conduit le service pénitentiaire d'insertion et de probation à toujours prévoir une personne de permanence.

§ 2. Les pouvoirs d'enquête supplémentaires applicables à la criminalité et à la délinquance organisées

369 ***Loi n° 2004-204 du 9 mars 2004.*** La loi n° 2004-204 du 9 mars 2004 portant adaptation de la justice aux évolutions de la criminalité fait partie de ces textes qui marquent une importante évolution de la procédure pénale. Elle puise sa source dans le constat partagé d'une expansion de certaines criminalités dont les capacités de nuisance mais surtout le niveau d'organisation rendent insuffisants les moyens procéduraux traditionnels. De là est née l'idée de nouvelles règles dérogatoires au droit commun propres à lutter efficacement contre cette délinquance. Parce que la preuve est au centre des débats, il a été prévu le recours à de nouvelles techniques d'enquêtes souvent plus intrusives qui font appel à des outils technologiques sophistiqués. C'est aussi la création des juridictions interrégionales spécialisées (JIRS). Il en résulte une sorte de « procédure pénale *bis* » qui s'applique à l'enquête, la poursuite, le jugement et même en certaines occurrences, à l'application et l'exécution des peines. Des règles dérogatoires qui ont conduit à repenser le grand équilibre entre les atteintes portées aux libertés individuelles et les droits de la défense. Le risque de « fraude » à l'article 706-73 du Code de procédure pénale paraît faible, compte tenu du contrôle de qualification opéré sur les infractions ouvrant les portes de cette procédure dérogatoire[153].

---

153. G. Beaussonie, « La fraude à l'article 706-73 du Code de procédure pénale », *Gaz. Pal.*, 21 août 2014, n° 233.

A) Les infractions relevant de la procédure applicable à la criminalité et à la délinquance organisées

370 *Textes.* Les articles 706-73 à 706-74 du Code de procédure pénale établissent la liste des infractions pour la répression desquelles il est possible de recourir aux règles dérogatoires du droit commun. Il en résulte un véritable énoncé à la Prévert qu'il est toutefois possible de regrouper en fonction des intentions du législateur.

371 ***Lutte contre la délinquance organisée.*** Le premier objectif a été de lutter contre les formes de criminalité les plus organisées. Deux ou plusieurs individus vont penser leur action, la préparer, en ayant réfléchi au mode opératoire, aux moyens à mettre en œuvre pour réussir tout en dissimulant ou en faisant disparaître des preuves. Une manière de faire que la loi pénale appréhende à travers la circonstance aggravante de bande organisée que définit l'article 132-71 du Code pénal[154]. Sont concernés les crimes et délits de meurtre, tortures et d'actes de barbarie, enlèvement et séquestration, vol, destruction, dégradation et détérioration d'un bien, détournement d'aéronef, de navire ou de tout autre moyen de transport, délits d'aide à l'entrée, à la circulation et au séjour irréguliers d'un étranger en France, d'exploitation d'une mine ou de disposition d'une substance concessible sans titre d'exploitation ou autorisation, accompagnée d'atteintes à l'environnement. Sont également concernés les délits d'association de malfaiteurs prévus par l'article 450-1 du Code pénal, lorsqu'ils ont pour objet la préparation de l'une des infractions mentionnées aux 1° à 14° et 17° de l'article 706-73.

372 ***Lutte contre les atteintes les plus graves à la personne humaine.*** Relèvent également de la lutte contre la criminalité organisée les infractions qui font partie des atteintes les plus graves à la personne humaine. Se trouvent concernés les crimes et délits aggravés de traite des êtres humains et de proxénétisme.

373 ***Lutte contre des infractions d'une particulière gravité.*** Il existe certaines incriminations qui renvoient aux menaces les plus importantes qui peuvent exister et qui justifient le recours possible à des moyens d'investigation dérogatoires du droit commun. Ce sont bien évidemment les crimes et délits constituant des actes de terrorisme (CP, art. 421-1 à 421-6) ; ceux qui correspondent au trafic de stupéfiants (CP, art. 222-34 à 222-40) ; à la fausse monnaie (CP, art. 442-1 et 442-2) ; les atteintes aux intérêts fondamentaux de la nation prévus au titre Ier du livre IV du Code pénal ; les délits en matière d'armes et de produits explosifs (CP, art. 222-52 à 222-54, 222-56 à 222-59, 322-6-1 et 322-11-1 ; Code de la défense art. L. 2339-2, L. 2339-3, L. 2339-10, L. 2341-4, L. 2353-4 et L. 2353-5 ; CSI art. L. 317-2 et L. 317-7) ; le crime de détournement d'aéronef, de navire ou de tout autre moyen de transport commis en bande organisée (CP, art. 224-6-1) ; les crimes et délits punis de dix ans d'emprisonnement, contribuant à la prolifération des armes de destruction massive et de leurs vecteurs entrant dans le champ d'application de l'article 706-167 ; les crimes aggravés d'extorsion (CP, art. 312-6 et 312-7).

374 ***Lutte contre le financement de la délinquance organisée.*** Les réflexions menées sur le financement de la délinquance ont largement montré l'importance que présente la mise en place de dispositifs efficaces de lutte contre les formes

154. « Constitue une bande organisée au sens de la loi tout groupement formé ou toute entente établie en vue de la préparation, caractérisée par un ou plusieurs faits matériels, d'une ou de plusieurs infractions ».

les plus nuisibles d'enrichissement illicite. Cela a notamment conduit à faire entrer dans le champ de la lutte contre la délinquance organisée les délits de blanchiment (CP, art. 324-1 et 324-2) ou de recel (CP, art. 321-1 et 321-2), du produit, des revenus, des choses provenant des infractions mentionnées aux 1° à 13°, ainsi que le délit de non-justification de ressources correspondant au train de vie (CP, art. 321-6-1), lorsqu'il est en relation avec l'une des infractions mentionnées aux 1° à 15° et 17°.

375 ***Extension progressive du champ d'application des dispositions applicables à la lutte contre la délinquance organisée.*** Les études ont révélé la réelle efficacité des nouvelles techniques d'enquête dont se sont concrètement emparés les magistrats et enquêteurs des JIRS mais aussi ceux exerçant sur des ressorts non-JIRS. Un constat qui a conduit à étendre progressivement le champ d'application de techniques spéciales d'enquête. La loi n° 2015-993 du 17 août 2015 a ainsi créé un nouvel article 706-73-1 qui n'a cessé depuis de s'étoffer. Suivant la même architecture que celle de l'article 706-73, sont concernés les délits commis en bande organisée d'escroquerie, d'atteinte aux systèmes de traitement automatisé de données à caractère personnel mis en œuvre par l'État, d'évasion, de dissimulation d'activités ou de salariés, de recours aux services d'une personne exerçant un travail dissimulé, de marchandage de main-d'œuvre, de prêt illicite de main-d'œuvre ou d'emploi d'étranger sans titre de travail, d'atteintes au patrimoine naturel, de trafic de produits phytopharmaceutiques, de participation à la tenue d'une maison de jeux de hasard d'importation, de fabrication, de détention, de mise à disposition de tiers, d'installation et d'exploitation d'appareil de jeux de hasard ou d'adresse, les délits relatifs aux déchets mentionnés au I de l'article L. 541-46 du Code de l'environnement, d'association de malfaiteurs, lorsqu'ils ont pour objet la préparation de l'une des infractions mentionnées aux 1° à 3°, d'importation, d'exportation, de transit, de transport, de détention, de vente, d'acquisition ou d'échange d'un bien culturel, les délits portant atteinte aux intérêts fondamentaux de la nation prévus aux articles 411-5, 411-7 et 411-8, aux deux premiers alinéas de l'article 412-2, à l'article 413-1 et au troisième alinéa de l'article 413-13 du Code pénal, les délits de blanchiment, recel, du produit, des revenus ou des choses provenant des infractions mentionnées aux 1° et 2°, de blanchiment, non-justification de ressources correspondant au train de vie, prévu à l'article 321-6-1 du Code pénal, lorsqu'il est en relation avec l'une des infractions mentionnées aux 1° à 4°. Tous les textes relatifs à la lutte contre la délinquance organisée sont applicables à la poursuite et la répression de cette nouvelle liste d'infractions à l'exception de l'article 706-88 du Code de procédure pénale. La conséquence est qu'il n'est pas possible de prolonger la garde à vue au-delà du délai de deux fois vingt-quatre heures prévu par le droit commun.

376 ***Généralisation des textes à toutes les formes modernes d'organisation de la criminalité.*** L'article 706-74 du Code de procédure pénale étend l'application des dispositions relatives à la lutte contre la délinquance organisée à tous les crimes et délits commis en bande organisée autres que ceux relevant des articles 706-73 et 706-73-1 de sorte que toutes les infractions qui font l'objet d'une telle circonstance aggravante sont concernées. Il en va de même des « délits d'association de malfaiteurs prévus par le deuxième alinéa de l'article 450-1 du Code pénal autres que ceux relevant du 15° de l'article 706-73 ou du 4° de l'article 706-73-1 du présent Code ». Il s'agit de tous les crimes et délits punis de 10 ans d'emprisonnement.

377 ***Réserves d'interprétation du Conseil constitutionnel.*** Saisi à l'époque de l'adoption de la loi du 9 mars 2004, le Conseil constitutionnel a validé l'ensemble des nouveaux textes soulignant que la gravité et la complexité des infractions concernées pouvaient justifier l'adoption d'une procédure dérogatoire au droit commun. Ce caractère dérogatoire est aussi à l'origine de plusieurs réserves d'interprétation dont la plus importante est sans doute le fait que les mesures d'investigation ainsi autorisées « soient conduites dans le respect des prérogatives de l'autorité judiciaire gardienne de la liberté individuelle, et que les restrictions qu'elles apportent aux droits constitutionnellement garantis soient nécessaires à la manifestation de la vérité, proportionnées à la gravité et à la complexité des infractions commises et n'introduisent pas de discriminations injustifiées »[155]. C'est notamment ce qui explique la création de l'article 706-73-1 dont nous avons vu qu'il exclut des infractions poursuivies la possibilité de prolonger la garde à vue au-delà du délai de droit commun.

B) La création des juridictions inter-régionales spécialisées

378 ***Nouvel échelon de compétence.*** Plusieurs tribunaux judiciaires et cours d'assises ont vu leur compétence territoriale étendue au ressort de plusieurs cours d'appel pour l'enquête, la poursuite, l'instruction le jugement des crimes et délits relevant de la lutte contre le crime organisé, exception faite des infractions de terrorisme qui relèvent de la compétence exclusive du tribunal judiciaire et de la cour d'assises de Paris[156]. Il s'agit d'un nouvel échelon de compétence qui a vu son champ élargi du fait de la disparition des pôles régionaux. Il en résulte que les crimes et délits énoncés par l'article 704 du Code de procédure pénale sont également concernés. Ces JIRS sont actuellement implantées au sein des tribunaux judiciaires de Bordeaux, Lille, Lyon, Paris, Marseille, Rennes, Nancy et Fort-de-France. Un découpage territorial qui correspond à des réalités criminologiques identifiées. Cette nouvelle architecture constitue un indéniable progrès qui a permis une amélioration très sensible de la lutte contre la criminalité. Elle a notamment investi deux champs d'action particulièrement sensibles que sont la lutte contre les avoirs criminels et la coopération internationale[157].

379 ***Compétences concurrentes.*** La saisine des JIRS n'a rien d'automatique. Il ne suffit pas que l'une des infractions mentionnées aux articles 706-73 et suivants ait été commise pour que le parquet JIRS s'en empare. Il faut également, et c'est un point particulièrement sensible, que l'affaire présente « une grande complexité »[158]. Une expression sur le sens de laquelle le législateur n'a donné aucune précision. Il peut être utile de se référer aux dispositions de l'article 704 du Code de procédure pénale qui renvoient à l'existence d'un grand nombre d'auteurs, de complices, de victimes ou à l'étendue géographique de la criminalité concernée. Il n'empêche que le critère reste flou. Plusieurs circulaires ont apporté des précisions. Pour le reste, cela renvoie aux échanges qui ont lieu de parquet à parquet ou de juge d'instruction à juge d'instruction afin de savoir si la juridiction non-JIRS territorialement concernée se dessaisit ou non de son dossier.

155. Cons. const., déc. n° 2004-492 DC du 2 mars 2004.
156. CPP, art. 706-75.
157. M. Jaillard, « Les JIRS : Un modèle de spécialisation réussi », *JCP G*, 2015, 147.
158. CPP, art. 706-75, al. 1er.

C) Les pouvoirs d'enquête supplémentaires dérogatoires au droit commun

380 *À partir du droit commun ou au-delà du droit commun.* Les pouvoirs d'enquêtes supplémentaires participent parfois de l'élargissement des pouvoirs de droit commun (1.), d'autres fois de pouvoirs propres (2.).

1) L'élargissement des pouvoirs de droit commun

381 *Levée de limites d'application de tels pouvoirs de droit commun.* La technique consistant à lever telle(s) limite(s) d'application de pouvoirs de droit commun se vérifie en matière de perquisition (a.) et de garde à vue (b.).

a) Dans le cadre des visites domiciliaires, perquisitions et saisies

382 *Perquisition en dehors des heures légales.* La possibilité de perquisitionner un domicile en dehors des heures légales est à n'en pas douter l'une des mesures les plus attentatoires aux libertés individuelles que le législateur a autorisée au regard de l'impérieuse nécessité de lutter contre les phénomènes criminels les mieux organisés tout en veillant à l'enfermer dans des conditions procédures très strictes[159].

383 *Cadre d'enquête.* Le juge des libertés et de la détention a seul compétence pour autoriser une perquisition de nuit lorsque l'enquête est menée en flagrance ou en préliminaire. Certaines conditions supplémentaires ont toutefois été posées en matière préliminaire. Il n'est pas possible d'autoriser la perquisition de nuit d'un local d'habitation. Une interdiction qui tolère toutefois une exception lorsque l'infraction recherchée relève du terrorisme. Mais même dans ce cadre, le juge des libertés et de la détention doit faire état de l'urgence à réaliser une telle perquisition qu'il lui faut motiver au regard des éléments du dossier.

Lorsque les investigations sont menées sous le contrôle du juge d'instruction, les perquisitions de nuit d'un local d'habitation sont possibles pour toutes les infractions visées aux articles 706-73 et 706-73-1 du Code de procédure pénale. Une faculté qui est toutefois subordonnée à plusieurs conditions. Il faut là encore justifier l'urgence de la mesure. Elle n'est par ailleurs possible que dans quatre hypothèses :

- lorsqu'il s'agit d'un crime ou d'un délit flagrant ;
- lorsqu'il existe un risque immédiat de disparition des preuves ou des indices matériels ;
- lorsqu'il existe une ou plusieurs raisons plausibles de soupçonner qu'une ou plusieurs personnes se trouvant dans les locaux où la perquisition doit avoir lieu sont en train de commettre des crimes ou des délits entrant dans le champ d'application des articles 706-73 et 706-73-1 ;
- lorsque leur réalisation, dans le cadre d'une information relative à une ou plusieurs infractions mentionnées au 11° de l'article 706-73, est nécessaire afin de prévenir un risque d'atteinte à la vie ou à l'intégrité physique.

384 *Modalités.* Le juge des libertés et de la détention ou le juge d'instruction qui autorise une perquisition de nuit doit le faire par une ordonnance motivée qui précise les raisons pour lesquelles une mesure aussi exceptionnelle est mise en

---

159. CPP, art. 706-89 à 706-94.

œuvre et les lieux dans lesquelles elle est réalisée. Par ailleurs, il est possible, lorsque la personne est à la disposition de la justice (en garde à vue, détenue), qu'elle n'assiste pas aux opérations dès lors que sa présence sur place constitue un risque grave soit de troubles à l'ordre public ou d'évasion, soit de disparition des preuves pendant le temps nécessaire au transport. Dans ce cas, les actes sont réalisés en présence de deux témoins.

b) Dans le cadre de la garde à vue

385 ***Prolongation supplémentaire de quarante-huit heures.*** L'article 706-188 du Code de procédure pénale réglemente les conditions dans lesquelles la garde à vue peut être prolongée au-delà des 48 heures de droit commun. Cela n'est tout d'abord possible que pour les infractions prévues par l'article 706-73 du Code de procédure pénale. Notons à ce sujet qu'il n'est fait aucune référence aux articles 706-73-1 et 706-74. Les enquêtes menées concernant les infractions prévues par ces deux textes n'autorisent donc que des gardes à vues de 48 heures. Mais surtout, et c'est un point sensible en pratique, il n'est pas possible d'étendre le délai de garde à vue pour des infractions connexes qui ne sont pas prévues par l'article 706-73. En d'autres termes, une personne interpellée pour vol aggravé et trafic de stupéfiants ne peut être entendue sur les faits de vol au-delà de 48 heures car le délai d'audition aura été dépassé. Les questions ne pourront concerner alors que le trafic de stupéfiants.

Si l'enquête est menée en flagrance ou en préliminaire, seul le juge des libertés et de la détention peut autoriser cette nouvelle prolongation supplémentaire sur saisine préalable du procureur de la République. En matière d'information judiciaire, c'est le juge d'instruction qui décide. Les enquêteurs veillent pour cela à apporter les éléments de procédure utiles que constituent notamment les premières auditions. Le gardé à vue doit être présenté au magistrat sauf si cela n'est pas possible du fait des investigations en cours ou à venir. Dans le cadre des dispositions adoptées pour lutter contre la propagation de l'épidémie de **Covid-19**, l'article 14 de l'ordonnance du 25 mars 2020 (voy. *supra*, n° 3) avait prévu que ces prolongations de garde à vue au-delà de la quarante-huitième heure « [pouvaient] intervenir sans présentation de la personne devant le magistrat compétent », et ne laissaient pas davantage entrevoir l'échappatoire du recours à un moyen de télécommunication audiovisuelle[160], pourtant reconnu par le code pour la prolongation initiale de la garde à vue au-delà de la vingt-quatrième heure[161].

La décision du juge des libertés et de la détention ou du juge d'instruction est écrite et motivée selon les mêmes critères que pour la première prolongation. Il peut être décidé une prolongation de vingt-quatre heures. Celle-ci est renouvelable une seconde fois. Le juge peut décider, dès la première présentation, que la garde à vue sera prolongée en une seule fois de quarante-huit heures.

La personne est examinée par un médecin qui vérifie que son état est compatible avec la mesure. Le certificat médical est versé au dossier. L'officier de police judiciaire doit l'aviser de la possibilité de demander un nouvel examen médical qui ne peut être refusé.

160. Ce que fait la circulaire d'application du 26 mars 2020 (voy. *supra*, n° 3).
161. Art. 63, II, al. 3, du CPP ; voy. *infra*, n° 331.

Là encore, l'intervention de l'avocat peut être différée, toujours en considération de raisons impérieuses tenant aux circonstances particulières de l'enquête ou de l'instruction, pour permettre le recueil ou la conservation des preuves, pour prévenir une atteinte grave à la vie, à la liberté ou à l'intégrité physique d'une personne (voy. *supra*, n° 339).

La durée pendant laquelle cette intervention est différée varie selon l'infraction reprochée. Elle est de quarante-huit heures maximum. Mais s'il s'agit d'une infraction relative aux trafics de stupéfiants ou au terrorisme, la durée est portée à soixante-douze heures.

Le report de l'intervention de l'avocat jusqu'à la fin de la vingt-quatrième heure est décidé par le procureur de la République, d'office ou à la demande de l'officier de police judiciaire. Le report de l'intervention de l'avocat au-delà de la vingt-quatrième heure est décidé par le juge des libertés et de la détention statuant à la requête du procureur de la République. Lorsque la garde à vue intervient au cours d'une commission rogatoire, le report est décidé par le juge d'instruction.

386 ***Nouvelle prolongation en matière de lutte contre le terrorisme.*** Le juge des libertés et de la détention saisi par le procureur ou le juge d'instruction peut décider une nouvelle prolongation d'une durée de deux fois vingt-quatre heures supplémentaires portant le temps cumulé à six jours de garde à vue. Cela n'est possible que dans des circonstances exceptionnelles que précise l'article 706-88-1 du Code de procédure pénale. Il doit exister un risque sérieux de l'imminence d'une action terroriste en France ou à l'étranger ou que les nécessités de la coopération internationale le requièrent impérativement[162].

Une fois la prolongation décidée, le gardé à vue est obligatoirement examiné par un médecin. Il peut solliciter un nouvel examen. Au terme des quatre-vingt-seize heures de garde à vue, il peut renouveler sa demande de faire prévenir un tiers, ce qui peut lui être refusé pour les mêmes raisons qu'en début de mesure. À l'expiration de la quatre-vingt-seizième heure et de la cent vingtième heure, la personne dont la prolongation de la garde à vue est décidée peut demander à s'entretenir avec un avocat.

E 16 **Autour de la question du choix de l'avocat**

La loi prévoyait un article 706-88-2 selon lequel le juge des libertés et de la détention ou le juge d'instruction pouvaient décider que la personne serait assistée par un avocat choisi par le bâtonnier sur une liste établie par le Conseil national des barreaux. Une faculté que le Conseil constitutionnel a déclarée contraire à la Constitution dans sa décision du 17 février 2012. Une inconstitutionnalité qui n'a pas été motivée par une atteinte aux droits de la défense tels que garantis par l'article 16 de la Déclaration de 1789, mais plutôt par une méconnaissance, par le législateur, de sa compétence en n'encadrant pas de suffisamment de garanties le pouvoir donné au juge de priver la personne placée en garde à vue du libre choix de son avocat (Cons. const., décision n° 2012-223 QPC du 17 février 2012, *Gaz. Pal.*, 21 avril 2012, p. 42, obs. FOURMENT ; Le Conseil a sanctionné l'« incompétence négative » du législateur).

---

162. Dans sa décision n° 2010-31 QPC du 22 septembre 2010, le Conseil constitutionnel a jugé ce dispositif de prolongation exceptionnelle de la durée de garde à vue conforme à la Constitution.

2) La reconnaissance de pouvoirs propres

387 *Actes invasifs.* Ces pouvoirs propres renvoient bien sûr à des actes invasifs, de plus en plus invasifs.

a) L'extension des écoutes téléphoniques à l'enquête menée sous l'autorité du procureur de la République

388 *Procédure.* La possibilité de réaliser des écoutes téléphoniques dans le cadre d'enquêtes menées sous l'autorité du procureur de la République est très certainement l'une des grandes innovations de la loi du 9 mars 2004. Ce procédé est en effet très utile à la manifestation de la vérité même si bon nombre de malfaiteurs en connaissent le risque et savent user de toutes sortes de codes vocaux. Il est en même temps particulièrement attentatoire aux libertés individuelles, ce qui a conduit le législateur à l'enfermer dans des conditions strictes.

Ce n'est tout d'abord possible que pour les enquêtes qui concernent les infractions visées aux articles 706-73 et 706-73-1. Celles énoncés à l'article 706-74 en sont exclues.

Le juge des libertés et de la détention est seul à pouvoir autoriser le placement sous écoute. Il doit pour cela être saisi par le procureur de la République et rend une ordonnance motivée. L'autorisation porte sur l'interception, l'enregistrement et la transcription de correspondances émises par la voie des communications électroniques selon les modalités prévues par les articles 100, alinéa 2, 100-1 et 100-3 à 100-7 du Code de procédure pénale (sur ces modalités, voy. *infra*, n° 663). Elle ne peut pas s'étaler sur une durée supérieure à un mois, renouvelable une fois selon les mêmes modalités. Il faudra donc que le juge des libertés et de la détention soit saisi une seconde fois.

Un des points essentiels de la procédure est le contrôle qu'exerce le juge des libertés et de la détention sur la mesure. L'article 706-95, dernier alinéa, prévoit qu'il doit être informé sans délai par le procureur de la République des actes accomplis et notamment des procès-verbaux dressés en exécution de son autorisation. Cela suppose qu'à la fin des écoutes, les officiers de police judiciaire transmettent le dossier d'écoute au procureur qui le fait viser par le juge des libertés et de la détention.

b) L'extension du procédé lié à la consultation à distance de données dématérialisées

389 *Interception des mails.* Le juge des libertés et de la détention, saisi par le procureur, peut aujourd'hui autoriser l'accès, à distance et à l'insu de la personne visée, aux correspondances stockées par la voie des communications électroniques accessibles au moyen d'un identifiant informatique. Ces données peuvent non seulement être consultées mais également saisies et enregistrées ou copiées sur tout support. Cette faculté que réglemente l'article 706-95-1 du Code de procédure pénale est subordonnée à une décision motivée qui est versée en procédure.

390 *Interception de texto.* Dans les mêmes conditions que précédemment décrites, le juge des libertés et de la détention peut autoriser l'utilisation d'un appareil ou un dispositif technique mentionné au 1° de l'article 226-3 du Code pénal afin de recueillir les données techniques de connexion permettant l'identification d'un équipement terminal ou du numéro d'abonnement de son utilisateur,

ainsi que les données relatives à la localisation d'un équipement terminal utilisé (art. 706-95-20 du CPP). L'autorisation est délivrée pour une durée maximale d'un mois, renouvelable une fois dans les mêmes conditions.

Cette autorisation peut être étendue à l'utilisation de cet appareil ou de ce dispositif afin d'intercepter des correspondances émises ou reçues par un équipement terminal. Les modalités prévues aux articles 100-4 à 100-7 sont là encore applicables. Les attributions confiées au juge d'instruction ou à l'officier de police judiciaire commis par lui sont exercées par le procureur de la République ou l'officier de police judiciaire requis par ce magistrat. L'autorisation est délivrée pour une durée maximale de quarante-huit heures, renouvelable une fois dans les mêmes conditions.

Ce dispositif de **recueil des données techniques de connexion** et autre « **IMSI-catcher** » procèdent aux interceptions dans un volume.

391 ***Décision du procureur de la République en cas d'urgence.*** L'autorisation de consultation de données informatiques à distance réglementée par l'article 706-95-4 du Code de procédure pénale peut exceptionnellement être prise par le procureur de la République lorsque l'urgence commande. Celle-ci doit résulter d'un risque imminent de dépérissement des preuves ou d'atteinte grave aux personnes ou aux biens. La décision comporte l'énoncé des circonstances de fait établissant l'existence du risque imminent. Elle doit alors être confirmée par le juge des libertés et de la détention dans un délai maximal de vingt-quatre heures. À défaut, il est mis fin à l'opération, les données ou correspondances recueillies sont placées sous scellés fermés et elles ne peuvent pas être exploitées ou utilisées dans la procédure.

Le juge des libertés et de la détention qui a délivré ou confirmé l'autorisation est informé dans les meilleurs délais par le procureur de la République des actes accomplis et des procès-verbaux dressés en exécution de son autorisation.

c) Des sonorisations et des fixations d'images de certains lieux ou véhicules

392 ***Pouvoir d'ingérence dans les lieux privés.*** La loi n° 2016-731 du 3 juin 2016, adoptée en réaction directe aux attentats qui ont frappé la France, a donné aux sonorisations et fixations d'images de certains lieux ou véhicules un nouveau cadre juridique[163]. Il s'est agi d'autoriser le recours aux technologies les plus modernes et les plus sophistiquées dans la recherche des éléments de preuve et notamment la possibilité de recueillir les conversations et échanges de personnes dans les lieux les plus protégés. Il s'agit en l'occurrence, sans le consentement de la personne concernée, de pouvoir installer un dispositif permettant de capter, fixer, transmettre, enregistrer des paroles prononcées par une ou plusieurs personnes à titre privé ou confidentiel, dans des lieux ou véhicules privés ou publics, ou de l'image d'une ou de plusieurs personnes se trouvant dans un lieu privé. Il peut s'agir d'un véhicule mais aussi et surtout d'un domicile à l'exception de ceux bénéficiant d'une protection particulière tel que celui d'un avocat, d'une entreprise de presse, d'un notaire, d'un huissier, d'un médecin ou d'un lieu qui relève de la défense nationale.

---

163. H. MATSOPOULOU, « Les nouveaux moyens de preuve au service de la criminalité organisée. - À propos de la loi n° 2016-731 du 3 juin 2016 », *JCP G*, 2016, 707.

393 ***Autorisation spéciale.*** Là encore, le recours à cette modalité toute particulière d'enquête est subordonné à une autorisation spéciale qui doit être délivrée par le juge des libertés et de la détention que saisit le procureur de la République si l'enquête est menée en flagrance ou en préliminaire ou le juge d'instruction en cas d'information judiciaire. C'est donc sous le contrôle d'un magistrat du siège que les opérations sont accomplies.

d) La captation des données informatiques

394 ***Pouvoir d'ingérence dans les lieux virtuels.*** Dans le prolongement des possibilités de sonorisation et de fixation d'images de certains lieux ou véhicules, la loi autorise également la captation de données informatiques[164]. Il s'agissait là d'une nécessité au regard de l'ampleur prise par ce vecteur de communication et surtout des potentialités d'échanges sécurisés qu'il offre pour des personnes mal intentionnées. C'est le juge des libertés et de la détention qui décide lorsque l'enquête est menée en flagrance ou en préliminaire. Saisi par le procureur de la République, il peut autoriser la mise en place un dispositif technique ayant pour objet, « sans le consentement des intéressés, d'accéder, en tous lieux, à des données informatiques, de les enregistrer, de les conserver et de les transmettre, telles qu'elles sont stockées dans un système informatique, telles qu'elles s'affichent sur un écran pour l'utilisateur d'un système de traitement automatisé de données, telles qu'il les y introduit par saisie de caractères ou telles qu'elles sont reçues et émises par des périphériques audiovisuels ». Ce sont tous les modes de communication et de conservation dématérialisés de d'informations et de données qui sont concernés. Le juge d'instruction peut également mettre en œuvre ces nouveaux pouvoirs d'enquête.

395 ***Autorisation spéciale.*** La loi exige que l'autorisation fasse l'objet d'une décision spéciale de la part du magistrat qui doit surtout la motiver. Une exigence intellectuelle qui nécessite la rédaction par les enquêteurs de procès-verbaux précis qui permettent de justifier une mesure particulièrement attentatoire aux libertés individuelles. Si elle est accordée, cette autorisation a une durée d'application différente selon le cadre d'enquête. Le juge des libertés et de la détention ne peut la délivrer que pour une durée d'un mois renouvelable une fois dans les mêmes conditions. Pour ce qui concerne le juge d'instruction, la durée est de quatre mois renouvelable plusieurs fois, pour la même durée, sans excéder deux ans.

e) La surveillance

396 ***Spécificités.*** Les officiers de police judiciaire et, sous leur autorité, les agents de police judiciaire, après en avoir informé le procureur de la République et sauf opposition de ce magistrat, peuvent étendre à l'ensemble du territoire national la surveillance de personnes contre lesquelles il existe une ou plusieurs raisons plausibles de les soupçonner d'avoir commis l'un des crimes et délits entrant dans le champ d'application des infractions relevant de la lutte contre le crime organisé[165]. Un texte qui confère aux enquêteurs le pouvoir de décider eux-mêmes de l'extension territoriale de leurs attributions lorsqu'il s'agit de

164. CPP, art. 706-102-1 à 706-102-9.

165. CPP, art. 706-80.

procéder à des surveillances. Il s'agit bien évidemment de répondre à l'urgence de certaines situations ou tout simplement de faciliter un travail d'investigation particulier. En effet, à la différence des constatations, la surveillance conduit les enquêteurs à suivre les mouvements et comportements de ceux qui sont soupçonnés de préparer ou commettre une action. Une « filature » qui peut aller jusqu'à « la surveillance de l'acheminement ou du transport des objets, biens ou produits tirés de la commission de ces infractions ou servant à les commettre ». Ainsi rédigée, la loi autorise les enquêteurs à ne pas procéder immédiatement à l'interpellation de ceux qui sont vus en possession du produit de l'infraction. Une démarche qui s'explique par l'objectif des textes. Il s'agit de disposer des preuves les plus utiles au démantèlement des organisations criminelles et à leur condamnation en justice.

397 ***Contrôle a posteriori.*** Le procureur de la République est obligatoirement avisé par tout moyen de l'extension de compétence des officiers de police judiciaire ou agents de police judiciaire placés sous leur autorité. Il lui est alors possible de s'y opposer, ce qui doit faire l'objet d'une mention au procès-verbal. Il peut s'agir du procureur sur le ressort duquel les opérations sont accomplies ou, le cas échéant, de celui de la JIRS lorsque celle-ci est en charge du dossier.

f) L'infiltration

398 ***Surveillance proactive.*** L'infiltration que réglementent les articles 706-81 à 706-87 du Code de procédure pénale est une modalité de surveillance beaucoup plus élaborée qui répond à des conditions procédurales tout à fait singulières. Elle consiste de la part d'un officier ou un agent de police judiciaire spécialement habilité et agissant sous la responsabilité d'un officier de police judiciaire chargé de coordonner l'opération, à surveiller des personnes suspectées de commettre un crime ou un délit en se faisant passer, auprès de ces personnes, comme un des leurs. À cette fin, il est autorisé à faire usage d'une identité d'emprunt et à commettre si nécessaire les actes mentionnés à l'article 706-82. Seule contrainte, ces actes ne sauraient constituer une provocation à commettre des infractions.

399 ***Autorisation spéciale.*** La régularité de l'infiltration est subordonnée à une autorisation écrite spécialement motivée que délivre le procureur de la République ou le juge d'instruction selon le cadre juridique des investigations. Elle ne peut durer plus de quatre mois renouvelable une fois.

400 ***Protection de l'agent.*** La loi a prévu différentes règles de protection de l'agent en charge de l'infiltration. La plus importante est le recours à une identité d'emprunt. Sa véritable identité ne peut être révélée dans la procédure ni en dehors, le fait étant puni d'une peine de cinq ans d'emprisonnement et 75 000 euros d'amende. Plusieurs circonstances aggravantes ont été prévues jusqu'à l'hypothèse dans laquelle de telles révélations sont à l'origine de la mort de l'agent. La peine est alors portée à dix ans d'emprisonnement et 150 000 euros d'amende.

g) L'enquête sous pseudonyme

401 ***Infractions commises au moyen de communication électronique.*** Certains enquêteurs spécialement habilités par arrêté du ministre de l'intérieur peuvent investiguer directement par voie électronique afin de constater les infractions qui relèvent de la criminalité organisée mais aussi celles prévues par

l'article 706-72 du Code de procédure pénale[166]. À cette fin, il leur est permis de participer sous un pseudonyme aux échanges électroniques ; être en contact par ces échanges avec les personnes susceptibles d'être les auteurs de ces infractions ; extraire, acquérir ou conserver par ce moyen les éléments de preuve et les données sur les personnes susceptibles d'être les auteurs de ces infractions ; extraire, transmettre en réponse à une demande expresse, acquérir ou conserver des contenus illicites. Des modalités d'enquête qui ne peuvent aller jusqu'à la provocation à l'infraction. Mais hormis cette limite, c'est un véritable droit d'enquête sous pseudonyme qui a été consacré.

D) Un régime juridique aménagé

402 ***Validité des procédures incidentes.*** L'exploitation des moyens d'enquête spéciaux mis à disposition des services d'investigation dans le cadre de la lutte contre le crime organisé peut aboutir à la découverte d'autres infractions. Si certaines sont susceptibles d'entrer dans le champ des articles 706-73 et suivants du Code de procédure pénale cela n'est pas systématiquement le cas. Une perquisition réalisée de nuit ou la sonorisation d'un véhicule peut révéler un ou plusieurs délits de droit commun. Les enquêteurs ouvrent alors une procédure incidente dont la loi reconnaît la validité[167]. Il est systématiquement spécifié que « [l]e fait que ces opérations révèlent des infractions autres que celles visées dans ces décisions ne constitue pas une cause de nullité des procédures incidentes ».

403 ***Contrôle de la loyauté de la preuve.*** Les règles applicables à la mise en œuvre de moyens exceptionnels d'enquête sont naturellement prescrites à peine de nullité. C'est ce que promet une perquisition réalisée en dehors des heures légales non autorisée par un juge des libertés et de la détention. La sanction s'étend à tous les actes qui en sont la conséquence. Mais le contrôle de la chambre criminelle ne s'arrête pas là. Il porte également sur la loyauté des moyens employés, se référant ainsi à une sorte « d'esprit de la procédure »[168]. Cette déloyauté exige un acte positif de l'enquêteur ce que peut être la provocation à la commission de l'infraction. À l'inverse, il n'y a pas déloyauté à exploiter une situation antérieure qu'il n'a pas lui-même créée[169]. C'est notamment le cas de la sonorisation d'un téléphone portable introduit illégalement dans un établissement pénitentiaire par le détenu lui-même ou un complice. Affinant sa jurisprudence, la chambre criminelle a consacré la notion de stratagème qu'elle sanctionne également par l'annulation des actes[170].

166. CPP, art. 706-87-1.

167. É. Camous, « Les procédures incidentes : le point de vue d'un magistrat du parquet », *Gaz. Pal.*, 19 juillet 2016, p. 70 ; F. Fourment, « Irrépressibles procédures incidentes », *Gaz. Pal.*, 19 juillet 2016, p. 80.

168. Ph. Conte, « La loyauté de la preuve en procédure pénale : fragile essai de synthèse », *Procédures*, 2015, dossier 12.

169. Crim., 7 janvier 2014, n° 13-85.246, Bull. crim., n° 1 ; *Gaz. Pal.*, 13 mai 2014, n° 133, obs. Fourment ; A. Maron et M. Haas, « Un stratagème couvert d'une feuille de vigne légale », *Dr. pén.*, 2014, comm. 32.

170. Ass. plén., 6 mars 2015, n° 14-84.339, *Bull. ass. plén.*, n° 2 ; *Gaz. Pal.*, 11 août 2015, p. 35, obs. Fourment ; *Procédures*, 2015, comm. 139.

§ 3. Les pouvoirs d'enquête et la lutte contre les enrichissements illicites

404 ***Enjeu de politique pénale.*** La lutte contre les enrichissements illicites est progressivement devenue un véritable enjeu de politique pénale. Il s'agit de réprimer ceux qui ont commis une infraction dans le but de s'enrichir en les privant du produit de l'infraction et plus généralement en s'attaquant directement à leur patrimoine. Cette doctrine renvoie à la théorie économique du crime. Elle repose sur l'idée selon laquelle l'action des hommes est guidée par la grande loi de l'intérêt. Tout individu est un être rationnel qui passe à l'acte au regard de ce qu'il peut obtenir, rapporté à l'énergie et aux coûts nécessaires pour aboutir au même résultat par des voies régulières[171]. « Le risque d'être interpellé et condamné par la justice est un élément de calcul parmi d'autres que pondère le succès prévisible ou supposé de l'opération. Une manière de penser la délinquance qui n'est pas exclusive d'autres modèles explicatifs tout en notant qu'elle a le mérite d'exister et surtout qu'elle est en adéquation avec ce que sont les enrichissements illicites »[172]. Une réflexion qui a conduit à moderniser l'arsenal répressif en modifiant à plusieurs reprises le régime juridique de la peine de confiscation.

405 ***Modernisation de la peine de confiscation.*** L'article 131-21 du Code pénal pose des règles de confiscation à trois étages dont le centre de gravité tourne autour de la preuve. Le premier étage porte sur la confiscation des biens qui ont un lien avec l'infraction. C'est le cas de tout ce qui est le produit direct ou indirect de l'infraction (CP, art 131-21, al. 3). Il appartient à l'accusation de démontrer que les richesses saisies sont bien en lien avec l'infraction commise. Le deuxième étage renvoie à ce qui est appelé la confiscation élargie. Lorsque le mis en cause a tiré profit d'une infraction punie de 5 ans d'emprisonnement, sont confiscables tous les biens dont il ne peut justifier l'origine (CP, art 131-21, al. 5). Il s'agit d'une des rares hypothèses dans lesquelles la charge de la preuve est renversée. C'est à la personne poursuivie de démontrer que ce dont la confiscation est envisagée a été acquis de manière licite. Si elle ne le fait pas, le juge peut prononcer la peine. Le troisième étage concerne la confiscation de patrimoine (CP, art 131-21, al. 6). Il s'agit de réprimer le plus sévèrement possible ceux qui commettent les infractions les plus nuisibles. Une peine qui intéresse une liste de 13 infractions parmi les plus graves. Dans ce cas, il est possible de confisquer tout ou partie du patrimoine du condamné même si celui-ci a une origine parfaitement licite. La seule preuve qui doit être apportée est le fait que la personne est propriétaire du bien ou qu'elle en a la libre disposition. À titre d'exemple, cela peut être une maison acquise suite à un héritage.

406 ***Création d'un régime spécifique aux saisies pénales.*** Il est rapidement apparu nécessaire de créer des règles spéciales permettant de saisir des biens confiscables. Il s'agit de les placer sous main de justice le temps de l'enquête afin d'éviter qu'ils ne disparaissent rendant la peine éventuellement prononcée

---

171. R. Gassin, S. Cimamonti et Ph. Bonfils, *Criminologie*, 7e éd., Paris, Dalloz, 2011, p. 233.
172. É. Camous, « La peine patrimoniale : une alternative prospective à la peine d'emprisonnement », *AJ pénal*, 2018, p. 25.

impossible à exécuter. Tel a été l'objet de la loi n° 2010-768 du 9 juillet 2010 visant à faciliter la saisie et la confiscation en matière pénale[173]. Un texte qui a depuis fait l'objet de nombreux ajustements[174].

A) La création d'un cadre d'investigation exclusivement affecté aux saisies conservatoires

407 ***Enquête de flagrance.*** L'article 54 du Code de procédure pénale n'astreint pas seulement l'officier de police judiciaire à saisir les pièces à conviction. Il doit aussi veiller à appréhender « tout ce qui paraît avoir été le produit de ce crime ». C'est cette dernière expression que la loi nouvelle a précisée en spécifiant que la saisie pouvait porter sur le produit direct ou indirect de l'infraction. Une modification terminologique qui a mis le nouveau texte en cohérence avec la peine de confiscation susceptible de concerner le « profit direct ou indirect » retiré de l'infraction. Il en va de même de l'article 56 du Code de procédure pénale qui précise que « l'officier de police judiciaire peut se transporter en tous lieux dans lesquels sont susceptibles de se trouver des biens dont la confiscation est prévue à l'article 131-21 du Code pénal ». Il est toutefois des situations dans lesquelles l'officier de police judiciaire ne peut agir de sa seule initiative. Il doit disposer d'une autorisation spéciale du procureur de la République. C'est lorsqu'il vient à rechercher un ou plusieurs biens entrant dans le champ de l'article 131-21, alinéas 5 et 6, du Code pénal qui intéressent les deuxième et troisième étages des règles de la confiscation précédemment décrites (voy. *supra*, n° 405).

408 ***Enquête préliminaire.*** Cette enquête a l'avantage d'offrir des délais que n'autorise pas la flagrance. Un temps souvent indispensable à l'analyse de l'origine de certains biens. Il faut attendre que les réquisitions bancaires reviennent, que le bureau de la publicité foncière réponde aux demandes. À cela s'ajoute le décorticage de certaines constructions juridiques parfois complexes. Autant d'investigations qui peuvent aboutir au déclenchement d'une opération de police judiciaire pour la réalisation de laquelle la loi nouvelle a là encore prévu des saisies conservatoires. L'article 76 du Code de procédure pénale dispose aujourd'hui que les perquisitions, visites domiciliaires et saisies peuvent porter sur des « pièces à convictions ou de biens dont la confiscation est prévue par l'article 131-21 du Code pénal ». La recherche de produits confiscables menée dans ce cadre se voit ainsi calquée sur celle accomplie en matière de flagrance. Il reste que ces actes sont subordonnés à l'accord de la personne. Un assentiment que l'article 76, alinéa 4, du Code de procédure pénale permet de contourner lorsque l'infraction se trouve être un crime ou un délit puni d'une peine d'emprisonnement d'une durée égale ou supérieure à trois ans. Dans ce

173. É. Camous, « Les saisies en procédure pénale : un régime juridique modernisé, commentaire des dispositions pénales de droit interne de la loi n° 2010-768 du 9 juillet 2010 visant à faciliter la saisie et la confiscation en matière pénale », *Dr. pén.*, 2011, étude 1. – Ch. Cutajar, « Commentaire des dispositions de droit interne de la loi du 9 juillet 2010 visant à faciliter la saisie et la confiscation en matière pénale », *D.*, 2010, p. 2305 ; J.-H. Robert, « Une importante réforme de procédure pénale inachevée. – À propos de la loi du 9 juillet 2010 », *JCP G*, 2010, 1067.

174. L. Ascensi, « Les saisies et confiscations en matière pénale après la loi du 9 juillet 2010 : l'édifice parachevé ? », *AJ pénal*, 2015, p. 288 ; C. Fonteix, « De la saisie à la confiscation : un point sur le contentieux », *AJ pénal*, 2015, p. 239.

cas, le juge des libertés et de la détention peut là encore ordonner, à la requête du procureur de la République, par décision spéciale et motivée[175], que les recherches se feront sans l'assentiment de la personne. Un pouvoir dont le champ d'application a lui aussi été étendu aux biens confiscables.

409 ***Instruction.*** Les enquêtes réalisées sous l'autorité du juge d'instruction ont également bénéficié des apports du nouveau texte. L'article 94 du Code de procédure pénale qui réglemente les perquisitions menées dans le cadre d'une information judiciaire. Ces perquisitions ne se limitent plus à la seule découverte d'objets ou de données informatiques « utiles à la manifestation de la vérité ». Elles concernent tous les lieux dans lesquels sont susceptibles de se trouver « des biens dont la confiscation est prévue par l'article 131-21 du Code pénal ». Avec l'accord du juge d'instruction, l'officier de police judiciaire peut maintenir la saisie des documents ou données informatiques utiles à la manifestation de la vérité « ainsi que des biens dont la confiscation est prévue par l'article 131-21 du Code pénal ».

410 ***Saisies post-sententielles.*** Il peut arriver que la peine de confiscation soit décidée sans que le bien ait été préalablement saisi. Une sanction à laquelle le condamné peut être tenté de faire obstacle en procédant à tout acte de dissimulation. Afin de contrer de telles initiatives, le tribunal correctionnel qui prononce une peine de confiscation d'un bien qui n'est pas sous main de justice peut « ordonner la saisie aux frais avancés du Trésor, du bien confisqué » (CPP, art. 484-1). Un recours est possible devant le président de la chambre des appels correctionnels qui peut seul ordonner, par décision spéciale et motivée, la mainlevée totale ou partielle de la mesure (CPP, art. 484-1, al. 3). Des dispositions qui connaissent leur pendant en matière criminelle, la cour d'assises statuant sans l'assistance des jurés (CPP, art. 373-1). Des nouvelles dispositions procédurales qui se trouvent complétées par la création de régimes juridiques spécifiques à certaines saisies conservatoires.

B) La réglementation de certaines saisies conservatoires

411 ***Formalisme procédural.*** Les saisies réalisées à des fins probatoires ne sont pas soumises à un formalisme particulier. Il suffit que la chose puisse être utile à la manifestation de la vérité pour que son appréhension soit autorisée sous réserve de très rares exceptions liées au respect du secret professionnel. Une souplesse qui ne pouvait être de mise en matière de saisie de biens confiscables. La première raison est leur caractère particulièrement attentatoire au droit de propriété. Il existe certains biens tels que les immeubles dont la nature exige le respect d'un certain formalisme.

---

175. L'ordonnance du juge des libertés et de la détention, qui se borne à se référer à la requête présentée par le procureur de la République aux fins de perquisition, en application de l'article 76, al. 4, du CPP, n'est pas conforme aux exigences de ce texte : Crim., 23 novembre 2016, n° 15-83.649 et 16-81.904, 2 arrêts, *Bull. crim.* ; *Gaz. Pal.*, 24 janvier 2017, p. 60, obs. Fourment ; toutefois, peu importe, que les motifs de l'ordonnance, analysant les éléments de fait et de droit rendant nécessaire la mesure, soient exactement repris des termes de la requête du procureur de la République : Crim., 21 janvier 2020, n° 18-84.899, *Bull. crim.*, à par. ; *Gaz. Pal.*, 12 mai 2020, p. 62, obs. Fourment.

412 ***Proportionnalité.*** La règle est aujourd'hui acquise tant en ce qui concerne le prononcé de la confiscation que la décision de saisir. Celles-ci doivent être proportionnelles à la gravité de l'acte, à la personnalité de leur auteur et à ses ressources[176]. La Cour de cassation n'apprécie pas la proportionnalité de la mesure en tant que telle[177]. C'est une question de fait qui relève du pouvoir souverain du juge. Elle s'assure que le juge a bien pris en compte un principe qui doit être mentionné dans la décision. Cette question n'a pas lieu d'être lorsque la saisie et/ou la confiscation porte sur un bien qui est le produit direct ou indirect de l'infraction. Dans ce cas, la question de la proportionnalité ne se pose pas, tout est saisissable parce que confiscable[178].

413 ***Saisie de patrimoine.*** La saisie de patrimoine est réglementée par l'article 706-148 du Code de procédure pénale. Elle concerne les biens dont la confiscation est prévue par l'article 131-21, alinéas 5 et 6, du Code pénal. Le juge des libertés et de la détention doit l'avoir ordonnée. Il ne peut s'autosaisir comme il ne peut être directement saisi par un officier de police judiciaire. Il doit l'être par un réquisitoire écrit du procureur de la République qui sollicite une autorisation générale de saisie. Il n'est pas nécessaire d'établir la liste des biens dont l'appréhension est envisagée. Cela découle ensuite de l'enquête. S'il s'agit d'un bien immobilier ou de tout bien dont la saisie est soumise à une ordonnance spécifique du juge des libertés et de la détention, le procureur devra établir d'autres réquisitions[179]. S'il s'agit de biens meubles qui ne sont soumis à aucune autorisation autre que celle prévue à l'article 706-148, l'officier de police judiciaire peut saisir sans avoir à en référer au juge des libertés et de la détention.

Si l'enquête est menée dans le cadre d'une information judiciaire, le juge d'instruction a seul compétence pour rendre une ordonnance de saisie générale dans les mêmes formes que pour le juge des libertés et de la détention. Il doit au préalable recueillir les réquisitions du procureur de la République sans lesquelles son ordonnance ne serait pas valable[180].

414 ***Saisies immobilières.*** Cette catégorie de saisie a une importance toute particulière dans la lutte contre la délinquance organisée. En effet, l'investissement dans la pierre constitue un moyen de blanchiment depuis longtemps éprouvé. Il garantit la pérennité du placement tout en autorisant de substantiels profits. S'en emparer constitue donc une mesure tout à fait appropriée. C'est d'ailleurs cette catégorie de saisie qui a alimenté les premières décisions rendues en application de l'ancien article 706-103 du Code de procédure pénale. Les procédures civiles d'exécution qui servaient alors de seule référence se sont toutefois révélées mal adaptées. Un constat à l'origine duquel se trouve le nouvel article 706-150 du Code de procédure pénale. Celui-ci ne fait aucun renvoi aux exigences procédurales particulièrement rigoureuses du décret n° 2006-936 du

---

176. A. Dadoun, « L'intensité variable de la proportionnalité de la peine de confiscation », *Dr. pén.*, 2017, p. 14.
177. Crim., 8 juillet 2015, n° 14-80.552.
178. Crim., 25 octobre 2017, n° 16-87.111 et n° 16-87.113.
179. J. Pronier, « Saisies patrimoniales et saisies spéciales en matière pénale : une articulation complexe », *AJ pénal*, 2012, p. 661.
180. Crim., 11 juillet 2012, n° 12-82.050 ; J. Pronier, « Saisies patrimoniales et saisies spéciales en matière pénale : une articulation complexe », *ibid.* ; A. Maron et M. Haas, « Il y a saisie et saisie », *Dr. pén.*, 2012, comm. 138.

27 juillet 2006 relatif aux procédures de saisie immobilière et de distribution du prix d'un immeuble. Il pose des règles totalement exorbitantes du droit commun qui suivent le même canevas procédural que celles relatives aux saisies de certains biens ou droits mobiliers incorporels.

Lorsque les investigations sont menées sous la direction du procureur de la République, le juge des libertés et de la détention est le seul à pouvoir ordonner une saisie. S'il s'agit d'une information judiciaire, c'est le juge d'instruction qui est compétent. Le propriétaire perd alors tout pouvoir de disposition sur la chose. Ce faisant, la mesure ne peut être réellement efficace qu'à partir du moment où elle est opposable aux tiers. C'est par cet effet que le bien se trouve isolé de toute forme de revendication. Une conséquence que produit la publication au bureau de la publicité foncière ou pour les départements du Bas-Rhin, du Haut-Rhin et de la Moselle, au livre foncier du lieu de situation de l'immeuble.

E 17 **Empêcher l'organisation d'insolvabilité**

La loi a posé deux garde-fous ayant pour objet de paralyser le risque d'une organisation en urgence de l'insolvabilité du propriétaire. L'article 706-151 du Code de procédure pénale prévoit que la publication préalable d'un commandement de saisie sur l'immeuble ne fait pas obstacle à celle de la saisie pénale immobilière. Les deux actes peuvent être réalisés de manière concomitante. L'article 706-152 couvre les hypothèses dans lesquelles le malfaiteur a anticipé la saisie de son bien en procédant à sa cession avant la publication de l'ordonnance du juge des libertés et de la détention ou du juge d'instruction. L'acte de disposition demeure valable. Il est toutefois inopposable à l'État s'il vient à être publié après la publication de la saisie pénale. Une règle que le législateur a toutefois souhaité tempérer. Il est possible que le maintien du bien en l'état ne soit pas nécessaire, autrement dit que la justice soit en mesure de se satisfaire d'une transformation en numéraire suite à la vente. Le juge mandant peut alors autoriser la vente et ordonner le report de la saisie sur la somme obtenue. Dans une telle occurrence, la saisie immobilière se transforme en saisie de biens ou droits mobiliers incorporels. Cette novation n'est pas sans conséquences. Elle rend certains droits opposables à l'État. Il en est ainsi des créanciers titulaires de sûretés qui ont pris rang avant la date à laquelle la saisie pénale a été publiée. La loi prévoit alors qu'ils puissent être désintéressés sans que l'appréhension du bien, ni la possible confiscation de sa valeur ne leur soient opposables. Une règle de bon sens qui s'appuie sur le principe selon lequel la constitution de sûreté s'est faite de bonne foi.

---

415 ***Saisie de certains biens ou droits mobiliers incorporels.*** Cette catégorie de saisies intéresse naturellement la procédure pénale dans la mesure où le caractère incorporel de certains biens ou droits mobiliers les rend inévitablement volatiles. Ils sont, de par leur nature, plus faciles à cacher aux enquêteurs. Des manœuvres auxquelles l'article 706-153 du Code de procédure pénale a vocation à faire obstacle. Celui-ci concerne aussi bien les enquêtes menées en flagrance ou en la forme préliminaire, que celles effectuées dans le cadre d'une information judiciaire. Dans le premier cas, c'est encore le juge des libertés et de la détention, saisi par requête du procureur de la République, qui autorise par ordonnance motivée, la saisie aux frais avancés par le Trésor des biens ou droits incorporels dont la confiscation est prévue par l'article 131-21 du Code pénal. Un pouvoir également dévolu au seul juge d'instruction.

La portée générale de ce texte doit être soulignée. Il n'existe aucune restriction quant à la nature de l'infraction poursuivie ou sa gravité autre que celle posée en matière de confiscation. Ce qui importe est que le bien en question entre dans le champ de l'article 131-21 du Code pénal.

416 ***Saisie particulière de sommes versées sur un compte de dépôt.*** La saisie de sommes versées sur un compte de dépôt constitue une catégorie particulière de saisies de biens incorporels. En effet, c'est le seul cas dans lequel l'officier de police judiciaire peut, après en avoir été autorité par le magistrat, saisir immédiatement les fonds qui se trouvent sur le compte. Il ordonne alors au gestionnaire dudit compte de verser les sommes sur un compte de l'AGRASC afin de parer tout risque de retrait inopportun de la part de la personne en cause. La décision doit être confirmée dans le délai de 10 jours par le juge des libertés et de la détention si l'enquête est menée en flagrance ou en préliminaire ou par le juge d'instruction en cas d'information judiciaire (CP, art. 706-154).

417 ***Recours.*** La loi organise une voie de recours tout à fait singulière. Le ministère public, le propriétaire du bien ainsi que les tiers ayant des droits sur ce même bien peuvent déférer l'ordonnance de saisie devant la chambre de l'instruction dans le délai de dix jours à compter de sa notification. Une faculté qui fait écho à l'obligation de les informer sur ladite décision. Le recours n'a aucun caractère suspensif. La décision reste exécutoire, ce que l'on peut comprendre eu égard aux manœuvres de dissimulation que pourraient être tentés d'accomplir des malfaiteurs pendant le temps d'examen de la demande. Les tiers auprès desquels les objets ont été saisis ne peuvent bénéficier d'une mise à disposition de la procédure (CPP, art. 706-153, al. 2).

418 ***Saisie sans dépossession.*** La saisie sans dépossession est prévue par l'article 706-158 du Code de procédure pénale. Elle constitue un mode d'appréhension tout à fait singulier. L'objet est déclaré saisi tout en restant matériellement entre les mains de la personne qui la détenait ou d'un tiers institué comme gardien. Une technique depuis longtemps éprouvée par la pratique qui permet de soulager des services des scellés de plus en plus encombrés. Elle économise en certaines occasions des frais de justice dont la maîtrise est devenue une réelle préoccupation des juridictions. La procédure est la même que celle établie pour les nouvelles saisies conservatoires. Elle ne peut tout d'abord être mise en œuvre que dans le cadre précis des dispositions de l'article 131-21 du Code pénal. Le bien doit donc être confiscable. La décision fait une fois encore l'objet d'une compétence partagée. Elle est prise par le juge des libertés et de la détention sur requête du procureur de la République dans le cadre des enquêtes menées sous la direction de ce dernier. Le juge d'instruction est exclusivement compétent en cas d'information judiciaire. L'ordonnance qui autorise cette saisie doit « désigner la personne à laquelle la garde du bien est confiée et qui doit en assurer l'entretien et la conservation » (CPP, art. 706-158, al. 3). Un choix dont l'orientation est réglementée par les dispositions de l'article 706-143 du Code de procédure pénale auxquelles le texte fait explicitement référence. Il en résulte que la désignation du gardien n'est pas laissée à la libre appréciation du magistrat. Le propriétaire doit être privilégié. À défaut, c'est au détenteur d'assumer cette charge.

419 ***Structures d'enquêtes spécialisées.*** La nouvelle loi est nécessairement appelée à redessiner l'investigation en donnant au travail des enquêteurs une orientation patrimoniale avec laquelle ils ne sont pas toujours familiarisés. Il est une chose de rassembler les éléments constitutifs d'une infraction, une autre de recueillir les informations les plus utiles et les plus pertinentes sur le patrimoine des délinquants. Une difficulté que peut accentuer l'existence de structures criminelles plus ou moins complexes aux ramifications internationales.

Des préoccupations auxquelles répond la création de services d'enquêtes spécialisées. Il en va ainsi des groupes d'intervention régionaux (GIR) qui disposent dans leurs rangs de personnels formés au monde du chiffre. La plateforme d'identification des avoirs criminels (PIAC) répond à ce même souci. Elle complète une tendance forte en vue d'une réelle spécialisation des contentieux que traduit le travail des juridictions interrégionales spécialisées (JIRS).

420 ***Agence de gestion et de recouvrement des avoirs saisis et confisqués (AGRASC).*** La création de l'AGRASC constitue la disposition la plus novatrice du texte de loi. Elle répond à un certain nombre d'attentes exprimées à l'échelle nationale et internationale. La Commission européenne s'est penchée sur le sujet dans sa décision relative aux « *bureaux de recouvrement des avoirs* ». Des structures dont elle a appelé les États à promouvoir l'expansion afin « d'instaurer une meilleure coopération entre les autorités nationales et un échange rapide d'informations pour augmenter les possibilités de confiscation des produits du crime ». Les parlementaires se sont accordés sur la création de cette nouvelle structure dont il restait à dessiner les contours et réglementer les pouvoirs. Les auteurs de la proposition de loi se sont inspirés du modèle canadien qui a été cité en exemple. La nouvelle agence est un établissement public administratif placé sous la tutelle conjointe du ministre de la justice et celui en charge du budget (CPP, art. 706-159). Elle est administrée par un conseil dont le président est un magistrat de l'ordre judiciaire nommé par décret (CPP, art. 706-162).

421 ***Pouvoirs de gestion.*** La première mission de l'AGRASC est de gérer des biens qui lui sont remis, qu'ils soient saisis ou confisqués. L'agence peut prendre en charge des biens pour lesquels il a été fait application des dispositions de l'article 706-103 du Code de procédure pénale tel que redessiné par la loi du 9 juillet 2010 et du tout nouvel article 706-166. Des textes qui intéressent le recouvrement des amendes mais aussi le paiement des dommages et intérêts.

Elle peut accomplir tous les actes d'administration nécessaires afin d'assurer la conservation de la chose ou sa valorisation (CPP, art. 706-160, 1° et 2°). Des attributions auxquelles la loi a ajouté « la gestion centralisée de toutes les sommes saisies lors de procédures pénales ». Un pouvoir dont il importe d'éclairer les contours. En effet, la loi n'a pas confié à l'agence de prérogatives bancaires. Les sommes saisies et confisquées doivent continuer à être déposées sur un compte ouvert à la Caisse des dépôts et consignations. En revanche, il est tout à fait possible que cet argent soit placé en fonction des rendements qui pourront être les plus intéressants. Des initiatives financières encouragées par le fait que les résultats obtenus sont appelés à rentrer en ligne de compte dans le financement même de l'agence.

422 ***Pouvoir d'aliénation et de destruction.*** L'AGRASC n'a pas reçu le pouvoir de décider, en opportunité, si les biens remis devaient être aliénés ou détruits. Un devenir qui dépend de la décision prise par les magistrats. Ceux-ci sont toutefois de plus en plus incités à se débarrasser des biens saisis. En témoignent, les réformes à l'origine desquelles se trouvent les articles 41-5 et 99-2 du Code de procédure pénale dont il est d'ailleurs expressément fait mention dans le nouveau texte (CPP, art. 706-160, 4°). Il appartient à l'agence de mettre en œuvre cette décision lorsque le bien concerné lui a été confié. Une prérogative qui est assurée, « sans préjudice de l'affectation de ces biens dans les conditions prévues par l'article L. 2222-9 du Code général de la propriété des personnes publiques » (CPP, art. 706-160, 3°). Une mention qui rappelle la possibilité d'une affectation

privilégiée de certains biens au bénéfice de services d'enquête. La destruction ordonnée des biens ne pose pas en soi de difficultés, si ce n'est de respecter certaines règles spéciales. Il en va en revanche différemment de leur aliénation en ce que cette action était autrefois dévolue aux services des domaines. Il ne semble pas que le législateur ait spécialement souhaité leur retirer cette compétence. Il est en revanche indéniable que l'AGRASC est appelée à disposer des mêmes prérogatives dans une matière pénale dont elle est devenue la référence.

SECTION IV

La place de la victime dans la procédure pénale

423 ***Évolution.*** La violence et l'ampleur des attentats qui ont frappé la France ces dernières années ont souligné l'importance qui doit être accordée à l'aide aux victimes. Une préoccupation qui fait partie intégrante du Code de procédure pénale et à l'origine de laquelle se trouvent de nombreuses lois nouvelles.

La victime est d'abord celle qui subit l'infraction et pour la protection de laquelle l'article préliminaire du Code de procédure pénale fait obligation à l'autorité judiciaire de veiller à l'information et à la garantie de ses droits à tous les stades de la procédure.

Elle doit pour cela être entendue. Un droit que réaffirme la directive européenne 2012/29/UE du 25 octobre 2012 dite « victimes » et que consacre la loi n° 2015-993 du 17 août 2015 portant adaptation de la procédure pénale au droit de l'Union européenne. C'est la possibilité d'assortir la peine d'emprisonnement avec sursis et mise à l'épreuve d'une obligation de réparer le préjudice (CPP, art. 132-45 5°). C'est la prise en compte, durant la période d'incarcération, de l'affectation du pécule du détenu à la réparation des dommages qu'il a causés (CPP, art D. 320-1). Un souci de réparer que dynamise la création de structures *ad hoc* que sont la Commission d'indemnisation des victimes d'infractions (CIVI ; voy. *infra*, n° 457), le fond de garanti des victimes des actes de terrorisme et d'autres infractions (FGTI) et les possibilités de recours devant l'AGRASC. Mais au-delà de cette recherche d'une meilleure indemnisation, nombre de victimes expriment un souci légitime d'être présentes et de participer à la procédure.

Le décret n° 2017-1240 du 7 août 2017 a créé un délégué interministériel de l'aide aux victimes placé auprès du garde des sceaux va dans ce sens.

Les procureurs de la république sont naturellement au centre de cette action. Il leur appartient de tenir compte des intérêts des victimes dans les décisions qu'ils prennent.

Cet accompagnement est aussi celui du monde associatif. L'action des associations d'aide aux victimes a été saluée lors des drames collectifs qui ont bouleversé le pays, mettant un peu plus en exergue ce travail du quotidien dont l'utilité n'est plus discutée. C'est le sens du rapport : « *La structuration de la politique publique d'aide aux victimes* » de février 2017, établi par les inspections générales de l'Administration, des Finances, de la Justice et des Affaires sociales.

Les intérêts de la victime sont pris en compte dans le déroulé de la procédure (§ 1), avec prise en charge effective des victimes (§ 2) et jusque dans la possibilité d'indemnisation collective de certaines d'entre elles (§ 3).

§ 1. La prise en compte des intérêts de la victime durant le déroulé de la procédure

424 ***Article préliminaire du Code de procédure pénale.*** La victime n'exerce plus isolément son droit de demander réparation du dommage causé par une infraction. La société, représentée par l'autorité judiciaire, intercède dorénavant entre la victime et l'auteur de l'infraction pour assurer un exercice effectif de son droit à réparation. L'article préliminaire II du Code de procédure pénale dispose en effet que « l'autorité judiciaire veille à l'information et à la garantie des droits des victimes au cours de toute procédure pénale ». L'autorité judiciaire est en quelque sorte érigée en gardienne des droits des victimes. Les intérêts de la victime sont pris en compte aux différentes grandes étapes de la procédure pénale.

A) La prise en compte des intérêts de la victime dans la conduite des investigations

425 ***Dépôt de plainte.*** Le dépôt de plainte est très souvent le premier acte d'une enquête. La victime doit être reçue par le service auquel elle s'adresse même si celui-ci n'est pas territorialement compétent (CPP, art. 15-3). Il lui appartient alors de transmettre le procès-verbal à l'unité qui sera en charge des investigations (voy. *supra*, n° 307).

Le recueil qui est fait de la parole de la victime est très important pour la bonne continuation de l'enquête. Il doit être réalisé avec la plus grande attention afin que les éléments utiles à la manifestation de la vérité soient immédiatement recensés en vue d'identifier et interpeller la ou les personnes en cause.

426 ***Information de la victime.*** La protection des victimes impose une information utile et efficace, ce que prévoit l'article 10-2 du Code de procédure pénale qui reprend et complète l'ancienne rédaction des articles 53-1 et 75. Les officiers et agents de police judiciaire informent par tout moyen les victimes de leur droit :

1° d'obtenir la réparation de leur préjudice, par l'indemnisation de celui-ci ou par tout autre moyen adapté, y compris, s'il y a lieu, une mesure de justice restaurative ;

2° de se constituer partie civile soit dans le cadre d'une mise en mouvement de l'action publique par le parquet, soit par la voie d'une citation directe de l'auteur des faits devant la juridiction compétente ou d'une plainte portée devant le juge d'instruction ;

3° d'être, si elles souhaitent se constituer partie civile, assistées d'un avocat qu'elles peuvent choisir ou qui, à leur demande, est désigné par le bâtonnier de l'ordre des avocats près la juridiction compétente, les frais étant à la charge des victimes sauf si elles remplissent les conditions d'accès à l'aide juridictionnelle ou si elles bénéficient d'une assurance de protection juridique ;

4° d'être aidées par un service relevant d'une ou de plusieurs collectivités publiques ou par une association conventionnée d'aide aux victimes ;

5° de saisir, le cas échéant, la commission d'indemnisation des victimes d'infraction, lorsqu'il s'agit d'une infraction mentionnée aux articles 706-3 ou 706-14 du présent Code ;

6° d'être informées sur les mesures de protection dont elles peuvent bénéficier, notamment les ordonnances de protection prévues au titre XIV du livre Ier du Code civil. Les victimes sont également informées des peines encourues par les auteurs des violences et des conditions d'exécution des éventuelles condamnations qui pourraient être prononcées ;

7° pour les victimes qui ne comprennent pas la langue française, de bénéficier d'un interprète et d'une traduction des informations indispensables à l'exercice de leurs droits ;

8° d'être accompagnées chacune, à leur demande, à tous les stades de la procédure, par leur représentant légal et par la personne majeure de leur choix, sauf décision contraire motivée prise par l'autorité judiciaire compétente ;

9° de déclarer comme domicile l'adresse d'un tiers, sous réserve de l'accord exprès de celui-ci. Toutefois, lorsque la victime est une personne dépositaire de l'autorité publique ou chargée d'une mission de service public et que l'infraction a été commise en raison de ses fonctions ou de sa mission, elle est informée qu'elle peut déclarer, sans cet accord, son adresse professionnelle.

427 ***Protection de l'identité de la victime.*** L'article 10-2 du Code de procédure pénale et les articles 40-4-1 et 89 du même Code relatifs à la constitution de partie civile autorisent les victimes qui se constituent partie civile à déclarer l'adresse d'un tiers. Seule condition, que ledit tiers donne son accord exprès. Une faculté qui est également ouverte aux témoins (voy. *supra*, n° 314).

Cette faculté de déclarer une autre adresse est également ouverte aux personnes dépositaires de l'autorité publique ou chargées d'une mission de service public lorsqu'elles ont été victimes d'une infraction commise en raison de leurs fonctions ou de leurs missions. Il leur est permis d'utiliser leur adresse professionnelle sans avoir besoin d'une quelconque autorisation expresse.

428 ***Enquêtes d'initiative.*** Il résulte de l'article 14 du Code de procédure pénale que la police judiciaire est tenue de réaliser une enquête dès lors que la loi pénale est transgressée et cela, quand bien même il n'y aurait pas de plainte ou lorsque la victime n'a pas déposé plainte. C'est une règle tout à fait essentielle qu'il importe de rappeler et dont il est demandé aux procureurs de la République de surveiller le respect. Les études ont montré qu'un nombre non négligeable de victimes ne déposaient pas plainte ou refusaient même de le faire. Un constat qui concerne au premier chef les victimes de violences conjugales. Un positionnement de la victime qui ne peut en aucune manière être un frein à une enquête judiciaire.

429 ***Droit à l'interprétariat.*** La loi du 17 août 2015 a particulièrement mis l'accent sur les principes généraux du droit à interprétation. Ainsi, la **victime a droit à l'assistance d'un interprète** durant toute la procédure dans les mêmes conditions que pour les personnes suspectées ou poursuivies, ainsi que du pouvoir de contester la qualité de l'interprétation.

Le droit d'interprétation implique **le droit de traduction**. Il est évident que les mentions essentielles du récépissé de dépôt de plainte remis à la victime doivent être traduites, tout comme les pièces de procédure essentielles, au minimum les décisions de classement sans suite, ordonnances de non-lieu et décisions de condamnation, de relaxe ou d'acquittement comprenant les motifs de ces décisions ou un bref résumé de ces motifs.

Il est possible, à titre exceptionnel, de remplacer la traduction par une traduction orale, voire par un bref résumé des pièces essentielles avec mention au procès-verbal.

430 ***Accompagnement.*** L'article 10-4 du Code de procédure pénale prévoit le droit pour une victime d'être accompagnée par son représentant légal et par la personne majeure de son choix. Au-delà même de l'accompagnement physique, une victime qualifiée de « traumatisée » doit pouvoir obtenir soutien et accompagnement. Outre la présence éventuelle d'un avocat, c'est une des missions des associations d'aide aux victimes.

B) La prise en compte des intérêts de la victime dans la réponse pénale

431 ***Information de la victime.*** L'information de la victime sur les choix de poursuite ou de non-poursuite est un point souvent essentiel. La pratique consiste le plus souvent à adresser un courrier ce qui est généralement peu satisfaisant lorsqu'il s'agit d'un classement sans suite. C'est la raison pour laquelle, en ce qui concerne les infractions les plus graves, les procureurs de la République prennent soin de passer par une association d'aide aux victimes. C'est elle qui se charge d'informer les personnes en leur faisant part de toute information utile sur les raisons d'un tel choix.

432 ***Intérêts de la victime dans le cadre des alternatives aux poursuites.*** Les alternatives aux poursuites se déclinent en différentes procédures dont la réussite est systématiquement subordonnée à la réparation du dommage subi chaque fois qu'une victime est identifiée. C'est le rappel à la loi conditionné[181]. En matière de transaction pénale, celle-ci peut prévoir, le cas échéant l'obligation pour l'auteur de l'infraction de réparer le dommage résultant de celle-ci[182]. Pour ce qui concerne la médiation pénale, c'est l'article 41-1, 5°, du Code de procédure pénale. Même chose en matière de composition pénale[183]. Des textes dont la mise en œuvre n'est pas sans poser de difficultés ce que la pratique a largement mis en exergue[184].

433 ***Intérêts de la victime en matière de CRPC.*** Dans le cadre de la comparution sur reconnaissance préalable de culpabilité, le parquet ne peut intégrer la demande de réparation de la victime dans la proposition qu'il formule. Il doit seulement l'inviter à comparaître à l'audience d'homologation ou à se constituer partie civile selon la procédure de l'article 420-1 du Code de procédure pénale. L'existence d'une victime peut, en fonction du préjudice, influer sur le choix ou non d'une telle mesure. Si la victime s'est déjà constituée partie civile, le juge a l'obligation de se prononcer sur sa demande.

C) Les intérêts de la victime au cours du procès pénal

434 ***Comparution immédiate.*** La comparution immédiate occupe une place à part dans l'arsenal des poursuites. Procédure rapide, elle satisfait l'ordre public sans être toujours en adéquation avec les intérêts de la victime. C'est la raison pour

181. CPP, art. 41-1.
182. CPP, art. 41-1-1.
183. CPP, art. 41-2.
184. D. Charmatz, « La place de la victime en dehors de l'audience correctionnelle : une simplification indispensable », *Dr. pén.*, 2017, étude 21.

laquelle cette procédure est peu ou pas utilisée en matière d'homicide involontaire ainsi que dans les situations de très grande souffrance associées à la perte d'une personne et/ou lorsque les préjudices personnels sont très importants. En toute hypothèse la victime doit être clairement informée de la date de l'audience afin de pouvoir demander la réparation de son préjudice ou être en mesure de solliciter le renvoi sur intérêts civils. Le recours aux associations d'aide aux victimes est la règle avec un renvoi vers un avocat de permanence dédié aux intérêts des victimes lorsque cela existe.

435 ***Condamnation.*** Les juridictions de jugement ont la possibilité d'intégrer la réparation du dommage comme condition d'exécution de toutes les peines qui peuvent être prononcées[185]. Elle peut même constituer le principe de cette peine lorsque le juge prononce une peine de sanction-réparation[186].

D) La prise en compte des intérêts de la victime dans la phase d'exécution de la peine

436 ***Droits spécifiques.*** La protection des victimes n'a de sens que si elle est effective autrement dit si ce qui a été décidé pour les protéger ou pour réparer ce dont elles ont souffert est réellement mis en œuvre. Un impératif que les textes ont intégré jusque dans la phase d'exécution de la peine. C'est le sens de l'article 707, dernier alinéa, du Code de procédure pénale selon lequel « l'autorité judiciaire est tenue de garantir l'intégralité de ces droits tout au long de l'exécution des peines ». Ces droits sont : la réparation du préjudice, l'information de la date de fin de peine, le respect de la tranquillité et la sûreté de la victime.

437 ***Régime carcéral.*** Le régime carcéral prévoit l'affectation d'une partie du pécule que le détenu constitue au paiement des dommages et intérêts. Cela dépend de la rigueur avec laquelle le service de l'exécution des peines transmet les décisions rendues à l'administration pénitentiaire, le sujet ayant vocation à être évoqué lors des débats portant sur les aménagements de peine[187].

E) Les mesures de justice restaurative

438 ***Fondement.*** La loi n° 2014-896 du 15 août 2014, relative à l'individualisation des peines et renforçant l'efficacité des sanctions pénales, a introduit à l'article 10-1 du Code de procédure pénale la notion de justice restaurative. Elle renvoie à toutes sortes de pratiques qui ont pour objet d'associer l'auteur et la victime dans une démarche commune. La circulaire du 15 mars 2017 clarifie l'articulation entre la justice pénale et la justice restaurative. Les mesures prises doivent favoriser le dialogue entre la victime et l'auteur. Une information claire doit être délivrée aux victimes, tant sur les modalités de mise en œuvre, les enjeux et les garanties de contrôle, que sur le caractère confidentiel, leur faculté d'interrompre le processus à tout moment ou encore le fait que la mise en œuvre de la mesure n'aura pas d'influence sur la procédure pénale. En pratique, le consentement de la victime doit être recueilli par écrit soit à l'issue de l'entretien d'information, soit après un délai de réflexion si les parties le demandent.

185. CP, art. 132-45, 5°.
186. CP, art. 131-8-1.
187. CPP, art. D. 231-1.

439 ***Limite.*** Il importe de rappeler que la mesure n'a pas d'incidence sur la décision d'engager des poursuites ou de classer, ni sur la détermination de la culpabilité, le choix de la peine ou de ses modalités d'exécution. Elle n'a pas d'effet sur l'octroi d'éventuels dommages-intérêts dus à la partie civile, y compris sous forme transactionnelle, ni sur l'indemnisation de la victime dans le cadre d'une alternative aux poursuites. Les intervenants exerçant ces mesures doivent assurer leur mission en toute indépendance. Ainsi, le tiers intercesseur ne doit pas être chargé du suivi de l'auteur ou de la victime.

440 ***Mise en place par l'autorité judiciaire.*** Dans le cadre des alternatives aux poursuites, le procureur de la République peut cumuler une mesure alternative avec la proposition d'une mesure de justice restaurative. Celle-ci peut intervenir à n'importe quel moment dans une procédure voire même entrer dans la phase post-sentencielle (après la déclaration de culpabilité et jusqu'au stade de l'exécution de la peine).

E 18 **Exemples de mesures de justice restaurative :**

Ces mesures peuvent prendre la forme de rencontres condamnés-victimes (RCV) ou rencontres détenus-victimes (RDV) : il s'agit de groupes de 3 à 5 personnes comprenant des personnes condamnées et des victimes qui ne se connaissent pas mais qui sont concernées par un même type d'infraction. L'objectif est de créer un espace de parole notamment sur les répercussions de l'acte commis.

La conférence restaurative ou conférence de groupe familial, similaire à la médiation restaurative, propose outre la rencontre entre la victime et l'auteur de l'infraction, la participation des proches et personnes de confiance, ou de toute personne susceptible d'apporter un soutien. Elle permet d'envisager les modalités de l'aide que l'environnement familial et social est susceptible d'apporter aux intéressés.

Le cercle restauratif met en place un groupe de parole pour des situations ne permettant pas d'engager l'action publique, dans lequel peuvent être abordées notamment les questions relatives au traitement judiciaire des faits.

---

§ 2. La prise en charge effective des victimes

441 ***Texte.*** Les victimes expriment des besoins qui dépassent la seule question de l'accès aux droits. Elles nourrissent des attentes tout à fait spécifiques qui sont à l'origine de la directive européenne « victimes » n° 2012/29/UE du 25 octobre 2012 et des réformes qui en ont transposé les orientations. Des textes qui s'articulent autour de trois types d'actions que dynamisent les projets annuels de performance : évaluation, aide et assistance, protection.

442 ***Évaluation.*** L'évaluation doit permettre d'identifier les victimes, qui à raison de la nature de l'infraction subie ou de leurs caractéristiques personnelles, s'avèrent particulièrement exposées à des risques de représailles ou d'intimidation ainsi qu'à des risques de « victime secondaire » entendus comme toute circonstance propre à réactiver le traumatisme subi.

443 ***Évaluation personnalisée des victimes.*** Cette évaluation est de la **responsabilité des services d'enquête** qui doivent, dès la prise en charge de la victime, identifier les besoins immédiats de protection[188]. Les procès-verbaux d'audition

188. CPP, art. 10-4.

doivent comporter une phase d'évaluation. Il s'agit en même temps d'apprécier l'intérêt d'une évaluation approfondie en raison de la nature des faits et/ou de leurs retentissements sur la personne.

444 ***Évaluation approfondie des victimes.*** Cette évaluation doit être accomplie dans le temps le plus proche de l'audition[189]. Elle est réalisée, sur réquisition du procureur de la République, par l'association d'aide aux victimes habilitée. Elle repose sur des trames et questionnaires types que complète un avis circonstancié sur la situation de la victime et son besoin de protection. Il s'agit notamment d'identifier l'importance du préjudice subi, l'existence d'une vulnérabilité particulière ou de risques d'intimidation ou de représailles. L'ensemble est transmis sans délai au procureur de la République et aux services d'enquête. Cette évaluation est actualisée tout au long de la procédure.

445 ***Aide et assistance.*** L'aide et l'assistance qui doivent être apportées aux victimes se traduisent par une écoute utile mais aussi et surtout un accompagnement psychologique, un soutien efficace dans les démarches d'indemnisation, voire un accompagnement à l'audience. À ce titre, il importe de souligner que le travail des associations ne se confond pas avec le conseil délivré par les avocats.

446 ***Bureaux d'aide aux victimes.*** Les bureaux d'aide aux victimes (BAV) sont des lieux privilégiés qui se situent le plus souvent dans l'enceinte même de la cité judiciaire ou tout au moins à proximité. Expérimentés en 2009 et 2010, les BAV sont désormais réglementés par le décret du 7 mai 2012. Ils sont institués par convention passée entre les chefs de cour d'appel et le président de l'association. Le BAV a pour mission « d'informer les victimes et de répondre aux difficultés qu'elles sont susceptibles de rencontrer tout au long de la procédure pénale, notamment à l'occasion de toute procédure urgente telle que la procédure de comparution immédiate ». Il s'agit essentiellement de répondre à la demande des victimes quant au déroulement de la procédure. À cet effet, les chefs de cour d'appel peuvent habiliter les membres des associations d'aide aux victimes afin qu'ils accèdent, sous certaines conditions, à certaines informations du logiciel Cassiopée. Mais le BAV a aussi pour objet général d'aider les victimes dans leurs démarches et de les orienter vers les services appropriés. Il peut aussi « être chargé de délivrer à la victime toutes les informations dont celle-ci doit être destinataire en application des dispositions législatives ». Il a enfin pour tâche de recevoir les parties civiles à l'issue de l'audience et de procéder à leur égard comme procède le bureau de l'exécution des peines s'agissant du recouvrement des dommages-intérêts.

447 ***Plan stratégique spécifique à l'aide aux victimes.*** Les chefs de juridiction établissent parfois des plans stratégiques spécifiques à l'aide aux victimes. Ils intègrent aujourd'hui la problématique particulière des victimes d'attentats, et plus largement des accidents collectifs et catastrophes.

448 ***Information de la victime sur l'accès au droit.*** L'article 40-4 du Code de procédure pénale dispose que lorsque la victime souhaite se constituer partie civile et demande la désignation d'un avocat après avoir été informée de ce droit, le procureur de la République, avisé par l'officier ou l'agent de police judiciaire, s'il décide de mettre l'action publique en mouvement, en informe sans délai le bâtonnier de l'ordre des avocats.

189. CPP, art. D. 1er-13.

449 ***Soutien de la victime lors d'une confrontation.*** Si la victime est confrontée avec une personne gardée à vue, elle peut demander à être également assistée par un avocat choisi par elle ou par son représentant légal si elle est mineure ou, à sa demande, désigné par le bâtonnier. La victime est informée de ce droit avant qu'il soit procédé à la confrontation. À sa demande, l'avocat peut consulter les procès-verbaux d'audition de la personne qu'il assiste[190].

450 ***Téléphone grave danger.*** La loi du 4 août 2014 est à l'origine de la mise en place du dispositif téléphone grave danger qui permet au procureur d'attribuer un dispositif permettant à celui ou celle qui peut être menacé de prévenir rapidement les secours. Des conventions ont été conclues dans tous les ressorts[191].

E 19 **Le juge délégué aux victimes (« JUDEVI »)**

Les articles D. 47-6-1 du Code de procédure pénale (décret n° 2007-1605 du 13 novembre 2007 « instituant le juge délégué aux victimes » ; S. Lavric, « Juge délégué aux victimes : pour quoi faire ? », *AJ pénal*, 2007, p. 408 ; J. Buisson, « Le juge délégué aux victimes », *Procédures*, 2007, focus n° 44) attribuent deux fonctions au juge délégué aux victimes, dit « JUDEVI » dans le langage judiciaire :

- une fonction juridictionnelle (art. D. 47-6-2 et D. 47-6-3 du CPP) : le juge délégué aux victimes préside la commission d'indemnisation des victimes d'infractions (voy., *infra*, n° 458) ;
- une fonction administrative (art. D. 47-6-12 à D. 47-6-14 du CPP) : le juge délégué aux victimes vérifie les conditions dans lesquelles les parties civiles sont informées de leurs droits, participe à l'élaboration et à la mise en œuvre de dispositifs d'aide aux victimes et établit un rapport annuel sur l'exercice de ses attributions.

Sur décision du Conseil d'État du 28 décembre 2009 (n° 312314, Tables. *Rec. Lebon*), le JUDEVI a perdu sa fonction d'administration judiciaire (art. D. 47-6-4 à D. 47-6-11, abrogés, du CPP) : le juge délégué aux victimes pouvait être saisi par toute personne ayant été victime d'une infraction et dont l'action publique avait déjà été traitée dans le cadre d'une mesure alternative aux poursuites ou avait abouti à un jugement. Selon la nature de la demande, le JUDEVI transmettait celle-ci au magistrat du siège ou du parquet territorialement compétent. Le juge délégué aux victimes était ici une sorte de courroie de transmission. Ses décisions étaient des mesures d'administration judiciaire non susceptibles de recours. Le Conseil d'État y a vu des dispositions « touch[a]nt à des règles de procédure pénale [...] ne p[ouva]nt être regardées comme ayant simplement déterminé les modalités d'application des règles fixées en ce domaine par le législateur [...] relèvent, par suite, du domaine réservé à la loi par l'article 34 de la Constitution ».

---

190. CPP, art. 63-4-5.
191. CPP, art. 41-3-1.

§ 3. L'indemnisation collective de certaines victimes de dommages résultant d'une infraction

451 ***Insuffisances de l'action civile et collectivisation du risque.*** L'injustice qui résulte de l'absence de réparation des victimes d'infractions paraît criante, par contraste avec la prise en charge collective des « risques sociaux » (comme celui de la maladie, par exemple) qui ne cesse de s'étendre[192]. Le fait d'être victime d'une infraction, n'est-il pas également un « risque social » ? Or, dans la plupart des cas, l'action civile, voie ordinaire d'action en réparation des dommages causés par une infraction (voy. *infra*, n° 453), n'offrira aucune chance pour la victime d'obtenir une réparation, soit parce que l'auteur est inconnu et le restera, soit parce qu'il est insolvable. Par ailleurs, les assurances ne peuvent couvrir le risque né de la commission d'un fait intentionnel.

Il convient donc de trouver des substituts aux moyens ordinaires offerts par le droit commun de l'action civile. Des alternatives à la réparation des dommages causés par la commission d'une infraction se sont installées. Elles se rencontrent notamment dans l'indemnisation de « certaines victimes de dommages résultant d'une infraction », dans l'indemnisation des victimes d'accidents de la circulation ou dans l'indemnisation des victimes d'actes de terrorisme. Ces alternatives peuvent être regardées comme les formes balbutiantes d'une sorte d'assurance sociale du risque pénal. La Cour de cassation a d'ailleurs estimé que l'indemnité allouée par le Fonds de garantie des victimes des actes de terrorisme et d'autres infractions – fonds commun à l'indemnisation des victimes d'actes de terrorisme et de certaines victimes de dommages résultant d'une infraction – n'a pas le caractère de dommages-intérêts[193], mais d'un secours accordé en vertu d'un devoir de solidarité[194]. Ces deux types de sommes d'argent ont en effet une nature et une fonction différentes. Un secours est un subside accordé par une collectivité pour aider et assister une personne dans la nécessité. Les dommages-intérêts sont une somme d'argent allouée à la victime d'un préjudice en réparation de ce dernier par le civilement responsable du dommage (sur l'intérêt de la distinction entre secours et dommages-intérêts, voy., n° 453).

Franchissant un pas supplémentaire vers cette idée de prise en charge collective du « risque » pénal, la loi n° 2008-644 du 1er juillet 2008 « créant de nouveaux droits pour les victimes et améliorant l'exécution des peines » reconnaît un droit à l'aide au recouvrement des dommages-intérêts prononcés en leur faveur à l'intention des victimes d'infractions qui ne peuvent bénéficier d'une indemnisation de la Commission d'indemnisation des victimes d'infractions. Cette aide au recouvrement est assurée par le Fonds de garanties des victimes des actes de terrorisme[195].

---

192. Sur ce sujet en général, voy. R. Granier, « Les fonds publics de socialisation des risques », *JCP*, 2003, I, 143.
193. Civ. 2e, 18 juin 1986, n° 84-17.283, *Bull. civ.*, II, n° 93.
194. Civ. 2e, 21 octobre 1987 (3 arrêts), nos 86-14.366, 85-14.723 et 86-11.548, *Bull. civ.*, II, n° 204.
195. Art. 706-15-2 du CPP.

452 ***Élargissement des conditions d'indemnisation de « certaines victimes de dommages résultant d'une infraction ».*** Le mécanisme d'indemnisation collective de « certaines victimes de dommages résultant d'une infraction » a été introduit par la loi du 3 janvier 1977 « garantissant l'indemnisation de certaines victimes de dommages corporels résultant d'une infraction ». Originellement, ce mécanisme d'indemnisation était restreint par trois limites : seules les atteintes corporelles ouvraient droit à indemnisation ; le demandeur devait justifier que le défaut d'indemnisation le plongeait dans une situation économique grave ; le recours en indemnité avait un caractère subsidiaire. Il faut dire que l'État était débiteur de la dette d'indemnisation.

La loi du 6 juillet 1990 a notablement amélioré ce mécanisme d'indemnisation. D'une part, elle a consacré deux principes : celui de la réparation intégrale des préjudices indemnisables et le caractère non subsidiaire du recours en indemnité. D'autre part, le Fonds de garantie des victimes des actes de terrorisme créé par la loi du 9 septembre 1986 relative à la lutte contre le terrorisme a été étendu à « d'autres infractions ». Ce n'est plus l'État qui indemnise mais ce Fonds, alimenté par des contributions assises sur les primes et cotisations des contrats d'assurance de biens. Ce recours est naturellement fermé pour l'indemnisation des atteintes provenant d'actes de terrorisme ou d'accidents de la circulation, mais est en revanche ouvert à toute victime française, peu important le lieu de commission de l'infraction (notamment, si l'infraction a été commise à l'étranger, il n'est pas nécessaire que la loi ou les juridictions françaises soient compétentes pour le juger). Il est également ouvert aux victimes non françaises lorsque l'infraction a été commise sur le territoire national. Encore faut-il distinguer ici entre les étrangers ressortissants d'un État membre de l'Union européenne de ceux qui ne le sont pas et qui, dès lors, ne sont protégés que sous réserve des traités et accords internationaux et de séjour régulier sur le territoire national.

Le « recours en indemnité ouvert à certaines victimes de dommages résultant d'une infraction » est détaillé aux articles 706-3 et suivants du Code de procédure pénale. Il convient d'étudier les dommages pris en charge par le Fonds de garantie (A.) et la mise en œuvre du recours contre ce Fonds (B.).

A) Les dommages indemnisés par le Fonds de garantie

453 ***Dommages dont la victime peut obtenir l'indemnisation intégrale.*** S'agissant de leur origine, ces dommages doivent provenir de « faits volontaires ou non présentant le caractère matériel d'une infraction » (art. 706-3 du CPP).

Cette expression appelle deux remarques :

- d'une part, l'article 706-3 du Code de procédure pénale ne distingue pas entre les infractions intentionnelles et les infractions non intentionnelles ;
- d'autre part, la caractérisation de la matérialité de l'infraction suffit. Il n'est notamment pas exigé que l'élément moral de l'infraction soit constaté (par exemple, l'infraction peut avoir été commise par une personne atteinte d'un trouble mental) ou que l'élément légal soit relevé (par exemple, l'infraction peut avoir été amnistiée).

Quant à leur nature, ces dommages sont tous ceux qui, matériel ou moral, découlent du dommage corporel, qu'ils soient subis par la victime directe ou par la victime par ricochet. Cette dernière doit bien sûr justifier de son préjudice personnel et ne peut donc pas exercer un recours de nature héréditaire qu'elle aurait acquis du patrimoine de son auteur défunt. C'est l'un des intérêts de la distinction entre le caractère de secours propre à l'indemnité allouée par le Fonds[196] et celui de dommages-intérêts de l'indemnité supportée par le civilement responsable dans le cadre de l'action civile. Les dommages purement matériels sont donc exclus du droit à indemnisation intégrale (par exemple, détérioration d'un bien).

Quant à sa gravité, l'atteinte corporelle doit consister soit en un décès, soit en une incapacité permanente, soit en une incapacité totale de travail personnel de plus d'un mois, soit en une agression sexuelle ou atteinte sexuelle.

Le droit à réparation intégrale s'opère déduction faite des prestations sociales de nature indemnitaires déjà versées et des indemnités de toute nature reçues ou à recevoir d'autres débiteurs. Par ailleurs, il convient de souligner que la « faute » de la victime peut avoir pour effet de réduire, voire d'exclure, son droit à indemnisation[197].

454 ***Dommages dont la victime ne peut obtenir qu'une indemnisation plafonnée.*** Deux types de dommages ne donnent lieu qu'à une indemnisation plafonnée :

- d'une part, les dommages matériels résultant des infractions de vol, escroquerie ou d'abus de confiance et, depuis la loi du 15 juin 2000, des infractions d'extorsion de fonds ou de destruction, de dégradation ou de détérioration d'un bien (on remarquera ici que l'article 706-14 du Code de procédure pénale n'emploie pas l'expression de « faits présentant le caractère matériel » d'un vol, d'une escroquerie ou d'un abus de confiance) ;
- d'autre part, les dommages corporels résultant d'atteintes légères, c'est-à-dire n'entraînant qu'une incapacité totale de travail personnel inférieure à un mois.

Dans ces deux hypothèses, la victime doit encore justifier de deux conditions :

- ses ressources doivent être inférieures au plafond prévu pour bénéficier de l'aide juridictionnelle partielle (environ 1 400 € par mois) ;
- par ailleurs, le défaut d'indemnisation doit la placer dans une « situation matérielle grave » ou, depuis la loi du 15 juin 2000, dans une situation psychologique grave.

L'indemnisation de ces préjudices n'est pas intégrale en ce qu'elle est plafonnée au triple du montant mensuel du plafond de ressources imposé pour bénéficier de l'aide juridictionnelle partielle (environ 1 400 € par mois, soit 4 200 €). Du reste, l'indemnisation s'opère également déduction faite des prestations sociales indemnitaires déjà versées et des indemnités de toute nature reçues et à recevoir d'autres débiteurs.

---

196. Civ. 2e, 18 juin 1986, n° 84-17.283, *Bull. civ.*, II, n° 93.

197. Pour un exemple et un contre-exemple, voy. respectivement, Civ. 2e, 20 avril 2000, nos 98-12.215 et 96-16.359, *Bull. civ.*, II, n° 64 et Civ. 2e, 4 mai 2000, n° 98-20.925, *Dr. pén.*, 2000, comm. n° 121, obs. A. Maron ; voy. aussi l'étude de A. Schneider, « La faute de la victime devant la Civi », *D.*, 2003, p. 1185.

Encore que, la loi n° 2008-644 du 1er juillet 2008 « créant de nouveaux droits pour les victimes et améliorant l'exécution des peines » améliore le droit à indemnisation des victimes de destruction volontaire de leur véhicule (par incendie notamment). D'une part, la condition que l'infraction place la victime dans une situation matérielle ou psychologique grave n'est plus exigée ; d'autre part, le plafond de ressources que la victime ne doit pas dépasser est rehaussé[198].

B) La mise en œuvre du recours contre le Fonds

455 ***Indemnité de secours et non en réparation.*** Le recours en indemnité contre le Fonds n'est pas une action en réparation contre le civilement responsable. Pour cette raison, l'indemnité allouée par le fonds n'a pas le caractère de dommages-intérêts mais d'un secours.

456 ***Information des victimes par l'autorité judiciaire.*** L'autorité judiciaire doit veiller à l'information et à la garantie des droits des victimes au cours de toute la procédure pénale (article préliminaire, II, du CPP). C'est pourquoi l'article 706-15 du Code de procédure pénale prévoit que lorsqu'une juridiction condamne l'auteur d'une infraction entrant dans le champ d'application de ce recours à verser des dommages-intérêts à la partie civile, elle doit l'informer de la possibilité de saisir la Commission d'indemnisation des victimes d'infractions (CIVI). La mise en œuvre de ce recours obéit à une certaine procédure. Il faut cependant régler au préalable la difficulté liée au caractère subsidiaire ou non de ce recours.

457 ***Problème de la subsidiarité du recours contre le Fonds.*** La loi de 1990 n'a supprimé le caractère subsidiaire du recours contre le Fonds qu'en ce qui concerne les dommages donnant lieu à une indemnisation intégrale. En d'autres termes, le recours peut être exercé sans que la victime ait à démontrer son impossibilité d'obtenir à un titre quelconque une réparation effective et suffisante de son préjudice. En revanche, la loi de 1990, qui a certes ouvert un droit à indemnisation des dommages résultant d'infractions aux biens ou des dommages corporels résultant d'atteintes légères aux personnes, n'a reconnu qu'un caractère subsidiaire au recours contre le Fonds. L'article 706-14 du Code de procédure pénale impose en effet à la victime de justifier qu'elle « ne peut obtenir à un titre quelconque une réparation ou une indemnisation effective et suffisante de son préjudice ».

458 ***Procédure.*** Le recours est dirigé contre le Fonds. Il est porté devant une Commission d'indemnisation des victimes d'infractions, dite « CIVI ». Une Commission d'indemnisation des victimes d'infractions est instituée au siège de chaque tribunal judiciaire. Les Commissions d'indemnisation des victimes d'infractions sont des juridictions civiles échevines, c'est-à-dire composées de deux magistrats du siège – dont l'un assure la présidence, le juge délégué aux victimes dit « JUDEVI » (voy. *supra*, E19) – et d'une personne s'étant signalée par l'intérêt qu'elle porte aux problèmes des victimes. Le ministère public est représenté par le procureur de la République ou un substitut. Il est partie jointe.

198. Voy. art. 706-14-1 du CPP.

Les Commissions d'indemnisation des victimes d'infractions sont saisies par voie de requête. La Commission compétente *rationae loci* est celle du domicile du demandeur ou du siège de la juridiction pénale déjà saisie le cas échéant de la poursuite de l'infraction. La Commission doit être saisie dans le délai de trois ans à compter de la date de l'infraction ou, si des poursuites pénales sont engagées, dans le délai d'un an à compter de la décision définitive de la juridiction pénale sur l'action publique et/ou l'action civile, voire d'un an à compter de l'avis donné par la juridiction en application de l'article 706-15 du Code de procédure pénale.

Les Commissions sont dotées de véritables pouvoirs d'instructions : auditions, interrogatoires, expertises, notamment. Les procès-verbaux dressés, le cas échéant, dans le cadre de la poursuite lui sont communiqués. Elles peuvent également allouer des provisions aux requérants.

Les Commissions rendent leur décision en chambre du conseil (sauf demande contraire de la victime), au terme d'une procédure contradictoire. Elles statuent en premier ressort, de sorte que leurs décisions sont susceptibles d'appel devant la cour d'appel. L'arrêt d'appel est lui-même susceptible d'un pourvoi en cassation.

Reste à préciser les influences respectives des actions publique et civile sur le recours porté devant la Commission. En principe, la Commission n'est pas tenue de surseoir à statuer dans l'attente de la décision pénale ou civile définitive. D'ailleurs, lorsque la juridiction pénale statue sur l'action civile ou lorsque la juridiction civile alloue à la victime une indemnité supérieure à celle accordée par la Commission, la victime peut réclamer un complément d'indemnité à la Commission (art. 706-8 du CPP). De toute façon, si la victime choisit de demander réparation au terme d'une action civile parallèle à son recours devant la Commission, elle doit indiquer à la juridiction saisie de l'action civile sa saisine de la Commission et, le cas échéant, le montant d'indemnité que celle-ci lui a accordé (art. 706-12 du CPP), et ce, à peine de nullité du jugement en ce qui concerne ses dispositions civiles.

De son côté, le Fonds est subrogé dans les droits de la victime. Il peut donc agir contre les personnes responsables du dommage et demander le remboursement de l'indemnité qu'il a versée à la victime. Il peut exercer cette action subrogatoire devant le juge civil comme devant le juge pénal, par voie de constitution de partie civile, indépendamment de l'exercice, par la victime, de sa propre action civile.

CHAPITRE 2
La décision du procureur de la République sur la poursuite

459 ***Enquête, mise en état de l'affaire d'être décidé sur la poursuite.*** Sur infraction flagrante ou préliminaire, d'initiative de l'officier de police judiciaire ou sur instruction du procureur de la République, sur plainte, sur dénonciation ou plus spontanée, de courte ou longue durée, l'enquête de police judiciaire n'est pas seulement utile à « constater les infractions à la loi pénale, […] en rassembler les preuves et […] en rechercher les auteurs (art. 14, al. 1er, du CPP ; voy., n° 104). L'enquête vaut aussi, pour le procureur de la République, mise en état de l'affaire d'être décidé sur la poursuite[199], en opportunité.

460 ***Mutation du principe d'opportunité des poursuites.*** Jusqu'à la loi du 9 mars 2004 « portant adaptation de la procédure aux évolutions de la criminalité », le principe d'opportunité des poursuites n'a été fondé que sur les dispositions de l'article 40, alinéa 1er, du Code de procédure pénale, aux termes desquelles le procureur de la République « reçoit les plaintes et dénonciations et *apprécie* les suites à leur donner ». Et, longtemps durant – jusqu'à la loi du 23 juin 1999 « renforçant l'efficacité de la procédure pénale » ayant introduit la médiation pénale comme alternative aux poursuites –, l'opportunité des poursuites du procureur de la République ne s'est exprimée que dans une alternative simple : poursuivre, c'est-à-dire mettre en mouvement l'action publique, ou ne pas poursuivre, c'est-à-dire classer sans suite.

La loi du 9 mars 2004 a fondé le principe d'opportunité des poursuites dans des termes à la fois plus clairs et plus puissants. L'article 40-1 du Code de procédure pénale prévoir en effet que « [l]orsqu'il estime que les faits qui ont été portés à sa connaissance en application de l'article 40 constituent une infraction commise par une personne dont l'identité et le domicile sont connus et pour laquelle aucune disposition légale ne fait obstacle à la mise en mouvement de l'action publique, le procureur de la République territorialement compétent décide s'il est *opportun* : 1° Soit d'engager des poursuites ; 2° Soit de mettre en œuvre une procédure alternative aux poursuites en application des dispositions des articles 41-1 ou 41-2 ; 3° Soit de classer sans suite la procédure dès lors que les circonstances particulières liées à la commission des faits le justifient ». Les termes sont plus clairs en ce que le qualificatif « opportun » est retenu. Ils sont aussi plus puissants en ce qu'ils consacrent une mutation

199. Sur l'instruction, mise en état de l'affaire d'être jugée, voy., nos 580 et 581 et s.

du principe d'opportunité des poursuites. Il n'est plus question de décider en opportunité de poursuivre ou de ne pas poursuivre, mais de rechercher une réponse pénale opportune : engager des poursuites (Section 3), mettre en œuvre une procédure alternative aux poursuites (Section 2), classer sans suite (Section 1). Le code énumère ces réponses *decrescendo* ; nous les examinerons toutefois *crescendo*.

SECTION I

La décision du procureur de la République de ne pas poursuivre : le classement sans suite

461 ***Pouvoir et contre-pouvoir.*** À la décision de classement sans suite du procureur de la République (§ 1), peut répondre la mise en mouvement de l'action publique par la partie lésée ou victime (§ 2).

§ 1. La décision de classement sans suite du procureur de la République

462 ***Classement sans suite d'une affaire « poursuivable ».*** Des termes de l'article 40-1 du Code de procédure pénale méritent d'être soulignés : « [l]orsqu'il estime que les faits qui ont été portés à sa connaissance en application de l'article 40 constituent une infraction commise par une personne dont l'identité et le domicile sont connus et pour laquelle aucune disposition légale ne fait obstacle à la mise en mouvement de l'action publique, le procureur de la République [...] décide s'il est *opportun* : [...] 3° [...] de classer sans suite la procédure [...] ».

Dit autrement, le procureur de la République peut classer sans suite une affaire pourtant « poursuivable » comprise. Bien sûr, il classe sans suite, de plus fort, une affaire non poursuivable !

La notion d'affaire poursuivable s'entend de celle qui, du propre point de vue du procureur de la République, concerne une infraction constituée, par une personne identifiée et domiciliée, dont la responsabilité pénale est établie, et pour laquelle aucune disposition légale ne fait obstacle à la mise en mouvement de l'action publique (comme la prescription de l'action publique par exemple[200]).

Un tel pouvoir doit être justifié. À cet égard, l'article 40-1, 3°, du Code de procédure pénale précise que le procureur de la République peut ainsi classer sans suite une affaire « dès lors que les circonstances particulières liées à la commission des faits le justifient. » Comprenne qui pourra. Les plaignants et les victimes reçoivent-ils davantage d'explications ?

463 ***Quelques chiffres : du taux de classement sans suite aux taux de réponse pénale.*** En 2018, les Parquets ont traité de l'ordre de 4 200 000 affaires ; près de 2 900 000 étaient « non poursuivables » et ont donné lieu à un classement

200. Pour mémoire, les causes d'irresponsabilité pénale ne sont pas un obstacle à la mise en mouvement de l'action publique.

sans suite. Sur les 1 300 000 affaires « poursuivables », 12,3 % ont donné lieu à un classement sans suite (de l'ordre de 160 000). Calculé sur le nombre d'affaires poursuivables, le **taux de « réponse pénale »**, s'élève donc à 87,7 %[201].

464 ***Avis des plaignants, des victimes et des personnes ou autorités de « l'article 40 ».*** Aux termes de l'article 40-2, alinéa 2, du Code de procédure pénale, le procureur de la République avise de sa décision de classement sans suite les plaignants et les victimes si elles sont identifiées, ainsi que les personnes ou autorités de l'article 40 du Code de procédure pénale « en indiquant les raisons juridiques ou d'opportunité qui la justifient ». Les « raisons juridiques » renvoient, selon l'article 40-1 du Code de procédure, aux dispositions légales qui feraient obstacle à la mise en mouvement de l'action publique. Les raisons d'opportunité sont celles des « circonstances particulières liées à la commission des faits ». Bien sûr, simple mesure d'administration judiciaire, le classement sans suite n'est assorti d'aucune autorité de chose décidée. Par ailleurs, ainsi informée du classement sans suite, toute personne ayant dénoncé les faits au procureur de la République peut former un recours auprès du procureur général près la cour d'appel (voy., n° 466), voire aussi la victime mettre en mouvement l'action publique (voy., n°s 467 et s.).

465 ***Mesure d'administration judiciaire.*** Le classement sans suite est une mesure d'administration judiciaire. Cette décision n'est pas revêtue de l'autorité de chose jugée et n'est susceptible d'aucun recours juridictionnel. Le procureur de la République peut revenir sur ce classement sans suite et décider de poursuivre. Il n'a pas à motiver sa décision ni à justifier de la survenance de faits nouveaux et ne rencontre à cet égard d'autre limite que celle de la prescription de l'action publique[202]. Dans ces conditions, on comprend que le classement sans suite ait longtemps été un instrument privilégié de la politique criminelle pour la réponse à la commission de certaines infractions : le procureur conditionnait sa décision de classement sans suite à l'observation, par le délinquant, de certaines obligations (par exemple, réparer le dommage ou faire un « stage » dans une structure sanitaire ou sociale). C'est sur le vague fondement de l'article 40, alinéa 1er, du Code de procédure pénale que sont ainsi nées les premières expériences de médiation pénale et autres formes d'alternatives aux poursuites pénales.

466 ***Recours auprès du procureur général.*** « [T]oute personne ayant dénoncé » les faits au procureur de la République – ce qui s'entend largement de la victime, du plaignant ou de la personne ou de l'autorité de « l'article 40 » – peut former un recours contre la décision de classement sans suite du procureur de la République auprès du procureur général près la cour d'appel (art. 40-3 du CPP).

Le procureur général peut enjoindre au procureur de la République d'engager des poursuites – mais il le fera alors dans les conditions de l'article 36 du code, par voie d'instructions écrites et versées au dossier – ou informer l'intéressé qu'il estime son recours infondé[203].

---

201. Ministère de la Justice, *Les chiffres clés de la Justice 2019*, automne 2019, p. 14.

202. Crim., 5 décembre 1972, n° 92.579/72, *Bull. crim.*, n° 375.

203. Le procureur général devrait *a priori* indiquer lui aussi les raisons d'opportunité ou de droit motivant le rejet du recours.

§ 2. La mise en mouvement de l'action publique par la partie lésée, contre-pouvoir de la victime à la décision de classement sans suite du procureur de la République

467 *Notion de partie lésée.* Au sens des articles 1er, alinéas 1 et 2, du Code de procédure pénale, la « partie lésée » s'entend de toute personne qui a « personnellement souffert du dommage directement causé par l'infraction ». Ce n'est donc pas forcément la « victime » directe (de chair et de sang) de cette infraction ; c'est pourquoi la notion de partie lésée est plus appropriée que celle de victime.

468 *Nature(s) juridique(s) de son droit à réparation.* La partie lésée exerce son droit à obtenir réparation du dommage que l'infraction lui a causé. Ce droit est un droit de caractère privé, exercé dans le cadre de l'action civile, laquelle peut être diligentée devant le juge civil mais aussi devant le juge pénal. La partie lésée bénéficie ainsi d'un « droit d'option » en ce qu'elle peut choisir le type d'action qu'elle estime le plus approprié. Pour que la partie lésée mette l'action publique en mouvement, il faut bien sûr qu'elle l'exerce devant le juge pénal uniquement. Devant le juge pénal, et prenant le cas échéant l'initiative de la mise en mouvement de l'action publique, la partie lésée révèle le « double visage » de l'action civile (A.). Reste que, ce n'est qu'en exerçant l'action civile par voie d'action devant le juge pénal, lorsqu'elle le peut ou que le ministère public lui en laisse l'opportunité, que la partie lésée met en mouvement l'action publique (B.).

A) Le « double visage » de l'action civile

469 *Action civile de face et de(ux) profil(s).* L'action civile se définit comme l'action en réparation du dommage causé par une infraction (1.). Elle peut également exprimer le droit, pour la victime, de « corroborer » l'action publique (2.). C'est le « double visage » de l'action civile, que la victime, constituée partie civile, peut présenter de face comme de chacun de ses profils.

1) L'action civile, action en réparation du dommage causé par une infraction

470 *Mise en œuvre.* Les conditions de recevabilité de l'action civile (a) sont d'abord commandées par son objet (b). Au choix de la partie lésée, l'action civile peut être exercée devant le juge pénal ou devant le juge civil ; c'est le « droit d'option » entre la voie pénale et la voie civile (c.).

a) L'objet de l'action civile

471 *Action civile et actions « à fins civiles ».* L'action civile est une action en réparation d'un dommage causé par une infraction. Cette action doit donc être distinguée de l'action « à fins civiles », c'est-à-dire d'une action de nature civile résultant d'une infraction qui n'a pas pour objet de réparer un dommage mais d'obtenir un autre type de résultat. C'est l'exemple, périmé, du divorce pour adultère ; c'est celui, contemporain, de la révocation d'une donation pour cause d'ingratitude (art. 955 du Code civil : révocation de la donation entre vifs si le donataire a attenté à la vie du donateur ou s'il s'est rendu coupable envers lui de sévices, de délits ou d'injures graves).

En conséquence, la chambre criminelle de la Cour de cassation estime que, en matière civile, la compétence de la juridiction pénale, limitée à l'examen des demandes formées par les parties civiles contre les prévenus, ne s'étend pas aux recours de ces derniers entre eux et qu'il n'appartient pas davantage à cette juridiction de prononcer un partage de responsabilité entre les coauteurs du dommage dont la réparation a été ordonnée. Par ailleurs, si l'auteur est unique, mais a commis des fautes en concours, il n'appartient pas non plus à la juridiction pénale de déterminer la part de responsabilité découlant de chacune de ces fautes ni d'en tirer de quelconques conséquences quant à la garantie d'un assureur[204].

472 ***Action civile et action en dommages-intérêts.*** L'action civile est une action en réparation d'un dommage causé par une infraction. Elle doit donc être également distinguée de l'action en dommages-intérêts qui a pour origine un fait générateur non susceptible de qualification pénale. Lorsque le tribunal de police ou le tribunal correctionnel relaxe le prévenu ou lorsque la cour d'assises acquitte l'accusé, il n'y a plus place pour une action civile mais, le cas échéant, pour une action en dommages-intérêts, la difficulté procédurale étant alors de maintenir la compétence de la juridiction répressive. On parle de « prorogation de compétence ».

473 ***Objet de l'action civile.*** L'objet de l'action civile est triple pour la victime. Il est d'abord de réparer le préjudice directement causé par l'infraction. C'est le rôle des dommages-intérêts. Il consiste ensuite à assurer à la victime les restitutions des pièces et choses qui lui reviennent et qui ont été placées sous scellés pendant la procédure, même si la victime ne s'est pas constituée partie civile. Dans ce dernier cas, le ministère public, et non la juridiction de jugement, statue sur sa demande (art. 41-1, al. 1er, du CPP). Il s'agit enfin de rembourser la victime de certains frais de procédure, comme les frais d'avocat.

b) La recevabilité de l'action civile

474 ***Grand classique.*** Classiquement, la recevabilité de l'action civile est subordonnée aux capacité (1) et intérêt à agir (2) de la partie lésée.

1. *La capacité à agir*

475 ***Capacité de jouissance.*** Toute victime, personne physique ou morale, est dotée d'une capacité de jouissance (c'est-à-dire de l'aptitude à être titulaire de droits et sujet d'obligations). S'agissant des personnes morales, de droit public comme de droit privé, à but lucratif ou non, sont exclus les groupements spontanés d'individus dépourvus de personnalité juridique.

476 ***Capacité d'exercice.*** Des difficultés se posent relativement à la capacité d'exercice (c'est-à-dire l'aptitude à mettre en œuvre soi-même ses droits et ses obligations) pour les incapables et le débiteur en redressement ou liquidation judiciaire.

S'agissant des incapables majeurs, il faut distinguer entre le majeur sous sauvegarde de justice (art. 435 du Code civil) ou en curatelle (art. 467 du Code civil) qui conserve sa capacité d'exercice, et le majeur sous tutelle qui doit être représenté dans son action civile par son tuteur (art. 475 du Code civil).

---

204. Crim., 26 février 2013, n° 12-81.746, *Bull. crim.* ; *Gaz. Pal.*, 11 mai 2013, p. 39, obs. F. Fourment.

L'action civile du mineur non émancipé est exercée par son représentant légal (par ses père et mère, son administrateur légal ou son tuteur, suivant les régimes instaurés par les articles 389 et suivants du Code civil). Lorsque la protection des intérêts du mineur n'est pas complètement assurée par son représentant légal, le procureur de la République, le juge d'instruction ou la juridiction de jugement désigne un administrateur *ad hoc*. L'administrateur *ad hoc* assurera la protection des intérêts de l'enfant et exercera au nom de celui-ci ses droits de partie civile (art. 706-50 du CPP). Cette procédure n'est donc pas seulement réservée aux cas dans lesquels le mineur est victime d'une personne qui est titulaire de l'autorité parentale sur lui. Le mineur émancipé exerce seul l'action civile (art. 413-6 du Code civil).

La loi du 25 janvier 1985 relative au redressement et à la liquidation judiciaires des entreprises en difficulté prévoit expressément l'hypothèse où le débiteur est en liquidation judiciaire. Le débiteur ne peut se constituer partie civile que pour faire établir la culpabilité de l'auteur de l'infraction (art. L. 641-9, I, al. 2, du Code de commerce). Pour sa demande en réparation, il convient de se reporter au droit commun : les droits et actions du débiteur sont exercés par le liquidateur. S'agissant du débiteur en redressement judiciaire, à défaut de disposition expresse de la loi, il reste maître de l'action civile, sans avoir besoin d'assistance ni de représentation.

2. *L'intérêt à agir*

477 ***Droit commun et droit dérogatoire au droit commun.*** L'article 2, alinéa 1er, du Code de procédure pénale dispose : « L'action civile en réparation du dommage causé par un crime, un délit ou une contravention appartient à tous ceux qui ont personnellement souffert du dommage directement causé par l'infraction ». L'intérêt à agir se conçoit donc de la justification d'un dommage personnel découlant directement de l'infraction.

Dans ces conditions, le candide, simple observateur de certains procès médiatiques, comprend mal la présence d'associations, aux procès pénaux, sur les bancs de la partie civile. Quel intérêt personnel et direct une association de lutte contre le racisme défend-elle dans un procès pour discrimination, ou un syndicat d'inspecteurs du travail dans le procès d'un employeur pour délit d'entrave à la mission de l'inspecteur du travail ? C'est que, en marge du droit commun de l'article 2 du Code de procédure pénale (a), des dispositions dérogatoires admettent l'action civile de parties qui ne justifient pas d'un préjudice direct et/ou personnel (b).

a. Le droit commun de l'article 2 du CPP : l'exigence d'un préjudice personnel découlant directement de l'infraction

478 ***Notion de préjudice personnel.*** Le préjudice doit avoir été personnellement souffert par la victime. La condition paraît aller de soi et semble facile à vérifier. Aura ainsi personnellement souffert de l'infraction de vol le propriétaire de la chose volée, de l'infraction de violence involontaire la personne blessée, de l'infraction de diffamation la personne diffamée... Ce sont les victimes directes de l'infraction.

À côté de ces victimes directes, d'autres « victimes » – c'est là que la notion de « partie lésée » est pertinente – pourraient venir justifier d'un préjudice.

Ainsi, l'époux de la personne blessée peut tenter de démontrer que les lésions de son conjoint l'ont conduit à changer d'activité professionnelle et que les revenus du couple ont sensiblement diminué. Et que dire du préjudice moral éprouvé par la perte d'un être cher ? Peut-on considérer que cette victime indirecte justifie d'un préjudice personnel ? Aucun argument textuel permettant de l'exclure n'existe *a priori*. Au contraire, nous avons déjà observé que l'article 1er, alinéa 2, du Code de procédure pénale prévoit que l'action publique peut être mise en mouvement par la « partie lésée » et non par la « victime » (voy., n° 467). Nous observons maintenant que l'article 2, alinéa 1er, du Code de procédure pénale dispose que l'action civile appartient « à tous ceux » qui ont personnellement souffert du dommage causé par l'infraction, sans autre précision. Si le législateur avait voulu restreindre la recevabilité de l'action civile à la victime directe d'une infraction, il n'aurait pas adopté ces rédactions. Autrement dit, une autre personne que la victime directe de l'infraction peut valablement exercer l'action civile, à partir du moment où, elle-même « lésée » par l'infraction, elle apporte la preuve d'un préjudice personnel. Cette personne est la victime d'un dommage par ricochet, encore appelée victime par ricochet. Son préjudice n'en est pas moins personnel.

La jurisprudence n'a pas toujours fait bon accueil à l'action civile de la victime par ricochet. Elle s'est notamment montrée sévère dans son refus d'accueillir l'action civile des ascendants, descendants et conjoints de personnes grièvement blessées et devenues infirmes à la suite de la commission d'une infraction[205]. Cette jurisprudence a connu un revirement : « il résulte des dispositions des articles 2 et 3 du Code de procédure pénale que les proches de la victime d'une infraction de blessures involontaires sont recevables à rapporter la preuve d'un dommage dont ils ont personnellement souffert et découlant directement des faits objets des poursuites », dit la Cour de cassation[206]. Elle a ainsi statué au sujet de la réparation du dommage moral que « cause le spectacle de graves blessures infligées [au mari, père de la victime], considérablement diminué sur le plan physique et intellectuel ». Dans le même mouvement, la Cour de cassation a admis que des faits de viols et d'agressions sexuelles aggravés sont de nature à causer à la sœur de la victime un préjudice moral direct et personnel[207].

La recevabilité de l'action civile, sur le plan de l'analyse du préjudice personnel, ne rencontre que deux obstacles majeurs :

– la théorie jurisprudentielle de l'infraction dite d'« intérêt général ». La théorie jurisprudentielle de l'infraction dite d'« intérêt général » a été inaugurée par un arrêt de la chambre criminelle du 25 juillet 1913 à propos du délit d'outrage public à la pudeur. La Cour de cassation a estimé que cette infraction ne « [lésait] que la généralité des citoyens, en s'attaquant uniquement à la morale publique »[208]. Cette jurisprudence a été étendue à d'autres

---

205. Ass. plén., 12 janvier 1979, n° 77-90.911, *Bull. crim.*, n° 20 ; *JCP*, 1980, II, 19335, rapport PONSARD, note CARTIER.

206. Crim., 9 février 1989, n° 87-81.359, *Bull. crim.*, n° 63 ; *D.*, 1989, p. 614, note BRUNEAU ; *D.*, 1989, somm. comm., p. 389, obs. PRADEL ; *RSC*, 1989, p. 742, n° 5, I, b, obs. LEVASSEUR.

207. Crim., 27 mai 2009, n° 09-80.003, *Bull. crim.*, n° 107 ; *AJ pénal*, 2009, p. 363, obs. DUPARC.

208. *DP*, 1915, 1, p. 150, note NAST.

infractions comme les infractions douanières, fiscales ou certaines infractions au Code des débits de boissons (comme l'ouverture illicite de débit de boissons) ou au Code de la route (en matière de stationnement, de signalisation ou de refus d'obtempérer[209]). Cette théorie de l'infraction d'« intérêt général » est parfois critiquée. Dans sa dénomination d'abord, puisque, par définition, la commission d'une infraction, quelle qu'elle soit, frappe l'intérêt général. Dans son application ensuite, juge civil et juge pénal l'interprétant parfois différemment. En tout état de cause, la théorie de l'infraction d'« intérêt général » est en recul. La jurisprudence ne l'applique d'ailleurs plus à certaines infractions, comme le délit de construction sans permis, le délit de fuite ou de non-dénonciation de crime. Plus remarquable encore est la justification que la chambre criminelle trouve à cette nouvelle tendance jurisprudentielle. Dans un arrêt du 23 février 2000, elle écarte du domaine de la théorie de l'infraction dite d'« intérêt général », le délit de modification de l'état des lieux d'un crime ou un délit (art. 434-4 du Code pénal), au motif que cette infraction « a également pour but la protection des intérêts privés et autorise, par voie de conséquence, l'exercice de l'action civile »[210] ;

- l'association de la victime au comportement délictueux de l'auteur. Plusieurs décisions de la Cour de cassation ont déclaré irrecevables les constitutions de parties civiles de soi-disant victimes, lesquelles étaient en réalité associées au comportement délictueux de l'auteur de l'infraction : acceptation en connaissance de cause d'un chèque sans provision[211], rapports corrupteur-corrompu[212]. D'une façon plus générale, la chambre criminelle de la Cour de cassation a jugé que l'auteur d'une infraction n'est pas recevable à se constituer partie civile à l'encontre des personnes qui l'auraient incité à la commettre, en alléguant le préjudice que lui auraient causé sa déclaration de culpabilité et sa condamnation[213].

479 ***Notion de préjudice direct.*** Le préjudice doit avoir été directement causé par une infraction. La Cour de cassation insiste particulièrement sur cette condition de recevabilité de l'action civile. Là où l'article 2 du Code de procédure pénale parle de « dommage directement causé par l'infraction », une jurisprudence constante souligne en effet l'exigence d'un « dommage prenant directement sa source dans l'infraction poursuivie »[214].

---

209. Crim., 9 novembre 2004, n° 03-83.681, *Bull. crim.*, n° 272 ; *Procédures*, 2005, comm. n° 46, obs. Buisson.

210. *Dr. pén.*, 2000, comm. n° 132, obs. A. Maron.

211. Irrecevabilité de la constitution de partie civile du bénéficiaire : Crim., 27 mars 1968, n° 67-92.602, *Bull. crim.*, n° 105 ; *D.*, 1968, p. 523, note Vouin.

212. Irrecevabilité de la constitution de partie civile du corrupteur : Crim., 13 juin 1978, n° 77-91.762, *Bull. crim.*, n° 194 ; *D.*, 1979, IR, p. 9 et Crim., 7 février 2001, n° 00-83.023, *Bull. crim.*, n° 38 ; *D.*, 2001, p. 1280 ; *D.*, 2002, somm. comm., p. 1462, obs. Pradel.

213. Crim., 28 octobre 1997, n° 96-85.880, *Bull. crim.*, n° 353 ; *D.*, 1998, p. 268, note Mayer et Chassaing ; *RSC*, 1998, p. 346, obs. Dintilhac.

214. Par exemple, Crim., 22 janvier 1953, *D.*, 1953, p. 110, note Patin – Crim., 1er mars 1973, n° 72-92.319, *Bull. crim.*, n° 105 ; *JCP*, 1974, II, 17615, note Viney ; Crim., 14 janvier 1991, n° 90-81.133, *Bull. crim.*, n° 22.

Les exemples de préjudices indirects pourraient être multipliés. Nous n'en retiendrons ici que quatre :

- le premier est celui de l'assureur qui voudrait demander le remboursement de l'indemnité versée à son assuré victime d'une infraction pénale. La Cour de cassation lui répond que son obligation d'indemnisation n'a pas pour cause directe la commission de l'infraction mais la stipulation contractuelle qui le lie à son assuré. La Haute juridiction ajoute que « l'indemnisation de la victime par son assureur, lequel ne dispose devant la juridiction répressive d'aucun recours subrogatoire contre le responsable du dommage, ne dispense pas ce dernier de réparer le préjudice résultant de l'infraction dont il a été déclaré coupable »[215] et ainsi la victime de bénéficier d'un cumul d'indemnisation ;
- le deuxième exemple est la dépense qui résulte, pour l'héritier d'une victime décédée, de l'obligation légale d'acquitter les droits de mutation après décès. La Cour de cassation estime que cette dépense ne constitue pas un élément du préjudice né directement de l'infraction. Elle a en effet sa source dans la loi fiscale[216] ;
- le troisième est celui des conditions d'indemnisation d'une victime d'accident de la circulation subissant des dommages corporels et matériels liés aux dégâts causés à son véhicule. Un arrêt du 13 février 1936[217] a estimé que la victime qui n'a fondé son action civile que sur l'infraction de blessures involontaires ne pouvait demander réparation que de ses dommages corporels, à l'exclusion des dommages matériels au véhicule, ceux-ci ne prenant pas directement leur source dans cette infraction. Un arrêt du 24 mars 1949 a accueilli la recevabilité de l'action civile d'une victime en réparation de ses dommages corporels fondés sur l'infraction de blessures involontaires, mais a rejeté l'action civile en réparation des dommages matériels causés à son véhicule : en effet, l'infraction sur laquelle elle était fondée était une contravention au Code de la route… infraction qualifiée d'« intérêt général »[218]. En 1958, le Code de procédure pénale a mis bon ordre à cette situation difficilement défendable en équité. L'article 3, alinéa 2, du Code de procédure pénale dispose en effet : « [L'action civile] sera recevable pour tous chefs de dommages, aussi bien matériels que corporels ou moraux, qui *découleront des faits* objets de la poursuite. » La victime d'un accident de la circulation subissant des dommages corporels et matériels causés à son véhicule est recevable à demander réparation au titre d'une action civile fondée sur le délit de blessures involontaires. La notion de « tous chefs de dommages […] [découlant] des faits objets de la poursuite » de l'article 3, alinéa 2, du Code de procédure pénale permet de forcer quelque peu la qualification de « dommage directement causé par l'infraction » de l'article 2, alinéa 1er ;
- le dernier est celui du remboursement des frais de justice[219].

215. Crim., 9 février 1994, n° 93-83.047, *Bull. crim.*, n° 59.
216. Crim., 28 février 1996, n° 95-84.589, *Bull. crim.*, n° 97.
217. S., 1936, 1, p. 155.
218. *Bull. crim.*, n° 110 ; sur la notion d'infraction d'« intérêt général », voy., n° 478.
219. Crim., 2 novembre 2005, n° 04-86.607, *D.*, 2006, IR, p. 10.

b. Les dérogations au droit commun de l'article 2 du CPP

480 ***Article 2 du Code de procédure pénale de rang seulement législatif.*** L'article 2 du Code de procédure pénale fixe un principe de simple rang législatif. Une disposition législative peut donc y déroger et permettre l'action civile d'une personne qui ne justifie pas d'un préjudice personnel et/ou ne découle pas directement de l'infraction. C'est le cas de l'action civile des personnes morales et de « l'action civile exercée par une autre personne que la victime »[220].

481 ***Action civile des personnes morales.*** Dans certaines circonstances, une personne morale peut parfaitement justifier d'un préjudice personnel découlant directement d'une infraction. C'est par exemple le cas d'une association dont le local a fait l'objet d'un cambriolage. L'article 2 du Code de procédure pénale a alors vocation à s'appliquer. Dans d'autres circonstances, en revanche, une personne morale qui entend défendre l'intérêt précisé à son objet social (comme une association de lutte contre le racisme) peut vouloir poursuivre une infraction concernant la défense de cet intérêt (une infraction de discrimination, par exemple). L'intérêt ne lui est plus direct et personnel, mais indirect et collectif, s'il ne se confond pas avec le préjudice social dont la défense est réservée au ministère public. La recevabilité d'une telle action civile dérogatoire au droit commun de l'article 2 du Code de procédure pénale est donc subordonnée à l'existence d'une disposition législative expresse. Des dispositions dérogatoires se rencontrent pour les syndicats et certaines associations. Par ailleurs, la situation des personnes morales de droit public appelle quelques remarques.

S'agissant des syndicats, l'article L. 2132-3 du Code du travail dispose qu'« ils peuvent, devant toutes les juridictions, exercer tous les droits réservés à la partie civile relativement aux faits portant un préjudice direct ou indirect à l'intérêt collectif de la profession qu'ils représentent ». Cette disposition ne distingue pas selon que l'action civile est exercée par voie d'action ou d'intervention. L'intérêt collectif d'une profession est distinct de l'intérêt privé de la victime ou des intérêts généraux de la société[221]. Les exemples classiques sont ceux de l'action civile d'un syndicat pour délit d'entrave au fonctionnement du comité d'entreprise, pour délit d'homicide involontaire d'un salarié suite à un accident du travail ou pour délit de travail dissimulé[222]. Un contre-exemple tout aussi classique peut être cité : l'action civile d'un syndicat pour agression sur la personne d'un salarié[223].

Quant aux ordres professionnels et organismes assimilés, ils ne connaissent, sauf exception, aucune disposition spécifique semblable à celle instaurée pour les syndicats, de sorte que, renvoyés à l'exercice de l'action civile dans les conditions de droit commun de l'article 2 du Code de procédure pénale, ils doivent justifier d'un préjudice direct et personnel. La loi du 9 mars 2004 a

---

220. J. LARGUIER, « Remarques sur l'action civile exercée par une autre personne que la victime », in *La chambre criminelle et sa jurisprudence – Recueil d'études en hommage à la mémoire de Maurice Patin*, Paris, Cujas, 1965, p. 383.

221. Crim., 22 décembre 1987, n° 87-81.139, *Bull. crim.*, n° 484.

222. Crim., 6 décembre 2011, n° 10-86.829, *Bull. crim.*, n° 244 ; *Gaz. Pal.*, 21 avril 2012, p. 45, obs. F. FOURMENT.

223. Crim., 22 décembre 1987, préc. : irrecevabilité de l'action civile de syndicats de surveillants de l'administration pénitentiaire du chef de tentative d'évasion d'un détenu avec homicide volontaire sur la personne d'un surveillant.

porté une première exception en donnant aux ordres professionnels des médecins, sages-femmes et chirurgiens-dentistes la possibilité de se constituer partie civile en cas d'infractions portant un préjudice direct ou indirect à l'exercice de ces professions, y compris en cas de menace ou de violence commise en raison de l'appartenance de la victime à ces professions[224]. Indépendamment de ces dispositions, il a déjà été jugé qu'un syndicat de médecins peut exercer l'action civile du chef d'exercice illégal de la profession de médecin[225], mais qu'au contraire l'ordre des médecins est irrecevable à l'exercer pour avortement en violation des dispositions relatives à l'interruption volontaire de grossesse[226].

S'agissant des associations, certaines dispositions dérogatoires au droit commun font parfois l'objet d'un regroupement au sein du Code de procédure pénale, alors que d'autres restent éparses (voy. tableau ci-après). Ces dispositions sont critiquées en ce que l'action civile de ces associations participe d'une forme de « privatisation du procès pénal »[227].

Une association qui bénéficie d'une disposition dérogatoire au droit commun ne reçoit pas de droit général et absolu à exercer l'action civile. Son exercice est strictement encadré, comme le laisse clairement entendre, par exemple, l'article 2-3 du Code de procédure pénale qui dispose : « Toute association, régulièrement déclarée depuis au moins cinq ans à la date des faits, se proposant, par ses statuts, de défendre ou d'assister l'enfance martyrisée, peut exercer les droits reconnus à la partie civile en ce qui concerne les tortures et actes de barbarie, les violences et agressions sexuelles commis sur la personne d'un mineur et les infractions de mise en péril des mineurs réprimés par les articles 222-3 à 222-6, 222-8, 222-10, 222-12, 222-13, 222-14, 222-15, 222-24, 222-25, 222-26, 222-29, 222-30, 227-22, 227-25, 227-26 et 227-27 du Code pénal, lorsque l'action publique a été mise en mouvement par le ministère public ou la partie lésée »

T1 **Intérêt à agir des associations**

Objet des associations visées par les articles 2-1 et suivants du Code de procédure pénale
• lutte contre le racisme (art. 2-1).
• lutte contre les violences sexuelles (art. 2-2).
• défense de l'enfance martyrisée (art. 2-3).
• lutte contre les crimes contre l'humanité ou les crimes de guerre ; défense des intérêts moraux et de l'honneur de la Résistance ou des déportés (art. 2-4 et 2-5).
• combat contre les discriminations, les atteintes volontaires à la vie ou à l'intégrité de la personne et les destructions, dégradations et détériorations fondées sur le sexe (art. 2-6, complété par l'art. 106 de la loi du 15 juin 2000).

224. Art. L. 4122-1 et L. 4123-1 du Code de santé publique.

225. Crim., 24 avril 1996, n° 95-84.055, *Bull. crim.*, n° 162.

226. Crim., 9 novembre 1972, n° 90.303/72, *Bull. crim.*, n° 333.

227. Selon l'expression de X. Pin, « La privatisation du procès pénal », *RSC*, 2002, p. 246. Sur le sujet, voy. aussi J. Volff, « La privatisation rampante de l'action publique », *JCP*, 2004, I, 146 ; *Procédures*, 2005, comm. n° 1 et Y. Benhamou, « Vers une inexorable privatisation de la justice », *D.*, 2003, p. 2771.

Objet des associations visées par les articles 2-1 et suivants du Code de procédure pénale
• défense des personnes malades ou handicapées (art. 2-8). • assistance aux victimes d'actes de terrorisme (art. 2-9). • lutte contre l'exclusion sociale ou culturelle des personnes en état de grande pauvreté (art. 2-10). • défense des intérêts moraux et de l'honneur des anciens combattants et victimes de guerre et des morts pour la France (art. 2-11). • combat de la délinquance routière et défense ou assistance des victimes de cette délinquance (art. 2-12). • défense et protection des animaux (art. 2-13). • défense de la langue française (art. 2-14). • défense des victimes d'un accident survenu dans les transports collectifs, dans un lieu ou local ouvert au public ou dans une propriété privée à usage d'habitation ou à usage professionnel (art. 2-15). • lutte contre la toxicomanie ou le trafic de stupéfiants (art. 2-16). • défense et assistance de l'individu ou défense des droits et libertés individuels et collectifs dans le cadre d'un mouvement ou d'une organisation ayant pour but ou pour effet de créer ou d'exploiter une dépendance psychologique ou physique (art. 2-17 ; art. 105 de la loi du 15 juin 2000). • défense et assistance des victimes d'accidents du travail ou de maladies professionnelles (art. 2-18 ; art. 107 de la loi du 15 juin 2000). • défense des élus municipaux à la suite de diffamations, d'injures, d'outrages, de menaces ou de coups et blessures à raison de leurs fonctions (art. 2-19 ; art. 107 de la loi du 15 juin 2000 et 135 de la loi du 12 mai 2009). • défense des intérêts moraux et matériels des locataires, propriétaires et bailleurs d'immeubles collectifs à usage d'habitation en cas d'atteintes volontaires et l'intégrité de la personne ou de destructions, dégradations et détériorations (art. 2-20 ; art. 63 de la loi du 18 mars 2003 pour la sécurité intérieure). • protection archéologique (art. 2-21 ; art. 5 de l'ordonnance n° 2004-178 du 20 février 2004 relative à la partie législative du Code du patrimoine). • défense des intérêts collectifs des entreprises et des salariés relativement à la lutte contre le travail illégal (art. 2-21-1 ; lois n° 2014-790 du 10 juillet 2014). • lutte contre l'esclavage, la traite des êtres humains, le proxénétisme et action sociale en faveur des personnes prostituées (art. 2-22 ; loi n° 2013-711 du 5 août 2013). • lutte contre la corruption (art. 2-23 ; loi n0 2013-117 du 6 décembre 2013). • défense et assistance des étudiants ou élèves d'établissement d'enseignement victimes de bizutage (art. 2-24 ; loi n° 2017-86 du 27 janvier 2017).
Associations visées par des dispositions éparses (exemples)
• ligues antialcooliques (art. L. 3355-1 du Code de la santé publique). • unions et associations familiales (art. L. 211-3 du Code de l'action sociale et des familles). • associations de défense de l'environnement (art. L. 142-2 du Code de l'environnement). • associations de consommateurs (art. L. 421-1 du Code de la consommation).

Trois séries de conditions doivent donc être remplies :

- d'une part, les conditions tenant à l'association elle-même : régularité de sa déclaration, déclaration depuis au moins cinq ans[228] à la date des faits, objet statutaire consistant en la défense ou en l'assistance de l'enfance martyrisée ;
- d'autre part, celles qui ont trait aux infractions pour lesquelles le droit d'agir de l'association est reconnu à titre exceptionnel. L'énumération posée

228. Trois ans pour les associations ayant pour but l'étude et la protection archéologique (art. 2-21).

à l'article 2-3 du CPP est limitative, ce qui a conduit la jurisprudence à écarter, entre autres, l'action civile d'une telle association pour le délit d'omission de porter secours à personne en péril[229] ;

- enfin, celles qui ont trait aux modalités d'exercice de l'action civile, dans l'exemple donné, par voie d'intervention, suite à la mise en mouvement de l'action publique par le ministère public ou la partie lésée[230].

L'action civile des personnes morales de droit public appelle quelques remarques. Suivant le droit commun de l'article 2 du Code de procédure pénale, une personne morale de droit public peut parfaitement agir en réparation du préjudice direct et personnel qu'une infraction lui a causé. Des dispositions spécifiques prises dans la droite ligne de l'article 2 du Code de procédure pénale le rappellent par ailleurs. L'article 2-7 du Code de procédure pénale prévoit par exemple que les personnes morales de droit public peuvent se constituer parties civiles devant la juridiction de jugement en vue d'obtenir le remboursement, par le condamné, des frais qu'elles ont exposés pour lutter contre l'incendie volontaire qu'il a provoqué dans les bois, forêts, plantations... La jurisprudence de la Cour de cassation apporte cependant une limite très importante au droit des personnes morales publiques de se constituer parties civiles : elles ne peuvent que demander la réparation du préjudice matériel, à l'exclusion du préjudice moral. Le préjudice moral se confond en effet avec le préjudice social dont la protection relève du monopole du ministère public, représentant de la société[231]. La chambre criminelle de la Cour de cassation raisonne ici par analogie avec sa théorie de l'infraction d'« intérêt général » (sur cette théorie, voy., n° 478). De manière générale d'ailleurs, une personne morale de droit public ne saurait demander réparation du dommage causé aux intérêts généraux de la collectivité qu'elle représente. Par exemple, une commune ne peut pas se constituer partie civile dans une poursuite pour contravention à un arrêté de police du maire[232], un département pour les atteintes alléguées aux missions générales de développement économique et de protection de l'environnement dévolues par l'article L. 1111-2 du Code général des collectivités territoriales[233] ou l'agent judiciaire du Trésor pour demander remboursement du préjudice matériel causé par d'inutiles recherches qu'une dénonciation de fait imaginaire a provoqué[234].

229. Art. 63, al. 2, ancien, du Code pénal de 1810, art. 223-6 du Code pénal nouveau et Crim., 3 mai 1988, n° 87-84.365, *Bull. crim.*, n° 188.

230. Lorsque l'action civile de l'association n'est recevable qu'avec l'accord de la victime directe personne physique, seule titulaire de ce droit, le décès de celle-ci empêchant que son accord soit recueilli fait obstacle à l'exercice de l'action civile par l'association : Crim., 25 septembre 2007, n° 05-88.324, *Bull. crim.*, n° 220 ; *Dr. pén.*, 2007, comm. n° 145, obs. A. Maron ; *AJ pénal*, 2008, p. 83, note Saas ; *RSC*, 2008, p. 108, obs. Giudicelli ; *RPDP*, 2007, p. 885, obs. Maistre du Chambon. Voy. aussi Crim., 25 novembre 2008, n° 07-88.006, *Bull. crim.*, n° 238 ; *Dr. pén.*, 2009, comm. n° 27, obs. A. Maron et M. Haas ; *RSC*, 2009, p. 133, obs. Giudicelli.

231. Par exemple, Crim., 1er mai 1925, *S.*, 1926, 1, p. 137, note Roux.

232. Crim., 19 février 1957, *Bull. crim.*, n° 161.

233. Crim., 19 décembre 2006, n° 05-81.138, *Bull. crim.*, n° 316 ; *AJ pénal*, 2007, p. 136, obs. Saas ; *RPDP*, 2007, p. 169, obs. É. Vergès.

234. Crim., 20 janvier 2009, n° 08-82.357, *Bull. crim.*, n° 17 ; *AJ pénal*, 2009, p. 183, obs. Duparc ; *RPDP*, 2009, p. 153, obs. Ambroise-Castérot ; *Procédures*, 2009, comm. n° 122, obs. Buisson.

Ce courant jurisprudentiel traditionnel est peut-être en train d'évoluer. En effet, dans un arrêt du 10 mars 2004[235], la chambre criminelle de la Cour de cassation a admis que l'État pouvait justifier d'un préjudice moral distinct de l'atteinte à l'intérêt social.

c) Le droit d'option entre la voie civile et la voie pénale

482 ***Ouvertures concurrentes des voies pénale et civile.*** L'exercice du droit d'option suppose évidemment que les deux voies, civile et pénale, soient concurremment ouvertes.

Un exemple de cas où la voie civile est exceptionnellement fermée peut être cité. Les juridictions civiles sont incompétentes pour juger de l'action civile de certains délits de diffamation. En effet, l'article 46 de la loi du 29 juillet 1881 sur la liberté de la presse dispose que « l'action civile des délits de diffamation prévus et punis par les articles 30 et 31 [diffamation envers les cours, les tribunaux, les armées, les corps constitués, les administrations publiques, les ministres, les parlementaires...], ne pourra, sauf cas de décès de l'auteur du fait incriminé ou d'amnistie, être poursuivie séparément de l'action publique ».

Il est des hypothèses où la voie pénale est exceptionnellement fermée. À titre d'exemple, les victimes ne peuvent se constituer parties civiles devant la Cour de justice de la République (art. 13 de la loi organique du 23 novembre 1993 sur la Cour de justice de la République, illustré par le procès du « sang contaminé »).

483 ***Action publique existante.*** L'action civile est l'accessoire de l'action publique. Lorsque l'action publique est éteinte par prescription, l'action civile ne peut plus être exercée devant le juge pénal. Ce n'est pas un obstacle à son engagement devant le juge civil. Lorsque l'action publique est éteinte par le décès du délinquant, l'amnistie ou la chose jugée au criminel, l'action civile ne peut plus être engagée devant le juge pénal. Ce principe connaît une exception si le juge pénal a été saisi antérieurement au décès ou à l'amnistie, c'est-à-dire en cours d'exercice de l'action publique. D'ailleurs, l'article 497-3° du Code de procédure pénale prévoit que la partie civile peut interjeter appel « quant à ses intérêts civils seulement ». La jurisprudence est venue ajouter que cet appel est encore recevable si l'action publique s'est éteinte par le décès du délinquant ou par amnistie.

484 ***« Electa una via ».*** Dans certaines limites, la partie lésée peut choisir de porter son action civile à la connaissance du juge pénal ou du juge civil. Ce choix étant fait, la question est alors de savoir s'il est irrévocable. Ayant initialement porté son action devant le juge pénal, la victime peut-elle s'en désister et se rabattre sur la voie civile ? Inversement, ayant d'abord porté son action devant le juge civil, la partie civile peut-elle l'abandonner pour la voie pénale ? À ces interrogations, on répond par le principe de l'irrévocabilité de l'option, encore

235. Arrêt n° 02-85.285, *Bull. crim.*, n° 64 ; *D.*, 2005, p. 686, obs. Pradel ; *RPDP*, 2005, p. 223, obs. Maistre du Chambon : recevabilité de l'action civile de l'État en réparation de ses préjudices matériel et moral consécutifs aux infractions de trafic d'influence et de favoritisme de ses agents. En l'occurrence, le préjudice moral de l'État résulte du discrédit que le comportement des prévenus, agents de l'État, a jeté sur la fonction publique tout entière et de l'affaiblissement de l'autorité de l'État qui en est résulté.

appelé *electa una via*[236]. Mais ce principe n'est pas absolu. Sa portée doit être nuancée.

485 ***Limites de l'irrévocabilité.*** L'article 5 du Code de procédure pénale dispose en effet que « la partie qui a exercé son action devant la juridiction civile compétente ne peut la porter devant la juridiction répressive ». L'irrévocabilité n'opère donc qu'à sens unique : lorsque la victime a d'abord choisi la voie civile, elle ne peut pas l'abandonner pour la voie pénale[237]. Au contraire, l'option est révocable lorsque la victime a initialement choisi la voie pénale. Elle peut s'en désister pour la voie civile.

Le principe de l'irrévocabilité de l'option de la voie civile n'est pas absolu. Il cède dans six hypothèses :

- la première, d'une grande importance pratique pour la sauvegarde des intérêts de la victime, est prévue à l'article 5-1 du Code de procédure pénale : « Même si le demandeur s'est constitué partie civile devant la juridiction répressive, la juridiction civile, saisie en référé, demeure compétente pour ordonner toutes mesures provisoires relatives aux faits qui sont l'objet des poursuites, lorsque l'existence de l'obligation n'est pas sérieusement contestable » ;
- la deuxième est celle où la juridiction civile saisie est incompétente. Cette exception résulte d'une interprétation littérale de l'article 5 du Code de procédure pénale, aux termes duquel l'irrévocabilité de l'option civile n'opère que si « la partie […] a exercé son action devant la juridiction civile compétente » ;
- la troisième tient à ce que l'irrévocabilité de l'option de la voie civile n'est opposable que si l'action en réparation engagée devant le juge pénal présente avec l'action en réparation initialement introduite devant le juge civil une identité d'objet, de cause et de parties ;
- la quatrième est celle dans laquelle la victime a ignoré le caractère délictueux du fait dommageable et ne l'a connu que suite à l'initiative de mise en mouvement de l'action publique décidée par le ministère public ;
- la cinquième est celle dans laquelle la victime a initialement choisi de porter son action devant le juge civil alors que le ministère public a déjà mis en mouvement l'action publique. Dans ce cas, le juge civil doit surseoir à statuer dans l'attente de la décision pénale définitive et la partie lésée peut alors choisir de porter son action devant le juge pénal. Son action civile devient l'accessoire de l'action publique ;
- la dernière n'est pas tant une hypothèse de dérogation au principe de l'irrévocabilité de l'option de la voie civile qu'une observation sur le caractère juridique de cette exception. Ce principe n'est pas d'ordre public, de sorte qu'il ne peut pas être soulevé d'office par le juge et doit être soulevé avant toute défense au fond par la partie qui y a intérêt.

---

236. Abréviation de l'adage *electa una via, non datur recursus ad alteram* : une voie ayant été choisie, on ne peut en adopter une autre.

237. Crim., 15 avril 2008, n° 07-87.671, *Dr. pén.*, 2008, comm. n° 106, obs. A. Maron. Et encore, selon la chambre criminelle de la Cour de cassation, « il se déduit de ce texte que la partie civile, qui a exercé son action devant la juridiction civile compétente, peut la porter devant la juridiction répressive lorsque les deux actions, si elles opposent les mêmes parties, n'ont pas le même objet ou la même cause » : Crim., 11 janvier 2005, n° 04-82.934, *Bull. crim.*, n° 11 ; *JCP*, 2005, IV, 1502 (en l'occurrence, mise en œuvre de la garantie décennale devant le juge civil, puis action civile devant le juge pénal).

486 ***Avantages de la voie pénale pour la partie lésée.*** Pour la partie lésée, l'action civile portée devant le juge pénal présente des avantages que n'offre pas celle exercée devant le juge civil.

La voie pénale est d'abord plus rapide. Cette plus grande rapidité tient d'une part à ce que la justice pénale est globalement moins lente que la justice civile, d'autre part à ce que, aux termes de l'article 4, alinéa 2, du Code de procédure pénale, « il est sursis au jugement de l'action civile exercée devant la juridiction civile tant qu'il n'a pas été prononcé définitivement sur l'action publique, lorsque celle-ci a été mise en mouvement ». C'est le principe d'après lequel « le criminel tient le civil en l'état ». Ce principe appelle quelques observations :

- il est d'ordre public ;
- il fait obligation au juge civil de surseoir à juger ;
- il n'empêche donc nullement la victime d'introduire son action en réparation devant le juge civil lorsque l'action publique est mise en mouvement par le ministère public ;
- le juge civil doit surseoir à statuer tant que la décision définitive sur l'action publique n'est pas intervenue.

La voie pénale est également plus intéressante pour la victime en ce qui concerne l'administration de la preuve. Devant le juge civil, comme demanderesse à l'action, la victime supporte la charge de la preuve. Dans le procès pénal, la charge de la preuve de la commission d'une infraction est supportée par le ministère public (voy., n° 17). La victime en profite dans l'application du principe d'autorité absolue de chose jugée au criminel sur le civil.

Enfin, la voie pénale est plus économique. À titre d'exemple, la victime n'a pas à signifier les actes de procédure.

E 20 **Le criminel ne tient plus autant le civil en l'état**

La victime d'une infraction pénale peut choisir d'exercer son action civile en réparation du dommage causé par une infraction devant le juge pénal ou, séparément, devant le juge civil ; c'est son « droit d'option » (voy., n°s 468 et 470). Si elle porte cette action devant le juge civil, l'article 4 du Code de procédure pénale prévoit que le juge civil est tenu de surseoir à statuer « tant qu'il n'a pas été prononcé définitivement sur l'action publique lorsque celle-ci a été mise en mouvement » ; c'est le principe exprimé dans la formule « le criminel tient le civil en l'état ». Au fond, le criminel a en effet autorité de chose jugée sur le civil et, en la forme, ce principe est donc propre à éviter des contradictions de jugements. Il est certain que des justiciables utilisent la voie pénale comme moyen dilatoire. C'est particulièrement vrai en matière prud'homale et commerciale.

La loi « équilibre de la procédure pénale » du 5 mars 2007, modifiant l'article 4 du Code de procédure pénale, restreint le principe selon lequel le criminel tient le civil en l'état à la seule action civile en réparation du dommage causé par une infraction prévue par l'article 2 du Code de procédure pénale, par opposition aux autres actions exercées devant le juge civil et sur laquelle la décision pénale est susceptible d'exercer une influence, directement ou indirectement (comme une instance prud'homale). Quant à ces dernières actions, les contradictions de jugement entre le juge pénal et le juge civil ne sont pas spécialement à craindre, le juge civil disposant toujours de la possibilité de prononcer un sursis à statuer pour une bonne administration de la justice.

---

2) L'action civile, droit de « corroborer » l'action publique

487 *Traduction.* « Corroborer » l'action publique revient, pour la partie lésée, à poursuivre une action civile à fin répressive (a.). Un particulier s'éprouvant victime n'agit pas avec le même discernement que le ministère public. Des abus de constitution de cette sorte d'action civile sont donc à craindre ; ils sont le cas échéant sanctionnés (b.).

a) La recevabilité de l'action civile à fin répressive

487-1 *Encouragement jurisprudentiel.* On dit communément que la victime agit à des fins répressives lorsque son action n'est pas tant animée par le souci d'obtenir réparation du préjudice qu'elle a subi que par celui de participer à l'accusation aux côtés du ministère public. Ce type d'action est encouragé par deux courants de jurisprudence.

Un premier courant de jurisprudence a établi que l'action civile est recevable même si la partie lésée ne demande aucune réparation du préjudice qu'elle a subi. Cette jurisprudence est *a priori* choquante puisque l'action civile est l'action en réparation du dommage causé par une infraction. Mais l'article 418, alinéa 3, du Code de procédure pénale relatif à la constitution de partie civile devant le tribunal correctionnel est venu semer un doute : « La partie lésée peut, à l'appui de sa constitution, demander des dommages-intérêts correspondant au préjudice qui lui a été causé ». La Cour de cassation en a déduit que la demande de dommages-intérêts est une « simple faculté dont la partie civile est libre de ne pas user »[238]. Certes, un argument textuel soutient cette solution : l'article 418 du Code de procédure pénale relatif à la constitution de partie civile par voie d'intervention à l'audience du tribunal correctionnel dispose que la partie lésée « peut » demander des dommages-intérêts. Cette solution peut-elle s'étendre à la recevabilité de la plainte avec constitution de partie civile devant le juge d'instruction ? La jurisprudence a tranché par l'affirmative. Dans son arrêt du 8 juin 1971, la chambre criminelle a estimé que « la partie civile peut n'être motivée que par le souci de corroborer l'action publique et d'obtenir que soit établie la culpabilité du prévenu »[239].

Il est déjà surprenant que cette jurisprudence ait été rendue sur le fondement de l'article 418 du Code de procédure pénale relatif à la constitution de partie civile par voie d'intervention devant le tribunal correctionnel. Mais plus étonnante encore est la nature juridique que la Cour de cassation attribue à cette prérogative. Dans un arrêt du 19 octobre 1982 – lui aussi rendu sous le visa de l'article 418 du Code de procédure pénale – elle a jugé que « le droit de se constituer partie civile a pour objet essentiel la mise en mouvement de l'action publique en vue d'établir la culpabilité de l'auteur de l'infraction qui a causé un préjudice au plaignant [...] il s'agit d'une prérogative attachée à la personne et de nature à tendre à la défense de l'honneur et de la considération, indépendamment de toute réparation du dommage par la voie de l'action civile »[240]. Un droit « attaché à la personne » de son titulaire est un droit de la personnalité. Le législateur instaure parfois une telle prérogative. Par exemple,

---

238. Crim., 10 octobre 1968, n° 67-92.262, *Bull. crim.*, n° 248.
239. Arrêt n° 92.311/69, *Bull. crim.*, n° 182.
240. Arrêt n° 81-93.636, *Bull. crim.*, n° 222.

l'article L. 641-9 du Code de commerce permet au débiteur en liquidation judiciaire de se constituer partie civile dans le but d'établir la culpabilité de l'auteur du crime ou du délit dont il s'estime victime, s'il limite son action à la poursuite de l'action publique sans solliciter de réparation civile.

Un second courant de jurisprudence encourage l'action civile à fin répressive. Il affirme que « même dans les cas où la réparation du dommage échappe à la compétence de la juridiction répressive, la constitution de partie civile est cependant recevable en ce qu'elle tend à faire établir l'existence de l'infraction »[241]. L'intérêt de cette solution est de permettre à la victime de mettre en mouvement l'action publique alors que la réparation du dommage revient, par exemple, à la compétence exclusive de la juridiction administrative (suite, par exemple, à la commission d'une infraction par un agent public constitutive d'une simple faute de service), civile (entre autres hypothèses, par application de la loi du 5 avril 1937 substituant la garantie de l'État à la responsabilité civile des membres de l'enseignement[242]) ou d'un tribunal judiciaire spécialement désigné pour connaître du contentieux de la sécurité sociale (en matière d'accidents du travail ; voir par exemple l'art. L. 451-1 du Code de la Sécurité sociale). Au visa de l'article 2 du Code de procédure pénale, la chambre criminelle de la Cour de cassation a cassé un arrêt de cour d'appel déclarant irrecevable l'appel d'une partie civile d'un jugement de relaxe au motif que la juridiction judiciaire était incompétente pour accorder réparation (faute de service du prévenu poursuivi devant le tribunal correctionnel). Pour la Cour de cassation, interjeter appel soutient le droit de la victime de « faire établir l'existence de l'infraction ». Saisie du seul appel de la partie civile contre un jugement relaxant le prévenu, une cour d'appel est donc tenue de rechercher, même si elle est incompétente pour accorder réparation civile, si les faits constituent une infraction pénale[243].

Le Conseil d'État a toutefois mis un frein à la revendication d'un droit propre des victimes à un procès pénal[244].

b) Les sanctions de l'action civile abusive

487-2 ***Sanctions pénales ou civiles.*** Les poursuites pénales pouvant être déclenchées par la partie lésée, des abus sont possibles. La victime d'une infraction ne réagit pas avec autant de mesure qu'un parquetier. La victime pourra en effet avoir agi à la légère ou avec l'intention de nuire à un tiers. Il n'en restera pas moins que, dans l'hypothèse d'une plainte avec constitution de partie civile contre personne dénommée, l'opprobre aura été jeté sur l'individu dénoncé à tort, ce en dépit de la présomption d'innocence. « Calomniez, calomniez, il en restera toujours quelque chose… » Cette erreur de la victime dans la dénonciation de l'auteur de l'infraction peut être relevée à tous les stades de la procédure, au stade de l'instruction (ordonnance ou arrêt de non-lieu) comme à celui du

241. Crim., 10 février 1987, n° 85-95.939, *Bull. crim.*, n° 64.

242. Voy. par exemple : Crim., 20 septembre 2006, n° 05-87.229, *Bull. crim.*, n° 230 ; *RPDP*, 2006, p. 858, obs. Maistre de Chambon ; *D.*, 2007, p. 187, obs. Ambroise-Casterot ; *RSC*, 2007, p. 116, obs. A. Giudicelli ; *D.*, 2007, p. 974, obs. Pradel.

243. Crim., 30 octobre 2006, n° 05-86.997, *Bull. crim.*, n° 257 ; *AJ pénal*, 2007, p. 91, obs. Girault.

244. CE, Ass., 19 juillet 2011, req. n° 335625 ; *Rec. Lebon*, 2012.

jugement (jugement de relaxe d'un tribunal correctionnel ou de police ou arrêt d'acquittement d'une cour d'assises). En cas d'abus, le préjudice subi par la victime de la partie civile mérite d'être réparé, de même que celui que la société aura subi par un usage excessif et dérisoire de l'institution judiciaire.

La réaction de la société peut consister d'abord en une condamnation pour le délit de dénonciation calomnieuse (art. 226-10 du CP). Les peines encourues sont cinq ans d'emprisonnement et 45 000 € d'amende. Si l'action, à défaut d'être calomnieuse, est cependant jugée abusive, dilatoire ou téméraire, une condamnation de la partie civile au paiement d'une amende civile d'un montant inférieur ou égal à 15 000 € pourra également être prononcée.

En cas d'instruction ouverte à l'initiative de la partie lésée se clôturant par un non-lieu :

- l'article 91-1, alinéa 1er, du Code de procédure pénale prévoit que le ministère public peut, dans le délai de trois mois à compter du jour où la décision de non-lieu devient définitive, citer l'ex-partie civile à comparaître devant le tribunal correctionnel ;
- l'article 177-2 du Code de procédure pénale prévoit que le juge d'instruction peut, sur réquisitions du procureur de la République et par décision motivée, prononcer lui-même cette amende civile contre la partie civile. L'article 177-3 du Code de procédure pénale prévoit que lorsque la partie civile est une personne morale, l'amende civile peut être prononcée contre son représentant légal, si la mauvaise foi de ce dernier est établie. L'article 392-1, alinéa 2, du Code de procédure pénale introduit une procédure d'action en condamnation de la partie civile au paiement d'une amende civile similaire à celle de l'article 177-2, en cas de jugement de relaxe correctionnelle rendu sur citation directe de la partie civile.

La réparation de la victime de la partie civile est assurée différemment selon que l'auteur de l'action a agi témérairement ou en connaissance de la fausseté du fait dénoncé. Les conséquences dommageables d'une action civile téméraire peuvent être réparées soit devant la juridiction civile, soit devant le tribunal correctionnel, selon des actions spécifiques prévues aux articles 91 et 472 du Code de procédure pénale.

L'article 91 du Code de procédure pénale dispose que lorsqu'une décision de non-lieu a été rendue après une information ouverte sur plainte avec constitution de partie civile, la personne mise en examen et toutes les autres personnes visées dans la plainte peuvent exercer une action en dommages-intérêts devant le tribunal correctionnel où l'affaire a été instruite. L'action doit être introduite dans les trois mois à compter du jour où la décision de non-lieu est devenue définitive. Outre l'allocation de dommages-intérêts, le tribunal peut ordonner la publication de son jugement. Cette action se distingue par deux caractéristiques. D'une part, elle ne fait pas obstacle à une plainte pour dénonciation calomnieuse (art. 91, al. 1er, du CPP). D'autre part, lorsque le juge d'instruction, dans la procédure introduite par l'article 177-2 du Code de procédure pénale, a déclaré que la constitution de partie civile était abusive ou dilatoire, cette décision s'impose au tribunal correctionnel dans l'action en dommages-intérêts de l'article 91 du Code de procédure pénale (art. 91, dernier alinéa). À l'inverse, la décision de rejet d'une amende civile rendue par le juge d'instruction en application de l'article 177-2 du Code de procédure pénale ne s'impose pas au tribunal correctionnel saisi d'une action en dommages-intérêts dans les conditions prévues à l'article 91 du même code[245].

Pour sa part, l'article 472 du Code de procédure pénale prévoit qu'en cas de relaxe du prévenu, le tribunal correctionnel « statue par le même jugement sur la demande en dommages-intérêts formée par la personne relaxée contre la partie civile pour abus de constitution de partie civile ».

Qu'elle soit portée devant la juridiction civile ou correctionnelle, la juridiction statue en application du droit commun de la responsabilité civile des articles 1382 et 1383 du Code civil.

Dénoncer des faits que l'on sait être faux est, en outre, constitutif d'une infraction pénale : le délit de dénonciation calomnieuse (art. 226-10 du CP). Les dommages nés de la commission de ce délit sont réparés, dans le droit commun de l'action civile, devant le juge pénal ou devant le juge civil.

Enfin, aux termes de l'article 800-2 du CPP, toute juridiction qui prononce un non-lieu, une relaxe ou un acquittement peut accorder à la personne poursuivie, sur sa demande, une indemnité au titre des frais non payés par l'État. Certes, cette indemnité est en principe à la charge de l'État mais lorsque l'action publique a été mise en mouvement par la partie civile, elle peut être mise à la charge de cette dernière.

B) L'action civile par voie d'action et la mise en mouvement de l'action publique

488 ***Action, réaction.*** L'action civile peut être exercée par voie d'action ou par voie d'intervention (1.). Seule l'action civile par voie d'action met en mouvement l'action publique ; ce n'est pas son seul effet (2.).

1) L'action civile par voie d'action et l'action civile par voie d'intervention

489 ***Alternative.*** L'action civile est exercée soit par voie d'intervention (a.), soit par voie d'action (b.).

a) L'action civile par voie d'intervention

490 ***Action civile par voie d'intervention après mise en mouvement de l'action publique par le ministère public.*** Elle suppose qu'au moment où la partie lésée introduit son action civile, cette action ait déjà été mise en mouvement par le ministère public (ou par une autre partie lésée). On dit alors que la victime « se constitue partie civile ». Elle peut le faire devant les juridictions d'instruction comme devant les juridictions de jugement.

491 ***Constitution de partie civile devant les juridictions d'instruction.*** La constitution de partie civile peut être faite « à tout moment » (art. 87 du CPP), c'est-à-dire devant le juge d'instruction comme, le cas échéant, devant la chambre de l'instruction. La constitution de partie civile n'est soumise à aucun formalisme particulier. En pratique, l'envoi d'une simple lettre au magistrat instructeur

245. Crim., 31 mars 2020, n° 19-82.697, *Bull. crim.*, à par., *Gaz. Pal.*, 1er septembre 2020, p. 63, obs. Fourment.

suffit. Cette lettre peut émaner de l'avocat de la victime, qui n'a d'ailleurs pas à justifier d'un pouvoir spécial.

492 ***Constitution de partie civile devant les juridictions de jugement.*** La constitution de partie civile devant les juridictions de jugement n'est pas plus complexe que devant les juridictions d'instruction. Il convient cependant de distinguer selon que cette constitution de partie civile intervient avant l'audience de jugement ou lors de l'audience de jugement. Les articles 419 et suivants du Code de procédure pénale offrent un bon exemple de constitution de partie civile avant l'audience de jugement en décrivant la procédure à suivre devant le tribunal correctionnel. En principe, une déclaration au greffe du tribunal suffit, avec élection de domicile dans le ressort du tribunal judiciaire si la victime n'y a pas son domicile (art. 420 du CPP), mais l'article 420-1 du Code de procédure pénale assouplit davantage les conditions de la constitution de partie civile qui peut se faire :

- soit par lettre recommandée avec accusé de réception ou télécopie parvenue au tribunal au moins vingt-quatre heures avant la date d'audience. Le plaignant doit y demander la restitution des objets saisis et/ou des dommages-intérêts. Depuis la loi du 15 juin 2000 le montant de la demande n'a plus besoin d'être inférieur ou égal au plafond de compétence de droit commun du tribunal d'instance (7 500 €). Il doit joindre à sa demande toutes pièces justificatives de son préjudice. On observera que la partie civile n'a pas besoin de se présenter à l'audience ;
- soit par demande formulée par la victime au cours de l'enquête de police, auprès d'un officier de police judiciaire ou d'un agent de police judiciaire qui en dresse procès-verbal. Cette constitution de partie civile n'est recevable qu'à deux conditions : si le procureur de la République donne son accord au stade de l'enquête et si le tribunal correctionnel ou de police est saisi directement. Un tel accord du procureur de la République est justifié pour éviter qu'une victime ayant fait une demande manifestement insuffisante voie celle-ci faire l'objet d'un jugement définitif sur l'action civile[246].

La victime peut également se constituer partie civile lors de l'audience de jugement. Cette constitution de partie civile est encouragée par le fait que le ministère public doit aviser de la date d'audience la personne qui a porté plainte. Quelle que soit cette juridiction de jugement – tribunal de police, tribunal correctionnel, cour d'assises – la partie lésée peut se constituer partie civile par déclaration orale consignée par le greffier ou par dépôt de conclusions. La constitution de partie civile doit intervenir avant les réquisitions du ministère public sur le fond du litige. La victime n'a pas besoin d'être assistée par un avocat.

b) L'action civile par voie d'action

493 ***Action civile par voie d'action et mise en mouvement de l'action publique par la partie lésée.*** La particularité de l'action civile par voie d'action est de mettre en mouvement l'action publique. Cela suppose donc que la partie lésée introduise l'action civile devant le juge pénal avant que le ministère public n'ait mis lui-même en mouvement l'action publique, ou que le ministère public n'ait pas voulu mettre en mouvement l'action publique.

246. Circulaire d'application du 4 décembre 2000, n° CRIM-00-13/F1, p. 39.

494 ***Plainte avec constitution de partie civile devant le juge d'instruction.*** Devant le juge d'instruction, l'action civile par voie d'action est introduite par une « plainte avec constitution de partie civile » (art. 85 du CPP). L'article 85 du Code de procédure pénale ne soumet la plainte avec constitution de partie civile à aucun formalisme particulier. En pratique, une lettre simple adressée au juge d'instruction suffit. Dans un tribunal judiciaire où siègent plusieurs juges d'instruction, cette lettre est adressée au doyen des juges d'instruction (ce n'est pas nécessairement ce juge qui sera ultérieurement désigné pour l'instruction de l'affaire). Le ministère d'avocat n'est pas obligatoire. Au demeurant, ce dernier n'a pas à justifier d'un pouvoir spécial pour adresser cette lettre au juge d'instruction. Lorsque la plainte avec constitution de partie civile est formée par une personne morale à but lucratif, elle n'est recevable qu'à condition que la personne morale justifie de ses ressources en joignant son bilan et son compte de résultat.

S'agissant du contenu de la plainte avec constitution de partie civile, la jurisprudence a apporté les précisions suivantes. La lettre doit d'abord comporter une manifestation de volonté formelle et non équivoque de se constituer partie civile. À cet égard, le plus simple pour la partie lésée est d'écrire : « Je me constitue partie civile ». Puis la lettre doit dénoncer des faits au juge d'instruction. Cette condition est importante : saisi *in rem* (c'est-à-dire de ces faits, voy., n° 591), le juge d'instruction a l'obligation d'instruire sur ces faits, tous ces faits, mais seulement ces faits. Si la victime prend l'initiative de faire ouvrir une information judiciaire, c'est que son affaire n'est pas en état d'être jugée. La question est alors de savoir si, au stade du dépôt de la plainte avec constitution de partie civile, la partie lésée doit déjà apporter la preuve des faits qu'elle dénonce ou si elle peut se contenter d'apporter des éléments tendant à démontrer le caractère vraisemblable de ce qu'elle allègue. La jurisprudence précise opportunément que la recevabilité de la plainte avec constitution de partie civile « n'est pas subordonnée à la double preuve préalablement rapportée par la personne qui se prétend lésée par une infraction, d'abord de l'existence de ladite infraction, ensuite de l'existence du préjudice dont elle aurait souffert ». Il suffit « que les circonstances sur lesquelles elle s'appuie permettent au juge d'admettre comme possible l'existence du préjudice allégué et la relation directe de celui-ci avec une infraction à la loi pénale »[247]. La partie lésée n'est donc pas tenue d'avancer une qualification juridique des faits. Il en va cependant différemment en cas de délit de presse (art. 50 de la loi du 29 juillet 1881 sur la liberté de la presse).

Enfin, la partie lésée doit faire une déclaration d'adresse (art. 89 du CPP). L'intérêt de l'adresse déclarée a trait à la notification des actes de la procédure : la personne ne peut pas se prévaloir du défaut de notification d'un acte qui a été régulièrement transmis à l'adresse qu'elle a déclarée. Si l'instruction se déroule dans la métropole, cette adresse doit se situer dans un département métropolitain. Si l'instruction se déroule hors de la métropole, l'adresse doit se situer

247. Par exemple, Crim., 9 février 1961, n° 90.559/60, *Bull. crim.*, n° 83 ; *D.*, 1961, p. 306 ; Crim., 4 juin 1996, n° 95-82.256, *Bull. crim.*, n° 230. Le juge d'instruction peut délivrer une ordonnance de refus d'informer si les faits dénoncés par la partie lésée n'ont pas été commis : Crim., 3 mars 2009, n° 08-84.521, *Bull. crim.*, n° 49 ; *Dr. pén.*, 2009, comm. n° 73, obs. A. Maron et M. Haas ; *AJ pénal*, 2009, p. 236, obs. Charbonnier ; *RSC*, 2009, p. 855, obs. Finielz.

dans le département ou territoire d'outre-mer concerné. Cette adresse peut être celle de la partie lésée ou celle d'un tiers, à condition que ce dernier donne son accord exprès, même s'il est son avocat.

Cette plainte avec constitution de partie civile suit un véritable cheminement. À la réception de la plainte, le juge d'instruction, par ordonnance dite de « soit-communiqué », la transmet au procureur de la République pour qu'il prenne des réquisitions. Avant cette communication, le juge d'instruction peut cependant entendre la partie lésée pour lui faire préciser ou compléter sa plainte (cette audition peut aussi être faite à la demande du procureur de la République). Le procureur de la République est tenu de prendre des réquisitions. Aucun délai ne lui est formellement imposé. Ces réquisitions ne peuvent être que de quatre types : d'irrecevabilité de la partie civile, d'incompétence du juge d'instruction, de non-informer ou d'informer, ces dernières pouvant être prises contre une personne nommée ou non. Il importe de souligner que le procureur de la République ne peut prendre des réquisitions de non-informer que dans deux hypothèses : soit parce que les faits dénoncés dans la plainte ne sont pas susceptibles d'être poursuivis pour une cause affectant l'action publique (par exemple, la prescription), soit parce que ces faits ne sont susceptibles d'aucune qualification pénale. Le juge d'instruction peut passer outre les réquisitions de non-informer du procureur de la République par une ordonnance motivée.

En tout état de cause, le juge d'instruction constate par ordonnance le dépôt de la plainte et fixe le montant d'une consignation. Cette consignation est une somme d'argent qui garantit, le cas échéant, le paiement de l'amende civile susceptible d'être prononcée contre l'auteur de la plainte en cas d'abus de constitution de partie civile. Son montant est fixé en fonction des ressources de la partie civile. Le juge détermine aussi le délai dans lequel elle devra être versée. Le défaut de versement de la consignation frappe d'irrecevabilité la plainte avec constitution de partie civile (art. 88 du CPP) et empêche donc la mise en mouvement de l'action publique[248].

À cet égard, lorsque le juge d'instruction rend une ordonnance de refus d'informer et que l'action du plaignant lui paraît abusive, il peut prononcer une amende civile dans les conditions des articles 177-2 et 177-3 du Code de procédure pénale.

E21 Coup de frein à certaines plaintes avec constitution de partie civile

Le législateur estime que beaucoup d'actions abusives passent par l'utilisation de la plainte avec constitution de partie civile. La loi « équilibre de la procédure pénale » du 5 mars 2007 a modifié à cet égard l'article 85 du Code de procédure pénale. La recevabilité de la plainte avec constitution de partie civile est subordonnée, en matière délictuelle (à l'exception, par exemple, des délits de presse de la loi du 29 juillet 1881), à la condition que la personne justifie soit que le procureur de la République a classé l'affaire sans suite, soit qu'un délai de trois mois s'est écoulé depuis qu'elle a déposé plainte ordinaire devant le procureur de la République.

Le droit inconditionnel de la victime de mettre en mouvement l'action publique en saisissant le juge d'instruction est une conquête du justiciable (voy. l'arrêt *Laurent-Atthalin infra*, encadré E22). Cette disposition de la loi du 5 mars 2007 y porte atteinte en matière délictuelle, de sorte que, en matière délictuelle, la plainte avec constitution de partie civile de la victime devant

248. C. Marsat, *Dr. pén.*, 2000, chron. n° 29.

le juge d'instruction ne paraît plus le pendant de la citation directe devant le tribunal correctionnel. En effet, la recevabilité de la citation directe n'est pas subordonnée à la condition que la personne justifie soit que le procureur de la République a classé l'affaire sans suite, soit qu'un délai de trois mois s'est écoulé depuis qu'elle a déposé une plainte ordinaire devant le procureur de la République.

(Sur les effets de la loi du 5 mars 2007 contre la « sollicitude victimaire » dont la plainte avec constitution de partie civile a bénéficié, voy. É. Mathias, « Action pénale privée : cent ans de sollicitude », *Procédures*, 2007, étude n° 6, p. 6 ; S. Detraz, « Le nouveau dispositif de recevabilité de la plainte avec constitution de partie civile », *JCP*, 2008, I, 111 ; Ph. Bonfils, « Il faut sauver la jurisprudence Laurent-Atthalin », *D.*, 2010, point de vue, p. 1153.)

---

495 ***Citation directe devant le tribunal correctionnel et le tribunal de police.*** En matière correctionnelle ou de police, la partie civile peut faire délivrer une citation directe (art. 388, 390, 392 et 551 pour le tribunal correctionnel et art. 533 du CPP, par renvoi, pour le tribunal de police), dans les mêmes conditions que le ministère public (voy., n° 49).

En la forme, la citation directe de la partie civile ne se distingue de celle délivrée par le ministère public qu'à deux points de vue : la partie civile peut indiquer une demande de dommages-intérêts ; elle doit élire un domicile dans le ressort du tribunal, lorsqu'elle n'y est pas domiciliée (art. 392 du CPP).

Si la partie civile n'a pas obtenu l'aide juridictionnelle, le tribunal fixe le montant de la consignation en fonction de ses ressources ainsi que le délai pour la déposer, à peine d'irrecevabilité de la citation directe. Cette consignation garantit le paiement de l'amende civile à laquelle elle peut être condamnée en cas d'action civile abusive (art. 392-1, al. 1er, du CPP ; voy., n° 487). Lorsque la plainte avec constitution de partie civile est formée par une personne morale à but lucratif, elle n'est recevable qu'à condition que la personne morale justifie de ses ressources en joignant son bilan et son compte de résultat.

2) Les effets de l'introduction de l'action civile par voie d'action

496 ***Effet commun aux actions civiles par voie d'intervention et d'action : partie lésée devient partie civile.*** En introduisant son action civile, la partie lésée prend la qualité de partie civile. Cet effet est commun aux actions civiles par voie d'action et aux actions civiles par voie d'intervention. La position de la partie lésée dans le procès change de façon significative. Quelques exemples peuvent être donnés.

Devenant partie civile, la victime ne peut plus être entendue par le juge d'instruction qu'en présence de son conseil, tout du moins son conseil doit-il être dûment avisé de l'audition. La procédure est d'ailleurs tenue en permanence à la disposition de son avocat au plus tard quatre jours ouvrables avant sa première audition. De plus, la victime ne peut plus être entendue comme témoin. Elle ne prête alors plus serment de dire la vérité et est entendue à titre de renseignement. En outre, des actes de la procédure lui sont notifiés. Par ailleurs, dans une certaine mesure, elle peut participer à l'instruction en formulant des demandes d'actes d'instruction (voy., n° 653). Enfin, elle peut exercer des voies de recours des décisions faisant grief à ses intérêts civils.

497 ***Effet particulier de l'action civile par voie d'action : la mise en mouvement de l'action publique.*** À l'égal du ministère public, la partie lésée peut mettre en mouvement l'action publique. Ce pouvoir doit être précisé dans ses fondements.

Il fait naître des risques d'actions civiles à fin répressive, dont l'usage excessif expose à des sanctions (voy. *supra*, n°s 487 à 487-2).

Or donc, la partie lésée peut mettre en mouvement l'action publique par l'introduction de son action civile par voie d'action suivant deux modes : la citation directe devant le tribunal correctionnel ou de police et la plainte avec constitution de partie civile devant le juge d'instruction.

Il n'a jamais été contesté que la citation directe qui émane de la victime doive mettre en mouvement l'action publique. En revanche, l'effet de mise en mouvement de l'action publique par la plainte avec constitution de partie civile a fait l'objet d'un débat. Sous l'empire du Code d'instruction criminelle, cet effet de mise en mouvement a été reconnu par le grand arrêt de la chambre criminelle du 8 décembre 1906, appelé arrêt *Laurent-Atthalin*, du nom du conseiller-rapporteur sous l'influence duquel il a été rendu, ou encore *Placet*, du nom de l'auteur du pourvoi.

E 22 **L'arrêt Crim., 8 décembre 1906, *Laurent-Atthalin* (ou *Placet*)**

L'effet de mise en mouvement de l'action publique par la plainte avec constitution de partie civile a été dégagé de l'interprétation des articles 63 (aux termes duquel « Toute personne qui se [prétendait] lésée par un crime ou un délit [pouvait] en rendre plainte et se constituer partie civile devant le juge d'instruction ») et 3 du Code d'instruction criminelle, en vertu desquels les juridictions répressives ne pouvaient statuer sur l'action civile qu'autant qu'elles avaient été saisies en même temps de l'action publique. La cour a déduit de la conjonction de ces deux textes « [qu'] en investissant la partie lésée du droit de saisir de l'action civile le juge d'instruction, le législateur a nécessairement entendu que le dépôt même de la plainte entre les mains de ce magistrat avec constitution de partie civile mettrait également en mouvement l'action publique (...) ; le droit pour la partie civile de mettre en mouvement à ses risques et périls l'action publique devant le juge d'instruction s'accorde et se coordonne avec toutes les autres dispositions qui (...) établissent, pour cette partie, un droit parallèle à celui du ministère public (...). La disposition de l'article 63, qui serait sans objet si la plainte devant le magistrat instructeur ne saisissait pas sa juridiction, représente l'équivalent légal et nécessaire de la protection qu'assure le droit de citation directe en matière correctionnelle et de simple police ».

La Cour de cassation en a dégagé la conséquence suivante : « la poursuite suscitée devant le juge d'instruction offre donc nécessairement, aussi bien que celle qui résulte d'une citation directe, les mêmes caractères que si elle avait été requise par le ministère public ; qu'il faut dès lors et par voie de conséquence appliquer au cas prévu dans l'article 63 la règle absolue suivant laquelle la juridiction d'instruction a, comme toute autre, le droit et le devoir de s'exercer dans une pleine indépendance des réquisitions de la partie publique [...] quelles que soient les réquisitions prises par le ministère public [...]. Le juge d'instruction saisi, conformément à l'article 63, d'une plainte avec constitution régulière de partie civile [...] a [...] le devoir d'informer sur la plainte ».

(sur cet arrêt, voy. *DP*, 1907, 1, 207, rapp. LAURENT-ATTHALIN, note F. T. ; *S.*, 1907, 1, 377, note DEMOGUE ; X. PIN, « Le centenaire de l'arrêt *Laurent-Atthalin* », *D.*, 2007, p. 1015.)

Avec le Code de procédure pénale, l'effet de mise en mouvement de l'action publique par la plainte avec constitution de partie civile n'est plus débattu. En termes généraux, l'article 1er, alinéa 2, dispose que l'action publique « peut aussi être mise en mouvement par la partie lésée ». Par ailleurs, l'article 85 prévoit que « Toute personne qui se prétend lésée par un crime ou un délit peut en portant plainte se constituer partie civile devant le juge d'instruction compétent ». Cette disposition doit être lue en combinaison avec l'article 86, alinéa 4, lequel restreint la possibilité pour le procureur de la République de prendre des réquisitions de non informer au cas où « pour des causes affectant l'action publique elle-même, les faits ne peuvent légalement comporter une poursuite » et au cas où, même démontrés, ces faits « ne peuvent admettre aucune qualification pénale ». Ce n'est que dans ces deux hypothèses que le juge d'instruction peut prendre une ordonnance de refus d'informer[249].

La plainte avec constitution de partie civile n'a donc pas seulement pour effet de mettre en mouvement l'action publique. Elle a aussi pour conséquence de contraindre le juge à informer sur les faits qui y sont dénoncés. Dans ces conditions, il n'est pas étonnant que des parties lésées soient tentées de faire de l'action civile un usage immodéré, davantage motivé par des sentiments de vengeance et de vindicte que par le souci d'obtenir réparation de leur préjudice.

SECTION II
La décision du procureur de la République de mettre en œuvre une procédure alternative aux poursuites

498 ***Procédures alternatives aux poursuites de l'article 40-1 et renforcement de l'efficacité de la procédure pénale.*** En application de l'article 40-1, 3°, du Code de procédure pénale, le procureur de la République territorialement compétent décide s'il est opportun « de mettre en œuvre une procédure alternative aux poursuites en application des dispositions des articles 41-1, 41-1-2 ou 41-2 ». L'article 41-1 concerne la médiation pénale au sens large ; l'article 41-1-2, la convention judiciaire d'intérêt public ; et l'article 41-2, la composition pénale.

Les procédures de médiation et de composition pénales ont été introduites dans le Code de procédure pénale par la loi du 23 juin 1999 « renforçant l'efficacité de la procédure pénale ». Il n'y a rien de contradictoire entre la recherche d'une alternative aux poursuites pénales et le renforcement de l'efficacité de la procédure pénale. L'ambition de la loi du 23 juin 1999 a été de donner une réponse pénale à des infractions qui n'en trouvaient pas ou plus, l'engorgement des juridictions correctionnelles ou de police dissuadant le ministère public de les poursuivre. Plus précisément, la loi du 23 juin 1999 a légalisé la médiation pénale, née de pratiques de classements sans suite sous conditions des parquets, tandis qu'elle a authentiquement créé la composition pénale, introduisant dans la procédure pénale française une sorte de *plea bargaining* (ou « plaidoyer de culpabilité » à l'américaine). Ces procédures sont dites de « troisième voie »[250]. Elles ne font **pas obstacle à la recherche d'une mesure de justice restaurative** (voy. *supra*, n°s 438 et s.).

La convention judiciaire d'intérêt public a été introduite dans le Code de procédure pénale par la loi du 9 décembre 2016 « relative à la transparence, à la lutte contre la corruption et à la modernisation de la vie économique », dite « Sapin II ».

---

249. Le juge d'instruction ne peut donc se limiter à un examen abstrait de la plainte : Crim., 4 janvier 2005, n° 03-84.652, *Bull. crim.*, n° 1 ; *D.*, 2005, IR, p. 523. Le juge d'instruction ne peut donc rendre une ordonnance de refus d'informer qu'après avoir vérifié la réalité des faits dénoncés : Crim., 20 juin 2006, n° 05-86.611, *Bull. crim.*, n° 185 ; *AJ pénal*, 2006, p. 460, obs. Leblois-Happe.

250. M. Giacopelli, « Les procédures alternatives aux poursuites. Essai de théorie générale », *RSC*, 2012, p. 505.

499 ***Quelques chiffres.*** En 2018, sur les 1 300 000 affaires poursuivables, les Parquets ont décidé 65 000 compositions pénales et près de 480 000 médiations pénales. La composition pénale représente donc 5 % de la réponse pénale, et la médiation pénale plus de 36 % de cette réponse. Moralité, la mise en mouvement de l'action publique, compte tenu, par ailleurs, du taux de classement sans suite (12,3 %), est un mode de réponse pénale ne franchissant pas la barre des 50 % (46,5 %, en l'occurrence)[251].

500 ***Information de la victime, du plaignant et des personnes auteurs d'un signalement.*** Aux termes de l'article 40-2, alinéa 1er, du Code de procédure pénale, les victimes, plaignants et personnes auteurs d'un signalement en application de l'article 40 sont avisés des mesures alternatives aux poursuites qui ont été décidées à la suite de leur plainte ou de leur signalement.

501 ***Autres procédures alternatives aux poursuites.*** La procédure pénale comprend d'autres procédures alternatives aux poursuites que celles visées à l'article 40-1. Il s'agit par exemple de la transaction du maire de l'article 44-1 du Code de procédure pénale, reconnue depuis la loi du 31 mars 2006 « pour l'égalité des chances », de la transaction du Défenseur des droits, prévue par les articles 28, II à IV, de la loi organique du 29 mars 2011 « relative au Défenseur des droits » et D. 1er-1 du Code de procédure pénale.

En revanche, la transaction par officier de police judiciaire de l'article 41-1-1 du Code de procédure pénale, introduite par la loi du 15 août 2014 « relative à l'individualisation des peines et renforçant l'efficacité des sanctions pénales », a été abrogée par la loi du 23 mars 2019 de réforme pour la Justice. En ce que la première doit être homologuée par le procureur de la République, et la seconde, autorisée par ce dernier, elles seront considérées comme autres procédures alternatives aux poursuites.

502 ***Typologie des procédures alternatives aux poursuites.*** Nommées ou innommées, les procédures alternatives aux poursuites se distinguent essentiellement d'après un attribut : tandis que la médiation pénale est une sanction qui ne présente pas le caractère d'une punition (§ 1), les procédures de composition pénale et de transactions tendent à des sanctions qui présentent le caractère d'une punition (§ 2).

E 23 **De quelques conséquences processuelles du caractère punitif des procédures de transactions et de composition pénale**

Le caractère punitif des procédures composition pénale et de transactions présente une conséquence processuelle immédiate. La médiation pénale, en ce qu'elle ne présente pas le caractère d'une punition, peut en théorie être imposée à l'auteur des faits. En revanche, les composition pénale et transactions, qui tendent à l'infliction d'une punition non décidée par un tribunal indépendant et impartial statuant au terme d'une procédure équitable, nécessitent la renonciation non équivoque de l'auteur de l'infraction au bénéfice des droits et garanties du procès pénal équitable. Pour l'essentiel, cette renonciation consiste en une reconnaissance des faits ou de la culpabilité par l'auteur et, ou, son assentiment à la sanction qui lui est proposée.

En conséquence de leur caractère punitif, l'exécution des composition pénale et transactions est une cause d'extinction de l'action publique.

---

251. Ministère de la Justice, *Les chiffres clés de la Justice 2019*, automne 2019, p. 14 et voy. *supra*, n° 50.

§ 1. La sanction ne présentant pas le caractère d'une punition : la médiation pénale

503 ***Cadre de la médiation pénale.*** L'article 41-1 du Code de procédure pénale prévoit que le procureur de la République peut, préalablement à sa décision sur l'action publique, directement ou par l'intermédiaire d'un officier de police judiciaire, d'un délégué ou d'un médiateur du procureur de la République, décider d'imposer certaines mesures à l'auteur des faits, si elles lui paraissent susceptibles d'assurer la réparation du dommage causé à la victime, de mettre fin au trouble résultant de l'infraction ou de contribuer au reclassement de l'auteur[252]. La procédure de médiation pénale ne connaît pas de domaine d'application particulier. En droit, elle peut être utilisée pour toutes les infractions, mais en fait peut-on concevoir qu'un procureur de la République se contente d'admonester l'auteur présumé d'une infraction grave ?

504 ***Mesures de médiation pénale.*** Les mesures qui peuvent être imposées à l'auteur des faits sont :

- un rappel à la loi, qui est une sorte d'admonestation ;
- l'orientation vers une structure sanitaire, sociale ou professionnelle (pour y accomplir une formation ou un stage, comme un stage de citoyenneté ou de sensibilisation à la violence routière) ;
- la régularisation de sa situation (pour l'auteur d'une construction illégale, par exemple, détruire l'édifice ou obtenir un permis de construire) ;
- la réparation du dommage ;
- l'éloignement de l'auteur de violences de la résidence ou du domicile du couple et, le cas échéant, l'interdiction d'y paraître ou aux abords immédiats de celui-ci, voire, si nécessaire, une prise en charge sanitaire, sociale ou psychologique de cet auteur[253] ;
- l'interdiction de paraître de l'auteur des faits, pour une durée de six mois au plus, dans un ou plusieurs lieux déterminés dans lesquels l'infraction a été commise ou dans lesquels réside sa victime ;
- une médiation au sens strict entre l'auteur des faits et la victime, à la demande ou avec l'accord de la victime. Il est dressé procès-verbal signé du procureur et des parties de la réussite d'une médiation. Cette loi a aussi prévu que si l'auteur des faits s'est engagé à verser des dommages-intérêts à la victime, celle-ci peut, au vu de ce procès-verbal, en demander le recouvrement selon la procédure d'injonction de payer définie au Code de procédure civile. La première chambre civile de la Cour de cassation estime d'ailleurs que le procès-verbal établi et signé à l'occasion d'une médiation pénale, qui contient les engagements de l'auteur des faits incriminés, pris envers sa victime en contrepartie de la renonciation de celle-ci à sa plainte et, le cas échéant, à une indemnisation intégrale, afin d'assurer la réparation des conséquences dommageables de l'infraction et d'en prévenir la réitération par le règlement des désaccords entre les parties, constitue une

252. E. Dreyer, « La médiation pénale, objet juridique mal identifié », *JCP*, 2008, I, 131 ; dossier « La médiation pénale » de l'*AJ pénal* du mois de mai 2011.

253. Disposition insérée par l'article 35, I, de la loi du 12 décembre 2005 en cas d'infraction commise soit contre son conjoint ou son concubin, soit contre ses enfants ou les enfants de ce dernier.

transaction au sens de l'article 2044 du Code civil à l'exécution de laquelle le débiteur peut être condamné par le juge civil[254].

Lorsque le procureur de la République applique la procédure de médiation pénale de l'article 41-1 du Code de procédure pénale à un mineur, les représentants légaux de celui-ci doivent être convoqués et les mesures d'orientation vers une structure sanitaire, sociale ou professionnelle, de régularisation de sa situation, de réparation du dommage et de médiation au sens strict entre l'auteur et sa victime requièrent l'accord des représentants légaux du mineur.

505 ***Cause de suspension du délai de prescription de l'action publique, mais pas cause d'extinction de l'action publique.*** La procédure de médiation pénale de l'article 41-1 du Code de procédure pénale suspend le délai de prescription de l'action publique. Cet article ne prévoit pas que l'exécution fidèle des mesures imposées à l'auteur des faits emporte extinction de l'action publique. L'auteur des faits n'est donc pas à l'abri de poursuites ultérieures[255].

En cela, la médiation pénale n'est pas véritablement une alternative aux poursuites : elle ne vaut pas condamnation par équivalent, ne donne pas lieu à inscription au casier judiciaire et n'a pas autorité de chose jugée ou décidée devant le juge civil.

506 ***Sanction de la non-exécution de la mesure.*** En cas de non-exécution de la mesure de médiation pénale en raison du comportement de l'auteur des faits, le procureur de la République, « sauf élément nouveau, met en œuvre une composition pénale ou engage des poursuites ». À la double condition, d'une part que la non-exécution relève du comportement de l'auteur, d'autre part qu'aucun élément nouveau ne soit apparu dans l'affaire et la procédure, le procureur de la République paraît avoir une compétence liée pour sanctionner cette non-exécution par la mise en œuvre d'une composition pénale ou la mise en mouvement de l'action publique.

507 ***Régimes particuliers de l'injonction thérapeutique et de la médiation pénale des mineurs.*** Les alternatives aux poursuites prévues dans le Code de procédure pénale sont complétées par des régimes particuliers. L'article L. 3423-1 du Code de la santé publique prévoit que le procureur de la République peut enjoindre à la personne ayant fait un usage illicite de stupéfiants ou une consommation habituelle et excessive d'alcool de se soumettre à une mesure d'**injonction thérapeutique**, d'une durée de six mois, renouvelable trois fois. Cet article précise que « [l]'action publique n'est pas exercée à l'encontre des personnes qui se soumettent à la mesure d'injonction thérapeutique qui leur est ordonnée et la suivent jusqu'à son terme ». Dit autrement, l'exécution de l'injonction – indépendamment de sa réussite thérapeutique – est une cause d'extinction de l'action publique.

Par ailleurs, l'article 12-1 de l'ordonnance du 2 février 1945 « relative à l'enfance délinquante » permet au procureur de la République (au stade de la décision sur l'opportunité de poursuivre), au juge d'instruction (au stade de l'instruction), ou à la juridiction de jugement (au stade du jugement), de « proposer au **mineur** une mesure ou une activité d'aide ou de réparation à l'égard de la victime ou dans l'intérêt de la collectivité ». Le procureur de la République

254. Civ. 1re, 10 avril 2013, n° 12-13.672, *Bull. civ.*, I.

255. La preuve : Crim., 21 juin 2011, n° 11-80.003, *Bull. crim.*, n° 141.

doit recueillir l'accord préalable du mineur et des titulaires de l'exercice de l'autorité parentale. En ce que cette mesure ou activité d'aide ou de réparation à l'égard de la victime ne peut être ordonnée qu'avec l'accord de celle-ci, cette mesure est une médiation. En revanche, les dispositions de l'article 12-1 de l'ordonnance de 1945 sont mutiques quant à l'effet de l'exécution de cette mesure sur l'action publique. Il convient d'en conclure que, en droit, elle n'éteint pas l'action publique.

§ 2. Les sanctions présentant le caractère d'une punition : la composition pénale et des transactions

508 ***Composition pénale de commun et transactions de droits spéciaux.*** La composition pénale est certes peu ou prou une procédure transactionnelle d'alternative aux poursuites (A). Elle est même de droit général. Mais le législateur ne la dénomme pas ainsi. Au contraire, s'y ajoutent des transactions de droits spéciaux, que la loi désigne sous ce vocable (B).

A) La composition pénale de droit commun

509 ***Approche.*** La composition pénale consiste pour le procureur de la République à proposer à l'auteur d'une infraction d'exécuter des mesures présentant le caractère d'une sanction. L'auteur de l'infraction est libre de donner son accord à cette proposition. Toutefois, la composition pénale n'acquiert en principe sa force qu'avec sa validation par un juge.

510 ***Cause d'interruption du délai de prescription de l'action publique et d'extinction de l'action publique.*** Jusqu'à la loi du 9 mars 2004, la procédure de composition pénale était une cause de suspension du délai de prescription de l'action publique. La loi du 9 mars 2004 a prévu que les actes tendant à la mise en œuvre ou à l'exécution de la composition sont interruptifs du délai de prescription de l'action publique. Par ailleurs, l'exécution de la composition pénale est une cause d'extinction de l'action publique. Enfin, la composition pénale ne nuit pas au droit à réparation de la victime (voy. *infra*, n° 514).

1) Le domaine de la composition pénale

511 ***Majeurs ou mineurs d'au moins treize ans reconnaissant avoir commis l'infraction.*** S'agissant des personnes, la composition pénale s'adresse d'abord aux délinquants majeurs qui reconnaissent avoir commis les infractions qui leur sont reprochées. C'est pourquoi un auteur a pu parler de « *plea bargaining* à la française »[256], par référence à la procédure pénale américaine et à la possibilité que le suspect a de « plaider coupable ». Il lui est en effet possible de négocier avec le ministère public la qualification de l'infraction et la peine qui lui sera infligée, ceci afin d'éviter d'être condamné à une peine plus forte sur le chef d'une infraction plus grave que les débats pourraient révéler.

256. J. Pradel, « Une consécration du *plea bargaining* à la française : la composition pénale », *D.*, 1999, p. 379.

La procédure de composition pénale prévue par les articles 41-2 (matière délictuelle) et 41-3 (matière contraventionnelle) du Code de procédure pénale peut dorénavant être appliquée aux mineurs âgés d'au moins treize ans lorsqu'elle apparaît adaptée à la personnalité de l'intéressé (article 7-2 de l'ordonnance du 2 février 1945 relative à l'enfance délinquante). La proposition du procureur de la République doit être faite au mineur et à ses représentants légaux qui, le cas échéant, doivent donc l'accepter, en présence d'un avocat. Le juge des enfants est appelé à valider la composition pénale. Outre les mesures de composition pénale de droit commun (art. 41-2 du CPP en matière délictuelle et art. 41-3 du CPP en matière contraventionnelle), le procureur de la République peut proposer les mesures suivantes au mineur, qu'il soit auteur d'un délit ou d'une contravention : accomplissement d'un stage de formation civique, suivi d'une scolarité ou d'une formation professionnelle, respect d'une décision de placement antérieurement prononcée par le juge des enfants, consultation d'un psychiatre ou d'un psychologue, exécution d'une activité de jour. La durée d'exécution des mesures proposées aux mineurs ne peut excéder un an.

512 ***Délits punis d'une peine d'amende ou d'une peine d'emprisonnement inférieure ou égale à cinq ans et contraventions.*** Jusqu'à la loi du 9 mars 2004, le législateur a défini le domaine d'application de la composition pénale quant aux infractions par référence à des infractions précises relevant d'un contentieux « de masse ».

Cette technique est sans doute rigoureuse, mais présente une faiblesse : celle du législateur d'être toujours plus tenté d'élargir la liste, au risque de quelques incohérences.

La loi du 9 mars 2004 a donc élargi le champ d'application de la composition pénale à l'ensemble des contraventions[257] et à l'ensemble des délits punis d'une peine d'amende ou d'une peine d'emprisonnement d'une durée inférieure ou égale à cinq ans, qu'il s'agisse d'infractions prévues par le Code pénal, d'autres codes ou lois non codifiées. Sont cependant exclus de ce champ d'application les délits de presse, les délits politiques et d'homicides involontaires[258].

2) Les mesures proposées par le procureur de la République

513 ***Élargissement des mesures présentant le caractère d'une sanction.*** La loi du 9 mars 2004 a élargi la palette des mesures susceptibles d'être proposées en matière délictuelle. Ces mesures présentent véritablement le caractère d'une punition. En **matière délictuelle**, l'auteur de l'infraction peut se voir proposer une ou plusieurs de la vingtaine des mesures suivantes (art. 41-2 du CPP) :

- verser une « amende de composition » au Trésor public. Jusqu'à la loi du 9 mars 2004, cette amende était d'un montant maximum de 3 750 € pour les délits et de 750 € pour les contraventions, sans jamais pouvoir excéder la moitié de l'amende encourue. En application de la loi du 9 mars 2004, ce

257. Mais avec une adaptation des mesures de composition pouvant être proposées (voy., n° 513).

258. Dans son rapport « *L'ambition raisonnée d'une justice apaisée* », la Commission sur la répartition des contentieux (voy. *supra*, encadré E1) préconisait un élargissement du domaine d'application de la composition pénale à tous les délits, sauf les délits de presse, les homicides involontaires et les délits dont la procédure est prévue par une loi spéciale, et quelle que soit la peine encourue (proposition n° 63).

double plafond disparaît, le procureur de la République pouvant proposer une amende dont le maximum est celui de l'amende encourue, fixée en fonction de la gravité des faits ainsi que des ressources et des charges de la personne. Faute avouée (la composition pénale suppose que la personne ait reconnu les faits) n'est plus à moitié pardonnée. Le législateur a préféré considérer à cet égard que ce double plafond ne se justifiait plus du fait de l'élargissement du domaine d'application de la procédure et dans la mesure où l'amende de composition suppose l'accord de l'intéressé ;

- se dessaisir au profit de l'État de la chose objet ou produit du délit ;
- remettre son véhicule, pour une période maximale de six mois, à des fins d'immobilisation ;
- remettre au greffe du tribunal judiciaire son permis de conduire ou de chasser pendant une période maximale de six mois ;
- suivre un programme de réhabilitation et de sensibilisation comportant l'installation à ses frais d'un éthylotest anti-démarreur sur son véhicule, pour une période minimale de six mois et maximale de trois ans ;
- accomplir au profit de la collectivité, notamment au sein d'une personne morale de droit public ou d'une personne morale de droit privé chargée d'une mission de service public ou d'une association habilitées, un travail non rémunéré pour une durée maximale de soixante heures, dans un délai qui ne peut être supérieur à six mois ;
- suivre un stage ou une formation dans un service ou un organisme sanitaire, social ou professionnel pour une durée qui ne peut excéder trois mois dans un délai qui ne peut être supérieur à dix-huit mois ;
- ne pas émettre, pour une durée de six mois au plus, des chèques autres que ceux qui permettent le retrait de fonds par le tireur auprès du tiré ou ceux qui sont certifiés et ne pas utiliser de cartes de paiement ;
- ne pas paraître, pour une durée qui ne saurait excéder six mois, dans le ou les lieux désignés par le procureur de la République et dans lesquels l'infraction a été commise ou dans lesquels réside la victime ;
- ne pas rencontrer ou recevoir, pour une durée qui ne saurait excéder six mois, la ou les victimes de l'infraction désignées par le procureur de la République ou ne pas entrer en relation avec elles ;
- ne pas rencontrer ou recevoir, pour une durée qui ne saurait excéder six mois, le ou les coauteurs ou complices éventuels désignés par le procureur de la République ou ne pas entrer en relation avec eux ;
- ne pas quitter le territoire national et remettre son passeport pour une durée qui ne saurait excéder six mois ;
- accomplir, le cas échéant à ses frais, un stage de citoyenneté ;
- en cas d'infraction commise soit contre son conjoint, son concubin ou son partenaire lié par un pacte civil de solidarité (ou ancien…), soit contre ses enfants ou ceux de son conjoint, concubin ou partenaire, résider hors du domicile ou de la résidence du couple et, le cas échéant, s'abstenir de paraître dans ce domicile ou cette résidence ou aux abords immédiats de celui-ci, ainsi que, si nécessaire, faire l'objet d'une prise en charge sanitaire, sociale ou psychologique[259] ;

259. En cas de grave danger menaçant une personne victime de violences de la part de son conjoint, de son concubin ou de son partenaire lié par un pacte civil de solidarité, le

– accomplir, le cas échéant à ses frais, un stage de sensibilisation aux dangers de l'usage de produits stupéfiants ;
– se soumettre à une mesure d'activité de jour consistant en la mise en œuvre d'activités d'insertion professionnelle ou de mise à niveau scolaire soit auprès d'une personne morale de droit public, soit auprès d'une personne morale de droit privé chargée d'une mission de service public ou d'une association habilitées à mettre en œuvre une telle mesure ;
– se soumettre à une mesure d'injonction thérapeutique, selon les modalités définies aux articles L. 3413-1 à L. 3413-4 du Code de la santé publique, lorsqu'il apparaît que l'intéressé fait usage de stupéfiants ou fait une consommation habituelle et excessive de boissons alcooliques. La durée de la mesure est de vingt-quatre mois au plus ;
– accomplir, le cas échéant à ses frais, un stage de sensibilisation à la lutte contre l'achat d'actes sexuels ;
– accomplir à ses frais un stage de responsabilisation pour la prévention et la lutte contre les violences au sein du couple et sexistes ;
– accomplir, le cas échéant à ses frais, un stage de lutte contre le sexisme et de sensibilisation à l'égalité entre les femmes et les hommes.

En **matière contraventionnelle**, l'auteur de l'infraction peut se voir proposer une ou plusieurs des mesures suivantes (art. 41-3 du CPP) :
– verser une « amende de composition » (dont le maximum est celui de l'amende encourue) ;
– en cas de contravention de cinquième classe, se dessaisir de la chose moyen, objet ou produit de l'infraction, remettre son permis de conduire ou de chasser, remettre son véhicule et ne pas émettre des chèques ou utiliser sa carte de paiement pour une durée maximale de trois mois ; ces mesures ne sont applicables aux quatre premières classes de contraventions que si elles sont punies de peines complémentaires correspondant à ces mesures ;
– réaliser un travail non rémunéré au profit d'une collectivité pendant une durée maximale de trente heures au plus ;
– accomplir un stage de citoyenneté.

514 ***Mesures de réparation du dommage.*** Le second type de mesures n'est pas une sanction mais la réparation du dommage causé à la victime. Il importe ici de souligner que s'il existe une victime et si la réparation n'a pas déjà eu lieu, le procureur de la République a l'obligation de proposer à l'auteur de l'infraction de réparer le préjudice causé à la victime.

515 ***Proposition du procureur de la République.*** La proposition de composition pénale doit émaner du procureur de la République[260], lequel peut toutefois agir soit par l'intermédiaire d'une personne habilitée (essentiellement un « délégué du procureur » intervenant dans une maison de justice et du droit),

procureur de la République peut attribuer à la victime, pour une durée renouvelable de six mois et si elle y consent expressément, un dispositif de téléprotection lui permettant d'alerter les autorités publiques. L'attribution peut être sollicitée par tout moyen. Avec l'accord de la victime, ce dispositif peut, le cas échéant, permettre sa géolocalisation au moment où elle déclenche l'alerte (art. 41-3-1 du CPP). Tel est le dispositif dit « TGD », « téléphone grave danger ».

260. C. Saas, « De la composition pénale au plaider coupable : le pouvoir de sanction du procureur », *RSC*, 2004, p. 827.

soit par l'intermédiaire d'un officier de police judiciaire. Depuis la loi du 9 septembre 2002, la proposition peut même être faite en cours de garde à vue.

3) L'accord de l'auteur de l'infraction aux termes de la proposition

516 ***Accord de l'auteur et validation en principe du président du tribunal judiciaire ou du juge du tribunal de police (ou du juge des enfants).*** Avant de donner son accord, l'auteur de l'infraction est informé de son droit de se faire assister par un avocat. L'accord est recueilli par procès-verbal dont une copie est transmise à l'auteur de l'infraction. Mais à ce stade la composition pénale n'a pas encore force obligatoire ; elle doit en principe être validée par le président du tribunal judiciaire.

À cette fin, le procureur de la République saisit par requête le président du tribunal aux fins de validation de la composition. Le procureur de la République informe de cette saisine l'auteur des faits et, le cas échéant, la victime.

Le président du tribunal peut procéder à l'audition de l'auteur des faits et de la victime, assistés, le cas échéant, de leur avocat. Ce magistrat valide la composition pénale lorsque les conditions prévues aux vingt-quatrième à vingt-sixième alinéas sont remplies et qu'il estime les mesures proposées justifiées au regard des circonstances de l'infraction et de la personnalité de son auteur. Si ce magistrat rend une ordonnance validant la composition, les mesures décidées sont mises à exécution. La composition pénale exécutée est inscrite au bulletin n° 1 du casier judiciaire. Reste que, ne valant pas « condamnation », elle ne constitue pas un premier terme de récidive.

Au contraire, le président refuse de valider la composition pénale s'il estime que la gravité des faits, au regard des circonstances de l'espèce, ou que la personnalité de l'intéressé, la situation de la victime ou les intérêts de la société justifient le recours à une autre procédure, ou lorsque les déclarations de la victime entendue en application du présent alinéa apportent un éclairage nouveau sur les conditions dans lesquelles l'infraction a été commise ou sur la personnalité de son auteur. La proposition devient caduque. Cette décision n'est pas susceptible de recours.

Toutefois, depuis la loi du 23 mars 2019 de réforme pour la Justice, la proposition de composition n'est pas soumise à la validation du président du tribunal judiciaire lorsque, pour un délit puni d'une peine d'emprisonnement d'une durée inférieure ou égale à trois ans, elle porte sur une amende de composition n'excédant pas le montant prévu au premier alinéa de l'article 131-13 du Code pénal (contravention de la 1re classe : 38 € d'amende) ou sur la mesure de dessaisissement au profit de l'État de la chose objet ou produit du délit, à la condition que la valeur de la chose remise n'excède pas ce montant.

517 ***Ordonnance de validation et droit à réparation de la victime.*** Le procureur de la république informe la victime de ses droits. En l'occurrence, la victime peut demander au procureur de la République de citer l'auteur des faits à une audience devant le tribunal pour lui permettre de se constituer partie civile. Il statuera à juge unique, sur les seuls intérêts civils, au vu du dossier de la procédure qui est versé au débat. La victime a également la possibilité, au vu de l'ordonnance de validation, lorsque l'auteur des faits s'est engagé à lui verser des dommages et intérêts, d'en demander le recouvrement suivant la procédure

d'injonction de payer, conformément aux règles prévues par le Code de procédure civile[261].

518 ***Refus de l'auteur ou inexécution de la composition pénale.*** Si la personne n'accepte pas la composition pénale ou si, après avoir donné son accord, elle n'exécute pas intégralement les mesures décidées, le procureur de la République, sauf élément nouveau, met en mouvement l'action publique.

B) Les transactions de droits spéciaux

519 ***En attendant l'unification des procédures transactionnelles ?*** Trois régimes de transactions de droits spéciaux[262] coexistent dans le Code de procédure pénale[263] : celle de l'officier de police judiciaire, sur autorisation du procureur de la République (1), du procureur de la République, par voie de convention judiciaire d'intérêt public (2), du maire (3) et du Défenseur des droits (4), homologuées par le procureur de la République.

1) La convention judiciaire d'intérêt public proposée par le procureur de la République et soumise à validation du président du tribunal judiciaire

520 ***Pour les personnes morales seules, mises en cause dans certains délits d'affaires.*** Créée par la loi du 9 décembre 2016 « relative à la transparence, à la lutte contre la corruption et à la modernisation de la vie économique », dite « Sapin II », la convention judiciaire d'intérêt public est codifiée à l'article 41-1-2 du Code de procédure pénale[264]. Cette procédure ne s'adresse qu'aux personnes morales, « mise[s] en cause pour un ou plusieurs délits » énumérés : certaines infractions d'atteinte à la probité, le délit de blanchiment de fraude fiscale, ainsi que des infractions connexes à celles-ci, à l'exclusion du délit de fraude fiscale. Elle consiste, pour le procureur de la République, avant toute mise en mouvement de l'action publique[265], « de proposer [à la personne morale] de conclure une convention judiciaire d'intérêt public imposant une ou plusieurs obligations ».

---

261. Pour mémoire, cette possibilité est offerte à la victime dans la procédure de médiation pénale ; voy., n° 504.

262. Pour mémoire, la loi du 23 mars 2019 de réforme pour la Justice a abrogé la transaction par officier de police judiciaire sur autorisation du procureur de la République introduite par la loi du 15 août 2014 relative à l'individualisation des peines et renforçant l'efficacité des sanctions pénales (art. 41-1-1, abrog. ; du CPP).

263. D'autres transactions ont leur siège en dehors du CPP, et selon deux modes : soit avec l'accord du procureur de la République (par. ex, en droit de la consommation : art. L. 523-1 du Code de la consommation, en droit douanier : art. 350, b), du Code des douanes, en droit fiscal : art. L. 249 du Livre des procédures fiscales) ; soit sur homologation du procureur de la République (per ex., en droit de l'environnement : art. L. 173-12 du Code de l'environnement, en droit du travail : art. L. 8114-6 du Code du travail).

264. É. Dezeuze et G. Pellegrin, « Extension du domaine de la transaction pénale : la convention judiciaire d'intérêt public – À propos de la loi n° 2016-1691 du 9 décembre 2016 », *JCP G*, 2017, doctr. 64 ; A. Mignon Colombet, « La convention judiciaire d'intérêt public : vers une justice de coopération ?, *AJ pénal*, 2017, p. 68.

265. Pourtant, les articles 41-1-2, III, al. 1er, et 180-2 du CPP en précisent la procédure applicable dans le cadre d'une information judiciaire…

Les représentants légaux de la personne morale mise en cause demeurent responsables en tant que personnes physiques.

521 ***Obligations pouvant être proposées aux termes de la convention.*** Le procureur de la République peut proposer une ou plusieurs des obligations suivantes :

- verser une « amende d'intérêt public » au Trésor public. Son montant est fixé de manière proportionnée aux avantages tirés des manquements constatés, dans la limite de 30 % du chiffre d'affaires moyen annuel calculé sur les trois derniers chiffres d'affaires annuels. Son paiement peut être échelonné, selon échéancier, sur une période qui ne peut être supérieure à un an ;
- se soumettre, pour une durée maximale de trois ans, sous le contrôle de l'Agence française anticorruption, aux frais de la personne morale dans la limite d'un plafond prévu dans la convention, à un programme de mise en conformité destiné à s'assurer de l'existence et de la mise en œuvre en son sein des mesures et procédures énumérées au II de l'article 131-39-2 du Code pénal : code de conduite, dispositif d'alerte interne, cartographie des risques, procédures d'évaluation des clients, fournisseurs et intermédiaires, procédures de contrôle comptables, dispositif de formation, régime disciplinaire… ;
- réparer les dommages causés par l'infraction lorsque la victime est identifiée, sauf si la personne morale justifie de la réparation de ce préjudice.

522 ***Accord de la personne morale exprimé par ses représentants légaux.*** Les représentants légaux de la personne morale sont informés, dès la proposition du procureur de la République, qu'ils peuvent se faire assister d'un avocat avant de donner leur accord à la proposition de convention. Le Code de procédure pénale ne prévoit pas l'hypothèse selon laquelle la personne morale ne donnerait pas son accord et les conséquences qui seraient attachées à ce refus. Dans ces conditions, il ne saurait être considéré que le procureur de la République doive nécessairement mettre en mouvement l'action publique contre la personne morale…

523 ***Saisine du président du tribunal judiciaire par requête du procureur de la République aux fins de validation de la convention.*** Lorsque la personne morale mise en cause donne son accord à la proposition de convention, le procureur de la République saisit par requête le président du tribunal judiciaire aux fins de validation. La proposition de convention est jointe à la requête. La requête contient un exposé précis des faits ainsi que la qualification juridique susceptible de leur être appliquée. Le président du tribunal procède à l'audition, en audience publique, de la personne morale mise en cause et de la victime assistées, le cas échéant, de leur avocat. À l'issue de cette audition, le président du tribunal prend la décision de valider ou non la proposition de convention, en vérifiant le bien-fondé du recours à cette procédure, la régularité de son déroulement, la conformité et la proportionnalité du montant de l'amende. Sa décision n'est pas susceptible de recours.

524 ***Ordonnance de validation du président du tribunal judiciaire.*** Si le président du tribunal rend une ordonnance de validation, la personne morale mise en cause dispose d'un délai de dix jours pour exercer son droit de rétractation ; la proposition de convention deviendrait alors caduque (le procureur de la République ne devant cette fois mettre en mouvement l'action publique ; voy. *infra*).

L'ordonnance de validation n'emporte pas déclaration de culpabilité et n'a ni la nature ni les effets d'un jugement de condamnation. La convention judiciaire d'intérêt public n'est pas inscrite au bulletin n° 1 du casier judiciaire. En revanche, elle fait l'objet d'un communiqué de presse du procureur de la République et le montant de l'amende d'intérêt public ainsi que la convention sont publiés sur le site internet de l'Agence française anticorruption. La victime peut, au vu de l'ordonnance de validation, demander le recouvrement des dommages et intérêts que la personne morale s'est engagée à lui verser suivant la procédure d'injonction de payer prévue au Code de procédure civile.

525 ***Ordonnance de refus de validation, rétractation de l'accord de la personne morale ou inexécution de la convention validée.*** Si le président du tribunal ne valide pas la proposition de convention, si la personne morale mise en cause décide d'exercer son droit de rétractation ou si la personne morale mise en cause ne justifie pas de l'exécution intégrale de ses obligations, le procureur de la République met en mouvement l'action publique, sauf élément nouveau. Par respect du droit de ne pas contribuer à sa propre incrimination, le procureur de la République ne peut faire état devant la juridiction d'instruction ou de jugement des déclarations faites ou des documents remis par la personne morale au cours de la procédure prévue au présent article.

526 ***Cause de suspension du délai de prescription et d'extinction de l'action publique.*** La prescription de l'action publique est suspendue durant l'exécution de la convention. L'exécution des obligations prévues par la convention éteint l'action publique.

E 24 **La convention judiciaire d'intérêt public, une procédure pénale sur mesure**

La convention judiciaire d'intérêt public figure comme une procédure sur mesure à plusieurs égards. À la différence de la composition pénale et de la procédure de comparution sur reconnaissance préalable de culpabilité dans les lesquelles la personne reconnaît l'infraction ou les faits qui lui sont reprochés, la personne morale mise en cause – seulement « mise en cause » – ne reconnaît pas sa responsabilité pénale. D'ailleurs, *in fine*, l'ordonnance de validation de la convention judiciaire d'intérêt public du président du tribunal judiciaire, « n'emporte pas déclaration de culpabilité et n'a ni la nature ni les effets d'un jugement de condamnation » et n'est pas davantage inscrite au bulletin n° 1 du casier judiciaire (art. 41-1-2, II, al. 4 et 5). Ces précisions ne sont pas sans importance pratique ; par exemple, la personne morale qui donne son accord à une convention judiciaire d'intérêt public n'encourt pas l'exclusion des marchés publics.

S'agissant ensuite de la sanction, la mesure consistant à soumettre la personne morale à un programme de mise en conformité destiné à s'assurer de l'existence et de la mise en œuvre en son sein des mesures et procédures énumérées au II de l'article 131-39-2 du Code pénal est tendue vers la prévention de la réitération ; inévitablement, cette procédure fait aussi coopérer la personne morale mise en cause à l'enquête. Cette sanction est inspirée du droit américain (voy., A. Mignon Colombet et F. Buthiau, « Le "deferred prosecution agreement" américain, une forme inédite de justice négociée – Punir, surveiller, prévenir ? », *JCP G*, 2013, doctr. 359 ; A. Mignon Colombet, « La convention judiciaire d'intérêt public : vers une justice de coopération ?, *AJ pénal*, 2017, p. 68).

En somme, la convention judiciaire d'intérêt public ressemble à une procédure de plaidoyer de culpabilité, mais n'est pas une procédure de plaidoyer de culpabilité.

---

2) La transaction du maire, homologuée par le procureur de la République

527 ***Maire, s'agissant des contraventions aux biens de la commune, constatées par les agents de police municipale.*** Pour les contraventions que les agents de police municipale sont habilités à constater par procès-verbal (art. L. 511-1 et L. 511-2 du Code de la sécurité intérieure) et qui sont commises au préjudice de la commune au titre de l'un de ses biens, le maire peut, tant que l'action publique n'a pas été mise en mouvement, proposer au contrevenant une transaction consistant en la réparation du préjudice, voire dans l'exécution, au profit de la commune, d'un travail non rémunéré d'une durée de trente heures au plus (art. 44-1 du CPP). La transaction proposée par le maire et acceptée par le contrevenant doit être homologuée par le procureur de la République (mais par le juge compétent du tribunal de police en cas de travail non rémunéré). L'exécution de la transaction est une cause d'extinction de l'action publique.

3) La transaction du Défenseur des droits, homologuée par le procureur de la République

528 ***Défenseur des droits, pour des faits constitutifs d'une discrimination qu'elle constate.*** Lorsque le Défenseur des droits constate des faits constitutifs d'une discrimination sanctionnée par les articles 225-2 et 432-7 du Code pénal et L. 1146-1 et L. 2146-2 du Code du travail, il peut, si ces faits n'ont pas déjà donné lieu à la mise en mouvement de l'action publique, proposer à l'auteur des faits une transaction consistant dans le versement d'une amende transactionnelle dont le montant ne peut excéder 3 000 € s'il s'agit d'une personne physique et 15 000 € s'il s'agit d'une personne morale et, s'il y a lieu, dans l'indemnisation de la victime. La transaction proposée par le Défenseur des droits et acceptée par l'auteur des faits ainsi que, s'il y a lieu, par la victime, doit être homologuée par le procureur de République. L'exécution de la transaction est une cause d'extinction de l'action publique[266].

SECTION III
La décision du procureur de la République de mettre en mouvement l'action publique

529 ***Notion de mise en mouvement de l'action publique.*** L'action publique se définit comme l'action « pour l'application des peines » (art. 1er du CPP), laquelle ne peut procéder, peu ou prou, que de la décision d'une juridiction pénale. La mise en mouvement l'action publique s'entend donc, à cette fin, de la saisine d'une juridiction pénale. Cette saisine peut procéder de différents modes (§ 1), disponibles dans la limite de l'extinction de l'action publique (§ 2).

---

266. Voy. art. D. 1er-1 du CPP et 28, II à IV, de la loi organique n° 2011 du 29 mars 2011 « relative au Défenseur des droits ».

Nous concentrons ici la mise en mouvement de l'action publique par le procureur de la République, ne revenant pas sur celle que peut opérer la partie lésée en exerçant l'action civile par voie d'action (voy. *supra*, n°s 488 et s.).

530 ***Rares entraves à la mise en mouvement de l'action publique.*** L'exercice, par le procureur de la République, de son choix de mettre en mouvement l'action publique ne connaît guère d'entraves. Techniquement, toutefois, les formalités suivantes peuvent être posées.

Une **plainte préalable** de la victime est parfois nécessaire, notamment en matière de diffamation et d'injure (art. 48 de la loi du 29 juillet 1881 sur la liberté de la presse), d'atteinte à la vie privée (art. 226-6 du CP) ou de chasse sur le terrain d'autrui (art. L. 428-33 du Code de l'environnement).

Une autre technique est celle de la **mise en demeure**. À titre d'exemple, en matière d'infraction à l'hygiène et à la sécurité du travail, la poursuite de l'employeur n'est possible qu'après mise en demeure de l'inspection du travail de se conformer à la loi (art. L. 4721-4 et s. du Code du travail).

Dans d'autres branches spécialisées, c'est l'**avis d'une autorité** qui est requis. Quelques exemples suffiront à illustrer ce mécanisme. Certains délits maritimes, comme celui d'abandon de poste, ne peuvent être poursuivis qu'après l'avis conforme de l'Administration de l'inscription maritime (art. 36 du Code disciplinaire et pénal de la marine marchande). De même, le délit d'initié suppose l'avis, conforme ou non, de l'Autorité des marchés financiers (art. L. 466-1 du Code monétaire et financier).

Enfin, une **question préjudicielle à l'action** peut aussi entraver la liberté de poursuivre du procureur de la République. L'article 6-1 du Code de procédure pénale offre un exemple de cette limitation[267]. Lorsqu'un crime ou un délit a été commis à l'occasion d'une poursuite judiciaire et que cette infraction implique qu'une disposition de procédure pénale a été violée, l'action publique ne peut être exercée que si le caractère illégal de la poursuite ou de l'acte a été préalablement constaté par une décision définitive de la juridiction répressive saisie.

Imaginons qu'une personne poursuivie reproche à la police judiciaire d'avoir perquisitionné illégalement. Supposons que cette personne veuille poursuivre un fonctionnaire de police pour violation de domicile. La recevabilité même de son action sera suspendue à une décision définitive statuant sur l'illégalité de la perquisition, en l'occurrence la nullité du procès-verbal de perquisition, ce qui peut être long. C'est pourquoi l'article 6-1 du Code de procédure pénale prévoit que le délai de prescription de l'action publique contre une telle infraction ne court qu'à compter de la décision définitive statuant sur l'illégalité de l'acte ou de la poursuite.

531 ***Quelques chiffres.*** En 2018, la mise en mouvement de l'action publique a représenté 46,5 % de la réponse pénale aux affaires poursuivables. Sur ces 610 000 affaires, moins de 18 000 sont « allées à l'instruction » à l'initiative du procureur de la République, soit 3 % (et ce chiffre mêle la saisine de la juridiction d'instruction en matière criminelle, obligatoire, et celle en matière délictuelle, facultative)[268].

---

267. M. Anzani, « L'article 6-1 du Code de procédure pénale et le faux commis à l'occasion d'une poursuite judiciaire », *Dr. pén.*, 2006, chron. n° 5.

268. Ministère de la Justice, *Les chiffres clés de la Justice 2019*, automne 2019, p. 14 et voy. *supra*, n° 248.

§ 1. Les modes de mise en mouvement de l'action publique par le procureur de la République

532 *À chaque infraction ou affaire selon ses besoins.* Les modes de mise en mouvement de l'action publique que la commission d'une infraction peut justifier dépendent avant tout de la gravité de cette infraction, criminelle (A), délictuelle (B) ou contraventionnelle.

A) La mise en mouvement de l'action publique en matière criminelle

533 *Instruction obligatoire en matière délictuelle, « mais ».* L'article 79 du Code de procédure pénale est introduit par ces mots : « L'instruction préparatoire est obligatoire en matière de crime [...] ». En l'occurrence, l'ouverture d'une information préparatoire est opérée sur réquisitoire introductif du procureur de la République (1.). Mais cette obligation est parfois détournée par voie de correctionnalisation judiciaire (2.).

1) L'ouverture d'une information sur réquisitoire introductif du procureur de la République

534 *Saisine du juge d'instruction par réquisitoire introductif.* En matière criminelle, dès lors que le procureur de la République, tôt ou tard, décide de mettre en mouvement l'action publique – et comment ne pourrait-il pas le faire compte tenu de la gravité de cette infraction ? – et puisque l'instruction est obligatoire, il n'a pas d'autre choix que celui de requérir l'ouverture d'une instruction. La juridiction de jugement (en l'occurrence la cour d'assises) ne peut pas être saisie directement.

C'est par voie d'un réquisitoire introductif (art. 80 du CPP) que le procureur de la République fait ainsi ouvrir une information. Ce réquisitoire daté et signé énonce les faits qui sont l'objet de la poursuite et la qualification pénale qu'ils sont susceptibles de recevoir. Cet acte est pris contre une personne nommée ou une personne non nommée. Dans ce dernier cas, on parle de réquisitoire « contre X » (sur les conséquences, à l'ouverture de l'instruction, de la désignation d'un suspect dans le réquisitoire introductif, voy., n° 645 et le statut du témoin assisté).

Pour mémoire, c'est par voie de plainte avec constitution de partie civile devant le juge d'instruction (voy. *supra*, n° 494) que la partie lésée peut mettre en mouvement l'action publique en matière criminelle.

2) La correctionnalisation judiciaire

535 *Pratique et droit de/applicable à la correctionnalisation judiciaire.* « Correctionnaliser », c'est rendre délictuel ce qui est objectivement criminel. C'est donc renvoyer devant le tribunal correctionnel l'auteur d'un fait a priori susceptible d'une qualification criminelle relevant de la compétence de la cour d'assises. Il peut suffire pour cela d'éluder une circonstance aggravante. Par exemple, le vol simple est un délit puni de trois ans d'emprisonnement et de 45 000 euros d'amende (art. 311-3 du CP). Le vol commis avec usage ou menace d'une arme est puni de vingt ans de réclusion criminelle et de

150 000 euros d'amende (art. 311-8). Il devient vol qualifié de crime. Sans doute le ministère public n'éludera-t-il pas les circonstances du vol au point de ne poursuivre l'auteur présumé des faits que pour vol simple. Il lui suffira cependant de caractériser une, deux ou trois circonstances aggravantes prévues par l'article 311-4 du Code pénal pour faire encourir à l'individu une peine de cinq ans d'emprisonnement et de 75 000 euros d'amende (une circonstance aggravante), sept ans d'emprisonnement et 100 000 euros (deux circonstances aggravantes) ou dix ans d'emprisonnement et 150 000 euros d'amende (trois circonstances aggravantes). Le tribunal correctionnel sera alors compétent. Or, dans la scène d'un vol avec usage ou menace d'une arme, des circonstances aggravantes de l'article 311-4 peuvent aisément s'imaginer : commission de l'infraction par plusieurs coauteurs ou avec complices ; vol précédé, accompagné ou suivi de violences sur autrui n'ayant pas entraîné d'incapacité totale de travail ; particulière vulnérabilité de la victime…

La pratique judiciaire de correctionnalisation est assurément *contra legem*[269]. Elle est à la fois une violation des règles de forme, puisqu'elle soustrait un fait de la connaissance de la cour d'assises, et une violation des règles de fond, parce qu'elle méconnaît les principes de qualification des faits dégagés en droit pénal général et en droit pénal spécial. Mais qui s'en plaindrait ? Le ministère public ? Il en est l'auteur dans la mise en mouvement de l'action publique. Le délinquant ? La manœuvre lui profite. La juridiction saisie ? Elle ne peut ajouter aux faits dont elle est saisie et, par ailleurs, ordonner un supplément d'information qui dévoilerait la nature criminelle de l'infraction serait long et fastidieux. Reste la victime (les règles de compétence étant d'ordre public) : défendue par un conseil, son avocat saura l'en dissuader, défendue par elle-même, le problème lui échappera sans doute. La société (question théorique, puisque le ministère public était là pour la défendre) ? Une procédure criminelle peut être inutilement lourde et coûteuse au regard de certains faits. En somme « tout le monde y gagne ».

B) La mise en mouvement de l'action publique en matière délictuelle

536 ***Tout et son contraire.*** La matière délictuelle réunit tout et son contraire : de la délinquance de masse que d'aucuns qualifient, pour certaines de ses manifestations, d'incivilités, aux prémices de la délinquance organisée ; des atteintes aux biens, aux atteintes à la personne ; des infractions de droit commun, aux délits sensibles de presse ; des infractions aux éléments constitutifs complexes, à celles intrinsèquement plus faciles à caractériser ; des personnes mises en

269. Encore que : la loi du 9 mars 2004 a, sinon directement légalisé la correctionnalisation judiciaire, au moins tiré quelques conséquences légales de sa pratique. L'article 186-3 (loi du 9 mars 2004) du Code de procédure pénale prévoit que la personne mise en examen et la partie civile peuvent interjeter appel des ordonnances de renvoi devant le tribunal correctionnel si elles estiment que les faits constituent un crime qui aurait dû faire l'objet d'une ordonnance de mise en accusation devant la cour d'assises. Par ailleurs, l'article 469, alinéa 4, prévoit que le tribunal correctionnel, sauf s'il est saisi de poursuites exercées pour un délit non intentionnel, ne peut renvoyer le ministère public à se pourvoir s'il résulte des débats que les faits dont il est saisi sont un crime ; sur le sujet voy. A. Darsonville, « La légalisation de la correctionnalisation judiciaire », *Dr. pén.*, 2007, étude n° 5, p. 7.

cause reconnaissant spontanément ou sans peine leur culpabilité, à celles qui s'en défendent. Cette variété de situations trouve sa traduction procédurale. Aux modes de mise en mouvement de l'action publique à fins de jugement « classique » (2.), répondent des alternatives au jugement (1.).

1) Les alternatives au jugement

537 *Notion d'alternatives au jugement.* Si le propre du jugement est la décision de condamnation à une peine, rendue par une juridiction pénale de jugement, après déclaration de culpabilité et, ce faisant, après une procédure orale, publique et contradictoire et renversement de la présomption d'innocence, l'alternative au jugement consiste en une procédure tendant à une peine, mais ne procédant pas du prononcé d'une juridiction pénale de jugement selon ces garanties ou partie d'entre elles. Le Code de procédure pénale en consacre trois, *crescendo* : la procédure de l'amende forfaitaire (a.), la procédure simplifiée [de l'ordonnance pénale] (b.) et la comparution sur reconnaissance préalable de culpabilité (c.).

a) La procédure de l'amende forfaitaire

538 *Procédure… de paiement.* La loi du 18 novembre 2016 de modernisation de la justice du XXIe siècle a introduit, sur le modèle applicable à de simples contraventions, une « procédure de l'amende forfaire applicable à certains délits » (art. 495-17 à 495-25 du CPP). Elle se révèle davantage procédure de paiement que procédure alternative au jugement ; la preuve par l'article 495-17, alinéa 1er, du Code de procédure pénale : « Lorsque la loi le prévoit, l'action publique est *éteinte* par le *paiement* d'une amende forfaitaire délictuelle fixée par la loi, qui ne peut excéder le montant prévu au premier alinéa de l'article 131-13 du Code pénal ». Ainsi, le montant de l'amende ne peut dépasser 3 000 € (art. 131-13 du CP).

Opportunément, le Conseil constitutionnel, dans sa décision n° 2019-778 DC du 21 mars 2019 à exclu du champ d'application de cette procédure les délits punis d'une peine d'emprisonnement supérieure à trois ans.

Cette procédure n'est pas davantage applicable si le délit a été commis par un mineur ou en état de récidive légale ou si plusieurs infractions, dont l'une au moins ne peut donner lieu à une amende forfaitaire, ont été constatées simultanément.

Cette procédure est par exemple applicable au délit de vente à la sauvette (art. 446-1 du CP, amende forfaitaire d'un montant de 300 €) et au délit d'usage illicite de stupéfiants (art. L. 3421-1 du Code de la santé publique, amende forfaitaire d'un montant de 200 €).

Comme la procédure de l'amende forfaitaire applicable aux contraventions : le paiement de l'amende doit être acquitté dans les 45 jours, sauf à ce que cette amende soit majorée (par ex. 600 € pour le délit de vente à la sauvette, 450 € pour le délit d'usage illicite de stupéfiants) ; le paiement de l'amende à l'agent verbalisateur emporte minoration de son montant (par ex. 250 € pour le délit de vente à la sauvette, 150 € pour le délit d'usage illicite de stupéfiants) ; enfin, la personne verbalisée peut former une requête en exonération.

b) La procédure simplifiée (de l'ordonnance pénale)

539 ***Procédure non publique, non orale et non contradictoire.*** La loi du 9 septembre 2002 a introduit, sur le modèle applicable à de simples contraventions, la « procédure simplifiée » (art. 495 à 495-6 du CPP), c'est-à-dire la procédure simplifiée de l'ordonnance pénale. Le Conseil constitutionnel l'a validée dans sa décision n° 2002-461 DC du 29 août 2002[270]. Son champ d'application est allé croissant.

À cet égard, le procureur de la République peut décider de recourir à la procédure simplifiée de l'ordonnance pénale, d'une part, pour l'ensemble des délits éligibles à la compétence du tribunal correctionnel à juge unique (art. 398-1 du CPP ; voy. *infra*, n° 768), à l'exception des délits d'atteintes volontaires et involontaires à l'intégrité des personnes, et, d'autre part, pour les délits de diffamation et d'injure publiques à l'encontre d'un particulier, sauf lorsqu'est applicable la responsabilité en cascade.

Le recours à cette procédure suppose toutefois – du point de vue du procureur de la République – qu'il résulte de l'enquête de police judiciaire que : les faits reprochés au prévenu sont simples et établis ; les renseignements concernant la personnalité, les charges et les ressources de celui-ci sont suffisants pour permettre la détermination de la peine ; il n'apparaît pas nécessaire, compte tenu de la faible gravité des faits, de prononcer une peine d'emprisonnement ou une peine d'amende d'un montant supérieur à la moitié de celui de l'amende encourue sans pouvoir excéder 5 000 € ; et que le recours à cette procédure n'est pas de nature à porter atteinte aux droits de la victime.

Toutefois, cette procédure n'est pas applicable dans les cas suivants : si le prévenu était mineur au jour de l'infraction ; si la victime a fait directement citer le prévenu avant qu'ait été rendue l'ordonnance pénale ; si le délit a été commis en même temps qu'un délit ou qu'une contravention pour lequel la procédure d'ordonnance pénale n'est pas prévue.

Le procureur de la République communique le dossier de la procédure et ses réquisitions au président du tribunal correctionnel qui statue donc dans le cadre d'une procédure non publique, non orale et non contradictoire. Les garanties de cette procédure tiennent à une série de limites. D'abord, si le président du tribunal correctionnel estime qu'un débat contradictoire est utile ou qu'une peine d'emprisonnement mériterait d'être prononcée, il renvoie le dossier au ministère public, à charge pour lui de poursuivre dans des formes plus ordinaires.

Ensuite, l'ordonnance pénale précise la qualification légale, la date et le lieu du fait imputé, les textes applicables et, en cas de condamnation, la ou les peines prononcées ; elle doit être motivée. En cas de condamnation, une peine d'emprisonnement ne peut être prononcée. L'amende ne peut être supérieure à la moitié de celle encourue, sans pouvoir excéder 5 000 €. Le président du tribunal correctionnel peut également retenir une ou plusieurs des peines complémentaires encourues. Dans ce pastiche du droit commun de la peine, les peine de jours-amende, de stage, de travail d'intérêt général, privatives ou restrictives de droit de l'article 131-6 du Code pénal ou de sanction-réparation peuvent également décidées.

---

270. *JORF*, 10 septembre 2002, p. 14953.

Enfin, du côté de la défense des intérêts de la victime, il convient de relever que lorsqu'elle a formulé au cours de l'enquête de police une demande de dommages et intérêts ou de restitution valant constitution de partie civile, le président statue sur cette demande dans l'ordonnance pénale. Dans le même ordre d'idées, lorsque la victime de l'infraction est identifiée et qu'elle n'a pu ainsi se constituer partie civile au stade de l'enquête, le procureur de la République doit l'informer de son droit de lui demander de citer l'auteur des faits à une audience du tribunal correctionnel statuant sur les intérêts civils et dont elle est avisée de la date pour lui permettre de se constituer partie civile. Le tribunal statue alors sur les seuls intérêts civils, au vu du dossier de la procédure qui est versé au débat. Par ailleurs, le prévenu, informé de l'ordonnance par lettre recommandée avec demande d'avis de réception, dispose d'un délai de quarante-cinq jours pour former opposition et provoquer ainsi un débat contradictoire et public devant le tribunal correctionnel, le cas échéant assisté par un avocat. Le ministère public peut bien sûr former opposition, dans un délai plus court de dix jours à compter de sa transmission. La procédure simplifiée n'empêche pas la partie lésée de se constituer partie civile par voie de citation directe devant le tribunal correctionnel. Si l'ordonnance pénale a acquis la force de chose jugée au jour où le tribunal correctionnel statue, celui-ci ne se prononce que sur l'action civile. Il le fera d'autant plus librement que l'ordonnance pénale passée en force de chose jugée n'a pas l'autorité de la chose jugée à l'égard de l'action civile en réparation des dommages causés par l'infraction.

c) La comparution sur reconnaissance préalable de culpabilité

540 ***Présentation générale et domaine.*** La procédure de comparution sur reconnaissance préalable de culpabilité (PCRPC) a été introduite par la loi du 8 mars 2004 aux articles 495-7 à 495-16 du Code de procédure pénale[271].

Avec la loi du 9 mars 2004, la PCRPC était en principe applicable à tous les délits punis d'une peine d'amende et/ou d'emprisonnement d'une durée inférieure ou égale à cinq ans, à l'exclusion des délits commis par les mineurs de dix-huit ans, du délit d'homicide involontaire, des délits politiques et des délits dont la procédure de poursuite est prévue par une loi spéciale. La loi 13 décembre 2011 « relative à la répartition des contentieux et à l'allégement de certaines procédures juridictionnelles » a étendu cette procédure à tous les délits, à l'exception, quelle que soit la peine encourue, de ceux commis par les mineurs, des délits de presse, des délits politiques, et, lorsqu'ils sont punis d'une peine d'emprisonnement d'une durée supérieure à cinq ans, des délits d'homicides involontaires, des délits d'atteintes volontaires et involontaires à l'intégrité des personnes, des délits d'agressions sexuelles autres que le viol.

Le procureur de la République décide, d'office ou à la demande de l'intéressé, de recourir à cette procédure. Le procureur ne peut concomitamment

271. Voy. le dossier de l'*AJ pénal* de décembre 2005 « La CRPC un an après… » et, en particulier, la contribution de J. Danet, « La CRPC : du modèle législatif aux pratiques… et des pratiques vers quel(s) modèle(s) ? » (p. 433) ; voy. aussi A. Valoteau, « Le jugement en reconnaissance préalable de culpabilité : une autre procédure de jugement ou une autre manière de juger ? », *Dr. pén.*, 2006, chron. n° 8.

saisir le tribunal correctionnel[272], sauf, depuis la loi du 12 mai 2009 de simplification et de clarification du droit et d'allègement des procédures, selon convocation en justice de l'article 390-1 du Code de procédure pénale seulement[273] (art. 495-15-1 du CPP)[274]. La PCRPC suppose que l'intéressé ait déjà reconnu les faits qui lui sont reprochés, au cours de l'enquête de police, c'est-à-dire en fait au cours de l'interrogatoire de garde à vue. Une reconnaissance des faits peut intervenir au cours d'une information judiciaire. L'article 180-1 du Code de procédure pénale prévoit que le juge d'instruction peut, à certaines conditions (voy., n° 708), prononcer par ordonnance le renvoi de l'affaire au procureur de la République aux fins de mise en œuvre d'une comparution sur reconnaissance préalable de culpabilité[275].

Cette procédure consiste, pour le procureur de la République, à proposer une peine à l'intéressé, laquelle, s'il accepte la proposition, devra être soumise à l'homologation du président du tribunal judiciaire. La décision de ce dernier s'analyse comme une décision juridictionnelle, donc susceptible d'appel, et emporte les effets d'un jugement de condamnation. L'auteur de l'infraction ne sera donc pas jugé et condamné classiquement par un tribunal correctionnel statuant publiquement, contradictoirement et au terme d'une audience publique.

La mise en place de cette procédure a donné lieu à de très vives discussions[276], et ce, jusque devant le Conseil constitutionnel. Il s'est agi pour ce dernier d'admettre cette procédure dans son principe avant d'en vérifier, d'en préciser, voire d'en développer, les garanties.

La procédure de comparution sur reconnaissance préalable de culpabilité se déroule en trois étapes : la proposition du procureur de la République, l'acceptation de l'auteur de l'infraction, et, dans cette hypothèse, l'homologation par le président du tribunal judiciaire. Elle représente de l'ordre de **100 000 procédures par an** (contre 500 000 saisines du tribunal correctionnel)[277].

272. Crim., 4 octobre 2006, n° 05-87.435, *Bull. crim.*, n° 244 ; *D.*, 2007, p. 58, note Delage ; *AJ pénal*, 2007, p. 79, note Leblois-Happe ; *Dr. pén.*, 2007, comm. n° 27, obs. A. Maron ; *Procédures*, 2007, comm. n° 44, p. 25, obs. Buisson ; *RSC*, 2007, p. 118, obs. A. Giudicelli.

273. À l'exclusion notable, donc, de la convocation par procès-verbal ou de la comparution immédiate ou de la comparution à délai différé.

274. Cette saisine du tribunal du tribunal correctionnel est caduque si la personne accepte la ou les peines proposées et que celles-ci font l'objet d'une ordonnance d'homologation.

275. Passerelle introduite par la loi 13 décembre 2011 « relative à la répartition des contentieux et à l'allégement de certaines procédures juridictionnelles ».

276. Pour une opinion favorable, voy. notamment J. Pradel, « Défense du plaidoyer de culpabilité », *JCP G*, 2004, aperçu rapide, 58 ; pour une opinion défavorable, voy. notamment G. Ayache, « À quoi bon !!! (à propos du "plaider coupable") », *D.*, 2004, point de vue, 356 ; voy. aussi J.-P. Céré et P. Remillieux, « De la composition pénale à la comparution sur reconnaissance préalable de culpabilité : le "plaider coupable" à la française », *AJ pénal*, 2003, p. 45 ; P.-J. Delage, « Résistances et retournements. Essai de synthèse du contentieux relatif à la procédure de "plaider coupable" », *RSC*, 2011, p. 831.

277. Ministère de la Justice, *Les chiffres-clés de la Justice 2019*, automne 2019, p. 14 et voy. *supra*, n° 531.

E 25 Présomption d'innocence et comparution sur reconnaissance préalable de culpabilité

La comparution sur reconnaissance préalable de culpabilité suppose, c'est une lapalissade, que l'individu reconnaisse sa culpabilité préalablement à sa comparution, c'est-à-dire à sa poursuite. D'aucuns soutiennent que reconnaître sa culpabilité est attentatoire à la présomption d'innocence. On mesure là toute l'étrangeté du raisonnement, comme si la violation d'un droit - ici la présomption d'innocence - était moins l'œuvre de son débiteur - le ministère public - que celle de son créancier - le suspect. Mais la présomption d'innocence n'est pas seulement une fiction juridique, elle est aussi un abus de langage juridique. En droit, « les présomptions sont les conséquences que la loi ou le magistrat tire d'un fait connu à un fait inconnu. » (art. 1349 du C. civ.). En somme, du fait connu que tel individu est suspect, la loi et le magistrat doivent en déduire le fait inconnu qu'il est innocent. Belle présomption d'« innocence » dont le postulat est la culpabilité du suspect ! Belle présomption d'innocence qui, en toute rigueur, conduit l'innocent en prison et le coupable hors ses murs !

La « présomption » d'innocence n'est pas une présomption classique. C'est une présomption *ante* judiciaire qui détermine lequel des plaideurs, dans le procès pénal, « prend la main ». Elle rejoint un principe élémentaire de droit processuel : la charge de la preuve pèse sur le demandeur, or le demandeur est ici, en matière pénale, le ministère public.

Le Conseil constitutionnel a donc sans difficulté écarté la critique de violation de la présomption d'innocence : « Considérant que, s'il découle de l'article 9 de la Déclaration de 1789 [fondement constitutionnel français de la présomption d'innocence] que nul n'est tenu de s'accuser, ni cette disposition ni aucune autre de la Constitution n'interdit à une personne de reconnaître librement sa culpabilité ». « Librement », l'adverbe à une double portée. Une portée d'abord symbolique : le justiciable est promu maître de son destin procédural, l'intercession du juge dans l'établissement de la culpabilité disparaît. La portée est ensuite pratique : la mise en œuvre de la procédure de comparution sur reconnaissance préalable de culpabilité doit garantir que l'intéressé y adhère librement, c'est-à-dire sincèrement et de façon éclairée.

541 ***Première étape de la PCRPC : la proposition de peine(s) du procureur de la République.*** C'est au terme de l'enquête et en pratique plutôt au terme de la garde à vue lorsque la personne lui est déférée, que le procureur de la République peut mettre en mouvement l'action publique selon cette procédure[278]. Rappelons que l'intéressé doit obligatoirement avoir reconnu les faits qui lui sont reprochés au cours de l'enquête, c'est-à-dire avant son entretien avec le procureur de la République.

Le procureur de la République propose alors une peine à l'auteur des faits[279]. Cette proposition porte sur l'exécution d'une ou plusieurs des peines

278. C. SAAS, « De la composition pénale au plaider coupable : le pouvoir de sanction du procureur », *RSC*, 2004, p. 827. Le procureur ne peut, pour un même fait, poursuivre le prévenu concomitamment par la voie de la comparution sur reconnaissance de culpabilité et par celle de la convocation par officier de police judiciaire : Crim., 14 octobre 2008, n° 08-82.195, *Bull. crim.*, n° 208 ; *Procédures*, 2008, comm. n° 340, obs. BUISSON.

279. Après délivrance d'une convocation en vue d'une comparution sur reconnaissance préalable de culpabilité et jusqu'à sa proposition de peine, le procureur de la République peut abandonner cette procédure, pour, par exemple, saisir la juridiction correctionnelle : Crim., 29 octobre 2008, n° 08-84.857, *Bull. crim.*, n° 219 ; *D.*, 2009, p. 533, note DELAGE ; *Procédures*, 2009, comm. n° 62, obs. BUISSON : « notamment lorsqu'il constate que celle-ci s'avère légalement impossible », précise la Cour ; voy. aussi P.-J. DELAGE, « "Plaider coupable" : la clarification par l'entérinement de pratiques », *D.*, 2009, p. 1650 ; A. TALEB, « La comparution sur reconnaissance de culpabilité : une clarification législative née du pragmatisme jurisprudentiel », *RPDP*, 2010, p. 43. Le législateur a en effet entériné cette pratique, la précisant. L'art. 495-15-1 du CPP (loi du 12 mai 2009) prévoit que la mise en

principales ou complémentaires encourues, dans les limites et garanties suivantes. S'agissant des limites, la peine d'emprisonnement, le cas échéant proposée, ne peut pas excéder la moitié de la peine d'emprisonnement encourue ni être en tout état de cause supérieure à trois ans, avec ou sans sursis. La peine d'amende ne connaît pas de minoration de son maximum légal encouru et peut aussi être proposée avec ou sans sursis.

Les garanties sont d'abord celles du droit commun de la peine, à savoir sa personnalisation. Ces garanties sont aussi celles propres à cette procédure : la reconnaissance de culpabilité devant le procureur de la République et la proposition de celui-ci doivent être faites en la présence obligatoire de l'avocat de l'intéressé, qui ne peut donc renoncer à l'assistance d'un défenseur. L'avocat peut bien sûr consulter sur-le-champ le dossier et s'entretenir en toute confidentialité avec son client. La proposition du procureur de la République est donc formulée après re-reconnaissance de culpabilité avec assistance obligatoire d'un avocat qui aura antérieurement pu consulter le dossier et s'entretenir avec son client.

542 ***Deuxième étape de la PCRPC : l'acceptation de la proposition du procureur de la République par l'auteur de l'infraction.*** L'intéressé accepte ou refuse la proposition du procureur de la République, soit immédiatement (ou quasiment), soit au terme d'un délai de dix jours. Pendant ce délai, à la demande du procureur de la République, l'intéressé peut être placé par le juge des libertés et de la détention, sous contrôle judiciaire, assignation à résidence avec surveillance électronique, voire, à titre exceptionnel, si la peine proposée est égale ou supérieure à deux mois d'emprisonnement ferme avec exécution immédiate, détention provisoire, jusqu'à nouvelle comparution devant le procureur de la République dans un délai compris entre 10 et 20 jours.

Que l'intéressé se prononce immédiatement ou non sur la proposition, il reste toujours assisté par son avocat.

Si l'auteur des faits refuse la proposition, le procureur de la République renvoie nécessairement l'individu devant le tribunal correctionnel. Le procureur ne dispose plus de l'opportunité des poursuites puisque l'action publique a déjà été mise en mouvement au moment de la proposition.

S'il accepte la proposition du procureur de la République, il est alors présenté devant le président du tribunal judiciaire pour homologation. L'acceptation de la peine proposée par le procureur n'est valable que si elle a lieu en présence de l'avocat.

543 ***Troisième étape de la PCRPC : l'homologation par le président du tribunal judiciaire.*** L'homologation de la proposition du procureur de la République acceptée par l'auteur des faits relève de la compétence du président du tribunal judiciaire. L'audience d'homologation est publique mais la présence d'un représentant du ministère public n'est pas obligatoire.

œuvre d'une procédure de comparution sur reconnaissance préalable de culpabilité n'interdit pas au procureur de la République de procéder simultanément à une convocation en justice en application de l'art. 390-1 ; la saisine du tribunal devenant, le cas échéant, caduque, si la personne accepte la ou les peines proposées et que celles-ci font l'objet d'une ordonnance d'homologation (pour un exemple d'application immédiate aux procédures en cours de cette disposition nouvelle, voy. Crim., 24 novembre 2009, n° 09-85.151, *Bull. crim.*, n° 192 ; *D.*, 2010, p. 39, obs. Degonce, p. 875, note Ratineau). Dans sa décision n° 2010-77 QPC du 10 décembre 2010, le Conseil constitutionnel a jugé l'article 495-15-1 du CPP conforme à la Constitution (*AJ pénal*, 2011, p. 188, note Perrier).

Aux termes des articles 495-9 et 495-11 du Code de procédure pénale, le président doit d'abord vérifier la réalité des faits et leur qualification juridique, puis constater que la personne a, en présence de son avocat, reconnu les faits qui lui sont reprochés et accepté la ou les peines proposées par le procureur de la République, et, enfin, le cas échéant, en cas d'homologation, estimer si cette ou ces peines sont justifiées au regard des circonstances de l'infraction et de la personnalité de l'auteur. Dans sa décision n° 2004-492 DC du 2 mars 2004[280], le Conseil constitutionnel a porté une réserve d'interprétation, soulignant que le président pourra « refuser l'homologation s'il estime que la nature des faits, la personnalité de l'intéressé, la situation de la victime ou les intérêts de la société justifient une audience correctionnelle ordinaire ». Il est surprenant que le Conseil constitutionnel n'ait pas imaginé que le président du tribunal judiciaire puisse avoir des doutes sur la culpabilité de l'intéressé ou sur la qualification pénale des faits. Dans de telles hypothèses, tout tribunal correctionnel doit normalement prononcer la relaxe (art. 470 du CPP). Mais, à la lecture des articles 495-9 et suivants du Code de procédure pénale, il semble que le président ne pourrait, en l'occurrence, que refuser l'homologation, provoquant ainsi le renvoi de l'intéressé devant le tribunal correctionnel, et non pas le relaxer. Sans doute un président de tribunal judiciaire pourrait-il, indépendamment de la lettre du code ou de la décision du Conseil, prononcer la relaxe au visa de l'article 66 de la Constitution : l'autorité judiciaire est gardienne de la liberté individuelle.

Plus sûrement, parce qu'en application de l'article 495-11-1 du Code de procédure pénale introduit par la loi du 23 mars 2019 de réforme pour la justice, le président peut aussi refuser l'homologation s'il estime que la nature des faits, la personnalité de l'intéressé, la situation de la victime ou les intérêts de la société justifient une audience correctionnelle ordinaire ou lorsque les déclarations de la victime apportent un éclairage nouveau sur les conditions dans lesquelles l'infraction a été commise ou sur la personnalité de son auteur.

L'ordonnance d'homologation produit les effets d'un jugement de condamnation (d'où, par exemple, l'inscription de la condamnation au casier judiciaire) et est immédiatement exécutoire. Elle est susceptible d'appel interjeté par le condamné dans le délai de droit commun de dix jours. En revanche, si le président refuse d'homologuer la proposition, l'intéressé est renvoyé par le procureur de la République devant le juge d'instruction ou le tribunal correctionnel. Les procès-verbaux de la procédure de comparution sur reconnaissance préalable de culpabilité ne peuvent aucunement être communiqués à la juridiction d'instruction ou de jugement. Le ministère public ni les parties ne peuvent bien sûr faire état devant ces juridictions des déclarations faites ou des documents remis au cours de cette procédure.

544 ***Place de la victime dans la PCRPC.*** Ce n'est qu'au stade de l'homologation que la victime de l'infraction, le cas échéant, peut se constituer partie civile. Lorsqu'elle est identifiée, elle est informée sans délai et par tout moyen de cette procédure et est invitée à comparaître en même temps que l'auteur des faits, accompagnée de son avocat si elle le souhaite. Le président du tribunal judiciaire statue sur sa demande de dommages-intérêts. Si la victime n'a pas pu

280. *JORF*, 10 mars 2004, p. 4637.

être contactée à temps, le procureur de la République l'informe ultérieurement de son droit de lui demander de citer l'auteur de l'infraction à une audience du tribunal correctionnel qui ne statue que sur les intérêts civils. La décision d'homologation ayant les effets d'un jugement de condamnation, elle est dotée, s'agissant de sa décision intrinsèque sur l'action publique, de l'autorité absolue de chose jugée au criminel sur le civil.

E 26 **La procédure de comparution sur reconnaissance préalable de culpabilité est-elle entourée de garanties suffisantes ?**

La procédure pénale ne peut partir du postulat que les innocents se déclarent faussement coupables, alors pourtant que de tels comportements sont connus. Le législateur ne peut que poser des garanties pour déjouer ces comportements. À cet égard, il apparaît que la procédure de comparution sur reconnaissance préalable de culpabilité est plutôt une procédure de comparutions sur reconnaissances préalables de culpabilité : comparution devant le procureur de la République puis devant le président du tribunal judiciaire, d'une part ; reconnaissance au stade de l'enquête, puis du déferement devant le procureur de la République et enfin de l'homologation par le président du tribunal judiciaire, d'autre part.

Si l'on ajoute à ces comparutions et reconnaissances successives le fait que l'auteur des faits ne peut valablement reconnaître sa culpabilité devant le procureur de la République et le président du tribunal judiciaire qu'en la présence – obligatoire – d'un avocat et qu'il a le droit d'interjeter appel d'une ordonnance d'homologation, on peut estimer que les garanties qui entourent cette procédure sont suffisantes.

---

2) À fin de jugement

545 ***Critère.*** En matière délictuelle, l'instruction est en principe facultative (art. 79 du CPP). Le procureur n'y recourra donc que s'il lui apparaît, au terme de l'enquête, que l'affaire n'est pas en état d'être jugée (a). Dans le cas contraire, il saisira directement le tribunal correctionnel (b).

a) L'affaire non en état d'être jugée et l'ouverture d'une instruction

546 ***Saisine du juge d'instruction par réquisitoire introductif.*** C'est par voie de réquisitoire introductif que le procureur de la République fait ouvrir une instruction (voy. *supra*, n° 534). Il le fera donc si, au terme de l'enquête, l'auteur des faits est demeuré inconnu, les éléments constitutifs de l'infraction ne sont pas assurément réunis ou que des preuves doivent être recherchées selon des techniques plus invasives que ne le permet le droit de l'enquête de police.

Pour mémoire, la partie lésée peut mettre en mouvement l'action publique par voie de plainte avec constitution de partie civile auprès du juge d'instruction (voy. *supra*, n° 494).

b) L'affaire en état d'être jugée et la saisine directe du tribunal correctionnel

547 ***Variété des modes de saisine du tribunal correctionnel.*** Le procureur de la République peut saisir le tribunal correctionnel selon une grande variété de modes. De fait, ce sont des considérations tirées de l'ordre public qui guident son choix : selon le mode de saisine, le prévenu comparaît libre ou non, à bref

délai ou non. Par an, les Parquets portent de l'ordre de **500 000 affaires** directement devant le tribunal correctionnel[281].

Au contraire, la partie lésée ne dispose à cet égard que de la citation directe (voy. *supra*, n° 495).

548 ***Avertissement.*** L'originalité de l'avertissement (art. 389 du CPP) réside dans ce que le tribunal correctionnel n'est saisi que si la personne à laquelle il est adressé comparaît volontairement. L'avertissement indique les faits reprochés ainsi que les textes qui lui sont applicables.

549 ***Citation directe.*** La citation directe (art. 388 et 390 du CPP) est une assignation à comparaître devant le tribunal correctionnel, signifiée par huissier dix jours au moins avant la date d'audience. Elle doit comporter l'énonciation des faits poursuivis et l'indication des textes de loi qui leur sont applicables. Elle doit indiquer la juridiction, le lieu, le jour et l'heure de la comparution et désigner le(s) destinataire(s) : la personne poursuivie mais aussi, le cas échéant, la personne civilement responsable.

Est en quelque sorte assimilée à la citation directe, la **convocation en justice** (art. 390-1 du CPP), comportant les mêmes énonciations, notifiée au prévenu, sur instructions du procureur de la République, par exemple, par un officier ou agent de police judiciaire ou par un délégué ou un médiateur du procureur de la République. Elle présente l'avantage d'être d'un moindre coût de délivrance que la citation directe et de valoir citation à personne, de sorte que le prévenu sera, même en son absence éventuelle à l'audience, jugé contradictoirement. C'est ce mode de citation devant le tribunal correctionnel que le procureur de la République peut utiliser simultanément à l'engagement d'une procédure de comparution sur reconnaissance préalable de culpabilité (voy. *supra*, n° 540).

Dans chacune de ces procédures, les avocats des parties peuvent consulter le dossier au greffe du tribunal et se faire délivrer, ainsi que les parties, copie de pièces du dossier (art. 388-4 du CPP).

Sur citation directe ou convocation en justice, le prévenu comparaît libre. Son exposition au risque de condamnation à une peine d'emprisonnement ferme est statistiquement faible.

550 ***Convocation par procès-verbal.*** La convocation par procès-verbal (art. 394 du CPP) qui est une convocation en justice notifiée à la personne gardée à vue par un officier de police judiciaire ou un agent de police judiciaire sur instruction du procureur de la République, après déferement. Elle précise à la personne poursuivie les faits qui lui sont reprochés ainsi que le lieu, la date et l'heure de l'audience de jugement. Elle informe la personne poursuivie de son droit à l'assistance d'un avocat, qui pourra consulter le dossier au greffe du tribunal.

Cette procédure présente trois avantages par rapport à la citation directe (ou à la convocation en justice). Elle est moins formelle. Elle est plus rapide. Enfin, elle offre la possibilité, sur décision du juge des libertés et de la détention, de soumettre la personne poursuivie à des obligations du contrôle judiciaire, voire d'être placée en assignation à résidence avec surveillance électronique en attendant l'audience du tribunal. La soustraction du prévenu aux obligations découlant de ces mesures de sûreté peut justifier son placement en détention provisoire.

281. Ministère de la Justice, *Les chiffres-clés de la Justice*, automne 2019, p. 14 et voy. *supra*, n° 531.

Cette procédure est exclue à l'encontre des mineurs ou pour les infractions de presse ou politiques.

En tout état de cause, l'audience de jugement doit intervenir dans un délai qui ne peut ni être inférieur à dix jours ni supérieur à six mois.

551 ***Comparution immédiate.*** Sur comparution immédiate (art. 395 et s. du CPP), le prévenu ne comparaît pas libre devant le tribunal correctionnel[282]. Elle se rapproche de la convocation par procès-verbal en ce que le procureur de la République décide de cette modalité de poursuite en fin de garde à vue, lorsque la personne lui est déférée. Elle s'en distingue en ce que, d'une part, le prévenu ne comparaît pas libre à l'audience du tribunal correctionnel et que, d'autre part, il y comparaît « à chaud », c'est-à-dire à l'issue de l'enquête, l'infraction ayant été commise la veille, l'avant-veille, voire quelques heures auparavant (par exemple, l'arrestation d'un voleur à la tire dans la nuit, suivie d'une comparution immédiate le lendemain après-midi). Certains critiquent cette procédure, motif pris qu'elle participerait d'une justice expéditive. En pratique, on en parle le plus souvent comme de la « procédure de flagrant délit ». Cette procédure peut être suivie lorsque l'infraction est punie d'une peine d'emprisonnement supérieure ou égale à deux ans hors flagrance et six mois en cas de flagrant délit. Elle est cependant exclue pour les délits de presse, les délits politiques[283] ou commis par les mineurs ainsi que ceux dont la procédure de poursuite est prévue par une loi spéciale (par exemple en matière fiscale). Concrètement, si le tribunal correctionnel tient audience le jour même, l'individu y est déféré immédiatement sur l'ordre du procureur de la République. Si le tribunal ne tient pas audience ce jour, le procureur de la République fera traduire l'individu devant le juge des libertés et de la détention qui pourra décider de la détention provisoire de la personne jusqu'à l'audience de jugement, au plus tard le troisième[284] jour ouvrable suivant. Si le juge des libertés et de la détention estime que la détention provisoire n'est pas nécessaire, il peut soumettre le prévenu, jusqu'à sa comparution devant le tribunal, à une ou plusieurs obligations du contrôle judiciaire ou le placer sous assignation à résidence avec surveillance électronique. Dans ce cas, le procureur de la République procède selon la convocation par procès-verbal. La loi du 9 mars 2004 a donc instauré une passerelle entre la comparution immédiate et la convocation par procès-verbal.

En tout état de cause, la procédure de comparution immédiate présente des garanties minimales de droits de la défense. La personne est informée de son droit d'être défendue par un avocat, lequel peut sur-le-champ consulter le dossier et communiquer avec elle. Le prévenu ne peut être jugé le jour même qu'avec son accord – ce dont il est informé – et cet accord ne peut être recueilli qu'en présence de son avocat (art. 397 du CPP).

Si le prévenu ne consent pas à être jugé le jour même, le tribunal renvoie à une prochaine audience dans un délai qui ne peut être inférieur à deux semaines ni supérieur à six semaines, sauf renonciation du prévenu.

282. Voy. le dossier de l'*AJ pénal*, « La comparution immédiate » de janvier 2011.

283. Comme le délit de participation, sans arme, à un attroupement malgré sommation de se disperser, de l'art. 434-1, al. 1er, du CP : Crim., 28 mars 2017, n° 15-84.940, *Bull. crim.*, à par. ; *Gaz. Pal.*, 18 juillet 2017, p. 68, ou comment ne pas ajouter la tension judiciaire à la tension sociale.

284. Délai introduit par la loi du 9 mars 2004 ; il était antérieurement de deux jours.

Cependant, lorsque la peine encourue est supérieure à sept ans d'emprisonnement, le prévenu peut demander que l'affaire soit renvoyée à une audience qui devra avoir lieu dans un délai qui ne peut être inférieur à deux mois, sans être supérieur à quatre mois (art. 397-1, al. 2, du CPP). En attendant cette audience de renvoi, sur décision d tribunal correctionnel, le prévenu peut être placé sous contrôle judiciaire, en assignation à résidence avec surveillance électronique, voire en détention provisoire.

Bien sûr, la procédure de comparution immédiate expose le prévenu à un fort risque de condamnation à une peine d'emprisonnement ferme.

552 ***Comparution à délai différé.*** La comparution à délai différé (art. 397-1-1 du CPP) est une création de la loi du 23 mars 2019 conçue pour réduire encore les ouvertures d'instructions et pour écarter, pour le procureur de la République, le risque inhérent à une procédure précipitée de comparution immédiate alors que les conditions d'application de cette dernière sont réunies, mais que n'ont pas encore été obtenus les résultats de réquisitions, d'examens techniques ou médicaux *déjà* sollicités.

Le prévenu est présenté devant le juge des libertés et de la détention, qui statue sur les réquisitions du ministère public aux fins de contrôle judiciaire, d'assignation à résidence avec surveillance électronique ou, si la peine d'emprisonnement encourue est égale ou supérieure à trois ans, de détention provisoire.

L'ordonnance du juge des libertés et de la détention énonce les faits retenus. Procéduralement, c'est aussi elle qui saisit le tribunal correctionnel. Le prévenu doit y comparaître au plus tard dans un délai de deux mois, à défaut de quoi il est mis fin aux mesures de sûreté.

Le prévenu ou son avocat peuvent demander au président du tribunal la réalisation de tout acte qu'ils estiment nécessaire à la manifestation de la vérité. Dans le même ordre d'idée, la victime, informée de cette procédure, peut se constituer partie civile et formuler des demandes d'actes.

C) La mise en mouvement de l'action publique en matière contraventionnelle

553 ***Diversité des modes de poursuite.*** En matière contraventionnelle, la poursuite peut échapper à la connaissance du tribunal de police statuant en une procédure publique, orale et contradictoire ordinaire. En effet, nombreuses sont les contraventions soumises à la procédure de l'amende forfaitaire ou à la procédure simplifiée de l'ordonnance pénale. Pour mémoire, ce sont ces procédures nées en matière contraventionnelle qui ont été empruntées transposées à la matière délictuelle (voy. *supra*, n°s 538 et 539).

Résultat, par an, les Parquets ne portent que de l'ordre de **30 000 affaires** directement devant le tribunal de police (comparées aux 500 000 saisines directes du tribunal correctionnel)[285].

285. Ministère de la Justice, *Les chiffres-clés de la Justice*, automne 2019, p. 14 et voy. *supra*, n° 547.

554 ***Procédure de l'amende forfaitaire, alternative au jugement.*** La procédure de l'amende forfaitaire (art. 529 et s. du CPP) est davantage une procédure de paiement que de jugement.

Elle s'applique aux contraventions des quatre premières classes dont la liste est fixée en Conseil d'État (voy. art. R. 48-1 du CPP), à moins que plusieurs infractions, dont l'une au moins ne peut donner lieu à amende forfaitaire, ont été constatées simultanément ou lorsque la loi prévoit que la récidive de la contravention constitue un délit. Cette procédure est notamment appliquée en matière de circulation routière.

L'amende peut être directement versée entre les mains de l'agent verbalisateur ou, à défaut, par timbre-amende dans un délai de quarante-cinq jours. Son montant peut être minoré en cas de contravention au Code de la route si le contrevenant la paie dans un délai de trois, voire de sept jours. Au cours de ce délai de quarante-cinq jours, le contrevenant peut adresser une requête en exonération au ministère public. Le ministère public peut soit classer sans suite, soit renvoyer à la procédure de l'ordonnance pénale, soit renvoyer à la procédure ordinaire. En cas de condamnation, le montant de l'amende prononcée ne peut être inférieur à celui de l'amende forfaitaire nominale.

En l'absence de paiement ou de requête en exonération dans le délai de quarante cinq jours, l'amende forfaitaire est automatiquement majorée. Le contrevenant dispose alors d'un nouveau délai de quarante-cinq jours :

- soit pour payer l'amende forfaitaire majorée ;
- soit pour former une réclamation motivée auprès du ministère public.

Le ministère public peut classer sans suite, renvoyer à la procédure de l'ordonnance pénale ou à la procédure ordinaire. En cas de condamnation, le montant de l'amende prononcée ne peut être inférieur à celui de l'amende forfaitaire majorée[286].

Dans sa décision n° 2010-38 QPC du 29 septembre 2010, le Conseil constitutionnel a jugé ce dispositif conforme à la Constitution, sous la réserve que, le cas échéant, la décision du ministère public déclarant irrecevable la requête en exonération ou la réclamation puisse être contestée devant le tribunal de police[287].

555 ***Procédure simplifiée de l'ordonnance pénale, alternative au jugement.*** La procédure simplifiée de l'ordonnance pénale est prévue aux articles 524 et suivants du Code de procédure pénale. Son domaine d'application s'étend à toutes les contraventions, sauf celles de la cinquième classe commises par un mineur.

Il est loisible au ministère public de saisir le tribunal de police selon cette procédure simplifiée au stade de sa décision sur la poursuite. Cette option n'est plus ouverte si, au moment où cette décision est prise, la partie lésée a déjà saisi le tribunal de police par voie de citation directe du prévenu.

Le ministère public communique au juge du tribunal de police le dossier et ses réquisitions.

À moins qu'un débat contradictoire lui paraisse utile ou que des sanctions autres que l'amende lui semblent devoir être prononcées – dans ce cas, le juge

---

286. Une dispense de peine est toutefois possible : Crim., 9 novembre 2005, n° 05-84.504, *Dr. pén.*, 2006, comm. n° 28, obs. A. MARON.

287. *AJ pénal*, 2010, p. 555, obs. CÉRÉ ; *RSC*, 2011, p. 187, obs. DE LAMY.

renvoie le dossier au ministère public aux fins de poursuites dans les formes de la procédure ordinaire –, le juge du tribunal de police, dans le secret de son cabinet, peut donc choisir de rendre une ordonnance pénale, cela sans débat préalable, ni motivation (le juge n'est pas tenu de motiver l'ordonnance pénale : art. 526 du CPP), ni manifestation de l'exercice de droits de la défense par le contrevenant. Cette décision peut être de relaxe ou de condamnation.

Dans les dix jours de cette ordonnance, le ministère public peut former opposition à son exécution. L'affaire est alors automatiquement renvoyée au tribunal de police statuant selon la procédure ordinaire.

Si le ministère public n'exerce pas son droit d'opposition à l'exécution, l'ordonnance est notifiée au prévenu. Le contrevenant a alors le choix :

- soit payer l'amende dans un délai de trente jours à compter de l'envoi de la notification, ce qui éteindra l'action publique ;
- soit former opposition à l'ordonnance dans le même délai de trente jours. Dans ce dernier cas, l'affaire est automatiquement renvoyée au tribunal de police statuant selon la procédure ordinaire.

Si le prévenu ne paie pas l'amende ou ne forme pas opposition à l'ordonnance dans le délai imparti, l'ordonnance prend les effets d'un jugement passé en force de chose jugée et peut être exécutée.

Cette procédure simplifiée ne saurait nuire aux intérêts de la partie éventuellement lésée par la commission de l'infraction, puisqu'elle n'offre pas à la victime de la contravention la possibilité de se manifester et d'exercer son droit à réparation devant le juge pénal. C'est pourquoi l'ordonnance pénale n'a pas autorité de la chose jugée à l'égard de l'action civile en réparation des dommages causés par l'infraction. En dépit de l'extinction de l'action publique, peut-être même en dépit d'une ordonnance pénale portant relaxe du prévenu, la partie lésée peut saisir le tribunal de police de la seule action civile.

556 ***Mise en mouvement classique de l'action publique.*** Lorsque le ministère public décide de poursuivre une contravention selon des procédures classiques, il peut (art. 531 du CPP) :

- soit décider de l'ouverture d'une instruction par réquisitoire introductif (art. 79 et 44 du CPP), ce qui est rare en pratique ; le tribunal de police sera alors saisi sur renvoi du juge d'instruction ;
- soit faire délivrer une citation directe (voy. *supra*, n° 549), droit commun des modes de saisine du tribunal de police ;
- soit enfin faire délivrer un avertissement (voy. *supra*, n° 548).

Pour mémoire, la partie lésée peut également saisir le tribunal de police par voie de citation directe (voy. *supra*, n° 495).

§ 2. Dans la limite de l'extinction de l'action publique

557 ***Diversité et classification des causes d'extinction de l'action publique.*** En cas d'extinction, l'action publique ne peut plus être mise en mouvement ni poursuivie. L'effet extinctif est permanent et définitif. L'article 6 du Code de procédure pénale énumère pêle-mêle les différentes causes d'extinction de l'action publique : mort de la personne poursuivie, amnistie, abrogation de la loi pénale, chose jugée, prescription, transaction lorsque la loi le prévoit et retrait de

la plainte quand elle est une condition de la poursuite[288]. On peut cependant distinguer les causes d'extinction qui sont particulières à l'action publique de celles qui sont communes à l'action publique et à l'action civile.

A) Les causes d'extinction particulières à l'action publique

558 ***Décès de la personne poursuivie.*** Cette cause d'extinction est strictement personnelle à la personne poursuivie en ce qu'elle ne bénéficie pas à ses coauteurs ou complices et ne remet pas en cause les confiscations qui ont pu être faites en cours de poursuite.

Sur le plan de l'action civile, la dette de réparation est un élément passif du patrimoine de l'auteur de l'infraction. S'il est décédé alors que les poursuites n'avaient pas été engagées, la victime demandera réparation devant la juridiction civile. S'il est décédé après que les poursuites ont été engagées, la victime pourra continuer de demander réparation à la juridiction répressive, laquelle ne sera bien sûr plus saisie que de l'action civile. La dissolution de la personne morale dans le cadre de la responsabilité des personnes morales ne doit pas être comparée avec la mort de la personne poursuivie. Elle n'est en effet qu'une cause d'extinction de peine.

559 ***Amnistie.*** L'amnistie n'est une cause d'extinction de l'action publique que si elle intervient avant toute condamnation définitive de la personne poursuivie. Si elle intervient postérieurement à la condamnation définitive et en cours d'exécution de la peine, elle est une cause d'extinction de cette dernière. L'amnistie a pour effet de faire perdre aux faits leur caractère délictueux. L'effet extinctif profite donc également au complice de la personne poursuivie : le fait principal ne présente plus de caractère punissable.

Si l'action publique est déjà mise en mouvement sous une qualification amnistiée, le ministère public ne peut plus reprendre les poursuites sous une autre qualification. Sur le plan de l'action civile, si la juridiction répressive a été saisie avant l'entrée en vigueur de la loi d'amnistie, elle continue d'être compétente pour juger de l'action civile. En revanche, si l'action publique n'était pas mise en mouvement au jour de l'entrée en vigueur de la loi d'amnistie, seule la juridiction civile sera compétente pour juger de l'action civile.

560 ***Abrogation de la loi pénale.*** L'abrogation de la loi pénale fait perdre aux faits antérieurement incriminés leur caractère délictueux, et ce même pour les actes commis antérieurement à l'entrée en vigueur de la loi portant abrogation. C'est l'effet de l'application immédiate aux poursuites en cours de la nouvelle loi pénale de fond plus douce. S'agissant de l'action civile, les difficultés sont réglées comme en matière d'amnistie.

288. Ces causes d'extinction de l'action publique sont limitatives : Crim., 24 septembre 2008, n° 08-80.872, *Bull. crim.*, n° 196 ; *Dr. pén.*, 2009, comm. n° 28, obs. A. MARON et M. HAAS ; *Procédures*, 2009, comm. n° 23, obs. BUISSON : des réquisitions de relaxe du ministère public à l'audience ne produisent pas le même effet que le désistement de la partie civile poursuivante lorsque le ministère public est partie jointe ; elles n'éteignent donc pas l'action publique.

B) Les causes d'extinction communes à l'action publique et à l'action civile

561 *Varia.* Les causes d'extinction communes à l'action publique et à l'action civile sont la prescription de l'action publique (1), la chose jugée (2) et la transaction (3).

1) La prescription de l'action publique

562 ***Notion de prescription de l'action publique.*** L'absence de mise en mouvement de l'action publique pendant un certain délai à compter de la commission de l'infraction ou, si l'action publique a déjà été mise en mouvement, l'absence de continuité dans son exercice, cause l'extinction par prescription de l'action publique.

Les règles applicables à la prescription de l'action publique ont été renouvelées par la loi n° 2017-242 du 27 février 2017 « portant réforme de la prescription en matière pénale ». Ses dispositions sont codifiées aux articles 7 à 9-3 du Code de procédure pénale.

563 ***Prescription de l'action publique et de l'action civile dissociées.*** L'extinction ne vaut que pour l'action publique. Elle n'est pas opposable à l'action civile, à moins que celle-ci soit engagée devant la juridiction répressive. L'article 10, alinéa 1er, du Code de procédure pénale dispose en effet que l'action civile exercée devant une juridiction répressive « se prescrit selon les règles de l'action publique » et l'action civile exercée devant une juridiction civile « se prescrit selon les règles du Code civil ».

564 ***Justification de la prescription de l'action publique.*** Pourquoi le droit accorde-t-il un effet extinctif à l'écoulement du temps ? Plusieurs justifications sont avancées et sont diversement convaincantes. Ce sont, pour les plus importantes :

- la paix sociale, la cohésion de la société gagnant à ne pas ressasser de vieilles discordes ; cet argument est discutable en ce qui concerne les infractions les plus graves ;
- l'angoisse et les privations perpétuelles que le délinquant est supposé subir de peur d'être rattrapé un jour par la justice. Argument quelque peu naïf… combien de fuyards, richesse faite, trouvent sanctuaire dans de beaux pays d'où ils ne peuvent être extradés ? ;
- le risque que le temps fasse dépérir des preuves et conduise à des erreurs judiciaires ; certes, mais la police technique et scientifique n'a-t-elle pas fait de grands progrès ?

565 ***Caractères de la prescription de l'action publique.*** On comprendra aisément que la loi et la jurisprudence se montrent plutôt hostiles à cette institution. Cette cause d'extinction de l'action publique présente néanmoins deux caractères importants :

- elle est générale en ce qu'elle déploie ses effets *in rem* et, corrélativement, *in personam* : par exemple, le complice d'un fait prescrit ne peut plus être poursuivi, faute de fait principal punissable ;
- elle est aussi d'ordre public. La personne poursuivie ne peut donc pas y renoncer. Le juge a le devoir de la soulever d'office, sous réserve de permettre aux parties d'en débattre[289]. Elle peut être relevée en tout état de cause,

---

289. Crim., 8 janvier 2013, n° 12-81.045, *Bull. crim.* ; *Gaz. Pal.*, 11 mai 2013, p. 37, obs. F. Fourment.

c'est-à-dire à tous les stades de la procédure[290], même pour la première fois devant la Cour de cassation[291].

Le régime de la prescription de l'action publique s'est complexifié[292].

a) Délai de prescription de l'action publique

566 ***Durée du délai.*** La durée des délais de **droit commun** est fonction de la nature de l'infraction : **20 ans pour les crimes** (art. 7 du CPP ; 10 ans avant la loi du 27 février 2017), **6 ans pour les délits** (art. 8 du CPP ; 3 ans avant la loi du 27 février 2017) et **1 an pour les contraventions** (art. 9 du CPP ; inchangé).

Ces délais de droit commun connaissent des dérogations.

Les crimes contre l'humanité sont **imprescriptibles**.

Des délais sont souvent **plus longs**. En matière criminelle, le délai de prescription applicable aux actes de terrorisme criminels (art. 7, al. 2, du CPP) et au trafic de stupéfiants criminels (art. 7, al. 3, du CPP) est élevé à 30 ans. En matière délictuelle, le délai de prescription applicable à certains délits commis contre les mineurs est allongé à 10 ans (art. 8, al. 2, du CPP ; art. 706-47 du CPP, par ex. : corruption de mineur, recours à la prostitution de mineur) et celui applicable à certains autres délits commis contre les mineurs est porté à 20 ans (art. 8, al. 3, du CPP ; par ex. : agression sexuelle autre que le viol, violences ayant entraîné une ITT supérieure à 8 jours), comme pour certains délits d'actes de terrorisme et de trafic de stupéfiants (art. 8, al. 4, du CPP).

Les délais sont parfois **plus courts** : 3 mois en cas d'infraction de presse (art. 65 de la loi du 29 juillet 1881)[293], 6 mois en matière électorale (art. L. 114 du Code électoral).

567 ***Point de départ du délai.*** Les articles 7, 8 et 9 du Code de procédure pénale que « l'action publique se prescrit [...] **à compter du jour où l'infraction a été commise** ». La détermination du jour de la commission d'une infraction s'entend du jour où cette infraction a été consommée ou tentée. Elle ne pose pas de difficulté particulière en cas d'infraction instantanée. Mais certaines infractions, telles les infractions continues (dont la consommation, à l'exemple du délit de recel de chose, ne cesse qu'avec la disparition de l'élément matériel

290. La Cour de cassation le rappelle avec force, à l'occasion : « la prescription constitue une exception péremptoire et d'ordre public qui peut être soulevée par le prévenu en tout état de la procédure » : Crim., 20 janvier 2009, n° 08-80.021, *Bull. crim.*, n° 21 ; *Dr. pén.*, 2009, comm. n° 57, obs. A. Maron et M. Haas (ici, exception soulevée après l'ordonnance de renvoi du juge d'instruction, censée purger les irrégularités de la procédure antérieure).

291. Crim., 28 juin 2016, n° 15-84.968, *Bull. crim.*, n° 202 ; *Gaz. Pal.*, 4 octobre 2016, p. 57, obs. Fourment.

292. Voy. J.-J. Hyest, H. Portelli et R. Yung, *Rapport d'information fait par la mission d'information sur le régime des prescriptions civiles et pénales*, Sénat, 2007, n° 338 ; R. Cario, « La prescription de l'action publique », *D.*, 2007, p. 1798 ; A. Mihman, « Comment réformer la prescription de l'action publique ? », *RPDP*, 2007, p. 517.

293. Encore que, la loi du 9 mars 2004 a porté de trois mois à un an le délai de prescription pour les délits de presse à caractère raciste suivants : provocation à la discrimination et à la haine raciale, contestation de crime contre l'humanité, diffamation raciale et injure raciale (art. 65-3 de la loi du 29 juillet 1881 sur la liberté de la presse). Cet allongement du délai de prescription a été motivé par la difficulté qui existe très souvent à constater leur commission et/ou en identifier les auteurs, notamment lorsqu'il s'agit de messages diffusés sur le réseau Internet.

de détention et de la réitération persistante de la volonté coupable) ou les infractions d'habitude (pour lesquelles le point de départ du délai ne sera pas nécessairement le deuxième acte matériel mais le dernier) présentent donc des particularités intrinsèques.

Des dispositions législatives retardent le point de départ du délai de prescription de l'action publique applicable à certaines infractions. Parmi les plus significatives[294], on peut citer :

- les articles 7, alinéa 3, et 8, alinéas 2 et 3, du Code de procédure pénale, qui prévoient que, dans les cas où le délai de prescription est allongé à raison de la minorité de la victime, il ne commence à courir qu'à compter de sa majorité[295&296] ;
- l'article 6-1 du Code de procédure pénale, aux termes duquel le délai de prescription d'un crime ou d'un délit commis à l'occasion d'une poursuite judiciaire impliquant la violation d'une disposition de procédure pénale ne court qu'à compter de la décision pénale définitive constatant le caractère illégal de l'acte reproché ;
- l'article 314-8 du Code pénal relatif au délit d'organisation frauduleuse d'insolvabilité, prévoyant que cette infraction ne se prescrit qu'à compter du jour de la condamnation définitive à l'exécution de laquelle le prévenu a voulu se soustraire.

À cet égard, la loi du 27 février 2017 a surtout légalisé des solutions jurisprudentielles antérieures, dégagées en matière d'infraction clandestine, occulte ou dissimulée. L'article 9-1 du Code de procédure pénale prévoit que le délai de prescription de l'action publique de l'**infraction occulte ou dissimulée** court à compter du jour où l'infraction est apparue et a pu être constatée dans des conditions permettant la mise en mouvement ou l'exercice de l'action publique. Il retient dans ce cas un délai butoir : douze ans pour les délits et trente ans pour les crimes, à compter du jour où l'infraction a été commise. Il précise même que l'infraction occulte est celle qui, *en raison de ses éléments constitutifs*[297], ne peut être connue ni de la victime ni de l'autorité judiciaire, et que l'infraction dissimulée est celle dont *l'auteur accomplit délibérément toute manœuvre* caractérisée tendant à en empêcher la découverte[298].

---

294. Il convient toutefois de relever que le Conseil constitutionnel a déclaré contraire à la Constitution pour violation du principe d'égalité devant la loi une disposition de la loi n° 2004-575 du 21 juin 2004 « pour la confiance dans l'économie numérique » (*JORF*, 22 juin 2004, p. 11168) qui prévoyait que le délai de prescription de l'action publique applicable aux infractions contenues dans les messages des services de communication au public en ligne ne commencerait à courir qu'à compter de la date à laquelle aurait cessé la mise à disposition du public du message lorsque le contenu du message n'aurait pas été le même sur le support papier et sur le support informatique, *a fortiori* lorsque le message n'aurait été supporté que par la voie informatique (décision n° 2004-496 DC du 10 juin 2004, consid. n°s 10-16, *JORF*, 22 juin 2004, p. 11168).

295. A-t-on seulement mesuré à cet égard que des vieillards seront renvoyés devant le tribunal correctionnel pour des délits commis parfois près de trente ans auparavant ?

296. A. Plantevin, « Les règles de prescription protectrices des mineurs », *Gaz. Pal.*, 19 mai 2015, p. 8.

297. Le délit d'organisation frauduleuse d'insolvabilité n'est pas une infraction occulte : Crim., 12 juillet 2016, n° 15-80.923, *Bull. crim.* ; *Gaz. Pal.*, 4 octobre 2016, p. 57, obs. Fourment.

298. Par exemple, la seule dissimulation d'un corps ne suffit pas : Crim., 13 décembre 2017, n° 17-83.330, *Bull. crim.*, *Gaz. Pal.*, 30 avril 2018, p. 67, obs. Fourment.

Pour mémoire, antérieurement à la loi du 27 février 2017, la jurisprudence était parvenue à ces solutions (hormis celle du délai butoir). Par exemple, depuis un arrêt du 10 août 1981[299], la chambre criminelle de la Cour de cassation retardait le point de départ du délai de prescription de l'action publique « au jour où le délit est apparu et a pu être constaté dans des conditions permettant l'exercice de l'action publique »[300]. Ces solutions étaient assurément *contra legem*. La qualification d'infraction de caractère occulte[301], clandestin[302] ou dissimulé[303] était apparue sous la plume même de la chambre criminelle.

568 ***Calcul du délai.*** Le délai ne se calcule pas de jour en jour mais par échéance consécutive de mois et/ou d'années, du lendemain du jour de la commission de l'infraction (appelé également *dies a quo*) au dernier jour du délai, minuit (ou *dies ad quem*)[304]. Par ailleurs, l'action publique se prescrit par « années révolues » – art. 7, 8 et 9, du CPP°.

Un exemple illustrera mieux ces règles. Soit une contravention de stationnement commise le 1er septembre 2020. Cette infraction étant une contravention, elle se prescrit dans le délai d'un an. Le premier jour du délai est ainsi le 2 septembre 2020 à 0 heure. Le délai se calcule par échéance de mois et/ou d'années, et non par jour. On n'ajoute donc pas trois cent soixante-cinq jours au 2 septembre 2020, cette journée comprise. On observe au contraire que, par échéance de mois et d'année, cette contravention se prescrit le 2 septembre 2021.

569 ***Absence de linéarité de délai de prescription de l'action publique.*** Le délai de prescription de l'action publique ne s'écoule pas linéairement, c'est-à-dire qu'il est fréquemment affecté par la survenance de certains événements. La prescription de l'action publique est d'ailleurs souvent définie comme le délai à l'expiration duquel l'action publique ne peut plus être mise en mouvement. Cette définition est cependant réductrice. Elle part de l'hypothèse, rare en pratique, où l'infraction n'est l'objet d'aucun engagement de poursuite pendant tout le temps du délai de prescription. Or, la prescription n'opère pas seulement lorsque les poursuites n'ont pas été engagées dans un certain délai à compter de la commission de l'infraction. Elle opère également lorsque, une fois engagée, elle n'est plus exercée. Les causes d'interruption et de suspension du délai de prescription épargnent alors à l'action publique d'acquérir sa prescription.

---

299. Pourvoi n° 80-93.092, *Bull. crim.*, n° 244.

300. La chambre criminelle de la Cour de cassation a appliqué cette jurisprudence, et cette formule, au délit de malversation (Crim., 9 février 2005, n° 03-85.508, *Bull. crim.*, n° 50 ; *JCP*, 2005, IV, 1788).

301. Crim., 19 mars 2008 ; *AJ pénal*, 2008, p. 319, note Lelieur.

302. Crim., 8 novembre 2005, n° 05-80.370, *Procédures*, 2006, comm. n° 16, obs. Buisson (en l'espèce, les délits de violation de secret professionnel et de recel de violation de secret professionnel ne sont pas qualifiés de clandestins).

303. Crim., 20 février 2008, n° 02-82.676, *Bull. crim.*, n° 44 ; *Procédures*, 2008, comm. n° 183, obs. Buisson.

304. Sur ce mode de calcul du délai de prescription de l'action publique de quantième à quantième, voy. par exemple : Crim., 7 juin 2006, n° 05-84.148, *Bull. crim.*, n° 161 ; *AJ pénal*, 2006, p. 408, obs. Leblois-Happe ; Crim., 9 janvier 2018, n° 16-86.735, *Bull. crim.*, n° 1 ; *Gaz. Pal.*, 30 avril 2018, p. 67, obs. Fourment.

b) L'interruption du délai de prescription

570 *Actes interruptifs.* Antérieurement à la loi du 27 février 2017, c'est la jurisprudence qui, interprétant les termes qui étaient ceux de l'article 7 du Code de procédure pénale, désignant tout « acte d'instruction ou de poursuite », avait dû qualifier ou préciser les actes interruptifs de la prescription de l'action publique.

Dorénavant, l'article 9-2 du Code de procédure pénale précise que le délai de prescription de l'action publique est interrompu par :

1° **Tout acte**, émanant du ministère public ou de la partie civile, **tendant à la mise en mouvement de l'action publique**, prévu aux articles 80, 82, 87, 88, 388, 531 et 532 du présent code et à l'article 65 de la loi du 29 juillet 1881 sur la liberté de la presse ;

2° **Tout acte** d'enquête émanant du ministère public, tout procès-verbal dressé par un officier de police judiciaire ou un agent habilité exerçant des pouvoirs de police judiciaire **tendant effectivement à la recherche et à la poursuite des auteurs d'une infraction** ;

3° Tout acte d'instruction prévu aux articles 79 à 230 du présent code, accompli par un juge d'instruction, une chambre de l'instruction ou des magistrats et officiers de police judiciaire par eux délégués, tendant effectivement à la recherche et à la poursuite des auteurs d'une infraction ;

4° **Tout jugement ou arrêt**, même non définitif, s'il n'est pas entaché de nullité.

De nombreuses solutions jurisprudentielles antérieures à la loi du 27 février 2017 sont ainsi consacrées[305].

Aujourd'hui comme hier, un simple rapport de police n'a pas d'effet interruptif[306], non plus qu'une demande de pièces de procédure adressée par le procureur à son propre secrétariat[307], un classement sans suite, un acte d'administration judiciaire ou une plainte simple de la victime.

571 *Effets de l'interruption.* Seuls les actes de poursuite ou d'instruction réguliers, donc non annulés, produisent un effet interruptif sur le délai de prescription. Cet effet est de deux ordres :

- le déclenchement d'un nouveau délai de prescription intégral : par exemple, si un vol est commis aujourd'hui et qu'il n'est poursuivi que dans un an, un nouveau délai de prescription de six ans commencera à courir à la date de cette poursuite. Les causes d'interruption du délai de prescription pouvant se multiplier au cours de la procédure, on aboutit en ce cas à une sorte d'imprescriptibilité de fait des poursuites ;
- un effet absolu. La prescription bénéficie, entre autres, au complice, le fait principal n'étant plus punissable. Cet effet est étendu aux infractions indivisibles[308] et connexes, faisant même l'objet de procédures distinctes[309] : « un acte

305. Voy., pour des solutions antérieures à la loi du 27 février 2017, mais pour l'essentiel toujours d'actualité : A. Mihman, « État des lieux des actes interruptifs et des causes suspensives de la prescription de l'action publique », *Gaz. Pal.*, 19 mai 2015, p. 14.

306. Crim., 6 janvier 1965, n° 64-91.568, *Bull. crim.*, n° 4 ; pour un rapport de synthèse d'enquête au procureur de la République : Crim., 3 novembre 2015, n° 14-80.844, *Bull. crim.*, n° 140 ; *Gaz. Pal.*, 26 janvier 2016, p. 60, obs. Fourment.

307. Crim., 19 février 2008, n° 07-84.894, *Bull. crim.*, n° 41 ; *AJ pénal*, 2008, p. 233, obs. Saas.

308. Crim., 11 janvier 2006, n° 05-82.055, *Dr. pén.*, 2006, comm. n° 76, obs. A. Maron.

309. Crim., 15 septembre 2015, n° 14-83.740, *Bull. crim.*, n° 151 ; *Gaz. Pal.*, 26 janvier 2016, p. 60, obs. Fourment.

interruptif de prescription concernant l'une d'elles a nécessairement le même effet à l'égard de l'autre indépendamment de la jonction de ces procédures »[310].

c) La suspension du délai de prescription

572 *Causes de suspension.* La loi du 27 février 2017 a également normalisé la notion de suspension du délai de prescription de l'action publique[311]. L'article 9-3 du Code de procédure pénale dispose désormais que « **tout obstacle de droit**, prévu par la loi, ou **tout obstacle de fait** insurmontable et assimilable à la force majeure, qui rend impossible la mise en mouvement ou l'exercice de l'action publique, suspend la prescription ».

Parmi les « obstacles de droit », peuvent être relevés, la médiation pénale (art. 41-1 du CPP, voy., n° 505), l'examen d'une question préjudicielle au jugement[312], le pourvoi en cassation[313], la durée du mandat présidentiel pour le Président de la République devant les juridictions pénales de droit commun[314], la détention d'un délinquant à l'étranger dans un pays refusant son extradition[315].

Les obstacles de fait peuvent être, par exemple, une catastrophe naturelle ou l'occupation du territoire par l'ennemi[316], mais pas l'amnésie traumatique de la victime[317].

Relativement à la crise de **covid-19**, l'article 3 de l'ordonnance n° 2020-303 du 25 mars 2020 « portant adaptation de règles de procédure pénale sur le fondement de la loi n° 2020-290 du 23 mars 2020 d'urgence pour faire face à l'épidémie de covid-19 » (voy. *supra*, n° 3) a prévu que les délais de prescription de l'action publique (et de prescription de la peine) avaient été suspendus à compter du 12 mars 2020, en principe jusqu'à l'expiration d'un délai d'un mois à compter de la cessation de l'état d'urgence sanitaire (fixée au 10 juillet 2020 par la loi n° 2020-546 du 11 mai 2020 « prorogeant l'état d'urgence sanitaire et complétant ses dispositions »), par conséquent jusqu'au 11 août 2020. La suspension du délai de prescription a donc été rétroactive, à rebours du 26 mars 2020 (date d'entrée en vigueur de l'ordonnance du 25 mai) et à compter du 12 mars 2020 (pour les prescriptions qui n'étaient pas acquises à cette date).

La suspension du délai de prescription répond à l'idée, exprimée dans la maxime « *contra non valentem agere non currit praescriptio* », que la prescription ne court pas contre celui qui ne peut pas valablement agir.

---

310. Crim., 1er décembre 2004, n° 03-87.883, *Bull. crim.*, n° 304 ; *Dr. pén.*, 2005, comm. n° 31, obs. A. Maron ; *D.*, 2005, IR, p. 797 ; voy. aussi Crim., 18 janvier 2006, n° 05-85.858, *Dr. pén.*, 2006, comm. n° 76, obs. A. Maron.

311. Voy., pour des solutions antérieures à la loi du 27 février 2017, mais pour l'essentiel toujours d'actualité : A. Mihman, « État des lieux des actes interruptifs et des causes suspensives de la prescription de l'action publique », *Gaz. Pal.*, 19 mai 2015, p. 14.

312. Crim., 29 mars 1897, *S.*, 1901, 1, p. 452.

313. Crim., 8 novembre 1955, *Bull. crim.* n° 644.

314. Voy. ass. plén., 10 octobre 2001, n° 01-84.922, *Bull. crim.*, n° 206, puis article 67 de la Constitution.

315. Crim., 2 juin 1964, n° 64-90.046, *Bull. crim.* n° 189.

316. Crim., 1er août 1919, *S.*, 1922, 1, p. 239.

317. Crim., 17 octobre 2018, n° 17-86.161, *Bull. crim.*, à par. ; *Gaz. Pal.*, 5 février 2019, p. 60, obs. Fourment.

573 ***Effets de la suspension.*** La cause de suspension ne fait pas courir un nouveau délai de prescription. Une fois que la cause de suspension disparaît, le délai est repris là où il a été suspendu. Par exemple, si un vol est commis aujourd'hui, qu'il n'est pas poursuivi et qu'un an plus tard une catastrophe naturelle empêche raisonnablement toute poursuite, deux ans resteront pour poursuivre l'infraction lorsque la catastrophe naturelle aura cessé de produire ses effets.

2) La chose jugée

574 ***Décision définitive.*** L'exception d'autorité de la chose jugée au criminel peut être soulevée à partir du moment où une décision définitive est intervenue sur l'action publique. Une décision devient définitive à l'expiration des délais de recours ou, ceux-ci étant exercés, à l'épuisement des voies de recours. Seuls les recours internes doivent être pris en considération. Cela exclut donc notamment le droit de recours individuel supranational institué par la Convention européenne des droits de l'homme auprès de la Cour de Strasbourg.

575 ***« Non bis in idem ».*** L'exception d'autorité de la chose jugée au criminel garantit de ne pas être jugé deux fois pour un même fait (principe dit *non bis in idem*). Pour cette raison, elle n'opère qu'en cas d'identité de cause, d'objet et de parties existant entre deux poursuites. Au demeurant, l'objet (l'exercice de l'action publique) et les parties (ministère public et auteur des faits) sont toujours les mêmes entre deux poursuites. C'est donc seulement à partir de l'analyse de l'identité de cause ou de faits entre les deux poursuites que le principe *non bis in idem* pourra faire naître ses garanties.

Que faut-il entendre par identité de faits ? L'article 368 du Code de procédure pénale donne une réponse à cette interrogation (« aucune personne acquittée légalement ne peut être reprise ou accusée à raison des mêmes faits, même sous une qualification différente »), mais de manière partielle : elle ne vaut en effet que pour les crimes et en cas d'acquittement. Malheureusement, la chambre criminelle de la Cour de cassation n'a pas étendu l'esprit de cette disposition à d'autres situations. Dans son arrêt Laurent du 19 mai 1983, elle a admis de nouvelles poursuites pour homicide volontaire d'une personne antérieurement condamnée pour les mêmes faits, contre la même victime, sous la qualification d'homicide involontaire. La raison tient à une distinction opérée entre faits matériels et faits juridiques : « le crime d'homicide qui se commet par la détermination de la volonté et le délit d'imprudence qui l'exclut [sont] deux infractions distinctes en leurs éléments de fait aussi bien qu'en leurs éléments de droit ».

L'article 4 du Protocole n° 7 à la Convention européenne érige cette garantie en droit fondamental, qualifié « Droit à ne pas être jugé ou puni deux fois » : « 1. Nul ne peut être poursuivi ou puni pénalement par les juridictions du même État en raison d'une infraction pour laquelle il a déjà été acquitté ou condamné par un jugement définitif conformément à la loi et à la procédure pénale de cet État. – 2. Les dispositions du paragraphe précédent n'empêchent pas la réouverture du procès, conformément à la loi et à la procédure pénale de l'État concerné, si des faits nouveaux ou nouvellement révélés ou un vice fondamental dans la procédure précédente sont de nature à affecter le jugement intervenu ».

3) La transaction

576 ***Principe d'absence de transaction sur l'action publique.*** La transaction est avant tout une notion de droit civil. On sait que, aux termes de l'article 2044 du Code civil, elle est un « contrat par lequel les parties terminent une contestation née, ou préviennent une contestation à naître » en se consentant des concessions réciproques. Le Code de procédure pénale ne définit pas la transaction en matière pénale. On pourrait cependant considérer qu'elle est l'accord en vertu duquel, après la commission d'une infraction, le ministère public et l'auteur présumé des faits consentent à substituer un mode alternatif aux poursuites pénales (paiement d'une indemnité transactionnelle ou exécution d'une certaine obligation par l'auteur), aux poursuites ordinaires selon le droit commun de l'action publique.

Il est ici question de la transaction entre le ministère public et l'auteur de l'infraction sur l'action publique. En principe, le ministère public ne peut pas transiger avec le délinquant. La raison en est simple. Le ministère public, en tant que représentant de la société, exerce l'action publique dont la société est titulaire. On en déduit que le ministère public ne « dispose » pas de l'action publique en propre. L'article 6, alinéa 3, du Code de procédure pénale affirme cependant que lorsque la loi le prévoit, la transaction peut éteindre l'action publique. Il existe donc des exceptions à l'effet non extinctif de l'action publique par la transaction. Ces exceptions bénéficient notamment à l'administration des contributions indirectes (art. L. 248 du Livre des procédures fiscales), des douanes (art. 350 du Code des douanes), des eaux et forêts (art. L. 153-2 du Code forestier et L. 250-10 du Code rural et de la pêche) et de l'aviation civile (art. L. 6142-3 du Code des transports). À cette liste traditionnelle, il convient d'ajouter la composition pénale, lorsque l'auteur des faits exécute les obligations qui lui ont été imposées (voy., n° 510).

577 ***Place pour une transaction sur l'action civile.*** Soulignons que la transaction conclue entre la victime et l'auteur des faits est sans effet sur l'action publique. L'article 2046 du Code civil dispose en effet : « On peut transiger sur l'intérêt civil qui résulte d'un délit. – La transaction n'empêche pas la poursuite du ministère public ».

4) Le retrait de plainte

578 ***Retrait de plainte en principe sans effet.*** En principe, le retrait de plainte de la victime est sans effet sur l'action publique puisque, sauf disposition contraire, la plainte préalable de la victime n'est pas une condition de l'engagement des poursuites par le ministère public. D'où l'exception prévue à l'article 6, alinéa 3, du Code de procédure pénale : l'action publique « peut [...] s'éteindre [...] en cas de retrait de plainte, lorsque celle-ci est une condition nécessaire de la poursuite » (sur les cas dans lesquels la plainte préalable de la victime est une condition de recevabilité de l'action publique, voy., n° 530).

PARTIE 2

Le jugement éventuel sur la culpabilité

Chapitre 1 **La possible mise en état de l'affaire par voie d'instruction** **257**

Chapitre 2 **Le jugement sur le fond de la prévention** **327**

579 ***Affaires venant en jugement.*** Sont appelées à venir en jugement devant une formation pénale de jugement, les affaires « poursuivables », poursuivies et n'ayant pas donné lieu à une mesure alternative aux poursuites ou au jugement. Dans ce contexte, le jugement d'une affaire pénale n'est donc qu'éventuel. Il a été suffisamment insisté sur le fait que le jugement, et donc, en cas de déclaration de culpabilité, le prononcé, l'exécution et l'application d'une peine, n'est pas le mode exclusif de « réponse pénale » à la commission d'une infraction, loin s'en faut (voy. *supra*, n° 460).

580 ***Mise en état de l'affaire d'être jugée.*** Idéalement, ne viennent en jugement que les affaires en état d'être jugées, étant observé, d'une part, que seule la juridiction de jugement peut établir la culpabilité de l'accusé et, d'autre part, que les pouvoirs d'instruction définitive à l'audience, c'est-à-dire de mise en état de la juridiction de jugement, ne sont ni étendus ni d'une grande praticité procédurale. En matière criminelle, la mise en état répond à la procédure préalable, donc obligatoire, de l'instruction par un juge d'instruction, lequel déterminera s'il y a des charges suffisantes de renvoyer en jugement la personne le cas échéant mise en cause. En matière correctionnelle, l'instruction est facultative. Dès lors, il revient au procureur de la République (voire à la partie lésée lorsqu'elle prend l'initiative de la mise en mouvement de l'action publique) d'apprécier la nécessité d'approfondir la mise en état de l'affaire. Selon, il saisira directement le tribunal correctionnel ou, au contraire, la juridiction d'instruction. La mise en état d'une affaire par voie d'instruction est donc possible (Chapitre 1), tandis que, *in fine*, c'est un jugement sur le fond de la prévention qui sera porté (Chapitre 2).

CHAPITRE 1
La possible mise en état de l'affaire par voie d'instruction

581 ***But de l'instruction.*** Le but de l'instruction est de rassembler les preuves de la commission d'une infraction et d'en rechercher le ou les auteurs. L'instruction a plus spécifiquement pour objet de déterminer s'il existe des charges suffisantes de renvoyer une personne le cas échéant mise en cause – elle est dénommée personne mise en examen – devant la juridiction de jugement. À cet égard, l'instruction met l'affaire en état d'être jugée. L'« instruction » est parfois désignée sous les termes d'« instruction préparatoire », d'« information », voire d'« information judiciaire ». Ces termes et expressions sont équivalents.

582 ***Juge d'instruction, juridiction d'instruction du premier degré.*** Le juge d'instruction est la juridiction d'instruction du premier degré ; il est la formation pénale d'instruction du tribunal judiciaire. C'est une juridiction qui siège à juge unique.

L'organisation judiciaire ne comprend plus nécessairement un juge d'instruction au moins par tribunal judiciaire mais un juge d'instruction au moins par département. Lorsqu'un tribunal judiciaire ne connaît pas de juge d'instruction, l'(un) autre tribunal judiciaire du département est désigné au siège duquel le juge d'instruction officie.

Magistrat spécialisé, il est nommé par décret du président de la République. Le juge d'instruction remplit une double fonction de juridiction et de pure instruction, à caractère non juridictionnel, donc. Dans cette première fonction, il rend des ordonnances à caractère juridictionnel, par conséquent ouvertes à un second degré de juridiction, porté devant la chambre de l'instruction de la cour d'appel. Au cours de l'instruction, les actes ou pièces de procédure de pure instruction, qui ne présentent pas de caractère juridictionnel, sont susceptibles d'un recours – on parle alors de requête – en nullité devant la chambre de l'instruction de la cour d'appel.

Auprès du juge d'instruction, le ministère public est représenté par le procureur de la République. La personne poursuivie est « mise en examen » et prend à cet égard la qualité de « partie ». La personne contre laquelle les soupçons d'avoir commis une infraction sont plus légers est « témoin assisté » et ne reçoit donc pas la qualité de partie. La victime, si elle s'est constituée partie civile, est évidemment… « partie civile ».

S'agissant de la compétence matérielle, l'instruction est obligatoire en matière criminelle ; sauf disposition spéciale (à l'égard des mineurs, par exemple), elle est facultative en matière délictuelle ; elle n'est possible en matière contraventionnelle qu'à l'initiative du procureur de la République (art. 79 du CPP). À l'égard des mineurs, l'instruction est obligatoire en matière criminelle (art. 5, al. 1er, et 20-1 de l'ord. du 2 février 1945). Elle est en principe obligatoire également en matière délictuelle et contraventionnelle de 5e classe (art. 5, al. 2, de ladite ord.), sauf au procureur de la République à privilégier la procédure de présentation immédiate (art. 5, al. 2, et 14-2 de ladite ord.) ou la procédure de convocation en justice (art. 5, al. 2, et 8-3 de ladite ord.).

Quant à la compétence territoriale, sont compétents le juge d'instruction du lieu de l'infraction, celui de la résidence de l'une des personnes soupçonnées d'avoir participé à l'infraction, celui du lieu d'arrestation de ces personnes (serait-ce pour une autre cause) et celui du lieu de détention d'une de ces personnes (serait-ce pour une autre cause (art. 52 du CPP). Ces règles de compétence territoriale doivent être articulées avec les modalités de saisine et de désignation du juge d'instruction, obéissant à des impératifs de spécialisation toujours plus poussés (voy. *infra*, nos 587 et 590).

Enfin, il convient de relever que le juge des libertés et de la détention, création de la loi du 15 juin 2000 ayant en particulier retranché au juge d'instruction ses pouvoirs en matière de détention provisoire, s'il est « juridiction » et magistrat spécialisé du tribunal judiciaire, n'est pas juridiction d'« instruction ». Il est, pléonasme, juridiction des libertés et de la détention, soit, en quelque sorte, juge d'*Habeas corpus* et d'*Habeas libertas* à la française, considéré dans le droit fil de l'article 66 de la Constitution (voy. *infra*, encadré E31) et, aujourd'hui, également, des articles 5 § 3 et 8 de la Convention européenne des droits de l'homme.

583 ***Chambre de l'instruction, juridiction d'instruction du second degré.*** La chambre de l'instruction est la juridiction d'instruction du second degré. Elle est la formation pénale d'instruction de la cour d'appel. Mais pas que : si ses compétences se vérifient essentiellement en matière d'instruction, elles s'observent également dans d'autres domaines et contentieux : contrôle de l'activité des officiers de police judiciaire (art. 224 et s. du CPP ; voy. *supra*, n° 73), demande de réhabilitation judiciaire des condamnés (art. 782 du CPP), demande d'extradition (art. 696-15 et s. du CPP), demande d'exécution de mandat d'arrêt européen (art. 695-29 et s.)... Comme chambre de la cour d'appel, la chambre de l'instruction est une formation collégiale, composée d'un président et de deux assesseurs, conseillers de la cour. Le président est exclusivement attaché à ce service (art. 191 du CPP). Si elle siège le plus souvent dans cette formation collégiale, son président reçoit toutefois des compétences de juge unique. Le ministère public y est représenté par le procureur général près la cour d'appel.

En matière d'instruction, sa compétence matérielle concentre l'appel des ordonnances juridictionnelles du juge d'instruction et du juge des libertés et de la détention et les requêtes en annulation des actes ou pièces de procédures soulevées au cours de l'instruction. Ses arrêts sont susceptibles de pourvoi en cassation.

À l'instruction « par » le juge d'instruction (Section 1) répond donc, le cas échéant, une intervention de la chambre de l'instruction « dans » l'instruction (Section 2).

SECTION I
L'instruction par le juge d'instruction

584 *Variété des questions.* Entre la saisine du juge d'instruction (§ 1) et la clôture de l'information (§ 4), ce sont les questions du statut du suspect au cours de l'instruction (§ 2) et des actes du juge d'instruction qu'il convient de développer (§ 3).

§ 1. La saisine du juge d'instruction

585 ***Saisine et compétence de la juridiction d'instruction, rappels.*** Les compétences matérielle (voy. *supra*, nos 533, 536 et 582) et territoriale (voy. *supra*, n° 582) du juge d'instruction et ses modes de saisine comme juridiction, par voie de réquisitoire introductif du procureur de la République (voy. *supra*, n° 534) ou de plainte avec constitution de partie civile de la partie lésée (voy. *supra*, n° 494), ont fait l'objet de développements antérieurs.

Restent à examiner la désignation du juge d'instruction (A), l'étendue de sa saisine et, le cas échéant, les modalités de son dessaisissement (C).

E 27 La loi du 23 mars 2019 de réforme pour la justice et la généralisation du « sas » de continuité de certains actes d'enquête à l'ouverture de l'instruction

L'article 706-24-2 du Code de procédure pénale permettait, en cas d'ouverture d'une information, mais pour les seules infractions terroristes, la prolongation de certains actes d'enquête : interceptions de correspondances, géolocalisation, surveillance, infiltration, accès à distance de correspondances stockées par voir électronique, « IMSI-catcher, sonorisation et captation de données informatiques.

L'article 80-5 du Code de procédure pénale, tel qu'introduit par la loi du 23 mars 2019 de réforme pour la justice, étend ce dispositif à l'ensemble des infractions pouvant faire l'objet de ces mesures. Lorsqu'il requiert l'ouverture d'une information, le procureur de la République peut, par décisions, écrite, spéciale et motivée, si la recherche de la manifestation de la vérité pour un crime ou un délit puni d'une peine supérieure ou égale à 3 ans d'emprisonnement nécessité que les investigations en cours ne fassent l'objet d'aucune interruption, autoriser les officiers de police judiciaire (ou les agents de police judiciaire) à poursuivre ces actes d'enquête. Cette prolongation ne peut excéder 48 heures à compter du réquisitoire introductif. Le juge d'instruction peut à tout moment mettre un terme à ces opérations.

L'idée est bien sûr d'éviter une discontinuité de certaines techniques d'investigation lors de l'ouverture d'une information, et d'épargner ainsi au juge d'instruction d'avoir, dans la précipitation, à prescrire leur reprise.

A) La désignation du juge d'instruction

586 ***Désignation du juge d'instruction et règles de compétence matérielo-territoriales.*** La désignation du juge d'instruction participe de la mise en œuvre de règles de compétence matérielle et territoriale, entre compétence exclusive (1.) et compétence concurrente (2.).

1) La désignation obéissant à une règle de compétence exclusive

587 *Pôle de l'instruction.* L'article 52-1 du Code de procédure pénale prévoit que dans certains tribunaux judiciaires, les juges d'instruction sont regroupés au

sein d'un pôle de l'instruction. Ces juges ont compétence exclusive dans deux cas : en matière criminelle et en cas d'instruction donnant lieu à une cosaisine. La cosaisine est ouverte lorsque la gravité ou la complexité de l'affaire le justifie (art. 83-1 du CPP). Les juges d'instruction – le juge d'instruction chargé de l'affaire et le ou les juge(s) d'instruction adjoint(s) – forment alors une équipe. Par exemple, l'interrogatoire de première comparution peut être effectué par le juge d'instruction adjoint[1]. En revanche, seul le juge d'instruction chargé de l'affaire peut saisir le juge des libertés et de la détention (à fin de placement en détention provisoire, notamment), prononcer une mise en liberté d'office ou procéder à l'ordonnance de règlement.

Ces pôles de l'instruction et cosaisines de juges d'instruction présentent des avantages : mutualisation des moyens matériels et humains, continuité de la prise en charge des procédures, concertation entre magistrats instructeurs. Leurs inconvénients sont aussi identifiés : éloignement de la justice des personnes mises en cause et des victimes, désaffection des magistrats pour les postes de juges d'instruction « hors pôle »[2].

En résumé, une instruction en matière criminelle est toujours conduite auprès d'un pôle de l'instruction, tantôt par un juge désigné seul, tantôt par des juges cosaisis, et une instruction en matière délictuelle est poursuivie devant un pôle en cas de cosaisine seulement.

Le pouvoir de désignation du (ou des) juge(s) d'instruction appartient au président du tribunal judiciaire, donc à un magistrat du siège. Sous l'empire du Code d'instruction criminelle, ce pouvoir appartenait au procureur de la République. Pour désigner les juges d'instruction, le président du tribunal judiciaire peut établir un tableau de roulement. Cet établissement est facultatif mais si le président en a établi un, il doit le respecter et désigner le juge appelé par le tableau au jour de la signature du réquisitoire introductif du procureur de la République. Connaissant le tableau de roulement, le ministère public pourrait ainsi désigner indirectement le juge d'instruction de son choix. Toutefois, la jurisprudence qualifie les modalités de désignation du juge d'instruction d'« acte d'administration judiciaire ». Les parties ne peuvent donc pas en discuter la régularité. Le défaut d'observation par le président du tribunal judiciaire du tableau de roulement ne trouve ainsi pas de sanction.

588 ***Empêchement du juge d'instruction saisi.*** Si un juge d'instruction est empêché (congé, maladie…), le président du tribunal judiciaire désigne, pour chaque affaire, un nouveau juge d'instruction chargé de l'affaire (art. 84, al. 3, du CPP). Le tableau de roulement n'a pas lieu d'être respecté car un seul juge hériterait alors de toutes les affaires en cours dans le cabinet du magistrat empêché.

589 ***Urgence à effectuer un acte isolé.*** En cas d'urgence et pour effectuer un acte isolé, tout juge d'instruction du tribunal judiciaire peut suppléer l'un de ses collègues (art. 84, al. 4, du CPP).

---

1. Crim., 19 août 2009, n° 09-83.942, *Bull. crim.*, n° 144 ; *AJ pénal*, 2009, p. 454, obs. Lasserre Capdeville.
2. Pour une critique de ce dispositif, voy. H. Mastopoulou, « Pôles de l'instruction et cosaisine : en attendant la collégialité… à propos du décret n° 2008-54 du 16 janvier 2008 », *JCP*, 2008, actualité 106 ; D. Karsenty, « Réflexions sur la mise en œuvre des pôles de l'instruction au regard des droits fondamentaux », *JCP*, 2008, I, 121 ; Ch. Guéry, « La vie nouvelle [et difficile] de Jésus Padoté », *AJ pénal*, 2008, p. 226.

2) La désignation relevant d'une règle de compétence concurrente

590 ***Juridictions (d'instruction) spécialisées.*** Dans une sorte de surimpression des pôles de l'instruction et autres cosaisines, voisinent des dispositifs de spécialisation de juridictions, parquets compris. Ces juridictions spécialisées ont une compétence concurrente de celles ordinairement compétentes. Les plus notables ou symboliques sont les suivantes : d'abord, les juridictions interrégionales spécialisées – ou « JIRS » –, en matière de criminalité et de la délinquance organisées (art. 706-75, al. 1er, du CPP) et en matière économique et financière d'une grande complexité (art. 704 du CPP) ; voire, en matière de criminalité et de délinquance organisées dans les affaires qui sont ou apparaîtraient d'une très grande complexité, en raison notamment du ressort géographique sur lequel elles s'étendent, la juridiction d'instruction de Paris (art. 706-75, dernier al., du CPP) ; ensuite, dans le fil du procureur de la République financier, la juridiction d'instruction de Paris (art. 705 du CPP) ; mais encore, en matière sanitaire et environnementale, les juges d'instruction de ces pôles interrégionaux (art. 706-2 du CPP) ; et enfin, en matière de terrorisme, dans le fil, cette fois, du procureur de la République antiterroriste (art. L. 217-2 du Code de l'organisation judiciaire), la juridiction d'instruction parisienne (art. 706-17 et s. du CPP).

B) L'étendue de la saisine du juge d'instruction

591 ***Saisine « in rem ».*** Le juge d'instruction est saisi *in rem*, c'est-à-dire quant aux seuls faits qui lui sont dénoncés dans le réquisitoire introductif ou dans la plainte avec constitution de partie civile. On en déduit que le juge d'instruction :

- n'est pas saisi *in personam*, c'est-à-dire des personnes qui seraient dénoncées dans le réquisitoire introductif ou la plainte avec constitution de partie civile. *A priori*, il est donc libre, par exemple, de décider la mise en examen de tel ou tel individu ;
- n'est pas saisi des qualifications juridiques données aux faits dans le réquisitoire introductif ou la plainte avec constitution de partie civile. Saisi de vol, il peut requalifier les faits en escroquerie. Le juge d'instruction est donc saisi de faits, seulement de faits et seulement des faits qui lui sont dénoncés, et ne peut donc pas valablement instruire sur des données nouvelles (appelées « faits nouveaux ») sans en être saisi. Pour obtenir une extension de sa saisine, il doit obtenir un réquisitoire supplétif du procureur de la République.

592 ***Faits nouveaux.*** En cours d'instruction et dans le vif de l'information, le juge d'instruction peut être amené à prendre connaissance de faits nouveaux. Quelle doit alors être sa réaction immédiate ? La jurisprudence s'est fixée autour des principes suivants[3]. Le juge d'instruction :

- peut consigner la substance de ces faits nouveaux dans un procès-verbal avant toute communication au procureur de la République ;

3. Crim., 6 février 1996, n° 95-84.041, *Bull. crim.*, n° 60 ; *D.*, 1996, pp. 198 et 262, note Pradel ; *JCP*, 1996, II, 22634, note Chambon ; *Dr. pén.*, 1996, comm. n° 74, note A. Maron ; *Justices*, 1996, n° 4, chron. Rebut ; *Procédures*, 1996, comm. n° 94, note Buisson ; Crim., 30 mai 1996, n° 95-85.954, *Bull. crim.*, n° 226 ; *RSC*, 1996, p. 880, obs. Dintilhac ; *Dr. pén.*, 1996, comm. nos 169 et 174, note A. Maron ; Crim., 27 mars 2012, n° 11-88.321, *Bull. crim.*, n° 82 ; *Gaz. Pal.*, 28 juillet 2012, p. 32, obs. F. Fourment.

– peut également effectuer d'urgence des vérifications sommaires pour apprécier la vraisemblance des faits nouveaux[4] ;
– ne peut en aucun cas procéder à des actes coercitifs (une perquisition, par exemple).

Ces mesures conservatoires étant prises, le juge d'instruction doit communiquer au procureur de la République les pièces qui établissent les faits nouveaux. Le procureur de la République pourra délivrer un réquisitoire supplétif autorisant le juge à instruire sur ces faits (ou préférer l'ouverture d'une enquête[5] ou choisir une autre réponse pénale, comme, et y compris, l'ouverture d'une autre instruction). Reste à connaître ce que sont les « faits nouveaux ». Il n'y a pas de difficulté lorsque les faits sont totalement inédits et étrangers à la saisine initiale du juge. Lorsqu'ils ne sont que partiellement nouveaux, on peut se reporter à la grille de lecture suivante :
– les circonstances aggravantes ne sont pas des « faits nouveaux ». Le juge d'instruction peut donc valablement instruire sur ces faits sans réquisitoire supplétif du procureur de la République[6] ;
– les faits indivisibles de ceux objet de la saisine ne sont pas des « faits nouveaux » ;
– les faits connexes à ceux objet de la saisine sont des « faits nouveaux ».

C) Le dessaisissement du juge d'instruction

593 ***Dessaisissement nécessaire.*** L'hypothèse dans laquelle le juge d'instruction est nécessairement dessaisi est celle où l'instruction est achevée. L'« ordonnance de règlement » marque la clôture de l'information (voy. *infra*, n° 704).

594 ***Dessaisissement volontaire.*** Le juge d'instruction peut se désister volontairement dans deux hypothèses :
– lorsque l'affaire dont il a la charge est en même temps instruite par un autre magistrat (par exemple, sous l'effet des règles de la compétence territoriale), le procureur de la République peut requérir l'un des juges de se dessaisir au profit de l'autre (art. 657 du CPP). Si ce dernier accepte, il prend une ordonnance de dessaisissement ; en cas de refus, le conflit est réglé selon la procédure de règlement de juges détaillée aux articles 657 et suivants du Code de procédure pénale ;
– lorsque les faits sur lesquels il instruit sont connexes (voire différents) à ceux sur lesquels un autre magistrat instruit mais sont imputables à un même individu (art. 663 du CPP), les mêmes règles s'appliquent[7].

---

4. Excèdent de simples vérifications sommaires, des questions du juge conduisant l'intéressé à confirmer, hors la présence d'un avocat, ses déclarations incriminantes antérieurement reçues par les services de police : Crim., 8 juin 2017, n° 17-80.709 ; *Procédures*, 2017, comm. n° 212, obs. Chavent-Leclère ; *Gaz. Pal.*, 24 octobre 2017, p. 60, obs. Fourment.

5. Une enquête sur infraction flagrante peut aisément être incidente à une instruction : Crim., 23 juin 2015, n° 15-81.071 ; *Gaz. Pal.*, 3 novembre 2015, p. 42, obs. Fourment.

6. Crim., 27 juillet 1970, n° 92-968/69, *Bull. crim.*, n° 249, et surtout Crim., 18 janvier 1983, n° 80-93.631, *Bull. crim.*, n° 22.

7. L'initiative de la mise en œuvre de la procédure de dessaisissement entre juges d'instruction est réservée au ministère public : Crim., 31 mars 2009, n° 08-88.226, *Bull. crim.*, n° 63 ; *Dr. pén.*, 2009, comm. n° 87, obs. A. Maron et M. Haas.

595 ***Dessaisissement imposé.*** Le dessaisissement d'un juge d'instruction peut lui être imposé dans différentes circonstances et par diverses autorités. Une procédure de règlement de juges peut aboutir à son dessaisissement (voy. *supra*, n° 594).

Aux termes de l'article 84 du Code de procédure pénale, le président du tribunal judiciaire, sur requête motivée du procureur de la République, peut, pour une bonne administration de la justice, ordonner le dessaisissement d'un juge d'instruction.

La chambre de l'instruction peut également priver un juge d'instruction du pouvoir d'informer dans une affaire, en évoquant, en confiant un supplément d'information à l'un de ses conseillers ou, en cas d'annulation de tout ou partie d'un acte et d'une procédure, en renvoyant l'affaire à un autre juge d'instruction ou en la confiant à l'un de ses conseillers (sur les pouvoirs de la chambre de l'instruction, voy. *infra*, n° 734).

La chambre criminelle de la Cour de cassation a également le pouvoir de dessaisir un juge d'instruction, soit pour des motifs de bonne administration de la justice, soit pour cause de suspicion légitime (l'hostilité manifestée publiquement par un juge d'instruction contre une personne mise en examen, par exemple) ou de sûreté publique.

§ 2. Le statut du suspect au cours de l'instruction

596 ***Personne mise en examen et témoin assisté.*** Il existe deux catégories de suspects au cours de l'instruction : le mis en examen, véritable personne poursuivie, et le témoin assisté, sorte de témoin bénéficiant de droits de la défense. Dans un certain sens, le mis en examen est le suspect en majeur et le témoin assisté est le suspect en mineur.

597 ***Niveaux de suspicion.*** Différents indices confortent cette échelle de comparaison :

- le mis en examen, à l'égal de la partie civile, est une véritable « partie » à l'instruction, ce qui n'est pas le cas du témoin assisté ;
- aux termes de l'article 80-1 alinéa 1er du Code de procédure pénale, le mis en examen est une personne à l'encontre de laquelle il existe des indices graves ou concordants rendant vraisemblable qu'elle ait pu commettre, comme auteur ou comme complice, les faits dont le juge d'instruction est saisi. Les circonstances permettant à un suspect de bénéficier du statut de témoin assisté sont en revanche moins caractérisées : des indices doivent bien sûr rendre vraisemblable qu'elle ait pu participer à la commission de l'infraction, mais ils n'ont pas lieu d'être graves ou concordants (art. 113-2, dernier al., du CPP). Ils n'en font pas moins du témoin assisté un véritable suspect[8] ;
- le juge d'instruction ne peut procéder à la mise en examen de la personne que s'il estime ne pas pouvoir recourir à la procédure de témoin assisté.

---

8. Sur ces nuances, voy. J. PRADEL, « Les personnes suspectes ou poursuivies après la loi du 15 juin 2000. Évolution ou révolution ? », *D.*, 2001, p. 1039 (1re partie) et p. 1114 (2e partie), notamment p. 1117 et son « tableau des pouvoirs des autorités chargées de l'instruction en matière d'audition-interrogatoire des personnes impliquées » ; voy. aussi CARON, « La garantie des droits reconnus à la personne suspectée ou poursuivie dans la jurisprudence récente de la chambre criminelle », in *Rapport de la Cour de cassation 2000* (www.courdecassation.fr).

598 ***Présomption d'innocence.*** Quoi qu'il en soit, la réforme apportée par la loi du 15 juin 2000 a modifié de façon significative le droit de la mise en examen et celui applicable au témoin assisté[9]. Voulant renforcer la présomption d'innocence, le législateur a rendu moins facile la mise en examen et libéralisé le statut de témoin assisté. La circulaire d'application n° CRIM-00-16/F1 du 20 décembre 2000 ne fait pas mystère de cet objectif : « De nombreuses modifications apportées par la loi du 15 juin 2000 tendent à limiter les mises en examen au profit de l'utilisation de la procédure de témoin assisté. Les conditions de la mise en examen ont ainsi été rendues plus restrictives, alors que les conditions d'application de la procédure de témoin assisté, dont le statut a par ailleurs été précisé, ont été corrélativement étendues » (p. 8).

Dans cet ordonnancement, la personne mise en examen figure bien comme une « partie » à l'action publique (A), tandis qu'il suffit au témoin assisté de bénéficier de certains droits et garanties (B).

A) La personne mise en examen, partie à l'action publique

599 ***Suspect en majeur mais droit à la liberté.*** Le mis en examen est un suspect en majeur de l'instruction. C'est pourquoi la procédure de mise en examen est pointilleuse. Le mis en examen n'en conserve pas moins un droit – que certains jugent théorique – à la liberté.

1) La mise en examen

600 ***Qui, comment ?*** Les personnes pouvant être mise en examen (a) le sont selon différentes modalités (b).

a) Les personnes pouvant être mises en examen

601 ***Par qui ?*** Les personnes présentant des indices graves et/ou concordants de culpabilité sont mises en examen à l'initiative du juge d'instruction (1.). La mise en examen peut également revenir au témoin assisté (2.).

1. *À l'initiative du juge d'instruction, pour les personnes présentant des indices graves et/ou concordants de culpabilité*

602 ***Indices graves ou concordants de culpabilité.*** Aux termes de l'article 80-1, alinéa 1er, du Code de procédure pénale, « le juge d'instruction ne peut mettre en examen que les personnes à l'encontre desquelles il existe des indices graves ou concordants rendant vraisemblable qu'elles aient pu participer, comme auteur ou comme complice, à la commission des infractions dont il est saisi » (*sic* : le juge d'instruction n'est saisi que de faits ; voy. *supra*, n° 591).

Ces circonstances de mise en examen sont plus caractérisées que les conditions en vigueur antérieurement à la loi du 15 juin 2000. Avant cette date, l'article 80-1 du Code de procédure pénale n'envisageait que les personnes à l'encontre desquelles il existait des indices laissant présumer qu'elles avaient participé, comme auteur ou complice, aux faits dont le juge d'instruction était saisi.

9. A. Giudicelli, « Le témoin assisté et la personne mise en examen : vers un nouvel équilibre ? », *RSC*, 2001, p. 43.

L'appréciation de ces charges intermédiaires par le juge d'instruction devrait s'avérer délicate, la rédaction choisie par le législateur ne facilitant pas la tâche. Il a en effet vraisemblablement souhaité que la « mise en examen suppose [...] soit l'existence de plusieurs indices, mêmes légers dès lors qu'ils sont concordants, soit l'existence d'un seul indice, à la condition qu'il soit grave »[10]. Or, dans la phrase de l'article 80-1, alinéa 1er, du Code de procédure pénale, le pluriel n'est pas seulement utilisé pour désigner les indices concordants, le cas échéant légers, mais aussi employé pour introduire les indices « graves ». Il serait cependant paradoxal que le juge doive caractériser autant d'indices lorsqu'ils sont graves que lorsqu'ils sont légers, même concordants. Il serait encore plus paradoxal que des indices légers et concordants « pèsent plus lourd » dans la balance de la mise en examen qu'un seul indice grave. C'est sans doute la raison pour laquelle la circulaire d'application n° CRIM-00-16/F1 du 20 décembre 2000 ne développe que la difficulté des indices légers et de leur concordance : « Ainsi, une personne contre laquelle le seul indice de culpabilité résulte de sa mise en cause par la victime ou par un témoin, si cette mise en cause n'est pas circonstanciée (par exemple la victime ou le témoin pense avoir reconnu la personne, sans pouvoir l'affirmer avec certitude), ne peut être mise en examen car un tel indice ne peut être considéré comme grave. S'il existe toutefois d'autres indices de culpabilité, comme par exemple la preuve matérielle de la présence de l'intéressé sur le lieu des faits malgré ses dénégations, l'impossibilité pour la personne de préciser son emploi du temps au moment des faits ou sa reconnaissance par d'autres témoins, la mise en examen est alors possible car il existe des indices concordants » (p. 9). Ce sont ces indices qui méritent seuls d'être appréciés pour la mise en examen. Le refus d'un tel suspect d'indiquer son identité et sa langue ne fait par exemple pas obstacle à sa mise en examen[11].

La prescription de l'article 80-1, alinéa 1er, du Code de procédure pénale est imposée « à peine de nullité »[12]. Par ailleurs, l'article 80-1 dernier alinéa du Code de procédure pénale avertit que le juge ne peut procéder à la mise en examen de la personne que s'il estime ne pas pouvoir recourir à la procédure de témoin assisté.

En somme, idéalement, le juge d'instruction ne doit pas mettre en examen trop tôt par rapport au bénéfice possible du statut de témoin assisté par le suspect. Cette prescription n'est qu'« idéale », dans la mesure où la mise prématurée sous statut de témoin assisté n'est pas susceptible d'annulation, à la différence de la mise en examen prématurée.

603 ***Indices graves et concordants de culpabilité.*** Le juge d'instruction ne doit pas non plus décider la mise en examen de manière trop tardive et maintenir dans le statut de simple témoin une personne pouvant entrer dans le statut de mis en examen. À cet égard, la question se pose de savoir s'il n'est pas cette fois dans l'obligation de mettre en examen. L'article 105 du Code de procédure pénale dispose que « les personnes à l'encontre desquelles il existe des indices graves

10. Circulaire d'application du 20 décembre 2000, n° CRIM-00-16/F1, p. 9.
11. Crim., 30 mars 2004, n° 04-81.147, *AJ pénal*, 2004, p. 248, obs. Leblois-Happe.
12. En cas d'annulation, la personne sera considérée comme témoin assisté à compter de son interrogatoire de première comparution (art. 174-1 du CPP) ; voy. *supra*, n° 50, et *infra*, n° 645.

et [l'art. 80-1, al. 1er, se contente d'indices graves ou concordants] concordants d'avoir participé aux faits dont le juge d'instruction est saisi ne peuvent être entendues comme témoin ». Par ailleurs, ces dispositions ne sont pas applicables au témoin assisté (art. 113-6, dernier al., du CPP). Ainsi, comme le souligne habilement la circulaire d'application n° CRIM-00-16/F1 du 20 décembre 2000, « en entendant une personne comme témoin assisté, le juge d'instruction met sa procédure à l'abri de toute annulation pour mise en examen prématurée ou pour mise en examen tardive ». L'article 113-6, alinéa 2, du Code de procédure pénale prévoit d'ailleurs que les dispositions de l'article 105 ne sont pas applicables au témoin assisté.

Ainsi, dès qu'une personne entendue comme simple témoin présente des indices graves et concordants de culpabilité, son audition doit s'interrompre et sa mise en examen commencer. En revanche, l'audition comme témoin assisté d'une personne présentant des indices graves et concordants de culpabilité peut être poursuivie. Le simple témoin est donc mieux protégé contre la mise en examen tardive que le témoin assisté. En pratique, la chose n'est pas choquante : le simple témoin ne bénéficie pas du droit d'accès au dossier ni du droit d'être assisté par un avocat, alors que le témoin assisté bénéficie de ces droits à l'égal du mis en examen.

Reste à déterminer le moment à partir duquel une personne est réputée présenter des indices graves et concordants de culpabilité, en application de l'article 105 du Code de procédure pénale. Un exemple suffira à montrer la relativité de ce critère : l'audition d'une personne entendue comme témoin peut être poursuivie après ses aveux dans le but de vérifier ses déclarations[13].

2. *À l'initiative du témoin assisté*

604 ***Droit du témoin assisté de demander sa mise en examen.*** Le témoin assisté peut demander au juge d'instruction d'être mis en examen à l'occasion de son audition ou à tout moment de la procédure (art. 113-6 du CPP). La personne est réputée mise en examen dès sa demande.

On peut *a priori* douter de l'intérêt qu'elle peut tirer d'un tel choix. Ne bénéficie-t-elle pas déjà du droit d'être assistée par un avocat et du droit d'accès au dossier ? En réalité, devenir partie à l'instruction lui permet de jouir de toutes les prérogatives attachées à cette qualité, notamment des droits relatifs à la demande d'actes d'instruction (voy. *infra*, n° 653) qui ne sont accordés que sous forme résiduelle au témoin assisté (voy. *infra*, n° 649).

b) Les modalités de mise en examen

605 ***Caractère contradictoire de la mise en examen.*** Hormis sur demande du témoin assisté, la procédure de mise en examen est contradictoire : le juge d'instruction ne peut procéder à une mise en examen qu'après avoir entendu les observations de la personne ou l'avoir mise en mesure de les faire, en étant assistée par son avocat (art. 80-1, al. 2, du CPP). L'exigence de débat contradictoire est assurée soit lors de l'interrogatoire de première comparution (décrit à l'art. 116 du CPP), soit, lorsque la personne est issue des rangs des témoins assistés, par l'application des dispositions de ce statut (voy. *infra*, n° 648).

13. Crim., 24 février 1987, n° 86-96.293, *Bull. crim.*, n° 93.

606 ***Interrogatoire de première comparution.*** La convocation à l'interrogatoire de première comparution (« IPC » dans le langage judiciaire) est faite soit par lettre recommandée (art. 80-2, al. 1er, du CPP), soit par notification par un officier de police judiciaire (art. 80-2, al. 2, du CPP).

Le délai de convocation ne peut être inférieur à dix jours ni supérieur à deux mois.

La convocation doit informer la personne :

- des faits dont le magistrat est saisi ainsi que de leur qualification juridique ;
- de son droit d'être assistée par un avocat (l'avocat a d'ailleurs accès au dossier au plus tard quatre jours ouvrables avant ce premier interrogatoire ; voy. *infra*, encadré E40) ;
- que la mise en examen ne pourra intervenir qu'à l'issue de l'interrogatoire.

L'interrogatoire de première comparution proprement dit se déroule de la façon suivante. La personne est d'abord informée, s'il y a lieu, de son droit d'être assistée par un interprète. Puis le juge lui rappelle les faits dont il est saisi et leur qualification juridique[14]. Et la personne est ensuite informée, s'il y a lieu, de son droit à la traduction des pièces essentielles du dossier.

Si la personne s'est présentée avec son avocat, le juge d'instruction, après l'avoir informée de son droit de faire des déclarations, de répondre aux questions qui lui sont posées ou de se taire, procède à son interrogatoire ; l'avocat de la personne peut présenter ses observations au juge d'instruction.

Si la personne ne s'est pas présentée assistée d'un avocat, le juge d'instruction l'avise de son droit de choisir un avocat ou de demander qu'il lui en soit désigné un d'office. L'avocat peut consulter sur-le-champ le dossier et communiquer librement avec son client. Le juge d'instruction informe ensuite la personne qu'elle a le droit soit de faire des déclarations, soit de répondre aux questions qui lui sont posées, soit de se taire. L'accord pour être interrogé ne peut être donné qu'en présence d'un avocat. L'avocat de la personne peut présenter ses observations au juge d'instruction.

Après avoir, le cas échéant, recueilli les déclarations de la personne ou procédé à son interrogatoire et entendu les observations de son avocat, le juge d'instruction lui notifie :

- soit qu'elle n'est pas mise en examen. Le juge d'instruction informe alors la personne qu'elle bénéficie des droits du témoin assisté ;
- soit qu'elle est mise en examen. La personne est alors informée : des faits objet de l'instruction et de leur qualification juridique, s'ils diffèrent de ceux déjà notifiés ; de ses droits de formuler des demandes d'actes ou des requêtes en annulation ; du délai prévisible d'achèvement de l'information ; et de son droit de demander la clôture de la procédure, sous certaines conditions.

La personne mise en examen doit déclarer au juge d'instruction son adresse personnelle. Elle peut toutefois lui substituer l'adresse d'un tiers chargé de recevoir les actes qui lui sont destinés si elle produit l'accord de ce dernier, tel son avocat.

---

14. La circonstance que la personne, à l'encontre de laquelle existent des indices graves ou concordants rendant vraisemblable qu'elle a pu participer à la commission des infractions dont le juge d'instruction est saisi, refuse d'indiquer son identité ainsi que la langue qu'elle comprend, ne peut faire obstacle à sa mise en examen (Crim., 30 mars 2004, n° 04-81.147, *Bull. crim.*, n° 79 ; *Dr. pén.*, 2004, comm. n° 117, obs. A. MARON).

E 28 **Enregistrement audiovisuel de certains interrogatoires menés par le juge d'instruction**

La loi « équilibre de la procédure pénale » du 5 mars 2007 a étendu la garantie de l'enregistrement audiovisuel aux interrogatoires des personnes mises en examen (interrogatoire de première comparution et confrontations compris) réalisés dans le cabinet du juge d'instruction, selon les conditions posées pour l'enregistrement des interrogatoires de garde à vue (voy. *supra*, n° 345 : matière criminelle, consultation, destruction, entrée en vigueur ; art. 116-1 du CPP). Cette disposition, « renforçant le caractère contradictoire de la procédure pénale » (selon l'intitulé du chap. IV de la loi), révèle que pour la garantie des droits de la défense, le législateur accorde plus de confiance à une caméra qu'à l'avocat (la personne mise en examen a le droit d'être assistée par un avocat au cours de ses interrogatoires ; voy. *infra*, n°s 658).

La chambre criminelle de la Cour de cassation a pu préciser que le cabinet du juge d'instruction doit s'entendre de tout local d'une juridiction dans lequel le juge, de manière permanente ou occasionnelle, accomplit des actes de sa fonction (Crim., 13 mai 2015, n° 14-87.534 ; *Gaz. Pal.*, 11 août 2015, p. 36, obs. Fourment, en l'espèce, une salle d'audience), que l'omission de la formalité de l'enregistrement audiovisuel de l'interrogatoire de la personne mise en examen, hors les cas où la loi l'autorise, porte nécessairement atteinte aux intérêts de la personne concernée, même si celle-ci a déclaré faire usage de son droit de se taire (Crim., 22 juin 2016, n° 15-87.752 ; *Gaz. Pal.*, 4 octobre 2016, p. 60, obs. Fourment), qu'enfin, l'absence de dotation du cabinet d'instruction en caméra ne constitue pas une impossibilité technique faisant obstacle à cet enregistrement (Crim., 29 octobre 2019, n° 19-82.801 et 19-82.804, 2 arrêts ; *Gaz. Pal.*, 4 février 2020, p. 66, obs. Fourment).

La personne déclare au juge son adresse permanente ou celle d'un tiers, sur son accord, serait-il avocat, où les actes d'instruction qui lui sont destinés seront envoyés. Toute notification ou signification faite à cette adresse est réputée faite à personne.

607 ***Mise en examen sur commission rogatoire.*** L'article 154-2 du Code de procédure pénale permet au juge d'instruction de faire mettre une personne en examen sur commission rogatoire délivrée à un autre juge d'instruction.

Si le juge d'instruction mandant envisage de mettre en examen une personne qui n'a pas déjà été entendue comme témoin assisté, le juge d'instruction délégataire procède conformément aux dispositions de l'article 116 du Code de procédure pénale relatives à l'interrogatoire de première comparution. Au terme du débat contradictoire, la personne est donc soit mise en examen lorsque le juge d'instruction délégataire estime qu'il existe contre elle des indices graves ou concordants de culpabilité, soit versée dans le statut de témoin assisté. Le juge d'instruction délégataire est donc libre de mettre en examen ou pas.

En revanche, lorsque la personne a déjà été entendue comme témoin assisté par le juge d'instruction mandant, le juge d'instruction délégataire à une compétence liée dans sa mise en examen, hors tout débat contradictoire.

2) La liberté de la personne mise en examen

608 ***Principe de liberté du mis en examen et ses limites.*** L'article 137 du Code de procédure pénale fixe les principes en matière de liberté de la personne mise en examen : « Toute personne mise en examen, présumée innocente, demeure libre. – Toutefois, en raison des nécessités de l'instruction ou à titre de mesure de sûreté, elle peut être astreinte à une ou plusieurs obligations du contrôle judiciaire ou, si celles-ci se révèlent insuffisantes, être assignée à résidence avec surveillance électronique. – À titre exceptionnel, si les obligations du contrôle judiciaire ou de l'assignation à résidence avec surveillance

électronique ne permettent pas d'atteindre ces objectifs, elle peut être placée en détention provisoire. » Pour la personne mise en examen, le principe est donc la liberté ; le premier niveau de dérogation est le contrôle judiciaire, restriction de liberté (a) ; le second niveau de dérogation est l'assignation à résidence avec surveillance électronique, sorte de restriction de liberté renforcée[15] (b) ; l'exception est la détention provisoire, véritable privation de liberté (c).

a) La restriction de liberté : le contrôle judiciaire

609 ***Notion de contrôle judiciaire.*** Le contrôle judiciaire est régi par les articles 137 et 138 et suivants du Code de procédure pénale[16]. Il consiste à imposer des obligations au mis en examen pour surveiller son comportement. Son effet dissuasif est garanti ainsi : le manquement volontaire aux obligations du contrôle judiciaire peut justifier le placement en détention provisoire. C'est donc une restriction de liberté.

610 ***Conditions de fond.*** Le placement sous contrôle judiciaire est soumis à deux ordres de conditions de fond :

- il n'est possible qu'en matière criminelle et correctionnelle, à la condition que le mis en examen encoure une peine d'emprisonnement ;
- il doit être justifié par les nécessités de l'information ou à titre de mesure de sûreté.

611 ***Compétence du juge d'instruction ou du juge des libertés et de la détention.*** Le contrôle judiciaire peut être ordonné à tout moment de l'information par le juge d'instruction ou le juge des libertés et de la détention (par exemple, quand ce magistrat refuse le placement en détention provisoire ; sur ce magistrat, voy. *infra*, encadré E31). Le placement sous contrôle judiciaire n'est pas soumis à un régime de renouvellements successifs. Une ordonnance de placement sous contrôle judiciaire ne connaît en effet pas de limitation de durée dans le temps au cours de l'instruction. La personne mise en examen peut bien sûr interjeter appel de la décision ou en demander une main levée totale ou partielle.

612 ***Souplesse du contrôle judiciaire et diversité des obligations.*** Les obligations susceptibles d'être imposées à la personne mise en examen au titre du contrôle judiciaire sont énumérées à l'article 138 du Code de procédure pénale. Il n'est pas nécessaire d'en dresser la liste exhaustive (l'art. 138 renvoie à 18 séries d'obligations…).

Il suffit de retenir :

- d'abord, que la liste d'obligations du contrôle judiciaire auxquelles la personne peut être soumise est à tout moment révisable par le juge, qui peut en ajouter ou en supprimer (on parle alors de main levée partielle) ;
- ensuite, que cette liste comprend des obligations de faire, comme le devoir d'informer le juge de ses déplacements au-delà de certaines limites, de se présenter à des autorités de surveillance (par exemple, une brigade de gendarmerie) suivant une périodicité déterminée par le magistrat, de remettre des documents (passeport, par exemple), de se soumettre à un traitement (une cure de désintoxication, entre autres), d'être assidu à un enseignement

15. Selon l'expression de J.-P. Céré, « La loi du 24 novembre 2009 : aspects de procédure pénale et de droit pénitentiaire », *Dr. pén.*, 2010, étude n° 2, n° 5.

16. Sur les conditions et régimes applicables aux mineurs, voy. l'art. 10-2 de l'ord. du 2 février 1945.

professionnel ou à une formation, de résider, pour l'auteur de violences, hors de la résidence ou du domicile du couple, de fournir un cautionnement, dont une première partie est affectée à la garantie de représentation de l'intéressé aux actes de la procédure et dont une seconde partie peut, le cas échéant, être utilisée à la réparation des dommages subis par la victime et au paiement de l'amende... ;

- enfin, que cette liste comprend des obligations de ne pas faire : ne pas sortir de certaines limites, ne pas entrer en contact avec certaines personnes, s'abstenir, pour l'auteur de violences, de paraître à la résidence ou au domicile du couple ou aux abords immédiats de celui-ci, ne pas exercer certaines activités professionnelles ou sociales, ne pas émettre de chèque ou ne pas utiliser de carte de paiement...

Le contrôle judiciaire tend à être toujours plus pressant. La liste des obligations qui peuvent être imposées à la personne mise en examen s'allonge de loi en loi et le contrôle effectif du respect de ces obligations s'affine. Par exemple, l'obligation de ne s'absenter de son domicile ou de la résidence fixée par le juge d'instruction qu'aux conditions et pour les motifs déterminés par ce magistrat (art. 138-2° du CPP) peut être assortie d'un placement sous surveillance électronique.

À mesure qu'il s'affine – ou se complique... –, le contrôle judiciaire tend également à associer des tiers, étrangers à l'institution judiciaire. Par exemple, en cas de poursuites pour crime ou pour une infraction relevant de la procédure applicable aux infractions de nature sexuelle et de la protection des mineurs victimes (art. 706-47 et s. du CPP), le juge d'instruction ou le juge des libertés et de la détention peut, d'office ou sur réquisitions du ministère public, décider la transmission de son ordonnance de placement sous contrôle judiciaire à la personne chez qui la personne mise en examen établit sa résidence, voire, si la personne mise en examen est scolarisée ou a vocation à poursuivre des études, décider de la transmission de l'ordonnance à l'autorité académique et, le cas échéant, au chef d'établissement concerné (art. 138-2 du CPP)[17].

b) La restriction de liberté renforcée : l'assignation à résidence avec surveillance électronique

613 ***Notion d'assignation à résidence avec surveillance électronique.*** L'assignation à résidence avec surveillance (ARSE) électronique est bien sûr conçue pour renforcer le caractère exceptionnel de la détention provisoire. Elle a été introduite par la loi « pénitentiaire » du 24 novembre 2009 ; son régime est détaillé aux articles 142-5 à 142-13 du Code de procédure pénale.

L'assignation à résidence ne peut être décidée que si les obligations du contrôle judiciaire se révèlent insuffisantes ; parallèlement, la détention provisoire ne peut être ordonnée que si les obligations du contrôle judiciaire, puis de l'assignation à résidence, paraissent à leur tour insuffisantes. Cette mesure oblige la personne à demeurer à son domicile ou dans une résidence fixée par

---

17. Le fait, pour les personnes à qui des décisions ont été transmises ou qui ont eu connaissance des informations qu'elles contiennent de communiquer ces décisions ou leur contenu à des tiers non autorisés à partager ces informations est un délit puni d'une peine de 3 750 euros d'amende.

le juge et de ne s'en absenter qu'aux conditions et pour les motifs déterminés par le magistrat. Elle peut être exécutée selon différents régimes[18].

614 ***Conditions de fond.*** L'assignation à résidence avec surveillance électronique est soumise à deux ordres de conditions de fond :

- elle n'est possible qu'en matière criminelle et correctionnelle, si la personne mise en examen, dans ce dernier cas, encourt une peine d'emprisonnement supérieure ou égale à deux ans ;
- elle doit être justifiée par les nécessités de l'information ou à titre de mesure de sûreté.

L'assignation à résidence avec surveillance électronique peut être ordonnée d'office. Si l'installation du dispositif ne peut être réalisée sans le consentement de l'intéressé, le fait de la refuser vaut violation des obligations lui incombant, lequel refus peut donner lieu à révocation de l'assignation à résidence, laquelle révocation peut justifier son placement en détention provisoire.

615 ***Compétence du juge d'instruction ou du juge des libertés et de la détention.*** L'assignation à résidence est ordonnée par le juge d'instruction ou le juge des libertés et de la détention. Elle est décidée par une ordonnance motivée du magistrat, qui statue, après débat contradictoire (des réquisitions écrites du procureur de la République dont il est donné lecture pouvant toutefois suffire), sauf lorsque le juge répond à une demande de mise en liberté ou décide d'une mise en liberté d'office. Le juge statue après avoir fait vérifier la faisabilité technique de la mesure.

616 ***Régime d'exécution de l'assignation à résidence avec surveillance électronique.*** Le régime de surveillance électronique dépend de la gravité de la peine encourue : placement sous surveillance électronique fixe si la personne est mise en examen pour un délit puni de deux à sept ans d'emprisonnement ; placement sous surveillance électronique mobile si la personne est mise en examen pour une infraction punie de plus de sept ans d'emprisonnement et pour laquelle le suivi socio-judiciaire est encouru ou si la personne est mise en examen pour des violences ou des menaces, punies d'au moins cinq ans d'emprisonnement, commises soit contre son conjoint, concubin, ou partenaire de PACS, soit contre ses enfants ou ceux de son conjoint, concubin ou partenaire. Par ailleurs, et dans ces deux régimes, la personne peut être soumise à une ou plusieurs obligations ou interdictions du contrôle judiciaire. Ordonnée pour une durée qui ne peut excéder six mois, l'assignation à résidence peut être prolongée pour une même durée[19], sans que la durée totale du placement dépasse deux ans. Le manquement aux obligations nées de cette mesure peut être sanctionné par un placement en détention provisoire. La durée de l'assignation à résidence s'impute sur celle de la peine privative de liberté à laquelle la personne sera le cas échéant condamnée.

18. Sur les conditions et régimes applicables aux mineurs, voir l'art. 10-3 de l'ord. du 2 février 1945. Dans sa décision du 4 août 2011, le Conseil constitutionnel a écarté l'assignation à résidence avec surveillance électronique des mineurs de treize à seize ans, jugeant cette mesure d'une rigueur excessive (consid. n° 38).

19. Le juge d'instruction peut prolonger une assignation à résidence avec surveillance électronique ordonnée par le juge des libertés et de la détention : Crim., 3 octobre 2012, n° 12-84.863, *Bull. crim.*, n° 211 ; *Dr. pén.*, 2012, comm. n° 150, obs. A. Maron et M. Haas ; *Gaz. Pal.*, 9 février 2013, p. 45, obs. F. Fourment.

c) La privation de liberté : la détention provisoire

617 ***Attention du législateur : Commission de suivi de la détention provisoire et Contrôleur général des lieux de privation de liberté.*** La détention provisoire fait l'objet d'un débat récurrent. Chaque législature apporte sa réforme. Le leitmotiv est de toujours plus la limiter. Avec la loi du 15 juin 2000, le législateur a franchi un pas supplémentaire en plaçant la détention provisoire sous le « suivi » (on serait tenté de dire « surveillance ») d'une commission nationale.

L'article 72 de la loi du 15 juin 2000 a en effet institué une « commission de suivi de la détention provisoire ». Composée de deux parlementaires, d'un magistrat de la Cour de cassation, d'un membre du Conseil d'État, d'un professeur de droit, d'un avocat et d'un représentant d'un organisme de recherche judiciaire. Elle a pour fonction de réunir les données juridiques, statistiques, pénitentiaires et de synthèse des décisions en matière d'indemnisation concernant la détention provisoire, en France comme à l'étranger, et d'en publier un rapport annuel.

S'agissant des conditions de prise en charge des personnes placées en détention provisoire, le Contrôleur général des lieux de privation de liberté s'assure du respect de leurs droits fondamentaux (sur ses pouvoirs, voy. *supra*, encadré E15).

Encore que soumises à des conditions de placement (1.) et de durée (2.) rigoureuses, la détention provisoire n'en nourrit pas moins un important contentieux (3.).

1. *Le placement en détention provisoire*

618 ***Forme, sœur jumelle de la liberté.*** La détention provisoire est une privation de liberté ; elle est donc soumise à de strictes conditions de fond (a.), que doublent des garanties de forme (b.).

a. Les conditions de fond du placement en détention provisoire

619 ***Identité des conditions de placement et de prolongation.*** Il existe deux cas de placement en détention provisoire. Les conditions de fond qu'ils posent valent autant pour le placement initial en détention provisoire que pour sa prolongation[20].

620 ***Placement en détention provisoire à titre de mesure de sûreté ou pour les nécessités de l'information.*** Le premier cas de placement en détention provisoire ne peut avoir lieu que dans des domaines particuliers et pour des motifs spéciaux.

S'agissant du **domaine**, il faut que la personne mise en examen encoure une peine d'une certaine gravité (art. 143-1 du CPP) :

- une peine criminelle ;
- ou une peine correctionnelle supérieure ou égale à trois ans d'emprisonnement.

20. Pour un panorama complet, voy. J. Leblois-Happe, « Le placement en détention provisoire », *AJ pénal*, 2003, p. 9.

E 29 **Les conditions de fond du placement en détention provisoire et la Conv. EDH**

La Convention européenne des droits de l'homme ne connaît pas la « détention provisoire » à proprement parler. Pour elle, la détention provisoire est une forme de « privation de liberté » mentionnée dans son article 5, lequel envisage cinq cas légitimes de privations de liberté (art. 5-1 a à 5-1 f).
L'article 5-1, c) de la Convention prévoit notamment qu'un individu peut être privé de sa liberté « lorsqu'il y a des raisons plausibles de soupçonner qu'il a commis une infraction ou qu'il y a des motifs raisonnables de croire à la nécessité de l'empêcher de commettre une infraction ou de s'enfuir après l'accomplissement de celle-ci ». Les cas de placement en détention provisoire prévus par le Code de procédure pénale ne sont donc pas en contradiction avec le texte de la Convention.
En effet, le placement en détention provisoire suppose que la personne soit mise en examen. Or, la mise en examen nécessite des indices graves et/ou concordants de culpabilité (Ch. Guéry, « Détention provisoire et culpabilité », *D.*, 2006, point de vue, p. 1556). Ces indices constituent donc « des raisons plausibles de soupçonner [qu'elle] a commis une infraction » au sens de l'article 5-1, c) de la Conv. EDH. Par ailleurs, deux des motifs de placement en détention provisoire visés par l'article 144 du Code de procédure pénale se rapprochent encore plus directement des cas spécifiques dans lesquels l'article 5-1, c) de la Convention autorise la privation de liberté : « mettre fin à l'infraction ou [...] prévenir son renouvellement » (art. 144 du CPP), ce qui constitue un « motif raisonnable de croire à la nécessité de l'empêcher de commettre une infraction » (art. 5-1, c) de la Convention) ; « garantir [le] maintien [de la personne mise en examen] à la disposition de la justice » (art. 144 du CPP) qui est un « motif raisonnable de croire à la nécessité de l'empêcher [...] de s'enfuir après l'accomplissement de celle-ci » (art. 5-1, c) de la Convention).

Quant aux **motifs**, l'article 144 du Code de procédure pénale prévoit que la détention provisoire doit constituer « l'unique moyen » de :

- conserver les preuves ou les indices matériels nécessaires à la manifestation de la vérité ;
- empêcher une pression sur les témoins ou les victimes ainsi que sur leur famille ;
- empêcher une concertation frauduleuse entre la personne mise en examen et ses coauteurs ou complices ;
- protéger la personne mise en examen ;
- garantir le maintien de la personne mise en examen à la disposition de la justice ;
- mettre fin à l'infraction ou prévenir son renouvellement ;
- en matière criminelle seulement, mettre fin à un trouble exceptionnel et persistant à l'ordre public provoqué par la gravité de l'infraction, les circonstances de sa commission ou l'importance du préjudice qu'elle a causé ; ce trouble ne pouvant résulter du seul retentissement médiatique de l'affaire.

La notion d'« unique moyen » est précisée. L'article 144 du Code de procédure pénale dispose que la détention provisoire doit être l'unique moyen de parvenir à l'un ou plusieurs des objectifs ci-dessus « au regard des éléments précis et circonstanciés résultant de la procédure [et que ces objectifs] ne sauraient être atteints en cas de placement sous contrôle judiciaire ».

621 ***Placement en détention provisoire pour soustraction volontaire aux obligations du contrôle judiciaire ou d'une assignation à résidence avec surveillance électronique.*** Le second cas de placement en détention provisoire fait l'objet de

conditions plus rudimentaires. Il peut intervenir en cas de soustraction volontaire de la personne mise en examen aux obligations de son contrôle judiciaire ou d'une assignation à résidence avec surveillance électronique (art. 143-1, dernier al., du CPP), dans les conditions posées à l'article 141-2 du Code de procédure pénale.

b. Les conditions de forme du placement en détention provisoire

622 ***Compétence du juge des libertés et de la détention.*** Le pouvoir de placer en détention provisoire appartient au juge des libertés et de la détention. Il détient également celui de prolonger cette détention et de statuer sur les demandes de mise en liberté (art. 137-1 du CPP).

623 ***Saisine du juge des libertés et de la détention par le juge d'instruction.*** Le juge d'instruction a en principe compétence exclusive pour saisir le juge des libertés et de la détention d'une demande tendant au placement en détention provisoire de la personne mise en examen (art. 83 du CPP) par ordonnance motivée (art. 137-1, dernier al., du CPP). Le ministère public peut requérir le juge d'instruction aux fins de saisir le juge des libertés et de la détention. Si le juge d'instruction estime que cette détention n'est pas justifiée et qu'il décide de ne pas transmettre au juge des libertés et de la détention, il est tenu de statuer sans délai par ordonnance motivée immédiatement portée à la connaissance du procureur de la République[21].

E 30 La loi du 9 mars 2004 et la saisine exceptionnelle du juge des libertés et de la détention par le procureur de la République : du « double accord » au « double regard » dans la décision de placement en détention provisoire

Les articles 83 et 137-1 du Code de procédure pénale issus de la loi du 15 juin 2000 ont institué le principe d'après lequel seul le juge d'instruction peut saisir le juge des libertés et de la détention. C'est le principe dit du « double accord », la détention provisoire ne pouvant finalement résulter que de deux accords sur la détention provisoire successivement portés par le juge d'instruction et le juge des libertés et de la détention, magistrats du siège.

L'article 137-4 du Code de procédure pénale, tel que modifié par la loi du 9 mars 2004, permet au procureur de la République de saisir le juge des libertés et de la détention. Le « double regard » se substitue au « double accord », à des conditions cependant bien strictes.

Ces conditions tiennent d'abord à la nature des infractions concernées. La saisine du juge des libertés et de la détention par le procureur de la République n'est possible que pour les crimes ou les délits punis de dix ans d'emprisonnement.

Elles tiennent ensuite à la motivation des réquisitions du procureur de la République de placement en détention provisoire. Cette saisine n'est possible que si le procureur, en tout ou partie, a requis la détention provisoire à titre de mesure de sûreté. La détention provisoire « sûreté » est celle motivée par le risque de renouvellement des faits ou de fuite de la personne (art. 144-2° du CPP) ou par le trouble exceptionnel et persistant à l'ordre public (art. 144-3°). On l'oppose ici à la détention provisoire « nécessités de l'instruction » motivée par le risque de pression ou de concertation frauduleuse ou le risque de disparition de preuves (art. 144-1°). La saisine du juge des libertés et de la détention par le procureur de la République n'est donc pas possible si les réquisitions de ce dernier sont uniquement motivées au regard des nécessités de l'instruction.

---

21. Art. 137-4 du CPP modifié par la loi du 9 septembre 2002, antérieurement à laquelle le juge d'instruction n'était même pas tenu de statuer sur les réquisitions du procureur de la République.

Ces conditions tiennent enfin à l'information préalable du juge d'instruction. Lorsqu'il saisit le juge d'instruction, le procureur de la République doit l'avertir qu'il envisage de faire application des dispositions de l'article 137-4 du Code de procédure pénale dans le cas où le juge d'instruction ne saisirait pas le juge des libertés et de la détention.

Ainsi saisi de réquisitions du procureur de la République tendant au placement en détention provisoire et l'avisant de son intention de faire application des dispositions de l'article 137-4, le juge d'instruction peut décider de saisir le juge des libertés et de la détention par ordonnance motivée parce qu'il estime la détention provisoire justifiée. Il peut aussi, s'il estime la détention provisoire injustifiée, refuser de saisir le juge des libertés et de la détention. Son ordonnance motivée est immédiatement portée à la connaissance du ministère public, le procureur de la République pouvant alors mettre ses menaces de saisine du juge des libertés et de la détention à exécution ou pas. Le juge des libertés et de la détention éventuellement saisi organise en principe un débat contradictoire. Il peut aussi ne pas organiser de débat contradictoire du tout s'il n'envisage pas le placement en détention provisoire.

La logique de l'article 137-4 du Code de procédure pénale tel que modifié par la loi du 9 mars 2004 voudrait que le juge des libertés et de la détention ne puisse motiver la détention provisoire que par référence aux motifs de sûreté soulevés par le procureur de la République (art. 144-2° et/ou -3°), et ce même dans l'hypothèse où le procureur de la République aurait initialement également saisi le juge d'instruction de réquisitions de placement en détention provisoire de la personne mise en examen pour les nécessités de l'information (art. 144-1°).

On conçoit aisément que le procureur de la République puisse saisir le juge des libertés et de la détention de réquisitions de placement en détention provisoire de la personne mise en examen. Au demeurant, l'impartialité du juge d'instruction sortirait sans doute grandie d'un système dans lequel, le juge d'instruction ne pouvant être à l'origine de la privation de liberté de la personne mise en examen, seul le ministère public pourrait agir à cette fin. Mais la possibilité ainsi offerte au procureur de la République de, *in fine*, saisir le juge des libertés et de la détention, se fait au prix de complications inutiles : avertissement du juge d'instruction par le procureur de la République s'apparentant à une menace procédurale, introduction d'une distinction oiseuse entre la détention provisoire « sûreté » et la détention provisoire « nécessités de l'information », érection du juge d'instruction comme seul gardien des « nécessités » de (son) l'information par opposition à un procureur de la République seul gardien de la sûreté (publique), possibilité offerte au juge des libertés et de la détention de défier le procureur de la République en n'organisant même pas de débat contradictoire...

Bien sûr, le Conseil constitutionnel n'a pas eu à entrer dans ces débats de politique criminelle pour valider cette disposition législative. Il a estimé les dispositions fondées « sur des critères objectifs et rationnels, inspirés d'intérêt général en rapport direct avec l'objet de la loi » et que « la différence de traitement ainsi instituée entre les personnes dont la détention provisoire est requise ne procède donc pas d'une discrimination injustifiée » (Cons. const., décision n° 2004-492 DC du 2 mars 2004, consid. n° 121, *JORF*, 10 mars 2004, pp. 4646-4647). Reste que, au détour d'un considérant, il a d'une certaine façon inscrit le juge des libertés et de la détention dans la Constitution, estimant que « les nouvelles dispositions de l'article 137-4 du code de procédure pénale n'[affectant] pas, en matière de placement en détention provisoire, la compétence du juge des libertés et de la détention, [...] l'article 66 de la Constitution n'est donc pas méconnu » (*ibid.*, n° 120). L'article 66 de la Constitution fait bien de l'autorité judiciaire la gardienne de la liberté individuelle. La détention provisoire est une privation de liberté et par là une atteinte à la liberté individuelle au sens de l'article 66 de la Constitution. La nature et l'intensité de cette atteinte sont telles qu'elle ne saurait être décidée que par un magistrat du siège. Mais qui parle nécessairement du « juge des libertés et de la détention » tel qu'institué par la loi du 15 juin 2000 dans l'article 66 de la Constitution[22] ?

---

22. Voy. C. Guéry, « Une détention provisoire exceptionnelle... mais souhaitable », *AJ pénal*, 2004, p. 238.

624 ***Débat contradictoire.*** La décision de placer en détention provisoire ne peut intervenir qu'au terme d'un débat contradictoire qui se déroule selon les conditions très strictes détaillées à l'article 145 du Code de procédure pénale. Le juge des libertés et de la détention fait comparaître le suspect, le cas échéant assisté par son avocat. Le débat contradictoire est en principe public.

S'il n'envisage pas de placer la personne mise en examen en détention provisoire, le juge peut la placer sous contrôle judiciaire.

S'il envisage de la placer en détention provisoire, il doit commencer par l'informer que son placement en détention provisoire ne peut intervenir qu'à l'issue du débat contradictoire et qu'elle dispose de certains droits, notamment du droit d'être assistée par un avocat et du droit de demander un délai pour préparer sa défense.

Si la personne ou son avocat sollicite un tel délai, le juge peut décider de son incarcération provisoire par ordonnance non susceptible d'appel, pour une durée déterminée qui ne peut pas excéder quatre jours ouvrables. À l'audience de renvoi, le débat se déroule comme si la personne n'avait pas demandé de délai.

Le juge des libertés et de la détention peut également décider d'office de prescrire par ordonnance motivée l'incarcération provisoire du mis en examen pendant une durée déterminée qui ne saurait excéder quatre jours ouvrables jusqu'à la tenue du débat contradictoire, pour permettre au juge d'instruction de procéder à des vérifications relatives à la situation personnelle du mis en examen ou aux faits qui lui sont reprochés, lorsque ces vérifications sont susceptibles de permettre le placement de l'intéressé sous contrôle judiciaire ou sous assignation à résidence avec surveillance électronique.

Immédiat ou différé, le débat contradictoire se tient et, en principe, publiquement. Le juge entend le ministère public en ses réquisitions, puis la personne et/ou son avocat en ses observations.

À l'issue du débat contradictoire, le juge des libertés et de la détention se détermine sur le placement en détention provisoire ou non de la personne mise en examen. Il statue publiquement.

625 ***Ordonnance de placement en détention provisoire.*** L'ordonnance de placement en détention provisoire du juge des libertés et de la détention est motivée (art. 137-3). Elle doit comporter l'énoncé des considérations de droit et de fait :

- d'une part, sur le caractère insuffisant des obligations du contrôle judiciaire ou de l'assignation à résidence avec surveillance électronique ;
- d'autre part, sur le motif de la détention par référence aux seules dispositions des articles 143-1 (relatives au domaine de la détention provisoire) et 144 du Code de procédure pénale (relatives aux motifs du placement en détention provisoire)[23].

23. Le juge des libertés et de la détention peut donc délivrer, au cours d'une même instruction, à l'encontre d'une personne placée sous contrôle judiciaire, une ordonnance de placement en détention provisoire en raison des mêmes faits, lorsque des circonstances nouvelles entrant dans les prévisions de l'article 144 justifient, eu égard aux nécessités nouvellement appréciées de l'instruction, une détention provisoire (Crim., 1er mars 2005, n° 04-87.392, *Bull. crim.*, n° 73 ; *D.*, 2005, IR, p. 1049 ; *JCP*, 2005, IV, 1907).

E 31 Le juge des libertés et de la détention

Le juge des libertés et de la détention est un magistrat du siège du tribunal judiciaire. Il en est plus particulièrement un magistrat spécialisé, à l'instar, en matière pénale, du juge d'instruction et du juge de l'application des peines, désigné dans ces fonctions par décret du président de la République. Ne peut être nommé dans ces fonctions qu'un magistrat du premier grade ou hors hiérarchie (de sorte qu'il doit avoir rang de président, premier vice-président ou vice-président du tribunal judiciaire). Enfin, un juge des libertés et de la détention ne peut exercer ces fonctions plus de dix ans au sein d'un même tribunal judiciaire (art. 28 et 28-3 de l'ord. n° 58-1270 du 22 décembre 1958 portant loi organique relative au statut de la magistrature). Il est assisté d'un greffier pour la réalisation de certains actes (par exemple, en matière de détention provisoire ; art. 137-1, al. 2, du CPP). Il ne peut bien sûr pas participer au jugement des affaires pénales dans lesquelles il est intervenu à ce titre (art. 137-1, al. 3, du CPP).

La dénomination du juge des libertés et de la détention peut paraître étrange (« *des* libertés et *de la* détention ») et laisser croire que la liberté est divisible et qu'il n'existe qu'une seule forme de détention. En réalité, en recourant à la formulation plurielle de « libertés », le législateur a voulu souligner que ce magistrat a connaissance de différentes formes de restrictions et de privations de liberté, physiques ou non. Il intervient ainsi en matière, notamment :

- de détention provisoire, au stade du placement, de la prolongation et d'une demande de mise en liberté, lorsque cette dernière a été refusée par le juge d'instruction ;
- de gardes à vue, pour autoriser leur prolongation au-delà de la 48e heure en enquête de police judiciaire dans la procédure applicable à la criminalité et à la délinquance organisées ;
- de perquisitions, pour autoriser celles effectuées lors des enquêtes préliminaires (art. 76, dernier al., du CPP) ou de nuit en cas d'acte de terrorisme (art. 706-24 du CPP), hors des heures légales en cas de trafic de stupéfiants (art. 706-28 du CPP), dans les cabinets d'avocats (art. 56-1 du CPP) ou dans les locaux d'une entreprise de presse (art. 56-2 du CPP) ;
- de techniques spéciales d'enquête (art. 706-95-11 et s. du CPP : recueil des données techniques de connexion, sonorisation et fixation d'images de certains lieux ou véhicules, captation de données informatiques...) ;
- de visites domiciliaires et de saisies effectuées par la direction générale des impôts (art. L. 16 B du Livre des procédures fiscales), les agents des douanes (art. 64 du Code des douanes), les agents de la direction générale de la concurrence, de la consommation et de la répression des fraudes (art. L. 450-4 du Code de commerce) ;
- de privations de liberté de certains étrangers candidats à l'entrée sur le territoire national (autorisation du maintien en zone d'attente) ou objets d'une mesure d'éloignement (autorisation de prolongation des mesures de rétention, en application du CESEDA) ;
- d'hospitalisation des personnes pour des soins psychiatriques sans consentement (en application du Code de la santé publique).

Dans sa décision n° 2004-492 DC du 2 mars 2004, le Conseil constitutionnel a presque inscrit la place du juge des libertés et de la détention dans l'article 66 de la Constitution (voy. *supra*, encadré E30 *in fine*[24]).

En somme, il n'intervient **pas qu'en matière pénale**, figure, en matière pénale, à la fois le juge d'***Habeas corpus*** (art. 66 de la Constitution ; art. 5 § 3 de la Conv. EDH) et le juge d'***Habeas libertas*** (art. 16 de la déclaration de 1789 ; art. 8 de la Conv. EDH), est passé **de juge de la détention provisoire *dans* l'instruction** à **juge *dans* l'enquête**, et connaît dorénavant des prérogatives, également, de **juge *de* l'enquête** (place à certaines requêtes en nullité ante-juridictionnelles de visites domiciliaires et perquisitions d'enquêtes de police ; art. 802-2 du CPP).

24. Voy. A. Dorsner-Dolivet, « Les dispositions de la loi du 15 juin 2000 renforçant les garanties judiciaires en matière de détention provisoire », *Dr. pén.*, 2000, chron. n° 39 – M. Lemonde, « Le juge des libertés et de la détention : une réelle avancée ? », *RSC*, 2001, p. 51 ; M. Huyette, « JLD, comparution immédiate et procès équitable », *D.*, 2003, p. 1453 ; Ch. Guéry, « Le juge des libertés et de la détention : un juge qui cherche à mériter son nom », *D.*, 2004, p. 583 ; H. Matsopoulou, « Le juge des libertés et de la détention : un acteur de premier ou de second rôle en matière de détention provisoire ? », *D.*, 2008, p. 1494 ; B. de Lamy, « Le juge des libertés et de la détention : un trompe-l'œil ? », *Dr. pén.*, 2007, étude n° 14.

L'ordonnance de placement en détention provisoire est un acte de nature juridictionnelle qui fixe la privation de liberté dans son principe. Le juge des libertés et de la détention n'a cependant pas le pouvoir de fixer à l'avance une durée de détention inférieure à celle prévue par la loi[25]. Cette ordonnance doit être doublée de l'ordre donné au chef de la maison d'arrêt de recevoir et détenir la personne concernée : c'est l'objet du mandat de dépôt délivré par le juge des libertés et de la détention[26].

La détention provisoire est en principe exécutée en maison d'arrêt. À titre exceptionnel, au regard de leur personnalité ou de leur comportement, les personnes mises en examen, prévenus et accusés soumis à la détention provisoire peuvent être incarcérées dans un établissement pour peines lorsque cette décision apparaît nécessaire à la prévention des évasions ou au maintien de la sécurité et du bon ordre des établissements pénitentiaires (art. 714 du CPP).

2. *La durée de la détention provisoire*

626 ***Double limite abstraite et concrète de la durée de la détention provisoire.*** La durée de la détention provisoire est encadrée par deux séries de dispositions. Les premières fixent la limite abstraite de la durée raisonnable (a.), les secondes déterminent des limites concrètes, en fonction de la gravité des faits reprochés à la personne mise en examen (b.).

a. La limite abstraite : la durée raisonnable de la détention provisoire

627 ***Durée raisonnable de la détention provisoire.*** L'article 144-1 du Code de procédure pénale prévoit que « la détention provisoire ne peut excéder une durée raisonnable, au regard de la gravité des faits reprochés à la personne mise en examen et de la complexité des investigations nécessaires à la manifestation de la vérité ». Cette disposition transpose dans le Code de procédure pénale, l'article 5 § 3 de la Convention européenne des droits de l'homme (voy. *infra*, encadré E32).

E 32 **La durée de la détention provisoire et la Conv. EDH**

L'article 5 § 3 de la Convention européenne des droits de l'homme garantit à une personne privée de liberté avant jugement d'être « jugée dans un délai raisonnable, ou libérée pendant la procédure ». On en déduit un impératif de durée raisonnable de la détention avant jugement qui s'applique par conséquent à la détention provisoire. La jurisprudence de la Cour européenne en matière de durée de la détention provisoire a moins d'intérêt au plan des critères d'appréciation de cette durée – risque de fuite, risque de disparition des preuves, risque de pression sur les témoins, risque de réitération de l'infraction, trouble à l'ordre public –, qu'au plan de la détermination de ses points de départ et d'arrivée.

Le point de départ (*dies a quo*) est bien sûr le jour du placement en détention provisoire, mais le point d'arrivée (*dies ad quem*) est le jour où intervient le premier jugement sur le fond de l'accusation et non le jour où la décision sur le fond de l'accusation devient définitive. Les instances d'appel et de recours en cassation ne sont donc pas prises en compte pour calculer la durée d'une détention provisoire, et ce pour

25. Crim., 21 novembre 2006, n° 06-86.937, *Bull. crim.*, n° 291 ; *AJ pénal*, 2007, p. 138, obs. Saas.

26. La Cour de cassation a admis que lorsque le mandat de dépôt est annulé pour vice de forme, rien n'interdit de placer à nouveau en détention provisoire la personne mise en examen, dans la même information à raison des mêmes faits (Crim., 1er février 2005, n° 04-86.768, *Bull. crim.*, n° 33 ; *D.*, 2005, IR, p. 795).

deux raisons : d'une part la détention après condamnation est un cas de privation de liberté prévu par l'article 5, § 1er, a), la détention avant jugement étant quant à elle prévue par l'article 5 § 1 c) ; d'autre part on cherche à éviter que les États parties limitent l'exercice des voies de recours dans le but de se conformer à la Conv. EDH.

Dans le Code de procédure pénale, la détention provisoire se poursuit le cas échéant jusqu'à l'intervention de la décision définitive. Le détenu provisoire en instance d'appel ou de cassation n'est pas pour autant délaissé par la Conv. EDH, étant protégé par l'article 6, § 1er, aux termes duquel toute personne a droit à ce que sa cause soit entendue dans un délai raisonnable. On distingue alors entre la durée raisonnable d'une détention provisoire et la durée raisonnable de la procédure prise dans son ensemble (voy. *infra*, encadré E43).

---

b. Des limites plus concrètes en fonction de la gravité des faits reprochés à la personne mise en examen

628 ***Compétence du juge des libertés et de la détention.*** Ces limites plus concrètes varient selon la gravité des faits reprochés à la personne mise en examen. Elles permettent parfois d'ajouter une ou plusieurs prolongations à une durée initiale de placement en détention provisoire. Ces prolongations sont bien sûr accordées par le juge des libertés et de la détention saisi à cette fin par le juge d'instruction. Il revient donc concrètement au juge d'instruction « de suivre la durée des détentions concernant les dossiers de son cabinet, pour saisir en temps utile le juge des libertés et de la détention »[27]. Le juge des libertés et de la détention prolonge les détentions provisoires par ordonnances motivées (art. 137-3 du CPP) prises après débat contradictoire[28] et public. Dans certaines circonstances, elles doivent même être spécialement motivées. Lorsque la durée de la détention provisoire excède un an en matière criminelle ou huit mois en matière correctionnelle, l'ordonnance doit comporter les indications particulières qui justifient la poursuite de l'information et le délai prévisible d'achèvement de la procédure (art. 145-3 du CPP).

Dans le cadre des dispositions adoptées pour lutter contre la propagation de l'épidémie de **Covid-19**, l'article 16 de l'ordonnance du 25 mars 2020 avait retenu que « les délais maximums de détention provisoire [...] prévus par les dispositions du Code de procédure pénale [...] [seraient] prolongés [de] plein droit » : de deux mois en matière correctionnelle lorsque la peine d'emprisonnement encourue était inférieure ou égale à cinq ans, de trois mois, dans les autres cas ; et de six mois en matière criminelle. Cette disposition, vivement critiquée en ce qu'elle laissait augurer une prolongation de détention provisoire sans intervention aucun d'un juge, a été interprétée dans ce sens par la Chancellerie. Par deux arrêts en date du 26 mai 2020[29], la chambre criminelle

---

27. Circulaire d'application du 20 décembre 2000, n° CRIM-00-16/F1, p. 58.
28. Le juge des libertés peut mettre sa décision en délibéré ; il suffit en effet que la prolongation, le cas échéant, soit ordonnée avant l'expiration du précédent titre de détention provisoire (Crim., 30 mars 2005, n° 05-80.380, *Bull. crim.*, n° 105 ; *D.*, 2005, IR, p. 1249 ; *JCP*, 2005, IV, 2138). Par ailleurs, ce débat contradictoire peut se tenir à l'intérieur même d'une maison d'arrêt (Crim., 15 mars 2005, n° 05-80.014, *Bull. crim.*, n° 87 ; *JCP*, 2005, IV, 1984).
29. Crim., 26 mai 2020, n° 20-81.910 et Crim., 26 mai 2020, n° 20-81971, *Gaz. Pal.*, 9 juin 2020, p. 20, note Ph. Bonfils ; *ibid.*, 1er septembre 2020, p. 63, note F. Fourment ; *add.* : H. Matsopoulou, « La fin des "prolongations de plein droit" des détentions provisoires intervenues dans le cadre de l'état d'urgence sanitaire », *JCP G*, 2020, doctr. 767.

de la Cour de cassation a validé le principe de la prolongation de plein droit des détentions provisoires : « l'article 16 doit être interprété comme prolongeant sans intervention judiciaire, pour les durées qu'il prévoit, tout titre de détention venant à expiration, et ce à une reprise au cours de chaque procédure ». Mais sous couvert de l'article 5 de la Convention européenne, par voie d'arrêt qu'on ne peut pas ne pas qualifier de règlement, elle a amendé substantiellement aussi l'article 16 de l'ordonnance, posant l'exigence de contrôle d'un juge : « l'article 16 de l'ordonnance n'est compatible avec l'article 5 de la Convention [...] et la prolongation qu'il prévoit n'est régulière que si la juridiction qui aurait été compétente pour prolonger la détention rend, dans un délai rapproché courant à compter de la date d'expiration du titre ayant été prolongé de plein droit, une décision par laquelle elle se prononce sur le bien-fondé du maintien en détention », ce délai rapproché « ne [pouvant] – continue-t-elle de disposer... – être supérieur à un mois en matière délictuelle et à trois mois en matière criminelle avant jugement ». La chambre criminelle aura sauvé des détentions provisoires...

La loi du 11 mai 2020 « prorogeant l'état d'urgence sanitaire et complétant ses dispositions » (voy. *supra*, n° 3) a ramené un peu d'ordre dans le débat. L'article 16-1, nouveau, de l'ordonnance du 25 mars 2020 a retenu en effet que, à compter du 11 mai 2020, la prolongation de plein droit des délais de détention provisoire prévue à l'article 16 n'était plus applicable aux titres de détention dont l'échéance était intervenue à compter de cette date et que les détentions ne pouvaient être prolongées que par une décision de la juridiction compétente prise après un débat contradictoire. Reste qu'il a pu encore s'agir, dans un régime transitoire applicable entre le 11 mai et le 11 juin 2020, de valider le cas échéant rétrospectivement des détentions provisoires antérieurement prolongées de plein droit. Ainsi l'alinéa 2 de l'article 16-1, nouveau, a-t-il prévu que si l'échéance du titre de détention en cours, résultant des règles de droit commun du Code de procédure pénale, était intervenue avant le 11 juin 2020, la juridiction compétente disposait d'un délai d'un mois à compter de cette échéance pour se prononcer sur sa prolongation, sans qu'il en résulte la mise en liberté de la personne, dont le titre de détention était prorogé jusqu'à cette décision. Ainsi encore, l'alinéa 5 a-t-il retenu que lorsque la détention provisoire au cours de l'instruction avait été prolongée de plein droit en application de l'article 16 de l'ordonnance pour une durée de six mois, cette prolongation ne pouvait maintenir ses effets jusqu'à son terme que par une décision prise par le juge des libertés et de la détention intervenue au moins trois mois avant le terme de la prolongation. On l'aura compris, la chambre criminelle, le 26 mai 2020 a trouvé ses techniques de contrôle *a posteriori* et attendus normatifs des délais d'un mois ou de trois mois dans la loi du 11 mai 2020. Point d'envolée, toutefois : à « débat contradictoire » promis, demi-débat contradictoire garanti. L'article 19 de l'ordonnance du 25 mars 2020 prévoyait en effet que lorsque le recours à la visioconférence était matériellement impossible, les décisions du juge des libertés et de la détention statuant sur la prolongation de la détention provisoire étaient prises sur réquisitions écrites du procureur de la République et des observations écrites de la personne et de son avocat. Ce n'était qu'à sa demande que l'avocat pouvait présenter des observations orales devant le magistrat, ou plutôt la caméra, par un moyen de télécommunication audiovisuelle.

629 ***Durée de la détention provisoire en matière correctionnelle.*** En matière correctionnelle, l'article 145-1 du Code de procédure pénale prévoit deux hypothèses principales :

- si la personne mise en examen n'a pas déjà été condamnée pour crime ou pour délit de droit commun à une peine criminelle ou à une peine d'emprisonnement sans sursis d'une durée supérieure à un an et qu'elle encourt une peine inférieure ou égale à cinq ans, sa détention provisoire ne peut excéder quatre mois et n'est pas susceptible de prolongation ;
- dans les autres cas, en considération du passé judiciaire de la personne et/ou de la peine qu'elle encourt, sa détention provisoire ne peut excéder en principe quatre mois. À titre exceptionnel, la détention provisoire peut être prolongée pour une durée ne pouvant excéder quatre mois. Cette prolongation peut être renouvelée une fois pour une même durée.

La durée maximale de la détention provisoire est donc d'un an (durée initiale de quatre mois à laquelle s'ajoute une prolongation de quatre mois plus un renouvellement de prolongation de quatre mois). Dans certaines circonstances, cette durée maximale peut être portée à deux ans (trois renouvellements de quatre mois supplémentaires) soit lorsqu'un fait constitutif de l'infraction a été commis hors du territoire national, soit lorsque la personne est poursuivie pour trafic de stupéfiants, association de malfaiteurs, proxénétisme, extorsion de fonds ou pour une infraction commise en bande organisée et qu'elle encourt une peine égale à dix ans d'emprisonnement. À titre plus exceptionnel encore, une dernière prolongation de quatre mois peut être ajoutée à ces deux ans, « lorsque les investigations du juge d'instruction doivent être poursuivies et que la mise en liberté de la personne mise en examen causerait pour la sécurité des personnes et des biens un risque d'une particulière gravité ». La chambre de l'instruction statue après saisine par ordonnance motivée du juge des libertés et de détention.

630 ***Durée de la détention provisoire en matière criminelle.*** En matière criminelle, la détention provisoire est ordonnée pour une durée ne pouvant excéder un an. Elle peut être prolongée pour une durée qui ne peut être supérieure à six mois. L'article 145-2 du Code de procédure pénale prévoit deux grandes hypothèses :

- si la peine encourue par la personne mise en examen est inférieure à vingt ans de réclusion ou de détention criminelles, sa détention provisoire ne peut en principe excéder deux ans. La durée est portée à trois ans si l'un des faits constitutifs de l'infraction a été commis hors du territoire national et à quatre ans si la personne est poursuivie pour plusieurs crimes ou pour trafic de stupéfiants, terrorisme, proxénétisme, extorsion de fonds ou pour un crime commis en bande organisée ;
- dans les autres cas, sa détention provisoire ne peut en principe excéder trois ans. La durée est portée à quatre ans si l'un des faits constitutifs de l'infraction a été commis hors du territoire national ou si la personne est poursuivie pour plusieurs crimes ou pour trafic de stupéfiants, terrorisme, proxénétisme, extorsion de fonds ou pour un crime commis en bande organisée.

Dans tous ces cas, et à titre plus exceptionnel encore, une dernière prolongation de quatre mois peut être ajoutée à ces deux ans, « lorsque les investigations du juge d'instruction doivent être poursuivies et que la mise en liberté de la personne mise en examen causerait pour la sécurité des personnes et des biens un risque d'une particulière gravité ». Cette fois, c'est la chambre de l'instruction qui statue après saisine par ordonnance motivée du juge des libertés et de la détention.

631 ***Requalification des faits.*** Si, en cours d'instruction, la qualification criminelle des faits objet de la saisine du juge d'instruction est abandonnée, ce dernier doit soit saisir le juge des libertés et de la détention aux fins du maintien en détention provisoire de la personne mise en examen, soit prescrire sa mise en liberté, le cas échéant assortie du contrôle judiciaire (art. 146 du CPP).

E 33 **La détention provisoire du mineur**

La détention provisoire du mineur est régie par l'article 11 de l'ordonnance du 2 février 1945 relative à l'enfance délinquante. Le juge des libertés et de la détention est saisi par le juge des enfants ou par le juge d'instruction. Le régime de la détention provisoire du mineur est le suivant :

- les mineurs de treize ans ne peuvent pas être placés en détention provisoire, ce qui était bien sûr déjà vrai ;
- les mineurs de treize ans révolus et de moins de seize ans peuvent être placés en détention provisoire : en matière criminelle pour une durée de six mois, qui peut être prolongée de six autres mois à titre exceptionnel ; ou s'ils se sont volontairement soustraits aux obligations d'un contrôle judiciaire, cette hypothèse n'ayant d'intérêt qu'en matière correctionnelle, si toutefois la peine encourue est supérieure ou égale à cinq ans d'emprisonnement et que le mineur a déjà fait l'objet d'une mesure ou sanction éducative ou d'une peine (domaine du contrôle judiciaire d'un tel mineur) pour une durée de quinze jours renouvelable une fois (un mois renouvelable une fois si le délit est puni de dix ans d'emprisonnement) ;
- les mineurs de seize ans révolus ne peuvent être placés en détention provisoire que dans trois cas : en matière criminelle, dans les conditions de droit commun des majeurs, sans pouvoir toutefois dépasser une durée de deux ans ; en matière correctionnelle si la peine encourue est supérieure ou égale à trois ans d'emprisonnement (si la peine encourue est inférieure ou égale à sept ans d'emprisonnement la durée de la détention provisoire est d'un mois au maximum et, à titre exceptionnel, elle peut être prolongée une seule fois d'un mois, mais si la peine encourue est supérieure à sept ans d'emprisonnement la détention provisoire obéit au droit commun des majeurs dans la limite de la durée d'un an) ; ou s'ils se sont volontairement soustraits aux obligations d'un contrôle judiciaire ou d'une assignation à résidence avec surveillance électronique, l'intérêt étant alors porté pour les délits punis de moins de trois ans d'emprisonnement.

Dans sa décision n° 2002-461 DC du 29 août 2002[30], le Conseil constitutionnel n'a pas jugé contraire à la Constitution le placement en détention provisoire d'un mineur réitérant, voire récidivant, ayant manqué aux obligations d'un contrôle judiciaire en matière correctionnelle, « compte tenu des conditions des garanties qui entourent la détention provisoire » (exécution dans un quartier ou établissement pénitentiaire spécialisé, renforcement de la présence d'éducateurs, suivi éducatif à leur libération en cours de procédure, le cas échéant).

Bien sûr, selon le droit commun, le placement en détention provisoire d'un mineur n'est possible qu'à la condition que les obligations du contrôle judiciaire et les obligations de l'assignation à résidence avec surveillance électronique soient insuffisantes.

---

3. *Le contentieux de la détention provisoire*

632 ***Diversité du contentieux.*** La détention provisoire génère un gros contentieux qui se divise en deux courants. Dans un premier courant, la personne mise en examen va s'efforcer d'être libérée. Elle dispose pour cela du droit d'appel de l'ordonnance de placement en détention provisoire (a.) et de la demande de

30. *JORF*, 10 septembre 2002.

mise en liberté (b.). Interjetant appel de l'ordonnance, elle conteste le bien-fondé initial de cette mesure ; demandant sa mise en liberté, elle conteste la pérennité de la mesure. Dans un second courant, au cas où la procédure se terminerait à son égard par un non-lieu, une relaxe ou un acquittement, elle va avoir à cœur d'être indemnisée de la détention provisoire injuste – ce n'est pas à dire qu'elle a été illégale – qu'elle aura subie (c.).

a. L'appel de l'ordonnance de placement en détention provisoire

633 ***Droit d'appel.*** Le droit d'appel des ordonnances du juge d'instruction et du juge des libertés et de la détention répond à une théorie générale fondée sur les articles 185 et suivants du Code de procédure pénale. Le droit d'appel du ministère public est général. Ce dernier peut donc interjeter appel d'une ordonnance de placement en détention provisoire. Si le droit d'appel de la personne mise en examen est limité, cette dernière peut bien sûr interjeter appel de l'ordonnance de placement en détention provisoire.

634 ***Délai d'appel.*** L'appel du procureur de la République doit être interjeté dans les dix jours de la notification de l'ordonnance. Le dossier d'instruction et l'avis motivé du procureur de la République sont transmis au procureur général près la cour d'appel. Ce dernier dispose d'un délai de quarante-huit heures pour mettre le dossier en état et prendre des réquisitions.

Le procureur général peut interjeter appel de l'ordonnance dans les dix jours qui suivent l'ordonnance du juge, par déclaration au greffe du tribunal.

635 ***Appel jugé à bref délai et publiquement.*** La chambre de l'instruction doit statuer par arrêt motivé dans les plus brefs délais et au plus tard dans les dix jours qui suivent l'appel. L'audience est en principe publique (art. 199)[31].

636 ***Référé-liberté.*** L'appel de l'ordonnance est donc jugé à bref délai. Cela n'a pourtant pas paru suffisant au législateur, d'autant que l'appel n'a pas d'effet suspensif de l'exécution de l'ordonnance ; ces raisons l'ont amené à instituer le référé-liberté : il se greffe à l'appel interjeté contre l'ordonnance de placement en détention provisoire et a pour objet de faire examiner l'appel par le président de la chambre de l'instruction ou par la chambre de l'instruction elle-même, dans des délais encore plus courts que celui prévu pour l'appel ordinaire (pour l'appel ordinaire, « dans les plus brefs délais et au plus tard dans les dix jours »). L'exercice du référé-liberté doit être fait en même temps que l'appel, ce dernier devant en l'occurrence être interjeté au plus tard le jour suivant l'ordonnance de placement en détention provisoire. La déclaration d'appel et la demande de référé-liberté peuvent d'ailleurs être formées à l'issue du débat contradictoire. Le référé-liberté peut alors emprunter deux voies.

Selon la première voie (art. 187-1 du CPP), conçue par le législateur comme le droit commun du référé-liberté, la demande est portée devant le président de la chambre de l'instruction. Il doit statuer au plus tard dans les trois jours ouvrables suivant la demande, par ordonnance non motivée et non susceptible de recours. S'il y fait droit, l'ordonnance du juge des libertés et de la détention est

---

31. La publicité des audiences au cours desquelles il est statué sur la détention provisoire d'une personne majeure concerne uniquement l'accès à la salle d'audience où siège la juridiction et ne s'étend pas aux locaux pénitentiaires depuis lesquels la personne détenue comparaît par visioconférence (Crim., 16 mars 2016, n° 15-87.644 ; *Gaz. Pal.*, 19 juillet 2016, p. 64, obs. FOURMENT).

infirmée, la personne est mise en liberté et la chambre de l'instruction dessaisie de l'appel. S'il ne fait pas droit à la demande, l'affaire est renvoyée à la chambre de l'instruction qui statue sur l'appel dans les conditions du droit commun.

Selon la seconde voie (art. 187-2 du CPP), la personne peut demander que la chambre de l'instruction examine directement son appel. Elle doit statuer au plus tard dans les cinq jours ouvrables suivant la demande, dans les conditions du droit commun de l'appel, ce délai excepté.

Ce référé-liberté ne doit bien sûr pas être confondu avec le « référé-détention » (voy. *infra*, encadré E34).

b. La demande de mise en liberté

637 ***Initiative du juge d'instruction.*** La mise en liberté peut bien sûr résulter d'une initiative du juge d'instruction. C'est même son devoir : dès que les conditions prévues à l'article 144 du Code de procédure pénale ne sont plus réunies, la personne placée en détention provisoire doit être mise en liberté immédiatement (art. 147 du CPP).

La liberté étant le principe, le juge qui ordonne la mise en liberté d'une personne en détention provisoire, fût-ce contrairement aux réquisitions du ministère public, n'a pas lieu de constater l'absence des conditions qui, selon les articles 137 et 144 du Code de procédure pénale, pourraient autoriser une mesure de détention provisoire[32].

Il existe deux types de demandes de mise en liberté à l'initiative de la personne mise en détention provisoire ou de son avocat. La première est ordinaire, les secondes sont extraordinaires[33].

En tout état de cause, la chambre criminelle de la Cour de cassation retient que l'existence de conditions de détention attentatoires à la dignité de la personne détenue ne justifie pas sa mise en liberté ; ces conditions de détention sont seulement susceptibles d'engager la responsabilité de la puissance publique en raison du mauvais fonctionnement du service public[34]. Étonnamment, des conditions de détention dignes ne constituent donc pas une condition de légalité de la privation de liberté. Ce n'est que dans les circonstances paroxystiques dans lesquelles l'état de santé physique ou mentale du détenu provisoire est incompatible avec son maintien en détention, en somme, lorsque l'administration pénitentiaire n'est plus à même d'offrir au détenu des conditions de détention adaptées à son état, que ce dernier peut espérer sa mise en liberté humanitaire, sur le fondement de l'article 147-1 du Code de procédure pénale.

638 ***Demande de mise en liberté ordinaire adressée au juge d'instruction.*** La demande de mise en liberté ordinaire est portée au juge d'instruction et, le cas échéant, au juge des libertés et de la détention (art. 148 du CPP). Elle est

---

32. Crim., 9 avril 2019, n° 19-80.550, *Bull. crim.*, n° 69 ; *Gaz. Pal.*, 3 septembre 2019, p. 55, obs. FOURMENT.
33. La loi du 15 août 2014 a introduit à l'article 147-1 du CPP une cause de suspension médicale de détention provisoire directement inspirée de la suspension médicale de peine de l'article 720-1 du CPP : la mise en liberté d'une personne placée en détention provisoire peut être ordonnée, d'office ou à la demande de l'intéressé, lorsqu'une expertise médicale établit que cette personne est atteinte d'une pathologie engageant le pronostic vital ou que son état de santé physique ou mentale est incompatible avec le maintien en détention.
34. Cass. crim., 18 septembre 2019, n° 19-83.950, *Bull. crim.*, à par. ; *Gaz. Pal.*, 4 février 2020, p. 67, obs. FOURMENT.

initialement adressée au juge d'instruction qui, s'il n'y fait pas droit, transmet le dossier, avec son avis motivé, dans les cinq jours, au juge des libertés et de la détention. Ce dernier doit statuer au plus tard dans les trois jours ouvrables suivants par une ordonnance motivée. Dans sa décision n° 2010-62 QPC du 17 décembre 2010, le Conseil constitutionnel a jugé que le demandeur ou son avocat doit avoir communication de l'avis du juge d'instruction et des réquisitions du ministère public, faute de quoi le juge des libertés et de la détention ne peut rejeter la demande de mise en liberté. Lorsque plusieurs demandes de mise en liberté ont été formulées, il peut être répondu par une décision unique à ces différentes demandes dans les délais de la première demande déposée.

L'effectivité de la mise en liberté ordonnée par le juge d'instruction ou le juge des libertés et de la détention est le cas échéant suspendue à l'exercice d'un « référé-détention » (voy. *infra*, encadré E34).

639 ***Demandes de mises en liberté portées directement devant la chambre de l'instruction.*** Des demandes de mise en liberté extraordinaires peuvent être directement portées à la chambre de l'instruction dans deux circonstances : soit lorsque le juge des libertés et de la détention n'a pas statué dans le délai qui lui est imparti sur une demande de mise en liberté qui lui a été transmise (art. 148, dernier al., du CPP), soit à l'expiration d'un délai de quatre mois à compter de la dernière comparution de la personne placée en détention provisoire devant le juge d'instruction (art. 148-4 du CPP). Dans les deux cas, la chambre de l'instruction doit statuer dans le délai de vingt jours. À défaut, la personne est mise en liberté.

E 34 **Le référé-détention**

Le référé-détention consiste, pour le procureur de la République, à déclarer l'appel de l'ordonnance de mise en liberté suspensif de l'exécution de cette ordonnance. Il est détaillé aux articles 148-1-1 et 187-3 du Code de procédure pénale.

Cette voie de recours ne se conçoit que lorsque l'ordonnance de mise en liberté du juge d'instruction ou du juge des libertés et de la détention est contraire aux réquisitions du procureur de la République. Elle est grandement facilitée au ministère public en ce que l'ordonnance de mise en liberté du juge d'instruction ou du juge des libertés et de la détention est immédiatement notifiée au procureur de la République, étant observé que pendant un délai de quatre heures à compter de cette notification, la personne mise en examen ne peut être mise en liberté et que cette décision ne peut être adressée pour exécution au chef de l'établissement pénitentiaire. Le référé-détention est applicable lorsque le juge d'instruction ou le juge des libertés et de la détention met la personne en liberté et non pas lorsque le juge des libertés et de la détention refuse la prolongation de la détention (Crim., 6 août 2003, n° 03-82.964, *AJ pénal*, 2003, p. 72, obs. J. C.).

Dans ce court laps de temps de quatre heures, le procureur de la République peut concomitamment interjeter appel de l'ordonnance (par déclaration au greffe du juge d'instruction ou du juge des libertés et de la détention) et saisir le premier président de la cour d'appel d'un référé-détention.

Le premier président de la cour d'appel (ou le magistrat qui le remplace) doit statuer au plus tard le deuxième jour ouvrable suivant cette demande par une ordonnance motivée qui n'est pas susceptible de recours. La personne mise en examen et son avocat auront été informés de leur droit de faire des observations écrites devant le premier président de la cour d'appel. À sa demande, l'avocat de la personne mise en examen aura aussi pu présenter des observations orales lors d'une audience de cabinet dont le ministère public aura été avisé pour, le cas échéant, prendre des réquisitions.

Le premier président de la cour d'appel ne peut ordonner la suspension des effets de l'ordonnance de mise en liberté jusqu'à la date d'examen de l'appel que si le maintien en détention de la personne est manifestement nécessaire au vu d'au moins deux critères prévus par l'article 144 pour le placement ou la prolongation de la détention provisoire (conserver les preuves ou indices matériels, garantir le maintien de la personne à disposition de la justice, mettre fin à l'infraction ou prévenir son renouvellement, mettre fin à un trouble exceptionnel et persistant à l'ordre public, entre autres exemples ; sur ces motifs, voy., n° 620). Dans cette hypothèse, la chambre de l'instruction doit se prononcer sur l'appel dans les plus brefs délais et au plus tard dans les dix jours de l'appel.

Si le premier président de la cour d'appel ne fait pas droit au référé-détention, il ordonne bien sûr que la personne soit mise en liberté, position avantageuse pour la personne mise en examen au jour où la chambre de l'instruction statuera sur l'appel du procureur de la République.

En tout état de cause, le magistrat ayant statué sur la demande de référé-détention ne peut faire partie de la chambre de l'instruction qui statue sur l'appel du ministère public. C'est une incompatibilité de fonctions heureuse pour la sauvegarde de l'impartialité de cette formation de la cour d'appel.

Le Conseil constitutionnel a validé ce dispositif. Dans sa décision n° 2002-461 DC du 29 août 2002 (*JORF*, 10 septembre 2002, p. 14953), il a certes estimé qu'« en principe il résulte des dispositions [des articles 66 de la Constitution relative à l'autorité judiciaire, gardienne de la liberté individuelle, et 9 de la Déclaration de 1789 garantissant la présomption d'innocence] que, lorsqu'un magistrat du siège a, dans la plénitude des pouvoirs que lui confère l'article 66 de la Constitution en tant que gardien de la liberté individuelle, décidé par une décision juridictionnelle qu'une personne doit être mise en liberté, il ne peut être fait obstacle à cette décision, fût-ce dans l'attente, le cas échéant, de celle du juge d'appel ». Mais il a aussi ajouté, chose connue, que « l'autorité judiciaire comprend à la fois les magistrats du siège et du parquet » et que, compte tenu de l'ensemble des conditions fixées par le législateur pour la mise en œuvre du référé-détention, ce dispositif n'est pas contraire à la Constitution.

Reste que le « référé-détention » est un pâle pendant du « référé-liberté » (voy., n° 636). En termes de politique criminelle, il est atteint de deux défauts. D'une part, il est né d'une réaction à une « bavure judiciaire » de mise en liberté d'un dangereux criminel faussement mais intentionnellement attribuée par une certaine presse et des syndicats de policiers à la loi « présomption d'innocence » du 15 juin 2000. D'autre part, l'institution même du juge des libertés et de la détention est symboliquement remise en cause, le ministère public paraissant en l'occurrence plus puissant que lui dans ce contentieux.

---

c. L'indemnisation pour détention provisoire injuste

640 ***Détention provisoire d'un innocent.*** Lorsqu'une affaire se termine par un non-lieu, une relaxe ou un acquittement, la personne poursuivie qui a fait l'objet d'une détention provisoire peut avoir à cœur d'obtenir réparation de cette détention provisoire injuste, puisqu'elle a été déclarée innocente de l'infraction dont elle était accusée.

641 ***Injustice du régime applicable antérieurement à la loi du 15 juin 2000.*** La loi du 15 juin 2000 et celle du 30 décembre 2000 ont profondément modifié le mécanisme d'indemnisation des détentions provisoires injustes (art. 149 et s. du CPP)[35].

Antérieurement à la loi du 15 juin 2000, ce mécanisme était critiqué pour trois grandes raisons :

- l'indemnisation était facultative, sans compter que le demandeur devait justifier d'un « préjudice anormal et d'une particulière gravité » ;
- la commission instituée auprès de la Cour de cassation qui statuait sur ces demandes rendait des décisions non motivées ;
- ses audiences n'étaient pas publiques.

Avec un tel système d'indemnisation, une condamnation de la France par la Cour européenne des droits de l'homme était à craindre.

---

35. A. Dorsner-Dolivet, « Les dispositions de la loi du 15 juin 2000 renforçant les garanties judiciaires en matière de détention provisoire », *Dr. pén.*, 2000, chron. n° 39 ; D.-N. Commaret, « L'indemnisation de la détention provisoire », *RSC*, 2001, p. 117 ; D. Karsenty, « La réparation des détentions », *JCP*, 2003, I, 108.

642 ***Droit à réparation intégrale de tous les préjudices avec la loi du 15 juin 2000.*** Avec la loi du 15 juin 2000, l'indemnisation devient un droit dont la personne est explicitement informée. La personne qui a fait l'objet d'une détention provisoire au cours d'une procédure terminée à son égard par une décision de non-lieu, de relaxe ou d'acquittement devenue définitive peut demander la réparation du préjudice moral et matériel qu'elle a subi. Le préjudice n'a donc plus lieu d'être qualifié de manifestement anormal et d'une particulière gravité. L'indemnisation est logiquement écartée lorsque la demande tend à faire reconnaître l'irresponsabilité pénale de la personne pour trouble psychique ou neuropsychique, lorsque la personne a bénéficié d'une amnistie postérieure à sa détention provisoire ou lorsqu'elle s'est librement et volontairement accusée ou laissée accuser à tort en vue de faire échapper l'auteur des faits aux poursuites. Depuis l'entrée en vigueur de la loi du 9 mars 2004, la réparation est aussi écartée dans deux hypothèses. La première est celle de la prescription de l'action publique intervenue après la libération de la personne poursuivie, car lorsque sa détention a été ordonnée, l'action publique n'était pas prescrite et, par conséquent, la détention était régulière. La seconde est celle de la personne qui était dans le même temps détenue pour une autre cause, car dans ce cas aucun préjudice n'est résulté de la détention provisoire donnant lieu à la demande de réparation.

Symboliquement, la loi du 30 décembre 2000 a substitué la qualification de « réparation intégrale » à celle d'« indemnité » ou d'« indemnisation ». Les parlementaires ont ainsi manifesté leur volonté que ces personnes obtiennent une réparation intégrale de leur préjudice moral et matériel. La qualification d'« indemnité » ou d'« indemnisation » leur faisait craindre que ces personnes n'obtiennent qu'une indemnisation partielle de leur préjudice.

E 35 L'article 5, § 5, de la Conv. EDH, le Code de procédure pénale et le droit à réparation des victimes de détentions provisoires illégales

L'article 5 § 5 de la Convention européenne des droits de l'homme prévoit que « toute personne victime d'une arrestation ou d'une détention dans des conditions contraires aux dispositions de cet article [art. 5] a droit à réparation ».
Cette disposition porte deux enseignements :

- la réparation est un droit ;
- la réparation n'est due que pour les privations de liberté contraires aux dispositions de l'article 5 de la Convention, c'est-à-dire contraires aux dispositions des § 1er à 4 de l'article 5. Le § 1er de l'article 5 est relatif aux cas dans lesquels une personne peut être privée de liberté, le § 2 est son droit d'être informée des raisons de sa privation de liberté, le § 3 consacre le droit du suspect d'être aussitôt traduit devant un magistrat et d'être jugé dans un délai raisonnable ou libéré pendant la procédure et le § 4 garantit un recours devant un tribunal pour faire apprécier la légalité de la privation de liberté.

Par ailleurs, au sens de l'article 5 de la Convention, une privation de liberté ne doit pas seulement être « régulière », c'est-à-dire compatible avec les garanties offertes par l'article 5 de la Convention, mais elle doit également être « légale », c'est-à-dire conforme au droit de source nationale de l'État partie. Dans la Convention, l'article 5 est le seul qui voit, dans la violation du droit de source nationale d'un État, une violation de la Convention. Reste alors à se poser la question paradoxale suivante : est-il compatible avec l'article 5 de la Convention et conforme au droit français de source nationale d'avoir placé en détention provisoire une personne qui aura ultérieurement bénéficié d'un non-lieu, d'une relaxe ou d'un acquittement. La question n'est pas de savoir s'il est « régulier » ou « légal » de placer un innocent en détention provisoire, mais s'il est « régulier » ou « légal » de l'avoir fait.
La « régularité » ou la « légalité » d'un acte s'apprécie au moment où celui-ci est passé. Or, rien n'interdit d'innocenter demain le suspect

d'aujourd'hui, ni de suspecter aujourd'hui une personne que l'évolution du dossier innocentera demain. Une détention provisoire jugée injuste aujourd'hui par suite d'un non-lieu, d'une relaxe ou d'un acquittement, peut avoir été légale hier au moment de son prononcé.

En somme, les articles 5 § 5 de la Convention et les articles 149 et suivants du Code de procédure pénale ne traitent pas du même problème : la Convention s'attache à la réparation des privations de libertés illégales et le Code de procédure pénale à l'indemnisation des détentions provisoires injustes.

Le droit français de source nationale délaisse-t-il pour autant la réparation des victimes de détentions provisoires illégales ? Non, mais ces dernières doivent préférer d'autres fondements : l'action civile de la victime fondée sur des faits constitutifs d'une atteinte à la liberté individuelle (art. 136, dernier al., du CPP) ou la responsabilité de l'État pour faute lourde du service public de la justice.

---

643 ***Compétence du premier président de la cour d'appel et de la Commission nationale de réparation des détentions.*** En la forme, l'indemnité doit être demandée au premier président de la cour d'appel dans le ressort de laquelle a été prononcée la décision de non-lieu, de relaxe ou d'acquittement, dans les six mois à compter de cette décision. La décision du premier président est motivée. Les débats sont publics. À sa demande, la personne peut être entendue personnellement ou par l'intermédiaire de son avocat. La décision du premier président peut faire l'objet d'un recours devant la Commission nationale de réparation des détentions, placée auprès de la Cour de cassation. Sauf excès de pouvoir, sa décision n'est susceptible d'aucun recours[36].

B) Le témoin assisté, droits et garanties dans la procédure

644 ***Qui et à quelles conditions ?*** Qu'elle puisse ou doive bénéficier du statut de témoin assisté (1), la personne intéressée est titulaire des mêmes droits et bénéficiaire des mêmes garanties (2).

1) Les personnes pouvant ou devant bénéficier du statut de témoin assisté

645 ***Personnes devant bénéficier du statut de témoin assisté.*** Quatre catégories de personnes doivent bénéficier du statut de témoin assisté :

- celles nommément visées par un réquisitoire introductif du procureur de la République, si elles ne sont pas mises en examen (art. 113-1 du CPP) ;
- celles nommément visées par une plainte avec constitution de partie civile ou une mise en cause par la victime et qui, auditionnées par le juge d'instruction, lui en font la demande (art. 113-2, al. 1er, du CPP) ;
- celles à qui le juge d'instruction a notifié l'absence de mise en examen à l'issue de l'interrogatoire de première comparution (art. 116, al. 6, du CPP) ;
- celles dont les mises en examen ont été annulées par la chambre de l'instruction pour manquement aux dispositions de l'article 80-1 du CPP (art. 174-1 du CPP).

36. Civ. 2e, 29 janvier 2004, n° 02-18.174, *AJ pénal*, 2004, p. 119, obs. Remillieux.

646 ***Personnes pouvant bénéficier du statut de témoin assisté.*** Trois catégories de personnes peuvent bénéficier du statut de témoin assisté :

- celles nommément visées par une plainte avec constitution de partie civile ou une mise en cause par la victime et qui, auditionnées par le juge d'instruction, ne lui en font pas la demande (art. 113-2, al. 1er, du CPP) ;
- celles qui sont mises en cause par un témoin (art. 113-2, al. 2, du CPP) ;
- celles à l'encontre desquelles il existe des indices rendant vraisemblable qu'elles aient pu participer, comme auteur ou comme complice, à la commission des faits dont le juge est saisi.

647 ***Placement non contradictoire.*** À l'inverse des modalités de mise en examen, le placement sous le statut de témoin assisté n'est pas contradictoire. Comme la personne mise en examen, le témoin assisté doit déclarer une adresse au juge d'instruction (art. 113-4, al. 1er *in fine*, du CPP).

648 ***Mise en examen du témoin assisté.*** La situation du témoin assisté peut déboucher sur une mise en examen dans différentes circonstances :

- à la demande du témoin assisté (art. 113-6 du CPP) ;
- en cours d'instruction, si des indices graves ou concordants de culpabilité le justifient, par voie d'interrogatoire ou de lettre recommandée (art. 113-8 du CPP) ;
- en fin d'instruction, si des indices graves ou concordants de culpabilité le justifient, bien sûr.

2) Les droits et garanties du témoin assisté

649 ***Pas « partie », mais titulaire de droits et bénéficiaire de garanties.*** Lors de sa première audition par le juge d'instruction, le témoin assisté est informé (art. 113-4 du CPP) de son droit de faire des déclarations, de répondre aux questions qui lui sont posées ou de se taire ainsi que des droits qu'il tient de l'article 113-3.

Aux termes de l'article 113-3 du CPP, le témoin assisté a droit :

- d'être assisté par un avocat (lequel a accès au dossier d'instruction, voy. *infra*, encadré E40), au besoin commis d'office ;
- de bénéficier de l'interprétation et de la traduction des pièces essentielles du dossier, le cas échéant ;
- de demander un acte d'instruction : une confrontation individuelle ou avec la ou les personnes qui le mettent en cause.
- de formuler des requêtes en annulation sur le fondement de l'article 173 du CPP (sur cet art., voy. *infra*, n° 725).

Par ailleurs, le témoin assisté :

- ne prête pas serment (art. 113-7 du CPP), sans quoi il pourrait être conduit à contribuer à sa propre incrimination ;
- ne peut en principe être entendu que par un magistrat, sauf, sur commission rogatoire, demande dudit témoin assisté d'être entendu par un officier de police judiciaire (art. 152 du CPP) ;
- ne peut être placé sous contrôle judiciaire, sous assignation à résidence avec surveillance électronique ou en détention provisoire, ni faire l'objet d'une ordonnance de renvoi ou de mise en accusation, sauf à être préalablement mis en examen ;

- peut demander au juge d'instruction à être mis en examen, ce que le juge d'instruction ne peut pas refuser.

Il n'est pas « partie » et ne peut donc pas, par exemple, se pourvoir en cassation contre un arrêt de chambre de l'instruction[37] ou déposer un mémoire devant la Cour de cassation[38].

§ 3. Les actes du juge d'instruction

650 ***Dualité des fonctions du juge d'instruction.*** Le juge d'instruction remplit une double fonction : une fonction de pure instruction, qui en fait une sorte de policier judiciaire ; une fonction de juridiction, qui en fait un juge à part entière. Cette dualité impose de distinguer entre les actes d'instruction (A) et les actes de juridiction (B). Les premiers, en tant qu'actes de procédure, sont susceptibles d'être annulés ; les seconds, en tant qu'actes juridictionnels, sont susceptibles d'être frappés d'appel. En tout état de cause, l'instruction est secrète (C).

E 36 **Dossier d'instruction**

La procédure d'instruction est écrite. Les actes du juge d'instruction font systématiquement l'objet d'une transcription par écrit (un procès-verbal ou une ordonnance, par exemple). Ces actes et pièces de procédure sont versés dans un dossier tenu en double exemplaire : l'un est constitué d'originaux, l'autre de copies certifiées conformes par le greffier du juge d'instruction. Il peut revêtir une forme numérique.

Dans le dossier d'instruction, les actes et pièces de procédure sont cotés. Les cotes diffèrent selon la nature des pièces qu'elles renferment :

- la cote A pour les pièces de forme (par exemple, le réquisitoire introductif du procureur de la République) ;
- la cote B pour les renseignements, les enquêtes de personnalité et les examens médico-psychologiques ;
- la cote C pour les pièces relatives à la détention provisoire, le cas échéant ;
- la cote D pour les pièces de fond (les procès-verbaux de garde à vue et de perquisitions, par exemple) ;
- la cote E pour les pièces postérieures à la clôture de l'instruction.

Dans chaque côté, les pièces sont classées par ordre chronologique décroissant, de manière à prendre immédiatement connaissance du dernier acte d'instruction en ouvrant la cote. La tenue du dossier en double exemplaire (imposée par l'art. 81, al. 2, du CPP) offre au juge d'instruction la possibilité d'avoir un dossier à sa disposition alors que celui-ci serait communiqué au procureur de la République ou transmis à la chambre de l'instruction à l'occasion d'un appel interjeté contre une ordonnance du juge d'instruction.

A) Les actes d'instruction du juge d'instruction

651 ***Cadre de l'article 81, alinéa 1er, du Code de procédure pénale.*** L'article 81, alinéa 1er, du Code de procédure pénale dispose : « Le juge d'instruction procède, conformément à la loi, à tous les actes d'information qu'il juge utiles à la manifestation de la vérité. Il instruit à charge et à décharge. »

37. Crim., 28 mars 2006, n° 05-86.661, *D.*, 2006, IR, p. 1189.
38. Crim., 17 octobre 2006, n° 05-85.519, *Bull. crim.*, n° 250 ; *Dr. pén.*, 2007, comm. n° 11, p. 23, obs. A. Maron.

Cette disposition renferme plusieurs propositions :

- le juge d'instruction dispose de larges pouvoirs dans la recherche de la preuve (d'après la formulation « à tous les actes d'information ») ;
- le juge d'instruction est cependant soumis au principe de la légalité de la preuve (« conformément à la loi »). L'expression de ce principe n'est pas une formule de style. Par exemple, la Cour de cassation a particulièrement insisté sur cette disposition à l'occasion de l'audition sous hypnose d'un témoin consentant : « si le juge d'instruction peut procéder ou faire procéder à tous actes d'information utiles à la manifestation de la vérité, encore faut-il qu'il se conforme aux dispositions légales relatives au mode d'administration des preuves »[39]. Ces « dispositions légales relatives au mode d'administration des preuves » peuvent ne pas être exagérées. Le principe de légalité criminelle, tel qu'interprété par la chambre criminelle de la Cour de cassation[40], n'interdit pas au juge de faire œuvre créatrice d'une nouvelle technique d'investigation. Elle a par exemple considéré que le juge d'instruction tire de l'article 81 du Code de procédure pénale, interprété à la lumière de l'article 8 de la Convention européenne des droits de l'homme, le pouvoir de faire procéder à une vidéosurveillance sur la voie publique aux fins de rechercher des preuves des infractions dont il est saisi, à l'encontre des personnes soupçonnées de les avoir commises[41] ;
- le juge d'instruction est *a priori* seul juge de l'opportunité d'un acte d'instruction (« qu'il juge utile à la manifestation de la vérité »). Cette dernière proposition est de moins en moins vraie : le ministère public et les parties peuvent demander des actes d'instruction que le magistrat ne peut pas repousser si facilement ;
- le juge d'instruction est magistrat du siège, donc indépendant et impartial, d'où son obligation d'instruire à décharge. aussi. Les parties ne se voient pas moins reconnaître le droit de demander des actes…

Des demandes d'actes peuvent donc être faites au juge d'instruction (1), des actes sont directement exercés par lui (2), tandis que d'autres sont délégués (3).

1) Les demandes d'actes au juge d'instruction

652 ***Demandes d'actes du procureur de la République.*** L'article 82 du Code de procédure pénale prévoit que le procureur de la République peut requérir du juge d'instruction :

- « tous actes lui paraissant utiles à la manifestation de la vérité » ;
- et « d'assister à l'accomplissement des actes qu'il requiert ».

Le juge d'instruction ne peut s'y opposer que par ordonnance motivée prise dans les cinq jours de la demande. À défaut de réponse du juge d'instruction dans ce délai, le procureur de la République peut, dans le délai de dix jours, saisir directement la chambre de l'instruction de la demande d'acte.

39. Crim., 12 décembre 2000 ; voy. *supra*, n°s 33.
40. Voy. *supra*, n° 32.
41. Crim., 18 juin 2019, n° 18-86.421, *Bull. crim.*, n° 122 ; *Gaz. Pal.*, 19 novembre 2019, p. 56, obs. FOURMENT.

653 ***Demandes d'actes des parties.*** Les parties peuvent saisir le juge d'instruction d'une demande d'une série d'actes : leurs audition, interrogatoire et confrontation, l'audition d'un témoin, un transport sur les lieux, la production de pièces utiles à l'information par une autre partie, ainsi « tous autres actes qui leur paraissent nécessaires à la manifestation de la vérité » (art. 82-1 du CPP).

La personne mise en examen, auteur d'une demande d'un transport sur les lieux, d'une audition de témoin ou d'une partie civile ou d'un interrogatoire d'une autre personne mise en examen, peut demander que cet acte soit effectué en présence de son avocat. La partie civile dispose de ce même droit s'agissant d'un transport sur les lieux, de l'audition d'un témoin ou d'une autre partie civile ou de l'interrogatoire de la personne mise en examen.

Ces demandes d'actes des parties et de présence de leur avocat peuvent cependant être refusées par ordonnance motivée du juge d'instruction, prise dans le délai d'un mois à compter de leur réception. À défaut, les parties peuvent saisir directement le président de la chambre de l'instruction qui, par décision motivée, peut lui-même refuser la saisine de la chambre de l'instruction pour statuer sur cette demande.

Les conditions des demandes d'actes faites par le procureur de la République et les parties tendent à s'harmoniser. Le procureur de la République peut demander tout acte lui paraissant « utile » à la manifestation de la vérité et les parties peuvent requérir tout acte qui leur paraît « nécessaire ». En ce qui concerne les conditions de forme des demandes d'actes, des différences persistent cependant, notamment le délai imparti au juge pour refuser l'acte sollicité ainsi que le pouvoir du président de la chambre de l'instruction de filtrer les demandes émanant des parties et adressées à la chambre de l'instruction. Le principe d'« égalité des armes » dans le procès pénal progresse.

2) Les actes exercés directement par le juge d'instruction

654 ***Crescendo.*** Le juge d'instruction peut directement procéder aux constations matérielles et transports sur les lieux (a), auditions et interrogatoires (b), réquisitions judiciaires (c), perquisitions, visites domiciliaires et saisies (d), autorisations de géolocalisations (e), décisions d'interceptions de correspondances émises par la voie des communications électroniques (f), émissions de mandats (g).

a) Les constatations matérielles et les transports sur les lieux

655 ***Constatations matérielles et transports sur les lieux.*** Le juge d'instruction peut faire toutes constatations matérielles et tous transports sur les lieux qu'il juge utiles (art. 92 du CPP). Il doit en aviser le procureur de la République qui a la faculté de l'accompagner. Il doit aussi être assisté de son greffier. En cas de reconstitution, la présence de la personne mise en examen et de son avocat est obligatoire.

L'article 93-1 du Code de procédure pénale prévoit que le juge d'instruction peut, dans le cadre d'une commission rogatoire adressée à un État étranger et avec l'accord des autorités compétentes de l'État concerné, se transporter avec son greffier sur le territoire de cet État aux fins de procéder à des auditions, après en avoir préalablement avisé le procureur de la République de son tribunal.

b) Les auditions et interrogatoires

656 ***Petites audiences.*** Les témoins et la partie civile sont « auditionnés ». La personne mise en examen est « interrogée ». Ces actes sont de véritables petites audiences. Aux termes de l'article 120 du Code de procédure pénale, le juge d'instruction dirige les interrogatoires, confrontations et auditions. Le procureur de la République et les avocats peuvent poser des questions ou présenter de brèves observations. Le juge d'instruction peut déterminer l'ordre des interventions. Le juge d'instruction ne peut refuser que les questions de nature à nuire au bon déroulement de l'information ou à la dignité de la personne. La mention de ce refus est portée au procès-verbal. Les conclusions déposées par le procureur de la République ou les avocats des parties en vue de demander le procès-verbal d'un désaccord avec le juge d'instruction sur le contenu du procès-verbal sont versées au dossier.

657 ***Audition du témoin.*** Le témoin s'entend largement de « toute personne dont la déposition paraît utile ». Il est cité par voie d'huissier ou convoqué, par notification administrative, par lettre recommandée avec demande d'accusé de réception, voire par simple lettre. Il peut aussi se présenter spontanément (art. 101 *in fine* du CPP).

Le témoin a l'obligation de comparaître. Lorsqu'il est cité ou convoqué, le témoin est d'ailleurs avisé qu'il pourra être contraint de comparaître par la force publique s'il ne se présente pas ou refuse de le faire. Le défaut de comparution sans excuse ni justifications valables devant le juge d'instruction est puni de 3 750 euros d'amende (art. 434-15-1 du CP).

Le témoin prête serment de dire « toute la vérité, rien que la vérité ». Le témoin bonimenteur se rend ainsi coupable du délit de faux témoignage (art. 434-13 du CP). Le témoin est tenu de déposer, même contre son intérêt : il ne peut pas mentir pour échapper à des poursuites. Seul le secret professionnel peut l'autoriser à garder le silence. À ce secret professionnel peut être étendu le secret des sources du journaliste : tout journaliste entendu comme témoin sur des informations recueillies dans l'exercice de son activité est libre de ne pas en révéler l'origine (art. 109, al. 2, du CPP). Le refus de déposer est assimilé à un refus de comparaître. Le témoin ne peut pas être assisté par un avocat.

658 ***Interrogatoire de la personne mise en examen et audition du témoin assisté.*** Si l'on met de côté l'interrogatoire dit de « première comparution » qui est un mode de mise en examen d'un suspect (voy., n° 606), les interrogatoires subséquents de la personne mise en examen se déroulent dans les conditions et sous les garanties essentielles suivantes. Elles sont applicables au témoin assisté ; la notion d'« assistance » de ce dernier tire d'ailleurs de là l'essentiel de son intérêt. La personne mise en examen ou le témoin assisté ne peuvent être interrogés qu'en présence de leur avocat, ou celui-ci dûment convoqué, si elles en ont un. L'avocat doit être convoqué au plus tard cinq jours ouvrables avant la date de l'interrogatoire.

Cependant, alors que la personne mise en examen ne peut jamais être interrogée par un officier de police judiciaire sous commission rogatoire, le témoin assisté peut l'être à sa demande (art. 152 du CPP ; voy., n° 674). Dans ce cas, il ne bénéficie bien sûr pas des garanties de son audition par et devant le juge d'instruction.

La personne visée dans une plainte avec constitution de partie civile et qui n'est pas témoin assisté peut également être entendue par un officier de police judiciaire agissant sur commission rogatoire, à condition toutefois qu'elle y ait consenti après avoir été avisée de son droit d'être entendue comme témoin assisté par le juge d'instruction[42].

Les jours ouvrables, le dossier est à tout moment tenu à sa disposition dans le cabinet du juge d'instruction, sous réserve de l'impératif de bon fonctionnement du cabinet (par exemple, si le juge d'instruction est en cours d'interrogatoire ou d'audition, un avocat ne peut pas disposer du dossier). L'avocat peut se faire délivrer copie de tout ou partie du dossier.

La personne mise en examen ou le témoin assisté ne prêtent pas serment de dire la vérité ; exiger le contraire aboutirait à violer le droit de chacun de ne pas contribuer à sa propre incrimination.

Le ministère public peut être présent à l'interrogatoire ou à l'audition.

La garantie de l'enregistrement audiovisuel des interrogatoires des personnes mises en examen s'applique (voy. *supra*, encadré E28).

659 ***Audition de la partie civile.*** Si la partie civile est défendue par un avocat, elle ne peut être auditionnée qu'en sa présence, ou celui-ci dûment convoqué, au plus tard cinq jours ouvrables avant la date de l'audition. Le dossier est tenu à sa disposition au moins quatre jours ouvrables avant sa première audition et, par la suite, tout au long de la procédure. L'avocat peut se faire délivrer copie des pièces du dossier.

La partie civile ne prête pas serment de dire la vérité.

Le procureur de la République peut assister à l'audition.

c) Les réquisitions judiciaires

660 ***Droit commun de l'enquête sur infraction flagrante.*** L'article 99-3 du Code de procédure pénale, consacre l'existence des réquisitions judiciaires délivrées au cours de l'instruction, par le juge d'instruction ou par un officier de police judiciaire par lui commis, selon les mêmes modalités que celles prévues en enquête sur infraction flagrante (voy. *supra*, n° 252). Le juge d'instruction peut donc requérir de toute personne, de tout établissement ou organisme privé ou public ou de toute administration publique qui sont susceptibles de détenir des documents intéressant l'instruction de lui remettre ces documents, sans que puisse lui être opposée, sans motif légitime, l'obligation au secret professionnel.

d) Les perquisitions, visites domiciliaires et saisies

661 ***Droit commun de l'enquête sur infraction flagrante et quelques nuances.*** Les perquisitions, visites domiciliaires et saisies opérées par le juge d'instruction se déroulent dans les mêmes conditions que dans une enquête sur infraction flagrante (voy. *supra*, n° 271), avec trois nuances essentielles :

- les pouvoirs que l'officier de police judiciaire tient dans le cadre d'une perquisition opérée en enquête sur infraction flagrante sont bien sûr transférés au juge d'instruction ;
- pour une perquisition opérée dans son ressort de compétence territoriale, le juge d'instruction doit avertir le procureur de la République. Ce dernier a

42. Crim., 6 août 2008, n° 08-82.924, *Bull. crim.*, n° 171 ; *D.*, 2008, p. 2836, note Guéry, parlant de « témoin assisté par anticipation » ; *AJ pénal*, 2008, p. 471, obs. Ascensi ; *Procédures*, 2008, comm. n° 312, obs. Buisson.

la faculté de l'accompagner. Pour une perquisition opérée en dehors de son ressort de compétence territoriale (le juge d'instruction peut se transporter sur tout le territoire national), le juge d'instruction doit avertir le procureur territorialement compétent. Ce dernier peut l'accompagner ;
– le juge d'instruction doit être assisté de son greffier.

e) La géolocalisation

662 ***Droit commun de l'enquête et quelques nuances.*** La géolocalisation (en temps réel) réalisée au cours de l'instruction se déroule dans les mêmes conditions que dans les mêmes conditions qu'en enquête (voy. *supra*, n°s 299 et s.), y compris en cas d'urgence (art. 230-35 du CPP), avec ces nuances essentielles :
– elle est bien sûr autorisée par le juge d'instruction (art. 230-33, 2°, du CPP) ;
– elle est autorisée pour une durée maximale de quatre mois, renouvelable (art. 230-33, 2°, du CPP).

f) Les interceptions des correspondances émises par la voie des communications électroniques

663 ***Régime issu de la loi du 10 juillet 1991.*** Les interceptions des correspondances émises par voie de « télécommunications » sont plus connues sous le nom d'« écoutes téléphoniques ». Celles que le juge d'instruction peut ordonner sont dites judiciaires ; leur régime est issu de la loi n° 91-646 du 10 juillet 1991, codifiée aux articles 100 et suivants du Code de procédure pénale. Cette loi est intervenue après la condamnation de la France par la CEDH dans ses arrêts *Kruslin* et *Huvig* du 24 avril 1990.

La loi du 3 juin 2016 en a élargi le régime à l'ensemble des « communications électroniques ». Les communications électroniques sont toutes « émissions, transmissions ou réceptions de signes, de signaux, d'écrits, d'images ou de sons, par voies électromagnétiques » (art. L. 32 du C. des postes et des communications électroniques). Tout système électromagnétique est ainsi visé, qu'il soit filaire, optique ou radioélectrique.

Les articles 100 et suivants désignent donc les correspondances téléphoniques filaires, mobiles, radio ou « internet », ainsi que les autres correspondances, écrites ou imagées, empruntant un télécopieur, un télex ou une messagerie électronique instantanée (l'accès aux messages stockés obéit aux dispositions des articles 706-95-1 et s. du CPP, voy. *supra*, n° 389, et *infra*, n° 682).

E 37 Les arrêts *Kruslin* et *Huvig* de la CEDH du 24 avril 1990 et les écoutes téléphoniques judiciaires

Au-delà des cas *Kruslin* et *Huvig* (req. n° 11801/85, *D.*, 1990, p. 353, note Pradel ; *RSC*, 1990, p. 615, obs. Pettiti ; R. Koering-Joulin, « De l'art de faire l'économie d'une loi », *D.*, 1990, p. 187), c'est tout le système français des écoutes téléphoniques judiciaires que la Cour européenne des droits de l'homme a jugé et condamné dans ces deux arrêts.

Antérieurement à cette condamnation de la France par la Cour européenne, la jurisprudence de la Cour de cassation subordonnait la validité des écoutes téléphoniques judiciaires à deux séries de conditions (voy. notamment Crim., 9 octobre 1980, *Tournet*, n° 80-93.140, *Bull. crim.*, n° 255 ; *D.*, 1981, p. 332, note Pradel ; *JCP*, 1981, II, 19578, note Di Marino ; *RSC*, 1981, p. 879, obs. Levasseur et 1982, p. 144, obs. Robert ; Crim., 23 juillet 1985, *Kruslin*, n° 85-92.574, *Bull. crim.*, n° 275 ; Ass. plén., 24 novembre 1989, *Baribeau*, n° 89-84.439,

Bull. crim., n° 440 ; *D.*, 1990, p. 34 [J. PRADEL, « Écoutes téléphoniques et Convention européenne des droits de l'homme », *D.*, 1990, p. 15] ; *JCP*, 1990, II, 21418, concl. ROBERT) :

- s'agissant de leur domaine, les écoutes téléphoniques ne pouvaient être décidées que par le juge d'instruction, dans le cadre d'une instruction, sur présomption de commission d'une infraction déterminée ;
- quant à leurs conditions d'exécution, les écoutes téléphoniques devaient être placées sous le contrôle du juge d'instruction, ne donner lieu à aucun stratagème, ruse ou artifice et ne pas compromettre l'exercice des droits de la défense. La Cour de cassation fondait la légalité des écoutes téléphoniques sur les vagues dispositions des articles 81 et 151 du Code de procédure pénale. Pour mémoire, l'article 151 est relatif aux commissions rogatoires et l'article 81 dispose notamment que « le juge d'instruction procède, conformément à la loi, à tous les actes d'information qu'il juge utiles à la manifestation de la vérité » (voy., n° 651). Cette base légale et cette « conformité à la loi » étaient problématiques. D'une part, l'article 368 du Code pénal alors applicable qualifiait de délit d'atteinte à l'intimité de la vie privée d'autrui le fait d'écouter, d'enregistrer ou de transmettre au moyen d'un appareil quelconque des paroles prononcées dans un lieu privé sans le consentement de la personne. D'autre part, l'article 41 du Code des postes, télégraphes et télécommunications érigeait en délit le fait, pour tout fonctionnaire public ou pour toute personne admise à participer à l'exécution du service, de violer le secret de la correspondance confiée au service des télécommunications.

Pour la Cour européenne des droits de l'homme, les conversations téléphoniques sont un aspect de la « vie privée et de la correspondance » au sens de l'article 8, § 1er, de la Convention. Les écoutes téléphoniques sont donc une « ingérence » dans la vie privée et la correspondance. Aux termes de l'article 8 § 2 de la Convention, la validité de cette ingérence est subordonnée à deux conditions : elle doit être « prévue par la loi » et être « nécessaire », « dans une société démocratique » « à la prévention des infractions pénales ». Les écoutes téléphoniques judiciaires ordonnées dans le cadre d'une instruction satisfont bien sûr cette seconde condition.

L'analyse de la CEDH a donc porté sur le point de savoir si les écoutes téléphoniques judiciaires étaient « prévues par la loi ».

La Cour considère que la notion « prévue par la loi » suppose l'existence d'une « base légale » et que cette loi soit de « qualité » (§ 26 de l'arrêt).

La Cour confère à la notion de « base légale » une acception matérielle et non pas formelle. Autrement dit, la Cour « inclus à la fois des textes de rang infra législatif et le droit non écrit » (§ 28 de l'arrêt). Ainsi, pour la CEDH, les écoutes téléphoniques judiciaires avaient une « base légale en droit français ». On peut à cet égard remarquer qu'en droit français de source nationale le principe de légalité criminelle suppose une source légale formelle.

Restait alors à la Cour à vérifier que cette « base légale » était de « qualité », étant observé que la qualité de la loi s'apprécie au regard de trois critères : « l'accessibilité de celle-ci à la personne concernée, qui de surcroît doit pouvoir en prévoir les conséquences pour elle [critère de la prévisibilité], et sa compatibilité avec la prééminence du droit » (§ 26 de l'arrêt). La Cour européenne n'a pas contesté que la base légale française des écoutes téléphoniques judiciaires était « accessible » (§ 29 de l'arrêt). En revanche, elle a relevé une série de carences quant à la « prévisibilité » de la loi – supposant clarté et précision – et quant à sa « compatibilité avec la prééminence du droit ». Elle a notamment reproché que « rien ne définit les catégories de personnes susceptibles d'être mises sous écoute judiciaire, ni la nature des infractions pouvant y donner lieu ; rien n'astreint le juge à fixer une limite à la durée de l'exécution de la mesure ; rien non plus ne précise les conditions d'établissement des procès-verbaux de synthèse consignant les conversations interceptées, ni les précautions à prendre pour communiquer intacts et complets les enregistrements réalisés, aux fins de contrôle éventuel par le juge [...] et par la défense, ni les circonstances dans lesquelles peut ou doit s'opérer l'effacement ou la destruction desdites bandes, notamment après non-lieu ou relaxe » (§ 34 de l'arrêt). Les termes de la condamnation dictaient aux autorités publiques nationales les conditions à poser aux écoutes téléphoniques judiciaires. Immédiatement après les arrêts *Kruslin* et *Huvig*, la chambre criminelle de la Cour de cassation s'est efforcée d'aligner sa jurisprudence sur celle de Strasbourg (voy. notamment Crim., 15 mai 1990, *Bacha*, n° 90-80.827, *Bull. crim.*, n° 193 ; *JCP*, 1990, II, 21541, note JEANDIDIER et Crim., 17 juillet 1990, n° 90-82.614, *Bull. crim.*, n° 286). La Cour de cassation ne pouvait et ne devait sans doute pas aller plus loin dans la transposition des exigences fixées par la CEDH : l'interdiction des arrêts de règlement le lui prohibait (art. 5 du Code civil) et le législateur devait satisfaire la conception nationale formelle du principe de légalité criminelle (art. 34 de la Constitution). La loi n° 91-646 du 10 juillet 1991 relative au secret des correspondances émises par la voie des télécommunications est intervenue dans ce contexte.

---

664 ***Notion d'interception.*** Qu'est-ce qu'« intercepter » une correspondance émise par la voie des communications électroniques ? C'est à partir de la qualification de l'« interception » que cette notion peut être cernée. À cet égard, quatre exemples négatifs de ce que ne sont pas des « interceptions » de correspondances émises par la voie des communications peuvent être donnés :

- l'audition par des policiers, sans artifice ni stratagème, d'une conversation téléphonique qui s'est déroulée en leur présence[43] ;
- la mise en place d'un dispositif technique permettant de déterminer l'origine des appels téléphoniques adressés au domicile d'une personne[44] ;
- la lecture du contenu des messages reçus par un suspect sur un récepteur de radio-messagerie de type « Tam-Tam »[45] ou « Tatoo »[46] ;
- le fait, pour un officier de police judiciaire, de se connecter ordinairement à un réseau télématique, sans modification préalable de l'installation, et de lire, comme tout utilisateur, les annonces publiées[47].

En somme, une interception connaît un préalable coercitif : un branchement ou une dérivation (tel n'est pas le cas d'une audition de conversation, de la lecture de messages sur l'écran d'un récepteur de type « Tam-Tam » ou de la connexion à un réseau télématique) et une finalité : écouter une conversation téléphonique (tel n'est pas le cas de se contenter de déterminer l'origine des appels, voire de lire les messages sur l'écran d'un appareil « Tam-Tam »). En quelque sorte, l'interception de correspondance émise par la voie des communications électroniques est à la ligne et à la conversation téléphoniques ce que les visites domiciliaires, perquisitions et saisies sont au domicile et aux pièces à conviction qui y sont saisies.

665 ***Domaine et nécessité de l'écoute.*** L'article 100 du Code de procédure pénale donne deux conditions de fond à l'interception :

- d'une part, le juge d'instruction doit informer sur une affaire criminelle ou correctionnelle, la peine encourue devant alors être égale ou supérieure à deux ans d'emprisonnement ;
- d'autre part, les « nécessités de l'information » doivent l'exiger.

666 ***Régime de l'interception.*** L'interception de correspondance émise par la voie des communications électroniques est prise par décision écrite du juge d'instruction ; elle n'est susceptible d'aucun recours. Ainsi que la chambre criminelle de la Cour de cassation l'a souligné, l'article 100-1 du Code de procédure pénale « ne prévoit pas la motivation des décisions d'interception des correspondances

---

43. Crim., 2 avril 1997, n°s 97-80.269 et 97-80.270, *Bull. crim.*, n° 131 ; *Procédures*, 1997, comm. n° 217, note Buisson ; *RSC*, 1997, p. 858, obs. Dintilhac.
44. Crim., 2 avril 1997, préc.
45. Aix-en-Provence, 12 décembre 1996, *JCP*, 1998, II, 22975, note Molina ; *Dr. pén.*, 1998, comm. n° 29, note A. Maron.
46. Crim., 14 avril 1999, n° 98-87.224, *Bull. crim.*, n° 82 ; *JCP*, 2000, II, 10312, note Peltier.
47. Crim., 25 octobre 2000, n° 00-80.829, *Bull. crim.*, n° 317 ; *Dr. pén.*, 2001, comm. n° 27, obs. A. Maron, qui note ainsi qu'« utilisation n'est pas interception ».

émises par la voie des télécommunications au regard d'éléments de la procédure »[48].

Le juge délègue l'exécution de l'opération à un autre juge d'instruction ou, plus fréquemment, à un officier de police judiciaire.

Les officiers de police judiciaire, agissant sur commission rogatoire du juge d'instruction, peuvent faire procéder par des opérateurs de téléphonie français à l'interception de communications émises à partir de téléphones mobiles étrangers ou situés à l'étranger, si lesdites interceptions ne nécessitent pas l'assistance technique d'un autre État[49].

Lorsque l'interception concerne une adresse de communication utilisée sur le territoire d'un État membre de l'Union européenne et qu'elle n'est pas réalisée dans le cadre d'une décision d'enquête européenne, le juge d'instruction ou l'officier de police judiciaire par lui commis notifie cette interception à l'autorité compétente de cet État si la personne visée par cette interception se trouve sur son territoire.

La décision livre bien sûr les éléments d'identification de la liaison à intercepter, renseigne sur l'infraction qui la motive et la durée pour laquelle elle est ordonnée.

Des protections particulières, prévues à peine de nullité, sont prises pour l'interception d'une correspondance émise depuis la ligne téléphonique d'un parlementaire[50] ou de celle du cabinet ou du domicile d'un avocat ou de celle du cabinet ou du domicile d'un magistrat. Le juge doit en informer le président de la chambre à laquelle le parlementaire appartient ou le bâtonnier de l'ordre au barreau duquel l'avocat est inscrit ou, selon que le magistrat est du siège ou du parquet, le premier président de la cour d'appel ou le procureur général près la cour d'appel dans le ressort de laquelle le magistrat exerce ou réside. La liberté de communication entre l'avocat et son client interdit cependant d'intercepter les communications téléphoniques qu'ils échangent et, plus largement, les correspondances avec un avocat « relevant des droits de la défense » (art. 100-5 du CPP). Il ne peut être dérogé à ce principe qu'à titre exceptionnel, s'il existe contre l'avocat des indices de participation à une infraction[51]. Dans une série d'arrêts rendus dans une affaire mettant en cause un ancien président de la République, la Chambre criminelle de la Cour de cassation a jugé que la

48. Crim., 17 novembre 2015, n° 15-83.437 ; *Gaz. Pal.*, 26 janvier 2016, p. 65, obs. Fourment.

49. Crim., 20 juin 2018, n° 17-86.651 et 17-86.657, 2 arrêts, *Bull. crim.*, à par ; *Gaz. Pal.*, 6 novembre 2018, p. 62, obs. Fourment.

50. Cette protection ne vaut que pour les parlementaires nationaux, députés et sénateurs, et non pour les députés au Parlement européen : Crim., 16 mars 2005, n° 05-80.092, *Bull. crim.*, n° 97 ; *D.*, 2005, IR, p. 1052 ; *JCP*, 2005, IV, 1983 (on croyait pourtant que l'interprétation par analogie *in favorem* avait particulièrement sa place en procédure pénale…).

51. Crim., 15 janvier 1997, n° 96-83.753, *Bull. crim.*, n° 14 ; *Dr. pén.*, 1997, comm. n° 55, note Maron ; *Procédures*, 1997, comm. n° 126, note Buisson – Crim., 18 janvier 2006, n° 05-86.447, *Bull. crim.*, n° 22 ; *JCP*, 2006, II, 10085, note Martin ; *Procédures*, 2006, comm. n° 85, obs. Buisson ; *AJ pénal*, 2006, p. 254, note Dourneau-Josette ; *RPDP*, 2006, p. 616, obs. É. Verny (arrêt d'autant plus intéressant que la conversation transcrite était celle que l'avocat avait eue avec le père de ses clients) ; voy. aussi Crim., 13 décembre 2006, n° 06-87.169, *Bull. crim.*, n° 313 ; *AJ pénal*, 2007, p. 140, obs. Girault et Crim., 17 septembre 2008, n° 08-85.229, *Bull. crim.*, n° 191 ; *AJ pénal*, 2008, p. 467, obs. Lavric ; *Procédures*, 2009, comm. n° 24, obs. Buisson.

transcription d'une conversation téléphonique entre un avocat et son client dont la ligne est placée sur écoute ne viole pas les dispositions des articles 6 et 8 de la Convention européenne des droits de l'Homme et des articles 100-5 et 100-7 du Code de procédure pénale dès lors qu'elle révèle l'existence d'une infraction commise par l'avocat[52]. Dans le même ordre d'idées, et plus sèchement encore, l'article 100-5, dernier alinéa, prévoit, à peine de nullité, que les correspondances avec un journaliste permettant d'identifier une source en violation de l'article 2 de la loi du 29 juillet 1881 sur la liberté de la presse ne peuvent être transcrites.

667 ***Durée de l'interception.*** Une interception de correspondance émise par la voie des communications électroniques ne peut initialement être ordonnée que pour une durée maximale de quatre mois. Elle ne peut être renouvelée que dans les mêmes conditions de forme et de durée, sans que la durée totale de l'interception puisse excéder un an, voire deux ans en matière de criminalité et de délinquance organisées (art 100-2 du CPP).

668 ***Conditions d'enregistrement, de transcription et de destruction.*** Les enregistrements sont placés sous scellés fermés. Seules les correspondances utiles à la manifestation de la vérité doivent être transcrites. Les enregistrements doivent être détruits à l'expiration du délai de prescription de l'action publique, à la diligence du procureur de la République ou du procureur général près la cour d'appel.

g) Les mandats du juge d'instruction

669 ***Mandats de comparution, d'amener et d'arrêt du juge d'instruction.*** Les mandats du juge d'instruction sont des ordres écrits qui répondent à un certain un formalisme. Ils doivent constater l'identité et la qualité du juge et du destinataire contre qui il sera exécuté ; ils doivent reprendre les faits, leur qualification juridique et les articles qui leur sont applicables ; ils sont datés, signés et revêtus du sceau du juge d'instruction ; ils sont produits à l'individu, auquel une copie est remise. Les mandats peuvent être exécutés sur tout le territoire national. En cas d'urgence, ils peuvent être diffusés par tout moyen (par exemple, par télécopie). Le juge d'instruction peut délivrer trois types de mandats :

- le mandat de comparution, qui met la personne en demeure de se présenter devant le juge d'instruction aux date et heure indiquées. La personne se présente donc librement. À défaut de présentation, le juge peut délivrer un mandat d'amener ;
- le mandat d'amener, ordre donné par le juge à la force publique de conduire immédiatement devant lui la personne mise en examen. Si la personne ne peut être immédiatement interrogée par le juge, elle est détenue en maison

52. Crim., 22 mars 2016, n° 15-83.205, n° 15-83.206, n° 15-83.207, 3 arrêts ; *AJ pénal*, 2016, p. 261, obs. de Combles de Nayves ; *Dr. pén.*, 2016, comm. n° 101, obs. Maron et Haas ; *Procédures*, 2016, comm. n° 171, obs. Chavent-Leclère ; *Gaz. Pal.*, 19 juillet 2016, p. 65, obs. Fourment. Dans le même sens : Crim., 15 juin 2016, n° 15-86.043, *Bull. crim.*, n° 186 ; *Gaz. Pal.*, 4 octobre 2016, p. 59, obs. Fourment : même si elle est surprise à l'occasion d'une mesure d'instruction régulière, la conversation entre un avocat et son client ne peut être transcrite et versée au dossier de la procédure qu'à titre exceptionnel, s'il apparaît que son contenu et sa nature sont propres à faire présumer la participation de cet avocat à une infraction.

d'arrêt et doit être interrogée au maximum vingt-quatre heures plus tard. À défaut, elle est mise en liberté ;

- le mandat d'arrêt, qui est l'ordre donné par le juge à la force publique de rechercher la personne à l'encontre de laquelle il est décerné et de la conduire en détention à la maison d'arrêt indiquée sur le mandat. Un tel mandat est utile lorsque la personne recherchée est en fuite ou lorsqu'elle réside en dehors du territoire national (on parle alors d'un mandat d'arrêt international). Le juge doit l'interroger dans les vingt-quatre heures de son arrestation.

670 ***Mandat de dépôt du juge des libertés et de la détention.*** Avec la loi du 15 juin 2000 et la création du juge des libertés et de la détention (voy. *supra*, encadré E31), le juge d'instruction a perdu le pouvoir de délivrer des mandats de dépôt. Le mandat de dépôt est l'ordre donné par le juge des libertés et de la détention au chef d'établissement pénitentiaire de recevoir et détenir la personne mise en examen à l'encontre de laquelle il a rendu une ordonnance de placement en détention provisoire.

3) Les actes délégués par le juge d'instruction

671 ***Nécessité, pour le juge d'instruction, de déléguer.*** Il est matériellement impossible pour le juge d'instruction d'effectuer seul tous les actes d'instruction utiles à la manifestation de la vérité, le nombre de dossiers dont il est saisi étant trop important. Par ailleurs, le succès de certaines opérations nécessite que des actes soient exécutés simultanément en différents endroits. Il est aussi des cas où le juge est incompétent, techniquement ou scientifiquement, pour résoudre certaines énigmes. Enfin, la procédure applicable à la criminalité et à la délinquance organisées au cours de l'information permet au juge d'instruction d'autoriser des techniques d'investigations dérogatoires au droit commun. Le juge peut donc recourir à des commissions rogatoires ordinaires (a), autoriser des techniques d'investigations propres à la procédure applicable à la criminalité et à la délinquance organisées (b) et ordonner des expertises judiciaires[53] (c).

a) Les commissions rogatoires ordinaires du juge d'instruction

672 ***Commission rogatoire, délégation du juge d'instruction.*** S'il est dans l'impossibilité de procéder lui-même à tous les actes d'instruction, le juge d'instruction peut donner commission rogatoire aux officiers de police judiciaire afin de leur faire exécuter tous les actes d'information nécessaires (art. 81, al. 4, du CPP). La commission rogatoire est une simple délégation du juge d'instruction. Il convient d'en voir plus précisément le délégataire, l'étendue et les conditions de son exécution.

673 ***Délégataire en principe officier de police judiciaire.*** En principe, un officier de police judiciaire reçoit la commission rogatoire mais le juge d'instruction peut lui préférer tout juge de son tribunal judiciaire, voire tout juge d'instruction de France.

53. S'agissant des experts judiciaires, il est convenu de parler des « auxiliaires obligés » : P. Maistre de Chambon, « Les auxiliaires obligés », *RPDP*, 2006, p. 5.

674 ***Étendue de la délégation.*** Compte tenu de la saisine *in rem* du juge d'instruction, les commissions rogatoires générales, en ce qu'elles seraient délivrées pour une infraction indéterminée ou pour une série indéterminée d'infractions, sont interdites. Ainsi que le souligne l'article 151, alinéa 2 et 3, du Code de procédure pénale, « [l]a commission rogatoire indique la nature de l'infraction, objet des poursuites. – Elle ne peut prescrire que des actes d'instruction se rattachant directement à la répression de l'infraction visée aux poursuites. » Ce n'est pas à dire que, relativement à cette infraction déterminée, elle ne puisse pas être délivrée pour tous les actes à accomplir, entrant dans la compétence du délégataire.

Toutefois, des actes sont réservés au juge d'instruction et, de ce fait, ne sont pas susceptibles d'être délégués ; il s'agit de :
- la délivrance des mandats ;
- la décision d'ordonner une interception de correspondance émise par la voie des communications électroniques ;
- les visites domiciliaires, perquisitions et saisies dans certains locaux professionnels.

D'autres actes, s'ils sont délégués, ne peuvent l'être qu'à des juges :
- les interrogatoires de la personne mise en examen ;
- en principe, les auditions de la partie civile ou du témoin assisté, sauf s'ils ont demandé que leur déclaration soit prise par un officier de police judiciaire.

E 38 **La commission rogatoire sous pseudonyme**

Aux seules fins de constater les crimes et délits punis d'une peine d'emprisonnement commis par la voie des communications électroniques, les fonctionnaires de police judiciaire affectés dans un service spécialisé et spécialement habilités à cette fin peuvent, sur commission rogatoire du juge d'instruction, procéder à des enquêtes sous pseudonyme. Leur régime d'exécution ne diffère pas de celui applicable à l'enquête (art. 230-46 et s. du CPP ; voy. *supra*, n° 401).

---

675 ***Exécution de la commission rogatoire.*** Le délégataire effectue les actes d'instruction sollicités par le juge selon les mêmes droits et obligations que ce dernier. Par exemple, s'il auditionne un témoin, il doit lui faire prêter serment. Cependant, à la différence du juge d'instruction, l'officier de police judiciaire n'est pas assisté par un greffier. De même, l'exécution de certains actes d'instruction nécessite l'intervention du juge d'instruction. Par exemple, le pouvoir de prolonger la garde à vue dans l'exécution d'une commission rogatoire revient au juge d'instruction et non au procureur de la République. L'officier de police judiciaire adresse ses procès-verbaux et rapports au juge d'instruction mandant.

L'article 152 du Code de procédure pénale précise que le juge d'instruction peut se transporter, sans être assisté de son greffier ni devoir en dresser procès-verbal, pour diriger et contrôler l'exécution de la commission rogatoire, dès lors qu'il ne procède pas lui-même à des actes d'instruction. Ce déplacement du juge d'instruction n'obéit donc plus aux règles du « transport sur les lieux » (voy., n° 655) et à leur rigidité (information préalable du procureur de la République, présence du greffier). C'est par exemple à l'occasion de ce transport que le juge d'instruction peut ordonner la prolongation d'une garde à vue décidée dans l'exécution de la commission rogatoire.

Pour les nécessités de l'exécution de la commission rogatoire, l'officier de police judiciaire peut procéder aux réquisitions judiciaires de l'article 60-2, 1er alinéa, du Code de procédure pénale (art. 99-4 du CPP ; sur les réquisitions de l'art. 60-2, al. 1er, voy. *supra*, n° 252), et, avec l'autorisation expresse du juge d'instruction, procéder à celles prévues aux articles 60-2, alinéa 2, et 60-3 du Code de procédure pénale (art. 99-4 et 99-5 du CPP ; sur les réquisitions de l'art. 60-2, al. 2, et 60-3, voy. *supra*, nos 252 et s.).

Enfin, l'exécution d'une commission rogatoire en matière de crimes et de délits punis d'une peine d'emprisonnement commis par la voie des communications électroniques peut justifier l'application du dispositif d'« enquête sous pseudonyme », sous le contrôle du juge d'instruction (art. 230-46 du CPP ; voy. *supra*, n° 401).

b) L'autorisation de techniques d'investigations propres à la procédure applicable à la criminalité et à la délinquance organisées

676 ***Pour mémoire et en résumé.*** Les crimes et délits énumérés aux articles 706-73 et 706-73-1 du Code de procédure pénale justifient des pouvoirs et techniques d'investigations dérogatoires au droit commun, au stade de l'enquête (voy. *supra*, nos 369 et s.), comme à celui de l'instruction. Schématiquement, les pouvoirs et techniques d'investigations que le procureur de la République ou le juge des libertés et de la détention ont la possibilité d'autoriser à l'enquête, le seront par le juge d'instruction à l'information.

Ces autorisations prennent différentes formes : « décisions », commissions rogatoires, autorisations s'ajoutant à une commission rogatoire, ordonnances ; elles requièrent également des niveaux de motivation différents. Mais ce qui les réunit est leur absence de caractère juridictionnel, de sorte qu'elles ne peuvent être frappées d'appel, seulement de requête en nullité, le cas échéant, parce qu'elles sont des actes juridiques.

Ces règles dérogatoires au droit commun, initialement limitées aux infractions relevant du domaine de la procédure applicable à la criminalité et à la délinquance organisées des articles 706-73 et 706-73-1 du Code de procédure pénale, ont progressivement été étendues aux crimes contre l'humanité, aux crimes (coutumièrement entendus des délits, aussi) de guerre, ainsi qu'à certains autres délits de la vie des affaires comme la corruption et le trafic d'influence, la fraude fiscale, les délits douaniers, le délit d'initié, certains abus de biens sociaux, certains délits prévus par le Code de la santé publique et le Code de la consommation, certaines atteintes aux systèmes de traitement automatisé de données à caractère personnel mis en œuvre par l'État. Mieux, ou pire, certaines de ces techniques d'investigations sont dorénavant applicables à tout crime. À cet égard, le Titre Vingt-cinquième du Livre Quatrième du Code de procédure pénale, intitulé depuis sa création par la loi du 9 mars 2004 : « De la procédure applicable à la criminalité et à la délinquance organisées », est intitulé, depuis la loi du 23 mars 2019 de réforme pour la Justice, certes de façon encore quelque peu usurpée par la généralité de ses termes, mais à n'en pas douter, prémonitoire : « De la procédure applicable à la criminalité et à la délinquance organisées *et aux crimes*[54] ».

54. Nous soulignons.

677 ***Surveillance.*** Les articles 706-80-1 et 706-80-2 du Code de procédure pénale prévoient que, lorsque les nécessités de l'information l'exigent, le juge d'instruction, après avis du procureur de la République, peut demander à tout fonctionnaire ou agent public de ne pas procéder au contrôle et à l'interpellation des personnes soupçonnées d'avoir commis une infraction prévue aux articles 706-73, 706-73-1 et 706-74 du Code de procédure pénale, de ne pas procéder au contrôle et à la saisie de ces objets y relatifs, afin de ne pas compromettre la poursuite des investigations. Il peut également autoriser les officiers de police judiciaire et, sous leur autorité, les agents de police judiciaire en charge des investigations de livrer ou délivrer à la place des prestataires de services postaux et des opérateurs de fret des objets, biens ou produits, sans être pénalement responsables. Le régime d'exécution de ces modalités de surveillance ne diffère pas de celui applicable à l'enquête sur autorisation du procureur de la République (voy. *supra*, n° 396).

678 ***Infiltration.*** L'article 706-81 du Code de procédure pénale prévoit que, lorsque les nécessités de l'information le justifient, le juge d'instruction, après avis du procureur de la République, peut autoriser, par décision écrite et motivée, qu'il soit procédé à une opération d'infiltration. Son régime d'exécution ne diffère pas de celui applicable à l'enquête sur autorisation du procureur de la République (voy. *supra*, n° 398).

679 ***Enquête sous pseudonyme.*** L'article 706-87-1 du Code de procédure pénale prévoit que, dans le but de constater lesdites infractions commises par un moyen de communication électronique, d'en rassembler les preuves et d'en rechercher les auteurs, les fonctionnaires de police judiciaire affectés dans un service spécialisé et spécialement habilités à cette fin peuvent, sur commission rogatoire du juge d'instruction, procéder à des enquêtes sous pseudonyme. Leur régime d'exécution ne diffère pas de celui applicable à l'enquête (voy. *supra*, n° 401).

680 ***Garde à vue.*** Aux termes de l'article 706-88 du Code de procédure pénale, les mesures de garde à vue exécutées sous commission rogatoire du juge d'instruction peuvent faire l'objet de deux prolongations supplémentaires de vingt-quatre heures chacune ou d'une prolongation supplémentaire de quarante-huit heures, sur autorisation écrite et motivée du magistrat instructeur. Dans le même esprit, il revient également au juge d'instruction, le cas échéant, de reporter l'intervention de l'avocat. Sous ces réserves, le régime d'exécution de la garde à vue ne diffère pas de celui applicable à l'enquête (voy. *supra*, n° 385).

681 ***Visite domiciliaire, perquisition, saisie.*** L'article 706-91 du Code de procédure pénale prévoit que, si les nécessités de l'information l'exigent, le juge d'instruction peut autoriser les officiers de police judiciaire agissant sous commission rogatoire à procéder à des visites domiciliaires, perquisitions et saisies de pièces à conviction en dehors des heures légales, lorsque ces opérations ne concernent pas des locaux d'habitation.

Lorsqu'elles concernent des locaux d'habitation, le juge d'instruction ne peut autoriser les officiers de police judiciaire à y procéder qu'à deux séries de conditions. La première est générale et renvoie à l'urgence de l'opération. La seconde est spéciale et doit correspondre à l'une des hypothèses suivantes : lorsqu'il s'agit d'un crime ou d'un délit flagrant, lorsqu'il existe un risque immédiat de disparition des preuves ou des indices matériels ; lorsqu'il existe des raisons plausibles de soupçonner qu'une ou plusieurs personnes se trouvant dans lesdits locaux d'habitation sont en train de commettre des crimes ou des délits entrant relevant de la procédure applicable à la criminalité et à la délinquance organisées ; lorsque, dans le cadre d'une information plus précisément ouverte des chefs de crimes et délits constituant des actes de terrorisme, la réalisation de ces opérations est nécessaire afin de prévenir un risque d'atteinte à la vie ou à l'intégrité physique.

Ces autorisations sont délivrées par voie d'ordonnances écrites et spécialement motivées par référence aux éléments de fait et de droit justifiant que ces opérations sont nécessaires, qu'elles doivent être réalisées en urgence et qu'elles ne peuvent être réalisées pendant les heures légales (art. 706-92 du CPP)[55].

Pour le surplus, le régime d'exécution de ces visites domiciliaires, perquisitions et saisies obéit à celui applicable à l'enquête (voy. *supra*, n° 382).

682 ***Accès à distance aux correspondances électroniques.*** Sur le modèle de l'accès à distance aux correspondances électroniques autorisé par le juge des libertés et de la détention au cours de l'enquête (art. 706-95-1 du CPP ; voy. *supra*, n° 389), le juge d'instruction, si les nécessités de l'information l'exigent, peut autoriser par ordonnance motivée l'accès, à distance et à l'insu de la personne visée, aux correspondances stockées par la voie des communications électroniques accessibles au moyen d'un identifiant informatique (art. 706-95-2 du CPP).

683 ***Techniques spéciales d'enquête.*** Les articles 706-95-11 et suivants du Code de procédure pénale réunissent dans une même section ce que le législateur désigne sous l'expression de « techniques spéciales d'enquête ». Toute ressemblance avec les techniques spéciales de renseignement introduites dans le Code de la sécurité intérieure est pure coïncidence…

Ces techniques sont : le **recueil des données techniques de connexion** et autre « **IMSI-catcher** ». (art. 706-95-20 du CPP ; voy. *supra*, n° 390), la **sonorisation et** la **fixation d'images de certains lieux ou véhicules** (art. 706-96-1 du CPP ; voy. *supra*, n° 392), la **captation des données informatiques** (art. 706-102-2 du CPP ; voy. *supra*, n° 394).

Sur le modèle de ces actes d'investigation autorisés par le juge des libertés et de la détention au cours de l'enquête, le juge d'instruction peut, après avis du procureur de la République, et par voie d'ordonnance écrite et motivée, autoriser la mise en œuvre de ces techniques, si les nécessités de l'information judiciaire à l'une des infractions entrant dans le champ d'application des articles 706-73 et 706-73-1 du Code de procédure pénale l'exigent. À la différence notable de l'enquête, ces autorisations du juge d'instruction sont délivrées pour une durée maximale de quatre mois, renouvelable dans les mêmes conditions de forme et de durée[56], sans que la durée totale des opérations ne puisse excéder deux ans (art. 706-96-16 du CPP ; contre un mois, renouvelable une fois, à l'enquête). Ces techniques spéciales d'enquête se déroulent sous l'autorité et le contrôle du juge d'instruction, qui peut ordonner à tout moment leur interruption.

---

55. Crim., 8 juillet 2015, n° 15-81731 ; *Gaz. Pal.*, 3 novembre 2015, p. 44, obs. FOURMENT.
56. La chambre criminelle de la Cour de cassation considère avantageusement que l'ordonnance du juge d'instruction de renouvellement d'une mesure de sonorisation peut être notamment motivée par les circonstances que la mesure initiale a été fructueuse (Crim., 20 mars 2019, n° 17-86.319 et 18-87.250, 1 arrêt, *Bull. crim.*, n° 58 ; *Gaz. Pal.*, 3 septembre 2019, p. 55, obs. FOURMENT).

684 ***Mesures conservatoires.*** L'article 706-103 du Code de procédure pénale prévoit un dispositif propre à l'instruction : afin de garantir le paiement des amendes encourues ainsi que, le cas échéant, l'indemnisation des victimes, le juge des libertés et de la détention, sur requête du procureur de la République, peut ordonner des mesures conservatoires sur les biens, meubles ou immeubles, divis ou indivis, de la personne mise en examen. Ces mesures sont celles des procédures civiles d'exécution ; à ce stade, elles sont prises aux frais avancés du Trésor public.

La décision de non-lieu, relaxe ou acquittement de l'intéressé emporte de plein droit mainlevée de ces mesures ; en revanche, sa condamnation vaut leur validation et permet l'inscription définitive des sûretés.

Ces mesures conservatoires sont applicables sans préjudice des saisies spéciales des articles 706-141 et suivants du Code de procédure pénale (voy. *supra*, n° 294).

c) L'expertise judiciaire

685 ***Diversité des expertises judiciaires.*** L'expertise judiciaire peut avoir différents objets : médicaux[57], biologiques, toxicologiques, autopsie, chimiques, comptables, physiques, mécaniques… L'article 230-28 du Code de procédure pénale précise que l'autopsie judiciaire ordonnée dans le cadre d'une information épouse la procédure de l'expertise.

Elle peut être ordonnée d'office par le juge d'instruction ou à la demande du ministère public ou d'une partie. Dans ce dernier cas, le procureur doit prendre des réquisitions et le juge ne peut s'opposer à la mission d'expertise que par ordonnance motivée prise dans le délai d'un mois à compter de la demande.

686 ***Choix de l'expert.*** Le choix de l'expert appartient au juge d'instruction. En principe, son choix doit se porter sur un expert inscrit sur une liste officielle d'experts près les tribunaux : la liste du ressort de sa cour d'appel (la liste régionale) ou la liste nationale établie par le bureau de la Cour de cassation. Exceptionnellement, le juge d'instruction, par ordonnance motivée[58] par référence à sa compétence particulière et à l'impossibilité de recourir à un expert inscrit[59], peut nommer un expert non inscrit sur l'une de ces deux listes. L'expertise peut également être demandée à des services ou organismes de police technique et scientifique de la police nationale et de la gendarmerie nationale (art. 157-2 du CPP ; la liste en est fixée par arrêté et le responsable du service ou de l'organisme désigné soumet à l'agrément de la juridiction le nom des personnes qui effectueront l'expertise). Sous ces réserves, la Chambre criminelle de la Cour de cassation insiste : « en application de l'article 157 du Code de procédure pénale, les juges ont le libre choix de l'expert »[60]. Un juge

---

57. J.-P. Bouchard, « L'expertise mentale en France entre "pollution de la justice" et devoir d'objectivité », *Dr. pén.*, 2006, chron. n° 3.

58. Crim., 13 novembre 2008, n° 08-81.446, *Bull. crim.*, n° 231 ; *AJ pénal*, 2009, p. 137, obs. Girault.

59. Cass. crim., 11 mars 2014, n° 13-86.965 ; *Gaz. Pal.*, 29 juillet 2014, p. 37, obs. Fourment.

60. Crim., 21 octobre 2015, n° 15-83.605 ; *Gaz. Pal.*, 26 janvier 2016, p. 63, obs. Fourment.

peut donc nommer un expert pour une mission ne relevant pas *prima facie* de sa spécialité[61].

En temps normal, un seul expert est nommé mais le juge d'instruction peut en nommer deux ou davantage. L'ordonnance de nomination d'expert comprend aussi les termes de la mission de l'expert : examiner des questions d'ordre technique dans un certain délai qui peut être prolongé par ordonnance motivée du juge d'instruction. Le ministère public ou la partie peut préciser dans sa demande les questions qu'il voudrait voir posées à l'expert.

L'expert doit être impartial ; le juge ne peut nommer un expert dépendant de l'une des parties[62].

687 ***Déroulement de l'expertise.*** L'expert effectue sa mission sous le serment « d'apporter son concours à la justice en son honneur et en sa conscience ». L'expert inscrit sur l'une des deux listes dans lesquelles le juge d'instruction doit en principe choisir l'homme de l'art n'a pas besoin de renouveler sa prestation de serment à l'occasion de chaque nomination. L'expert non inscrit sur ces listes doit au contraire prêter serment devant le juge d'instruction mandant. L'expert effectue sa mission sous le contrôle et en liaison avec le juge d'instruction[63]. Par exemple, il doit tenir le juge au courant du développement des opérations et le mettre à même de prendre à tout moment toute mesure utile. Le déroulement de l'expertise n'est pas contradictoire.

À cet égard, la compatibilité du droit français de l'expertise en matière pénale avec les exigences tirées de la garantie du procès équitable de l'article 6, § 1er, de la Convention européenne des droits de l'homme est discutée[64].

688 ***Rapport d'expertise.*** Déposé dans le délai imparti par le juge d'instruction, le rapport doit :

- rappeler les termes de la mission confiée à l'expert. Le ministère public et les parties auront pu préciser, dans leur demande d'expertise, les questions qu'ils voulaient voir posées à l'expert ;
- décrire les opérations d'expertise qui ont été menées ;
- mentionner les noms et qualités des personnes qui les ont assistés ;
- donner les conclusions aux questions d'ordre technique que comportait la mission.

La discussion du rapport et de ses conclusions est contradictoire : une copie du rapport d'expertise est remise aux avocats des parties (ou leur est notifiée par lettre recommandée), voire aux parties elles-mêmes lorsqu'elles ne sont pas assistées d'un avocat. Le juge d'instruction fixe un délai dans lequel les

---

61. *Ibid.* : en l'espèce, désignation pour une mission d'expertise chimique d'un expert inscrit sous les rubriques « mécanique générale, matériaux et structures, métallurgie générale », et non chimie.
62. Crim., 25 septembre 2012, n° 12-82.770, *Bull. crim.*, n° 197 (expert salarié de la partie civile).
63. Un expert qui auditionne une personne mise en examen, un témoin assisté ou une partie civile, sans autorisation du juge d'instruction outrepasse les limites de sa mission : Crim., 17 janvier 2006, n° 05-86.326, *Bull. crim.*, n° 19 ; *AJ pénal*, 2006, p. 175, obs. Girault ; *D.*, 2007, p. 976, obs. Pradel ; c'est une cause de nullité d'ordre public : Crim., 16 septembre 2015, n° 15-82.035 ; *Gaz. Pal.*, 26 janvier 2016, p. 62, obs. Fourment.
64. Voy. J.-F. Renucci, « L'expertise pénale et la Convention européenne des droits de l'homme », *JCP*, 2000, I, 227 et J.-P. Marguenaud, « Le droit à l'expertise équitable », *D.*, 2000, p. 111.

parties peuvent présenter leurs observations, voire formuler leurs demandes de complément d'expertise ou de contre-expertise, que le juge peut refuser par ordonnance motivée dans le délai d'un mois. L'article 167 du Code de procédure pénale précise que ce délai doit tenir compte de la complexité de l'expertise et ne peut être inférieur à quinze jours ou, s'il s'agit d'une expertise comptable ou financière, à un mois. En tout cas, les conclusions de l'expert ne lient pas le juge d'instruction ou de jugement.

B) Les actes de juridictions du juge d'instruction

689 ***Ordonnances juridictionnelles et ordonnances administratives.*** Le juge d'instruction ne remplit pas seulement une fonction de pure instruction. Il exerce aussi une fonction de juridiction au terme de laquelle il rend des décisions juridictionnelles appelées « ordonnances juridictionnelles ». Certaines ordonnances du juge d'instruction ne sont donc pas « juridictionnelles » ; elles sont dites « ordonnances administratives ».

690 ***Ordonnances juridictionnelles et appel.*** La nature juridictionnelle d'une ordonnance est importante : elle détermine la possibilité de sa contestation par voie d'appel (on gardera cependant à l'esprit que si le droit d'appel du ministère public est général, celui des parties est limité, voy., n° 721). Il importe donc de dégager le critère de distinction des ordonnances administratives et des ordonnances juridictionnelles.

691 ***Variété des ordonnances juridictionnelles.*** Les ordonnances juridictionnelles sont d'une grande variété et se rencontrent tout au long de l'instruction. À l'ouverture de l'information, on trouvera, par exemple, les ordonnances de refus d'informer, d'irrecevabilité de la plainte avec constitution de partie civile, d'incompétence, de dessaisissement ou encore de fixation du montant de la consignation. En cours d'instruction, le juge d'instruction rend de multiples ordonnances juridictionnelles, comme celles portant refus de procéder à un acte d'instruction ou de refus d'expertise. Les ordonnances relatives au contrôle judiciaire et à la détention provisoire sont bien sûr juridictionnelles mais ces dernières émanent du juge des libertés et de la détention. Au terme de l'instruction, le juge rendra une ordonnance de règlement.

E 39 **Le critère de distinction des ordonnances juridictionnelles et des ordonnances administratives**

Deux critères peuvent être envisagés pour distinguer les ordonnances juridictionnelles des ordonnances administratives :

- le critère de la voie de l'appel ouverte ou non contre les ordonnances du juge d'instruction. Le droit d'appel du ministère public étant général eu égard aux ordonnances juridictionnelles mais limité pour les parties, ce critère n'est pas suffisant ;
- le critère de la notification des ordonnances du juge d'instruction. Aux termes de l'article 183 du Code de procédure pénale, le ministère public doit recevoir notification des ordonnances du juge d'instruction qui ne sont pas conformes à ses réquisitions, tandis que les parties et leurs avocats doivent recevoir notification des ordonnances dont elles peuvent interjeter appel et des ordonnances de règlement. Le critère est donc encore insuffisant.

En conséquence, ces deux critères textuels doivent être dépassés. Il convient de se tourner vers un critère plus conceptuel, tiré de la théorie générale du droit processuel. À cet égard, il faut préciser la notion de « juridiction » : du latin *juris-dictio*, c'est-à-dire « dire le droit ». Le juge d'instruction entre donc dans sa fonction de juridiction lorsqu'il « dit le droit ». Pour ce faire, il faut qu'une prétention lui ait été exprimée. Le juge d'instruction est donc dans sa fonction de juridiction lorsqu'il tranche une contestation. En revanche, il n'exerce pas une fonction juridictionnelle, mais de pure instruction, soit lorsqu'il est tenu par une sorte de compétence « liée » (par exemple, l'ordonnance de soit-communiqué du juge d'instruction au procureur de la République après réception d'une plainte avec constitution de partie civile de la partie lésée), soit lorsqu'il agit spontanément en dehors de toute contestation (par exemple, l'ordonnance de transport sur les lieux). Ainsi, au sein d'une même opération d'instruction d'ensemble, le juge d'instruction peut passer d'une fonction d'instruction à une fonction de juridiction. Par exemple, l'ordonnance de désignation d'un expert n'est pas juridictionnelle mais celle de refus de demande de supplément d'expertise est juridictionnelle.

C) Le secret de l'instruction

692 ***Sens du secret de l'instruction.*** Le caractère secret de l'instruction, en d'autres termes le « secret de l'instruction », peut revêtir trois significations :

- il peut d'abord signifier que l'instruction doit rester opaque à l'égard de celui qui la subit, ce dernier étant tenu dans l'ignorance des investigations opérées à son encontre par le magistrat instructeur. Cette signification du secret de l'instruction est empruntée à la conception originelle purement inquisitoriale de cette phase du procès pénal et n'est évidemment plus d'actualité, les parties, le témoin assisté et leur avocat ayant un large droit d'accès au dossier d'instruction ;
- il peut ensuite signifier que les personnes qui sont tenues au secret de l'instruction ne peuvent rien dire ou révéler d'une instruction en cours ou achevée, qu'il s'agisse des personnes impliquées, des faits de la cause ou des actes et pièces de la procédure ;
- il peut enfin signifier que l'instruction n'est pas publique. Les actes d'instruction ne sont pas publics, notamment les débats devant le juge d'instruction, en principe. Et la présence, au cours de l'exécution d'un acte d'instruction, comme une perquisition, d'un tiers étranger à la procédure, ayant obtenu d'une autorité publique une autorisation à cette fin, notamment pour réaliser un reportage dans le but d'une information au public constitue une violation du secret de l'enquête et de l'instruction[65].

693 ***Finalités du secret de l'instruction.*** Le secret de l'instruction poursuit deux finalités : assurer l'efficacité des investigations et garantir l'intérêt des personnes participant à la procédure (sécurité des policiers et gendarmes, des témoins, de la victime ainsi que de la présomption d'innocence du suspect).

694 ***Article 11 du Code de procédure pénale.*** Le secret de l'instruction est garanti par l'article 11 du Code de procédure pénale : « Sauf dans les cas où la loi en dispose autrement et sans préjudice des droits de la défense, la procédure au cours de l'enquête et de l'instruction est secrète. Toute personne qui concourt à cette procédure est tenue au secret professionnel dans les conditions et sous les peines des articles 226-13 et 226-14 du Code pénal. – Toutefois, afin d'éviter

65. Crim., 9 janvier 2019, n° 17-84.026, *Bull. crim.*, n° 8 ; *Gaz. Pal.*, 7 mai 2019, p. 67, obs. Fourment et, antérieurement, Crim., 10 janvier 2017, n° 16-84.740, *Bull. crim.* ; *Gaz. Pal.*, 25 avril 2017, p. 55, obs. Fourment.

la propagation d'informations parcellaires ou inexactes ou pour mettre fin à un trouble à l'ordre public, le procureur de la République peut, d'office ou à la demande de la juridiction d'instruction ou des parties, rendre publics des éléments objectifs tirés de la procédure ne comportant aucune appréciation sur le bien-fondé des charges retenues contre les personnes mises en cause »[66].

695 ***Étendue du secret de l'instruction.*** Une première lecture de ces dispositions permet de conclure que :

- le « secret de l'instruction » ne s'applique pas seulement à l'information judiciaire mais aussi à l'enquête de police (« la procédure au cours de l'enquête et de l'instruction est secrète » ; voy. *supra*, n° 187) ;
- s'agissant de l'information, le secret de l'instruction s'applique devant le juge d'instruction comme devant la chambre de l'instruction (« l'instruction [...] la juridiction d'instruction ») ;
- le secret de l'instruction ne pèse que sur les personnes qui concourent à la procédure, ce qui nécessite de distinguer ces dernières (1) de celles qui n'y concourent pas (2).

E 40 **L'accès au dossier d'instruction**

Les conditions du droit d'accès au dossier d'instruction sont fixées aux articles 114 et 114-1 (pour les parties en général, c'est-à-dire la personne mise en examen, la partie civile et leur avocat) et 113-3 du Code de procédure pénale (pour le témoin assisté et son avocat) qui renvoie aux dispositions des articles 114 et 114-1 précités.

Les avocats des parties et du témoin assisté ont un droit d'accès direct au dossier d'instruction. La procédure est mise à leur disposition quatre jours ouvrables au plus tard avant le premier interrogatoire de la personne mise en examen, la première audition de la partie civile ou la première audition du témoin assisté (les avocats sont convoqués au plus tard cinq jours ouvrables avant cet acte). À compter de ce premier interrogatoire ou de cette première audition :

- la procédure est à tout moment tenue à la disposition de l'avocat, durant les jours ouvrables, sous réserve des exigences du bon fonctionnement du cabinet d'instruction ;
- l'avocat peut se faire délivrer copies de tout ou partie des pièces et actes du dossier après la première comparution ou la première audition. Si le dossier est numérisé, cette copie est remise sous forme numérisée. La délivrance de la copie doit intervenir dans le mois qui suit la demande et la délivrance de la première copie de chaque pièce ou acte du dossier est gratuite. Les parties qui ne sont pas assistées par un avocat peuvent également se faire délivrer copie de tout ou partie des pièces et actes du dossier. Elles doivent attester par écrit avoir pris connaissance des dispositions sanctionnatrices de l'article 114-1 du Code de procédure pénale (ci-dessous).

Les parties et le témoin assisté ont donc ordinairement un accès indirect au dossier de l'instruction, par l'intermédiaire de leur avocat. Sous certaines conditions, leur avocat peut leur transmettre une reproduction des copies des pièces et des actes du dossier. Ces conditions sont de trois ordres :

- le client de l'avocat doit au préalable attester par écrit avoir pris connaissance des dispositions relatives, en premier lieu, à l'interdiction de communiquer à des tiers la reproduction de ces copies (exceptée celle des rapports d'expertise pour les besoins de la défense)

---

66. Par ailleurs, l'article 434-7-2 du Code pénal punit de cinq ans d'emprisonnement et de 75 000 euros d'amende, « sans préjudice des droits de la défense, le fait, pour toute personne qui, du fait de ses fonctions, a connaissance, en application des dispositions du Code de procédure pénale, d'informations issues d'une enquête ou d'une instruction en cours concernant un crime ou un délit, de révéler, directement ou indirectement, ces informations à des personnes susceptibles d'être impliquées, comme auteurs, coauteurs, complices ou receleurs, dans la commission de ces infractions, lorsque cette révélation est de nature à entraver le déroulement des investigations ou la manifestation de la vérité ».

et en second lieu au fait que la diffusion auprès d'un tiers d'une reproduction d'actes ou de pièces d'une procédure d'instruction est un délit puni de 10 000 euros d'amende (art. 114-1 du CPP) ;

- l'avocat doit donner connaissance au juge d'instruction de la liste des pièces ou actes dont il souhaite remettre une reproduction à son client ;
- le juge d'instruction et, le cas échéant, le président de la chambre de l'instruction, ne doit pas s'être opposé à cette transmission. Le juge d'instruction dispose d'un délai de cinq jours ouvrables à compter de la réception de la demande pour s'opposer à la remise de tout ou partie de ces reproductions par une ordonnance spécialement motivée au regard des risques de pression sur les victimes, les personnes mises en examen, leurs avocats, les témoins ou toute autre personne concourant à la procédure. Si le juge d'instruction ne fait pas usage de ce droit, l'avocat peut communiquer à son client la reproduction des pièces ou actes dont il avait fourni la liste au magistrat. En cas d'opposition du juge d'instruction à cette communication, l'avocat peut saisir le président de la chambre de l'instruction qui statuera dans un délai de cinq jours ouvrables par décision écrite et motivée non susceptible de recours. À défaut d'opposition, l'avocat peut communiquer la reproduction des copies des pièces et actes.

La partie ou le témoin assisté ne peut pas communiquer à des tiers les reproductions de copies des pièces et actes, sous peine de commettre le délit prévu à l'article 114-1 du Code de procédure pénale, à moins que cette communication ne concerne un rapport d'expertise et soit nécessaire aux besoins de sa défense.

L'article 197, alinéas 3 et 4, aménage des dispositions similaires pour l'accès au dossier d'instruction devant la chambre de l'instruction.

Le principe de l'accès indirect au dossier d'instruction par l'intermédiaire de l'avocat n'enfreint pas la Conv. EDH. Dans son arrêt *Kremzow c. Autriche* du 21 septembre 1993 (req. n° 12350/86), la CEDH a considéré que le fait de réserver à l'avocat de l'accusé l'accès au dossier de la juridiction saisie n'est pas incompatible avec les droits de la défense (§ 52 de l'arrêt ; avant cet arrêt, une solution moins nette avait été rendue dans l'arrêt *Kamasinski c. Autriche* du 19 décembre 1989 (req. n° 9783/82, § 88). La compatibilité de l'article 114 du Code de procédure pénale avec l'article 6 de la Conv. EDH serait moins certaine pour les cas où la personne mise en examen choisirait de se défendre seule (CEDH, 18 mars 1997, aff. *Foucher c. France*, req. n° 22209/93, § 35 ; bien que cette solution concerne le droit d'accès direct du prévenu à son dossier devant la juridiction de jugement, dans un contexte où le secret de l'instruction n'était donc pas en cause).

1) Le secret de l'instruction et les personnes concourant à la procédure

696 ***Assimilation de la violation du secret de l'instruction à la violation du secret professionnel.*** Pour les personnes qui concourent à la procédure d'enquête ou d'instruction, le secret de l'instruction est assimilé au secret professionnel et sa divulgation au délit de violation du secret professionnel prévu aux articles 226-13 et 226-14 du Code pénal[67]. Il ne reste donc plus qu'à déterminer les personnes qui concourent à la procédure ainsi que « les cas où la loi » délie ces personnes du secret.

697 ***Personnes concourant à la procédure.*** Par nature, les personnes qui concourent à la procédure sont celles qui, en quelque sorte, la font avancer ; il s'agit donc des magistrats (membres du ministère public, juge d'instruction[68], président et

67. Dans ces conditions, la proposition du Comité de réflexion sur la justice pénale (voy. *supra*, encadré E1) de supprimer le secret de l'enquête et de l'instruction de l'article 11 du CPP est sans effet. Toujours légalement tenues au secret professionnel, les personnes concourant à la procédure resteront dans les liens des art. 226-13 et 226-14 du CP.

68. C. Giudicelli, « Le secret de l'instruction appliqué par le juge d'instruction », *AJ pénal*, 2004, p. 141.

conseillers de la chambre de l'instruction, juge des libertés et de la détention), des greffiers, des huissiers, des policiers et gendarmes, des experts, interprètes et enquêteurs de personnalité… La situation des avocats des parties (partie civile et personne mise en examen) et du témoin assisté demande une approche particulière (voy. *infra*, encadré E41).

E 41 **L'avocat des parties et du témoin assisté : secret de l'instruction ou secret professionnel ?**

Les avocats des parties et du témoin assisté sont-ils tenus au secret du fait qu'ils concourent à la procédure d'instruction (au sens de l'art. 11 du CPP) ou au titre du secret professionnel[69] (posé par l'article 160 du décret n° 91-1197 du 27 novembre 1991 organisant la profession d'avocat) ? Ce dernier article dispose que « l'avocat, en toute matière, ne doit commettre aucune divulgation contrevenant au secret professionnel. Il doit, notamment, respecter le secret de l'instruction en matière pénale ».

En faveur de la thèse selon laquelle les avocats concourraient à la procédure, on peut faire valoir que :

- les avocats sont des auxiliaires de justice ;
- l'article 11 du Code de procédure pénale prévoit que le secret de l'instruction s'applique « sans préjudice des droits de la défense », lesquels sont exercés par les avocats ;
- l'article 160 du décret du 27 novembre 1991 fondant le secret professionnel de l'avocat renvoie au respect du secret de l'instruction ; les parties et le témoin assisté disposent de tels droits dans le cours de l'instruction qu'ils font avancer, chacun en fonction de leur propre intérêt, la recherche de la vérité et concourent ainsi à la procédure.

Contre cette thèse, on opine que les avocats, parce qu'ils n'ont pour vocation de défendre que les intérêts exclusifs de leur client, ne concourent pas à la procédure dans son entier vers la quête d'une vérité objective. Cet argument dénote une certaine étroitesse de vue et laisse entendre que « concourir à la procédure » devrait nécessairement s'entendre par instruire dans un sens exclusivement favorable à l'accusation, cette dernière étant seule réputée « concourir » à la procédure. L'avancement de celle-ci ne se concevrait donc que dans une instruction à charge. Le juge d'instruction ne doit-il pas instruire également à décharge ? Ne peut-on craindre un parti pris des policiers et gendarmes qui, en droit, ne sont pas tenus d'enquêter à décharge ? Le ministère public ne défend-il pas ardemment l'accusation ? L'expert doit-il forcément conclure dans un sens défavorable au suspect ? Suffit-il que le témoin prête serment pour accorder foi et crédit à sa déposition ? L'exercice des droits de la défense n'est-il que chicaneries et manœuvres dilatoires ? Du débat judiciaire, la lumière n'est-elle pas censée jaillir et la vérité se dégager ?

Que l'avocat soit tenu au secret directement sur le fondement du secret de l'instruction ou indirectement par le biais du secret professionnel a au fond assez peu d'importance. Il demeure constant qu'il ne doit en aucun cas communiquer des renseignements extraits du dossier ou publier des documents, pièces ou lettres intéressant une information, sauf si le destinataire est son client, ceci pour les besoins de sa défense. On a ainsi vu un avocat condamné pour violation du secret professionnel pour avoir, dans une citation directe, révélé des informations et reproduit des extraits de pièces provenant de perquisitions ordonnées par un juge d'instruction dans le cadre d'une autre procédure dans laquelle son client était constitué partie civile[70].

---

698 ***Personnes ne concourant pas à la procédure.*** En revanche, la partie civile, la personne mise en examen, le témoin assisté, le simple témoin ou le journaliste ne concourent pas à la procédure et ne sont donc pas tenus au secret de l'instruction.

69. F. Doyez, « Avocat et secret professionnel », *AJ pénal*, 2004, p. 144 ; C. Porteron, « Le secret professionnel de l'avocat », *AJ pénal*, 2009, p. 158.

70. Crim., 28 septembre 2004, n° 03-84.003, *JCP*, 2005, IV, 10054, note Martin.

699 ***Cas de relèvement du secret de l'instruction.*** L'article 11 du Code de procédure pénale énonce qu'il est des cas dans lesquels la loi peut délier de leur secret les personnes concourant à la procédure. Cet article prévoit deux cas de relèvement du secret :

- l'exercice des droits de la défense. À cet égard, l'article 11 est d'interprétation délicate. Signifie-t-il simplement que l'avocat peut communiquer à son client des renseignements extraits du dossier ? Mais comment pourrait-il en être autrement, et où serait l'intérêt d'une disposition qui énonce des règles qui tombent sous le sens... Peut-être signifie-t-il que l'avocat peut alerter l'opinion publique sur une situation particulièrement injuste à laquelle son client serait confronté ? À ce niveau d'exercice du « droit au cri », l'application de l'article 11 du Code de procédure pénale paraît bien lointaine... ;
- pour le procureur de la République, prévenir des atteintes à la présomption d'innocence en rendant publics des éléments objectifs tirés de la procédure qui ne comportent aucune appréciation sur le bien-fondé des charges retenues contre les personnes mises en cause (voy. *supra*, n° 194).

Un autre exemple, pris en dehors du Code de procédure pénale cette fois, peut être donné. L'article 38 de la loi du 29 juillet 1881 relative à la liberté de la presse prévoit que le délit de publication interdite n'est pas constitué lorsque le juge d'instruction demande par écrit la publication de photographies ou de portraits ayant pour objet la reproduction des circonstances d'une infraction. C'est ainsi que des portraits-robots peuvent être diffusés auprès du public.

2) Le secret de l'instruction et les personnes ne concourant pas à la procédure

700 ***Personnes ne concourant pas à la procédure mais accédant au dossier.*** Un nombre assez important de personnes (notamment les parties et le témoin assisté) ne sont pas soumises au secret de l'instruction alors que ces personnes accèdent cependant largement à leur dossier et sont informées du déroulement de la procédure, ce qui multiplie pour les cabinets d'instruction et les cabinets d'avocats les risques de « fuites ».

701 ***Journalistes.*** À ces personnes, il convient d'ajouter les journalistes, en précisant cependant que les révélations qu'ils peuvent faire sur l'état d'un dossier ne sont pas nécessairement répréhensibles. En effet, des révélations qui sembleraient *a priori* être des violations du secret de l'instruction peuvent être faites dans le respect de l'article 11 du Code de procédure pénale (voy. *infra*, encadré E42).

E 42 **Le journaliste et le secret de l'instruction**

Le journaliste ne concourt pas à la procédure au sens de l'article 11 du Code de procédure pénale et n'est donc pas tenu au secret de l'instruction. Des instructions sont parfois commentées par la presse (B. Lavielle et P. Lemonnier, « Polichinelle et son secret : pour en finir avec l'article 11 du Code de procédure pénale », *AJ pénal*, 2009, p. 153). Le secret de l'instruction peut alors « rattraper » le journaliste, en fonction de la source d'information dans laquelle il aura puisé.

S'il est avéré que les sources du journaliste sont des personnes qui concourent à la procédure et sont ainsi tenues au secret de l'instruction, ces dernières sont elles-mêmes coupables du délit de violation du secret professionnel par violation

du secret de l'instruction. Par ricochet, le journaliste peut être poursuivi et condamné pour recel de violation du secret professionnel par violation du secret de l'instruction. Au sens de l'article 321-1 alinéa 2 du Code pénal, le journaliste a en effet bénéficié, en connaissance de cause et par tout moyen, du produit d'un délit (Crim., 13 mai 1991, n° 90-83.520, *Bull. crim.*, n° 200 ; *RSC*, 1992, p. 312, obs. DELMAS SAINT-HILAIRE).
Si les sources du journaliste sont des personnes qui ne sont pas tenues au secret de l'instruction, comme la partie civile, la personne mise en examen ou le témoin assisté, le journaliste peut librement divulguer les informations qu'il a collectées. Cette prérogative peut cependant rencontrer une limite. L'avocat d'une partie peut transmettre à son client des copies des actes ou pièces de la procédure sous certaines conditions (art. 114 du CPP) mais la reproduction et la diffusion auprès d'un tiers de pièces ou actes de procédure d'instruction par une partie est un délit puni de 3 750 euros d'amende, avec cette conséquence que le journaliste qui publierait ou ne ferait même que détenir ces pièces ou actes pourrait être poursuivi pour délit de recel.
Il est difficile de rapporter la preuve que les sources du journaliste sont des personnes concourant à la procédure. À cet égard, on invoque souvent l'article 109 alinéa 2 du Code de procédure pénale aux termes duquel « tout journaliste, entendu comme témoin sur des informations recueillies dans l'exercice de son activité, est libre de ne pas en révéler l'origine ». À l'analyse, cette disposition ne s'applique pas en cas d'instruction ouverte contre un journaliste pour recel. En effet, ce journaliste que tout désigne comme suspect ne pourrait être auditionné comme témoin, mais comme personne mise en examen ou comme témoin assisté. Si, en l'occurrence, le journaliste est protégé et a le droit de ne pas révéler ses sources, c'est qu'il ne peut être contraint de contribuer à sa propre incrimination.
Cependant, si les données d'une affaire permettent d'établir que les documents divulgués par le journaliste sont d'origine délictuelle, il importe peu d'identifier l'auteur de la « fuite », la qualification du délit originel étant sans effet sur la nature illicite de l'origine des documents recelés. Cette nature et origine illicites sont en effet le fondement nécessaire et suffisant de l'élément légal du délit de recel (Crim., 13 mai 1991, préc. et Paris (11e ch. A), 16 juin 1999, *D.*, 2000, p. 167, note BIGOT et pourvoi rejeté par Crim., 19 juin 2001, n° 99-85.188, *Bull. crim.*, n° 149 ; *JCP*, 2002, II, 10064, concl. COMMARET, note LEPAGE ; *D.*, 2002, somm. comm., p. 1463, obs. PRADEL ; *RSC*, 2002, p. 119, obs. FRANCILLON, pour l'affaire dite des « écoutes de l'Élysée »). Encore que, dans cette affaire des « écoutes de l'Élysée », la CEDH a censuré la France, estimant que la condamnation de journalistes à des peines d'amende du chef de recel de violation du secret de l'instruction pour avoir publié un ouvrage révélant cette affaire d'État sur la base de la publication d'actes de procédure couverts par le secret de l'instruction était une atteinte disproportionnée dans leur droit à la liberté d'expression garanti par l'article 10 de la Convention (CEDH, 7 juin 2007, aff. *Dupuis c. France*, req. n° 1914/02). Au demeurant, la Cour européenne des droits de l'homme protège le secret des sources des journalistes le cas échéant contre tout acte de police ou d'instruction invasif tel que perquisition, écoute téléphonique, etc. (pour un point sur le sujet, voy. F. FOURMENT, « La protection des sources du journaliste », *AJ pénal*, 2007, p. 15 ; Crim., 30 octobre 2006, n° 06-85.693, *JCP* 2007, II, 10054, note FOURMENT, MICHALSKI et PIOT ; *D.*, 2007, note GUEDJ ; A. GUEDJ, « Le secret des sources des journalistes », *AJ pénal*, 2009, p. 163 ; J. BOSSAN, « La protection du secret des sources des journalistes en procédure pénale », *Dr. pén.*, 2010, étude n° 14). La loi n° 2010-1 du 4 janvier 2010 « relative à la protection du secret des sources des journalistes » tire des enseignements de la jurisprudence de la CEDH. Elle inscrit d'abord, symboliquement, le secret des sources des journalistes et sa protection dans l'article 2 de la loi du 29 juillet 1881 sur la liberté de la presse. Elle protège ensuite ce secret contre les perquisitions (voy. ci-dessus, § 191). Enfin, elle étend au témoignage du journaliste devant la cour d'assises ou le tribunal correctionnel, la protection applicable depuis 1993 devant le juge d'instruction (art. 109 du CPP ; voy. *infra*, n° 657) : tout journaliste entendu comme témoin sur des informations recueillies dans l'exercice de son activité est libre de ne pas en révéler l'origine.
Reste que le journaliste peut produire en justice, et pour les nécessités de l'exercice de ses droits de la défense, des pièces provenant d'un dossier d'instruction (Crim., 11 juin 2002, n° 01-85.237, *Bull. crim.*, n° 132 ; *Dr. pén.*, 2002, comm. n° 135, obs. M. VÉRON ; *JCP*, 2003, II, 10061, note E. DREYER). Cette solution peut être rapprochée du droit pour une partie de produire des moyens de preuve illégaux, la loyauté dans la discussion de la preuve se substituant à la loyauté dans sa recherche.

§ 4. La clôture de l'instruction

702 ***Droit des parties et du témoin assisté de demander la clôture de l'instruction.*** Les parties (personne mise en examen et partie civile) et le témoin assisté peuvent demander la clôture de l'instruction à l'expiration du délai prévisible d'achèvement de l'instruction à compter de leur premier interrogatoire ou audition (voy. *supra*, encadré E43 et art. 116 et 89-1 du CPP) ou lorsqu'aucun acte d'instruction n'a été accompli pendant un délai de quatre mois (art. 175-1 du CPP). Le juge d'instruction doit y répondre par ordonnance motivée prise dans le délai d'un mois ; à défaut de réponse dans ce délai, ou en cas de décision de poursuite de l'information, le demandeur à la clôture peut saisir directement le président de la chambre de l'instruction. Lorsque le juge d'instruction a déclaré qu'il poursuivait son instruction, une nouvelle demande ne peut être formée qu'à l'expiration d'un délai de six mois.

703 ***Initiative de la clôture de l'instruction du juge d'instruction.*** L'instruction est le plus souvent réglée à l'initiative du juge d'instruction. L'ordonnance de clôture est préparée dans les conditions détaillées de l'article 175 du Code de procédure pénale. Sa modification par la loi du 23 mars 2019 de réforme pour la justice était censée la simplifier ; elle l'a bien sûr rendue plus complexe[71].

Aussitôt que l'information lui paraît terminée, le juge d'instruction communique le dossier au procureur de la République et en avise en même temps les avocats des parties ou, si elles ne sont pas assistées par un avocat, les parties.

Le procureur de la République dispose alors d'un délai d'un mois si une personne mise en examen est détenue, ou de trois mois dans les autres cas, pour adresser ses réquisitions motivées au juge d'instruction. Copie de ces réquisitions est adressée dans le même temps aux avocats des parties ou, si elles ne sont pas assistées par un avocat, aux parties.

Dans un délai de quinze jours à compter de l'envoi de l'avis du juge d'instruction, les parties peuvent faire connaître à ce dernier qu'elles souhaitent lui adresser des observations, formuler des demandes d'actes ou d'expertise ou faire une requête en nullité d'actes ou pièces de la procédure[72]. Si elles ont dûment indiqué au juge d'instruction souhaiter exercer ces droits, les parties disposent d'un délai d'un mois si une personne mise en examen est détenue, ou de trois mois dans les autres cas, à compter de l'envoi de l'avis initial du juge d'instruction, pour formaliser leurs observations, demandes ou requêtes. Au demeurant, à l'expiration de ce délai d'un mois ou de trois mois, les parties ne sont plus recevables à adresser de telles observations ou à formuler ou présenter de telles demandes ou requêtes.

Si les parties ont adressé des observations, le procureur de la République dispose d'un délai de dix jours si une personne mise en examen est détenue ou d'un mois dans les autres cas pour adresser au juge d'instruction des réquisitions complémentaires à compter de la date à laquelle ces observations lui ont été communiquées. Si les parties ont indiqué qu'elles souhaitaient exercer ce droit, elles disposent d'un délai de dix jours si une personne mise en examen est détenue ou d'un mois dans les autres cas pour adresser au juge d'instruction

71. S. Rapin, « La nouvelle clôture de l'information : des chausse-trappes à charge nulle ? », *Gaz. Pal.*, 3 septembre 2019, p. 79.

72. Cette obligation de déclaration d'intention ne laisse pas de surprendre.

des observations complémentaires à compter de la date à laquelle les réquisitions leur ont été communiquées.

Ces dispositions sont applicables au témoin assisté.

Ce n'est qu'à l'expiration de ces délais, voire échanges, que juge d'instruction peut rendre son ordonnance de règlement (y compris s'il n'a pas reçu de réquisitions ou d'observations dans ces délais).

704 ***Ordonnance de règlement.*** En la forme, l'ordonnance de règlement contient les nom, prénom, date et lieu de naissance, domicile et profession de la personne mise en examen.

Plus important, elle indique la qualification légale du fait imputé à celle-ci et, de façon précise, les motifs pour lesquels il existe ou non contre elle des charges suffisantes. Cette motivation est prise au regard des réquisitions du ministère public et des observations des parties qui ont été adressées au juge d'instruction en application de l'article 175, en précisant les éléments à charge et à décharge concernant chacune des personnes mises en examen (art. 184 du CPP).

Au fond, l'ordonnance de règlement peut être de deux types : de non-lieu à suivre ou de lieu à poursuivre.

705 ***Ordonnance de non-lieu (voire d'irresponsabilité pénale pour cause de trouble mental).*** L'ordonnance de non-lieu à suivre, plus communément appelée « ordonnance de non-lieu », est prise lorsque le juge d'instruction estime que les faits dont il a été saisi ne constituent ni un crime, ni un délit, ni une contravention, ou si l'auteur des faits est resté inconnu, ou s'il n'existe pas de charges suffisantes à son encontre. On distingue les ordonnances de non-lieu motivées en fait de celles qui le sont en droit. Seules les ordonnances motivées en fait peuvent donner lieu à une réouverture de l'information, en présence de charges nouvelles[73].

Lorsque l'ordonnance de non-lieu est motivée par l'existence d'une de l'une des causes d'irresponsabilité pénale prévue par les articles 122-2 (contrainte), 122-3 (erreur sur le droit), 122-4 (ordre ou permission de la loi et commandement de l'autorité légitime), 122-5 (légitime défense) et 122-7 (état de nécessité) du Code pénal ou par le décès de la personne mise en examen, elle précise s'il existe des charges suffisantes établissant que l'intéressé a commis les faits qui lui sont reprochés. Dans la limite de l'autorité absolue de chose jugée au pénal sur le civil, le droit à réparation de la victime peut être le cas échéant discuté.

En revanche, lorsque le juge d'instruction estime, à la fin de l'instruction, qu'il est susceptible d'appliquer le premier alinéa de l'article 122-1 du Code pénal relatif à l'irresponsabilité pénale d'une personne en raison d'un trouble mental, le procureur de la République ou une partie peuvent demander la saisine de la chambre de l'instruction afin qu'elle statue sur l'irresponsabilité pénale pour cause de trouble mental. Si son état le permet, la personne mise en examen doit comparaître personnellement à l'audience de la chambre de l'instruction. Elle y est nécessairement assistée d'un avocat (ou représentée par un avocat si elle ne comparaît pas). Les débats sont publics. La chambre de l'instruction peut décider d'un non-lieu (si elle estime que les charges ne sont pas suffisantes), d'un renvoi devant la juridiction de jugement (si elle estime

73. S. Detraz, « L'innocence à l'épreuve de la décision de non-lieu », *RPDP*, 2005, p. 179.

que les charges sont suffisantes et que la personne mise en examen n'était pas atteinte d'un trouble mental au moment des faits), ou d'un arrêt de déclaration d'irresponsabilité pénale pour cause de trouble mental. Dans cette dernière hypothèse, la chambre de l'instruction peut notamment ordonner, par décision motivée, l'hospitalisation d'office de la personne. Si la chambre de l'instruction n'est pas saisie, le juge d'instruction peut rendre une ordonnance d'irresponsabilité pénale pour cause de trouble mental, en précisant qu'il existe des preuves suffisantes établissant que l'intéressé a commis les faits qui lui sont reprochés[74].

À sa demande, cette ordonnance, devenue définitive, est portée à la connaissance de la victime qui a déposé plainte sans s'être constituée partie civile.

706 ***Ordonnance de renvoi ou de mise en accusation.*** L'ordonnance de lieu à suivre est prise lorsqu'il existe des charges suffisantes à l'encontre de la personne mise en examen d'avoir commis les faits qui lui sont reprochés, par ailleurs constitutifs d'une infraction. Elle est qualifiée d'ordonnance de renvoi devant le tribunal de police ou le tribunal correctionnel et d'ordonnance de mise en accusation devant la cour d'assises. Une telle ordonnance couvre, s'il en existe, les vices de la procédure antérieure.

707 ***Ordonnance de renvoi devant le tribunal de police ou le tribunal correctionnel.*** En cas de délit ou de contravention, le juge d'instruction prend une ordonnance de renvoi devant le tribunal correctionnel ou de police. La chambre criminelle de la Cour de cassation a précisé que lorsque l'ordonnance de renvoi devant le tribunal correctionnel a été rendue sans que, faute de notification du réquisitoire définitif, les parties aient été mises en mesure de présenter des observations au vu de ces réquisitions, les juges saisis de la poursuite renvoient la procédure au ministère public pour lui permettre de saisir à nouveau la juridiction d'instruction, afin que la procédure soit régularisée[75]. Le contrôle judiciaire, l'assignation à résidence avec surveillance électronique ou la détention provisoire éventuel cesse. Toutefois, le juge d'instruction – et non le juge des libertés et de la détention – peut, par ordonnance distincte et spécialement motivée, maintenir le prévenu (avec l'ordonnance de renvoi, le mis en examen est devenu « prévenu ») en détention provisoire, sous assignation à résidence avec surveillance électronique ou sous contrôle judiciaire jusqu'à sa comparution devant le tribunal. En principe, le prévenu en détention est mis en liberté si le tribunal correctionnel n'a pas commencé à examiner au fond l'affaire à l'expiration d'un délai de deux mois à compter de la date de l'ordonnance de renvoi.

Le juge d'instruction peut préciser dans l'ordonnance de renvoi la date d'audience devant le tribunal de police ou le tribunal correctionnel lorsque cette date lui a été préalablement communiquée par le procureur de la République. Cette ordonnance dispense de la délivrance d'une citation et fait considérer le jugement à intervenir contradictoire, même en l'absence du prévenu.

708 ***Ordonnance de renvoi aux fins de mise en œuvre de la CRPC ou de transmission aux fins de mise en œuvre d'une CJIP.*** L'article 180-1 du Code de procédure pénale prévoit que le juge d'instruction, s'il estime que les faits constituent

---

74. S. Detraz, « La création d'une nouvelle décision de règlement de l'instruction : la décision d'irresponsabilité pénale pour cause de trouble mental », *RSC*, 2008, p. 873 ; voy. art. 706-119 et s. du CPP).

75. Crim., 21 mars 2012, n° 11-87660, *Bull. crim.*, n° 79 ; *Gaz. Pal.*, 28 juillet 2012, p. 36, obs. F. Fourment.

un délit, que la personne mise en examen reconnaît les faits et qu'elle accepte la qualification pénale retenue, peut, à la demande ou avec l'accord du procureur de la République, de la personne mise en examen et même de la partie civile (!), prononcer par ordonnance le renvoi de l'affaire au procureur de la République aux fins de mise en œuvre d'une comparution sur reconnaissance préalable de culpabilité[76]. Lorsque la proposition émane du procureur de la République, les parties disposent d'un délai de dix jours à compter de la notification de cette proposition pour indiquer si elles acceptent le renvoi de l'affaire aux fins de mise en œuvre d'une comparution sur reconnaissance préalable de culpabilité. En cas d'accord, les dispositions de l'article 175 sur la préparation de l'ordonnance de règlement ne sont pas applicables et, par dérogation aux dispositions de l'article 184, l'ordonnance de renvoi ne mentionne, outre les éléments prévus aux deuxième et troisième alinéas du présent article, que l'identité de la personne et la qualification retenue, sans avoir besoin d'être motivée.

Dans le même esprit, l'article 180-2 du Code de procédure pénale prévoit que le juge d'instruction peut, à la demande ou avec l'accord du procureur de la République, lorsque la personne morale reconnaît les faits et accepte leur qualification juridique, prononcer une ordonnance de transmission de la procédure au procureur de la République aux fins de mise en œuvre de la procédure de convention judiciaire d'intérêt public de l'article 41-1-2 du Code de procédure pénale (voy. *supra*, n° 520)[77].

709 ***Ordonnance de mise en accusation devant la cour d'assises.*** En cas de crime, le juge d'instruction prend une ordonnance de mise en accusation devant la cour d'assises (elle peut être étendue aux délits connexes). La circulaire d'application n° CRIM-00-14/F1 du 11 décembre 2000 (p. 6) insiste particulièrement sur la qualité de cette ordonnance. Étant destinée à être lue à l'audience de la cour d'assises, fixant l'étendue de la saisine de la cour d'assises et, enfin, servant de base à la rédaction des questions formulées par le président et qui seront posées à la cour (voy. *infra*, n° 751), les motivations stéréotypées par renvoi aux motifs du réquisitoire définitif du procureur de la République sont proscrites.

Le contrôle judiciaire ou l'assignation à résidence avec surveillance électronique éventuelle continuent de produire leurs effets. La détention provisoire se poursuit jusqu'au jugement par la cour d'assises. En principe, l'accusé doit être jugé dans le délai d'un an à compter de l'ordonnance de mise en accusation.

Au terme de l'instruction, la durée de celle-ci peut enfin être appréciée dans le but de déterminer si elle a été raisonnable (voy. *infra*, encadré E43).

710 ***Quant au renvoi ou à la mise en accusation d'un mineur.*** En matière contraventionnelle, le juge d'instruction renvoie devant le tribunal de police ou, pour les contraventions de la 5e classe, devant le juge des enfants ou le tribunal pour enfants (art. 9, al. 2, 2°, de l'ord. du 2 février 1945).

En matière délictuelle, le juge d'instruction renvoie devant le juge des enfants ou le tribunal pour enfants, sauf à ce que le mineur, âgé de 16 ans révolus, soit poursuivi pour un délit puni d'une peine d'emprisonnement égale

76. Cette passerelle a été introduite par la loi 13 décembre 2011 « relative à la répartition des contentieux et à l'allégement de certaines procédures juridictionnelles ».

77. Cette passerelle a été introduite par la loi du 9 décembre 2016 « relative à la transparence, à la lutte contre la corruption et à la modernisation de la vie économique ».

ou supérieure à 7 ans, auquel cas le renvoi sera opéré devant le tribunal pour enfants (art. 9, al. 2, 3°, de l'ord. du 2 février 1945).

En matière criminelle, le renvoi du mineur de 16 ans est prononcé devant le tribunal pour enfants, tandis que la mise en accusation du mineur âgé de 16 ans révolus est portée devant la cour d'assises des mineurs (art. 9, al. 2, 4°, de l'ord. du 2 février 1945).

E 43 De la durée raisonnable de l'instruction à la durée raisonnable de la procédure

Une série de dispositions tend à renforcer la durée raisonnable de l'instruction. La disposition phare est l'article 175-2, alinéa 1er, du Code de procédure pénale, aux termes duquel « en toute matière, la durée de l'instruction ne peut excéder un délai raisonnable au regard de la gravité des faits reprochés à la personne mise en examen, de la complexité des investigations nécessaires à la manifestation de la vérité et de l'exercice des droits de la défense ». Pour accélérer la durée des instructions, le législateur a introduit deux types de dispositions.

Les premières octroient aux parties et au témoin assisté le droit de demander la clôture de l'information (art. 89-1, al. 2, 175-1 et 116, al. 8, du CPP) :

- à l'expiration d'un délai d'un an en matière correctionnelle et de dix-huit mois en matière criminelle ;
- à l'expiration du délai prévisible d'achèvement de l'instruction plus court que le juge d'instruction aurait pu leur avoir indiqué lors de leur premier interrogatoire ou audition.

Les secondes imposent au juge d'instruction, à l'issue d'un délai de deux ans à compter de l'ouverture de l'instruction, de rendre une ordonnance motivée par référence aux critères de la gravité des faits, de la complexité des investigations et de l'exercice des droits de la défense, comportant les indications qui justifient la poursuite de l'information et précisant les perspectives de règlement (art. 175-2, al. 2, du CPP).

Ces dispositions relatives à la durée raisonnable de l'instruction rejoignent celles, plus générales, relatives à la durée raisonnable de la procédure prise dans son ensemble. L'article préliminaire III alinéa 3 du Code de procédure pénale prévoit qu'« il doit être définitivement statué sur l'accusation dont [la personne suspectée] fait l'objet dans un délai raisonnable ». Au sens de l'article préliminaire, la « personne suspectée » peut être la personne mise en examen et le témoin assisté. Cette disposition n'en demeure pas moins imparfaite puisqu'elle oublie la partie civile. Et la chambre criminelle retient que la méconnaissance du droit d'être jugé dans un délai raisonnable n'est ni cause de nullité de la procédure, ni cause d'extinction de l'action publique (Crim., 24 avril 2013, n° 12-82.863, *Bull. crim.*, n° 100 ; *Gaz. Pal.*, 23 juillet 2013, n° 204, obs. Fourment).

Des dispositions renforçant le droit à être jugé dans un délai raisonnable touchent les enquêtes de police, d'autres l'instruction, enfin d'autres le jugement. À cet égard, l'article 179 du Code de procédure pénale prévoit que le prévenu en détention doit en principe être immédiatement remis en liberté si le tribunal correctionnel n'a pas commencé à examiner au fond à l'expiration d'un délai de deux mois à compter de la date de l'ordonnance de renvoi. En matière criminelle, ce délai est d'un an à compter de la date à laquelle la décision de mise en accusation est devenue définitive (art. 181, al. 8, du CPP).

Ces dispositions tendent à rapprocher le droit français de source nationale de l'article 6, § 1er, de la Conv. EDH, lequel garantit le droit pour toute personne que sa cause soit entendue dans un délai raisonnable. La cause en question peut être l'« accusation en matière pénale », ce qui rejoint le droit du suspect, dans l'action publique, d'être jugé dans un délai raisonnable, mais elle peut être également une « contestation sur des droits et obligations de caractère civil », ce qui garantit à la victime le droit de voir son action civile jugée dans un délai raisonnable. De ce point de vue, l'article préliminaire III, alinéa 4, du Code de procédure pénale n'a donc pas atteint son objectif symbolique : il n'a d'égard que pour l'accusé.

La Cour européenne des droits de l'homme a rendu un nombre impressionnant de décisions sur le délai raisonnable de la procédure de l'article 6, § 1er. On peut en retenir que le caractère raisonnable de la durée de la procédure s'apprécie *in concreto* et d'après trois grands critères : la complexité de l'affaire, le comportement du requérant et celui des autorités nationales (pour une approche critique, voy. G. Lucazeau, « Le délai raisonnable est-il bien raisonnable ? », *JCP*, 2009, I, 103).

SECTION II
La chambre de l'instruction et l'instruction

711 *Fonction d'instruction et autres fonctions de la chambre de l'instruction.* La chambre de l'instruction est une formation pénale de la cour d'appel. Ses fonctions en matière d'instruction ne sont pas exclusives d'autres fonctions, notamment du contrôle des officiers de police judiciaire et agents de police judiciaire ou du contentieux de la réhabilitation judiciaire, de l'extradition et du mandat d'arrêt européen. En matière d'instruction, il faut distinguer les pouvoirs propres du président de la chambre de l'instruction (§ 1) et les attributions collégiales de cette juridiction (§ 2).

§ 1. Les pouvoirs propres du président de la chambre de l'instruction

712 *Contrôle du « bon fonctionnement » des cabinets d'instruction.* Les pouvoirs propres du président de la chambre de l'instruction sont détaillés aux articles 219 à 223 du Code de procédure pénale. Aux termes de l'article 220 du Code de procédure pénale, le président de la chambre de l'instruction « s'assure du bon fonctionnement des cabinets d'instruction du ressort de la cour d'appel », notamment en matière de commission rogatoire dont les magistrats instructeurs ne doivent pas abuser (voy., n° 672), en matière de détention provisoire, et en matière de célérité de la procédure.

Une question se pose alors : comment le président de la chambre de l'instruction prend-il connaissance du fonctionnement des cabinets d'instruction du ressort de la cour d'appel afin d'apprécier leur « bon » fonctionnement ? À cet égard, l'article 221 du Code de procédure pénale prévoit que chaque juge d'instruction doit adresser au président de la chambre de l'instruction, ainsi qu'au procureur général près la cour d'appel, un état semestriel sur chaque affaire. Cet état comporte la mention du dernier acte exécuté. Un état spécial est même requis dans les affaires où la personne mise en examen est en détention provisoire. D'état en état, le président de la chambre de l'instruction peut donc estimer la bonne marche des instructions en cours dans son ressort en matière de détention provisoire et de célérité de la procédure.

713 *Contrôle de la détention provisoire.* S'agissant de la détention provisoire, le président de la chambre de l'instruction dispose de deux pouvoirs propres :

- saisir la chambre de l'instruction afin qu'elle statue sur le maintien en détention (en termes déguisés, l'art. 223 du CPP permet au président de la chambre de l'instruction de faire une demande de mise en liberté pour le compte du détenu) ;
- visiter les maisons d'arrêt de son ressort au moins une fois par an (art. 10 de la loi « pénitentiaire » du 24 novembre 2009).

714 *Contrôle de la célérité de l'instruction.* Le président de la chambre de l'instruction peut saisir la chambre de l'instruction :

- quand un délai de quatre mois s'est écoulé depuis la date du dernier acte d'instruction du juge d'instruction dans une affaire (art. 221-1 du CPP).

Certes, les parties disposent d'un droit similaire de saisir directement la chambre de l'instruction en cas de défaut de célérité de la procédure, mais il est soumis au filtrage du président de la chambre de l'instruction (art. 221-2 du CPP) ;

- quand il reçoit communication de l'ordonnance par laquelle le juge d'instruction justifie la poursuite de l'information au-delà d'une durée de deux ans (art. 175-2 du CPP).

La chambre de l'instruction peut alors soit évoquer, soit renvoyer le dossier au même juge d'instruction, soit le renvoyer à un autre (art. 221-1 du CPP).

Par ailleurs, lorsque les parties et le témoin assisté ont demandé la clôture de l'information au juge d'instruction et que celui-ci, soit l'a refusée, soit n'a pas répondu dans le délai d'un mois qui lui est imparti, ils peuvent saisir directement le président de la chambre de l'instruction qui décide, par ordonnance non susceptible de recours, s'il y a lieu de saisir ou non la chambre de l'instruction (art. 175-1 et 207-1 du CPP). Lorsqu'elle est saisie, la chambre de l'instruction peut procéder au règlement de l'instruction, évoquer ou renvoyer le dossier au même juge d'instruction ou à un autre afin qu'il poursuive l'information.

715 ***Appréciation de certaines requêtes en nullité de l'instruction.*** En principe, les requêtes en annulation sont jugées par la chambre de l'instruction réunie en formation collégiale (voy. *infra*, n° 724). Toutefois, l'article 170-1 du Code de procédure pénale prévoit que lorsque la solution d'une requête en annulation paraîtrait s'imposer de façon manifeste, le président de la chambre de l'instruction statue à juge unique, soit au terme d'une audience et d'un débat contradictoire, soit même, si la solution s'imposant consistait dans l'annulation de l'acte de procédure, en cas d'accord du ministère public, par voie d'ordonnance sans qu'il soit procédé à une audience ou un débat. L'auteur de la requête en annulation peut cependant demander que celle-ci soit examinée par la chambre de l'instruction.

716 ***Provocation de l'examen de l'ensemble de la procédure.*** L'article 221-3 du Code de procédure pénale prévoit que, lorsqu'un délai de trois mois s'est écoulé depuis le placement en détention provisoire de la personne mise en examen et que le juge d'instruction n'a pas délivré l'avis de fin d'information (voy. *supra*, n° 703), le président de la chambre de l'instruction peut, d'office ou à la demande du ministère public ou de la personne mise en examen, décider de saisir la chambre de l'instruction afin que celle-ci examine l'ensemble de la procédure. Dans les trois mois de sa saisine, et après une audience contradictoire, en principe publique, et à laquelle toutes les parties et témoins assistés sont convoqués, la chambre de l'instruction peut, s'il y a lieu, décider : d'ordonner une mise en liberté ; de prononcer des nullités ; d'évoquer ; de renvoyer le dossier au juge d'instruction saisi de l'affaire ; de désigner un ou plusieurs autres juges d'instruction pour suivre la procédure avec le juge d'instruction saisi de l'affaire ; de dessaisir le juge d'instruction et désigner un autre juge d'instruction ; voire d'ordonner le règlement de la procédure.

§ 2. Les attributions de la chambre de l'instruction

717 *Encore une double fonction.* La chambre de l'instruction exerce essentiellement des attributions juridictionnelles (A) ; elle conserve cependant encore quelques attributions de pure instruction (B).

A) Les attributions juridictionnelles de la chambre de l'instruction

718 *Quoi, comment, pour quoi ?* L'objet de la saisine de la chambre de l'instruction (1), la procédure suivie devant elle (2) et les pouvoirs dont elle dispose (3) doivent être précisés.

1) L'objet de la saisine de la chambre de l'instruction

719 ***Contentieux de la nullité des actes de procédure et de l'appel des ordonnances juridictionnelles.*** Dans sa fonction de juridiction, la chambre de l'instruction peut intervenir à deux titres au cours d'une instruction : pour statuer sur une demande en nullité (b) ou pour statuer sur l'appel d'une ordonnance juridictionnelle du juge d'instruction ou du juge des libertés et de la détention (a).

a) L'appel des ordonnances juridictionnelles du juge d'instruction et du juge des libertés et de la détention

720 *Droit d'appel général du ministère public.* Le procureur de la République peut interjeter appel de toutes les ordonnances juridictionnelles du juge d'instruction (art. 185 du CPP ; sur la notion d'ordonnance juridictionnelle, voy. *infra*, n° 689). C'est le droit d'appel général. Le procureur de la République peut interjeter appel dans les dix jours qui suivent la notification d'une ordonnance, par déclaration au greffe du tribunal.

Le procureur général de la cour d'appel peut également interjeter appel dans les dix jours qui suivent l'ordonnance du juge d'instruction, par déclaration au greffe du tribunal.

721 *Droit d'appel limité des parties.* Les parties ne disposent que d'un droit d'appel limité. Il ne faut *a priori* pas s'en offusquer : elles n'ont un droit d'appel que pour défendre leurs intérêts. Par exemple, il est indifférent à la partie civile, pour la défense de ses intérêts dans l'action civile, de s'immiscer dans le contentieux de la détention provisoire de la personne mise en examen détenue. Le Conseil constitutionnel, dans sa décision n° 2011-153 QPC du 13 juillet 2011, a toutefois pris soin de préciser que si le caractère limitatif du droit d'appel de la personne mise en examen est conforme à la Constitution, c'est sous la réserve qu'elle puisse avoir la possibilité de remettre en cause une ordonnance lui faisant grief notamment devant la juridiction de jugement.

Le droit d'appel des parties trouve une autre source de limitation : par crainte de la multiplication des appels dilatoires, le législateur a prévu de soumettre l'appel de certaines ordonnances du juge d'instruction à un filtrage du président de la chambre de l'instruction (art. 186-1 du CPP). Dans le domaine de l'appel des ordonnances soumises à ce filtrage, le président de la chambre de l'instruction décide, par une ordonnance non susceptible de recours, prise dans les huit jours de la réception du dossier, s'il y a lieu ou non de saisir la chambre de l'instruction. En cas de refus, il rend une ordonnance de non-admission d'appel.

Le droit d'appel de la personne mise en examen comprend :
- sans filtrage, les ordonnances du juge d'instruction relatives à sa compétence, à la recevabilité de la constitution de partie civile et, bien sûr, les ordonnances du juge des libertés et de la détention relatives au contrôle judiciaire et à la détention provisoire ;
- avec filtrage, les ordonnances du juge d'instruction portant rejet d'une demande d'acte d'instruction.

Le droit d'appel de la partie civile comprend :
- sans filtrage, les ordonnances du juge d'instruction relatives à sa compétence, ses ordonnances de non informer, de non-lieu et, d'une façon générale, celles faisant grief à ses intérêts (par exemple, ordonnance d'irrecevabilité de la partie civile) ;
- avec filtrage, les ordonnances du juge d'instruction portant rejet d'une demande d'acte d'instruction.

Interjeté par la personne mise en examen ou par la partie civile, l'appel doit être formé dans un délai de dix jours à compter de la notification de la décision, par déclaration au greffe. La personne mise en examen en détention provisoire peut aussi interjeter appel auprès du chef de l'établissement pénitentiaire.

722 ***Appel en principe suspensif.*** En principe, le délai d'appel et l'appel sont suspensifs de l'exécution des ordonnances du juge d'instruction. Par exception, les ordonnances du juge des libertés et de la détention relatives au contrôle judiciaire, à l'assignation à résidence avec surveillance électronique et à la détention provisoire sont exécutoires par provision.

723 ***Appel en cours et poursuite de l'instruction.*** En principe également, l'appel est sans effet sur la poursuite de l'instruction par le juge d'instruction. Par exception, le président de la chambre de l'instruction peut décider une suspension de l'instruction.

b) La requête en annulation d'un acte ou pièce de procédure soulevée au cours de l'instruction

724 ***Compétence de principe de la chambre de l'instruction.*** En principe, la chambre de l'instruction réunie en formation collégiale est la juridiction compétente pour statuer sur les demandes en nullité soulevées au cours de l'instruction.

Toutefois, lorsque la solution d'une requête en annulation paraîtrait s'imposer de façon manifeste, le président de la chambre de l'instruction statue à juge unique (voy. *supra*, n° 715).

Pour mémoire, l'annulation porte sur tout ou partie de l'acte litigieux et, sous certaines conditions de pertinence, tout ou partie de la procédure subséquente à cet acte (voy. *supra*, n° 49).

725 ***Demandeurs à la nullité devant la chambre de l'instruction.*** Plusieurs personnes peuvent demander la nullité : en premier lieu, le juge d'instruction lui-même, après avis du procureur de la République et information des parties (art. 173, al. 1er, du CPP), en second lieu le procureur de la République, par requête et en informant les parties (art. 173, al. 2, du CPP), enfin les parties, mis en examen ou partie civile, ou le témoin assisté, par requête non seulement

motivée, mais en plus soumise au filtrage du président de la chambre de l'instruction qui peut la déclarer irrecevable (art. 173, al. 3 et 5, du CPP).

726 ***Nullité des actes ou pièces de la procédure.*** De quoi peut-il être demandé la nullité ? De tout « acte ou pièce de la procédure », indique l'article 170 du Code de procédure pénale. Il faut bien sûr exclure les actes de nature juridictionnelle puisqu'ils sont en effet susceptibles d'appel (art. 173, al. 3, du CPP). Il est en revanche permis d'inclure les actes ou pièces de procédure établis avant l'ouverture de l'instruction, c'est-à-dire au stade de l'enquête de police (par exemple, le procès-verbal d'interrogatoire de garde à vue).

Les vrais obstacles dressés aux requêtes en nullité ont pour nom : irrecevabilité de l'article 173-1 du Code de procédure pénale, purge successive des nullités de l'article 174 alinéa 1er et forclusion de l'article 175 alinéa 2[78].

727 ***Irrecevabilité de l'article 173-1.*** L'article 173-1 du Code de procédure pénale prévoit que la personne mise en examen, la partie civile et le témoin assisté doivent, sous peine d'irrecevabilité, soulever les causes de nullité antérieures ou concomitantes, respectivement, à leur interrogatoire de première comparution et à leur première audition, dans un délai de six mois à compter, selon le cas, de la notification de la mise en examen ou de la première audition. Il en est de même des moyens pris de la nullité des actes accomplis avant chacun des interrogatoires ultérieurs de la personne mise en examen et avant chacune des auditions ultérieures de la partie civile et du témoin assisté.

728 ***Purge successive des nullités de l'article 174, alinéa 1er.*** L'article 174, alinéa 1er, du Code de procédure pénale institue un mécanisme de purge des nullités par lequel la partie – la purge ne s'applique donc pas davantage au juge d'instruction qu'au procureur de la République – qui soulève une nullité doit prendre garde de se prévaloir de toutes les causes de nullité qu'il lui est possible de connaître au jour de sa requête en annulation, à peine d'irrecevabilité de toute requête ultérieure du chef de ces nullités. La jurisprudence est allée plus loin. Une partie qui soulève une nullité engage les autres parties dans le mécanisme de la purge. Les parties convoquées devant la chambre de l'instruction saisie d'une requête en annulation qui n'émane pas d'elles doivent soumettre à la chambre de l'instruction les nullités des actes qu'à cette date elles sont en mesure de soulever. À défaut, leurs requêtes ultérieures seraient jugées irrecevables[79]. Or comment une partie est-elle prévenue de ce qu'une nullité a été soulevée ? Quand la demande en nullité émane du juge d'instruction, le procureur de la République est avisé et les parties informées (art. 173, al. 1er, du CPP). Quand la demande émane du procureur de la République, les parties sont informées (art. 173, al. 2, du CPP). Mais lorsqu'il s'agit d'une partie, mis en examen ou partie civile, qui soulève la nullité, les autres parties civiles et/ou mis en examen ne sont pas informés (art. 173, al. 3, du CPP). Dans cette hypothèse, au pire, les autres parties n'en sont informées que lorsque le procureur général près la cour d'appel, dans le délai minimum de cinq jours entre la date d'envoi de sa

---

78. M. Guerrin, « Les changements opérés par la loi relative à la présomption d'innocence sur les nullités de procédure dans la phase préalable au jugement pénal », *RSC*, 2000, p. 753, notamment pp. 763-765.

79. Crim., 19 juillet 1994, n° 9182.474, *Dr. pén.*, 1994, comm. n° 222 ; Crim., 21 juin 1995, n° 95-81.173, *Bull. crim.*, n° 229 ; *Dr. pén.*, 1995, comm. n° 238.

lettre recommandée avec avis de réception et la date d'audience de la chambre de l'instruction, notifie cette date d'audience aux parties (art. 197 du CPP).

729 ***Forclusion de l'article 175.*** L'article 175 du Code de procédure pénale institue un mécanisme de forclusion. Quand le juge d'instruction croit devoir clore son information, il avise les parties de ce que l'instruction lui paraît terminée. À l'expiration de certains délais, les parties ne sont plus recevables à formuler la moindre requête en nullité (sur le règlement de l'instruction, voy. *supra*, n° 703). Le règlement de l'instruction purge les causes de nullité.

2) La procédure suivie devant la chambre de l'instruction

730 ***Célérité de la procédure.*** Devant la chambre de l'instruction, la procédure est rapide. Le ministère public doit prendre ses réquisitions dans les dix jours de sa réception du dossier. La chambre de l'instruction doit statuer dans un délai de deux mois à compter de la transmission du dossier au procureur général près la cour d'appel par le président de la chambre de l'instruction (ce délai est plus court en matière de détention provisoire ; voy. *supra*, n° 635).

731 ***Caractère contradictoire de la procédure.*** La procédure est contradictoire : les parties et leurs avocats sont convoqués. Ils doivent disposer d'un délai de cinq jours au moins entre la date d'envoi de leur convocation et la date d'audience de la chambre de l'instruction. Le dossier est tenu à la disposition des avocats au greffe de la chambre de l'instruction. Les avocats peuvent déposer des conclusions écrites. Devant la chambre de l'instruction, on les appelle des « mémoires ».

732 ***Audience allégée.*** À l'audience, un conseiller de la chambre de l'instruction est d'abord entendu dans son rapport, puis viennent les « observations sommaires » du ministère public et des avocats. En d'autres termes, le ministère public ne prend pas de réquisitions et les avocats ne plaident pas devant la chambre de l'instruction. En principe, les parties ne comparaissent pas à l'audience de la chambre de l'instruction, mais la comparution de la personne mise en examen à sa demande est cependant de droit. L'audience se tient en chambre du conseil (elle est en principe publique en matière de détention provisoire ; voy. *supra*, n° 635), ce qui n'a rien d'étonnant : l'instruction n'étant pas encore terminée, elle doit rester secrète. Toutefois, en cas de comparution personnelle de la personne mise en examen détenue, l'audience peut être publique.

3) Les pouvoirs de la chambre de l'instruction

733 ***Annuler ou non l'acte, confirmer ou infirmer l'ordonnance.*** Les pouvoirs de la chambre de l'instruction varient d'abord suivant l'objet de sa saisine : statuer sur une demande de nullité d'un acte de procédure soulevée en cours d'instruction, donc annuler cet acte, le cas échéant, ou statuer sur un appel d'une ordonnance juridictionnelle du juge d'instruction ou du juge des libertés et de la détention, donc réformer cette décision, le cas échéant. Dans le premier cas, elle annule ou refuse d'annuler tout ou partie de l'acte et, le cas échéant, tout ou partie de la procédure subséquente. Dans le second cas, la chambre de l'instruction confirme ou infirme l'ordonnance attaquée.

734 ***Éventail des pouvoirs de la chambre de l'instruction.*** Mais quel que soit l'objet de sa saisine – statuer sur une demande de nullité d'un acte ou sur un appel

d'une ordonnance –, la chambre de l'instruction connaît du dossier d'instruction dans son entier. Elle dispose alors d'une palette de pouvoirs :

- mettre en liberté d'office la personne mise en examen détenue (art. 201, al. 2, du CPP) ;
- étendre les poursuites à d'autres faits ou infractions, contre des individus déjà en cause ou non (art. 202 et 204 du CPP) ;
- ordonner un supplément d'information (art. 205 du CPP), effectué soit par un juge d'instruction délégué, soit par un conseiller de la chambre de l'instruction ;
- en cas d'annulation de tout ou partie d'un acte ou de la procédure, renvoyer le dossier au même juge, à un juge différent, voire évoquer. Le pouvoir d'évocation de la chambre de l'instruction emporte qu'elle effectue alors l'instruction, dans ses facettes de juridiction comme de pure instruction, à l'instar d'un juge d'instruction. La chambre de l'instruction peut aussi procéder à une évocation partielle du dossier en ne procédant qu'à certains actes avant de renvoyer le dossier au juge d'instruction (art. 207 du CPP).

B) Les attributions d'instruction de la chambre de l'instruction

735 ***Suppression du double degré d'instruction obligatoire en matière criminelle.*** La chambre de l'instruction a perdu l'essentiel de ses attributions d'instruction. Avant la réforme de la loi du 15 juin 2000, la chambre d'accusation était la juridiction d'instruction de second degré obligatoire en matière criminelle. Depuis la réforme de la loi du 15 juin 2000, les arrêts des cours d'assises statuant en premier ressort sont susceptibles d'appel. En conséquence, le second degré d'instruction obligatoire en matière criminelle a été supprimé.

736 ***Rares circonstances d'exercice de la fonction d'instruction.*** La chambre de l'instruction ne remplit plus de fonctions de pure instruction que dans deux circonstances :

- en cas d'évocation[80] ;
- en cas de supplément d'information confié à l'un des conseillers de la chambre.

Une décision de non-lieu ou de mise en accusation peut donc encore résulter d'un arrêt de la chambre de l'instruction.

80. Sur la mise en œuvre du pouvoir d'évocation, voy. Ch. GUÉRY, « Les pouvoirs de la chambre de l'instruction et la liberté du magistrat instructeur », *D.*, 2007, p. 603.

CHAPITRE 2
Le jugement sur le fond de la prévention

737 ***Fonction de jugement.*** Juger, c'est trancher un litige, en fait et en droit, en application des règles de droit. À la lecture de l'article 6 de la Convention EDH, juger, en matière pénale, c'est « décide[r] […] du bien-fondé d'[une] accusation ». À ce jugement sur la culpabilité, le droit français de source nationale ajoute la décision sur la peine.

Il faut y insister : la fonction de « juridiction » n'est exercée que si ladite juridiction connaît de l'entière accusation, en fait et en droit. À cet égard, la personne mise en cause bénéficie d'un droit à un double « degré » de juridiction. De « jugement », il ne peut donc y avoir qu'aux premier et, le cas échéant, second degrés de juridiction (Section 1). Ce n'est pas à dire que ce jugement ne peut être erroné. Des voies de recours sont alors conçues pour réparer les erreurs dans le jugement (Section 2).

SECTION I
Le jugement aux premier et second degrés de juridiction

738 ***Impartialité et séparation des fonctions.*** La juridiction de jugement doit être impartiale. La garantie d'impartialité est assurée par l'article 6, § 1er, de la Convention européenne des droits de l'homme. Au niveau des sources internes, elle est sauvegardée de manière indirecte par le principe de séparation des fonctions de poursuite, d'instruction et de jugement qui signifie qu'un magistrat instructeur ne peut connaître d'une même affaire aux différents stades de la procédure. Tout manquement à ce principe affectera la bonne composition de cette juridiction et sera sanctionné par la nullité de la décision de la juridiction irrégulièrement composée. Cette nullité est d'ordre public.

739 ***CPP et séparation des fonctions de poursuite et de jugement.*** Dans le Code de procédure pénale, la séparation des fonctions de poursuite et de jugement est directement assurée par l'article préliminaire I, alinéa 2 : « [la procédure pénale] doit garantir la séparation des autorités chargées de l'action publique et des autorités de jugement ». Le législateur de l'année 2000 a repris ici un principe dégagé par le Conseil constitutionnel dans sa décision n° 95-360 DC du 2 février 1995 : « en matière de délits et de crimes, la séparation des autorités chargées de l'action publique et des autorités de jugement concourt à la sauvegarde de la liberté individuelle ». Cette nécessité de séparation a été déduite du

principe qui impose à la procédure pénale d'être juste et équitable et de garantir l'équilibre des droits des parties, principe lui-même dégagé de l'article 9 de la Déclaration des droits de l'homme et du citoyen de 1789 relatif à la présomption d'innocence, de l'article 66 de la Constitution qui érige l'autorité judiciaire en gardienne de la liberté individuelle ainsi que du principe du respect des droits de la défense. À toutes fins, l'article préliminaire, I, alinéa 1er, du Code de procédure pénale le rappelle également.

740 ***CPP et séparation des fonctions d'instruction et de jugement.*** En revanche, la séparation des fonctions d'instruction et de jugement est diversement garantie par les articles 49, alinéa 2, et 253 du Code de procédure pénale. Aux termes de l'article 49, alinéa 2, « le juge d'instruction ne peut, à peine de nullité, participer au jugement des affaires dont il a connu en sa qualité de juge d'instruction ». Quant à l'article 253, il prévoit que « les magistrats qui, dans l'affaire soumise à la cour d'assises, ont soit fait un acte de poursuite ou d'instruction, soit participé à l'arrêt de mise en accusation ou à une décision sur le fond relative à la culpabilité de l'accusé » ne peuvent faire partie de la cour d'assises.

Ces dispositions déterminent des incompatibilités de fonctions ; elles sont d'interprétation restrictive, de « droit étroit » dit-on. Ainsi, l'article 49, alinéa 2, du Code de procédure pénale n'est pas applicable aux membres d'une chambre de l'instruction qui auraient, dans la même affaire, fait partie de la formation de jugement, car ils n'ont pas la qualité de « juge d'instruction ». De même, l'article 253 du Code de procédure pénale ne s'applique pas davantage aux membres d'une chambre de l'instruction qui, dans une même affaire, auraient participé à la formation de la chambre des appels correctionnels, cette dernière n'étant pas la « cour d'assises » visée par ce texte. Cependant, la Cour de cassation a su appliquer ces dispositions avec souplesse, admettant, par exemple, que le membre d'une chambre d'accusation (chambre de l'instruction) qui avait participé à une décision relative à la détention provisoire peut être membre de la chambre des appels correctionnels[81]. On pouvait déjà y voir une influence de la Convention européenne des droits de l'homme. Dans une formule plus générale, et au visa des articles 6 de la Convention européenne des droits de l'homme et préliminaire du Code de procédure pénale, relevé d'office, la chambre criminelle de la Cour de cassation a admis que « ne peuvent faire partie de la chambre des appels correctionnels les magistrats qui, dans l'affaire soumise à cette juridiction, ont composé la chambre de l'instruction ayant examiné la valeur probante de déclarations de charge qui servaient de fondement aux poursuites »[82].

741 ***Article 6 de la Convention EDH et genèse de la jurisprudence de la Cour.*** La Convention européenne des droits de l'homme ne prévoit pas avec un luxe de détails le régime du cumul des fonctions de poursuite ou d'instruction par le même magistrat, au premier comme au second degré de juridiction. L'article 6, § 1er, de la Convention se borne en effet à garantir à tout accusé d'être jugé par

81. Crim., 6 novembre 1986, n° 85-95.597, *Bull. crim.*, n° 328, 1er arrêt ; *D.*, 1987, p. 237, 2e arrêt, note Pradel.

82. Crim., 15 septembre 2004, n° 03-86.110, *Bull. crim.*, n° 210 ; *D.*, 2005, p. 1138, note Lavric et Royer ; Principe repris dans Crim., 15 décembre 2004, n° 02-80.522, *D.*, 2005, p. 685, obs. Pradel ; *JCP*, 2005, IV, 1298.

un tribunal « impartial ». La Cour européenne des droits de l'homme a défini cette notion d'impartialité en deux temps.

Dans son arrêt *De Cubber contre Belgique* du 26 octobre 1984, elle a maladroitement estimé qu'un magistrat « [ayant pu se former] une opinion à l'avance et [risquant] de peser lourd dans la balance au moment de la décision » (§ 29) manquait d'impartialité[83]. Mais, dans son arrêt *Piersack contre Belgique* du 1er octobre 1982, elle a plus savamment exposé que « l'impartialité du juge doit s'apprécier selon une démarche subjective, essayant de déterminer la conviction personnelle de tel juge à telle occasion, et aussi une démarche objective amenant à s'assurer qu'il offrait les garanties suffisantes pour exclure à cet égard tout doute légitime » (§ 30)[84].

742 ***Impartialité subjective.*** On distingue donc entre l'impartialité subjective et l'impartialité objective. Dans l'impartialité subjective, on s'assure que le juge, dans son for intérieur, n'a eu aucune raison de favoriser ou défavoriser tel ou tel plaideur. Cette impartialité est présumée exister jusqu'à preuve contraire[85]. À cet égard, par exemple, ne sont pas impartiaux les juges – ou jurés – qui tiennent des propos racistes[86].

743 ***Impartialité objective.*** Dans l'impartialité objective, on a en revanche égard aux apparences, aux rôles fonctionnels qu'un même magistrat a tenus successivement dans une même affaire. Ici, deux solutions notables méritent d'être soulignées :

- le fait que la juridiction de jugement soit composée d'un magistrat ayant précédemment statué sur la détention provisoire de l'accusé ne constitue pas, en soi, une violation de l'article 6 de la Convention[87] ;
- la possibilité pour un juge des enfants de cumuler les fonctions de poursuite, d'instruction et de jugement n'est pas contraire à l'article 6 de la Convention. Encore que, la solution ait connu une évolution. Longtemps, la Cour européenne des droits de l'homme a considéré ce cumul de fonctions non contraire à l'article 6 de la Convention[88]. Dans son arrêt du 2 mars 2010 rendu dans l'affaire *Adamkiewicz contre Pologne*, elle constate une violation de l'article 6, § 1er, de la Convention du fait de la présence, au sein de la formation de jugement du tribunal pour enfants, en qualité de président, du juge aux affaires familiales ayant pleinement, et maladroitement, conduit l'instruction[89]. De son côté, le Conseil constitutionnel, dans sa décision n° 2011-147 QPC du 8 juillet 2011, juge que si « le principe d'impartialité des juridictions ne s'oppose pas à ce que le juge des enfants qui a instruit la procédure puisse, à l'issue de cette instruction, prononcer des mesures d'assistance, de surveillance ou d'éducation [...], toutefois, en

83. CEDH, 26 octobre 1984, req. n° 9186/80, *De Cubber c. Belgique*.
84. CEDH, 1er octobre 1982, req. n° 8692/79, *Piersack c. Belgique*.
85. CEDH, 23 avril 1996, aff. *Remli c. France*, req. n° 16839/90.
86. Par exemple, CEDH, 23 avril 1996, aff. *Remli c. France*, req. n° 16839/90 et CEDH, 25 février 1997, aff. *Gregory c. Royaume-Uni*, req. n° 22299/93.
87. CEDH, 16 décembre 1992, aff. *Sainte-Marie c. France*, req. n° 12981/87.
88. CEDH, 24 août 1993, aff. *Nortier c. Pays-Bas*, req. n° 13924/88 ; cette décision a été fondée sur l'idée de l'intérêt de l'enfant ; voy. aussi C. Marsat, *Dr. pén.*, 2001, chron. n° 15.
89. Req. n° 54729/00, la solution est circonstanciée ; *D.*, 2010, p. 1324, note Bonfils, p. 1904, obs. Gouttenoire et Bonfils ; *RSC*, 2010, p. 687, obs. Roets.

permettant au juge des enfants qui a été chargé d'accomplir les diligences utiles pour parvenir à la manifestation de la vérité et qui a renvoyé le mineur devant le tribunal pour enfants de présider cette juridiction de jugement habilitée à prononcer des peines, [l'ordonnance du 2 février 1945 et le Code de l'organisation judiciaire] portent au principe d'impartialité des juridictions une atteinte contraire à la Constitution »[90]. Depuis la loi n° 2011-1940 du 26 décembre 2011 « visant à instaurer un service citoyen pour les mineurs délinquants »[91], le juge des enfants qui a renvoyé une affaire devant le tribunal pour enfants ne peut présider cette juridiction.

§ 1. Le jugement au premier degré de juridiction

A) Le jugement par la cour d'assises

744 ***Présentation de la cour d'assises en général statuant en premier ressort.*** La cour d'assises est la **juridiction départementale** compétente pour connaître des crimes. À son nom est donc apposé celui du département dans lequel elle est instituée. En principe, elle siège au chef-lieu de ce département, mais il existe des exceptions. Par exemple, alors que la Cour d'assises d'Indre-et-Loire siège à Tours, la Cour d'assises du Pas-de-Calais siège à Saint-Omer et non à Arras.

Il s'agit d'une juridiction **non permanente**, réunie par sessions, une session chaque fois qu'il est jugé nécessaire.

La cour d'assises est une juridiction collégiale et **échevine** composée :

- d'une part, de la « cour » proprement dite, formée de trois magistrats professionnels, un président et deux assesseurs (l'un des assesseurs peut toutefois être un magistrat honoraire continuant d'exercer des fonctions juridictionnelles). Leur désignation est faite par ordonnance du premier président de la cour d'appel. Le président de la cour d'assises doit être un membre de la cour d'appel, président de chambre ou conseiller. Le premier président de la cour d'appel peut se désigner lui-même. Les deux assesseurs peuvent être des conseillers de la cour d'appel ou des juges du tribunal judiciaire dans le ressort duquel la cour d'assises a son siège ;
- d'autre part, du jury formé de six jurés[92] citoyens-juges.

Cependant, en matière d'actes de terrorisme et de trafic de stupéfiants, la cour d'assises siège sans jurés et est composée de sept magistrats professionnels[93]. Des citoyens-juges sont ainsi épargnés de représailles éventuelles.

---

90. Consid. n° 11 ; le Conseil a réitéré son analyse dans sa décision n° 2011-635 DC du 4 août 2011, ayant reporté la date de sa déclaration d'inconstitutionnalité au 1er janvier 2013 (consid. n° 53 ; la solution consistant à permettre la promulgation d'une disposition législative contraire à la Constitution est encore plus étrange que celle consistant à différer l'abrogation d'une décision contraire à la Constitution).
91. Applicables depuis le 1er janvier 2013.
92. Depuis 1er janvier 2012, contre neuf auparavant.
93. Art. 706-16 et s. du CPP pour les actes de terrorisme et art. 706-26 et s. du CPP pour le trafic de stupéfiants.

Cette dérogation au droit commun de la composition de la cour d'assises s'ajoute à une dérogation à la compétence territoriale de ces juridictions[94].

La cour d'assises est compétente pour juger des crimes. Elle dispose plus largement d'une « **plénitude de juridiction** ». Il n'y a pas d'infractions plus graves que les crimes. Dans ces conditions, pourquoi ne serait-elle pas compétente pour juger ce qui, en cours de débats, se révélerait être non plus un crime, mais un délit, voire une contravention ? « Qui peut le plus, peut le moins. » C'est ce bon sens auquel le principe de plénitude de juridiction de la cour d'assises fait droit. La cour d'assises est par ailleurs une juridiction populaire. L'article 231 du Code de procédure pénale prévoit donc que « [l]a cour d'assises a plénitude de juridiction pour juger, en premier ressort ou en appel, les personnes renvoyées devant elle par la décision de mise en accusation ». La décision de **mise en accusation est en tout état de cause attributive de compétence** de la cour d'assises.

Le **ministère public** y est représenté dans les conditions posées aux articles 241, 34 et 39 du Code de procédure pénale. Le choix du représentant du ministère public appartient au procureur général près la cour d'appel dans le ressort duquel la cour d'assises a son siège. Si cette dernière est instituée dans la ville où siège la cour d'appel, le procureur général doit en principe désigner un membre du parquet général, mais conserve également le choix de se désigner lui-même. Si la cour d'assises a son siège dans une ville différente de celle de la cour d'appel, le procureur général doit en principe désigner un membre du parquet du tribunal judiciaire dans le ressort duquel la cour d'assises a son siège, tout en ayant le choix de se désigner lui-même, voire de désigner tout magistrat du ministère public du ressort de la cour d'appel.

La partie poursuivie est désignée sous le terme d'« **accusé** ». S'il n'est pas déclaré coupable, il est dit « acquitté ». La victime prétendue, si elle s'est constituée partie civile, est désignée sous le terme de… « **partie civile** ».

La cour d'assises statue en premier ressort. L'ouverture des arrêts de condamnation de cour d'assises à l'appel a été l'une des avancées les plus marquantes de la loi du 15 juin 2000 (voy. *infra*, encadré E50).

94. Actes de terrorisme : les juridictions parisiennes (juge d'instruction, tribunal correctionnel et cour d'assises) ont une compétence territoriale concurrente de celles qui siègent en province et qui seraient compétentes selon le droit commun de la compétence *ratione loci* (art. 706-17 et 706-18 du CPP) – Infractions relevant de la procédure applicable à la criminalité et à la délinquance organisées. L'article 706-75 du Code de procédure pénale prévoit que la compétence territoriale d'un tribunal judiciaire et d'une cour d'assises peut être étendue au ressort d'une ou plusieurs cours d'appel pour l'enquête, la poursuite, l'instruction et le jugement des crimes et délits entrant dans le champ d'application de la procédure applicable à la criminalité organisée (sur ces infractions, voy. *infra*, n° 263). Cette compétence s'étend aux infractions connexes. Elle est concurrente de celle des juridictions ordinaires et ne joue que « dans les affaires qui sont ou apparaîtraient d'une grande complexité ». Cette dérogation est cependant exclue pour les actes de terrorisme – Crimes contre l'humanité et des crimes et délits de guerre. La loi du 13 décembre 2011 « relative à la répartition des contentieux et à l'allégement de certaines procédures juridictionnelles » introduit dans le Code de procédure pénale une série de dispositions relatives à la poursuite, l'instruction et le jugement des crimes contre l'humanité et des crimes et délits de guerre (art. 628 et s. du CPP). Pour la poursuite, l'instruction et le jugement de ces infractions, le procureur de la République, le juge d'instruction et la cour d'assises de Paris sont appelés à exercer une compétence concurrente des juridictions de droit commun des articles 43 et 52 du Code de procédure pénale.

La cour d'assises dispose d'une procédure de jugement particulière, que l'accusé soit présent (1.) ou absent (2.).

745 ***Le jury d'assises en particulier.*** Le jury est composé de jurés. Avant de voir les conditions de formation du jury de jugement, il convient d'examiner les conditions d'aptitude aux fonctions de juré.

Les conditions d'aptitude aux fonctions de juré sont les suivantes. Le juré doit (art. 255 du CPP) :

- être de nationalité française ;
- être âgé de plus de vingt-trois ans ;
- jouir de ses droits civils, politiques et familiaux ;
- savoir lire et écrire le français.

Sont cependant exclues des fonctions de juré, les personnes :

- frappées de l'une des incapacités énumérées à l'article 256 du Code de procédure pénale (par exemple, les personnes dont le bulletin n° 1 du casier judiciaire mentionne une condamnation pour crime ou délit à une peine supérieure ou égale à six mois d'emprisonnement, les majeurs sous sauvegarde de justice, en curatelle, tutelle ou placés dans un établissement psychiatrique) ;
- frappées de l'une des incompatibilités énumérées à l'article 257 du CPP (par exemple, les membres du gouvernement, parlementaires, magistrats, fonctionnaires des services de police ou de l'administration pénitentiaire, militaires) ;
- qui ont déjà rempli les fonctions de juré dans le département depuis moins de cinq ans (art. 258-1, al. 1er, du CPP) ;
- qui, pour un motif grave, ne paraissent pas en mesure d'exercer ces fonctions (art. 258-1, dernier alinéa, du CPP).

Peuvent être dispensées des fonctions de juré, les personnes :

- âgées de plus de soixante-dix ans (art. 258, al. 1er, du CPP) ;
- qui invoquent un motif grave reconnu valable (art. 258, al. 2, du CPP), lequel ne peut être une objection d'ordre laïque ou religieux (art. 258-1, al. 2, du CPP) ;
- n'ayant pas leur résidence principale dans le département où siège la cour d'assises.

La formation du jury de jugement pour composer la cour d'assises appelée à juger un accusé relève d'une succession de tirages au sort et d'opérations complexes, dans le détail desquels il n'est pas important d'entrer et qui est décrite aux articles 259 et suivants du Code de procédure pénale. Une liste du jury criminel annuelle est d'abord dressée dans chaque département, à partir de tirages au sort réalisés sur la base des listes électorales des communes du département. Trente jours au moins avant l'ouverture de la session d'assises, le jury de session est formé d'après un second tirage, établi cette fois-ci par référence à la liste annuelle. Enfin, en cours de session et au jour indiqué pour chaque affaire, le jury de jugement est formé d'après un tirage au sort au sein de la liste de jury de session. Le jury de jugement est constitué à l'instant où sont sortis de l'urne six noms de jurés non récusés (sur la récusation, voy. *infra*, n° 747), en premier ressort, et neuf de jurés non récusés, en appel (art. 297, dernier al., du CPP).

E 44 **L'expérimentation de la cour criminelle (sans juré)**

Le Comité de réflexion sur la justice pénale (voy. *supra*, encadré E1) avait fait la proposition d'introduction, en matière criminelle, du jugement de l'accusé reconnaissant sa culpabilité selon une procédure simplifiée : reconnaissance de culpabilité préalable à l'audience, l'accusé étant alors assisté de son avocat ; audience en présence de l'accusé et de la victime ; vérification par la cour du caractère fondé de la reconnaissance de culpabilité, sans audition de témoins ou d'experts ; débats sur la peine seulement, avec audition de témoins pour éclairer sur la personnalité de l'accusé ; peine maximale encourue minorée ; vote de la cour d'assises uniquement sur la peine ; exclusion de cette procédure pour certains crimes, en fonction de la nature des faits ou de la peine encourue (exemple : réclusion criminelle à perpétuité ; actes de torture sur mineur de 15 ans).

C'est un autre mode de jugement de certains crimes que la loi du 23 mars 2019 de réforme pour la justice a introduit, à titre expérimental, dans un nombre de départements déterminés par un arrêté du ministre de la Justice compris entre deux, au moins, et dix, au plus, et pour une durée de trois ans, pour le jugement des personnes mises en accusation au plus tard deux ans après la date de cet arrêté. L'arrêté du 25 avril 2019 relatif à l'expérimentation de la cour criminelle – telle est le nom de cette juridiction – retient 7 départements. L'arrêté du 2 mars 2020 portant extension de l'expérimentation de la cour criminelle a élargi le dispositif à 2 autres départements. Mais, adoptée dans le cadre des dispositions Covid-19, la loi du 17 juin 2020 « relative à diverses dispositions liées à la crise sanitaire, à d'autres mesures urgentes ainsi qu'au retrait du Royaume-Uni de l'Union européenne » (voy. *supra*, n° 3) a étendu cette expérimentation de dix cours criminelles au plus à dix-huit. La cour d'assises populaire se meurt.

La cour criminelle est compétente à l'égard des personnes majeures accusées d'un crime puni de quinze ans ou de vingt ans de réclusion criminelle, lorsqu'il n'est pas commis en état de récidive légale. Cette cour est également compétente pour le jugement des délits connexes. Elle n'est pas compétente s'il existe un ou plusieurs coaccusés ne répondant pas à ces conditions. Il a été estimé que ces affaires représentent 57 % des affaires criminelles jugées. Cette estimation du volume des affaires est relative, dès lors qu'il est également attendu de cette expérimentation une moindre pratique de la correctionnalisation judiciaire.

La cour criminelle, qui siège au même lieu que la cour d'assises, est composée d'un président et de quatre assesseurs, choisis par le premier président de la cour d'appel parmi, pour le président, les présidents de chambres et les conseillers du ressort de la cour d'appel et, pour les assesseurs, les conseillers et les juges de ce ressort. Deux des assesseurs peuvent être des magistrats exerçant à titre temporaire ou des magistrats honoraires continuant d'exercer des fonctions juridictionnelles.

Cette cour criminelle sans juré connaît bien sûr quelques adaptations de procédure de jugement ; en particulier : dérogatoirement au principe de l'oralité des débats, mise à disposition du dossier à chacun des membres de la cour, y compris au cours de la délibération, corrélativement et décisions prises à la majorité.

Cette expérimentation de la cour criminelle ne concerne que le jugement en premier ressort.

1) La procédure ordinaire de jugement de l'accusé présent

a) La procédure jusqu'à l'ouverture des débats

746 ***Ordonnance ou arrêt de mise en accusation.*** La cour d'assises est saisie par l'ordonnance de mise en accusation du juge d'instruction ou par un arrêt de mise en accusation de la chambre de l'instruction. La décision de mise en accusation « contient [...] l'exposé et la qualification légale des faits, objets de l'accusation [...] » (art. 215 du CPP). La décision de mise en accusation est notifiée à l'accusé.

747 ***Interrogatoire de l'accusé et formation du jury de jugement.*** La procédure est longue et fastidieuse jusqu'à l'ouverture des débats :

– si l'accusé est détenu dans une maison d'arrêt autre que celle du siège de la cour d'assises, il doit être transféré à la maison d'arrêt de ce siège dès que la décision de renvoi est définitive (art. 269 du CPP). Si l'accusé n'est pas détenu, il doit se présenter au jour fixé par le président pour son interrogatoire. À défaut, le président peut décerner un mandat d'arrêt contre l'accusé (art. 272-1 du CPP) ;

- le ministère public et la partie civile signifient à l'accusé, l'accusé signifie au ministère public et, s'il y a lieu, à la partie civile, dès que possible et un mois au moins avant l'ouverture des débats, la liste des personnes qu'ils désirent faire entendre en qualité de témoins et les noms des experts appelés à rendre compte de leurs travaux (art. 281 du CPP) ;
- détenu ou non, cinq jours au moins avant l'ouverture des débats, le président de la cour d'assises procède à l'interrogatoire de l'accusé, dit « interrogatoire préalable » (art. 272 et 273 du CPP). Cet interrogatoire a un quintuple objet : s'il y a lieu, informer l'accusé de son droit d'être assisté par un interprète, vérifier son identité, vérifier qu'il a reçu signification de la décision de renvoi, vérifier qu'il sera assisté par un avocat (à défaut, le président lui en désigne un d'office), enfin, vérifier que l'affaire est en état d'être jugée (à défaut le président peut ordonner un supplément d'information [art. 283 du CPP] ou le renvoi de l'affaire à une session d'assises ultérieure [art. 287 du CPP]) ;
- chacun des accusés et parties civiles se voit délivré gratuitement copie des pièces du dossier de la procédure (art. 279 du CPP) ;
- au plus tard l'avant-veille de l'ouverture des débats, le procureur général doit signifier à l'accusé la liste des jurés de session (art. 282 du CPP). Ce dernier pourra ainsi utilement exercer son droit de récusation ;
- la session d'assises est ouverte par la cour, en présence du ministère public, du greffier et des jurés de session (art. 288 du CPP) ;
- au jour indiqué pour l'affaire, la cour fait introduire l'accusé (art. 293 du CPP) et le président procède à son interrogatoire d'identité (art. 294 du CPP) ;
- le jury de jugement est constitué par tirage au sort dans une urne qui contient au moins vingt bulletins comportant chacun le nom d'un juré de session. Le jury de jugement est constitué « à l'instant où sont sortis de l'urne six noms de jurés non récusés » (art. 297, al. 3, du CPP)[95]. L'accusé ou son avocat, puis le ministère public, récusent les jurés (c'est-à-dire en l'écartant du jury) quand ils l'estiment à propos, à mesure que les noms sortent de l'urne (art. 297, al. 1er, du CPP). L'accusé ne peut pas récuser plus de quatre jurés et le ministère public plus de trois (art. 298 du CPP). L'accusé ou son avocat et le ministère public n'ont pas seulement le droit de ne pas justifier leur(s) récusation(s) : ils n'ont pas le droit d'exposer leurs motifs (art. 297, al. 2, du CPP). Que sait l'accusé de la situation des jurés pour exercer efficacement son droit de récusation ? : « les indications suffisantes pour permettre [leur] identification, à l'exception de celles concernant leur domicile ou résidence » (art. 282, al. 2, du CPP ; nom, prénom, date et lieu de naissance et profession ; ces indications sont portées sur la liste des jurés de session signifiée à l'accusé au plus tard l'avant-veille de l'ouverture des débats) ;
- chaque juré de jugement prête serment « d'examiner avec l'attention la plus scrupuleuse les charges qui seront portées contre X, de ne trahir ni les intérêts de l'accusé, ni ceux de la société qui l'accuse, ni ceux de la victime ; de ne communiquer avec personne jusqu'après [sa] déclaration ; de n'écouter

95. Voy. le dossier de l'*AJ pénal* de juin 2006 « Formation d'un jury d'assises : la récusation en question ».

ni la haine ou la méchanceté, ni la crainte ou l'affection ; de [se] rappeler que l'accusé est présumé innocent et que le doute doit lui profiter ; de [se] décider d'après les charges et les moyens de défense, suivant [sa] conscience et [son] intime conviction, avec l'impartialité et la fermeté qui conviennent à un homme probe et libre, et de conserver le secret des délibérations, même après la cessation de [ses] fonctions » (art. 304 du CPP) ;
– quand elles existent, les nullités postérieures à la décision de renvoi et antérieures à la constitution du jury doivent être soulevées, à peine de forclusion (art. 305-1 du CPP). Cet incident contentieux est bien sûr tranché par la cour, à l'exclusion du jury.

Ces étapes régulièrement passées, les débats peuvent s'ouvrir.

b) Le déroulement des débats

748 ***Caractères des débats.*** Les débats sont :
– oraux ;
– publics[96], sous réserve du huis clos ordonné par la cour, pour préserver l'ordre ou les mœurs, ou demandé par la partie civile, victime d'un viol, de tortures et actes de barbarie accompagnés d'agressions sexuelles ou de proxénétisme aggravé (art. 306 du CPP[97]). Dans le cadre des dispositions adoptées pour lutter contre la propagation de l'épidémie de **Covid-19**, l'article 7 de l'ordonnance du 25 mars 2020 (voy. *supra*, n° 3) précisait que le président de la juridiction pouvait décider, avant l'ouverture de l'audience, que les débats se dérouleraient en publicité restreinte ou, en cas d'impossibilité de garantir les conditions nécessaires à la protection de la santé des personnes présentes à l'audience, à huis clos. Mais dans ce dernier cas, l'article 7 apportait un correctif intéressant : dans les conditions déterminées par le président, des journalistes pouvaient assister à l'audience.

Par ailleurs, le président peut interdire l'accès de la salle d'audience aux mineurs ou à certains d'entre eux.
– contradictoires, caractère renforcé devant la cour d'assises par le fait que l'accusé doit être assisté par un avocat (art. 317 du CPP) ;
– continus. La règle de la continuité des débats impose que ceux-ci ne peuvent être interrompus avant le prononcé du verdict, sauf suspension « pour le temps nécessaire au repos des juges et de l'accusé » (art. 307 du CPP)[98] ;

96. Ph. Piot, « Publicité et procès pénal », *AJ pénal*, 2007, p. 18, où l'auteur démontre notamment l'intérêt de la publicité pour le contrôle démocratique de l'institution judiciaire.

97. Pour ces infractions, le huis clos est donc de droit si la partie civile le demande, de même qu'il ne peut être ordonné que si elle ne s'y oppose pas. La chambre criminelle de la Cour de cassation en déduit que l'étendue de la mesure de huis clos est laissée à l'appréciation de la victime partie civile : Crim., 2 mars 2005, n° 04-83.220, *Bull. crim.*, n° 75 ; *Dr. pén.*, 2005, comm. n° 82, obs. Maron ; *JCP*, 2005, IV, 1905 (en l'espèce, huis clos, sauf pour les représentants accrédités de la presse) ; Crim., 4 janvier 2006, n° 04-86.599, *D.*, 2006, IR, p. 395 et Crim., 18 janvier 2006, n° 05-84.608, *Dr. pén.*, 2006, comm. n° 78, obs. A. Maron. La règle de la publicité est d'ordre public : il ne peut y être dérogé que dans les cas limitativement déterminés par la loi (Crim., 17 septembre 2008, n° 07-87.967, *Bull. crim.*, n° 193 ; *AJ pénal*, 2008, p. 514, obs. Nord-Wagner).

98. D'où une condamnation de la France par la CEDH pour avoir fait plaider un avocat vers 5 heures du matin après 15 heures de débats : CEDH, 19 octobre 2004, aff. *Makhfi c. France*, req. n° 59335/00, *D.*, 2005, p. 472, note Roets.

– voire enregistrés. Lorsque la cour d'assises statue en premier ressort, le président peut, d'office ou à la demande du ministère public ou des parties, ordonner l'enregistrement sonore des débats (art. 308 du CPP ; lorsque la cour d'assises statue en appel, cet enregistrement sonore est de principe, sauf renonciation expresse de l'ensemble des accusés)[99].

749 ***Direction et pouvoir discrétionnaire du président.*** Ces débats sont dirigés par le président de la cour d'assises (art. 309 du CPP)[100] qui, aux termes de l'article 310 du Code de procédure pénale, est aussi investi d'un pouvoir discrétionnaire pour « prendre toutes mesures qu'il croit utiles pour découvrir la vérité », telles que :

- ordonner la comparution de toute personne afin qu'elle dépose à la barre ;
- « se faire apporter toutes nouvelles pièces qui lui paraissent, d'après les développements donnés à l'audience, utiles à la manifestation de la vérité ».

750 ***Ordre des débats.*** Les débats se déroulent dans l'ordre suivant :

- à partir de la décision de mise en accusation, le président présente, de façon concise, les faits reprochés à l'accusé, expose les éléments à charge et à décharge, et donne lecture de la qualification légale des faits objets de l'accusation (art. 327 du CPP) ;
- après avoir informé l'accusé de son droit, au cours des débats, de faire des déclarations, de répondre aux questions qui lui sont posées ou de se taire, le président procède à l'interrogatoire de l'accusé (art. 328 du CPP) ; il dispose, avec les assesseurs, d'une copie du dossier. Cet interrogatoire va bien au-delà d'un simple interrogatoire d'identité, en ce que le fond du litige est déjà abordé : le président reçoit les déclarations de l'accusé. Il a bien sûr le devoir de ne pas manifester son opinion sur la culpabilité de l'accusé[101] ;
- puis les témoins et experts sont auditionnés. Ils prêtent leur serment respectif (art. 331 du CPP : « parler sans haine et sans crainte [...] dire toute la vérité, rien que la vérité » pour le témoin ; art. 168 du CPP : « apporter [son] concours à la justice en [son] honneur et en [sa] conscience » pour l'expert). Les témoins déposent séparément, dans l'ordre fixé par le président, uniquement sur les faits reprochés à l'accusé, ou uniquement sur sa personnalité et sa moralité (art. 331 du CPP). Le président peut interrompre les déclarations d'un témoin ou lui poser directement des questions sans attendre la fin de sa déposition (art. 332 du CPP). Un débat

---

99. Le défaut d'enregistrement sonore des débats de cour d'assises n'est sanctionné par la nullité de la procédure que s'il en résulte un grief pour l'accusé : Crim., 22 juin 2016, n° 15-82.685 : *Bull. crim.*, n° 194 ; *Gaz. Pal.*, 4 octobre 2016, p. 62, obs. FOURMENT.

100. Sur les pouvoirs de direction des débats et de police de l'audience des présidents de juridictions, voy. *infra*, encadré E45 et à propos du tribunal correctionnel, voy. *infra*, n°s 781 et s.

101. La chambre criminelle estime que la décision du président de la cour d'assises de faire consigner au procès-verbal des débats, en application de l'article 379 du Code de procédure pénale, des déclarations de l'accusé – en particulier des déclarations autocriminatrices – ne constitue pas une manifestation d'opinion sur la culpabilité au sens de l'article 328 : Crim., 12 décembre 2012, n° 12-80.788, *Bull. crim.*, n° 275 ; *Dr. pén.*, 2013, comm. n° 29, obs. A. MARON et M. HAAS ; *Procédures*, 2013, comm. n° 53, obs. J. BUISSON, comm. n° 78, obs. A.-S. CHAVENT-LECLÈRE ; *Gaz. Pal.*, 11 mai 2013, p. 44, obs. F. FOURMENT.

contradictoire peut suivre chaque déposition (art. 332 et 312 du CPP, voy. *infra*, E45) ;

- le cas échéant, les pièces à conviction sont présentées (art. 341 du CPP) ;
- enfin, l'instruction définitive à l'audience étant achevée, les plaidoiries et réquisitions sont faites dans l'ordre suivant : la partie civile ou son avocat, le ministère public[102], l'accusé et son avocat. Partie civile et ministère public ont certes un droit de réplique mais l'accusé ou son avocat doivent toujours avoir la parole les derniers (art. 346 du CPP).

Les débats sont alors clos (art. 347 du CPP).

E 45 L'intervention orale aux débats de la cour d'assises : vers le modèle accusatoire

Chacun a en tête les conditions dans lesquelles, dans le procès pénal américain, les personnes appelées à déposer sont directement interrogées par les avocats et le représentant du ministère public. C'est le modèle accusatoire (voy. *supra*, n° 7).

Jusqu'à la loi du 15 juin 2000, le Code de procédure pénale opérait la distinction suivante :

- aux termes de l'article 311, les assesseurs et jurés pouvaient poser directement des questions à l'accusé et au témoin, à la double condition d'avoir demandé la parole au président et de ne pas manifester leur opinion ;
- aux termes de l'article 312, le ministère public, l'accusé, la partie civile, les conseils de l'accusé et de la partie civile ne pouvaient poser des questions, suivant le cas, à l'accusé, au témoin et à toute personne appelée à la barre, que par l'intermédiaire du président.

La loi du 15 juin 2000 a modifié ainsi l'article 312 du Code de procédure pénale :

- l'accusé et la partie civile continuent de ne pouvoir poser des questions que par l'intermédiaire du président (art. 312, al. 2) ;
- en revanche, le ministère public et les avocats des parties, accusé comme partie civile, peuvent dorénavant poser directement des questions, suivant le cas, à l'accusé, à la partie civile, au témoin et à toute personne appelée à la barre, en demandant la parole au président (art. 312, al. 1er), ce qui n'implique pas qu'ils doivent indiquer la nature de la ou des questions qu'ils entendent poser (circulaire d'application du 11 décembre 2000, n° CRIM-00-14/F1, p. 18).

La loi du 15 juin 2000 a donc franchi un pas vers plus d'accusatoire. Cependant, est-il juste que l'accusé ou la partie civile, qui peuvent se voir poser directement des questions, ne puissent en formuler que par l'intermédiaire de leur avocat ? L'accusatoire ne suppose-t-il pas une plus stricte égalité des armes dans les droits et obligations des parties ?

Le principe suivant lequel l'accusé ou son conseil ont toujours la parole en dernier ne s'applique pas lorsque le président interroge l'accusé et reçoit ses déclarations, ni lorsque le ministère public, les avocats des parties civiles et les parties civiles lui posent des questions (Crim., 2 décembre 2015, n° 14-85.581 : *Bull. crim.*, n° 841 ; *Gaz. Pal.*, 26 avril 2016, p. 72, obs. Fourment).

---

102. Le représentant du ministère public est libre, dans ses réquisitions, de donner lecture d'une pièce de la procédure non discutée contradictoirement lors de l'instruction définitive à l'audience : Crim., 1er mars 2017, n° 16-83.001 : *Bull. crim.*, à par. ; *Gaz. Pal.*, 18 juillet 2017, p. 69, obs. F. Fourment. Différente serait la situation dans laquelle le ministère public ou une partie conserverait, pour ses réquisitions et plaidoiries, la révélation et l'exploitation d'une pièce nouvelle. Cette dernière devrait être communiquée et une suspension des débats au besoin ordonnée pour laisser le temps à la défense (ou au ministère public) d'en prendre connaissance ?

c) La procédure postérieure à la clôture des débats

1. *La lecture des questions*

751 ***Questions principales, spéciales et subsidiaires.*** Le président donne lecture des questions auxquelles la cour et le jury vont répondre au cours des délibérations. Il les inscrit sur la « feuille de questions ». On distingue entre :

- d'une part, les questions principales portant sur les éléments de la décision de mise en accusation (art. 349 du CPP) : « chaque fait », « chaque circonstance aggravante » spécifiés dans la décision de mise en accusation, ainsi que toute cause légale d'exemption ou de diminution de peine le cas échéant invoquée. En outre, lorsque l'accusé soulève comme moyen de défense l'une des causes d'irresponsabilité suivantes : trouble psychique ou neuropsychique ayant aboli le discernement et le contrôle des actes (art. 122-1, al. 1er, du Code pénal), contrainte (art. 122-2 du CP), erreur sur le droit (art. 122-3 du CP), prescription ou autorisation de la loi ou du règlement (art. 122-4, al. 1er, du CP), commandement de l'autorité légitime (art. 122-4, al. 2, du CP), légitime défense (art. 122-5 du CP) et état de nécessité (art. 122-7 du CP), tout fait spécifié dans la décision de mise en accusation doit faire l'objet d'une question sur le bénéfice de la cause d'irresponsabilité pénale invoquée. Les questions sur les causes d'irresponsabilité ont essentiellement été conçues pour pallier le défaut de motivation de l'arrêt criminel et afin de « rendre plus transparente, et par là même plus légitime, la décision de la cour d'assises » (circulaire d'application du 11 décembre 2000, n° CRIM-00-14/F1, p. 21) ;
- d'autre part, les questions posées au cours des débats qui peuvent apporter un éclairage nouveau sur l'affaire. Parmi celles-ci, on distingue les questions spéciales, lesquelles portent sur les circonstances aggravantes (et qui, par hypothèse, ne seraient pas mentionnées dans la décision de renvoi ; art. 350 du CPP), des questions subsidiaires (art. 351 du CPP), lorsqu'il résulte des débats que le fait comporte une qualification légale autre que celle donnée par la décision de renvoi (par exemple, question principale sur l'homicide volontaire appelée par la décision de mise en accusation et question subsidiaire sur les coups ou violences volontaires ayant entraîné la mort sans intention de la donner résultant des débats).

Le président ne poser une question spéciale ou subsidiaire que s'il en a préalablement informé les parties au cours des débats et au plus tard avant le réquisitoire, afin de permettre à l'accusé et à son avocat de faire valoir toutes les observations utiles à sa défense.

752 ***Garanties rédactionnelles des questions.*** En tout état de cause, les questions doivent respecter certaines garanties rédactionnelles. Elles doivent être rédigées en fait et non en droit, les jurés n'étant *a priori* pas des juristes. Par exemple, à propos du crime de meurtre, la question ne doit pas être : « l'accusé est-il coupable d'avoir commis un meurtre sur la personne de X ? », mais « l'accusé est-il coupable d'avoir commis le fait de donner volontairement la mort à X ? » (voy. art. 349, al. 1er, du CPP et 221-1 du CP). Par exemple encore, la circonstance aggravante de « bande organisée » ne doit pas être posée dans ces termes généraux mais plutôt d'après la définition qu'en donne l'article 132-71 du Code pénal : tout groupement formé ou toute entente établie en vue de la

préparation, caractérisée par un ou plusieurs faits matériels, d'une ou de plusieurs infractions[103].

En outre, les questions doivent être simples, c'est-à-dire non complexes, ni alternatives ni cumulatives, le vote devant s'exprimer par oui ou par non. Une question ne peut donc pas mêler le fait principal et une circonstance aggravante. Par exemple, si une personne est accusée de parricide, deux questions doivent être posées : l'une sur l'homicide volontaire (art. 221-1 du CP), pris comme fait principal, et l'autre sur la qualité d'ascendant de la victime par rapport à l'accusé (art. 221-4-2°), prise comme circonstance aggravante.

2. *La lecture de l'instruction*

753 ***Termes de l'instruction.*** Avant le retrait de la cour d'assises, le président doit lire l'instruction suivante, laquelle est en outre affichée dans la chambre des délibérations : « Sous réserve de l'exigence de motivation de la décision, la loi ne demande pas compte à chacun des juges et jurés composant la cour d'assises des moyens par lesquels ils se sont convaincus, elle ne leur prescrit pas de règles desquelles ils doivent faire particulièrement dépendre la plénitude et la suffisance d'une preuve ; elle leur prescrit de s'interroger eux-mêmes, dans le silence et le recueillement et de chercher, dans la sincérité de leur conscience, quelle impression ont fait, sur leur raison, les preuves rapportées contre l'accusé, et les moyens de sa défense. La loi ne leur pose que cette seule question, qui renferme toute la mesure de leurs devoirs : "Avez-vous une intime conviction ?" » (art. 353 du CPP)[104].

3. *Le retrait de l'accusé et la suspension de l'audience*

754 ***Retrait de l'accusé et suspension de l'audience.*** Lecture faite de l'instruction, le président ordonne le retrait de l'accusé de la salle d'audience (si l'accusé est libre, il lui enjoint de ne pas quitter le palais de justice). Il requiert le chef du service d'ordre de faire garder les issues de la chambre des délibérations dont l'accès sera interdit pendant la délibération sans autorisation du président. Le président suspend l'audience (art. 354 du CPP).

4. *Les délibérations*

755 ***Bulletins et scrutins.*** Les délibérations ont lieu dans la chambre des délibérations. La cour et le jury ne peuvent en sortir qu'après avoir pris leur décision (art. 355 du CPP). Les magistrats professionnels et les jurés délibèrent et votent ensemble sur le fait principal d'abord, et, s'il y a lieu, sur les causes d'irresponsabilité pénale, sur chacune des circonstances aggravantes, sur les questions subsidiaires et sur chacun des faits constituant une cause légale d'exemption ou de diminution de la peine. En cas de déclaration de culpabilité, ils votent ensuite sur la peine. Le vote est fait sur des bulletins écrits et par scrutins secrets, distincts et successifs. Les bulletins blancs ou déclarés nuls sont réputés

103. Crim., 15 mars 2006, n° 05-82.785, *D.*, 2006, IR, p. 1186.

104. Toutefois, les dispositions de l'art. 353 du CPP relatives à l' « instruction » n'étant pas substantielles, aucune nullité ne saurait résultat de l'absence de mention de l'existence de l'affichage prévu dans la chambre des délibérations : Crim., 1er avril 2015, n° 14-80.011 : *Gaz. Pal.*, 11 août 2015, p. 38, obs. FOURMENT.

favorables à l'accusé. Les bulletins sont brûlés immédiatement après le dépouillement de chaque scrutin (art. 356 et 358 du CPP).

a. Le vote sur la culpabilité

756 ***Vote sur la culpabilité et feuille de questions.*** Le vote sur la culpabilité est exprimé sur chacune des questions posées sur la feuille qui ont été lues à l'audience. Il porte d'abord sur le fait principal puis, le cas échéant, sur les questions subsidiaires, sur chacun des faits constituant une cause légale d'exemption ou de diminution de peine et sur les causes d'irresponsabilité (art. 356 du CPP).

757 ***Majorité qualifiée de six voix au moins.*** Toute décision défavorable à l'accusé doit réunir la majorité de six voix au moins (art. 359 du CPP). Si le vote sur la culpabilité est négatif, la délibération est terminée et l'accusé est acquitté. En revanche, si la réponse sur la culpabilité est affirmative, sauf exemption de peine, la cour et le jury délibèrent « sans désemparer » (c'est-à-dire sans s'interrompre) sur la peine (art. 362 du CPP).

La loi du 10 août 2011 « sur la participation des citoyens au fonctionnement de la justice pénale et le jugement des mineurs » n'a pas seulement réduit le nombre de jurés composant la cour d'assises. Elle a modifié également la règle de majorité requise pour retenir une décision défavorable à l'accusé : la majorité absolue des jurés n'est plus requise[105]. Dans sa décision du 4 août 2011, le Conseil constitutionnel a rejeté la qualification de principe fondamental reconnu par les lois de la République de la « règle » suivant laquelle l'existence d'un jury populaire supposerait que les décisions défavorables à l'accusé ne puissent être prises qu'à la majorité absolue des jurés (consid. n°s 24 et 25)[106].

b. Le vote sur la peine

758 ***Majorité qualifiée, majorité simple, nombre de scrutins nécessaires.*** Les modalités de vote sur la peine sont détaillées à l'article 362 du Code de procédure pénale.

Le président donne lecture aux jurés des dispositions des articles 130-1, 132-1 et 132-18 du Code pénal relatives aux finalités et fonctions de la peine (art. 130-1 du CP), à l'individualisation de la peine (art. 132-1 du CP) et à l'étendue de l'individualisation de la peine de réclusion (ou détention) criminelle (art. 132-18 du CP) ;

La majorité requise pour la détermination de la peine dépend d'une part du *quantum* (c'est-à-dire du taux) de la peine sur laquelle la cour et le jury se prononcent, d'autre part du nombre de tours de scrutins nécessaires :

- le maximum de la peine privative de liberté encourue ne peut être prononcé qu'à la majorité qualifiée de six voix. La majorité absolue des votants – soit cinq voix – suffit au prononcé des autres peines ;

105. La déclaration de culpabilité ne pouvait être prise sans la majorité absolue, au moins, des jurés : ils étaient neuf sur douze ; à supposer que les trois magistrats professionnels votassent pour la culpabilité de l'accusé, celle-ci n'était acquise que si cinq jurés sur neuf, au moins, votassent également pour. Par ailleurs, une minorité de blocage – ou de faveur – de cinq voix favorables à l'accusé contre sept défavorables empêchait toute déclaration de culpabilité.

106. Cons. const., déc. n° 2011-635 DC du 4 août 2011 (Loi sur la participation des citoyens au fonctionnement de la justice pénale et le jugement des mineurs).

- si le maximum de la peine privative de liberté encourue n'a pas réuni la majorité qualifiée requise, il ne peut être prononcé une peine supérieure à trente ans de réclusion (ou détention) lorsque la peine encourue est la réclusion criminelle (ou la détention criminelle) à perpétuité et une peine supérieure à vingt ans de réclusion lorsque la peine encourue est la réclusion (ou la détention) criminelle à trente ans ;
- si, après deux tours de scrutin, aucune peine n'a réuni la majorité, il est procédé à un troisième tour au cours duquel la peine la plus forte proposée au scrutin précédent est écartée ;
- puis, le cas échéant, il est procédé à de nouveaux tours de scrutin dans lequel est à chaque fois écartée la peine la plus forte proposée au tour précédent, jusqu'à ce que, *decrescendo* (c'est-à-dire par ordre décroissant), une peine réunisse la majorité absolue. Une majorité peut se réunir sur une peine correctionnelle. Pour mémoire, lorsque le crime est puni de la réclusion (ou détention) criminelle à perpétuité, la cour d'assises peut prononcer une peine d'emprisonnement qui ne peut être inférieure à deux ans, et lorsque le crime est puni de la réclusion (ou détention) criminelle à temps, elle peut retenir une peine d'emprisonnement qui ne peut être inférieure à un an (art. 132-18 du CP). Le sursis peut alors être accordé.

La cour d'assises délibère également sur les peines complémentaires.

E 46 **La motivation des arrêts de cours d'assises**

En janvier 2009, un arrêt Cour européenne des droits de l'homme rendu en formation de chambre dans une affaire Belge – l'affaire *Taxquet* – avait pu faire craindre, un peu, un peu seulement, que la France ait à concevoir une motivation des arrêts de cours d'assises (CEDH, 13 janvier 2009, *Taxquet c. Belgique*, req. n° 926/05). L'arrêt rendu dans cette affaire par la Grande chambre de la Cour européenne le 16 novembre 2010 écarte toute menace. Après avoir noté que « plusieurs États membres du Conseil de l'Europe connaissent l'institution du jury populaire, laquelle procède de la volonté légitime d'associer les citoyens à l'action de justice, notamment à l'égard des infractions les plus graves » (§ 83), la Cour conclut qu'« Il ne saurait donc être question ici de remettre en cause l'institution du jury populaire » (§ 84) et que « la Convention ne requiert pas que les jurés donnent les raisons de leur décision et que l'article 6 ne s'oppose pas à ce qu'un accusé soit jugé par un jury populaire même dans le cas où son verdict n'est pas motivé » (§ 90). Toutefois, l'accusé doit être à même de « comprendre » le verdict (§ 90) et tout risque d'arbitraire doit être écarté. À cet égard, la Cour conçoit des garanties procédurales « qui peuvent consister par exemple en des instructions ou éclaircissements donnés par le président de la cour d'assises aux jurés quant aux problèmes juridiques posés ou aux éléments de preuve produits [...], et en des questions précises, non équivoques soumises au jury par ce magistrat, de nature à former une trame apte à servir de fondement au verdict ou à compenser adéquatement l'absence de motivation des réponses du jury [...]. Enfin, doit être prise en compte, lorsqu'elle existe, la possibilité pour l'accusé d'exercer des voies de recours » (§ 92 ; CEDH (gde ch.), 16 novembre 2010, *Taxquet c. Belgique*, req. n° 926/05).

Cet arrêt de Grande chambre de la Cour européenne a pu être interprété comme un quitus déguisé de la Cour à la motivation des arrêts de cours d'assises « à la française ». Peut-être cette considération a-t-elle persuadé la chambre criminelle de la Cour de cassation de, finalement, renvoyer au Conseil constitutionnel une question prioritaire de constitutionnalité portant sur la motivation des arrêts d'assises (Crim., 19 janvier 2011, n° 10-85.159 QPC, *Bull. crim.*, n° 11), après plusieurs refus, antérieurs à l'arrêt de Grande chambre de la Cour européenne.

Dans sa décision n° 2011-113/115 QPC du 1er avril 2011, le Conseil constitutionnel juge les conditions particulières de motivation indirecte, détournée, des arrêts de cours d'assises conformes à la Constitution. La question soulevait le principe d'égalité entre les personnes poursuivies devant les juridictions pénales, le

respect des droits de la défense et l'obligation de motiver les décisions en matière répressive.
Le Conseil écarte facilement l'argument tiré de la rupture d'égalité : « les personnes accusées de crime devant la cour d'assises sont dans une situation différente de celle des personnes qui sont poursuivies pour un délit ou une contravention devant le tribunal correctionnel ou le tribunal de police ; que, par suite, le législateur a pu, sans méconnaître le principe d'égalité, édicter pour le prononcé des arrêts de la cour d'assises des règles différentes de celles qui s'appliquent devant les autres juridictions pénales » (consid. n° 9).
Il écarte tout aussi facilement celui tiré de la méconnaissance des droits de la défense (consid. n° 10). Après avoir relevé que « l'obligation de motiver les jugements et arrêts de condamnation constitue une garantie légale de [l']exigence constitutionnelle [d'exclusion] de l'arbitraire dans la recherche des auteurs d'infractions, le jugement des personnes poursuivies ainsi que dans le prononcé et l'exécution des peines » (consid. n° 11), il considère que cette obligation ne revêt pas un caractère général et absolu, pourvu que des garanties propres à exclure l'arbitraire compensent l'absence de motivation formelle.
Reprenant les garanties relatives aux débats devant la cour d'assises et aux modalités de sa délibération (oralité, continuité, contradictoire, assistance obligatoire d'un défenseur, modalités de consultation du dossier, délibération immédiate des magistrats et des jurés ensemble, questions posées, questions demandées, formes des questions, règles de majorité, etc. ; consid. n°s 12-17), le Conseil constitutionnel conclut que tout risque d'arbitraire est écarté (Cons. const., décision n° 2011-113/115 du 1er avril 2011).
Bien sûr, la chambre criminelle a réaffirmé la compatibilité du droit français avec les exigences européennes (Crim., 15 juin 2011 [2 arrêts], n°s 09-87.135 et 10-80.508, *Bull. crim.*, n°s 127 et 128).
Estimant une réforme de la technique de motivation des arrêts d'assises nécessaire au respect de la jurisprudence européenne, le législateur, avec la loi du 10 août 2011 « sur la participation des citoyens au fonctionnement de la justice pénale et le jugement des mineurs », a introduit les garanties suivantes. L'article 365-1 du Code de procédure pénale, en vigueur depuis le 1er janvier 2012, prévoit que le président ou l'un des magistrats assesseurs qu'il désigne rédige la motivation de l'arrêt. Cette motivation « consiste dans l'énoncé des principaux éléments à charge qui, pour chacun des faits reprochés à l'accusé, ont convaincu la cour d'assises. Ces éléments sont ceux qui ont été exposés au cours des délibérations menées par la cour et le jury [...], préalablement aux votes sur les questions ». Elle figure sur un document annexé à la feuille des questions appelé « feuille de motivation ». Lorsqu'en raison de la particulière complexité de l'affaire, liée au nombre des accusés ou des crimes qui leur sont reprochés, il n'est pas possible de rédiger immédiatement la feuille de motivation, celle-ci doit alors être rédigée, versée au dossier et déposée au greffe de la cour d'assises au plus tard dans un délai de trois jours à compter du prononcé de la décision.
La Cour européenne, à la faveur de cinq arrêts rendus contre la France en janvier 2013, a estimé, par voie d'incidente (ces arrêts concernaient bien sûr des affaires jugées en application des dispositions du Code de procédure pénale en vigueur antérieurement à la loi du 10 août 2011), qu'« une telle réforme, semble donc a priori susceptible de renforcer significativement les garanties contre l'arbitraire et de favoriser la compréhension de la condamnation par l'accusé » (CEDH, 10 janvier 2013, *Agnelet c. France*, req. n° 61198/08 (§ 72 pour la citation ; violation de l'art. 6, § 1er), *Légillon c. France*, req. n° 53406/10, *Fraumens c. France*, req. n° 30010/10, *Oulahcene c. France*, req. n° 44446/10 et *Voica c. France*, req. n° 60995/09).
Dans sa décision n° 2017-694 QPC du 2 mars 2018, le Conseil constitutionnel a jugé que « [l]e principe d'individualisation des peines, qui découle de l'article 8 de [la Déclaration de 1789], implique qu'une sanction pénale ne puisse être appliquée que si le juge l'a expressément prononcée, en tenant compte des circonstances propres à chaque espèce. Ces exigences constitutionnelles imposent la motivation des jugements et arrêts de condamnation, pour la culpabilité comme pour la peine » (n° 8). En conséquence, la loi du 23 mars 2019 (...) de réforme pour la justice a donc enrichi l'article 365-1 du CPP de dispositions par lesquelles « [l]a motivation consiste également dans l'énoncé des principaux éléments ayant convaincu la cour d'assises dans le choix de la peine, au vu des éléments exposés au cours de la délibération ». Le principe de la rétention de sûreté doit également être motivé. En revanche, la motivation des peines complémentaires obligatoires, de la peine de confiscation du produit ou de l'objet de l'infraction ou des obligations particulières du sursis probatoire n'est pas nécessaire.

5. *La reprise de l'audience et le prononcé de l'arrêt*

759 ***Prononcé de l'arrêt en présence de l'accusé.*** Lorsque les délibérations sont terminées, l'audience est reprise. Le président fait comparaître l'accusé, donne lecture des réponses faites aux questions et prononce l'arrêt.

Il peut être d'acquittement, d'exemption de peine (auquel cas l'accusé est déclaré coupable) ou de condamnation.

Le président avertit l'accusé de la faculté qui lui est accordée d'interjeter appel de l'arrêt de condamnation dans le délai de dix jours à compter du prononcé, s'il y a lieu (art. 370 et 380-1 du CPP[107]).

6. *L'exécution de l'arrêt*

a. L'exécution des dispositions de l'arrêt relatives à l'action publique

760 ***Hypothèses de mise en liberté immédiate.*** Dans quatre hypothèses, l'accusé est mis immédiatement en liberté dès le prononcé de l'arrêt (art. 367, al. 1er, du CPP) :

- s'il est acquitté ;
- s'il est exempté de peine ;
- s'il est condamné à une peine autre qu'une peine ferme privative de liberté ;
- s'il est condamné à une peine privative de liberté d'une durée couverte par celle de la détention provisoire subie.

761 ***Caractère suspensif de l'appel mais détention provisoire.*** L'arrêt qui condamne l'accusé à une peine ferme privative de liberté non couverte par la détention provisoire n'est pas exécutoire par provision : l'appel, c'est-à-dire le délai d'appel et, le cas échéant, l'examen de l'appel, ont un effet suspensif de l'exécution de la décision (art. 380-4, al. 1er, du CPP). Mais, aux termes des articles 367 et 380-4, alinéa 2, du Code de procédure pénale, l'arrêt de la cour d'assises vaut titre de détention, qui se poursuit donc. Corrélativement, le condamné peut demander sa remise en liberté (art. 367, al. 2, du CPP).

762 ***Peines complémentaires susceptibles d'exécution provisoire.*** De toute façon, les peines complémentaires des articles 131-6 à 131-11 du Code pénal peuvent être déclarées exécutoires par provision, nonobstant appel (art. 367, dernier al., du CPP).

b. L'exécution des dispositions de l'arrêt relatives à l'action civile

763 ***Exécution provisoire possible.*** Les trois magistrats professionnels ont seuls qualité pour statuer sur l'action civile. La cour peut toutefois mettre en délibéré sa décision sur l'action civile. Elle peut également, après avoir recueilli les observations des parties, renvoyer cette décision à une audience ultérieure dont elle fixe la date. Ce renvoi est de droit à la demande des parties civiles. L'audience de renvoi sur les intérêts civils a lieu au tribunal judiciaire dans le ressort duquel se sont tenues les assises. Sauf si la partie civile ou l'accusé a sollicité lors du renvoi le bénéfice de la collégialité, le président de la cour d'assises statue seul. L'audience est publique. La présence du ministère public n'est pas obligatoire (art. 371-1 du CPP).

---

107. Pour mémoire, le procureur général peut interjeter appel d'un arrêt d'acquittement (art. 380-2), voy. *infra*, n° 813.

On rappellera qu'une décision d'acquittement n'exclut pas nécessairement l'allocation de dommages-intérêts à la partie civile (art. 372 du CPP).

En principe, l'appel (c'est-à-dire le délai dont le condamné dispose pour interjeter appel et, le cas échéant, l'examen de cet appel) a un effet suspensif de l'exécution de l'arrêt sur les intérêts civils (art. 380-7 du CPP). Mais si l'exécution provisoire a été demandée, la cour peut l'ordonner (art. 374 du CPP). L'exécution provisoire permet à la partie civile de provoquer l'exécution des dispositions civiles de la décision dès sa signification, malgré l'effet suspensif du délai et de l'exercice des voies de recours ordinaires.

Toutefois, aux termes de l'article 380-8 du Code de procédure pénale, le premier président de la cour d'appel dans le ressort de laquelle siège la cour d'assises désignée pour connaître de l'affaire en appel, statuant en référé, peut arrêter cette exécution provisoire si elle risque d'entraîner des conséquences manifestement excessives, ou en subordonner la suspension à la constitution d'une garantie. Inversement, lorsque l'exécution provisoire a été refusée ou omise par la cour d'assises ou lorsqu'elle n'a pas été demandée, le premier président de la cour d'appel peut l'accorder, en référé.

2) La procédure de défaut criminel de l'accusé absent

764 ***De la procédure de contumace à la procédure de défaut criminel.*** Jusqu'à la loi du 9 mars 2004, le jugement de l'accusé absent obéissait à la procédure de jugement par contumace (art. 627 et s. du CPP, abrogés par la loi du 9 mars 2004).

L'arrêt de la Cour européenne des droits de l'homme rendu dans l'affaire *Krombach contre France* le 13 février 2001[108] a condamné certaines modalités de la procédure de contumace : avant tout, la disposition qui prévoyait notamment qu'aucun avocat ne pouvait représenter l'accusé contumax, puis celle qui fermait le pourvoi en cassation au contumax.

765 ***Droit d'être représenté par un avocat et purge du défaut criminel.*** C'est donc sous la pression de la Cour européenne des droits de l'homme[109], notamment, que la loi du 9 mars 2004 a substitué la procédure de défaut criminel à celle du jugement par contumace[110]. Les dispositions relatives au défaut criminel ont été insérées aux articles 270, 320-1 et 379-2 et suivants du Code de procédure pénale.

Cette procédure s'adresse à l'accusé en fuite ou qui, sauf excuse valable, ne se présente pas à l'audience. Lorsque la cour d'assises ne renvoie pas l'affaire à une session ultérieure dans l'attente de la mise à exécution d'un mandat d'arrêt délivré contre l'accusé, elle examine l'affaire et statue sur l'accusation sans l'assistance des jurés (sauf si sont présents d'autres accusés jugés simultanément lors des débats, ou si l'absence de l'accusé a été constatée après le commencement des débats). Un avocat peut dorénavant représenter l'accusé absent. On mesure là l'influence directe de la solution rendue par la Cour européenne des droits de l'homme dans l'affaire *Krombach contre France*. En cas

108. Req. n° 29731/96 ; F. Massias, *RSC*, 2001, p. 429.

109. V. Bouchard, « Procédures par contumace et par défaut au regard de l'article 6, paragraphe 1 de la Convention européenne des droits de l'homme », *RSC*, 2003, p. 517.

110. C. Mauro, « Le défaut criminel – Réflexions à propos de droit français et de droit comparé », *RSC*, 2006, p. 35.

de condamnation de l'accusé à une peine ferme privative de liberté, la cour décerne mandat d'arrêt contre lui.

Si l'accusé condamné selon cette procédure de défaut criminel se constitue prisonnier ou s'il est arrêté (c'est l'utilité du mandat d'arrêt) avant que sa peine soit éteinte par la prescription, l'arrêt de la cour d'assises est non avenu. La cour d'assises procède alors à un nouvel examen de l'affaire comme pour tout accusé présent et selon la procédure ordinaire. Il convient à cet égard de souligner que l'appel n'est pas ouvert au condamné par défaut et que le jugement du condamné en sa présence et selon la procédure ordinaire ne procède pas de l'exercice d'une voie de recours par le condamné par défaut. Le défaut criminel ne se résout donc pas comme le défaut correctionnel par voie d'opposition (voy. *infra*, n°s 823 et s.). L'accusé condamné peut toutefois acquiescer à l'arrêt de la cour d'assises et renoncer, en présence de son avocat, au nouvel examen de son affaire. L'appel lui est dès lors ouvert.

B) Le jugement par le tribunal correctionnel

766 ***Alternatives au jugement par le tribunal correctionnel.*** La procédure pénale connaît de profonds bouleversements. Au schéma des alternatives aux poursuites (voy. *supra*, n°s 498 et s.), correspond celui des alternatives au jugement. En marge du jugement devant le tribunal correctionnel statuant en audience publique, orale et contradictoire, apparaissent les alternatives de la procédure simplifiée de l'ordonnance pénale (voy. *supra*, n° 539) et de la procédure de comparution sur reconnaissance préalable de culpabilité (voy. *supra*, n° 540). Même le jugement oral, public et contradictoire, réputé classique, connaît de multiples démembrements. Le tribunal correctionnel ne statue en effet pas dans les mêmes conditions lorsque, par exemple, il est saisi par convocation par procès-verbal (voy. *supra*, n° 550) et selon la procédure de comparution immédiate (voy. *supra*, n° 551). Enfin, c'est le principe même de sa collégialité qui est petit à petit remis en cause.

1) Le tribunal correctionnel en formation collégiale et à juge unique

767 ***Collégialité ou juge unique : à chacun son domaine de compétence.*** L'article 398, alinéa 1er, du Code de procédure pénale dispose : « Le tribunal correctionnel est composé d'un président et de deux juges », ce qui semble fonder un principe de collégialité de la formation correctionnelle. Cette lecture de l'article 398, alinéa 1er, paraît d'autant plus s'imposer qu'il constitue l'introduction d'une section du Code intitulée : « De la composition du tribunal et de la tenue des audiences ». Cependant, l'article 398, alinéa 3, précise que « pour le jugement des délits énumérés à l'article 398-1 [...], [le tribunal correctionnel] est composé d'un seul de ces magistrats exerçant les pouvoirs conférés au président ». On se gardera de dégager un principe de collégialité du tribunal correctionnel (et son exception, le tribunal correctionnel statuant à juge unique) de l'articulation des alinéas premier et troisième de l'article 398. Il convient au contraire de souligner que la collégialité et le juge unique se voient accorder chacun une compétence propre, ces dispositions consacrant donc deux principes de valeur identique. Le tribunal correctionnel à juge unique est en effet exclusivement compétent pour statuer sur les délits prévus par l'article 398-1 du Code de

procédure pénale, le tribunal correctionnel en formation collégiale étant exclusivement compétent pour statuer sur les autres délits.

768 ***Domaine de compétence du juge unique.*** Il importe donc de définir le domaine de compétence du juge unique autour des dispositions de l'article 398-1 du Code de procédure pénale. La liste de l'article 398-1 est allongée de loi en loi. C'est un inventaire à la Prévert, la poésie en moins : douze familles de délits, puisées dans une quinzaine de codes. Il n'est plus ni utile, ni possible de les exposer de façon exhaustive. Retenons ces délits « en passant », lorsqu'ils sont punis d'une peine inférieure ou égale à cinq ans d'emprisonnement :

- dans le Code pénal, les violences prévues aux articles 222-11, 222-12 et 222-13 ; les appels ou messages malveillants et agressions sonores prévus à l'article 222-16 ; les menaces prévues aux articles 222-17 à 222-18-3 ; les atteintes involontaires à l'intégrité de la personne prévues aux articles 222-19-1, 222-19-2, 222-20-1 et 222-20-2 ; l'exhibition sexuelle prévue à l'article 222-32 ; la cession ou l'offre illicite de stupéfiants à une personne en vue de sa consommation personnelle prévues à l'article 222-39 ; le délit de risques causés à autrui prévu à l'article 223-1, lorsqu'il est commis à l'occasion de la conduite d'un véhicule ; le délit de recours à la prostitution prévu à l'article 225-12-1 ; les atteintes à la vie privée et à la représentation de la personne prévues aux articles 226-1 à 226-2-1, 226-3-1, 226-4 à 226-4-2 et 226-8 ; les abandons de famille, les violations des ordonnances prises par le juge aux affaires familiales en cas de violences et les atteintes à l'exercice de l'autorité parentale prévus aux articles 227-3 à 227-11 ; le vol, la filouterie, et le détournement de gage ou d'objet saisi prévus aux articles 311-3 et 311-4, 313-5, 314-5 et 314-6 ; le recel prévu à l'article 321-1 ; les outrages et rébellions prévus aux articles 433-5 à 433-10 ; le délit de fuite prévu à l'article 434-10 ; les faux prévus aux articles 441-1 à 441-3, 441-5 et 441-6 à 441-8 ; les sévices graves ou actes de cruauté envers les animaux prévus aux articles 521-1 et 521-2 ;
- les délits prévus au Code de la route ;
- le délit d'usage de stupéfiants prévu à l'article L. 3421-1 du Code de la santé publique ;
- délits en matière de chèques prévus aux articles L. 163-2, L. 163-3 et L. 163-7 du Code monétaire et financier…

Dans le domaine de ces infractions, le juge unique est bien sûr compétent pour juger indifféremment les personnes physiques comme les personnes morales, les personnes qui consomment ces infractions comme celles qui ne s'en rendent coupables que par tentative (l'article 121-4 du CP qualifie la personne qui tente de la commettre d'« auteur de l'infraction » et l'assimile ainsi à la personne qui commet l'infraction).

Il peut prononcer une peine d'emprisonnement ferme d'une durée pouvant aller jusqu'à cinq ans (art. 398-2, dernier al., du CPP).

769 ***Hypothèses de renvoi au tribunal correctionnel en formation collégiale.*** Par exception, des délits entrant dans l'énumération de l'article 398-1 du Code de procédure pénale sont renvoyés à la compétence du tribunal correctionnel statuant en formation collégiale dans quatre circonstances :

- lorsque le prévenu est en détention provisoire (art. 398-1, dernier al., du CPP) ;

- lorsque le prévenu est jugé en comparution immédiate ;
- lorsque le délit prévu à l'article 398-1 est connexe à un délit non prévu par cette disposition ;
- lorsque le juge unique, d'office, ou à la demande du ministère public ou d'une partie, renvoie l'affaire à la formation collégiale à raison de la « complexité des faits » (art. 398-2, al. 3, du CPP ; mais cette décision est qualifiée de mesure d'administration judiciaire, donc non susceptible de voie de recours) ou de l'importance de la peine susceptible d'être prononcée.

770 ***Compétence exclusive du juge unique pour statuer sur les seuls intérêts civils après renvoi.*** L'article 464 du Code de procédure pénale prévoit qu'aux audiences correctionnelles de renvoi pour statuer sur les seuls intérêts civils, le tribunal correctionnel siège à juge unique, composé uniquement de son président.

E 47 Le Conseil constitutionnel et le juge unique en matière correctionnelle

Le statut du juge unique résulte de la loi du 8 février 1995 relative à l'organisation des juridictions et à la procédure pénale, mais l'institution elle-même est antérieure à cette loi.
Dès 1972, le législateur a introduit le juge unique en matière correctionnelle pour certains délits, le président du tribunal judiciaire pouvant cependant décider de renvoyer une affaire à la formation collégiale. En 1975, le législateur a voulu étendre les compétences du juge unique. Un article d'un projet de loi laissait au président du tribunal judiciaire la faculté, en toutes matières relevant de la compétence du tribunal correctionnel à l'exception des délits de presse, de décider de manière discrétionnaire et sans recours si ce tribunal serait composé de trois magistrats ou d'un seul. Le Conseil constitutionnel a observé que « des affaires de même nature pourraient ainsi être jugées ou par un tribunal collégial ou par un juge unique, selon la décision du président de la juridiction ». Le juge constitutionnel a considéré qu'une telle disposition mettait en cause le « principe d'égalité devant la justice » « inclus dans le principe d'égalité devant la loi ». La Haute juridiction n'a donc pas admis que « des citoyens se trouvant dans des conditions semblables et poursuivis pour les mêmes infractions soient jugés par des juridictions composées selon des règles différentes » (décision n° 75-56 DC du 23 juillet 1975, *JORF*, 24 juillet 1975, p. 7533 ; *JCP*, 1975, II, 18200, note FRANCK ; D., 1977, p. 629, note LEVASSEUR et HAMON ; *AIDA*, 1976, p. 44, note RIVERO ; *RDP*, 1975, note FAVOREU).
Les dispositions de la loi de 1972 ne continuèrent pas moins de s'appliquer jusqu'en 1995, le juge ne pouvant apprécier la conformité d'une loi à la Constitution...

---

2) La comparution, l'assistance et la représentation des parties

771 ***Notion de « parties ».*** Par « parties », on désigne le prévenu lui-même mais également la partie civile ainsi que le civilement responsable. Le ministère public n'est pas, quant à lui, une « partie », bien qu'il doive toujours être présent à l'audience : il a en effet le devoir, de par la loi, d'« exercer » l'action publique.

772 ***Notions de comparution, d'assistance et de représentation.*** La comparution consiste, pour la partie, à se présenter personnellement devant la juridiction. L'assistance est son droit d'être assistée par un avocat, c'est-à-dire d'avoir un avocat à ses côtés. La représentation de la partie consiste en l'aptitude de l'avocat de cette dernière d'agir pour son client, en son absence, devant la juridiction.

a) La comparution, l'assistance et la représentation du prévenu

773 *Contradictoire et droits de la défense.* Les débats devant le tribunal correctionnel sont oraux et contradictoires. En outre, le respect des droits de la défense étant essentiel à l'idée de justice, on comprendrait mal qu'un prévenu puisse être jugé en son absence, voire en sa présence mais sans l'assistance d'un conseil dont il désire le soutien.

1. *Le principe de la comparution personnelle du prévenu*

774 *Obligation de comparution.* En principe, le prévenu doit comparaître personnellement devant le tribunal correctionnel. La chose est logique lorsque le prévenu est déjà privé de liberté au jour de son jugement (par le jeu de la détention provisoire ou de la procédure de comparution immédiate, par exemple). Il est alors conduit à l'audience par la force publique (art. 409 du CPP pour le prévenu détenu provisoire et art. 395 du CPP pour le prévenu en comparution immédiate). On peut cependant craindre une défaillance du prévenu s'il est appelé à comparaître librement. À cet égard, l'article 410, alinéa 1er, du Code de procédure pénale dispose que le prévenu régulièrement cité à personne (c'est-à-dire à qui la citation a été personnellement délivrée) ou pour lequel il est établi qu'il a eu connaissance de la citation régulière le concernant, a l'« obligation de comparaître », à moins qu'il ne fournisse une excuse valable soumise à l'appréciation souveraine de la juridiction.

775 *Sanction du défaut de comparution.* Le défaut de comparution a pour sanction que le jugement rendu en son absence est contradictoire à signifier. Le prévenu aura épuisé le premier degré de juridiction et devra interjeter appel s'il désire contester le jugement rendu à son encontre (sur l'appel, voy. *infra*, n°s 812 et s.) puisque, ce dernier n'ayant pas été rendu par défaut, la voie de l'opposition lui est fermée (sur l'opposition, voy. *infra*, n°s 823 et s.). Il importe donc de faire en sorte que les citations « touchent » au mieux les prévenus appelés à comparaître. À cet effet, l'article 560 du Code de procédure pénale confère au procureur de la République deux prérogatives : il peut délivrer un ordre à la force publique de rechercher l'intéressé afin de lui délivrer la citation à personne ; il peut également requérir de toute administration, entreprise, ou organisation soumise au contrôle de l'autorité administrative des informations sur l'adresse du domicile ou de la résidence du prévenu.

L'article 410, dernier alinéa, du Code de procédure pénale prévoit que « si un avocat se présente pour assurer la défense du prévenu, il doit être entendu s'il en fait la demande ».

Toutefois, dans un arrêt de revirement de jurisprudence, la Cour de cassation juge que les écritures adressées à la juridiction par le prévenu ne comparaissant pas à l'audience ne peuvent être qualifiées de « conclusions » auxquelles la juridiction serait tenue de répondre[111].

111. Crim., 16 juin 2011, n° 10-87.568, *Bull. crim.*, n° 139.

2. *Les exceptions au principe de comparution personnelle*

776 ***Exceptions au principe de comparution personnelle et représentation par un avocat.*** Trois exceptions au principe de comparution personnelle du prévenu existent :

- lorsque, le prévenu demande par lettre adressée au président du tribunal à être jugé en son absence en étant représenté au cours de l'audience par son avocat ou par un avocat commis d'office. Toutefois, si le tribunal estime nécessaire la comparution personnelle du prévenu, il peut renvoyer l'affaire à une audience ultérieure en ordonnant cette comparution (art. 411 du CPP) ;
- l'article 414 du Code de procédure pénale dispose que le prévenu peut pareillement demander à être jugé en son absence lorsque l'audience à laquelle il est convoqué n'est pas consacrée au débat sur le fond de la prévention (par exemple, débat sur les intérêts civils) ;
- enfin, lorsque le prévenu est dans l'impossibilité, en raison de son état de santé, de comparaître devant le tribunal et s'il existe des raisons graves de ne pas différer le jugement de l'affaire, le tribunal doit ordonner, par décision spéciale et motivée, que le prévenu, éventuellement assisté par son avocat, soit entendu à son domicile ou à la maison d'arrêt dans laquelle il est détenu par un magistrat commis à cet effet (art. 416 du CPP).

Dans ces trois hypothèses, et en dépit de son défaut de comparution, le jugement sera contradictoire. En l'absence du prévenu, l'avocat choisi par ce dernier pourra le représenter.

3. *L'assistance par un avocat*

777 ***Principe : droit de se défendre seul ou avec l'assistance d'un avocat de son choix.*** L'article 417, alinéa 1er, du Code de procédure pénale dispose que « le prévenu a la faculté de se faire assister par un avocat ». Cette « faculté » lui offre donc le choix de se défendre seul ou avec l'aide d'un conseil.

Le prévenu qui désire être assisté par un avocat a le libre choix de ce dernier. Si le prévenu n'a pas fait choix d'un défenseur avant l'audience, le président l'informe, s'il n'a pas reçu cette information avant l'audience, qu'il peut, à sa demande, bénéficier d'un avocat commis d'office. Si le prévenu formule cette demande, le président commet un défenseur d'office.

Ces dispositions sont compatibles avec la Convention européenne des droits de l'homme, dont l'article 6, § 3, c) prévoit que « [tout accusé à droit notamment à] se défendre lui-même ou avoir l'assistance d'un défenseur de son choix et, s'il n'a pas les moyens de rémunérer un défenseur, pouvoir être assisté gratuitement par un avocat d'office, lorsque les intérêts de la justice l'exigent ».

778 ***Exception : obligation d'être assisté par un avocat en cas d'infirmité.*** Ce principe connaît une exception : le prévenu doit être assisté par un avocat s'il est atteint d'une infirmité de nature à compromettre sa défense (art. 417, dernier al., du CPP) ou s'il est majeur protégé (art. 706-116 du CPP).

b) La comparution, l'assistance et la représentation de la partie civile et du civilement responsable

779 ***Droit de se défendre seul ou avec l'assistance d'un avocat de son choix et droit de se faire représenter.*** La partie civile et le civilement responsable ont le choix de se présenter seuls, de se présenter assistés de leur avocat, voire de ne point

comparaître du tout puisqu'ils peuvent toujours se faire représenter par un avocat (art. 424 et 415 du CPP). L'article 420-1 du Code de procédure pénale permet même à toute personne de se constituer partie civile avant l'audience du tribunal correctionnel, par lettre recommandée avec accusé de réception ou par télécopie parvenue au tribunal vingt-quatre heures au moins avant la date d'audience, lorsqu'elle demande soit la restitution d'objets saisis, soit des dommages-intérêts (voy. *supra*, n° 492).

780 ***Sort de l'action civile et de l'action publique en cas d'absence de représentation de la partie civile.*** Cette dernière hypothèse mise à part, si la partie civile a été régulièrement citée, qu'elle ne comparaît pas et ne se fait pas représenter, on présume qu'elle se désiste de son action civile (art. 425, alinéa 1er, du CPP). Même dans ce cas, il est possible que le prévenu ait été directement cité à comparaître par la partie civile qui aura mis en mouvement l'action publique. Qu'en sera-t-il alors de cette action publique ? Pourra-t-elle survivre à l'abandon de l'action civile qui l'a fait naître ? On peut répondre *a priori* que oui, et cela sans grande difficulté puisque l'action civile est l'accessoire de l'action publique et parce que la mise en mouvement de cette dernière est irrévocable à un tel point que le ministère public est tenu de l'exercer. Mais contre toute attente, aux termes de l'article 425, alinéa 2, l'action publique doit être reprise par le ministère public pour pouvoir subsister.

En tout état de cause, le jugement qui constate le désistement présumé de la partie civile est assimilé à un jugement par défaut dont la partie peut faire opposition (sur l'opposition, voy. *infra*, nos 823 et s.).

3) Le déroulement des débats

781 ***Caractères oraux, publics et contradictoires des débats.*** Les débats sont oraux[112], publics[113] (sous réserve du huis clos, qui peut être ordonné par le tribunal si la publicité paraît dangereuse pour l'ordre ou la sécurité des débats, la dignité de la personne ou les intérêts d'un tiers ; art. 400 du CPP[114]) et contradictoires.

Dans le cadre des dispositions adoptées pour lutter contre la propagation de l'épidémie de **Covid-19**, l'article 7 de l'ordonnance du 25 mars 2020 (voy. *supra*, n° 3) précisait que le président de la juridiction pouvait décider, avant l'ouverture de l'audience, que les débats se dérouleraient en publicité restreinte ou, en cas d'impossibilité de garantir les conditions nécessaires à la protection de la santé des personnes présentes à l'audience, à huis clos. Mais dans

---

112. La procédure n'est donc pas du type d'une procédure écrite. Par exemple, les exceptions de procédure, parmi lesquelles figurent les exceptions de nullité, n'ont pas lieu d'être soutenues par écrit à peine d'irrecevabilité (Crim., 26 avril 2017, n° 16-82.742, *Bull. crim.*, n° 129 ; *Gaz. Pal.*, 18 juillet 2017, p. 70, obs. Fourment). Mais le tribunal est tenu de répondre à des conclusions de nullité déposées à l'audience par l'avocat du prévenu avant toute défense au fond, même si l'exception n'a pas été soutenue oralement (Crim., 24 octobre 2017, n° 16-85.875, *Bull. crim.*, n° 233 ; *Gaz. Pal.*, 23 janvier 2018, p. 65, obs. Fourment).

113. Ph. Piot, « Publicité et procès-verbal », *AJ pénal*, 2007, p. 18.

114. Ces dispositions de l'article 400 du CPP relatives au huis clos s'appliquent également lorsque les débats portent uniquement sur les intérêts civils (Crim., 28 mars 2018, n° 17-82.138, *Bull. crim.*, n° 59 ; *Gaz. Pal.*, 24 juillet 2018, p. 58, obs. F. Fourment).

ce dernier cas, l'article 7 apportait un correctif intéressant : dans les conditions déterminées par le président, des journalistes pouvaient assister à l'audience.

782 ***Direction des débats par le président.*** Le président dirige les débats et détient la police de l'audience. À ce titre, il peut interdire l'accès de la salle d'audience aux mineurs ou ordonner l'expulsion d'un perturbateur (art. 404 du CPP), voire du prévenu (art. 405 du CPP).

783 ***Ordre des débats.*** Le déroulement des débats obéit à un ordre précis. Le président constate la présence du prévenu, donc son identité, puis l'informe, au besoin, de son droit d'être assisté par un interprète, ensuite donne connaissance de l'acte qui saisit la juridiction (par exemple, la citation directe ou l'ordonnance de renvoi du juge d'instruction), enfin l'informe de son droit, au cours des débats, de faire des déclarations, de répondre aux questions qui lui sont posées ou de se taire (art. 406 du CPP)[115]. En présence de coprévenus, cette information du droit de se taire peut être collective[116].

C'est à ce stade que, au plus tard, les exceptions de nullité auront dû être présentées, « avant toute défense au fond », comme le souligne l'article 385, dernier alinéa, du Code de procédure pénale, « *in limine litis* » pour reprendre une expression du langage judiciaire, à peine d'irrecevabilité.

Débute ensuite la phase dite d'« instruction à l'audience », encore appelée « instruction définitive ». C'est à ce stade que la notion de débat contradictoire prend tout son sens. Le prévenu commence par être interrogé sur le fond du dossier, les témoins et experts sont auditionnés et les pièces à conviction présentées. S'il s'estime insuffisamment informé, le tribunal peut également décider d'un transport sur les lieux, voire ordonner une expertise ou un supplément d'information. Dans ces deux dernières hypothèses, le jugement du prévenu sera nécessairement renvoyé.

Viennent enfin les plaidoiries des parties et les réquisitions du ministère public, dans l'ordre suivant : plaidoirie de la partie civile ; réquisitoire du ministère public ; plaidoirie(s) de la défense, savoir du civilement responsable et/ou de son avocat et du prévenu et/ou de son avocat. En tout état de cause, le prévenu doit se voir offrir la possibilité de parler en dernier.

4) Le jugement proprement dit et son exécution

784 ***Jugements avant dire droit et jugements sur le fond.*** Le tribunal correctionnel peut rendre deux types de jugements : des jugements « avant dire droit » et des jugements sur le fond.

Les jugements avant dire droit sont rendus en cours de procédure sur un incident, c'est-à-dire une question étrangère au fond du litige qu'il importe de

115. De sorte que, est tardive, l'information du prévenu de son droit de se taire qu'après que son avocat a plaidé une demande de nullité et que le ministère public a présenté ses réquisitions sur cette demande, les débats ayant débuté dès l'examen de cette demande : Crim., 16 octobre 2019, n° 18-86.614, *Bull. crim.*, à par. ; *Gaz. Pal.*, 4 février 2020, p. 68, obs. Fourment. Par ailleurs, la méconnaissance de l'obligation d'informer le prévenu du droit de se taire lui fait nécessairement grief : Cass. crim., 8 juillet 2015, n° 14-85.699 ; *Bull. crim.*, n° 178 ; *Gaz. Pal.*, 3 novembre 2015, p. 46, obs. Fourment.

116. Crim., 27 juin 2018, n° 17-85.959, *Bull. crim.*, n° 126 ; *Gaz. Pal.*, 6 novembre 2018, p. 63, obs. F. Fourment.

régler avant de statuer sur le fond. Parmi ces jugements, on peut distinguer entre :

- les jugements provisoires (par exemple, le jugement statuant sur une demande de mise en liberté du détenu provisoire) ;
- les jugements interlocutoires ou préparatoires (comme le jugement rendu sur une exception d'incompétence ou de nullité) ;
- les jugements d'instruction (le jugement ordonnant un supplément d'information, par exemple).

Un incident peut aussi être tranché en même temps que le fond du litige.

L'intérêt de la distinction entre les jugements avant dire droit et les jugements sur le fond tient essentiellement à l'exercice des voies de recours. En principe, l'appel ou le pourvoi en cassation contre une décision avant dire droit est examiné en même temps que le recours formé contre le jugement sur le fond. Les jugements sur le fond tranchent le litige en ses trois dimensions : l'action publique, l'action civile éventuelle et les frais et dépens.

785 ***Jugement sur le fond de l'action publique.*** Sur l'action publique, le tribunal correctionnel peut prononcer, par ordre croissant :

- la relaxe du prévenu ;
- une déclaration de culpabilité du prévenu assortie soit d'une exemption de peine, soit d'une dispense de peine, soit d'un ajournement du prononcé de la peine, soit du prononcé de la peine.

786 ***Jugement sur le fond de l'action civile.*** Le cas échéant, le tribunal correctionnel statue sur l'action civile et les restitutions des biens placés sous main de justice.

787 ***Jugement sur les frais et dépens.*** Enfin, le tribunal statue sur les frais et dépens du procès. La notion de frais et dépens recouvre en réalité quatre types de frais :

- les « dépens » au sens strict, qui sont les frais de poursuite, par exemple les frais de citation ou les indemnités versées aux témoins. Ils sont pris en charge par l'État, sans recours possible contre le condamné (art. 800-1 du CPP) ;
- le « droit fixe de procédure », recouvré par le Trésor public, contre le prévenu s'il est condamné, ou contre la partie civile si elle a mis en mouvement l'action publique et que le prévenu n'a pas été condamné. Le montant du droit fixe de procédure, déterminé par l'article 1018 A du Code général des impôts, est de 127 € pour le tribunal correctionnel ;
- les frais de défense des parties. En principe, chaque partie supporte ses frais d'avocat et de défense (sous réserve du bénéfice de l'aide juridictionnelle). Le tribunal correctionnel peut cependant condamner l'auteur de l'infraction ou la personne condamnée civilement en application de l'article 470-1 à payer à la partie civile tout ou partie de ses frais d'avocat (art. 475-1 du CPP ; cet article impose de tenir compte de l'équité et de la situation économique du prévenu pour déterminer l'étendue de la condamnation) ;
- l'indemnité du prévenu en cas de relaxe. Aux termes de l'article 800-2 du Code de procédure pénale, le tribunal qui prononce la relaxe du prévenu peut accorder une indemnité à la personne poursuivie. En principe, cette indemnité est à la charge de l'État. Le tribunal peut toutefois la faire supporter par la partie civile lorsque l'action publique a été mise en mouvement à son initiative.

a) Le jugement proprement dit

788 ***Première étape : le délibéré.*** Après avoir écouté la défense, le tribunal peut passer à la phase de jugement proprement dit. Elle se réalise en trois étapes.

Le tribunal commence par délibérer, en d'autres termes par réfléchir sur la solution à donner au jugement. Ce délibéré peut être très court, le jugement pouvant être rendu à l'audience même du tribunal, « sur le siège » (c'est-à-dire immédiatement) ou à la fin de l'audience. Le tribunal peut aussi mettre le jugement en délibéré à une date ultérieure qu'il indique aux parties (art. 462 du CPP).

789 ***Deuxième étape : le prononcé.*** La décision étant alors prise au sein du tribunal, le jugement doit être porté à la connaissance de tous. C'est le but du prononcé. Il consiste en la lecture faite en public (et ce même au cas où les débats auraient été tenus à huis clos ; art. 400 du CPP), le plus souvent par le président, du dispositif du jugement. Au stade du prononcé, le jugement n'est pas nécessairement rédigé, cette rédaction pouvant avoir lieu ultérieurement.

790 ***Troisième étape : la rédaction.*** Établi en « minute » par le greffier du tribunal sous la direction du président, le jugement rédigé doit être déposé au greffe de la juridiction trois jours au plus tard après le prononcé (art. 486, al. 2, du CPP). Il comprend une partie dont la portée est essentiellement formelle, mais qui n'est pas dépourvue d'importance. On y trouve, par exemple, la composition du tribunal, l'affirmation de la présence du ministère public aux débats, l'information selon laquelle les débats se sont tenus publiquement… Le jugement comporte surtout une partie substantielle articulée autour des motifs et du dispositif de la décision.

Le sens et la portée du jugement une fois connus, son exécution doit être envisagée.

b) L'exécution du jugement

791 ***Appel et opposition suspensifs d'exécution.*** En principe, une décision de justice ne peut être exécutée que lorsqu'elle devient définitive. Le jugement du tribunal correctionnel n'échappe pas à cette règle. Une décision de justice devient définitive à l'expiration des délais et voies de recours suspensifs d'exécution.

Sauf modalités particulières, l'appel doit être interjeté dans les dix jours du prononcé (art. 498 du CPP) et l'opposition dans un délai de dix jours à compter de la signification du jugement (art. 491 du CPP). Pendant ce délai et, le cas échéant, durant le temps d'examen de l'appel ou de l'opposition, le jugement ne doit en principe pas être exécuté.

Ces solutions répondent à l'évidence à un souci de justice : la personne poursuivie est présumée innocente jusqu'à ce qu'une décision de condamnation définitive intervienne. Mais, au nom de cette même idée de justice, faut-il attendre de libérer un prévenu qui a comparu en détention provisoire alors que le tribunal correctionnel l'a relaxé ? Dans le même ordre d'idées, faut-il faire cesser la présomption d'innocence d'un détenu condamné et reprendre une privation de liberté au jour où une décision définitive sera acquise ? Ne doit-on pas en effet craindre la fuite de cet individu ?

792 ***Exécution provisoire et mesures de sûreté.*** Il y a donc bien des cas où l'exécution du jugement doit se concevoir dès son prononcé. On parle alors d'exécution par provision ou d'exécution provisoire. Plus modestement, le juge pénal peut prendre des mesures de sûreté dès le stade du prononcé de la décision qui assureront le contrôle du condamné sans avoir l'effet d'une exécution

provisoire. Les données sont cependant sensiblement différentes selon que l'on envisage l'exécution anticipée des dispositions du jugement relatives à l'action publique ou celles relatives à l'action civile.

1. L'exécution par provision et les mesures de sûreté relatives au jugement sur l'action publique

793 ***Cas du prévenu comparaissant en détention provisoire.*** Lorsque le prévenu a comparu en état de détention provisoire et qu'il vient d'être condamné à une peine d'emprisonnement sans sursis, le tribunal peut, par décision spéciale et motivée, maintenir sa détention provisoire (art. 464-1 du CPP). À défaut de décision spéciale et motivée, la comparution du prévenu devant le tribunal correctionnel aura fait cesser de plein droit la détention provisoire[117] et le prévenu demeurera libre en cause d'appel. La comparution d'un prévenu en détention provisoire devant le tribunal correctionnel se prolonge pendant toute la durée des débats et, si l'affaire a été mise en délibéré, jusqu'à la clôture de ceux-ci par le jugement. La comparution ne fait cesser de plein droit la détention provisoire qu'au prononcé du jugement[118].

Le prévenu qui a comparu en état de détention provisoire mais n'a pas été condamné à une peine d'emprisonnement sans sursis est mis en liberté immédiatement après le prononcé du jugement (art. 471, al. 1er, du CPP).

794 ***Cas du prévenu comparaissant sous contrôle judiciaire.*** Le prévenu peut être maintenu sous contrôle judiciaire lorsque le tribunal le condamne à une peine d'emprisonnement sans sursis ou assortie du sursis probatoire (art. 471, al. 3, du CPP).

795 ***Cas du prévenu comparaissant libre.*** Le tribunal qui condamne le prévenu comparaissant libre à une peine d'emprisonnement au moins égale à un an sans sursis pour un délit de droit commun[119] a la faculté, par décision spéciale et motivée, de le placer en détention provisoire (art. 465 du CPP). Dans la procédure de comparution immédiate, ce seuil d'une année disparaît.

L'article 465-1 du Code prévoit que lorsque les faits sont commis en état de récidive légale, le seuil d'une année d'emprisonnement ferme disparaît.

796 ***Cas des peines privatives ou restrictives de droits érigées en peines alternatives ou en peines complémentaires exécutoires par provision.*** En tout état de cause, le tribunal peut déclarer exécutoires par provision les peines privatives ou restrictives de droits érigées en peines alternatives ou peines complémentaires par les articles 131-5 à 131-11 et 132-25 à 132-70 du CP (art. 471, al. 4, du CPP ; par exemple : annulation et suspension du permis de conduire, interdiction d'exercer une profession, interdiction de port ou de détention d'arme…).

2. L'exécution par provision des dispositions du jugement relatives à l'action civile

797 ***Exécution provisoire possible.*** Lorsqu'il se prononce sur la demande de dommages-intérêts, le tribunal correctionnel a la faculté d'ordonner le versement provisoire de tout ou partie des dommages-intérêts alloués à la partie civile (art. 464, al. 2, du CPP).

---

117. Crim., 16 septembre 1972, n° 92.755/72, *Bull. crim.*, n° 264 ; *D.*, 1973, p. 330, note LE TOURNEAU.

118. Crim., 25 juin 1986, n° 85-95.498, *Bull. crim.*, n° 226.

119. Ou un délit d'ordre militaire prévu au Livre III du Code de justice militaire.

Toutefois, le premier président de la cour d'appel, statuant en référé, peut arrêter cette exécution provisoire si elle risque d'entraîner des conséquences manifestement excessives ou en subordonner la suspension à la constitution d'une garantie.

Lorsque l'exécution provisoire a été refusée ou omise par le tribunal correctionnel ou lorsqu'elle n'a pas été demandée, le premier président de la cour d'appel peut l'accorder, en référé.

Lorsqu'il ne se prononce pas sur la demande de dommages-intérêts, le tribunal correctionnel a la possibilité d'accorder une provision à la partie civile, nonobstant appel ou opposition (art. 464, al. 3, du CPP).

C) Le jugement par le tribunal de police

798 ***Diversité des modes de traitement des contraventions.*** En droit, toute contravention peut être jugée par le tribunal de police, au terme d'une audience publique, orale et contradictoire. La situation est bien différente. Par exemple, existe-t-il en effet un contrevenant qui puisse se vanter d'avoir été directement cité devant le tribunal de police pour contravention de première classe à un arrêté de police du maire sur le stationnement des véhicules ? À côté des procédures sommaires de paiement ou d'alternative au jugement des contraventions (voy. *supra*, n°s 554 et 555), prend place la procédure ordinaire de jugement devant le tribunal de police.

799 ***Présentation du tribunal de police.*** Longtemps formation pénale de jugement du tribunal d'instance, le tribunal de police est formé, depuis la loi n° 2016-1547 du 18 novembre 2016 de modernisation de la justice du XXIe siècle, par **un juge du tribunal judiciaire** (art. 523 du CPP).

Le tribunal de police **compétent *ratione loci*** peut être celui du lieu de commission ou de constatation de la contravention ou celui du lieu de résidence du prévenu (art. 522 du CPP). La compétence à l'égard d'un prévenu s'étend à tous ses coauteurs ou complices (art. 383 du CPP, par renvoi de l'art. 522).

Pour les contraventions de la cinquième classe ne relevant pas de la procédure de l'amende forfaitaire, le **ministère public** est représenté par le procureur de la République près le tribunal judiciaire.

Pour les quatre premières classes de contraventions, le ministère public est en principe représenté par l'« **officier du ministère public** » (art. 44 du CPP) du lieu où siège le tribunal de police. En principe, l'officier du ministère public est un commissaire de police en résidence dans le ressort du tribunal d'instance (art. 45 et 47 du CPP). Ce principe souffre trois dérogations :

- en cas d'empêchement du commissaire, ou en cas d'absence de commissaire de police au lieu où siège le tribunal de police, le procureur général près la cour d'appel désigne un officier du ministère public choisi parmi les commissaires, commandants, ou capitaines de police en résidence dans le ressort du tribunal judiciaire ou, à défaut, d'un tribunal judiciaire limitrophe situé dans le même département (art. 46 et 48 du CPP) ;
- à titre exceptionnel, et en cas d'absolue nécessité pour la tenue de l'audience, le juge du tribunal de police peut appeler le maire du lieu où siège le tribunal ou un de ses adjoints (art. 46 du CPP) ;
- enfin, s'il le juge à propos, le procureur de la République peut toujours se substituer à l'officier du ministère public (art. 45 du CPP).

La personne mise en cause devant le tribunal de police est désignée sous le terme de « **prévenu** » et la victime, si elle s'est constituée partie civile, sous celui de… « **partie civile** ».

Le tribunal de police peut être **saisi** par la comparution volontaire des parties (mode de saisine tombé en désuétude), sur citation directe du ministère public ou de la partie lésée ou, plus rarement, sur ordonnance de renvoi d'un juge d'instruction.

800 ***Application de principe de la procédure applicable au tribunal correctionnel.*** La procédure devant le tribunal de police suit celle qui a cours devant le tribunal correctionnel, le Code de procédure pénale procédant essentiellement par renvoi aux dispositions prévues pour le tribunal de police au tribunal correctionnel (par exemple, voy. art. 535, 536 et 544 du CPP).

Il convient donc d'appliquer au tribunal de police les dispositions pertinentes rencontrées dans le cadre de l'étude du tribunal correctionnel. N'auront donc pas lieu de s'appliquer les dispositions de matière correctionnelle qui supposent que le prévenu soit poursuivi pour un délit faisant encourir une peine d'emprisonnement ou que le prévenu ait été condamné à une telle peine. Une nuance doit être apportée ; elle concerne la comparution du prévenu à l'audience. Lorsque la contravention n'est passible que d'une peine d'amende, le prévenu peut se faire représenter par un avocat ou un fondé de procuration spéciale (art. 544, al. 2, du CPP).

D) Le jugement par les juridictions pour mineurs

801 ***Juridictions spécialisées et adaptations de procédure.*** La justice pénale des mineurs connaît des juridictions spécialisées (1.), lesquelles appliquent des procédures de jugement quelque peu adaptées (2.).

1) Les juridictions spécialisées pour mineurs

802 ***Ordonnance du 2 février 1945 relative à l'enfance délinquante en attendant le Code de la justice pénale des mineurs.*** L'ordonnance du 2 février 1945 relative à l'enfance délinquante est, pour l'essentiel, un texte qui aménage des sanctions particulières pour les mineurs délinquants et organise la procédure qui leur est applicable[120]. À cet égard, l'article 1er de l'ordonnance prévoit que « [l]es mineurs auxquels est imputée une infraction qualifiée crime ou délit ne seront pas déférés aux juridictions pénales de droit commun et ne seront justiciables que des tribunaux pour enfants ou des cours d'assises des mineurs. Ceux auxquels est imputée une contravention de police de 5e classe sont déférés aux juridictions pour enfants »[121].

On peut tirer plusieurs enseignements de cette disposition :

- la compétence des juridictions pour mineurs est exclusive de celle des juridictions de droit commun en matière criminelle, délictuelle et contraventionnelle de cinquième classe. Le tribunal de police – juridiction de

120. A. Gouttenoire, « Les principes du droit processuel relatif au mineur délinquant », *AJ pénal*, 2005, p. 49.

121. E. Letouzey, « La spécialisation des juridictions et des procédures dans les affaires de mineurs », *Dr. pén.*, 2012, étude n° 20.

droit commun – est donc compétent pour juger un mineur coupable d'une contravention des quatre premières classes ;

- la compétence exclusive des juridictions pour mineurs ne concerne que le jugement et non l'instruction ;
- si les mineurs relèvent de la compétence exclusive des juridictions pour mineurs (sous réserve des contraventions des quatre premières classes), un majeur qui serait coauteur ou complice d'une infraction commise par un mineur n'a pas vocation à être jugé par elles. Dans cette hypothèse, il devra donc y avoir disjonction de procédure, le majeur devant être renvoyé à la compétence des juridictions de droit commun. Cependant, la cour d'assises des mineurs peut demeurer compétente pour juger le majeur coauteur ou complice, sa composition n'étant en effet pas très différente de celle de la cour d'assises de droit commun (voy., n°s 744 et 806).

E 48 **En attendant le Code de la justice pénale des mineurs**

L'article 93 de la loi n° 2019-222 du 23 mars 2019 de réforme pour la justice a autorisé le Gouvernement à prendre, par voie d'ordonnance de l'article 38 de la Constitution, dans le délai de six mois à compter de sa publication, les mesures relevant du domaine de la loi nécessaires pour : « 1° Modifier et compléter les dispositions relatives à la justice pénale des mineurs, dans le respect des principes constitutionnels qui lui sont applicables et des conventions internationales, afin de : a) Simplifier la procédure pénale applicable aux mineurs délinquants ; b) Accélérer leur jugement pour qu'il soit statué rapidement sur leur culpabilité ; c) Renforcer leur prise en charge par des mesures probatoires adaptées et efficaces avant le prononcé de leur peine, notamment pour les mineurs récidivistes ou en état de réitération ; d) Améliorer la prise en compte de leurs victimes ; 2° Regrouper et organiser ces dispositions dans un code de la justice pénale des mineurs. » Le Conseil constitutionnel a donné son quitus (Cons. const., déc. n° 2019-778 DC du 21 mars 2019, §§ 365-367). Le projet de Code de la justice pénale des mineurs (CJPM) est porté par l'ordonnance n° 2019-950 du 11 septembre 2019. Un projet de loi ratifiant cette ordonnance n° 2019-950 du 11 septembre 2019 portant partie législative du code de la justice pénale des mineurs (n° 2367), a été déposé le 30 octobre 2019 à l'Assemblée nationale. Sa discussion, différée à raison de la crise sanitaire, y a commencé début décembre 2020. D'aucuns plaident donc pour un nouveau report de l'entrée en vigueur de ce code. Initialement prévue le 1er octobre 2020, son entrée en vigueur, sous l'effet de la crise sanitaire, a déjà été reportée du 1er octobre 2020 au 31 mars 2021.

---

803 ***Minorité au jour de la commission de l'infraction.*** L'âge à prendre en considération pour savoir si un délinquant relève des juridictions pour mineurs est celui que le délinquant avait atteint au jour de la commission de l'infraction, le fait qu'il soit majeur au jour de l'engagement des poursuites, voire du jugement, important peu.

804 ***Juge des enfants.*** Le juge des enfants est un magistrat spécialisé du tribunal judiciaire. Il est une juridiction à juge unique, compétente en matière délictuelle et contraventionnelle de cinquième classe. Le cas échéant, il cumule les fonctions d'instruction et de jugement[122]. Ses fonctions d'instruction sont concurrentes de celles du juge d'instruction de droit commun, en fonction du choix du procureur de la République de saisir le juge d'instruction ou le juge des enfants. Il n'est en effet compétent pour juger que les affaires qu'il a

122. Voy. *supra*, n° 743.

lui-même instruites et à la condition d'envisager une relaxe, une déclaration de culpabilité avec dispense de peine ou le prononcé de certaines mesures comme l'admonestation, la mise sous surveillance judiciaire, la remise du mineur à ses parents ou son placement dans un établissement spécialisé. Il n'est donc pas compétent pour prononcer une peine pénale ; s'il envisage une telle issue à la procédure, il doit saisir le tribunal pour enfants.

Le ministère public est représenté par le procureur de la République. Un magistrat du parquet du tribunal judiciaire doit être spécialisé dans l'enfance.

805 ***Tribunal pour enfants.*** Le tribunal pour enfants est une juridiction collégiale mixte présidée par un juge des enfants[123], assisté de deux assesseurs choisis parmi des personnes de nationalité française, âgées de plus de trente ans, qui se sont signalées pour l'intérêt qu'elles portent à l'enfance et leur compétence à cet égard. Elles sont nommées pour quatre ans par arrêté du ministre de la Justice. Il y a au moins un tribunal pour enfants par département.

Le tribunal pour enfants est compétent pour juger :

- d'une part, les contraventions de cinquième classe et les délits dont le juge des enfants ne s'est pas réservé la connaissance ou que le juge d'instruction a renvoyés au tribunal ;
- d'autre part, les crimes commis par les mineurs de seize ans (c'est-à-dire de moins de seize ans).

Le ministère public y est représenté comme devant le juge des enfants.

806 ***Cour d'assises des mineurs.*** La cour d'assises des mineurs ne se différencie pas vraiment de sa formation de droit commun, qu'elle statue en premier ressort ou en appel. L'élément populaire de sa formation, le jury, est déterminé de la même façon. La cour proprement dite est également composée de trois magistrats professionnels : un conseiller de cour d'appel la préside et, en principe, deux juges des enfants du ressort de la cour d'appel en sont les assesseurs.

Elle est compétente pour juger des crimes commis par les mineurs de seize à dix-huit ans. Elle peut aussi juger le majeur complice ou coauteur d'un mineur. La cour d'assises des mineurs peut également connaître des crimes et délits commis par le mineur avant d'avoir atteint l'âge de seize ans révolus lorsqu'ils forment avec le crime principalement poursuivi un ensemble connexe ou indivisible. Le magistrat représentant le ministère public à l'audience de cette cour est désigné par le procureur général près la cour d'appel. Il se dévoue ou désigne un membre du ministère public spécialisé.

807 ***Chambre spéciale de la cour d'appel.*** La chambre spéciale de la cour d'appel est une formation de la cour d'appel composée de trois conseillers : un président, conseiller de la cour délégué à la protection de l'enfance, et deux conseillers. Elle est compétente pour statuer sur l'appel des décisions du tribunal de police, du juge des enfants rendues en formation de jugement et du tribunal pour enfants, que ce dernier ait statué en matière contraventionnelle et correctionnelle ou criminelle (mineur de seize ans).

123. Voy. *supra*, n° 743.

2) De quelques adaptations de la procédure de jugement

808 ***Application de principe de la procédure applicable à la cour d'assises ou au tribunal correctionnel.*** Les juridictions pour mineurs, cour d'assises des mineurs, tribunal pour enfants et juge des enfants n'ont pas un fonctionnement si différent de celui de la cour d'assises ou du tribunal correctionnel, même si des particularités de procédure existent. Elles concernent le caractère public des audiences ou la comparution du mineur poursuivi. Leur but est de protéger le mineur et de tendre à son relèvement éducatif.

809 ***Particularités relatives à la publicité des audiences.*** Le juge des enfants statue en chambre du conseil (art. 8 de l'ordonnance de 1945 relative à l'enfance délinquante). Ne peuvent donc être présents aux débats que les parents, le tuteur ou gardien du mineur, le défenseur et, bien sûr, le ministère public. Devant les autres juridictions, la restriction imposée au principe de publicité des audiences est moindre dans la mesure où peuvent en outre assister aux débats tout membre du barreau ainsi que les représentants des sociétés de patronage (art. 14 de l'ordonnance). Devant toutes ces juridictions, le huis clos peut toujours être ordonné. Ces règles relatives à la publicité restreinte des débats devant les juridictions pour mineurs[124] peuvent être écartées pour un retour à la publicité si la personne poursuivie, mineure au moment des faits, mais devenue majeure au jour de l'ouverture des débats, en fait la demande (dernier al. de l'art. 306 du CPP). C'est la disposition dont Patrick Dils a bénéficié. Mineur au moment des faits et condamné pour meurtre en 1989, il a obtenu la révision de son procès. Il a été rejugé et condamné en 2001 par une cour d'assises des mineurs statuant selon les règles de la publicité restreinte alors qu'il était âgé de plus de trente ans. En application de l'article 306 du Code de procédure pénale, son appel a pu être jugé par une cour d'assises des mineurs statuant publiquement. Il a été acquitté. Au-delà du cas Patrick Dils, les modifications de l'article 306 du Code de procédure pénale pour la cour d'assises des mineurs et de l'article 400 du Code de procédure pénale pour le tribunal pour enfants apportées par la loi du 4 mars 2002 permettent surtout de rendre la procédure pénale française compatible avec l'article 6, § 1er, de la Convention européenne lequel, s'agissant du jugement des personnes mineures au moment des faits, n'admet de restriction à la publicité des débats, que « lorsque les intérêts des mineurs l'exigent ». La minorité au moment du jugement semble être une condition d'application de cette disposition.

810 ***Particularités relatives à la comparution du mineur.*** S'agissant de la comparution du mineur, le président du tribunal pour enfants ou de la cour d'assises des mineurs peut à tout moment ordonner le retrait du mineur de la salle d'audience (à l'occasion de l'évocation de la personnalité du mineur, par exemple). Par ailleurs, le président du tribunal pour enfants peut dispenser le mineur de comparaître.

Le tribunal pour enfants peut être saisi autrement que sur renvoi du juge des enfants ou du juge d'instruction. Le procureur de la République peut saisir le tribunal pour enfants selon la procédure de convocation en justice ; le tribunal pour enfants statue dans un délai compris entre dix jours et deux mois

---

124. Règles sanctionnées d'une nullité d'ordre public : Crim., 20 juin 2012, n° 11-85.683, *Bull. crim.*, n° 155 ; *Gaz. Pal.*, 27 octobre 2012, p. 44, obs. F. Fourment.

(pour le détail de ce régime de comparution, voir l'art. 8-3 de l'ord. du 2 février 1945). Le procureur de la République peut requérir du juge des enfants qu'il ordonne la comparution du mineur devant le tribunal pour enfants à délai rapproché, compris entre un et trois mois (pour le détail de ce régime de comparution, voir l'art. 8-2 de l'ord. du 2 février 1945). Enfin, le procureur de la République peut saisir le tribunal pour enfants selon la procédure de présentation immédiate (pour le détail de ce régime de comparution, voir l'art. 14-2 de l'ord. du 2 février 1945).

811 ***Particularités liées à la responsabilisation des parents.*** Les représentants légaux du mineur poursuivi sont informés des décisions de l'autorité judiciaire prises en application de la présente ordonnance et condamnant le mineur ou le soumettant à des obligations ou des interdictions (art. 6-1 de l'ord. du 2 février 1945). Par ailleurs, les représentants légaux du mineur poursuivi sont convoqués devant les juridictions pour mineurs ; s'ils ne déferent pas à cette convocation, ils peuvent être condamnés à une amende civile dont le montant ne peut excéder 3 750 euros (art. 10-1 de l'ord. du 2 février 1945).

§ 2. L'appel, jugement au second degré de juridiction

812 *Appel et voies de recours.* Les voies de recours sont les moyens mis à la disposition des justiciables pour obtenir un nouvel examen de leur affaire ou faire vérifier la régularité d'une décision.

On distingue les **voies de recours ordinaires** des **voies de recours extraordinaires** :

- les premières garantissent un nouvel examen complet de l'affaire, dans ses aspects de droit comme de fait ; ce sont l'appel et l'opposition ;
- les secondes n'ont vocation qu'à juger la régularité de la décision attaquée ; c'est le cas du pourvoi en cassation.

On distingue également entre **voies de recours en rétractation** et **voie de recours en réformation** :

- les premières assurent que le second examen de l'affaire est porté devant la même juridiction que celle qui a rendu la décision attaquée ; l'opposition et la demande en révision font partie de cette catégorie ;
- la seconde a pour objet de faire procéder à un second examen de l'affaire par une juridiction ordinaire supérieure à celle dont la décision est attaquée ; c'est l'appel.

Ces classifications des voies de recours entre voies de recours ordinaires et extraordinaires et voies de recours en rétractation et en réformation sont certes utiles, mais ne rendent pas directement compte de ce qui importe réellement dans le procès : déterminer le moment à partir duquel une décision ne peut plus être attaquée par une voie de recours suspensive d'exécution – on dit qu'elle passe en **force de chose jugée** –, voire n'est plus susceptible d'aucun recours, suspensif ou non – on dit ici qu'elle passe en **force irrévocable de chose jugée**. Dans les deux cas, la décision peut être exécutée.

En marge de ces considérations générales, une question transversale à l'exercice de ces différentes voies de recours s'est posée : celle de la recevabilité d'un recours exercé par un condamné en fuite (voy. *infra*, encadré E49).

E 49 L'exercice d'une voie de recours par un condamné qui se dérobe à l'exécution d'un mandat de justice : la jurisprudence de la chambre criminelle à l'épreuve de la CEDH

La chambre criminelle de la Cour de cassation a forgé une jurisprudence aux termes de laquelle le condamné qui se dérobe à l'exécution d'un mandat de justice n'est pas en droit de se faire représenter pour exercer une voie de recours. Elle l'a érigé en principe général de procédure pénale et en a fait application : au pourvoi en cassation (depuis Crim., 19 septembre 1895, *Bull. crim.*, n° 243 jusqu'à Crim., 18 novembre 1997, n° 97-83.643, *Bull. crim.*, n° 388), à l'appel (Crim., 5 juin 1989, n° 88-88.545, *Bull. crim.*, n° 232), à l'opposition (Crim., 13 mai 1985, n° 84-95.278, *Bull. crim.*, n° 180) et à la requête en rectification d'erreur matérielle, sur difficulté d'exécution ou en demande de confusion de peines de l'article 710 du Code de procédure pénale (Crim., 14 avril 1992, n° 91-83.843, *Bull. crim.*, n° 161).

Ce principe n'a rencontré que deux tempéraments. D'une part, si le condamné qui se dérobe à l'exécution d'un mandat de justice ne peut se faire représenter pour former son recours, il peut l'exercer directement lui-même (Crim., 7 novembre 1989, n° 89-85.339, *Bull. crim.*, n° 397). D'autre part, lorsque le condamné justifie de circonstances l'ayant mis dans l'impossibilité absolue de se soumettre en temps utile à la justice, il peut se faire représenter (Crim., 19 janvier 1994, n° 93-80.163, *Bull. crim.*, n° 27).

Cette jurisprudence a été condamnée par la CEDH à partir de l'arrêt *Poitrimol* du 23 novembre 1993 (req. n° 14032/88). Le requérant a vu son pourvoi en cassation jugé irrecevable en raison de sa fuite à l'étranger alors qu'un mandat d'arrêt avait été décerné contre lui par la cour d'appel. La Cour européenne raisonna en plusieurs étapes :

- le droit d'accès à un tribunal constitue un aspect du « droit à un tribunal » garanti par l'article 6, § 1er, de la Convention ;
- les limitations appliquées au droit à un tribunal ne sauraient restreindre l'accès ouvert à l'individu d'une manière ou à un point tels que le droit s'en trouve atteint dans sa substance même ; ces limitations ne se concilient avec l'article 6, § 1er, que si elles poursuivent un but légitime et s'il existe un rapport raisonnable de proportionnalité entre les moyens employés et le but visé ;
- si l'article 6 de la Convention n'astreint pas les États contractants à créer des cours d'appel ou de cassation, un État qui se dote de juridictions de cette nature a l'obligation de veiller à ce que les justiciables jouissent auprès d'elles des garanties fondamentales de l'article 6 ;
- « l'irrecevabilité du pourvoi, pour des raisons liées à la fuite du requérant, s'analysait (...) en une sanction disproportionnée, eu égard à la place primordiale que les droits de la défense et le principe de la prééminence du droit occupent dans une société démocratique » (§ 38 de l'arrêt).

La chambre criminelle a résisté à l'arrêt *Poitrimol*. Dans un arrêt du 19 janvier 1994, postérieur d'à peine deux mois à celui de la Cour européenne, elle réaffirmait son principe d'irrecevabilité du pourvoi (n° 93-80.163, *Bull. crim.*, n° 27).

Dans ses arrêts *Omar* et *Guérin* du 29 juillet 1998 (req. nos 24767/94 et 25201/94), la Cour européenne a confirmé l'analyse qui avait été la sienne dans l'arrêt *Poitrimol*, ajoutant même (§§ 40 et 41 de l'arrêt Omar et § 43 de l'arrêt Guérin) :

- « l'irrecevabilité d'un pourvoi en cassation, fondée uniquement sur le fait que le demandeur ne s'est pas constitué prisonnier en exécution de la décision de justice faisant l'objet du pourvoi, contraint l'intéressé à s'infliger d'ores et déjà à lui-même la privation de liberté résultant de la décision attaquée, alors que cette décision ne peut être considérée comme définitive aussi longtemps qu'il n'a pas été statué sur le pourvoi ou que le délai de recours ne s'est pas écoulé » ;
- une « atteinte à la substance même du droit de recours [a été portée] en imposant au demandeur une charge disproportionnée, rompant le juste équilibre qui doit exister entre, d'une part, le souci légitime d'assurer l'exécution des décisions de justice et, d'autre part, le droit d'accès au juge de cassation et l'exercice des droits de la défense. »

Ces arrêts sont d'autant plus significatifs que les requérants n'avaient pas pris la fuite et qu'à tout moment il était loisible à la police de se saisir de leur personne pour exécuter le mandat d'arrêt.

La chambre criminelle s'est enfin inclinée, avec les honneurs : « Attendu qu'en l'absence de dispositions expresses de la loi dérogeant, en cas de délivrance d'un mandat de justice, à l'application des conditions de forme par l'article 576 du CPP, le pourvoi est recevable » (Crim., 30 juin 1999, *Rebboah*, n° 98-80.923, *Bull. crim.*, n° 167). Le même article 576 du Code de procédure pénale, que la chambre criminelle avait écarté au profit du principe général de procédure pénale qu'elle avait forgé et suivant lequel celui qui se dérobe à l'exécution d'un mandat de justice ne peut former lui-même une voie de recours, devient, par sa lecture littérale, la disposition qui balaie le soi-disant principe. Ainsi la chambre criminelle n'a-t-elle pas dû, ne l'ayant pas voulu, emprunter des termes aux arrêts de la Cour européenne.

La jurisprudence de la Cour européenne sur le droit d'accès au tribunal du condamné qui se dérobe à l'exécution d'un mandat de justice a connu un prolongement, à Paris comme à Strasbourg, avec l'obligation, aujourd'hui supprimée, pour le condamné, de se constituer prisonnier la veille de l'audience de la chambre criminelle examinant son pourvoi, appelée « mise en état » (voy. *infra*, encadré E52).

L'**appel** est une **voie de recours ordinaire et de réformation** contre les décisions rendues contradictoirement en premier ressort. L'une des innovations les plus marquantes introduites dans le Code de procédure pénale par la loi du 15 juin 2000 est l'introduction de cette voie de recours contre les arrêts de condamnation rendus par les cours d'assises[125].

L'appel ne sera pas confondu avec l'opposition : l'appel garantit un second degré de juridiction après une décision contradictoire ou réputée telle ; l'opposition sauvegarde un premier degré de juridiction contradictoire à la suite d'une première décision rendue par défaut.

E 50 La loi du 15 juin 2000 et l'introduction de l'appel contre les arrêts de condamnation des cours d'assises, ou la valeur du double degré de juridiction en matière pénale

Deux raisons principales ont longtemps justifié l'absence d'un double degré de juridiction en matière criminelle :

- l'adage *vox populi, vox dei* : les verdicts des cours d'assises étant l'expression directe de la justice populaire, personne n'aurait pu mettre en cause ce que le peuple avait jugé ;
- le double degré d'instruction assuré par le juge d'instruction, puis la chambre d'accusation, corrigeait, en quelque sorte, le défaut d'appel.

L'absence de droit d'appel en matière criminelle soulevait quelques interrogations. Les premières étaient d'origine populaire et répondaient à un sentiment de justice : pourquoi les décisions pouvant *a priori* emporter les condamnations les plus lourdes ne pouvaient-elles être l'objet d'une voie de recours ouverte contre, par exemple, un jugement du tribunal de police rendu à propos d'une contravention de 5e classe ?

Les secondes étaient juridiques et renvoyaient à la valeur du droit à un double degré de juridiction. À vrai dire, ce droit n'a pas été fondamentalement consacré par le Conseil constitutionnel. On peut cependant relever que dans sa grande décision n° 80-127 DC des 19-20 janvier 1981, le Conseil constitutionnel a déclaré non conformes à la Constitution deux articles du projet de loi « sécurité et liberté » qui prévoyaient que la partie civile pouvait, sur motifs sérieux, d'une part former une demande nouvelle en cause d'appel, d'autre part se constituer pour la première fois en cause d'appel. Le fondement de cette sanction a été la rupture du principe d'égalité des citoyens devant la justice : « selon l'attitude de la personne qui demande réparation, les prévenus bénéficieraient ou non d'un double degré de juridiction en ce qui concerne les intérêts civils. »

L'article 2, § 1er, du Protocole n° 7 du 22 novembre 1984 à la Conv. EDH prévoit que « toute personne déclarée coupable d'une infraction pénale par un tribunal a le droit de faire examiner par une juridiction supérieure la déclaration de culpabilité ou la condamnation. L'exercice de ce droit, y compris les motifs pour lesquels il peut être exercé, sont régis par la loi ». En ratifiant la Convention européenne, la France a pris la réserve suivante : « le gouvernement de la République française déclare qu'au sens de ce protocole, l'examen par une juridiction supérieure se limite à un contrôle de l'application de la loi tel que le recours en cassation. » Après tout, le protocole n'impose pas un second examen de l'affaire en fait et en droit.

---

125. H. Temime, « L'appel des arrêts d'assises », *RSC*, 2001, p. 83 – J. Pradel, « L'appel contre les arrêts d'assises : un apport heureux de la loi du 15 juin 2000 », *D.*, 2001, p. 1964.

Les articles 380-1 et suivants du Code de procédure pénale détaillent les conditions dans lesquelles un appel contre un arrêt de cour d'assises peut être interjeté. L'article préliminaire III, alinéa 5, du Code de procédure pénale, aux termes duquel « toute personne a le droit de faire examiner sa condamnation par une autre juridiction », prend alors tout son sens, bien qu'il ne soit pas mieux conçu que l'article 2, § 1er, du Protocole n° 7 à la Convention européenne, puisqu'il ne précise pas que ce nouvel examen doit avoir lieu en droit et en fait. À certains égards, il serait même moins bien rédigé, l'article préliminaire ne disant pas que ce second examen doit être porté devant une juridiction supérieure, caractère pourtant inhérent à la notion d'appel.

A) Les conditions de l'appel

1) Les conditions de fond de l'appel

813 *En matière criminelle.* En matière criminelle (art. 380-2 du CPP), la faculté d'interjeter appel d'un arrêt de condamnation appartient :
- à l'accusé ;
- au ministère public ;
- à la personne civilement responsable, quant à ses intérêts civils ;
- à la partie civile, quant à ses intérêts civils ;
- en cas d'appel du ministère public, aux administrations publiques, quand elles ont exercé l'action publique.

Depuis la loi du 23 mars 2019 de réforme pour la justice, l'appel formé par l'accusé ou le ministère public peut indiquer qu'il ne conteste pas les réponses données par la cour d'assises sur la culpabilité et qu'il est limité à la décision sur la peine (art. 380-2-1 A du CPP)[126].

La loi « présomption d'innocence » du 15 juin 2000 n'avait ouvert l'appel que contre les arrêts de condamnation, excluant cette voie de recours contre les arrêts d'acquittement. L'égalité des armes entre les parties au procès criminel n'était donc pas respectée. La loi du 4 mars 2002 permet au procureur général[127] d'interjeter appel d'un arrêt d'acquittement[128].

814 *En matière correctionnelle.* En matière correctionnelle (art. 497 du CPP), la faculté d'appeler appartient :
- au prévenu ;
- à la personne civilement responsable, quant à ses intérêts civils ;
- à la partie civile, quant à ses intérêts civils ;
- au procureur de la République ;
- au procureur général près la cour d'appel ;
- aux administrations publiques, dans le cas où elles ont exercé l'action publique.

---

126. Dans ce cas, seuls sont entendus devant la cour d'assises statuant en appel les témoins et experts dont la déposition est nécessaire afin d'éclairer les assesseurs et les jurés sur les faits commis et la personnalité de l'accusé, sans que soient entendues les personnes dont la déposition ne serait utile que pour établir sa culpabilité.

127. Seul le procureur général peut interjeter appel d'un arrêt d'acquittement, à l'exclusion du procureur de la République : Crim., 23 juillet 2003, n° 03-84.118, *AJ pénal*, 2003, p. 68, obs. A. P.

128. J. Danet, « Le procès d'assises après la réforme ; Regards sur les pratiques », *RSC*, 2003, p. 289 ; W. Roumier, « Pour en finir avec une réforme inachevée : à propos de l'appel des décisions en matière criminelle », *Dr. pén.*, 2003, chron. n° 28.

815 ***En matière contraventionnelle.*** En matière contraventionnelle (art. 546 du CPP) et sur l'action publique, la faculté d'appeler appartient au prévenu, au procureur de la République, au procureur général près la cour d'appel, à l'officier du ministère public près le tribunal de police et à la personne civilement responsable.

L'appel ne leur est cependant ouvert que dans trois hypothèses (art. 546 du CPP) :

- quand l'amende encourue est celle prévue pour les contraventions de la cinquième classe (1 500 euros ; art. 131-13 du CP). Lorsque le tribunal est saisi de plusieurs contraventions lui permettant de prononcer plusieurs amendes, il y a lieu de totaliser les amendes prononcées pour déterminer si le jugement est susceptible d'appel[129] ;
- quand la peine prononcée est soit la suspension du permis de conduire pour une durée de trois ans au plus, soit une peine supérieure au maximum de l'amende encourue pour les contraventions de la deuxième classe (au besoin additionnées ; 150 euros ; art. 131-13 du CP) ;
- quelle que soit la peine encourue ou prononcée, lorsque des dommages et intérêts ont été alloués, la faculté d'appeler appartient également au prévenu et à la personne civilement responsable.

Sur l'action civile, l'appel peut être interjeté par le prévenu, la personne civilement responsable et la partie civile.

Le procureur général près la cour d'appel a perdu son droit d'appel général de tous les jugements rendus en matière de police (art. 548 du CPP, abrog. par la loi n° 2009-1436 du 24 novembre 2009).

2) Les conditions de forme de l'appel

816 ***Déclaration d'appel.*** En la forme, l'acte d'appel est le même en matière de police (art. 547 du CPP), en matière correctionnelle (art. 502 du CPP) et en matière criminelle (art. 380-12 du CPP). La déclaration d'appel est faite au greffe de la juridiction dont la décision est attaquée. Elle est signée par le greffier et par l'appelant, son avocat ou son fondé de pouvoir spécial. L'avocat n'a pas à justifier d'un mandat spécial de son client pour interjeter appel. Si l'appelant est détenu, il peut faire appel par déclaration au chef de l'établissement pénitentiaire.

817 ***Déclaration corrélative de l'objet ou étendue de l'appel.*** La déclaration d'appel précise l'objet ou l'étendue de l'appel formé par l'appelant. Aux termes de l'article 502 du Code de procédure pénale, tel que substantiellement modifié par la loi du 23 mars 2019 de réforme pour la justice, la déclaration indique si l'appel porte sur la décision sur l'action publique ou sur la décision sur l'action civile ou sur les deux décisions. Si l'appel concerne la décision sur l'action publique, la déclaration indique s'il porte sur l'ensemble de la décision ou s'il est limité aux peines prononcées, à certaines d'entre elles ou à leurs modalités d'application. Si la décision sur l'action publique a déclaré le prévenu coupable de plusieurs infractions, l'appel sur cette décision précise s'il concerne l'ensemble des infractions ou certaines d'entre elles. Si la déclaration ne comporte

129. Crim., 6 mars 2012, n° 11-85.333, *Bull. crim.*, n° 59 ; *Gaz. Pal.*, 28 juillet 2012, p. 39, obs. F. FOURMENT.

aucune de ces précisions, l'appel est considéré comme portant sur l'intégralité de la décision[130].

Ces choix sont lourds de conséquences, indépendamment de ceux produits sur l'étendue de la saisine de la cour d'appel (voy. *infra*, n° 821). Par exemple, si le prévenu limite son appel à la décision sur l'action publique, en cas de relaxe en appel, la condamnation éventuelle à des dommages et intérêts par le tribunal correctionnel est acquise. Si le prévenu limite son appel à la décision sur l'action civile, celle sur l'action publique rendue au premier degré est acquise, et son autorité sur le civil devant la cour d'appel s'imposera quant à la qualification d'une faute.

Dans leur esprit, ces dispositions sont applicables en matière criminelle. Pour mémoire, depuis la loi du 23 mars 2019 de réforme pour la justice, l'appel formé par l'accusé ou le ministère public peut indiquer qu'il ne conteste pas les réponses données par la cour d'assises sur la culpabilité et qu'il est limité à la décision sur la peine (art. 380-2-1 A du CPP ; voy. *supra*, n° 813).

818 ***Délais d'appel principal et incident.*** Le délai d'appel est le même, que l'on soit en matière contraventionnelle (art. 547 du CPP), correctionnelle (art. 498 du CPP) ou criminelle (art. 380-9 du CPP) : en principe, il est de dix jours à compter du prononcé de la décision attaquée[131] ; il a été passé de deux mois à vingt jours par la loi du 24 novembre 2009 « pénitentiaire » pour le procureur général près la cour d'appel (art. 505 du CPP)[132]. Dans le cadre des dispositions adoptées pour lutter contre la propagation de l'épidémie de **Covid-19**, l'article 4 de l'ordonnance du 25 mai 2020 (voy. *supra*, n° 3) avait prévu que les délais fixés par les dispositions du Code de procédure pénale étaient doublés. Ainsi, par exemple, le délai pour interjeter appel était passé de dix à vingt jours.

Cependant, puisque chaque appelant n'agit que pour la défense de ses intérêts et que l'appel ne peut nuire à celui qui l'a interjeté, il faut ménager aux autres parties une possibilité d'interjeter appel. C'est la fonction de l'appel « incident » (par opposition à l'appel « principal »). En cas d'appel d'une des parties dans le délai de l'appel principal de dix jours, les autres parties ont un délai supplémentaire de cinq jours pour interjeter appel (art. 547 en matière

130. Le prévenu qui n'a pas limité la portée de son appel lors de la déclaration d'appel peut toujours le faire ultérieurement, jusqu'à l'audience de jugement.

131. Le jour du prononcé de la décision attaquée n'est pas compris dans ce délai, qui prend fin le dixième jour à minuit, c'est-à-dire à la fermeture du greffe : Crim., 3 janvier 2006, n° 05-85.231, *Procédures*, 2006, comm. n° 114, obs. BUISSON.

132. La Cour européenne avait jugé que le droit d'appel du procureur général dans le délai de deux mois avait violé le droit à l'égalité des armes, dans une affaire où ni le procureur de la République ni l'intéressé n'avaient interjeté appel dans le délai de dix jours, et où, le procureur général ayant interjeté appel dans les deux mois, la cour d'appel avait plus lourdement condamné le prévenu en appel, sans qu'il ait pu former appel incident (CEDH, 3 octobre 2006, *Ben Naceur contre France*, req. n° 63879/00). Dans une affaire similaire (acquittement en première instance, condamnation en appel, sans avoir pu former appel incident), mais en matière criminelle cette fois, la Cour européenne avait réitéré son analyse : CEDH, 22 mai 2008, *Gacon c. France*, req. n° 1092/04. La chambre criminelle de la Cour de cassation s'était inclinée, jugeant que « le principe d'égalité des armes tel qu'il résulte de l'exigence d'un procès équitable, au sens de l'article 6, § 1er, de la Convention européenne des droits de l'homme, impose que les parties au procès pénal disposent des mêmes droits, qu'il doit en être ainsi, spécialement, du droit à l'exercice des voies de recours » : Crim., 17 septembre 2008, n° 08-80.598, *Bull. crim.*, n° 188 ; Crim., 10 février 2009, n° 08-83.837, *Bull. crim.*, n° 30.

contraventionnelle, 500 et 500-1 en matière correctionnelle et 380-10 du CPP en matière criminelle)[133].

E 51 **La cour d'assises statuant en appel**

Le législateur ayant fait le choix d'ouvrir la voie de l'appel contre les arrêts de cour d'assises, il lui restait à en déterminer le régime. Deux contraintes s'imposaient à lui : respecter la justice populaire, impératif qui motivait le choix de porter l'appel devant une autre cour d'assises (c'est pourquoi l'appel est dit « tournant » ou encore « circulaire ») ; respecter l'essence de l'appel en le faisant juger par une juridiction supérieure, ce qui explique que le nombre de jurés soit passé de six devant la cour d'assises statuant en premier ressort à neuf devant la cour d'assises statuant en appel (art. 296, al. 1er, du CPP). L'instauration de la cour d'assises statuant en appel a nécessité quelques aménagements. Les plus marquants concernent :

- sa désignation, en principe par le premier président de la cour d'appel, parmi les autres cours d'assises du ressort de la cour d'appel. Toutefois, si le ministère public ou l'une des parties le demande ou si le premier président estime nécessaire la désignation d'une cour d'assises située hors de ce ressort, c'est la chambre criminelle de la Cour de cassation qui désigne la cour d'assises chargée de statuer en appel (art. 380-14 du CPP) ;
- le nombre de jurés tirés au sort qui peuvent être récusés : cinq au plus par l'accusé et quatre au plus par le ministère public (contre cinq et quatre en premier ressort ; art. 298 du CPP) ;
- la règle de la majorité pour toute décision défavorable à l'accusé, notamment sur la culpabilité : huit voix.

Enfin, la cour d'assises statuant en appel ne confirme pas ou n'infirme pas, pour le réformer, l'arrêt rendu en premier ressort mais, plus largement, « procède au réexamen de l'affaire », par conséquent selon les modalités et les conditions du procès de premier degré (sous réserve de la composition du jury et des règles de calcul des majorités) (art. 380-1 du CPP).

819 ***Juridiction compétente pour juger en appel.*** La juridiction compétente pour juger l'appel en matière criminelle est :

- une cour d'assises statuant en appel lorsqu'un appel au moins est interjeté sur l'action publique, avec ou sans appel formé sur les intérêts civils ;
- la chambre des appels correctionnels de la cour d'appel lorsqu'aucun appel n'est formé que sur l'action civile (art. 380-5 du CPP).

Pour mémoire, en cas d'appel d'un arrêt de cour d'assises limité à la peine, seuls sont entendus devant la cour d'assises statuant en appel les témoins et experts dont la déposition est nécessaire afin d'éclairer les assesseurs et les jurés sur les faits commis et la personnalité de l'accusé, sans que soient entendues les personnes dont la déposition ne serait utile que pour établir sa culpabilité (art. 380-2-1 A du CPP ; voy. *supra*, n° 813).

La chambre des appels correctionnels de la cour d'appel est compétente pour juger des appels interjetés en matière correctionnelle ; elle est ordinairement composée d'un président de chambre et de deux conseillers (art. 510, al. 1er, du CPP).

Toutefois, depuis la loi du 9 mars 2004, la chambre des appels correctionnels réunie dans sa formation collégiale de droit commun ne connaît plus des appels interjetés en matière contraventionnelle. L'appel des jugements du

133. Crim., 6 janvier 2009, n° 08-84.141, *Bull. crim.*, n° 2 ; la Cour y explique qu'« il est imparti, pour faire appel incident, à toutes les parties qui auraient été admises à former un appel principal, un délai global de quinze jours après celui où le jugement entrepris a été rendu contradictoirement ».

tribunal de police est porté devant la chambre des appels correctionnels composée de son seul président, siégeant à juge unique (art. 547 du CPP).

Avec la loi du 23 mars 2019 de réforme pour la justice, l'appel d'un jugement de tribunal correctionnel rendu en formation de juge unique, la chambre des appels correctionnels est composée d'un seul de ses magistrats, exerçant les pouvoirs confiés au président de chambre, sauf si le prévenu est en détention provisoire pour les faits qui lui sont reprochés ou si l'appelant demande expressément que l'affaire soit examinée en formation collégiale. Dans un parallélisme avec les dispositions applicables au tribunal correctionnel en formation de juge unique (voy. *supra*, n° 768), la chambre des appels correctionnels statuant en formation de juge unique ne peut prononcer une peine d'emprisonnement d'une durée supérieure à cinq ans ; elle peut toutefois, si ce renvoi lui paraît justifié en raison de la complexité des faits ou en raison de l'importance de la peine susceptible d'être prononcée, décider, d'office ou à la demande des parties ou du ministère public, de renvoyer l'affaire devant la chambre des appels correctionnels siégeant en formation collégiale (art. 510, al. 2, du CPP).

Pour l'essentiel, la chambre des appels correctionnels obéit aux mêmes règles de fonctionnement que le tribunal correctionnel (art. 512 du CPP), à quelques nuances près :

- un conseiller de la chambre fait son rapport (art. 513, al. 1er, du CPP) ;
- les témoins cités par le prévenu sont entendus dans les conditions ordinaires des articles 435 à 457 du Code de procédure pénale, mais le ministère public peut s'opposer à leur audition s'ils ont déjà été auditionnés par le tribunal (la chambre des appels correctionnels tranche la contestation ; art. 513, al. 2, du CPP) ;
- les parties prennent la parole dans l'ordre suivant : d'abord l'appelant ou son représentant pour indiquer sommairement les motifs de son appel, ensuite la partie civile, le ministère public et, s'il y a lieu, le civilement responsable (art. 513, al. 3, du CPP). En tout état de cause, le prévenu ou son avocat doivent avoir la parole en dernier (art. 513, dernier al., du CPP).

B) Les effets de l'appel

820 ***Effet suspensif de l'appel.*** En principe, l'appel – son délai et, le cas échéant, la durée de son examen – a un effet suspensif sur l'exécution de la décision rendue en premier ressort, sous réserve des dispositions que la juridiction statuant en premier ressort peut prendre relativement à l'action publique ou à l'action civile.

821 ***Effet dévolutif de l'appel, « reformatio in pejus » et appel incident.*** En vertu de l'effet dévolutif de l'appel, la juridiction d'appel réexamine l'affaire, prise dans son entier litige, en droit et en fait. Ce caractère doit en réalité être quelque peu nuancé par l'étendue de l'appel, suivant que les appelants ont formé leur recours sur l'action publique et/ou l'action civile, et par le principe de la prohibition de la *reformatio in pejus* (en vertu duquel la juridiction d'appel ne peut pas aggraver le sort de l'appelant). Un appel ne peut donc pas nuire à celui qui l'a interjeté[134]. Par exemple, si le condamné a seul fait appel sur l'action

134. Réserve faite, sans doute, de l'appel en matière criminelle : la cour d'assises d'appel réexamine l'affaire en son entier ; voy. *supra*, encadré E51.

publique, la cour ne peut pas aggraver sa condamnation. Dans le même sens, si la partie civile a seule fait appel de l'action civile, la cour ne peut lui accorder moins que ce qu'elle a obtenu en premier ressort. Enfin, au visa des articles 6 de la Convention européenne des droits de l'Homme, 2 du protocole n° 7 à ladite Convention, préliminaire du Code de procédure pénale et 132-19 du Code pénal, la chambre criminelle de la Cour de cassation a dû rappeler que « l'exercice [du droit d'appel] ne saurait constituer un motif d'aggravation de la peine prononcée par les premiers juges »[135].

D'où l'intérêt de l'appel incident qui, en pratique, donne tout son sens à l'effet pleinement dévolutif de l'appel. Par exemple, l'appel, même incident, du ministère public sur l'action publique donne à la cour entière liberté pour déterminer le quantum, c'est-à-dire le taux, de la condamnation. On parle ici, en langage judiciaire, d'appel « *a minima* » : le ministère public demande à la juridiction du second degré d'aggraver la peine prononcée en premier ressort.

822 ***Obligation d'évocation de la chambre des appels correctionnels.*** Aux termes de l'article 520 du Code de procédure pénale, si la chambre des appels correctionnels annule le jugement rendu en premier ressort pour violation ou omission non réparée de formes prescrites par la loi à peine de nullité[136], la cour doit évoquer et statuer au fond sur le litige dans son entier[137].

Ce pouvoir d'évocation heurte quelque peu la portée de l'effet dévolutif de l'appel, puisque la chambre des appels correctionnels statue sur le litige dans son entier, au-delà, le cas échéant, des seules dispositions du jugement pour lesquelles l'appel a été interjeté. Il peut également heurter le principe du droit à un double degré de juridiction dans la mesure où la chambre des appels correctionnels viendrait trancher le litige sous un angle qui n'aurait pas été abordé en premier ressort.

C) L'opposition, non confondable avec l'appel

823 ***Voie de recours ordinaire et de rétractation.*** L'opposition est une voie de recours ordinaire et de rétractation contre une décision rendue par défaut, c'est-à-dire en l'absence – non fautive – de l'une des parties, de sorte que la décision n'est pas contradictoire envers elle. Dans ces conditions, on concevrait mal que la décision ne soit que susceptible d'appel, puisque cette partie n'aurait pas bénéficié d'un premier degré de juridiction. L'opposition sauvegarde donc le droit à un premier vrai degré de juridiction, c'est-à-dire contradictoire.

824 ***Dispositions du Code de procédure pénale applicables.*** En matière correctionnelle et contraventionnelle, l'opposition est régie par les articles 489 et suivants (tribunal correctionnel), 512 (chambre des appels correctionnels, renvoi implicite aux art. 489 et s. du CPP), 545 (tribunal de police statuant selon la procédure ordinaire, renvoi explicite aux art. 489 et s. du CPP) et 527 du Code de procédure pénale (tribunal de police statuant selon la procédure simplifiée

135. Crim., 24 janvier 2007, n°s 06-84.330 et 03-85.061, *Bull. crim.*, n° 17 ; *Dr. pén.*, 2007, comm. n° 60, p. 32, obs. A. Maron.

136. Par exemple, la composition irrégulière du tribunal : Crim., 1er février 1950, *Bull. crim.*, n° 50.

137. Pour un affaiblissement de l'obligation d'évocation, voy. Crim., 15 juin 2011, n° 10-87.312 (à propos de l'action civile), *Bull. crim.*, n° 126.

et par voie d'ordonnance pénale). Dans certains cas, l'opposition à un arrêt de la Cour de cassation est également possible (art. 579 du CPP). Il n'y a bien sûr pas qu'en matière correctionnelle et de police que la personne poursuivie peut être jugée en son absence : la procédure d'assises connaît la procédure de défaut criminel de l'accusé absent. Cependant, la procédure de défaut criminel ne peut pas être assimilée à une forme d'opposition car elle n'est pas une voie de recours mais un réexamen systématique de l'affaire après arrestation du condamné (voy. *supra*, n° 764).

1) Les conditions de l'opposition

a) Les conditions de fond de l'opposition

825 ***Opposition et décision rendue par défaut.*** L'opposition est ouverte contre une décision rendue par défaut.

En matière correctionnelle ou de police, devant le tribunal correctionnel, le tribunal de police ou la chambre des appels correctionnels, deux situations doivent être envisagées selon que l'opposition est formée par le prévenu, la partie civile ou le civilement responsable.

Le prévenu ne peut former opposition que dans deux hypothèses :

- lorsqu'il a été cité à personne et n'a pas comparu, si le tribunal a accepté ses excuses (art. 410 du CPP), encore que, dans cette hypothèse, le tribunal renvoie (en pratique) le plus souvent à une autre audience ;
- lorsqu'il n'a pas été cité à personne et n'a pas eu connaissance effective de la citation (art. 412 du CPP).

La partie civile ou le civilement responsable peut former opposition lorsqu'ils ont été régulièrement cités mais n'ont pas comparu ou n'ont pas été représentés. Contre un arrêt de la chambre criminelle de la Cour de cassation, seul le défendeur au pourvoi auquel le demandeur n'a pas notifié son recours par lettre recommandée avec accusé de réception dans le délai de trois jours peut faire opposition[138].

Lorsque la décision par défaut a été rendue par une juridiction du premier degré, le demandeur bénéficie d'un droit d'option entre l'opposition et l'appel, le choix de cette dernière voie de recours étant irrévocable.

826 ***Intérêt à agir de l'opposant.*** L'opposant doit justifier d'un intérêt à agir. C'est une application du principe général « pas d'intérêt, pas d'action ». Par exemple, le prévenu ne peut pas former opposition contre un jugement de relaxe. Dans le même ordre d'idées, l'opposition du défendeur à un pourvoi en cassation n'a de sens que si l'arrêt porte cassation de la décision déférée.

b) Les conditions de forme de l'opposition

827 ***Acte d'opposition.*** Le Code de procédure pénale n'impose pas de forme particulière à l'acte d'opposition. Son article 490 indique en effet simplement que l'opposition doit être « portée à la connaissance » du ministère public.

138. Crim., 7 octobre 1997, n° 97-84.805, *Bull. crim.*, n° 325 ; sur cette opposition, voy. l'art. 579 du CPP.

En matière correctionnelle et de police, le prévenu doit former opposition lui-même. Il ne peut pas être représenté[139], même par un avocat muni d'un mandat spécial[140]. S'il est détenu, le prévenu peut former opposition par déclaration au chef de l'établissement pénitentiaire (art. 490-1 du CPP). La partie civile peut former opposition par l'intermédiaire de son avocat[141]. Contre un arrêt de la chambre criminelle de la Cour de cassation, l'opposition est formée par déclaration au greffe de la juridiction qui a rendu la décision par défaut.

828 ***Délai pour former opposition.*** En matière correctionnelle ou de police, le prévenu (art. 491 et 492 du CPP), la partie civile ou le civilement responsable (art. 453 du CPP) doivent former opposition dans le délai de dix jours si l'opposant réside en France métropolitaine et d'un mois s'il réside en dehors de la France métropolitaine. Cependant, en matière de police et lorsqu'il a été statué selon la procédure simplifiée, le ministère public peut former opposition dans le délai de dix jours de l'ordonnance, le prévenu pouvant à son tour, si le ministère public n'est pas opposant, former opposition dans le délai de trente jours à compter de la date d'envoi de la lettre recommandée avec accusé de réception lui notifiant l'ordonnance (art. 527 du CPP). Dans le cadre des dispositions adoptées pour lutter contre la propagation de l'épidémie de **Covid-19**, l'article 4 de l'ordonnance du 25 mai 2020 (voy. *supra*, n° 3) avait prévu que les délais fixés par les dispositions du Code de procédure pénale étaient doublés. Ainsi, par exemple, le délai pour former opposition était passé de dix à vingt jours.

Le point de départ du délai diffère selon que l'opposant est prévenu ou partie civile ou civilement responsable. Si l'opposant est prévenu, le point de départ du délai est :

- soit la date de signification de la décision rendue par défaut (art. 493 du CPP) ;
- soit, s'il n'a pas eu connaissance du jugement qui le condamne, pendant toute la durée de la prescription de la peine (deux ans en matière contraventionnelle et cinq ans en matière délictuelle), le délai de droit commun de dix jours ou un mois commençant à courir du jour où, dans le délai de prescription de la peine, il prend connaissance de la décision (art. 492, al. 2 et 3, du CPP).

Si l'opposant est partie civile ou civilement responsable, le point de départ du délai est la date de signification de la décision rendue par défaut.

L'opposition contre un arrêt de la chambre criminelle de la Cour de cassation doit être formée dans un délai de cinq jours à compter de la signification de l'arrêt (art. 579 du CPP).

2) Les effets de l'opposition

829 ***Effet suspensif du délai d'opposition.*** Sous réserve de ce que la juridiction de jugement a pu décider sur l'exécution de sa décision, le délai d'opposition est suspensif de l'exécution de la décision attaquée.

139. Crim., 13 juin 1988, n° 87-84.970, *Bull. crim.*, n° 268.
140. Crim., 21 juin 1990, n° 89-83.316, *Bull. crim.*, n° 255.
141. Crim., 18 janvier 1990, n° 89-82.298, *Bull. crim.*, n° 33.

830 ***Effet extinctif de l'acte d'opposition.*** L'article 489, alinéa 1er, du Code de procédure pénale dispose que « le jugement par défaut est non avenu dans toutes ses dispositions, si le prévenu forme opposition à son exécution ». On dit en ce cas que l'opposition anéantit la décision rendue par défaut.

831 ***Effet dévolutif de l'opposition.*** La juridiction qui a rendu la décision frappée d'opposition doit être saisie pour examiner l'affaire nouvellement et entièrement, en droit comme en fait. Si le prévenu comparaît, il est jugé contradictoirement. La juridiction peut d'ailleurs le relaxer ou le condamner, plus sévèrement ou non.

832 ***Itératif défaut.*** En revanche, si le prévenu ne comparaît pas, il y a « itératif défaut » (art. 494 et 494-1 du CPP), l'opposition tombe et la décision attaquée n'est plus réputée non avenue. Un appel est alors possible contre la décision initialement frappée d'opposition. Toutefois, le prévenu peut échapper à la situation de l'« itératif défaut » dans trois hypothèses :

- en cas de condamnation à une peine d'emprisonnement sans sursis, le tribunal peut ordonner le renvoi de l'affaire et donner l'ordre à la force publique de rechercher et de conduire l'opposant devant le procureur de la République du siège du tribunal qui choisit soit de le faire comparaître à l'audience de renvoi, soit de le mettre en demeure de s'y présenter (art. 494, al. 2, du CPP). Si le prévenu ne comparaît pas, la décision initiale renaît. Pour la contester, il ne dispose alors plus que de l'appel ;
- si des circonstances particulières le justifient, le tribunal peut, par décision spécialement motivée, modifier le jugement frappé d'opposition, sans possibilité d'aggravation de la peine (art. 494-1 du CPP) ;
- si l'absence de comparution du prévenu n'est pas fautive, le tribunal peut rendre une nouvelle décision par défaut[142]. Le prévenu pourra en former opposition.

SECTION II
Les erreurs dans le jugement

833 ***Erreurs de droit, erreur de fait.*** Deux types d'erreur peuvent frapper une décision rendue en premier et dernier ressort ou en dernier ressort : des erreurs de droit (§ 1) et des erreurs de fait (§ 2).

§ 1. Les erreurs de droit

834 ***Paris, Strasbourg… Paris.*** À la chambre criminelle, revient de dire le droit sur les pourvois en cassation (A.). À la Cour de révision et de réexamen, revient de statuer sur les demandes de réexamen d'une décision pénale définitive, consécutif au prononcé d'un arrêt de la Cour EDH constatant la violation de la Convention EDH (B.).

142. Crim., 8 juin 1989, n° 88-80.027, *Bull. crim.*, n° 247 ; *JCP*, 1990, II, 21512, note Picod.

A) Les pourvois en cassation

835 *« Intérêt des parties » et « intérêt de la loi ».* L'occurrence du pourvoi en cassation ne se résume pas à celle du pourvoi de droit commun ordinairement – pas tant que cela, à la vérité… – formé par une partie ou le ministère public, dit pourvoi « dans l'intérêt des parties » (1.). La fonction tendant à dire le droit et garantir l'unité de son application à l'ensemble du territoire de la République commande également de concevoir des pourvois dans « l'intérêt de la loi » (2.).

1) Le pourvoi en cassation de droit commun dans l'intérêt des parties

836 *Voie de recours extraordinaire et de pur droit.* Le pourvoi en cassation (art. 567 et s. du CPP) est une voie de recours extraordinaire et de pur droit : la Cour de cassation n'est pas juge du fait mais seulement juge du droit ; elle ne constitue donc pas un troisième degré de juridiction.

a) Les conditions du pourvoi en cassation

1. *Les conditions de fond du pourvoi en cassation*

837 *Pourvoi contre les décisions rendues en dernier ressort.* Le pourvoi en cassation n'est ouvert qu'à l'encontre des décisions rendues en dernier ressort – soit en premier et dernier ressort (c'est le cas du jugement du tribunal de police non susceptible d'appel), soit en dernier ressort (par exemple, l'arrêt de la chambre des appels correctionnels) – par les juridictions de jugement ou d'instruction, non susceptibles d'appel ou d'opposition.

Si les juges ont faussement qualifié leur décision de jugement rendu en premier ressort, le délai du pourvoi ne commence à courir qu'à la date de la signification de l'arrêt d'irrecevabilité de l'appel[143].

Si les juges ont au contraire faussement qualifié leur décision de jugement rendu en dernier ressort, le point de départ du délai d'appel est le jour de la signification de l'arrêt de la Cour de cassation portant irrecevabilité du pourvoi[144].

838 *Cas d'ouverture à cassation, exprès ou implicites.* La Cour de cassation est juge du droit et non du fait. Les cas d'ouverture à cassation ne se conçoivent donc que dans des hypothèses de « violation de la loi » (art. 567 et 591 du CPP). Le pourvoi en cassation est une voie de recours extraordinaire. Les cas d'ouverture à cassation sont donc *a priori* limitativement énumérés par la loi. À cet égard, les articles 592 et suivants du Code de procédure pénale font partie d'un chapitre intitulé : « Des ouvertures à cassation ». À côté de ces cas d'ouverture expressément prévus par le législateur, les articles 567 et 591, autour de la notion de « violation de la loi », renvoient à des cas implicites.

Les cas d'ouverture à cassation expressément prévus par les articles 592 et suivants du Code de procédure pénale sont :

- la composition irrégulière de la juridiction dont la décision est attaquée (art. 592, al. 1er, du CPP) ;
- le ministère public non entendu (art. 592, al. 2, du CPP) ;

143. Crim., 1er octobre 1987, n° 86-96.004, *Bull. crim.*, n° 318.
144. Crim., 3 mars 1993, n° 92-85.500, *Bull. crim.*, n° 98.

– le défaut de publicité des débats et du prononcé de la décision attaquée (art. 592, al. 3, du CPP) ;
– le défaut et l'insuffisance de motifs (art. 593, al. 1er, du CPP), étendu à la contrariété de motifs ;
– le défaut de réponse à conclusions (art. 593, al. 2, du CPP) ;
– en matière criminelle, l'arrêt prononçant une peine autre que celle prévue par la loi (art. 596 du CPP).

Les cas d'ouverture à cassation implicitement prévus par les articles 567 et 591 du Code de procédure pénale dans la notion de « violation de la loi » sont :
– l'incompétence ;
– l'excès de pouvoir (par exemple, un arrêt de règlement) ;
– l'omission de statuer ou la décision *ultra petita* ;
– la contrariété de jugements (décisions inconciliables entre elles) ;
– la fausse interprétation ou l'omission d'un texte ;
– l'erreur de qualification (sous réserve de la théorie de la peine justifiée, voy. *infra*, encadré E53) ;
– la méconnaissance des droits de la défense ;
– et donc, largement, l'application inexacte de la loi.

839 ***Intérêt à agir de l'auteur du pourvoi.*** Le ministère public peut former un pourvoi en cassation relativement à l'action publique, la partie civile et le civilement responsable relativement à leurs intérêts civils et le prévenu en ce qui concerne, indifféremment, la décision sur l'action publique ou sur l'action civile.

2. *Les conditions de forme du pourvoi en cassation*

840 ***Acte de pourvoi en cassation.*** Le pourvoi se forme par déclaration écrite et signée adressée au greffier de la juridiction qui a rendu la décision attaquée (art. 576, al. 1er, du CPP). L'auteur du pourvoi détenu peut faire sa déclaration auprès du chef de l'établissement pénitentiaire (art. 577 du CPP). Elle peut être faite par l'avocat de l'auteur du pourvoi. Dans ce cas, il doit bénéficier d'un mandat spécial.

Le pourvoi en cassation doit être notifié au ministère public et aux autres parties dans un délai de trois jours, par lettre recommandée avec accusé de réception (art. 578 du CPP). À défaut, si l'arrêt emporte cassation, le défendeur au pourvoi pourra faire opposition (art. 579 du CPP).

Seule la partie civile est obligée de recourir au ministère d'un avocat au Conseil d'État et à la Cour de cassation. Toutefois, les plus nombreux des prévenus et accusés s'en remettent sagement à eux.

841 ***Délai pour se pourvoir en cassation.*** En principe, le délai pour se pourvoir en cassation est de cinq jours francs à compter du prononcé de la décision attaquée (art. 568 du CPP).

Le point de départ du délai est différé au jour de la signification de l'arrêt lorsque le prévenu est jugé par itératif défaut.

En matière d'infractions de presse, le délai n'est que de trois jours non francs (art. 59 de la loi du 29 juillet 1881 sur la liberté de la presse).

Dans le cadre des dispositions adoptées pour lutter contre la propagation de l'épidémie de **Covid-19**, l'article 4 de l'ordonnance du 25 mai 2020 (voy. *supra*, n° 3) avait prévu que les délais fixés par les dispositions du Code de procédure pénale et la loi du 29 juillet 1881 sur la liberté de la presse étaient doublés, sans pouvoir être inférieurs à dix jours. Ainsi, par exemple, le délai pour former un pourvoi en cassation était passé de cinq (droit commun) ou trois jours (loi de 1881) à dix jours.

b) Les effets du pourvoi en cassation

842 ***Effet suspensif du pourvoi en cassation.*** L'article 569, alinéa 1er, du Code de procédure pénale pose le principe de l'effet suspensif du délai de recours en cassation et, s'il y a eu recours, de l'examen du pourvoi jusqu'au prononcé de l'arrêt.

Cet article fixe également les limites de ce principe. S'agissant de l'action publique, la cour d'appel peut confirmer le mandat décerné par le tribunal correctionnel en application de l'article 464-1 ou de l'article 465, alinéa 1er, du Code de procédure pénale. Elle peut aussi décerner elle-même mandat sous les mêmes conditions et selon les mêmes règles. Dans toutes ces hypothèses, le prévenu est donc en détention provisoire.

Les condamnations civiles doivent être exécutées en dépit du pourvoi. À leur égard, le pourvoi n'a donc pas d'effet suspensif (art. 569, al. 1er, du CPP).

843 ***Examen du pourvoi par la chambre criminelle de la Cour de cassation.*** L'auteur du pourvoi doit articuler son argumentation autour de « moyens » qui développent un ou plusieurs cas d'ouverture à cassation. Les moyens nouveaux sont irrecevables, réserve faite des moyens d'ordre public (par exemple, l'incompétence matérielle de la juridiction) que la chambre criminelle doit d'ailleurs relever d'office (art. 595 du CPP). Le demandeur au pourvoi a la faculté de développer ses moyens dans un « mémoire ». La loi du 15 juin 2000 a supprimé une obligation qui pesait sur certains condamnés : se « mettre en état » (voy. *infra*, encadré E52).

E 52 La mise en état : d'un brin d'histoire jurisprudentielle à l'affaire Papon

La mise en état était l'obligation faite au condamné de se constituer prisonnier la veille de l'audience de la chambre criminelle examinant son pourvoi, à moins que l'auteur du pourvoi n'ait obtenu de la juridiction qui l'avait condamné une dispense de se mettre en état, avec ou sans caution.

L'article 583 du Code de procédure pénale imposait cette obligation à tout condamné à une peine supérieure à six mois d'emprisonnement, seuil que la loi du 23 juin 1999 avait porté à un an. La sanction de l'inobservation de cette obligation consistait en la « déchéance », pour le condamné, de son pourvoi. La notion de déchéance était a priori, en droit, sinon en fait – dans l'un et l'autre cas, le pourvoi n'était pas examiné –, distincte de l'irrecevabilité : le pourvoi n'était pas atteint *ab initio* dans sa recevabilité mais la déchéance produisait les mêmes effets que le rejet du pourvoi.

La mise en état a été supprimée par l'article 121 de la loi du 15 juin 2000.

Les arrêts *Poitrimol*, Omar et Guérin de la CEDH annonçaient la condamnation de la France pour son mécanisme de la mise en état. Cette condamnation est intervenue dans l'arrêt *Khalfaoui* du 14 décembre 1999 (req. n° 34791/97).

Condamné à quatre ans d'emprisonnement en cause d'appel, le requérant, dont la demande de dispense de se mettre en état avait été rejetée par la cour d'appel, a été déchu de son pourvoi en cassation au motif qu'il ne s'était pas mis en état et n'avait pas obtenu de dispense de se soumettre à cette obligation. La Cour européenne, reprenant ses arguments des arrêts *Poitrimol*, Omar et Guérin, a condamné la France pour violation de l'article 6, § 1er, de la Convention, estimant que le requérant avait subi « une entrave excessive à son droit d'accès à un tribunal, et, donc, à son droit à un procès équitable » (§ 54 de l'arrêt *Khalfaoui*). C'est plus précisément un faisceau d'arguments qui lui a permis de parvenir à cette conclusion :

- « l'obligation de mise en état contraint l'intéressé à s'infliger d'ores et déjà à lui-même la privation de liberté résultant de la décision attaquée, alors même que le pourvoi

en cassation a en droit français un effet suspensif et que l'arrêt attaqué par la voie du pourvoi n'est pas encore irrévocable » (§ 43 de l'arrêt) ;
- « si le souci d'assurer l'exécution des décisions de justice est en soi légitime [...] les autorités ont à leur disposition d'autres moyens leur permettant de s'assurer de la personne condamnée, que ce soit avant ou après examen du pourvoi en cassation » (§ 44 de l'arrêt) ;
- « l'obligation de mise en état ne se justifie pas davantage par les particularités de la procédure d'examen du pourvoi en cassation : la procédure devant la Cour de cassation, qui ne peut être saisie que de moyens de droit est essentiellement écrite et il n'a pas été soutenu que la présence de l'accusé était nécessaire à l'audience » (§ 45 de l'arrêt) ;
- « compte tenu de l'importance du contrôle final opéré par la Cour de cassation en matière pénale et de l'enjeu de ce contrôle pour ceux qui peuvent avoir été condamnés à de lourdes peines privatives de liberté, [la déchéance est] une sanction particulièrement sévère au regard du droit d'accès à un tribunal garanti par l'article 6 de la Convention » (§ 47 de l'arrêt) ;
- si la durée de la privation de liberté imposée par la mise en état est minime, « fondamentalement, le respect de la présomption d'innocence, combiné avec l'effet suspensif du pourvoi, s'oppose à l'obligation pour un accusé libre de se constituer prisonnier, quelle que soit la durée, même brève, de son incarcération » (§ 49 de l'arrêt).

La CEDH a été saisie d'une requête de Maurice Papon, dont le pourvoi en cassation formé contre l'arrêt de la Cour d'assises de la Gironde du 2 avril 1998 le condamnant à dix ans de réclusion criminelle et dix ans d'interdiction de droits civiques, civils et de famille pour complicité de crime contre l'humanité a été frappé de déchéance par un arrêt de la chambre criminelle du 21 octobre 1999 (req. n° 98-83.323).
Comment, suivant les termes de ses arrêts *Poitrimol*, *Omar*, *Guérin* et surtout *Khalfaoui*, la Cour ne devait-elle pas condamner la France dans l'affaire Maurice Papon ? La circonstance particulière de la fuite du condamné à l'étranger pouvait-elle suffire à justifier une nuance à la jurisprudence européenne (cependant, *Poitrimol* était également en fuite, il est vrai pour échapper à l'exécution d'un mandat d'arrêt et non pour fuir une obligation de se constituer prisonnier) ? N'y avait-il pas place, en l'espèce, pour une sorte de « fraude à la Convention » (sur cette idée, voy. J.-P. Marguénaud, « La dérive de la procédure pénale française au regard des exigences européennes », *D.*, 2000, p. 249, notamment p. 254) ? La Cour européenne n'est entrée dans aucune de ces nuances et a condamné la France dans une application fidèle des solutions dégagées dans ses arrêts *Poitrimol*, *Omar*, *Guérin* et *Khalfaoui* (CEDH, 25 juillet 2002, *Papon c. France*, req. n° 54210/00).

En principe, le pourvoi est examiné par une formation de la chambre criminelle d'au moins cinq membres. Une formation restreinte de trois conseillers peut être réunie lorsque la solution paraît s'imposer.

Le rapport d'un conseiller est d'abord entendu, puis le ministère public et enfin les avocats des parties[145]. À leur demande, ils peuvent comparaître à l'audience.

La chambre criminelle peut prendre un arrêt :
- d'irrecevabilité du pourvoi ;
- de rejet du pourvoi, les moyens étant jugés mal ou non fondés en droit, bien que la chambre criminelle puisse substituer un motif à un autre de l'arrêt attaqué pour sauver une décision, comme elle peut, toujours à cet effet salvateur, recourir à la théorie de la « peine justifiée » (voy. *infra*, encadré E53). En cas de rejet du pourvoi formé par la personne poursuivie ou par la partie civile, la Cour peut condamner le demandeur au pourvoi à payer à l'autre partie la somme qu'elle détermine, au titre de ses frais de

145. Pour les parties, les avocats au Conseil d'État et à la Cour de cassation ont le monopole de la prise de parole devant la Cour de cassation : art. 602 du CPP, non remis en cause par la Cour EDH : CEDH, 8 février 2000, n° 27362/95, *Voisine c. France*, §§ 28-29).

défense. La Cour tient compte de l'équité ou de la situation économique du demandeur pour décider du prononcé de cette condamnation et en fixer le montant (art. 618-1 du CPP). Dans le même ordre d'idées, en cas de rejet d'un pourvoi portant sur une décision de non-lieu, de relaxe ou d'acquittement, la Cour de cassation peut accorder à l'intéressé, sur sa demande, une indemnité à la charge de l'État (art. 800-2 du CPP) ;
- de cassation de la décision attaquée, qui est alors annulée. La cassation peut être totale ou partielle, avec ou sans renvoi (et ne porter, par exemple, que sur la prescription de l'action publique).

La juridiction de renvoi est une juridiction de même degré et de même nature que celle dont la décision a été censurée, voire cette dernière, mais en ce cas composée différemment. La juridiction de renvoi n'est pas tenue de s'incliner devant l'interprétation de la règle de droit qu'a faite la Cour de cassation. Si elle résiste, un nouveau pourvoi est prévisible et sera nécessairement examiné par l'Assemblée plénière de la Cour de cassation. En cas de nouvelle cassation, la juridiction de renvoi devra s'incliner.

E 53 **La théorie de la « peine justifiée » : exposé critique**

L'article 598 du Code de procédure pénale dispose : « lorsque la peine prononcée est la même que celle portée par la loi qui s'applique à l'infraction, nul ne peut demander l'annulation de l'arrêt sous le prétexte qu'il y aurait erreur dans la citation du texte de loi. »

La chambre criminelle a élargi la portée textuelle de cette disposition. Là où l'article 598 du Code de procédure pénale prévoit l'hypothèse d'une « erreur dans la citation du texte de loi » – sous-entendu : erreur matérielle dans la citation formelle, au visa de l'arrêt, du texte de loi (d'où l'idée que le moyen n'est qu'un « prétexte ») – la chambre criminelle applique cette disposition à :
- l'erreur sur la qualité de complice ou d'auteur (voy. par exemple, Crim., 30 janvier 1979, n° 78-90.287, *Bull. crim.*, n° 44) ;
- l'erreur entre la tentative et la consommation de l'infraction (Crim., 9 mars 1983, n° 82-91.981, *Bull. crim.*, n° 76) ;
- l'erreur sur la qualification des faits, même si la qualification retenue a fait encourir à la personne poursuivie une peine supérieure à celle qu'elle aurait encourue avec l'incrimination que la chambre criminelle a substituée, lorsque la peine prononcée n'excède pas le maximum prévu pour cette dernière.

Voilà comment, de l'article 598 du Code de procédure pénale, la « peine justifiée » s'est muée en une « théorie ». La théorie de la peine justifiée ne sert donc qu'à sauver de la cassation des décisions frappées de pourvoi en principe vouées à l'annulation pour violation de la loi.

Cette construction jurisprudentielle est doublement critiquable. D'une part, elle est *contra legem*. D'autre part, elle porte atteinte aux droits de la défense et au principe du contradictoire : en droit comme en fait, on ne se défend pas de la même façon selon que l'on est poursuivi comme auteur ou comme complice, sur le fondement de telle incrimination plutôt que sur telle autre. En somme, cette théorie emporte une violation des droits de la défense et du contradictoire.

Cette jurisprudence ne devait pas survivre longtemps à un arrêt de la Cour européenne des droits de l'homme rendu à propos du pouvoir de requalification des faits par le juge (CEDH, 25 mars 1999, *Pélissier* et *Sassi c. France*, req. n° 25444/94). Relaxés en première instance par le tribunal correctionnel du chef de banqueroute, les requérants avaient été condamnés en cause d'appel du chef de complicité de banqueroute sans que rien, dans la procédure, ne les ait incités à se défendre sur la poursuite pour complicité de banqueroute. La Cour européenne a conclu à la violation :
- du § 3 a) de l'article 6, les requérants ayant été privés de leur droit à être informés d'une manière détaillée de la nature et de la cause de l'accusation portée contre eux ;
- du § 3 b) de l'article 6, les requérants n'ayant pas pu disposer du temps et des facilités nécessaires à la préparation de leur défense.

Au demeurant, il semble que la théorie de la peine justifiée s'éteigne « peu à peu, sans faire de bruit » (L. Boré, « Feu la peine justifiée ? », *D.*, 2011, p. 251).

2) Les pourvois en cassation dans l'intérêt de la loi

844 ***Voies de recours extraordinaires.*** En tant que recours en cassation, les pourvois dans l'intérêt de la loi sont des voies de recours extraordinaires mais, faits « dans l'intérêt de la loi », et dans celui-là seulement. Au mieux, ils ne peuvent pas nuire au condamné et, au pire, ils sont sans effet sur sa situation. Ces pourvois sont essentiellement formés pour une forme de « beauté » du droit. Ils procèdent directement du rôle essentiel de la Cour de cassation d'unifier la jurisprudence.

845 ***Pourvoi dans l'intérêt de la loi du procureur général près la Cour de cassation.*** Le pourvoi dans l'intérêt de la loi formé par le procureur général près la Cour de cassation (art. 621 du CPP) n'est soumis à aucune condition de délai. Il peut être formé à l'audience de la chambre criminelle jugeant irrecevable un pourvoi dans l'intérêt des parties[146]. La cassation éventuelle est faite sans renvoi et n'emporte aucun effet sur la situation des parties : la décision attaquée reste exécutoire ou continue d'être exécutée.

846 ***Pourvoi dans l'intérêt de la loi du procureur général près la Cour de cassation contre un arrêt d'acquittement de la cour d'assises.*** Le pourvoi en cassation dans l'intérêt de la loi du procureur général près la Cour de cassation[147] contre un arrêt d'acquittement de cour d'assises (art. 572 du CPP) a été maintenu en dépit de la loi du 4 mars 2002 ayant ouvert l'appel au procureur général près la cour d'appel en cas d'arrêt d'acquittement (voy. *supra*, n° 813). La cassation éventuelle de l'arrêt d'acquittement attaqué ne peut pas nuire à la personne acquittée, le pourvoi étant fait dans le seul intérêt de la loi.

847 ***Pourvoi dans l'intérêt de la loi du procureur général près la Cour de cassation sur ordre du ministre de la Justice.*** Le pourvoi dans l'intérêt de la loi du procureur général près la Cour de cassation sur ordre du ministre de la Justice (art. 620 du CPP) se distingue des autres pourvois en cassation à trois égards :

- il est formé par le procureur général près la Cour de cassation sur l'ordre écrit du ministre de la Justice – on parle parfois de pourvoi en annulation d'ordre du garde des Sceaux – alors que le parquet général près la Cour de cassation n'est en principe pas subordonné au ministre de la Justice ;
- son domaine est étendu à toute décision, voire tout acte judiciaire, même non juridictionnel, rendu en premier ou dernier ressort et intéressant l'action publique ; il peut donc être formé à tout stade de la procédure ;
- la cassation éventuelle de la décision frappée de pourvoi ne peut pas nuire au justiciable ; elle ne peut que lui profiter : par exemple, la juridiction de renvoi ne peut pas aggraver sa condamnation.

---

146. Crim., 11 juillet 1990, n° 89-86.483, *Bull. crim.*, n° 280.

147. Et non pas, ou plutôt et non plus, le procureur général près une cour d'appel : Crim., 21 février 2007, n° 06-81.713, *Bull. crim.*, n° 53 ; *Dr. pén.*, 2007, comm. n° 78, 3e espèce, obs. A. MARON ; *AJ pénal*, 2007, p. 184, obs. ROYER.

B) Le réexamen d'une décision pénale définitive, consécutif au prononcé d'un arrêt de la CEDH

848 ***Création de la loi du 15 juin 2000.*** Le réexamen d'une décision pénale consécutif au prononcé d'un arrêt de la Cour européenne des droits de l'homme[148] a été introduit par la loi du 15 juin 2000. La doctrine l'a qualifié de « pourvoi dans l'intérêt des droits de l'homme »[149]. Si la loi n° 2014-640 du 20 juin 2014 « relative à la réforme des procédures de révision et de réexamen d'une condamnation pénale définitive » a réuni les procédures applicables aux procédures de révision (voy. *infra*, n°s 854 et s.) et de réexamen, les conditions de fond de cette dernière n'ont pas été modifiées.

E 54 La conception, la justification et la portée du réexamen d'une décision pénale consécutif au prononcé d'un arrêt de la CEDH

Le réexamen d'une décision pénale consécutif au prononcé d'un arrêt de la Cour européenne des droits de l'homme a pour origine un amendement hâtivement déposé par M. Jack Lang lors de l'examen du projet de loi « présomption d'innocence » en deuxième lecture à l'Assemblée nationale.

Ce réexamen vient-il réparer une erreur de fait ou une erreur de droit commise par les juridictions nationales ? L'amendement originaire a pu faire penser qu'il était conçu en réparation d'une erreur de fait. En effet, il proposait de faire de ce réexamen un cinquième cas d'ouverture en révision. C'était une maladresse. Le but du réexamen n'est pas de réparer une erreur de fait dans l'appréciation des charges, en d'autres termes de faire juger à nouveau un condamné qui justifie d'éléments inconnus de la juridiction qui l'a condamné et de nature à établir son innocence. Ce but est de réparer une erreur de droit dans l'application, par une juridiction nationale, de la Convention européenne des droits de l'homme, indépendamment des doutes sur la culpabilité du condamné. En quelque sorte, le réexamen doit venir réparer la perte de chance d'être moins sévèrement condamné que le justiciable a éprouvée du fait de la violation de la Convention.

Trois raisons justifient l'introduction de cette voie de recours :

- la première est politique. Le 19 janvier 2000, le Comité des ministres du Conseil de l'Europe a adopté une recommandation aux termes de laquelle il encourage les États membres « à examiner leurs systèmes juridiques nationaux en vue d'assurer qu'il existe des possibilités appropriées pour le réexamen d'une affaire, y compris la réouverture d'une procédure, dans le cas où la Cour a constaté une violation de la Convention, en particulier lorsque : I) la partie lésée continue de souffrir des conséquences négatives très graves à la suite de la décision nationale, conséquences qui ne peuvent être effacées par la satisfaction équitable et qui ne peuvent être modifiées que par le réexamen ou la réouverture, et II) il résulte de l'arrêt de la Cour que : a) la décision interne attaquée est contraire sur le fond à la Convention, ou b) la violation constatée est causée par des erreurs ou des défaillances de procédure d'une gravité telle

---

148. J.-F. Renucci, « Le réexamen d'une décision de justice définitive dans l'intérêt des droits de l'homme », *D.*, 2000, p. 655 et F. Massias, « Le réexamen des décisions définitives intervenues en violation de la Convention européenne des droits de l'homme », *RSC*, 2001, p. 123 ; E. Dreyer, « À quoi sert le réexamen des décisions pénales après condamnation à Strasbourg ? », *D.*, 2008, p. 1705 ; pour une étude des premières décisions de la Commission de réexamen, voy. C. Barberot, *Dr. pén.*, 2002, chron. n°s 8 et 16 et F. Doroy, *Dr. pén.*, 2003, chron. n° 18 ; pour une approche historique, M.-H. Renaut, « Erreur judiciaire et violation des droits de l'homme : des lettres de révision (1670) à la procédure de réexamens », *RPDP*, 2010, p. 9.

149. G. Roujou de Boubée et B. de Lamy, « À propos de la création en procédure pénale d'un pourvoi dans l'intérêt des droits de l'homme », *D.*, 2000, point de vue, p. V.

qu'un doute sérieux est jeté sur le résultat de la procédure attaquée » ;

- la seconde est juridique, encore qu'elle soit débattue. L'article 46-1 de la Convention EDH, relatif à la force obligatoire des arrêts de la Cour, prévoit que « les Hautes Parties contractantes s'engagent à se conformer aux arrêts définitifs de la Cour dans les litiges auxquels elles sont parties ». Comment mieux se « conformer » à un arrêt de condamnation de la France pour violation de la Convention européenne des droits de l'homme qu'en assurant la cessation de cette violation pour l'avenir, pour que les conséquences de cette violation soient effacées ? ;
- la troisième répond à un sentiment de justice. Comment admettre la perpétuation d'une violation de la Convention EDH ou des effets de cette violation en dépit d'une condamnation pour violation de cette convention ?

En ce qui concerne la portée de cette notion, un exemple d'affaire portée à la CEDH qui aurait aujourd'hui vocation à faire l'objet d'un réexamen peut être cité : l'affaire *Remli contre France* (CEDH, 23 avril 1996, req. n° 16839/90, *RSC*, 1997, p. 473, obs. Koering-Joulin). M. Remli, Français d'origine algérienne, avait été condamné par une cour d'assises à la réclusion criminelle à perpétuité. Or l'un des jurés de la cour avait affiché publiquement, avant l'audience, des sentiments racistes, ce dont la cour n'avait pas voulu donner acte à l'accusé puisque, précisément, les propos du juré avaient été tenus avant l'audience. La Cour européenne a condamné la France pour violation du droit à être jugé par un « tribunal impartial » (art. 6, § 1er, de la Convention).

Le droit positif antérieur à l'introduction de la voie de recours en réexamen ne permettait pas de faire cesser les effets de cette violation du droit à un tribunal impartial car :

- d'une part, en cas de violation de la Convention, la Cour européenne ne peut accorder à la partie lésée qu'une « satisfaction équitable » (c'est-à-dire une indemnité) si « le droit interne de la Haute Partie contractante ne permet d'effacer qu'imparfaitement les conséquences de cette violation » (art. 41 de la Convention). D'ailleurs, dans l'affaire *Remli*, la Cour européenne avait dû « rejeter la demande du requérant tendant à être rejugé par une cour d'assises présentant toutes les garanties d'impartialité ou, à défaut, à voir sa peine de réclusion criminelle à perpétuité commuée en une peine de quinze années de réclusion criminelle » (§§ 53 et 54 de l'arrêt) ;
- d'autre part, le caractère seulement déclaratoire des arrêts de la Cour constatant une violation de la Convention emporte que ces arrêts sont « sans incidence sur la validité des procédures relevant du droit interne » (Crim., 3 février 1993, n° 92-83.443, *Bull. crim.*, n° 57 ; *D.*, 1993, p. 515, note Renucci ; *JCP*, 1994, II, 22197, note Chambon) ou qu'ils n'ont « aucune incidence directe en droit interne sur les décisions des juridictions nationales » (Crim., 4 mai 1994, n° 93-84.547, *Bull. crim.*, n° 166 ; *JCP*, 1994, II, 22349, note Chambon ; *D.*, 1995, p. 80, note Renucci).

849 ***Domaine de la demande en réexamen.*** Le réexamen d'une décision pénale est soumis à trois séries de conditions (art. 622-1) :

- la décision doit déclarer la culpabilité de l'auteur d'une infraction ;
- cette décision doit avoir été prononcée en violation des dispositions de la Convention européenne des droits de l'homme ou de ses protocoles additionnels, violation constatée par l'arrêt de la CEDH. Il est toutefois remarquable d'observer que, dans sa première décision rendue en application de ces dispositions[150], la Commission de réexamen a implicitement étendu aux résolutions du Comité des ministres portant constatation de la violation de la Convention le droit de recours ouvert en cas d'arrêt portant constatation de la violation de la Convention rendu par la Cour (depuis le Protocole n° 11, le Comité des ministres ne décide plus des violations de la Convention par les États membres du Conseil de l'Europe) ;

150. Comm. réexamen, 30 novembre 2000, *Hakkar*, n° 00RDH003 ; où l'on voit que la Commission s'était satisfaite d'un constat de violation de la Convention par le Comité des ministres du Conseil de l'Europe, et non de la Cour.

– la violation des dispositions de la Convention ou de ses protocoles additionnels entraîne pour le condamné, par sa nature et sa gravité, des conséquences dommageables auxquelles la « satisfaction équitable » allouée sur le fondement de l'article 41 de la Convention ne pourrait mettre un terme.

À cet égard, la première décision rendue par la Commission de réexamen dans l'application de ces dispositions peut encore une fois être citée. M. Abdelhamid Hakkar a été condamné par arrêt de la Cour d'assises de l'Yonne en date du 8 décembre 1989 à la peine de réclusion criminelle à perpétuité assortie d'une période de sûreté de dix-huit ans pour meurtre, tentative de meurtre et vols aggravés. Cette condamnation est intervenue dans des conditions particulières... À l'ouverture des débats, le président de la cour d'assises a refusé de renvoyer l'examen de l'affaire à une audience ultérieure alors qu'aucun des deux avocats de l'accusé n'était présent, le premier en raison de son désistement, le second d'un empêchement. Par ailleurs, les deux avocats commis d'office à l'audience même n'ont pas pu raisonnablement prendre connaissance du dossier complexe du requérant. Le requérant avait pourtant réitéré sa demande d'être assisté par des avocats de son choix, en dépit de la désignation de ces deux avocats commis d'office. Sur rapport de la Commission européenne des droits de l'homme adopté le 27 juin 1995, exprimant l'avis, à l'unanimité, que les articles 6, § 1er, 6, § 3, b) (droit à bénéficier du temps et des facilités nécessaires à la préparation de sa défense) et 6, § 3, c) de la Convention (droit d'être assisté par un défenseur de son choix) avaient été violés, le Comité des ministres du Conseil de l'Europe a constaté la violation de la Convention[151].

850 ***Qualité du demandeur.*** Le réexamen peut être demandé par (art. 622-2 du CPP) :
- le ministre de la Justice ;
- le procureur général près la Cour de cassation ;
- le condamné lui-même s'il est vivant ; en cas d'incapacité, son représentant légal ; s'il est décédé, par son conjoint, partenaire lié par un pacte civil de solidarité, son concubin, des enfants, ses parents, ses petits-enfants ou arrière-petits-enfants, ou ses légataires universels ou à titre universel.

851 ***Délai d'introduction de la demande.*** La demande de réexamen doit être formée dans le délai d'un an à compter de la date à laquelle la décision de la Cour EDH devient définitive[152] (art. 622-1 du CPP).

852 ***Instruction de la demande en réexamen.*** Si la procédure applicable à la demande en réexamen est celle d'une demande en révision, exercée devant la Cour de révision et de réexamen, comprenant sa commission d'instruction et sa formation de jugement (voy. *infra*, n° 858), l'instruction d'une demande en réexamen est sommaire.

Le président de la commission d'instruction a compétence liée pour saisir la formation de jugement, dès lors qu'il constate l'existence d'un arrêt de la Cour EDH établissant une violation de la Convention (art. 624-1 du CPP).

Inversement, lorsque la demande en réexamen est manifestement irrecevable (forclusion, défaut de qualité, absence dudit arrêt de la Cour), le président

151. Résolution intérimaire DH (97)475 du 17 septembre 1997 ; l'avis et cette résolution sont disponibles sur le site Internet de la CEDH : www.echr.coe.int.

152. V., art. 44 de la Conv. EDH.

peut rejeter la demande, par ordonnance motivée non susceptible de recours (art. 624, al. 2, du CPP).

853 ***Décision de la formation de jugement de la Cour de révision et de réexamen.*** La formation de jugement de la cour l'examine au fond et statue, par un arrêt motivé non susceptible de recours, à l'issue d'une audience publique au cours de laquelle sont recueillies les observations orales ou écrites du requérant ou de son avocat, celles du ministère public ainsi que, si elle intervient à l'instance, après en avoir été dûment avisée, celles de la partie civile constituée au procès dont la révision ou le réexamen est demandé ou de son avocat. Le requérant ou son avocat a la parole le dernier (art. 624-3, al. 2, du CPP).

Si elle estime la demande mal fondée, elle la rejette (art. 624-7, al. 1er, du CPP).

Si elle estime la demande fondée (art. 624-7 du CPP), en ce que la violation de la Convention ou de l'un de ses protocoles a entraîné pour le condamné des conséquences qui ne peuvent être réparées par la « satisfaction équitable » allouée par la Cour EDH sur le fondement de l'article 41 de la Convention, elle annule la décision intervenue en violation de la Convention et peut ordonner la suspension de l'exécution de cette décision[153]. Si la tenue de nouveaux débats est possible, la formation de jugement renvoie devant une juridiction de même ordre et de même degré que celle dont la décision a violé la Convention, sauf si de nouveaux débats sont impossibles (par ex., le décès de la personne mise en cause). En cas d'impossibilité de tenue de nouveaux débats, la formation de jugement statue elle-même au fond. La personne reconnue innocente peut obtenir indemnisation dans les conditions de la révision.

§ 2. Les erreurs de fait

A) La demande en révision

854 ***Voie de recours extraordinaire et de rétractation.*** La demande en révision (art. 622 est s. du CPP) est une voie de recours extraordinaire et de rétractation : elle aboutit donc à un réexamen de l'affaire par une juridiction de même nature et de même degré que celle dont la décision est attaquée. À la différence du pourvoi en cassation, qui sanctionne une erreur de droit dans l'application de la loi, la demande en révision répare une erreur de fait dans l'appréciation des charges[154]. La demande en révision est une voie de recours conçue pour réparer une « erreur judiciaire », malgré l'acquisition de l'autorité de chose jugée de la décision attaquée et, le plus souvent, malgré l'exécution de cette décision[155].

La loi n° 2014-640 du 20 juin 2014 « relative à la réforme des procédures de révision et de réexamen d'une condamnation pénale définitive » a réuni les procédures applicables aux procédures de révision et de réexamen (voy. *supra*, n° 848).

153. À défaut, la personne est dans un régime de détention comparable à la détention provisoire. Elle peut donc former une demande de mise en liberté.

154. F. Fournié, « "Aime la vérité, mais pardonne à l'erreur" – Libres propos relatifs à la procédure de révision des condamnations pénales », *AJ pénal*, 2011, p. 326.

155. Sur le rejet de la demande en révision présentée par M. Omar Raddad, voy. la critique de J.-P. Brouillaud, « Point de vue sur l'affaire Omar Raddad », *D.*, 2003, point de vue, p. 627.

855 ***Décisions susceptibles de demande en révision.*** L'article 622 du Code de procédure pénale précise que « [l]a révision d'une décision pénale définitive peut être demandée au bénéfice de toute personne reconnue coupable d'un crime ou d'un délit [ayant fait l'objet d'] une condamnation. »

Elle est donc le recours ouvert contre une décision ayant autorité de chose jugée, prononcée par une juridiction de jugement (et non la Cour de cassation), lorsqu'aucune voie de recours n'est (plus) ouverte. Un acquittement potentiellement prononcé à tort ne peut donc justifier une demande en révision. Une condamnation contraventionnelle ne saurait ouvrir droit à révision, non plus qu'une condamnation à des dommages et intérêts.

Enfin, la condamnation peut avoir été exécutée, et le condamné être décédé.

856 ***Cas d'ouverture à révision.*** Antérieurement à la loi du 20 juin 2004, la demande en révision connaissait quatre cas d'ouverture, répartis en deux ordres : l'un était général, les trois autres spéciaux.

Le cas général d'ouverture à révision renvoyait au « fait nouveau » « élément inconnu de la juridiction au jour du procès, de nature à faire naître un doute sur la culpabilité du condamné »[156]. Ce cas d'ouverture général à révision a été introduit par la loi du 8 juin 1895, donc postérieurement à la première condamnation du capitaine Alfred Dreyfus, puis élargi par la loi du 23 juin 1989. Les trois cas spéciaux d'ouverture à révision étaient les suivants : après condamnation pour homicide, la présentation de pièces de nature à faire naître des indices suffisants sur l'existence de la prétendue victime de l'homicide ; si, après une condamnation pour crime ou délit, une nouvelle décision condamne pour le même fait un autre accusé ou prévenu et que, les deux condamnations ne pouvant se concilier, leur contradiction est la preuve de l'innocence de l'un ou l'autre condamné ; postérieurement à la condamnation, un témoin est condamné pour faux témoignage contre l'accusé ou le prévenu. Les cas spéciaux d'ouverture à révision pouvaient sans grande difficulté être absorbés dans le cas général, ce qu'a fait la loi du 20 juin 2014.

Le cas unique de demande en révision retenu par l'article 622 du Code de procédure pénale est l'hypothèse où « vient se produire un fait nouveau ou à se révéler un élément inconnu de la juridiction au jour du procès de nature à établir l'innocence du condamné ou à faire naître un doute sur sa culpabilité. »

857 ***Qualité de demandeur.*** Comme le réexamen, la révision peut être demandée par (art. 622-2 du CPP) : le ministre de la Justice ; le procureur général près la Cour de cassation ; le condamné lui-même s'il est vivant ; en cas d'incapacité, son représentant légal ; s'il est décédé, par son conjoint, partenaire lié par un pacte civil de solidarité, son concubin, des enfants, ses parents, ses petits-enfants ou arrière-petits-enfants, ou ses légataires universels ou à titre universel. Le condamné ou ses ayants droit sont des « requérants ». Ils peuvent saisir le procureur de la république d'une demande écrite et motivée tendant à ce qu'il soit procédé à tous actes déterminés qui leur paraissent nécessaires à la

---

156. Par exemple, voy. Commission de révision des condamnations, 16 novembre 1998 ; *JCP*, 1999, II, 10118, note Jeandidier : révision de la condamnation du complice après relaxe de l'auteur principal ; pour un exemple contraire : Crim., 29 juin 2011, n° 10-88.322, *Bull. crim.*, n° 155. Voy. C. Guillemain, « Révision et criminalité dépendante. La portée des décisions de justice inconciliables », *JCP*, 2001, I, 295 et F. Fournié, « Libres propos relatifs à la procédure de révision des condamnations pénales », *AJ pénal*, 2011, p. 326.

production d'un fait nouveau ou à la révélation d'un élément inconnu au jour du procès. Le procureur statue sur la demande, par une décision motivée, dans un délai de deux mois à compter de la réception de la demande. En cas de refus, le demandeur peut former un recours auprès du procureur général, qui se prononce dans un délai d'un mois (art. 626 du CPP).

À ceux-ci s'ajoutent, pour la demande en révision seulement, les procureurs généraux près les cours d'appel.

858 ***Compétence de la Cour de révision et de réexamen.*** La demande en révision est adressée à la Cour de révision et de réexamen (art. 623 du CPP).

La Cour de révision et de réexamen est composée de 18 magistrats de la Cour de cassation, dont le président de la chambre criminelle, qui la préside. Les 17 autres (ainsi que 17 suppléants) sont désignés par l'assemblée générale de la Cour de cassation, pour une durée de 3 ans, renouvelable une fois. Chacune des chambres de la Cour de cassation y est représentée par 3 de ses membres (art. 623 du CPP). Le ministère public y est représenté par le parquet général près la Cour de cassation.

La Cour de révision et de réexamen comprend sa **commission d'instruction** et sa formation de jugement. C'est la Cour de révision et de réexamen qui désigne en son sein, pour une durée de trois ans, renouvelable une fois, cinq magistrats titulaires (et cinq magistrats suppléants) composant la commission d'instruction. Cette dernière désigne en son sein un président. Les magistrats qui siègent au sein de la commission d'instruction (et leurs suppléants) ne peuvent siéger au sein de la formation de jugement de la Cour de révision et de réexamen.

Les 13 autres magistrats (et autant de suppléants) composent la **formation de jugement** de la Cour de révision et de réexamen, formation présidée par le président de la chambre criminelle.

Les membres de la Cour de révision et de réexamen sont soumis à une double séparation des fonctions, interne et externe. Interne : les magistrats qui siègent au sein de la commission d'instruction (et leurs suppléants) ne peuvent siéger au sein de la formation de jugement de la cour de révision et de réexamen. Externe : les magistrats qui, dans l'affaire soumise à la cour de révision et de réexamen, ont, au sein d'autres juridictions, soit fait un acte de poursuite ou d'instruction, soit participé à une décision sur le fond relative à la culpabilité du requérant, ne peuvent siéger au sein de la commission d'instruction et de la formation de jugement ou y exercer les fonctions du ministère public.

859 ***Instruction de la demande par commission d'instruction.*** La demande en révision est adressée à la commission d'instruction des demandes en révision et en réexamen de la Cour de révision et de réexamen, qui se prononce sur sa recevabilité (art. 624 du CPP).

Lorsque la demande est manifestement irrecevable, le président de la commission ou son délégué peut la rejeter par une ordonnance motivée non susceptible de recours.

La commission peut ordonner l'exécution d'un supplément d'information confié à l'un ou à plusieurs de ses membres aux fins de procéder, directement ou par commission rogatoire, à tout acte d'information utile à l'instruction de la demande, à l'exception de l'audition de toute personne à l'égard de laquelle il existe des raisons plausibles de soupçonner qu'elle a commis ou tenté de commettre une infraction. Le requérant peut saisir la commission d'une demande d'acte écrite et motivée tendant à ce qu'il soit procédé à tout acte lui paraissant nécessaire. La commission statue sur la demande, par une décision motivée et non susceptible de recours.

Après avoir recueilli les observations écrites ou orales du requérant ou de son avocat, celles du ministère public ainsi que, si elle intervient à l'instance, après en avoir été dûment avisée, celles de la partie civile constituée au procès dont la révision ou le réexamen est demandé ou de son avocat, le requérant ou son avocat ayant la parole le dernier, la commission saisit la formation de jugement de la cour de révision et de réexamen si la demande lui paraît recevable. La commission statue par une décision motivée non susceptible de recours. Cette décision, sur demande du requérant ou de son avocat, est rendue en séance publique.

Si la demande lui paraît recevable et qu'existe un fait nouveau ou élément inconnu de la juridiction au jour du procès de nature à établir l'innocence du condamné ou à faire naître un doute sur sa culpabilité, la commission d'instruction saisit la formation de jugement[157]. La commission d'instruction ou le condamné peuvent saisir la chambre criminelle d'une demande de suspension de l'exécution de la condamnation.

860 ***Examen au fond par la formation de jugement.*** Si l'affaire lui paraît être en état[158], la formation de jugement de la cour l'examine au fond et statue, par un arrêt motivé non susceptible de recours, à l'issue d'une audience publique au cours de laquelle toute personne utile à l'examen de la demande peut être auditionnée et sont recueillies les observations orales ou écrites du requérant ou de son avocat, celles du ministère public ainsi que, si elle intervient à l'instance, celles de la partie civile constituée au procès dont la révision ou le réexamen est demandé ou de son avocat. Le requérant ou son avocat a la parole le dernier (art. 624-3 du CPP). La commission d'instruction ou le condamné peuvent saisir la chambre criminelle d'une demande de suspension de l'exécution de la condamnation.

La formation de jugement rejette la demande si elle l'estime mal fondée.

Au contraire, si elle estime la demande fondée, elle annule la condamnation prononcée. L'annulation est prononcée avec ou sans renvoi. S'il est possible de procéder à de nouveaux débats contradictoires, la formation de jugement renvoie le requérant devant une juridiction de même ordre et de même degré, autre que celle dont émane la décision annulée.

Si la tenue de nouveaux débats contradictoires est impossible, la formation de jugement statue au fond, en présence des parties civiles présentes au procès et décharge, s'il y a lieu, la mémoire des mémoires.

Enfin, si l'annulation de la décision à l'égard d'un condamné vivant ne laisse rien subsister à sa charge qui puisse être pénalement qualifié, aucun renvoi n'est prononcé.

861 ***Effets du prononcé de la révision.*** Prononcée tantôt par la juridiction de renvoi, tantôt par la formation de jugement de la Cour de révision et de réexamen, la révision emporte les effets notables suivants.

---

157. S'il apparaît qu'un tiers pourrait être impliqué dans la commission des faits, la commission d'instruction en avise le procureur de la République compétent, qui effectue les investigations nécessaires et peut faire ouvrir une information judiciaire.

158. À défaut, la formation de jugement ordonne un supplément d'information.

L'annulation de la décision est rétroactive. En conséquence, par exemple, la fiche du casier judiciaire et est supprimée (art. 624-7, dernier, al., du CPP).

Un condamné reconnu innocent à la suite d'une révision ou d'un réexamen accordé en application du présent titre a droit à réparation intégrale du préjudice matériel et moral que lui a causé la condamnation (art. 626-1 et s. du CPP)[159]. À la demande de l'intéressé, le préjudice est évalué par expertise contradictoire. La réparation est allouée soit par le premier président de la cour d'appel dans le ressort de laquelle réside l'intéressé et suivant la procédure applicable à la réparation d'une détention provisoire injuste (art. 149-2 à 149-4 du CPP), soit, si la personne en fait la demande, par la décision d'où résulte son innocence[160]. Cette réparation est à la charge de l'État, sauf recours contre la partie civile, le dénonciateur ou le faux témoin par la faute desquels la condamnation a été prononcée.

Enfin, si le demandeur le requiert, l'arrêt ou le jugement d'où résulte l'innocence du condamné est affiché dans la ville où a été prononcée la condamnation, dans la commune du lieu où le crime ou le délit a été commis, dans celle du domicile du demandeur, dans celles du lieu de naissance et du dernier domicile du condamné, s'il est décédé ou déclaré absent. Dans les mêmes conditions, il est ordonné qu'il soit inséré au Journal officiel et publié par extraits dans cinq journaux au choix de la juridiction qui a prononcé la décision[161].

B) La réparation

862 *Variation.* Les occurrences de réparation, par l'État, des injustices éprouvées par les personnes mises en cause au cours d'une procédure pénale sont plusieurs.

D'abord, l'article 800-2 du Code de procédure pénale prévoit que toute juridiction prononçant un non-lieu, une relaxe, un acquittement ou toute décision autre qu'une condamnation ou une déclaration d'irresponsabilité pénale[162] peut accorder à la demande de la personne poursuivie pénalement ou civilement responsable, une indemnité, en principe supportée par l'État[163]. Dans sa décision n° 2019-773 QPC du 5 avril 2019, le Conseil constitutionnel, relevant que lorsque la personne poursuivie a été condamnée, ni ces dispositions ni aucune autre ne permettent à la personne citée comme civilement responsable d'obtenir devant la juridiction pénale le remboursement de tels frais, alors même qu'elle a été mise hors de cause (n° 7), conclut que ces dispositions du premier alinéa de l'article 800-2 du Code de procédure pénale portent atteinte à l'équilibre du droit des parties dans le procès pénal (n° 8), les déclare pour le tout contraire à la Constitution, mais diffère leur abrogation au 30 mars 2020,

159. Sauf à s'être librement et volontairement accusé ou laissé accuser à tort en vue de faire échapper l'auteur des faits aux poursuites.

160. Devant la cour d'assises, la réparation est allouée par la cour statuant, comme en matière civile, sans l'assistance des jurés.

161. Ces frais de publicité sont à la charge du Trésor.

162. Ces dispositions sont applicables devant la Cour de cassation en cas de rejet d'un pourvoi portant sur une décision mentionnée au premier alinéa.

163. La juridiction peut toutefois ordonner qu'elle soit mise à la charge de la partie civile lorsque l'action publique a été mise en mouvement par cette dernière.

délai lui-même prorogé par les dispositions prises au titre de l'état d'urgence sanitaire.

Ensuite, les articles 149 et suivants du Code de procédure pénale permettent à la personne qui a fait l'objet d'une détention provisoire au cours d'une procédure terminée à son égard par une décision de non-lieu, de relaxe ou d'acquittement devenue définitive de demander la réparation intégrale du préjudice moral et matériel que lui a causé cette détention (voy. *supra*, n° 642).

Par ailleurs, en application des articles 626-1 et suivants du Code de procédure pénale, un condamné reconnu innocent à la suite d'une révision ou d'un réexamen a droit à réparation intégrale du préjudice matériel et moral que lui a causé la condamnation (voy. *supra*, n° 853 et 861).

Enfin, l'article L. 141-1 du Code de l'organisation judiciaire (anciennement art. 781-1 du COJ) précise que l'État est tenu de réparer le dommage causé par le fonctionnement défectueux du service public de la justice mais que, sauf dispositions particulières, cette responsabilité n'est engagée que par une faute lourde ou par un déni de justice. La Cour européenne des droits de l'homme a donné son quitus à ce régime de réparation. Dans un arrêt du 4 juin 2020, elle a estimé que la nécessité de caractériser une faute lourde afin de pouvoir engager la responsabilité de l'État du fait du fonctionnement défectueux du service public de la justice, notamment au stade de l'enquête judiciaire, la « faute lourde » pouvant être constituée par une addition de fautes simples, n'est pas déraisonnable au regard du droit au recours effectif de l'article 13 de la Convention[164].

164. CEDH, sect. V, 4 juin 2020, n°s 15343/15 et 16806/15, *Association Innocence en Danger et Association Enfance et Partage c/ France*, *Gaz. Pal.*, 17 novembre 2020, p. 57, note F. Fourment.

BIBLIOGRAPHIE GÉNÉRALE

Traités, précis, manuels, cours et mémentos de procédure pénale

AMBROISE-CASTÉROT C., BONFILS Ph., *Procédure pénale*, Paris, PUF, coll. Thémis, série Droit, 2020, 3e éd., 452 p.

BOULOC B., *Procédure pénale*, Paris, Dalloz, coll. Précis, série Droit privé, 2019, 27e éd., 1208 p.

CONTE P., LARGUIER J., *Procédure pénale*, Paris, Dalloz, coll. Mémentos, série Droit privé, 2019, 25e éd., 424 p.

DECHEPY-TELLIER J., *La procédure pénale en schémas*, Ellipses, coll. Le droit en schémas, 2020, 3e éd., 572 p.

DESPORTES F., LAZERGES-COUSQUER L., *Traité de procédure pénale*, Economica, coll. Corpus, série Droit privé, 2015, 4e éd., 2460 p.

DREYER E., MOUYSSET O., *Procédure pénale*, Paris, Lextenso, LGDJ, coll. Cours, 2019, 2e éd., 556 p.

GUINCHARD S., BUISSON J., *Procédure pénale*, Paris, LexisNexis, coll. Manuels, 2020, 13e éd., 1510 p.

JEANNE N., LETOUZEY É., DELAGE P.-J., *Cours de procédure pénale*, IEJ Jean-Domat, coll. CRFPA, 2020, 2e éd., 375 p.

LEROY J., *Procédure pénale*, Paris, Lextenso, LGDJ, coll. Manuel, série Droit privé, 2019, 6e éd., 666 p.

MARÉCHAL J.-Y., *Cours de procédure pénale*, Enrick B. Editions, coll. CRFPA, 2020, 3e éd., 376 p.

PRADEL J., *Procédure pénale*, Paris, Cujas, 2019, 20e éd., 1130 p.

RASSAT M.-L., *Procédure pénale*, Ellipses, 2017, 3e éd., 808 p.

RENAULT-BRAHINSKY C., *Procédure pénale*, Paris, Lextenso, Gualino, coll. Mémentos, 2020, 21e éd., 260 p.

RENAULT-BRAHINSKY C., *L'essentiel de la procédure pénale*, Paris, Lextenso, Gualino, coll. Carrés Rouge, 2020, 20e éd., 160 p.

RIBEYRE C., *Procédure pénale*, PUG, coll. PUG, coll. Le droit en plus, 2019, 2e éd., 172 p.

ROBACZEWSKI C., *Procécure pénale*, Paris, Lextenso, LGDJ, coll. CRFPA, 2019, 4e éd., 292 p.

ROUSSEL G., ROUX-DEMARE F.-X., *Procédure pénale*, Vuibert, coll. Droit, 2020, 11e éd., 480 p.

VERGÈS É., *Procédure pénale*, Paris, LexisNexis, coll. Objectif droit, série Cours, 2020, 6e éd., 388 p.

VERNY É., *Procédure pénale*, Paris, Dalloz, coll. Cours, série Droit privé, 2020, 7e éd., 432 p.

Précis, manuels et cours de droit pénal (général) et procédure pénale

Bouloc B., Matsopoulou H., *Droit pénal général et procédure pénale*, Paris, Sirey, coll. Intégral concours, 2020, 22e éd., 882 p.

Debove F. & Falletti F., *Précis de droit pénal et de procédure pénale*, Paris, PUF, coll. Major, 2020, 8e éd., 1172 p.

Garé Th., Ginestet C., *Droit pénal Procédure pénale*, Paris, Dalloz, coll. HyperCours, 2020, 12e éd., 504 p.

Sourzat Cl., *Droit pénal général et procédure pénale*, Bruxelles, Bruylant, coll. Paradigme – Métiers, 2020, 3e éd., 584 p.

Recueil d'exercices

Bonfils Ph., Vergès É., Catelan N., *Travaux dirigés – Droit pénal et procédure pénale*, Paris, LexisNexis, coll. Objectif droit, série Travaux dirigés, 2018, 4e éd., 282 p.

Jeanne N., *La procédure pénale en cas pratiques*, Paris, Dalloz, coll. Réussir mon examen, 2020, 2e éd., 417 p.

« Grands arrêts »

Pradel J., Varinard A., *Les grands arrêts de la procédure pénale*, Paris, Dalloz, coll. Grands arrêts, 2019, 10e éd., 600 p.

Chroniques de jurisprudence

Actualité Juridique Pénal (rev. mensuelle ; éd. Dalloz) ; chron. mensuelle

Droit pénal (rev. mensuelle ; éd. LexisNexis) ; chron. mensuelle, par A. Maron et M. Haas

Gazette du Palais (rev. hebdomadaire ; éd. Lextenso), chron. trimestrielle, par F. Fourment

La Semaine juridique – édition générale (rev. hebdomadaire ; éd. LexisNexis), chron. semestrielle, sous la coord. de J.-H. Robert et avec Ch. Claverie-Rousset, S. Detraz et J.-B. Perrier

Procédures (rev. mensuelle ; éd. LexisNexis), chron. mensuelle, par J. Buisson et A.-S. Chavent-Leclère

Recueil Dalloz (rev. hebdomadaire ; éd. Dalloz), panorama annuel, par J. Pradel

Revue de science criminelle et de droit pénal comparé (rev. trimestrielle ; éd. Dalloz), chron. trimestrielle, par P.-J. Delage, R. Parizot, J.-P. Valat *et alii*

Revue pénitentiaire et de droit pénal (rev. trimestrielle ; éd. Cujas), chron. trimestrielle, par D. Dechenaud, P. Maistre du Chambon, J.-B. Perrier, C. Ribeyre et É. Verny

Encyclopédies

JurisClasseur Procédure pénale (éd. LexisNexis), sous la direction de Ph. Bonfils et A. Maron

Répertoire de droit pénal et de procédure pénale (éd. Dalloz), sous la direction de Y. Mayaud

INDEX

Les chiffres renvoient aux numéros des paragraphes.

A

Action civile
V. Partie civile, V. Victime
- à fin répressive 487
- associations 481, T1
- citation directe 495
- droit d'option 482 à 486
- mise en mouvement de l'action publique 493 à 497, E22
- objet 471 à 473
- par voie d'action 488, 493 à 497
- par voie d'intervention 488, 490 à 492
- plainte avec constitution de partie civile 494
- recevabilité 474 à 481

Action publique
V. Prescription de l'action publique
- extinction 557 à 578
- mise en mouvement (partie lésée) 468, 493 à 497
- mise en mouvement (procureur de la République) 529 à 556
- notion 529

Alternatives au jugement
V. Comparution sur reconnaissance préalable de culpabilité, V. Procédure de l'amende forfaitaire, V. Procédure simplifiée de l'ordonnance pénale
- notion 537

Alternatives aux poursuites
V. Médiation pénale,
V. Composition pénale,
V. Convention judiciaire d'intérêt public, V. Transaction pénale
- 498 à 528

Amende forfaitaire
V. Procédure de l'amende forfaitaire

Appel
- chambre des appels correctionnels 819
- contraventionnel 815, 819
- correctionnel 814, 819
- cour d'assises statuant en appel 819
- criminel 813, 819, E50, E51
- déclaration 816-817
- délais 818
- effet dévolutif 821
- étendue 817
- incident 818, 821
- notion 812
- principal 818
- *reformatio in pejus* 821

Appréhension (flagrance) 361

Assignation à résidence avec surveillance électronique 613 à 616

Audition de la victime
- enquête 307 à 310
- instruction 659

Audition du témoin
- enquête 311 à 315
- instruction 657

Audition libre du suspect
V. Garde à vue
- enquête 316 à 318, E10
- mineur 350

Autopsie 163, 685

Avertissement 548, 556

B

Bénéfice du doute 20

Brutalités policières E3

C

Captation de données informatiques
- criminalité et délinquance organisées 394-395

Chambre de l'instruction
- fonction d'instruction 735 à 736
- juridiction de second degré de l'instruction 720 à 723
- nullité des actes d'instruction 724 à 729

Chambre des appels correctionnels 819

Chambre spéciale de la cour d'appel (mineurs) 807

Charte des droits fondamentaux de l'UE E2

Chose jugée 574-575

Citation directe
- de la partie civile 495
- du procureur de la République 549, 556

Classement sans suite 461 à 466

Code de la justice pénale des mineurs 802, E48

Code de procédure pénale 4, E1

Commission d'indemnisation des victimes d'infractions (Civi) 458

Commission rogatoire sous pseudonyme E38
V. Enquête sous pseudonyme

Comparution à délai différé 552

Comparution immédiate 551

Comparution sur reconnaissance préalable de culpabilité 540 à 544
- et instruction 708

Composition pénale 509 à 518

Confiscation (peine) 405

Confrontation (enquête) 365-366

Constitution 6

Contrôle d'identité 109 à 133
- administratif 113, E6
- étranger 118 à 122, E8
- judiciaire 124, 126
- relevé d'identité 125
- réquisitions du procureur de la République 126
- Schengen 117
- vérification d'identité 127

Contrôle judiciaire 609 à 612

Contrôleur général des lieux de privation de liberté E15

Convention judiciaire d'intérêt public 520 à 526, E24
- et instruction 708

Convocation par procès-verbal 550

Correctionnalisation judiciaire 535

Cour criminelle E44
V. Cour d'assises

Cour d'assises des mineurs 806

Cour d'assises
V. Cour criminelle
- culpabilité (vote) 756-757
- débats 748, 750, E45
- défaut criminel 764-765
- délibérations 755 à 758
- jury 745, 747
- motivation E46
- peine (vote) 758
- présentation 744
- questions 751-752

Cour de cassation
- chambre criminelle 843

Cour de révision et de réexamen 858 à 860

Covid-19
- appel (délai) 818
- *corpus juris* 3
- cour criminelle E44
- débats (publicité) 748, 781
- détention provisoire 628
- garde à vue 339, 385
- opposition (délai) 828
- pourvoi en cassation (délai) 841
- prescription de l'action publique (suspension) 572

Criminalité et délinquance organisées
V. Captation de données informatique, V. Garde à vue, V. Imsi-catcher, V. Infiltration, V. Sonorisation et fixation d'images de certains lieux ou véhicules, V. Surveillance, V. Visite domiciliaire, perquisition et saisie
- domaine 369 à 377
- enquête 380 à 403
- JIRS 378-379
- instruction à 684

D

Défaut
- criminel 764-765
- jugement correctionnel par défaut (opposition) 823-832

Déferement E14

Détention provisoire
- appel de l'ordonnance de placement 633 à 636
- demande de mise en liberté 637 à 639, E34
- domaine 620
- durée 626 à 631, E32
- mandat de dépôt 670
- mineur E33
- motifs 620, E29
- placement 618 à 625
- référé-détention E34
- référé-liberté 636
- réparation 640 à 643

Droit de se taire et de ne pas contribuer à sa propre incrimination 21

E

Écoutes téléphoniques judiciaires
V. Interception de correspondances émises par la voie de communications électroniques

Enquête de recherche d'une personne disparue 166-167

Enquête de recherche d'une personne en fuite 168 à 170

Enquête de recherche des causes de la mort (et des blessures suspectes) 159 à 165

Enquête préliminaire 148 à 157
V. Enquête
- contrôles 153 à 157
- durée 151
- notion 149 à 151

Enquête sociale 367-368

Enquête sous pseudonyme
V. Commission rogatoire sous pseudonyme
- criminalité et délinquance organisées 401

Enquête sur infraction flagrante 134
V. Enquête
- continuité de l'enquête 147, E9
- domaine 135-136
- durée de l'enquête 144 à 147
- notion de flagrance 137 à 143

Enquête
- caractère écrit 172 à 186
- caractère secret 187 à 195
- dossier 185-186, 193

Enrichissements illicites (enquête) 404 à 422
- saisie conservatoire 406 à 422

Expertise judiciaire 685 à 688

F

Fenêtres d'information 26, 194

Fouille (et inspection visuelle) de bagage 129 à 131

G

Garde à vue 318 à 348
- Conseil constitutionnel 319, 321
- Cour EDH 320-321, E12
- criminalité et délinquance organisées 385-386
- déferement à Parquet E14

- dignité 342
- domaine 326
- droit à un examen médical 337
- droit de faire prévenir un tiers 336
- droit de s'entretenir et d'être assisté par un avocat 338 à 341
- durée 330 à 332
- enregistrement audiovisuel 345
- information du gardé à vue sur ses droits 335, E13
- mineur 351 à 359
- motifs 328
- nécessité et proportionnalité 329
- notion 322-323, 327
- officier de police judiciaire 324
- placement 324 à 329
- procureur de la République 325, 328, 331
- prolongation 331

Géolocalisation 299 à 305

I

Impartialité
- objective 743
- subjective 742

IMSI-catcher
- criminalité et délinquance organisées 390

Infiltration
- criminalité et délinquance organisées 398 à 400

Instruction
V. Assignation à résidence avec surveillance électronique, V. Chambre de l'instruction, V. Contrôle judiciaire, V. Détention provisoire, V. Juge d'instruction, V. Juge des libertés et de la détention, V. Nullité des actes de procédure, Témoin assisté
- actes d'instruction 651 à 688
- audition de la partie civile 659
- audition du témoin 657
- audition du témoin assisté 658
- but 581
- chambre de l'instruction 735-736
- clôture 702 à 710
- commission rogatoire 672 à 675, E38
- commission rogatoire sous pseudonyme E38
- comparution sur reconnaissance préalable de culpabilité 708
- convention judiciaire d'intérêt public 708
- criminalité et délinquance organisées 676 à 684
- demande d'acte 652-653
- dossier (accès) E40
- dossier d'instruction E36
- durée E43
- enregistrement audiovisuel de certains interrogatoires E28
- étendue 591-592
- expertise judiciaire 685 à 688
- géolocalisation 662
- interception de correspondances émises par la voie des communications électroniques 663 à 668
- interrogatoire de la personne mise en examen 658
- interrogatoire de première comparution 606
- irresponsabilité pénale pour cause de trouble mental 705
- journaliste 701, E42
- mandat d'amener 669
- mandat d'arrêt 669
- mandat de comparution 669
- mandat de dépôt 670
- mise en accusation 709
- non-lieu 705
- nullités de l'instruction 724 à 729
- ordonnance juridictionnelle 689 à 691, E39
- perquisition, visite et saisie 661
- plainte avec constitution de partie civile 494
- pôle de l'instruction 587
- référé-détention E34
- référé-liberté 636
- règlement 704
- renvoi 706-707
- réquisition judiciaire 660
- secret de l'instruction 692 à 701
- transport sur les lieux 655
- visite domiciliaire, perquisition et saisie 661

Interception de correspondances émises par la voie de communications électroniques
- criminalité et délinquance organisées 388
- instruction 663 à 668

Interrogatoire de première comparution 606

J

Journaliste
- et secret de l'enquête 195
- et secret de l'instruction 701, E42
- perquisition 283
- secret des sources 283

Juge d'instruction
V. Instruction
- dessaisissement 593 à 595
- présentation 582
- pôle de l'instruction 587
- saisine 585 à 590

Juge délégué aux victime (JUDEVI) E19

Juge des enfants 804

Juge des libertés et de la détention E31

Juridictions inter-régionales spécialisées (JIRS) 378-379

Justice restaurative 438 à 440, E18, 498

L

La plume est serve mais la parole est libre 217

Le criminel tient le civil en l'état E20

M

Main-courante 308

Mandat de recherche (enquêtes) 362

Médiation pénale 503 à 507

Menottes et entraves 25, 364

Mineur
V. Chambre spéciale de la cour d'appel, V. Code de la justice pénale des mineurs, V. Cour d'assises des mineurs, V. Juge des enfants, V. Tribunal pour enfants
- audition libre 350
- détention provisoire E33
- garde à vue 351 à 358
- jugement (particularités) 808 à 811
- retenue 351 à 358

Ministère public
V. Action publique, V. Procureur de la République, V. Parquet national antiterroriste, V. Parquet national financier
- fonctions et représentation 197 à 217
- indivisibilité 212
- irrécusabilité 210
- irresponsabilité 211
- subordination hiérarchique 213 à 217

Mis(e) en examen
- droit à la liberté 608
- interrogatoire de première comparution 606
- modalités de mise en examen 605 à 607
- personnes concernées 602 à 604

N

Non bis in idem 575

Nullité des actes de procédure
- causes de nullité d'ordre privé 47, E5
- causes de nullité d'ordre public 46
- causes de nullité substantielles 41 à 44
- causes de nullité textuelles 40, 43
- chambre de l'instruction 724 à 729
- grief 45 à 47, E5
- portée de l'annulation 48
- théorie (source) 38

O

Opportunité des poursuites 460

Opposition 823 à 832

P

Parquet national antiterroriste 235

Parquet national financier 235

Partie civile
V. Action civile, V. Victime

Peine justifiée (théorie de) 843

Plaider coupable/Plaidoyer de culpabilité
V. Comparution sur reconnaissance préalable de culpabilité

Plainte avec constitution de partie civile 494

Plainte de la victime 307, 425

Police judiciaire 53 à 195
- agents de police judiciaire 76 à 79
- agents de police judiciaire adjoints 80 à 87
- compétence territoriale 93 à 102
- corps de la police judiciaire 54 à 92
- fonction de police judiciaire 103 à 108
- fonctionnaires et agents chargés de certaines fonctions de police judiciaire 88 à 92
- officiers de police judiciaire 56 à 75
- police administrative 104

Pourvoi en cassation
- acte de pourvoi 840
- cas d'ouverture 838
- chambre criminelle 843
- délai 841
- effets 842
- intérêt de la loi 835, 844 à 847
- intérêt des parties 835 à 843
- peine justifiée E53

Prescription de l'action publique
- caractères 565
- délai(s) 566 à 569
- interruption 570-571
- notion 562
- suspension 572-573

Président de la chambre de l'instruction
- pouvoirs propres 712 à 716

Présomption d'innocence 17 à 29
- comparution sur reconnaissance préalable de culpabilité E25
- référé 24

Présomption de responsabilité pénale 22

Preuve
- charge 17 à 22
- légalité 32
- liberté 30-31
- loyauté 32 à 34, E4, 403
- objet 10 à 16
- valeur 35 à 37

Procédure de l'amende forfaitaire
- en matière contraventionnelle 554
- en matière délictuelle 538

Procédure pénale
- notion 1 à 3, 7

Procédure simplifiée de l'ordonnance pénale
- en matière contraventionnelle 555
- en matière délictuelle 539

Procès-verbaux 172 à 184

Procureur de la République
V. Action publique, V. Ministère public, V. Parquet national antiterroriste, V. Parquet national financier
- compétence territoriale 229 à 236
- direction de la police judiciaire 222, 237
- fonctions 197 à 237
- politique pénale 220-221, 404
- poursuites 223

R

Réexamen d'une décision pénale définitive consécutif au prononcé d'un arrêt de la Cour EDH
V. Cour de révision et de réexamen
- 848 à 853, 858, E54

Référé-détention E34

Référé-liberté 636

Relevé d'identité
V. Contrôle d'identité

Réquisition judiciaire
- enquête 250 à 262
- instruction 660

Réquisitoire introductif
- en matière contraventionnelle 556
- en matière correctionnelle 546
- en matière criminelle 534

Révision
V. Cour de révision et de réexamen
- 854 à 861

S

Saisie conservatoire 406 à 422

Secret des sources (journaliste)
V. Journaliste

Sonorisation et fixation d'images de certains lieux ou véhicules
- criminalité délinquance organisées 392-393

Surveillance
- criminalité et délinquance organisées 396-397

T

Témoin assisté
- droits et garanties 649
- personnes concernées 645 à 648

Tribunal correctionnel
V. Avertissement, V. Citation directe, V. Comparution immédiate, V. Comparution à délai différé, V. Convocation par procès-verbal, V. Défaut
- avocat 777 à 779
- collégial 767, 769
- comparution 773 à 780
- débats 781 à 783
- délibéré 788
- exécution 791 à 797
- juge unique 767-768, 770, E47
- jugement 790
- prononcé 789
- saisine (modes de) 547 à 552

Tribunal de police 798 à 800

Tribunal pour enfants 805

U

Usage des armes 363

V

Victime
V. Action civile,
V. Commission d'indemnisation des victimes d'infractions,
V. Juge délégué aux victimes,
V. Justice restaurative,
V. Plainte de la victime
- accompagnement 430
- bureau d'aide aux victime (BAV) 446
- identité (protection) 427
- indemnisation de certaines victimes de dommages résultant d'une infraction 451 à 458
- information 426, 431
- place (dans la procédure) 423 à 458
- téléphone grave danger (TGD) 450

Visite de véhicule 129 à 133

Visite domiciliaire, perquisition et saisie 263 à 298
- cabinet d'un médecin 282
- cabinet ou domicile d'un avocat 278 à 281
- criminalité et délinquance organisées 382 à 384
- défense nationale 283
- domicile (notion) 266 à 270
- domicile ou bureau d'un magistrat 285
- étude d'avoué 282
- étude d'huissier 28
- étude de notaire 282
- heures légales 274
- informatique 286
- instruction 661
- journaliste et entreprise de presse 283
- rétention du domiciliaire 273

Voies de recours (classification) 812
V. Appel, V. Opposition,
V. Pourvois en cassation,
V. Réexamen d'une décision pénale définitive consécutif au prononcé d'un arrêt de la Cour EDH,
V. Révision

TABLE DES ENCADRÉS

E1	Pluie de rapports et de propositions de réforme	13
E2	Les garanties de procédure pénale dans la Charte des droits fondamentaux de l'Union européenne	14
E3	Les brutalités policières à l'épreuve de l'article 3 de la Convention EDH : les enseignements de l'arrêt *Selmouni*	28
E4	La preuve administrée par une partie : la loyauté dans la discussion, substitut à la loyauté dans la recherche ?	31
E5	L'arrêt *Lambert contre France* de la CEDH… et ses suites	38
E6	Le contrôle de police administrative, évolution législative	61
E7	Le point de vue de la Cour de justice de l'Union européenne	64
E8	Évolution des dispositions applicables au contrôle du titre d'un étranger	65
E9	Continuité des actes et fin de semaine	75
E10	L'audition libre, du Conseil constitutionnel à la loi	132
E11	L'information du procureur de la République « dès le début » de la garde à vue	136
E12	Sur la compatibilité de l'intervention du procureur de la République avec l'article 5 de la Convention EDH	139
E13	L'information du gardé à vue sur ses droits en droit comparé franco-américain	143
E14	La rétention judiciaire pour « déferement » auprès d'un magistrat après une garde à vue	150
E15	Le Contrôleur général des lieux de privation de liberté	152
E16	Autour de la question du choix de l'avocat	165
E17	Empêcher l'organisation d'insolvabilité	175
E18	Exemples de mesures de justice restaurative :	183
E19	Le juge délégué aux victimes (« JUDEVI »)	185
E20	Le criminel ne tient plus autant le civil en l'état	206
E21	Coup de frein à certaines plaintes avec constitution de partie civile	213
E22	L'arrêt Crim., 8 décembre 1906, *Laurent-Atthalin* (ou *Placet*)	215
E23	De quelques conséquences processuelles du caractère punitif des procédures de transactions et de composition pénale	217
E24	La convention judiciaire d'intérêt public, une procédure pénale sur mesure	227
E25	Présomption d'innocence et comparution sur reconnaissance préalable de culpabilité	236
E26	La procédure de comparution sur reconnaissance préalable de culpabilité est-elle entourée de garanties suffisantes ?	239
E27	La loi du 23 mars 2019 de réforme pour la justice et la généralisation du « sas » de continuité de certains actes d'enquête à l'ouverture de l'instruction	259

E28 Enregistrement audiovisuel de certains interrogatoires menés par le juge d'instruction 268
E29 Les conditions de fond du placement en détention provisoire et la Conv. EDH 273
E30 La loi du 9 mars 2004 et la saisine exceptionnelle du juge des libertés et de la détention par le procureur de la République : du « double accord » au « double regard » dans la décision de placement en détention provisoire 274
E31 Le juge des libertés et de la détention 277
E32 La durée de la détention provisoire et la Conv. EDH 278
E33 La détention provisoire du mineur 282
E34 Le référé-détention 285
E35 L'article 5, § 5, de la Conv. EDH, le Code de procédure pénale et le droit à réparation des victimes de détentions provisoires illégales 287
E36 Dossier d'instruction 290
E37 Les arrêts *Kruslin* et *Huvig* de la CEDH du 24 avril 1990 et les écoutes téléphoniques judiciaires 295
E38 La commission rogatoire sous pseudonyme 301
E39 Le critère de distinction des ordonnances juridictionnelles et des ordonnances administratives 307
E40 L'accès au dossier d'instruction 309
E41 L'avocat des parties et du témoin assisté : secret de l'instruction ou secret professionnel ? 311
E42 Le journaliste et le secret de l'instruction 312
E43 De la durée raisonnable de l'instruction à la durée raisonnable de la procédure 318
E44 L'expérimentation de la cour criminelle (sans juré) 333
E45 L'intervention orale aux débats de la cour d'assises : vers le modèle accusatoire 337
E46 La motivation des arrêts de cours d'assises 341
E47 Le Conseil constitutionnel et le juge unique en matière correctionnelle 347
E48 En attendant le Code de la justice pénale des mineurs 357
E49 L'exercice d'une voie de recours par un condamné qui se dérobe à l'exécution d'un mandat de justice : la jurisprudence de la chambre criminelle à l'épreuve de la CEDH 361
E50 La loi du 15 juin 2000 et l'introduction de l'appel contre les arrêts de condamnation des cours d'assises, ou la valeur du double degré de juridiction en matière pénale 362
E51 La cour d'assises statuant en appel 366
E52 La mise en état : d'un brin d'histoire jurisprudentielle à l'affaire Papon 374
E53 La théorie de la « peine justifiée » : exposé critique 376
E54 La conception, la justification et la portée du réexamen d'une décision pénale consécutif au prononcé d'un arrêt de la CEDH 378

TABLE DES TABLEAUX

T1 Intérêt à agir des associations 201

TABLE DES MATIÈRES

Liste des principales abréviations 5

Sommaire 7

Introduction générale 9

§ 1 **La théorie générale de la preuve** 16

A L'objet de la preuve 16

B La charge de la preuve 19

C Les modes de preuve 26

D La valeur des preuves 33

§ 2 **La théorie générale de la nullité des actes de procédure** 34

A Les causes de nullité ou les nullités encourues 34

B La place du grief ou la nullité prononcée 37

C La portée de l'annulation 39

PARTIE 1

LA RÉPONSE PÉNALE DU PROCUREUR DE LA RÉPUBLIQUE

CHAPITRE 1

La police judiciaire, l'enquête et le procureur de la République 43

Section I **La police judiciaire** 43

§ 1 **Les organes de police judiciaire** 43

A Les officiers de police judiciaire 44

B Les agents de police judiciaire 48

C Les agents de police judiciaire adjoints 50

D Les fonctionnaires et agents chargés de certaines fonctions de police judiciaire 52

§ 2 **La compétence territoriale de la police judiciaire** 52

A Les compétences territoriales naturelles 53

B Les extensions de compétence 54

§ 3 **La fonction de police judiciaire** 56

A La distinction entre police judiciaire et police administrative 56

B La relativité de la distinction 57

§ 4 **Les cadres d'enquête de la police judiciaire** 59

A Les contrôles et relevés d'identité 59

B Un prolongement des contrôles d'identité : la visite des véhicules automobiles, l'inspection visuelle et la fouille des bagages 70

C L'enquête de flagrance 71
D L'enquête préliminaire 76
E Les autres enquêtes 78
§ 5 **Les caractères de l'enquête** 81
A Le caractère écrit de l'enquête 82
B Le caractère secret de l'enquête 86
Section II **Le procureur de la république et la police judiciaire** 90
§ 1 **Le procureur de la République et le ministère public en général** 90
A La représentation du ministère public 91
B Les caractères du ministère public 94
C Les fonctions du procureur de la République 98
D Les choix de compétence territoriale du procureur de la République 102
§ 2 **Le procureur de la République et la direction de la police judiciaire en particulier** 105
Section III **Les pouvoirs d'enquête** 106
§ 1 **Les pouvoirs d'enquête de droit commun** 106
A Les premiers actes 107
B Les réquisitions 110
C Les visites domiciliaires, perquisitions et saisies 114
D De quelques investigations techniques : la géolocalisation 126
E Les auditions 127
F Le cas particulier de l'audition du majeur placé en garde à vue 133
G Les auditions du mineur 153
H Les actes particuliers 156
§ 2 **Les pouvoirs d'enquête supplémentaires applicables à la criminalité et à la délinquance organisées** 159
A Les infractions relevant de la procédure applicable à la criminalité et à la délinquance organisées 160
B La création des juridictions inter-régionales spécialisées 162
C Les pouvoirs d'enquête supplémentaires dérogatoires au droit commun 163
D Un régime juridique aménagé 170
§ 3 **Les pouvoirs d'enquête et la lutte contre les enrichissements illicites** 171
A La création d'un cadre d'investigation exclusivement affecté aux saisies conservatoires 172
B La réglementation de certaines saisies conservatoires 173
Section IV **La place de la victime dans la procédure pénale** 178
§ 1 **La prise en compte des intérêts de la victime durant le déroulé de la procédure** 179
A La prise en compte des intérêts de la victime dans la conduite des investigations 179
B La prise en compte des intérêts de la victime dans la réponse pénale 181
C Les intérêts de la victime au cours du procès pénal 181
D La prise en compte des intérêts de la victime dans la phase d'exécution de la peine 182
E Les mesures de justice restaurative 182
§ 2 **La prise en charge effective des victimes** 183
§ 3 **L'indemnisation collective de certaines victimes de dommages résultant d'une infraction** 186
A Les dommages indemnisés par le Fonds de garantie 187
B La mise en œuvre du recours contre le Fonds 189

CHAPITRE 2
La décision du procureur de la République sur la poursuite 191
Section I **La décision du procureur de la République de ne pas poursuivre : le classement sans suite** 192
§ 1 La décision de classement sans suite du procureur de la République 192
§ 2 La mise en mouvement de l'action publique par la partie lésée, contre-pouvoir de la victime à la décision de classement sans suite du procureur de la République 194
A Le « double visage » de l'action civile 194
B L'action civile par voie d'action et la mise en mouvement de l'action publique 210
Section II **La décision du procureur de la République de mettre en œuvre une procédure alternative aux poursuites** 216
§ 1 La sanction ne présentant pas le caractère d'une punition : la médiation pénale 218
§ 2 Les sanctions présentant le caractère d'une punition : la composition pénale et des transactions 220
A La composition pénale de droit commun 220
B Les transactions de droits spéciaux 225
Section III **La décision du procureur de la République de mettre en mouvement l'action publique** 228
§ 1 Les modes de mise en mouvement de l'action publique par le procureur de la République 230
A La mise en mouvement de l'action publique en matière criminelle 230
B La mise en mouvement de l'action publique en matière délictuelle 231
C La mise en mouvement de l'action publique en matière contraventionnelle 242
§ 2 Dans la limite de l'extinction de l'action publique 244
A Les causes d'extinction particulières à l'action publique 245
B Les causes d'extinction communes à l'action publique et à l'action civile 246

PARTIE 2

LE JUGEMENT ÉVENTUEL SUR LA CULPABILITÉ

CHAPITRE 1
La possible mise en état de l'affaire par voie d'instruction 257
Section I **L'instruction par le juge d'instruction** 259
§ 1 La saisine du juge d'instruction 259
A La désignation du juge d'instruction 259
B L'étendue de la saisine du juge d'instruction 261
C Le dessaisissement du juge d'instruction 262
§ 2 Le statut du suspect au cours de l'instruction 263
A La personne mise en examen, partie à l'action publique 264
B Le témoin assisté, droits et garanties dans la procédure 288
§ 3 Les actes du juge d'instruction 290
A Les actes d'instruction du juge d'instruction 290
B Les actes de juridictions du juge d'instruction 307
C Le secret de l'instruction 308
§ 4 La clôture de l'instruction 314

Section II **La chambre de l'instruction et l'instruction** ... 319
§ 1 Les pouvoirs propres du président de la chambre de l'instruction 319
§ 2 Les attributions de la chambre de l'instruction 321
A Les attributions juridictionnelles de la chambre de l'instruction 321
B Les attributions d'instruction de la chambre de l'instruction 325

CHAPITRE 2
Le jugement sur le fond de la prévention 327
Section I **Le jugement aux premier et second degrés de juridiction** ... 327
§ 1 Le jugement au premier degré de juridiction 330
A Le jugement par la cour d'assises 330
B Le jugement par le tribunal correctionnel 345
C Le jugement par le tribunal de police 355
D Le jugement par les juridictions pour mineurs 356
§ 2 L'appel, jugement au second degré de juridiction 360
A Les conditions de l'appel 363
B Les effets de l'appel 367
C L'opposition, non confondable avec l'appel 368
Section II **Les erreurs dans le jugement** ... 371
§ 1 Les erreurs de droit 371
A Les pourvois en cassation 372
B Le réexamen d'une décision pénale définitive, consécutif au prononcé d'un arrêt de la CEDH 378
§ 2 Les erreurs de fait 381
A La demande en révision 381
B La réparation 385

Bibliographie générale 387

Index 389

Table des encadrés 395

Table des tableaux 397